体制転換期ネパールにおける「包摂」の諸相

言説政治・社会実践・生活世界

名和克郎
=編

三元社

はじめに

　本書は、ネパールにおける過去10年の社会動態を、「包摂」の語をキーワードとして、多角的に捉える試みである。「第二次民主化」が起こり10年以上にわたる「内戦」が終結した2006年から、新憲法は制定されたもののそれに伴う混乱と憲法改正を巡る議論が続いていた2016年夏までのネパールは、いまだその最終的着地点は見えていないにしても、立憲王国から連邦民主共和国への体制転換期として捉えることが出来る。ネパール史上初めて国民自身による新たな憲法を制定し、「新ネパール」を築くことへの希望から始まったこの時期においては、様々な集団範疇に基づく権利主張と、それに関する様々な立場からの議論が従来以上に盛んになった。他方この時期はまた、ネパール国外への出稼ぎが、ネパールに住む多くの人々にとって、ごく身近な可能性となった時期でもある。大きく変容しつつあるネパールとそこに住む人々の動態をそれなりの統一性をもって論じるために、本書は、2006年以降ネパールで大きな重要性を持った語「包摂 (inclusion)」と、そのネパール語訳サマーベーシーカラン (samāveśīkaraṇ) に注目する。ネパールにおいて一方で憲法制定過程における連邦制や所謂アファーマティブ・アクションを巡る問題と、他方で国際援助絡みの言説と結びつく形で急速に用いられるようになったサマーベーシーカランの語は、ジャナジャーティ、ダリット、マデシといった多様な中間集団、或いは宗教、ジェンダーといった文脈で用いられることが非常に多かった。「包摂」の語を通して見えてくる状況、「包摂」にあたる語の様々な用法を通して見えてくる状況、そして「包摂」を巡る議論からはこぼれ落ちてしまいがちな状況を、多くの研究者が自らのフィールドから捉えることで、論文の執筆時点で現在進行形であったネパールの多面的な変容を、よりよく理解することが目指されている。

　日本における文化人類学的なネパール研究においては、個々の研究者に

よる成果に加え、石井溥・東京外国語大学アジア・アフリカ言語文化研究所名誉教授、南真木人・国立民族学博物館准教授らを中心とした共同研究が断続的に行われてきた。こうした共同研究の最新の成果は、内戦期およびポスト内戦期のネパールを、ネパール共産党（マオ派）の活動との関わりを焦点として分析した、南真木人・石井溥編『現代ネパールの政治と社会──民主化とマオイストの影響の拡大』(明石書店、2015)である。筆者自身も、かねてより、所属する東洋文化研究所において班研究「南アジア北部における人類学的研究の再検討」を組織し、ネパールを中心にその周辺をも視野に入れた研究会を断続的に開催してきたが、遅々として進まない新憲法制定過程と、錯綜するネパール国内の議論を踏まえて、内戦後のネパールを多角的に検討する新たな共同研究の必要性を痛感するに至り、幸いにも、班研究のメンバーのうちネパールを研究している方々を中心として、国立民族学博物館の共同研究「ネパールにおける「包摂」をめぐる言説と社会動態に関する比較民族誌的研究」(2011〜2014年度)、及び科学研究費基盤研究（B）「体制転換期ネパールにおける「包摂」を巡る社会動態の展開に関する比較民族誌的研究」(研究課題番号：24320175、2012〜14年度)を組織することが出来た。本書は、これら一連の研究の日本語での主要な成果として刊行されるものである。本書は、東京大学東洋文化研究所・研究企画委員会の審査を経て、「東洋文化研究所叢刊」として刊行される。共同研究と本書の刊行を支えてくださった諸機関、及び様々な形で共同研究に参加していただいた方々に、深く感謝申し上げる。

名和克郎

凡例

　ネパール語の人名、地名等のカナ書き、及び政治団体等の名称については、原則として南真木人、石井溥編『現代ネパールの政治と社会――民主化とマオイストの影響の拡大』(2015, 明石書店) に従った。ただし、本論集の議論内容との関係上、別の形で統一したものもある。
　例：「ネパール先住民連合」を「ネパール先住民族連合」とした

　ネパール語のローマ字表記及び転写については、原則として石井溥『基礎ネパール語』(1986, 大学書林) に従った。ただし、読みやすさの観点から発音されない短母音 a を省略するなど、正確な転写になっていない部分がある。
　वについては、転写の場合 v で統一した。ただし人々の発話で用いられた音を書き取っている場合には、その限りではない。

　カナ書き、ローマ字書きとも、現地で口頭で用いられている語彙については、広く知られた固有名詞や本書を通して頻出する語彙を除いて、原則としてそれぞれの著者の表記を優先した。そのため、同一の単語が章により異なった形で表記される場合もある。詳細は索引を参照されたい。

　ビクラム（ヴィクラマ）暦（南アジア系の暦の一つで、現在ネパールにおいて独自に計算され、公式の暦とされている。ネパールのビクラム暦は一年が4月なかばに開始されるため、西暦の一年とは必ずずれがある）については、v.s. と略した。

目 次

体制転換期ネパールにおける「包摂」の諸相

言説政治・社会実践・生活世界

はじめに
名和克郎
ii

凡例
iv

序章
体制転換期ネパールにおける「包摂」の諸相
言説政治・社会実践・生活世界
名和克郎
1

I 本書の企図 2／II 近現代ネパール国家と住民 5／III ネパールにおける「包摂」 12／IV 本書の構成 18

第1章
近現代ネパールにおける国家による人々の範疇化とその論理の変遷
名和克郎
35

I はじめに 36／II 1854年ムルキ・アイン——国家単位でのカースト的ヒエラルヒーの設定 39／III パンチャーヤット時代——少数民族政策の欠如 50／IV 1990年憲法——民主化とマイノリティ問題の表面化 56／V 1990年憲法下における出自に基づくマイノリティの運動と政府の対応 61／VI マオイストの主張——様々な「解放」への戦い 65／VII 2007年暫定憲法——集団的多様性と「包摂」 68／VIII 2015年憲法へ 71／IX おわりに 77

第2章
ネパールの「カースト／民族」人口と「母語」人口
国勢調査と時代
石井溥
89

I はじめに 90／II 近現代ネパールの国家形成、国民形成と国勢調査

90／**III** 国勢調査の手引き書にみる 「ジャート」「ジャーティ」「ジャナジャーティ」 95／**IV** 1991年、2001年、2011年の国勢調査結果の「カースト／民族」集計比較 98／**V** 言語（母語）人口と「カースト／民族」108／**VI** 結論 115／表1〜12 123

第3章
国家的変動への下からの接続
カドギのカースト表象の展開から

中川加奈子

131

I はじめに 132／**II** 先行研究 132／**III** カドギたちによる運動の展開 136／**IV** 新たな社会環境への接続 146／**V** NKSSの役割の変化 155／**VI** おわりに 161

第4章
ガンダルバをめぐる排除／包摂
楽師カースト・ガイネから出稼ぎ者ラフレへ

森本泉

165

I はじめに 166／**II** 排除／包摂をめぐって ダリットと移民 169／**III** ガンダルバをめぐる変化——生業とアイデンティティ 173／**IV** グローバル化と社会空間の変容——アイルランドに渡った兄弟の事例 182／**V** おわりに 191

第5章
ネパール先住民チェパン社会における「実利的民主化」と新たな分断
包摂型開発、キリスト教入信、商店経営参入の経験

橘健一

199

I はじめに 200／**II** ネパール先住民チェパンと2000年以降の山村社

会の変化 201／**III** 社会の変化と新たな言説の広がり 205／**IV** 包摂型開発の成功 209／**V** キリスト教への入信の進展 220／**VI** バザールの商店経営への参入 226／**VII** 実利的民主化と新たな社会的分断 228

第6章
何に包摂されるのか？
ポスト紛争期のネパールにおけるマデシとタルーの民族自治要求運動をめぐって

藤倉達郎

233

I はじめに 234／**II** マデシ自治州運動 236／**III** タルー自治州運動 244／**IV** 結びにかえて 251

第7章
そこに「女」はいたか
ネパール民主化の道程の一断面

佐藤斉華

257

I はじめに 258／**II** 女性による／についての／のための言説 259／**III** ネパール女性をめぐる諸言説——評価 279／**IV** おわりに 286

第8章
テーマ・コミュニティにおける「排除」の経験と「包摂」への取り組み
人身売買サバイバーの当事者団体を事例に

田中雅子

297

I はじめに 298／**II** 社会的スティグマを抱える人びとにとっての当事者団体 300／**III** ネパールにおける人身売買 306／**IV** 人身売買サバイバーの当事者団体シャクティ・サムハ 311／**V** 人身売買の被害に遭ったサバイバーが経験した排除 314／**VI** 当事者団体としての包摂の実践

323／**VI** 結論——当事者団体による活動の到達点と課題 328／**VII** おわりに 330

第 9 章
ストリート・チルドレンの「包摂」とローカルな実践
ネパール、カトマンドゥの事例から
高田洋平
335

I はじめに 336／**II** 子ども、日常的実践、ストリート空間 339／**III** カトマンドゥのストリート空間 343／**IV** ストリート・チルドレンの日常的実践 349／**V** おわりに 371

第 10 章
乱立する統括団体と非／合理的な参与
ネパールのプロテスタントの間で観察された団結に向けた取り組み
丹羽充
377

I はじめに 378／**II** ネパールのプロテスタンティズムと統括団体——歴史的概観 381／**III** 「真の」代表の座をめぐって 388／**IV** 非／合理的な参与 394／**V** おわりに 401

第 11 章
「包摂」の政治とチベット仏教の資源性
ヒマラヤ仏教徒の文化実践と社会運動をめぐって
別所裕介
409

I はじめに——「仏教」をめぐる政治動態 410／**II** 中国の開発資本と「発展のため」の仏教 419／**III** ヒマラヤ仏教徒の文化実践と社会運動 425／**IV** ターニング・ポイントとしてのルンビニ観光年 442／**V** おわりに——HBによる文化実践と社会運動 446

第12章
移住労働が内包する社会的包摂
南真木人
451

Ⅰ　はじめに　452／Ⅱ　移住労働は社会的包摂に寄与するか　454／Ⅲ　ネパールにおける移住労働　455／Ⅳ　移民送り出しシステムと仲介者　457／Ⅴ　移住労働の実態　465／Ⅵ　社会的送付と社会的包摂　473／Ⅶ　おわりに　479

第13章
多重市民権をめぐる交渉と市民権の再構成
在外ネパール人協会の「ネパール市民権の継続」運動
上杉妙子
485

Ⅰ　はじめに　486／Ⅱ　「ネパール市民権の継続」運動の背景　490／Ⅲ　在外ネパール人協会と「ネパール市民権の継続」運動　497／Ⅳ　考察　516／Ⅴ　結論　519

第14章
現代ブータンのデモクラシーにみる宗教と王権
一元的なアイデンティティへの排他的な帰属へ向けて
宮本万里
525

Ⅰ　はじめに　526／Ⅱ　国会と国会議員の役割　529／Ⅲ　ポリティクス（政党政治）からの距離をめぐって　533／Ⅳ　デモクラシーと王権　535／Ⅴ　市民の権利と宗教者であること　539／Ⅵ　選挙委員会の権限と役割　545／Ⅶ　公共的な空間と差異の政治　546／Ⅷ　おわりに　550

おわりに
555

索　引
558

執筆者紹介
576

序章

体制転換期ネパールにおける「包摂」の諸相

言説政治・社会実践・生活世界

名和　克郎

I　本書の企図[1]

　本書は、近年までヒマラヤのヒンドゥー王国であり、2006年以降連邦民主共和制に向けた体制転換期にあるネパールにおいて、多種多様な中間集団の存在を前提として展開される種々の政治的な主張と、そうした中間集団に属するとされる様々な人々の行う実践とが織りなす布置を、近年ネパールにおいて急速に普及した翻訳語サマーベーシーカラン(「包摂」)[2]を鍵概念として明らかにすることを、その目的としている。なお、「言説政治・社会実践・生活世界」という副題は、本書全体にわたって用いられる鍵概念を列挙したものではなく、本書の各論文が具体的に論じて行く領域を、大まかに指し示すものである。

　この序章では、まず本書の企図を説明した上で、近現代ネパール国家と、その内部に住むことになった多様な人々との関係のあり方がいかに変遷してきたかを簡単にまとめ、本書が焦点を当てる2006年以降の政治・社会状況の成立過程を説明する。次いでネパールにおける「包摂」概念の導入過程と、ネパールの「包摂」に関する従来の議論を簡単に振り返る。その上で本書の各章の内容を紹介し、本書全体への導入としたい。

　2008年3月初旬、再設定された(第一回)制憲議会選挙の予定日を約一か月後に控えたネパールの首都カトマンドゥは、「今度こそ選挙は実施されるだろう」という雰囲気に急速に傾きつつあった。市内各所には、選挙への参加を促し、正しい投票方法を示す選挙管理委員会作成のポスターが

1　本書の元になった国立民族学博物館の共同研究については、既に幾つかの小論でその内容を予備的に紹介してきた [名和 2012a; 2012b; 2013; 2014; 2015b]。以下の記述の中には、これらの小論の一部と重複する部分がある。

2　本書で用いられる「包摂」が、基本的には英語の subsumption ではなく inclusion に対応する語であることに注意されたい。

貼られ、メディアには選挙への参加を呼びかける選管からのメッセージが流れていた。

　選管のポスターに描かれた投票者は、西洋服や、ネパール男性の「国民服」とされたダウラ・スルワールを着た男性、サリーやサルワール・カミーズを身に纏った女性のみならず、ヒマラヤから平野部まで、ネパール各地の多様な民族衣装を着た男女が多く含まれ、また車椅子に乗った人、松葉杖をついた人、サングラスをかけ細い杖を持った人が描かれていた。だが、投票は細かく分かれた選挙区毎に行われ、また民族衣装で投票に行く人がそれほど多いとも思われないので、ネパール各地の民族衣装を着た人々が同じ投票所に参集するというのは、現実にはほぼあり得ない光景である。ネパール全土で行われるであろう行為を予示したこれらのポスターは、「多民族的、多言語的、多宗教的、多文化的」と 2007 年暫定憲法に規定された新しいネパールの姿を、あらかじめ換喩的に示したものと見えた。

　ラジオ放送で流れた広告放送の中で最も印象に残ったのは、マレーシアに働きに出ている男性から農村の家族のもとに、概略「新しい憲法を作って、仕事のために外国にいなくてもよくなるように、制憲議会選挙に投票してください、また、障害を持つ家人も投票に行けるように松葉杖を買うお金を送ります」という趣旨の手紙が送られてくる、という内容のものであった［名和 2008］。新たなネパールへの夢が、海外出稼ぎ労働を必要悪と断じつつ提示され、また再び障害者への配慮が強調されたこの寸劇では、国民の投票により選ばれた制憲議会による新憲法の制定が、ネパールの経済状況の改善と直結されているのである。

　10 年にわたる実質上の内戦が終わった後、新たなネパールのあり方を巡り様々な中間集団を巡る主張が活発化し、とりわけ平野部を基盤とするマデシの反対運動が大きな要因となって制憲議会選挙が延期されてきた当時の状況にあって、特定の政党でなく選挙管理委員会がこうしたメッセージを自明のものとして発信したことは、ネパール国家と国民をめぐる言説

のあり方自体が大きく変化しつつあることを示唆しているように思われた。こうした流動的な状況においては、中間集団を巡る個々の対立軸のみならず、それを全体として規定しうるより高次の概念枠組をも検討することが、比較研究はもとより、個別の現象を理解する為にすら、不可欠である。当時ネパールにおいて急速に導入されつつあった「包摂」を巡る議論は、そうした作業の格好の手掛かりとなるように思われた。筆者が「包摂」を巡る共同研究の必要性を感じたのは、この時である。

　以下で検討するように、「包摂」に対応するネパール語サマーベーシーカランは、英語の inclusion の訳語として、恐らく 21 世紀に入って暫くしてから普及しだした新語である。この語を鍵概念として議論を展開しようとする際にまずもって問題となるのは、グローバルに流通する英語の inclusion、及びそのネパール語訳であるサマーベーシーカランとの距離を、如何に取るかという点である。一方で、グローバルに流通する政治的概念とそのローカルな影響についての人類学的な比較研究には既に多くの蓄積がある。本書の関心に近い日本語の論集としては、「先住民」に関する比較研究［窪田・野林編 2009］が典型である。他方、部分的に同じ主題を扱いながら、「文化的アイデンティティ」と「政治的アイデンティティ」の峻別から出発し、そこから先住民を巡る問題をも論じる［太田編 2012］というように、現地で通用する概念とは離れた研究者側の仮説を先行させる形で、議論を展開する戦略も可能である。対して本書は、ネパール国内の様々な社会における「包摂」概念の受容の多様性を単純に比較するものではなく、また強い仮説から出発する訳でも無い。本書の各論文の出発点となっているのは、各論文の執筆者が付き合ってきた人々が、何らかの意味で inclusion やサマーベーシーカランという語と既に関係を持っているということ自体である。関係の有り様は、特定の集団の成員の多くが「包摂」を要求している状況から、外部から「包摂」の枠組により位置づけられているだけに近いものまで、様々であり得る。ただし、2006 年以降のネパール国内において、「包摂」概念と全く無縁でいることは、ほぼ不可

能である筈である。このことを前提として、「包摂」の語を通して見えてくる状況や「包摂」にあたる語の実際の用法を通して見えてくる状況、さらには「包摂」を巡る議論からはこぼれ落ちてしまいがちな状況をも民族誌的に描き出すことが、各論文で試みられる。民族やカースト、地域、あるいは女性といった、ネパールにおける「包摂」の議論が中心的に論じてきた問題系の議論においては、いずれの論文においても、「ある集団が特定のカテゴリーを前提として包摂される」という単純な過程には還元出来ない現象が提示される。加えて、ネパール国内においても、また研究者の間でも、従来「包摂」という枠組との関係で扱われることの比較的少なかった人々のまとまりをも取り上げることで、ネパール内部の「包摂」を巡る議論と状況の要約困難な多面性と、場合によっては「包摂」概念の臨界が提示される。さらに、ネパールと同じくヒマラヤ南麓の国家でありながら全く違った国民に対する政策が行われているブータンの状況を扱った論文を配することで、ネパールにおける「包摂」を巡る議論に見られる偏りを明らかにする。以上が、編者なりの本書の目論見である。

II　近現代ネパール国家と住民

1　ネパールの人々——その多様性の古典的整理

　2008年春まで憲法上ヒンドゥー王国であったネパールは、インド亜大陸とチベット高原を画するヒマラヤ山脈の南麓にほぼ位置し、標高100m以下のインドに連なる平原部タライから、ヒマラヤから流れ下る川によって切りとられた山々が織りなす中間山地帯を経て、白銀に輝くグレート・ヒマラヤの峰々、さらに一部はその北側のチベット的な乾燥地帯まで、多様な環境をその国土内に含んでいる。首都は、中間山地に位置する肥沃な盆地内にあり、古くから南アジアとチベットを結ぶ交易の中継地として栄えたカトマンドゥに置かれている。小国と思われがちだが、2011年国勢調査での人口は約2650万人、面積は約14万平方キロメートルで、ヨー

ロッパならば中規模の国家にあたる規模である。

　複雑な地形や多様な生態をも反映して、ネパールに住む人々は、社会文化的にも、言語的にも、宗教的にも、また経済的にも多様である。この多様性の内実については、本書全体を通じて様々な観点から議論されることになるが、ここでまず、言語系統に着目した教科書的かつ近似的な説明を提示しておく（詳細は第2章を参照）。

　ネパールの住民は、インド・ヨーロッパ語族インド語派に属する言語を伝統的母語とする人々と、チベット・ビルマ語族に属する言語を伝統的母語とする人々に大きく分類される。この内前者はネパールの南側、後者は北側に多く居住し、中間山地では、大まかに言って西に行くと前者が、東に行くと後者が多くなる傾向がある。これ以外の言語系統に属する言語を母語とする人々もいるが、人口的にはごく少数である。

　インド・ヨーロッパ語族の言語を伝統的に母語としてきた人々のうち、中間山地帯の比較的高度の低い地域を中心に住んでいるのが、ネパール語を母語とするヒンドゥーの人々である。研究者等により山地ヒンドゥー、パルバテ・ヒンドゥーなどと総称されることの多い彼らは、ネパールの人口の約4割を占める。その大部分は村落部に住む農民であり、大雑把に言うと、バフン、チェトリ（それぞれブラーマン、クシャトリヤに対応）と、かつて不可触とされた幾つかの職業カーストからなる比較的単純なカースト的社会構成を持つ。旧王家をはじめ近代ネパールの中核となってきた人々の大半は、パルバテ・ヒンドゥーの高カーストに属する人々であった。

　一方インドに連なる平野部タライには、マイティリー、ボージュプリー、アワディーといったヒンディー語系の言語を話す人々が住む。多くはヒンドゥー教徒で、多数のカーストからなる社会を構成してきたこれらの人々は、ムスリム人口も含めるとネパールの全人口の約2割を占めている。同一の言語を話す人々は国境の南のインド領により多く住んでおり、むしろ各々の言語・文化地域の中を国境線が横切っているというのが実体である。

タライと中間山地帯の間には、かつてマラリアの蔓延する広大なジャングルが存在した。そこに住んできたのが、タルーをはじめとする民族である。その多くは現在インド・ヨーロッパ語族に属する、それぞれ独自の言語を母語としている。通常社会内にカーストを持たないこれらの人々は全人口の約1割を占めるが、とりわけ20世紀後半以降伝統的に住んできた土地のかなりの部分が他人の手で開墾されたため、その生活条件は悪化した。

　他方、中間山地帯の比較的標高の高い地域を中心に住んでいるのが、チベット・ビルマ語族の、多くの場合互いに通じ合わないそれぞれ独自の言語を伝統的母語とする諸民族である。ネパールの人口の約2割を占めるこれらの人々は、原則として南アジア的なカースト的社会構造を持たず、南ではヒンドゥー教、北ではチベット仏教の影響を受けつつ、多くの場合独自の言語的文化的宗教的伝統を維持してきた。

　チベット・ビルマ語族の言語を母語としてきた人々の中で、カトマンドゥ盆地を中心に住むのがネワールと呼ばれる人々である。ネワールは全人口の約5パーセントを占めるに過ぎないが、長きにわたる都市文明の担い手として、ヒンドゥー教徒と仏教徒の双方からなる複雑なカースト的社会を作り上げてきた。

　最後に、ヒマラヤの高地に点々と居住するのが、チベット語の方言を母語とするチベット系の人々である。有名なシェルパをはじめその多くはチベット仏教徒であり、服装や食べ物から社会構成に至るまで、チベット的な特徴を多く有している。だが、ネパールの持つヒマラヤのイメージにもかかわらず、チベット系の人々が全人口に占める割合は1パーセントにも満たない。

2　人々の多様性に対する近現代ネパール国家の対応

　現在に直接連なる、国境で区切られた領域国家としてのネパール国家が成立したのは、比較的最近のことである。18世紀中葉に、ネパールのほ

ぼ中央、ガンダキ水系に属する中間山地帯に点在していた諸王国の内、当初は弱小勢力であったゴルカがプリトビ・ナラヤン・シャハ王のもとで勢力を拡大し、1768年から1769年にかけてカトマンドゥ盆地を征服した。通常この時点をもって近代ネパールの成立とする。王国は王の死後も拡大を続け、一時はシッキムから現インドのウッタラーカンド州まで、ヒマラヤ南麓に細長く広がる大王国を形成した。しかし1814から16年にかけてのイギリス東インド会社との戦争に破れて領土がほぼ半減、現在の国境線のかなりの部分がこの時定まった[3]。

このことの含意は、ネパールの国境線が、従来存在した政治的文化的社会的な境界に対応したものというより、特定の時点での政治的軍事的な力関係によって決定された側面が強い、ということである。そのこともあって、ネパール国家は、多様な人々をその領土内に抱えることとなった。逆に言うと、ここにおいて近現代ネパール国家は、自らの閉じられた領域の存在を前提として、その中に存在する多様性に、何らかの形で対処せざるを得なくなったのである。次にその歴史を、ネパールの近現代史の展開と絡めて略述しておこう。

イギリスとの戦争の後、様々な政争の後、1846年から100年余りに亘りネパールの実権を握ったのはラナ一族であった。ラナ専制支配下のネパールでは、1854年以降、国内にいる全ての人間が、ヒエラルヒー的な「カースト」的秩序の中で特定の位置を占める何らかの集団に属していることが、法的に前提とされることとなった。1951年のラナ体制終焉後、約10年の移行期を経て、1960年代には、国王を中心とし、政党を禁止する開発独裁的なパンチャーヤット体制が成立する。そこでは全てのネパール国民は平等であるとされたが、同時に採用された国王、ヒンドゥー教、ネパール語を中核とする国民統合路線において、ネパール国内の社会的文化的多様性が政策上十分に考慮されることはなかった。パンチャー

---

[3] ネパール史に関する日本語の文献として、まずは佐伯［2003］を参照。

ヤット体制に対する「ジャナ・アンドーラン（人民運動）」の結果制定された 1990 年のネパール王国憲法では、ネパールの多民族性、多言語性が認められる一方、ネパールは引き続きヒンドゥー王国だと規定された（詳しくは第 1、2 章参照）。

3 1990 年以降の多様性を巡る言説[4]

　ネパールにおいて「マイノリティ」を巡る問題が広く顕在化したのは、ネパールに住む多様な人々の中に、国家による一方的なネパール化に反発する声が挙がったパンチャーヤット時代末期である。ここで注意すべきは、一方的なネパール化に反対する人々の声が、当初から、マジョリティ対マイノリティという単純な枠組には収まりきらないものであった点である。第 1 章でより詳しく述べるが、図式的に言うと、第一に、諸カーストからなるヒンドゥーの人々に対して、多くはそうした社会構成を持たない諸民族が、第二に、高カーストに対して、従来不浄扱いされてきた人々が、第三に、山地の人々に対して、二級市民扱いを受けてきた平地の人々が、それぞれ声を上げたのである。しかもこれら三つの対立軸の関係は微妙であり、例えばカトマンドゥ盆地を中心に住むネワールは通常民族だとされるが社会内部に多数のカーストを含んでいるし（第 3 章参照）、山地の人々の中にも平地の人々の中にも、カースト対民族の対立と、高カーストと低カーストの対立の双方が見られる。また、宗教、ジェンダー、階級といった対立軸も重要性を増した。さらに、こうした差異を横断する形で諸政党が村レヴェルの人々の日常にまで入り込んで行った。

　状況の複雑性に加えて、個別の対立を指し示す語彙にも注意を払う必要がある。近年ネパール語で、諸民族を「ジャナジャーティ」と、不可触扱

---

[4] この時期のネパールの中間集団を巡る議論については、Gellner らの論集 ［1997］ が最も重要な貢献である。本節の記述は、基本的に同書の議論の要約を超えるものではない。また第 1 章の議論も参照。

いを受けてきた人々を「ダリット」と呼ぶ用法が一般化している。これらの語彙は、ネパールで広範に用いられるようになる以前にインドで議論され用いられてきたものであった。また例えば、ジャナジャーティの運動家達がこの語の英訳として Tribes や Ethnic Groups ではなく Nationalities を選択し、さらには国際的な「先住民」概念の流通に対応して、先住民の訳語である「アディバシ」を付して「アディバシ・ジャナジャーティ」として再規定を行うといった点に、国際的視野と戦略性を見てとることも出来よう（第1章）。こうした語彙がいつ、誰によってどのような含意と文脈で用いられ、また用いられていないかは、本書の幾つかの論文で議論されることとなる。

4 「体制転換期ネパール」の政治過程

さて、政党政治が復活し、民主化が軌道に乗ったかに思えた1990年以降のネパールであったが、1996年から10年にわたるマオイストの武装闘争、ギャネンドラ国王（当時）による段階的な権力掌握等により政情は再び不安定化した。2006年には、多くの国民が参加した第二次民主化闘争「ジャナ・アンドーラン2」により国王中心の統治が終わり、次いでマオイストとの包括的和平合意が結ばれた。この時期以降、ネパールは立憲民主共和制への、長い体制転換期に入ることになった。本書が中心的に論じるのは、この時期のネパールを巡る状況である[5]。

議論の前提として、2006年以降のネパールの政治過程を簡単に振り返っておこう。議会政党とマオイストは様々な議論の末2007年暫定憲法を制定し、その後、ネパール平野部に住むマデシによる激しい抗議運動をはじめとする紆余曲折を経て、2008年4月に制憲議会選挙が行われた。大多数の予想に反してマオイストが第1党となったが過半数には遠く届

---

[5] 内戦期から体制変換期に至るネパールの状況を多面的に描いた日本語の論集として、南・石井編［2015］を参照。

かず、ネパール会議派、共産党 UML がそれに続いた。マデシ諸政党の躍進も目立った。選挙の結果を受けた第一回制憲議会において王制は廃止され、ネパールは多民族、多言語、多宗教、多文化性を前提とした連邦民主共和制国家となった。しかし制憲議会における憲法制定作業は遅々として進まず、政党は離合集散を繰り返し、結果として最高裁が設定した期日までに憲法を作ることが出来なかった第一次制憲議会は 2012 年 5 月に解散となった。

その後の紆余曲折を経て、暫定的な選挙管理内閣の下、西暦 2013 年 11 月 19 日、ネパールの第二回制憲議会選挙が行われた。5 年半ぶりに行われたこの選挙の結果、1990 年代にも主要政党であったネパール会議派と共産党 UML がそれぞれ第 1 党、第 2 党となったが、いずれも過半数には届かず、他方マオイストは大きく得票を減らし、2 政党に大きく水をあけられた第 3 党となった。保守系諸政党が議席を伸ばし、マデシ政党は議席を減らした。この第二次制憲議会については、ジェンダーやカースト・民族毎の議員割合の分析などから、2006 年以降進んできた「包摂」への動きが押し戻されているのではないかといった議論が既になされている[6]。

第二次制憲議会においても憲法制定への動きは当初ゆっくりとしたものであったが、とりわけ 2015 年 4 月の大地震以降、憲法制定への動きが早まり、7 月には主要政党の合意による新憲法第一次草案が成立、制憲議会議員がそれぞれの選挙区において内容を説明し国民からの意見聴取を行うという手続きを行ったが、ここで様々な異論が噴出、各地でゼネスト等を含む激しい反対運動が生じた。しかし多くの主要政党は再度調整の上憲法草案をまとめ、制憲議会は対案も含めて一条ずつ審議にかけ、9 月 20 日に新憲法が公布された。この際多くの政治家が、「憲法は民意により改正

6 　この選挙に関しては、名和［2015a: 80-81］及びそこで引用された文献を参照。

可能なので、とりあえず憲法成立を」と論じていたが、タライを中心とした反対運動は収まらず（第6章参照）、インドによる非公式の国境封鎖が数ヶ月にわたり継続するなど、その後も不安定な状況が続いている。新憲法改正を巡る議論が決着せず、また国政及び地方選挙の実施の目処も立たないうちに、2016年8月に再び政権交代が生じるなど、本稿執筆時点で、今後の先行きは不透明である。

III　ネパールにおける「包摂」

1　「サマーベーシーカラン」

　以上のような錯綜した状況をよりよく理解するために、本書では「サマーベーシーカラン」という語に注目する。サマーベーシーカラン（*samāveśīkaraṇ*）は、結合、包含、浸透といった意味を持つ語 *samāveś* の形容詞形 *samāveśī* に、「〜すること」を意味する *karaṇ*[7] を付けたものであり、第8章冒頭で田中が具体的に論じているように、英語 inclusion の翻訳語として、比較的最近になって広汎に用いられるようになった、固い響きのする語彙である[8]。

7　例えば、「1」を意味する *ek* を同様に変化させると、*ekīkaraṇ*（統一、合併）になる。

8　この語の導入に関して、フランスの人類学者 Toffin は、「社会的包摂」（*siimajik samiiveshikaran [sic]*）の語が1990年以降の大部分の政府における新たなモットーとなったと論じるが [2013b: 103]、筆者はこれを裏付ける文書を見たことがない。他方バッタチャン [Bhattachan 2009: 11] が言及する第10次五か年計画については、本文を見る限り、用いられているのは *bañcitīkaraṇ*（exclusion に対応する語の一つ）である。政府刊行の非公式英語版で唯一 social inclusion の語が登場する箇所のネパール語原文は何故か *sāmajik vikās*（社会的開発）であり、管見の限り他の章でも *samāveśīkaraṇ* の語は使われていない [Śrī 5 ko Sarakār 2059v.s.; His Majesty's Governmet 2002]。同時代の法律事典 [Śreṣṭha 2056v.s.] や、見

既に佐藤［2015］が指摘しているように、ネパールにおける「包摂」を巡る議論は、民族、カースト、地域といった中間集団を巡るものにかたよってきた。ネパールの有力な社会学者でsocial inclusionを巡る論考も多いクリシュナ・バッタチャンは、ネパールにおいて「包摂」概念が導入された契機として第10次五か年計画に言及しているが［Bhattachan 2009: 11］、この五か年計画の中で実際に「排除」が問題にされているのが、第一に貧困問題の章の中の「後進集団・地域」の節であることは、ネパールにおいて「社会的排除」や「包摂」を巡る議論が、第一に民族的・カースト的・地域的集団との関係で論じられたことを端的に示している。また、例えばSocial Inclusion Research Fundが支援した200件近い調査の要旨集［Bajracharya 2009］を見ると、そもそも枠組自体がジェンダー、ダリット、ジャナジャーティ、マデシ、言語、その他、といった形で構造化されており、中には内戦の影響、環境、HIV、移民といった主題を取り上げたものもあるものの、主題の偏りは明らかである。このことは、「包摂」を巡る議論が、「新しい瓶に入った古いワイン」［Bhattachan 2009］という側面を色濃く持つことを示唆する[9]。ただし、一度導入された語彙が、様々な領域に転用される可能性を持つことも確かである。論文レヴェルでも、例えばネパールにおける社会的排除と包摂を扱った論文集［Stokke and Manandhar 2010］には土地所有やドメスティック・バイオレンスを扱った論文が、またアイデンティティと包摂に関する論文集［Karki 2012a］には

　　出し語12500語を誇り当時収録語数において比類のなかった西暦2001年刊行のネパール語事典［Śarmmā 2057v.s.］にも、*samāveś*や、後者では「排除」exclusionに対応する*bahiṣkaraṇ*の語はあるものの、*samāveśīkaraṇ*は収録されていないことを付言する。なお、以上の説明からも明らかなように、「排除」exclusionのネパール語訳としては*bahiṣkaraṇ*と*bañcitīkaraṇ*の双方がある。

9　この点は、第14章で論じられる、民族的問題が一切登場しないブータンの事例と比較すると、さらに明確になる。

性的少数者をめぐる論考が収録されている。

　サマーベーシーカランの語は、一度導入されるや、急速に普及していった。「社会的排除」を巡る研究プロジェクトを率いてきた D. R. ダハルと D. クマールは、2009 年時点で、「サマーベーシーカラン（包摂）は日常語となり、全てを包摂的にする必要があらゆる所で感じられている。……民族的、カースト的、ジェンダー的、宗教的、空間的差別は、大部分、制度化された社会的排除の実践の重大な構成要素として展開する。それ故包摂への要求は大潮の如く上昇し、社会的言説の波をつくっている」[Dahal and Kumar 2009: viii] と記している。この語は、「多民族的、多言語的、多宗教的、多文化的」と規定されたネパールにおいて、多様な人々を、その多様性を消し去ることなく、その一員とすることを含意してきた。この点で、パンチャーヤット時代の「統合」との差異は決定的である。またそのためこの語は、紛争／内戦後のネパールの錯綜した状況の中で、表立って反対することの困難な、プラスの価値を帯びることとなった。加えて、原理的にはほぼあらゆる領域、あらゆる単位の人間の集合体に対して適用可能で、かつ人々に対する動員力を持ちうる語であることも、この語の急速な普及の背景にあったと考えられる。勿論、グローバルに流通する概念の翻訳語であることから、海外からの援助という、ネパールの現状において極めて重要な問題との関連も指摘出来よう。

　出発点でもう一つ確認しておくべきは、「包摂」という語は、しばしば包摂される単位の明確な設定を要請するということである。ジャナジャーティやダリットといった集団範疇との関係で用いられる場合には、とりわけそうである。実際、従来存在していた在地の緩やかな人の範疇化が、近年明確な境界を持った集団範疇へと変容しているという指摘は、ネパール研究において新しいものではない[10]。そして、「包摂」を巡る議論が活性化

10　この点に関する議論を展開した重要な著作として、例えば Fisher [2001]、Guneratne [2002]、及び Pfaff-Czarnecka and Toffin (eds.) [2011] を参照。

していく中で、それに対抗しようとする諸実践、具体的には、一方でより大まかな、しかし明確な他者を含む、例えば「ヒンドゥー」といった範疇の強調が[11]、他方で従来「包摂」されるまでもなくネパール社会の中核をなしていると見做されてきた人々までもが、例えばカス・アーリヤ Khas-Ārya という範疇を作ることで自らの包摂を主張するという事態［Adhikari and Gellner 2016］が、かなりの広がりを持って生じていることもまた確かである。

2 ネパールの「包摂」に関する先行研究

既に触れたように、ネパールにおける「包摂」に関する調査・研究結果は、とりわけネパールにおいて続々刊行されている[12]。だが、その多くは当初から「包摂」に焦点を絞った比較的短期の調査に基づいたものであり、民族誌的な厚みに欠けるものが多い。ただし、議論が西洋起源の「包摂」概念の単純な翻訳＝流用に基づく個別研究を超えて、「包摂」概念の西洋における意味とネパールにおける適用可能性を巡る再帰的検討に及んでいることは、付言しておきたい［Dahal and Kumar (eds.) 2009; Gurung, Tamang, and Turin (eds.) 2014; 第 2 章も参照］。

他方、英語圏のネパール研究においては、エスニシティやダリット等特定の主題に関する検討が多く行われてきた[13]。そこでは、中間集団を巡る

11　例えば、長年ネパール研究の有力誌であった *Contributions to Nepalese Studies* の 41 巻 1 号には、ヒンドゥトヴァ的思想を前面に出した論文が掲載されている。

12　後述する SIA-EP プロジェクト関係のものを除き、Bajracharya (ed.)［2009］、Dahal and Kumar (eds.)［2009］、Karki (ed.)［2012a; 2012b］、Social Inclusion Research Fund［2009］、Stokke and Manandhar (eds.)［2010］等。

13　Carrin, Kanungo, and Toffin (eds.)［2014］、Guneratne (ed.)［2010; 2011］、Lawoti and Guneratne［2010］、Lecomte-Tilouine［2009］、Lecomte-Tilouine and Dollfus (eds.)［2003］、Mishra and Gurung［2012］、Onta

運動と政党活動家の主張の間、さらに両者とローカルな社会的現実の間の乖離が夙に指摘され、活動家やメディア、NGO 等に焦点を当てた研究が盛んに行われる一方で[14]、特定の社会においてこうした問題を継続的に捉える民族誌的研究は意外に少ない[15]。

ネパールの「包摂」に関する膨大な研究の中でも異彩を放っているのが、トリブバン大学中央社会学人類学部が中心となって 2011 年から行われた「社会的包摂アトラス・民族誌プロファイル (SIA-EP)」プロジェクトである[16]。このプロジェクトは、全国的なサンプル調査を行い、それに基づいて民族・カースト、母語別のネパール国内の人口分布を詳細に地図化したのみならず、識字率から、安全な水や便所へのアクセス、携帯電話の保有に至る社会的包摂に関わる諸事項についても、カースト、民族、地域別の大まかなカテゴリー毎に地図化して示す作業を行った [Central Department of Sociology/Anthropology 2014a; 2014b]。さらに、そうして得られたデータの分析に基づく検討 [Central Department of Sociology/Anthropology 2014c; Gurung, Tamang, and Turin (eds.) 2014 等] に加えて、従来十分に知られてこなかった特定のカーストや民族集団についての基礎的な民族誌情報を提供する、それぞれ 100 ページほどの Ethnographic Series を、20 冊以上刊行している。インド植民地期のセンサスの再来とも見えるこのプロジェク

[2006；2014]、Toffin [2013a; 2014]、Whelpton, Gellner, and Pfaff-Czarnecka [2008]、Toffin and Pfaff-Czarnecka (eds.) [2014] 等。Ishii et al. (eds.) [2007a; 2007b] も参照。

14　Gellner (ed.) [2009; 2010]、Gellner and Hachhethu (eds.) [2008]、Pfaff-Czarnecka and Toffin (eds.) [2011]、Shah and Shneiderman [2013]、Shneiderman and Tillin [2015] 等。

15　こうした方向性で書かれた Shneiderman の民族誌 [2015] が刊行されたのは、本書の元になった研究会の終了後であった。

16　以下の 3 段落は、[名和 2015b] の一部に情報を付加し修正を加えたものである。

トを本質主義的だと批判することは、一見容易かも知れない。だが、このプロジェクトは従来十分に得られていなかったネパール社会の現状に関する基本的な情報を収集・整理・提供することから、情報の分析に基づく新ネパールに向けた政策提言、さらに大学院生等をフィールド調査に投入することによる人材育成までを視野に入れたものであり、社会との関係を無視した単純な批判は生産的でないように筆者には思われる。ただ、様々な配慮にも拘わらず、「包摂」を巡る議論の焦点が、民族、カースト、地域、およびそれらと交叉するジェンダーを巡る議論に偏っていく傾向は、明白に存在する。

　SIA-EP プロジェクトの出版物は、ネパールの文化人類学の出発点に位置する一冊の著作を思い起こさせる。ネパール人類学の父とも称されたドル・バハドゥル・ビスタの『ネパールの人びと』[Bista 2004(1967)] である。ネパール全土を自ら歩いて集めた文字通りファーストハンドのデータに基づいて、最終的には 30 におよぶ異なる人々に関する基礎的な民族誌情報を網羅するに至った本書（最後に付け加わったのがカス（Khas）であり、それが丘陵部のブラーマン、チェットリ、職業カーストと別扱いされていることは、カス・アーリヤを巡る上述の議論との対比で興味深い）は、当初、ネパール人自身十分に知らなかったネパール国内の民族的多様性を明らかにすると共に、国王中心のパンチャーヤット体制下での近代化と国民統合への期待を表明した著作であった。ビスタはパンチャーヤット体制が終わり複数政党制が復活した後、ブラーマン的な運命論的思考がネパールの発展を妨げているという論争の書、*Fatalism and Development* [Bista 1991] を出版したが、この著作においても、運命論をインド起源の外来思想として批判すると共に、西洋の個人主義を単純に導入するよりはネパール国内のヒンドゥー高カースト以外の諸民族の価値観に学ぶべきだという主張を行っている。ネパールという国家の存在と、国内に存在する多様性を前提としつつ、単なる西洋化ではない形で近代化とネパールの国民統合を進めていくべきだという彼の基本姿勢は、一貫したものだったと筆者は考えている。

SIA-EP プロジェクト、とりわけその民族誌シリーズは、ほぼ 50 年前の、個人による超人的な努力による調査に基づくビスタのプロジェクトを、統一的な指導に基づく体系的な調査によって補完するものとも見える。他方、ビスタの国民統合へのヴィジョンと、2006 年以降の「包摂」を巡る議論との差異もまた、一見明確である。ビスタが持っていたのは、ネパール国内の様々な人々が交じり合っていくというイメージだった。ビスタが異民族異カースト間の通婚の増加について、多くのネパールの知識人と異なり極めて楽観的かつ肯定的であったことは示唆的である。他方、現在のネパールにおける民族、カースト、地域に基づく運動の主流は、「少数民族」と訳しうるネパール語ジャナジャーティの英訳として nationalities を採用していることが端的に示す通り、「一つのネパール人」への融合或いは統合を明確に拒否している。因みに、SIA-EP プロジェクトが行われていた時期に中央社会学人類学科長であったオム・グルンは、ジャナジャーティ運動の中心人物の一人としても広く知られている。だが注意すべきは、王制廃止後、国の統一的シンボルの欠如が指摘される状況にあっても、ネパールにおける「包摂」を要求する議論において、ネパールという枠組自体が疑われることは極めて少ないということである。「包摂」は「包摂」される対象の存在を前提とするのであり、「過度の包摂への取り組みがネパールの統一性を損ない、国家を分裂させる」と主張するのは、ほぼ常に、自らを主流社会の側に位置づける人間である。ドル・バハドゥル・ビスタとオム・グルンという二人の人類学者の間の差異を正確に測定する作業は、現代ネパールの「国民」とその内的多様性を巡る想像力の展開を跡づける作業に直結しているのである。

IV　本書の構成

　「包摂」を巡る以上の先行研究の展開に対して、本書では、各執筆者が、それぞれのフィールドの全体的状況の把握と、グローバルに、或いはナ

ショナルなレヴェルで流通している言説に関する知識を前提として、必ずしもこうした言説により回収されないローカルな水準での人々の状況を「包摂」をキーワードとして明らかにし、それを外部の言説との関係をも含めて検討していく。各々の状況が「包摂」概念を通して明らかにされると同時に、「包摂」概念自体も、現地での用法と普遍的概念の適用性の両面において、その都度問い直されることになる。

　まず、この序章に続く二つの章では、「包摂」が明示的に問題となった2006年以降の状況に至るネパール国家の変容を論じることで、本書全体の背景説明を提示すると共に、体制転換期ネパールの制度的状況自体を分析する。

　第1章で名和は、19世紀以降のネパール国家が、国内に住む多様な人々をどのような範疇によりいかに捉えてきたのかを、主に憲法の条文の検討から明らかにする。それはごく大まかには、カースト的秩序と集団的多様性を前提とした20世紀中葉までの体制から、1961年からほぼ30年続いた、内的多様性を考慮せず、国王、ヒンドゥー教、ネパール語のもとに一元的な国民統合をなしとげようとするパンチャーヤット体制、第一次民主化後の1990年憲法の規定にみられる多民族・多言語のヒンドゥー王国を経て、内戦後の2007年暫定憲法及び2015年憲法に見られる、多民族、多言語、多宗教、多文化の、世俗の連邦民主共和制へ、という展開として纏められる。D. ゲルナーがかつて論じたように、ネパールは権利に関して集団から個人、そして再び集団へという振れを経験したと言い得るが、重要なのは、20世紀中葉までの集団と、1990年以降議論された集団の、国家に対する関係性の違いである[17]。

　続く第2章で石井が取り扱うのは、国勢調査である。石井は、近現代ネパールの国家形成・国民形成の歴史を国勢調査との関連も含めて概観し

17　なお、本書の主題に関する筆者自身の民族誌的な議論は、別稿で行った［Nawa forthcoming］。

た後、国勢調査手引き書を主要な材料として、1991年以降の国勢調査における、「民族」「カースト」にほぼ対応する用語の使用法を分析し、その範疇化のあり方に見られる特徴を明らかにする。次いで1991年以降の国勢調査結果の「カースト／民族」に挙げられている個々のカースト・民族名、及び数字の変遷を具体的に検討し、さらにこれを20世紀後半から数字のある言語別母語人口の数字と比較する。言語、及びカースト／民族の項目が増加し、単位の「細分化」が進んでいる一方で、大人口を擁する項目の多くは強い「安定性」を有している、という結論は、国勢調査が、政治・文化・宗教を巡る明示的な闘争の場にますますなりつつある1990年以降の状況を考える際、極めて示唆的である。

続く四つの論文は、体制転換期ネパールの「包摂」を巡る議論において中心的に論じられてきた、カースト、民族、地域に基づく集団範疇に焦点を当てたものである。この領域の問題系については、既に述べたようにかなりの研究成果の蓄積が存在するが、以下の論文はいずれも、「特定の民族やカースト、地域によるアイデンティティの主張の顕在化と展開」といった単純な図式におさまらない動態を捉えている。

第3章で中川は、カトマンドゥ盆地を中心に複合的な社会を構成してきたネワールの1カーストと捉えられるカドギの政治運動とカースト表象に焦点を当て、その展開と変遷を長期的に論じている。家畜の屠殺と肉売を伝統的に担ってきたカドギの中には、かつてはネワールという民族を超えて他の被差別カーストと共に連帯して差別に反対する活動を行う動きがあり、またカースト団体であるネパール・カドギ・セワ・サミティの運動も、初期には「水不浄」差別への反対運動など、「カースト」を巡る問題への対応が大きな位置を占めていた。しかしその後カドギをとりまく政治体制や社会環境の変化に対応する形で、自らが「ダリット」であることを否定し、「先住民」ネワール内部のカーストとしての位置づけを強調する方向に、大きく活動内容を変化させた。「カドギ」という集団範疇を（他の「名づけ」に抗して）維持してきた人々の運動体が、「カースト」と「民

族」、「ジャナジャーティ」と「ダリット」といった枠組の間で、状況に応じて自らを再定位してきた過程は、こうした枠組自体の批判的な再考を促すものである。

　第4章で森本が論じるガンダルバは、楽器を持って町や村を周る楽師カーストとして知られ、またネパール社会において「不可触」扱いを受けた人々である。森本は、ガンダルバが首都カトマンドゥに出て観光業に接すると共に「伝統音楽家」という文化的評価を獲得し、さらには海外に移住する可能性を得るに至る過程を前提に、まずはネパール国内において、ガンダルバを「ネパール文化の担い手」の一つとして文化的に包摂する動きと、ダリットと自己規定することにより平等な包摂を目指すガンダルバ自身の動きとの微妙な関係を明らかにする。次に、アイルランドに定住したガンダルバ兄弟に焦点を当てて、グローバル資本主義に包摂された彼らが、カトマンドゥとアイルランドを繋ぐ新たな社会空間を生きることによって、カトマンドゥでは生得的アイデンティティによらない「ミドルクラス」の一員として生きていることを指摘する。ただし、他のジャートとの共食は見られるようになったもののそれが問題化されている局面もあることが示すように、彼ら自身ガンダルバという枠自体を捨てたわけではない。移民という経験が自己意識に対して持つ重要性、また「何にいかに包摂されたいのか」という問いは、本書を通して繰り返し、異なる形で現れることになる。

　第5章で、ネパール国内において「後進的」民族として扱われることの多かったチェパンについて精緻な調査を行ってきた橘は、近年のチェパン社会とその言説空間の変化と、それがもたらす新たな社会的分裂を鮮明に提示する。彼が長年通ってきたチェパンの村は、「社会的包摂」や「権利に基づくアプローチ」を目指す開発プロジェクトと、キリスト教化とにより、根底的な変容を受けたように見える。また、海外への出稼ぎや商業への参入も生じている。しかし橘は、開発もキリスト教もチェパンの人々に受け容れられたのであり、何故それらが正当化され受け入れられたかを

こそ問うべきだとして、包摂型開発の成功、キリスト教化、商業への参入の具体的な過程を再構成する。嘗てから聞かれたある種の「構造的批判」の言説がこうした変化を促す梃子として働いている一方で、旧来の象徴性を持った人々がこうした変化から排除されているというその分析は、ローカルな「包摂」の過程が排除をも生み出すメカニズムの一例を描き出すものとなっている。

　第6章において藤倉は、2006年以降のネパールにおいて際立った重要性を持ったマデシ、及び、新憲法制定直前にとりわけ大きな盛り上がりを見せたタルーの自治州運動について、自らの経験と各種レポート、及びネパール国内の様々な言説とを交差させる形で、批判的に論じている。慎重な事実の確認を通して描かれるのは、カトマンドゥの主流となっている言説と、タライの多くの人々に共有されている感覚との圧倒的とも言える落差であり、また現実的にも、また言説の上でも、覆いがたく存在する「排除」の実体である。藤倉は、包摂の問題を、アイデンティティの問題としてではなく、集団的権利の問題として捉え直す可能性を示唆しつつ論考を終えている。

　第7章以下は、ネパールの「包摂」を巡る議論において最も集中的に取り上げられてきた、「ジャナジャーティ」「ダリット」「マデシ」といった集団範疇とは異なる範疇を巡る論考である。

　「女性」は、2007年暫定憲法、2015年憲法においても、しばしば「民族」「カースト」「地域」等と並置される形で登場する重要なカテゴリーである。佐藤は第7章で、近現代ネパールの言説空間における「女性」への言及のされかたの変遷を、民主化という観点から批判的に検討する。1950年以降の開発の言説がその内容の変化にもかかわらず「開発される対象としての女性」という枠組を保持し、肯定的に論じられることの多いマオイスト運動による女性をめぐる言説は女性達の現実の状況との乖離をも見せる。さらには1990年代末以降存在感を増してきた女性の「権利」を巡る言説もまた、誰が誰の為に自由や平等、包摂を語り目指すかに目を

向けると、その問題性が浮かび上がる。佐藤は、ネパール女性が「ネパール女性」として主体性を求める言説を民主化との関係で追いつつ、主流でないネパール女性が多重にかつ巧妙に排除されていきがちな言説構成を、とりわけ「ジャナジャーティ女性」をめぐる二重の言説の分析を通じて明らかにする。

佐藤がネパールの「女性」一般の言説を批判的に論じるのに対し、第8章で田中が扱うのは、ほぼ20年に亘り活動してきた人身売買サバイバーの当事者団体、シャクティ・サムハである。田中は、ネパールにおける当事者団体のあり方の変遷、ネパールにおける人身売買の状況、シャクティ・サムハの組織と活動を概観した後、人身売買サバイバーが経験した家族、国家、民間セクター、及び村の社会活動からの排除を具体的に検討する。家族から排除されるために市民権証が得られないなど、これらの排除は複合的に生じる場合が多い。次いで田中は、こうした状況に対して当事者団体が行って来た活動を概観する。匿名性の高い都市での活動からスタートし、「被害者」に代えて「サバイバー」と自らを呼ぶ傾向がリーダーの間で広まっていること、国家、市民社会、また国際社会からの承認を求めて積極的に活動し成果を挙げていることを示し、リーダーと一般メンバーの格差や、家族や社会からの承認のための複数の経路の確保といった課題を指摘する。地縁や出自とは異なった論理で形成されるテーマ・コミュニティのなかでも、家族からの「排除」を被りやすい人身売買サバイバーに焦点を当てた本章は、佐藤の「女性」言説への批判的検討の結論と、結論部において部分的に呼応している。

第9章で高田は、カトマンドゥのストリート・チルドレンの日常実践に、大人たちからなるNGO等により「子どもの声」が代弁される強い傾向に抗して、直接向いあう。ここでも、第7章で佐藤が論じたのと同様の対象化の言説が働いているが、対象が子どもであることが問題を難しくしている。高田は、子供のエージェンシーの強調と、子ども達がしばしば被る実害の記述との間のバランスに配慮しつつ記述を進める。カトマンドゥ

のストリート空間の展開と、そこに対する行政による管理化の動き、また、ストリートの空間に関するNGOやマスメディアの議論等を概観した後、高田はストリート・チルドレンが、どこを生活の拠点とし、どのように現金収入を得、どのように暮らしているかを詳細に記述していく。子ども達のエイジェンシーと、日常的に暴力にさらされる傷付きやすさとが同在するストリート・チルドレンの状況から、もう一度議論を組み直すべきだというのが高田の主張である。

　第10章で丹羽が扱うのは、ネパールにおけるキリスト教、とりわけプロテスタントである。ネパールは2007年暫定憲法以降「世俗」で「多宗教」の国家となったが、第1章でも述べられるように、ネパール憲法における「宗教」(*dharma*) は、2007年暫定憲法まで祖先から受け継がれたものとして規定されており、また他人を改宗させることは、2015年憲法に至るまで明確に禁止されている。また近年、インドにおけるヒンドゥトヴァ系の議論をほぼなぞる形でキリスト教を外来のものとして批判する言説が、ネパールにおいても広がりつつある。このような状況において、キリスト教徒の動向を論じることは、単なる一宗教的少数者を論じる以上の重要性を持つ。丹羽がここで論じるのは、やや意外にも、プロテスタント達が一致した声を上げるために「統括団体」を繰り返し立ち上げつつも、それが逆に統括団体の乱立と、団体間の争いを生むという事態である。死者を土葬するための墓地を巡る問題を一つの焦点として生じた争いは、単なる派閥争いではなく、それぞれの指導者の宗教的な確信や、ネパールにおける「世俗」や「宗教的自由」の理解に直結しているために簡単な解決は困難である。他方で、一般のプロテスタント信者がアイロニカルに複数の統括団体に参与することが、結果として事態の解決を困難にしている側面も指摘される。統括団体を巡る同様の問題は、政党や、他のマイノリティの研究でも指摘されており、さらなる比較検討が望まれる。

　第11章で別所が取り上げるのは、仏教とりわけチベット仏教を巡る問題である。ネパールはヒンドゥー教徒が多数を占める国であるが、釈迦生

誕生地とされるルンビニが領土内にあることから、対外的に「仏教」を主要な文化資源の一つとして活用してきた。ネパール国内には、大きく言えばカトマンドゥ盆地を中心とするネワール仏教と、ヒマラヤの高地を中心とするチベット仏教という二つの仏教伝統が存在してきたが、1959年以降チベット難民（多くは仏教徒）が流入し、彼らの一部が観光業等で成功を収め、またチベット仏教自体がグローバルに展開したこと、カトマンドゥ盆地の仏教徒の間でテーラワーダ仏教への改宗が広く見られること、マガルやタルーの一部で仏教徒となる動きが見られることなど、20世紀後半には状況はより動的になっていた。別所は、近年のネパールにおける中国の影響力の増大により大きな影響を受けているチベット難民社会と、多くはネパールの先住民ジャナジャーティとされつつも共通の「ヒマラヤ仏教徒」としての自己規定を持ちつつあるヒマラヤ高地の住民達の双方を「チベット仏教徒」として一括することの危険性を指摘し、「仏教」を巡る政治の展開の中で生じる両者の交わりと、後者のネパールへの社会的包摂への試みを活写する。

続く二つの章は、21世紀のネパール社会の不可欠の要素となった海外移住について、対照的な視角から論じている[18]。

第12章で南は、彼が長年通ってきたマガルの村からの移住労働の展開とその社会的影響を、仲介業を行うようになった村人の実践の分析、実際に村人が出かけて行ったカタールおよびアラブ首長国連邦での調査とインタビューによる移住労働の実態の再構成、そして移住労働者とその家族、及び村全体への影響の分析を通して、多層的に明らかにする。移住労働は、世界経済への搾取的な経済的包摂 subsumption、また、より有利な職種に就くネパール人移住者との交流の欠如といった状況をもたらすと同時に、

18　ネパール人移民に関する研究は枚挙に暇がないが、近年の民族誌的な研究の例として、カタールについてのBruslé［2012］、日本についての［Kharel 2016］を参照。

ネパール社会の周縁から海外へという動きにも拘わらず、人々を新たなネパール社会に包摂される主体へと社会的文化的に転換する様々な契機をも提供していることを、南は指摘する。

　第13章で上杉が論じるのは、在外ネパール人協会による多重市民権法制化運動である。移民・出稼ぎはネパール国家にとって極めて重要な問題であり、ネパールに生きる多くの人々にとって、自分や家族にとっての身近な可能性となっている。森本、橘、南が、特定のコミュニティから海外に移住する人々を捉えているのに対して、上杉が焦点を当てるのは、海外に出て自らをエスタブリッシュした人々が中心となって作る在外ネパール人協会である。上杉は世界各地での調査を元に、在外ネパール人協会の様々な活動とそのネットワーク、ネパールの政財界との関係等を明らかにする。次いで上杉は、在外ネパール人による「ネパール市民権の継続」を求める多重市民権法制化運動を取り上げ、その背後にある様々な動機と、制定を求める運動の過程を跡づける。経済的な越領域化が進む中で政治的には領域的国民国家体制が維持されており、運動の当事者の間で、目指すべき新たな時代の市民権のあり方や、新たなネパール人像に関する規範が作られつつある一方で、ネパール国家との関係においては、在外ネパール人は未だ十分に包摂されていない。

　以上の各章がネパールを巡る「包摂」の諸相を多角的に論じてきたのに対し、最後の第14章で宮本が論じるのは、かつてのネパール同様ヒマラヤ南麓に広がる王国ブータンの「民主化」である。ブータンが「民主立憲君主制」を標榜する新体制に移行したのは2007年から2008年にかけてであり、ネパールの暫定憲法制定から第一回制憲議会の成立までの時期に重なる。宮本は、ブータンの「民主立憲君主制」制度の特徴を、これまでの制度との異同をも含めて詳しく説明すると共に、村落社会の側の対応をも明らかにする。大学卒業資格を国会議員の要件とし、また宗教者を排除するなど、「政治」の領域を独自の形で限定していくことがまず注目される。政治的言説において地域的、言語的、宗教的、民族的差異の強調を避

けることが要求されていること（従って「包摂」が主要な政治的問題とされないこと）は、宮本が指摘する通り、ネパールとブータンの全く異なる方向への政治的展開を説明するであろうが、類似の規定は「民主的」とされるネパールの 1990 年憲法にも存在しており、ネパール系住民らの「不法移民」排斥政策など、国内状況や実際の政策との関連も大きいかも知れない。本書の元となった研究会では、ブータンにおいて「包摂」は例えば障害者について用いられる概念であり、国内の民族的多様性に用いることは考えられないとの指摘もあった。このようなブータンの状況は、2006 年以降のネパールにおける「包摂」をめぐる議論の偏りを、照射するものとなっている。

　本書は、体制転換期ネパールの「包摂」の現状の全体像を示すものではない。ネパール全土の様々な中間集団の「包摂」を巡る状況に関しては、上述の SIA-EP プロジェクトをはじめ多くの研究が存在しており、それらを超える包括的な成果を出すことは、十数人の研究者ではそもそも不可能である。むしろ本書の論文の多くは、SIA-EP プロジェクトのような体系的な試みが取りこぼしがちな様々な現象を論じている[19]。名和の検討した憲法や石井の検討した国勢調査における用語の変遷はもとより、例えばダリットであることを否定しジャナジャーティとして自集団を再定義するカドギの動き（中川論文）、ネパール女性が「ネパール女性」として主体性を求める言説に見られる「ジャナジャーティの女性」の排除（佐藤論文）、またプロテスタントの存在自体とネパールにおける「宗教」＝ *dharma* の概念との不協和（丹羽論文）といった事態は、ダリット、ジャナジャーティ、

---

[19] ネパール語を母語とするヒンドゥー高カーストの人々の一部が、自らの集団範疇を Khas-Ārya として再規定しようとする防御的とも思える動き、また民族政党の活動等、研究会では論じられていたが、本書に論文を収録出来なかった重要な主題も存在する。

また宗教、女性といった、体制転換期ネパールにおいて広く流通してきた諸範疇の持つ可塑性と危うさとを、具体的な形で示している。他方、藤倉が論じた同じネパール国民である筈のマデシやタルーに対する言説的・実体的排除は現状における「包摂」の言説と国家機関の実際の対応の乖離を、また別所が論じたチベット難民に対する官憲による排除は、ネパール国家を前提とした「包摂」に対する明確な外部の存在を、端的に示している。人身売買サバイバーの当事者団体の活動の展開に関する田中の多面的な分析や、ストリート・チルドレンの生き生きとした日常世界とその脆弱さに関する高田の記述は、単に従来のアイデンティティ・ポリティクスの枠組では論じられて来なかった事象に光を当てるにとどまらず、「包摂」を目指す実践の多様性と、しばしば困難なその歩みをも明らかにしている。

　本書の論文の多くは、「包摂」という概念により事象の一部を切り出して論じるではなく、民族誌的状況の中に「包摂」を巡る現象を位置付けつつ論じている。本書の副題に、言説政治や社会実践のみならず、生活世界の語が入っているのは、そのためである。「包摂」を巡る問題を部分として含む、チェパン社会の近年の急速かつ多元的な変化を論じ、新たな分断の成立を浮かび上がらせた橘論文は、その典型である。こうした民族誌的な作業から、現代ネパールの状況の理解のみならず、「包摂」を巡る問題との関連においてもその重要性が再確認されたのが、海外移住者を巡る問題である。南は、中東における移住労働者の現状を明らかにすると共に、留保付きながらも、海外出稼ぎからネパール国内での包摂への正のフィードバックの存在を強調する。対して、二人のガンダルバの足跡を追ってネパールからアイルランド、さらにはトランスナショナルな社会空間へと議論を進めた森本論文は、より個別具体的で錯綜した関係性を描いている。他方、上杉による在外ネパール人協会による市民権継続要求の検討は、宮本が論じる「包摂」がアイデンティティ・ポリティクスと結びつかないブータンの事例と共に、ネパールにおけるネパール国家と国民の在り方自体を、「包摂」概念との関係で、再び相対化し、問い直す契機を含むもの

である。

　遺憾ながら本書は、ネパールの事例から再びより一般的な議論へと展開するには至っていない。一部の論文は、「包摂」の問題を国民国家や民主主義、また所謂グローバル化を巡る議論と結びつけているが、概ね予備的乃至試論的な内容に止まっている。本書の論文の多くは、英語のinclusionの概念がネパールに導入され、またネパール語に翻訳され、多様なアクターによって様々な軋みを伴いつつ用いられていく（或いは用いられない）中で生じた状況を、より広い民族誌的文脈の中で描いている。それらの軋みを見据え、またそれと付き合いつつ、哲学から政治学に至る膨大な議論を踏まえて「包摂」を巡る問題をさらに検討する作業は、各執筆者と読者の前に開かれている。

参照文献

Adhikari, Krishna P. and David N. Gellner
　2016　New Identity Politics and the 2012 Collapse of Nepal's Constituent Assembly: When the Dominant Becomes "Other". *Modern Asian Studies* 50 (6): 2009–2040.

Bajracharya, Rojan (ed.)
　2009　*Social Inclusion and Nation Building in Nepal: Abstracts of Researches Supported by Social Inclusion Research Fund (SIRF)*. Social Inclusion Research Fund.

Bhattachan, Krishna Bahadur
　2009　Discourse on Social Exclusion and Inclusion in Nepal: Old Wine in a New Bottle. In Social Inclusion Research Fund, pp. 11–43.

Bista, Dor Bahadur
　2004(1967)　*People of Nepal* (new edition), Ranta Pustak Bhandar.
　1991　*Fatalism and Development: Nepal's Struggle for Modernization*, Orient Longman.

Bruslé, Tristan
　2012　What Kind of Place is this? Daily Life, Privacy and the Inmate Metaphor

in a Nepalese Workers' Labour Camp (Qatar). *South Asia Multidisciplinary Academic Journal* [online] 6. http:// samaj.revues.org/3446

Carrin, Marine, Pralay Kanungo, and Gérard Toffin (eds.)
  2014 *The Politics of Ethnicity in India, Nepal and China*. Indian Council of Social Science Research/ Primus Books.

Central Department of Sociology/Anthropology (ed)
  2014a *Social Inclusion Atlas of Nepal* (4 volumes). Central Department of Sociology Anthropology, Tribhuvan University.
  2014b *The Nepal Multidimensional Social Inclusion Index: Diversity and Agenda for Inclusive Development*. Central Department of Sociology Anthropology, Tribhuvan University.
  2014c *Poverty and Exclusion in Nepal*. Central Department of Sociology Anthropology, Tribhuvan University.

Dahal, Dilli Ram, and Dhruba Kumar (eds.)
  2009 *Social Exclusion and Group Mobilization in Nepal*. Contributions to Nepalese Studies 36 Special Issue.

Fisher, William F.
  2001 *Fluid Boundaries: Forming and Transforming Identity in Nepal*. Columbia University Press.

Gellner, David N.
  2001 From Group Rights to Individual Rights and Back: Nepalese Struggles over Culture and Equality. In *Culture and rights: Anthropological Perspectives*, Jane K. Cowan, Marie-Bénédicte Dembour, and Richard Wilson (eds.), pp. 177-200. Cambridge University Press.

Gellner, David N. (ed.)
  2009 *Ethnic Activism and Civil Society in South Asia*. Los Angeles. Sage.
  2010 *Varieties of Activist Experiences: Civil Society in South Asia*. Sage.

Gellner, David N., and Krishna Hachhethu (eds.)
  2008 *Local Democracy in South Asia: Microprocesses of Democratization in Nepal and its Neighbours*. Sage.

Gellner, David N., Joanna Pfaff-Czarnecka, and John Whelpton (eds.)
  1997 *Nationalism and Ethnicity in a Hindu Kingdom: The Politics of Culture in Contemporary Nepal*. Harwood Academic Publishers.

Guneratne, Arjun

 2002 *Many tongues, one people: the making of Tharu identity in Nepal*. Cornell University Press.

Guneratne, Arjun (ed.)
 2010 *Dalits of Nepal: Towards Dignity, Citizenship and Justice*. Himal Books.
 2011 *The Tarai: History, Society, Environment*. Himal Books.

Gurung, Om, Mukta S. Tamang, and Mark Turin (eds.)
 2014 *Perspectives on Social Inclusion and Exclusion in Nepal*. Central Department of Sociology/Anthropology, Tribhuvan University.

His Majesty's Government of Nepal
 2002 *Tenth Plan* (unofficial Translation). National Planning Commission. http://www.npc.gov.np/images/download/10th_eng.pdf（2016 年 10 月 28 日確認）

Ishii, Hiroshi, David N. Gellner, and Katsuo Nawa (eds.)
 2007a *Nepalis Inside and Outside Nepal: Social Dynamics in Northern South Asia* Vol. 1. Manohar.
 2007b *Political and Social Transformations in North India and Nepal: Social Dynamics in Northern South Asia* Vol. 2. Manohar.

Karki, Mrigendra Bahadur (ed.)
 2012a *Identity and Inclusion. Contributions to Nepalese Studies* 39 Special Issue.
 2012b *Monism, Multiculturalism and Pluralism from Social Exclusion and Incluson Perspectives. Contributions to Nepalese Studies* 39 Special Issue.

Kharel, Dipesh
 2016 From Lahures to Global Cooks: The case Study of Nepali Migration from Malma Village to Japan. *Social Science Japan Journal* 19(2): 173-192.

窪田幸子, 野林厚志（編）
 2009 『「先住民」とはだれか』, 世界思想社.

Lawoti, Mahendra, and Arjun Guneratne (eds.)
 2010 *Ethnicity, Inequatily, and Politics in Nepal*. Himal Books.

Lecomte-Tilouine, Marie
 2009 *Hindu Kingship, Ethnic Revival, and Maoist Rebellion in Nepal*. Oxford University Press.

Lecomte-Tilouine, Marie, and Pascale Dollfus (eds.)

    2003 *Ethnic Revival and Religious Turmoil: Identities and Representations in the Himalayas*. Oxford University Press.

南真木人, 石井溥（編）
    2015 『現代ネパールの政治と社会——民主化とマオイストの影響の拡大』明石書店.

Mishra, Chaitanya, and Om Gurung (eds.)
    2012 *Ethnicity and Federalisation in Nepal*. Central Department of Sociology/Anthropology, Tribhuvan University.

名和克郎
    2008 「ネパールの海外出稼ぎ者に関するある想像について」『民博通信』123: 12-13.
    2012a 「「包摂」からネパールを、ネパールから「包摂」を再考する」『民博通信』136: 24-25.
    2012b 「制憲議会解散後のネパールを「包摂」から考える」『月刊みんぱく』36(9): 10-11.
    2013 「「包摂」問題のネパール民族誌への包摂に向けて」『民博通信』140: 16-17.
    2014 「外から見なおした「我々」——海外在住ネパール人と「包摂」」『民博通信』144: 14-15.
    2015a 「ネパールの『デモクラシー』を巡って——用語・歴史・現状」『現代インド研究』5: 69-87.
    2015b 「ネパール、「包摂」、人類学——共同研究を終える前に」．『民博通信』148: 18-9.

Nawa, Katsuo
    forthcoming Nation, Scheduled Tribe, Janajati, and Indigeneity: Coping with Discourses on Minority Populations among Rangs in Far Western Nepal and Uttarakhand, India. In Nicolas Peterson and Kubota Sachiko (eds.) *Challenges to Indigeneity: History, Polity and Recognition*.

Onta, Pratyoush
    2006 The growth of the Adivasi Janajati Movement in Nepal after 1990: The non-political institutional agents. *Studies in Nepali History and Society* 11(2): 303–354.
    2014 Expansion of the Public Sphere amongst Market Challenges: Janajati Magazines in Nepal in the 1990s. In Carrin et al. (eds.), pp. 255-277.

太田好信（編）
  2012 『政治的アイデンティティの人類学―― 21 世紀の権力変容と民主化にむけて』, 昭和堂.
Pfaff-Czarnecka and Gérard Toffin (eds.)
  2011 *The Politics of Belonging in the Himalayas: Local Attachments and Boundary Dynamics*. Sage.
Śarmmā, Vasantakumāra ('Nepāla') (comp.)
  2057v.s. *Nepālī śabdasāgara: sopapattika kośa*. Bhābhā Pustaka Bhaṇḍāra.
佐伯和彦
  2003 『ネパール全史』, 明石書店.
佐藤斉華
  2015 「「包摂」の排除するもの――階級論的ネパールの可能性」『帝京社会学』28: pp. 1-31.
Shah, Alpa and Sara Shneiderman
  2013 The practices, policies, and politics of transforming inequality in South Asia: Ethnographies of affirmative action. *Focaal: Journal of Global and Historical Anthropology* 65: 3-12.
Shneiderman, Sara
  2015 *Rituals of Ethnicity: Thangmi Identities Between Nepal and India*. University of Pennsylvania Press.
Shneiderman, Sara, and Louise Tillin, 2015 Restructuring States, Restructuring Ethnicity: Looking Across Disciplinary Boundaries at Federal Futures in India and Nepal. *Modern Asian Studies* 49(1): 1-39.
Social Inclusion Research Fund
  2009 *Identity and Society: Social Exclusion and Inclusion in Nepal*. Mandala Book Point.
Śreṣṭha, Śaṅkar Kumār
  2056v.s. *Kānūnī śabdakoṣa*. pairavī prakāśana.
Śrī 5 ko Sarakār
  2059v.s. *daśauṁ yojanā (2059-2064)*.
    http://www.npc.gov.np/images/download/10th_nep.pdf（2016 年 10 月 29 日確認）
Stokke, Kristian, and Mohan Das Manandhar (eds.)
  2010 *State and Society: Social Exclusion and Inclusion in Nepal*. Mandala

Book Point.

Toffin, Gérard

    2013a The *Adivasi/Janajati* Movement in Nepal: Myths and Realities of Indigeneity. In *Routing Democracy in the Himalayas: Experiments and Experiences*, Vibha Arora and N. Jayaram (eds.), pp. 29-49. Routledge.

    2013b *From Monarchy to Republic: Essays on Changing Nepal*. Vajra Books.

    2014 Autochthony and Indigeneity in Nepal and the Himalayas. In Carrin et al. (eds.), pp.55-76.

Toffin, Gérard, and Joanna Pfaff-Czarnecka (eds.)

    2014 *Facing Globalization in the Himalayas: Belonging and the Politics of the Self*. Sage.

Whelpton, John, David N. Gellner, and Joanna Pfaff-Czarnecka

    2008 New Nepal, New Ethnicities: Changes since the Mid 1990s. In *Nationalism and Ethnicity in Nepal*, David N. Gellner, Joanna Pfaff-Czarnecka, and John Whelpton (eds.), pp. xvii-xlviii. Vajra Publications.

第 1 章

近現代ネパールにおける国家による
人々の範疇化とその論理の変遷

名和 克郎

I はじめに

　本章は、近現代ネパール国家が国内に住む多様な人々をどのように範疇化し扱ってきたのかを、19世紀中葉から2015年までについて、予備的に概観しようとするものである[1]。主に扱われるのは、憲法をはじめとする法律における、「民族」「カースト」といった語彙で一般に表現される、出自に基づく範疇化である。そうした範疇化に対する人々の側の対応についても、簡単に言及する。この作業は同時に、本書の主要な焦点たる「包摂」を巡る問題系が、ネパールにおいて何を前提として如何なる経緯で浮上してきたかを示すことになろう。

　議論の前提として、近現代ネパールにおける人々の範疇化のあり方を規定してきた幾つかの重要な条件についてまとめておこう。

　序章で述べたように、領域国家としての近代ネパールは18世紀後半から19世紀初頭にかけて形成され、1814年から16年にかけてのイギリス東インド会社との戦争により、その領土のかなりの部分が確定された。この点で、ネパールの国境線は、従来存在した政治的文化的社会的な境界を

---

[1]　本稿の前半部は、本来国立民族学博物館の共同研究「少数民族と法制度に関する比較研究」の成果論文集のために、15年以上前に書かれたものである（当時としては画期的なものであった筈のこの論文集は、何故か現在に至るも刊行されていない）。共同研究を主催された横山廣子先生、発表時にご批判やコメントを下さった先生方、貴重な資料をお見せいただいた石井溥、伊藤ゆき、森本泉の各先生並びに（社）日本ネパール協会、また当時草稿に対するコメントをいただいた高見澤磨先生に特に感謝申し上げる。本論文が基づいているデータの一部は、2000年8月から9月、2001年2月から3月のネパール滞在中により得られたものである。このうち前者は文部省科学研究費補助金（特定領域研究「南アジアの構造変動とネットワーク」第4班）、後者は東京大学リーダーシップ経費により可能になった。本稿はこれらの資金による研究成果の一部である。なお、本稿が依拠した日本ネパール協会旧蔵資料は、その後東京大学東洋文化研究所に寄贈されている［名和2013］。

反映したものというより、特定の時点での政治的軍事的な力関係によって決定された側面が強い。そして、その領土となったヒマラヤ南麓を中心とする地域は、ガンジス平野とチベット高原の間に位置する、生態学的にも多様性に富んだ地域である。そのため近代ネパール国家は、様々な人々をその領土内に抱えることとなった［序章及び本書石井論文参照］。

　ネパール領内に住む人々の多様性について、ここで確認すべきは次の三点である。第一に、通例「カースト」という語で論じられてきたタイプの南アジア的な社会構造を持っていた人々と、そうした社会構造を持たない人々の双方がいた。第二にネパール領内に単一のカースト体系が存在する訳ではなく、近代ネパール国家の中核を担ったネパール語を母語とする人々のカーストのあり方と、カトマンドゥ盆地を中心とするネワールのカーストのあり方、また平野部タライに住む人々のカーストのあり方は大きく異なってきた。第三に、民族／カースト別でも、伝統的第一言語別でも、人口的にネパールの過半数を占める集団は存在しない。

　ただし注意すべきは、ネパール国家の領内に住む住民が、様々な「カースト」及び「民族」からなっているという見方は、「カースト」及び「民族」という枠組の存在を前提として、初めて可能だということである。対して従来のネパール語の日常的用法においては、「カースト」と「民族」に対応する語彙の区別はなく、両者が共にジャート (jāt) という範疇で表されてきた[2]。「バフン」（ブラーマンに相当するネパール語）も「シェルパ」（民族名）も、「ジャート」なのである。これは、単にネパール語では民族とカーストが同じ言葉で表されるということではない。カースト的な社会制度を有しネパール語を母語とする人々（「山地ヒンドゥー」）の伝統的な

---

[2] ヒンディー語の *jāti* に対応するこの語は「種類」といった意味を持ち、様々な対象について多様な水準で用いられる語彙であるが、本稿では原則として民族、カーストの水準で用いられる用法に議論を集中する。両者を区別する1951年以降の法律用語については後述する。

見方からすると、全ての人間はいずれかのジャートに属しており、その全ては、バフンを最上位とするヒエラルヒーのどこかに位置付けられる。ヒンドゥー的なヒエラルヒーを自らの社会内に持たない人々もまた、当人達の意識如何に拘わらず、ジャートの語を従来用いてきた人々からは、ヒエラルヒーの中で特定の位置を占める人々と見なされるのである。そして、各々のジャートのヒエラルヒー内での位置は、対人関係から食べ物のやりとり、言葉の使い方までを日常的かつ具体的に規制するものであった［名和 1997］。近現代ネパールの伝統的支配層の中核は、ネパール語を母語とするヒンドゥー高カーストであったことから、直接の植民地支配を受けなかった近代ネパールにおける人々の範疇化にとって、このことは決定的な意味を持った。

　他方、ネパールが直接の植民地支配を受けなかったことは、この国の法制史に顕著な独自性を与えてきた[3]。以下で論じるように19世紀中葉から

---

[3] M. マラゴディがネパール法制史に関する英文の学術的研究の乏しさを指摘するように［Malagodi 2013: 24］、個別の憲法或いは法典を扱ったものを除くと、参照すべきネパール法制史の文献は意外に少ない。刊行当時の「民主化」言説に全面的に則った著作［Chaturvedi 1993］の他、ゲルナーの論文［Gellner 2001］と、マラゴディの著書［Malagodi 2013］が、顕著な業績である（筆者の両者に対する批判は、Nawa [in press] 参照）。加えて、ネパールのセキュラリズムに関するレティツィアの一連の研究［Letizia 2012, 2013, 2015］は、法や裁判記録の詳細な検討を含んでいる。他方、ネパールの法学者による、宗教に関する法制史の簡潔な要約としてThapa [2010]がある。日本語では、谷川昌幸がブログ「ネパール評論」において随時関連の論考を掲載している（https://nepalreview.wordpress.com/）。なお、憲法をはじめとするネパールの法律の正文はネパール語であり、英訳は翻訳に過ぎない。加えて、内戦終結後の新憲法を巡る主要な論点の幾つかは、まさしくネパール語正文と英訳との間に存在してきたとも言える［Nawa 2016; Nawa in press］。それ故、本稿では英語版のみに頼ったネパール憲法研究には原則として言及しない。

20世紀中葉までのネパールは、国家レヴェルの詳細なカースト的なヒエラルヒーを法的に定めており、20世紀後半以降のネパールは、国民統合路線から、多民族・多言語のヒンドゥー王国、さらには多民族・多言語・多文化の、「世俗の」連邦共和国へと変化していった。この点に関して、社会人類学者 D. ゲルナーは、ネパールにおける人権と文化の関係を、「集団的権利から個人的権利へ、そしてまた集団的権利へ」という図式で大まかにまとめた論考を、「人民戦争」中に発表している［Gellner 2001］。彼はそこで、ヒエラルヒー的なカースト基盤モデル、開発的な文化的均質化モデル、多文化的「異なっているが平等」モデルの三者を区別した。本稿もまた、おおまかに言えばこの図式を再確認することとなるが、焦点はむしろ、個々の人間（「個人」と言いうるか否かは時代による）を巡る問題と、集団を巡る問題との間の緊張関係に当てられている。そしてそこには、開発独裁モデルから、リベラル・デモクラシーにおける文化的差異を巡る議論に至る、ネパール国外の様々な議論が、時に B. アンダーソンの「海賊版」を巡る議論［Anderson 2006］を想起させる形で、反映されてきたのである。

II 1854年ムルキ・アイン
国家単位でのカースト的ヒエラルヒーの設定

19世紀中葉までのネパールにおいて、国民全体を統一的に規定する成文法は存在しなかった。恐らくそうしたものを作るという発想自体当時のネパールのエリート達にとって異質であり[4]、加えて、急速に支配地域を拡

4　Burghart による、19世紀初頭のネパール国家に関する3つの考え方と、国民国家に向けたその変遷を描いたすぐれた論文［1996: 226-260］を参照。当時の司法制度に関する同時代のイギリス人レジデントによる記述として Hodgson［1992(1880): vol.II, 212-250］がある。それによれば、法廷では慣習法に基づいて決定がなされ、カーストの規則の侵犯に関しては南アジアの古典法たるシャーストラ文献が参照された。あるネパール人は彼の質問に

大していったゴルカ王朝は、その統治を各地に存在していた在地の社会構造に依存して行わざるを得なかった［Stiller 1973: 253-276］からである。こうした統治の形態においては、地域ごと、集団ごとの慣習法が、実際の裁定の多くを規定することとなった。しかし、ネパールの中央政府がそれに何らの制限も加えなかった訳ではない。例えば五つの大罪（*pañca khat*）に関しては国家が裁定権を握っていた。1805年には当時のネパールの全支配領域に相当する地域で牛を殺すことを禁じる国王の命令が出され、実際その後違反者の処刑方法を記した命令が複数出されたことを、ミヒャエルズは指摘している。ただし、他方で牛殺しに対する刑罰を厳格に適用することは牛肉食の慣習を持つ周辺部の住民の離反を招くという問題もあり、これとても全国一律同じ基準で実施された訳ではなかった［Michaels 1997: 85-89］。また、ゴルカ王朝が19世紀初頭に新たに征服したクマーウン地方（現インドのウッタラーカンド州の一部）においては、自分たちのヒンドゥー的カースト的規範を、異なったヒンドゥー的カースト的規範に従っていた現地の人々に押しつけたことで軋轢が生じたという［Regmi 1999］。

　1816年以降限定された領土内に押し込められる形となったネパールでは政治的混乱が続いたが、1846年有力者を一つ所に集めて皆殺しにすることで最終的に権力を握ったのがジャング・バハドゥル・クンワル（後ラナ姓となる）であった。この時から百年余り、ネパールはラナ宰相一族による専制体制の元に置かれることになる。ジャング・バハドゥルは、ムルキ・アイン（*Mulukī Ain*、「国の法」）と呼ばれる法律を1854年（ビクラム暦1910年）に制定した。近代ネパール最初の統一的な基本法典であるこの法律は、何度かの改正を受けながらも[5]、1963年まで部分的な効力を持つ

対し「我々には法典というもの、公的な制定法の集まりというものはない」と答えている。

5　重要なのは1935（1992v.s.）年における奴隷制廃止［cf. Rana 1924］を伴った改正である。

た。

　1854 年ムルキ・アインはリプリント版でほぼ 700 ページという大部のもので、序文と、「○○について」という通常数ページからなる 163 の部分からなっている[6]。土地制度に関する一連の条項に始まり獣姦罪に終わるこの法典は、刑法的な規定はもとより、裁判に関する規定から、道の清潔といったものまで多岐にわたる内容を含み、性的関係に関する条文が全体の約三分の一を占めるなど独特の構成を持っている[7]。この法典の中に国王や宰相に対する規定は存在せず、この法律は通常の意味で憲法に対応するものではない。他方、Legal Code と英訳されることの多いこの法律は、「民法」と日本語訳されたこともあるが、内容的に「民法」の枠に収まるものでないこともまた明らかである。

　それでは、一見雑多な内容を含むこの法律の性格は如何なるものだろうか。ムルキ・アインの序文の、成立経緯を記した文言の中に登場する「大小[8] の臣民各々に、罪とジャートに応じて同一の刑罰があるよう、増減無

---

[6]　遺憾ながら、筆者は現時点で 1854 年ムルキ・アイン（当初単に「アイン」という名称であった）の実物を読んではおらず、またそのリプリント版に記された膨大な条文全体を逐一検討し得たわけでもない。本節の記述は主に次の先行研究の内容をリプリント版の条文に照らして確認、修正する形で書いた暫定的なものである [Gaborieau 1977, 1981; Sharma 1977; Höfer 1979; Macdonald 1984; Michaels 1993, 1997; Fezas 1990, 1993]。最も多く依拠したのは Höfer の業績である。なお、Macdonald の論文は 1955 年版ムルキ・アインの一部の英訳と注解であり、Höfer や Michaels らの研究の中には 1854 年版の一部条文の英訳と共にネパール語原文が比較的多く載せられている。

[7]　大まかな内容構成については、Gaborieau のまとめ [1977: 198-199] が簡便である。

[8]　原文は *choṭā vaḍā* [通常の綴りでは *baḍā*]。ヒンディー語的表現で、直訳すると「小さい、大きい」となる。英語や日本語ではカースト上の地位の差異を高低で表すことが多いが、ネパール語では「大小」（通常は *baḍā* と

きようとの目的で」という一節［Śrī 5 ko Sarkār 2022(1910)v.s.: (2)］がそれを端的に示していよう。この法典の最も顕著な特徴の一つは、所謂カースト的な基準、具体的には食物や水の授受、接触の可否等により、様々な人々が一つのヒエラルヒーの中に位置付けられるということなのである。より正確に言うと、ネパール国内の全ての人間は何らかの集団すなわちジャートに属するものと前提され、各々のジャートは必ず、デュモンのカースト論［Dumont 1980］を想起させる浄と不浄の基準[9]に基づく単一のヒエラルヒーの中に地位を占める[10]。ジャート毎に法的扱いは異なるが、その扱いはこの法典により統一的に定められる。個々の人間のジャートは基本的に生得のものであるが、人生の中でより低いジャートに落ちる場合も規定されている。

ただし実際の条文においては、個々のジャートが常に問題になる訳ではなく、むしろジャートのヒエラルヒーの大枠が問題にされている場合が多い[11]。ネパールに住む全ての人々はまず、浄なるジャートあるいは水がやりとりされるジャート（*cokho jāt*、*pānī calnyā jāt*）と、水がやりとりされ

---

　　choṭā でなく *ṭhūlo*、と *sāno*）が用いられる。

9　Dumont の分析概念である浄／不浄にほぼ対応する語彙はムルキ・アインの中に複数存在する。これらの語彙の比較検討については Höfer［1979: chap. 3］参照。

10　ムルキ・アインはダルマシャーストラと総称されるインド古法典に基づいた法律であると多くの研究者に理解されているが［e.g. Lewis 1998: 303］、ムルキ・アインの中にはダルマシャーストラへの直接的言及はない［Fezas 1990］。また主にヴァルナ（*varṇa*、四姓制度）でなくジャートの区分を扱っている点で、従来統一的に明文化されなかった領域に属する事柄を扱ったものと言ってよいだろう。

11　以下の整理は Höfer［1979］によるものである。Sharma［1977］も類似の整理を行っている。例えば近親相姦についての膨大な規定［Śrī 5 ko Sarkār 2022(1910)v.s.: 505-567］はこの区分にほぼ沿った形で、個々の範疇毎に、時により細かい範疇の特異性にも触れつつ行われている。

ないジャート（*pānī nacalnyā jāt*）に二分される。前者はタガダリ（*tāgādhāri*、聖紐を身につける人々）とマトワリ（*matwāli*、飲酒する人々）に分けられ、マトワリはさらに奴隷化出来るか否かで二分される[12]。他方水がやりとりされないジャートは、水をやりとりされず浄めの儀式を必要としない（*pānī nacalnyā choi chiṭo hālnunaparnyā*）ジャートと、それを必要とする（*pānī nacalnyā choi chiṭo hālnuparnyā*）ジャートに分けられる。「水がやりとりされない」とは、当該の範疇に属する人物から浄なるジャートの人々が水を受け取ると穢れたと見なされること、「浄めの儀式を必要とする」とは、浄なるジャートに属する人物が当該の人物に触れた場合に、水をかける儀礼を行わないと穢れた状態であり続けると見なされることを含意する。この法律の具体的な条文を逐一検討していく紙幅はないが、実際にジャートの差違が如何なる形で問題にされているかを見るために、一つだけ条文を引用しておく。

　水による浄化を必要とするしない［に拘わらず］全ての水をやりとり出来ないジャートに属する男性と同意により自らの意志で性的関係を持った女性については、聖紐を身につけるジャート、奴隷化不可能な酒を飲むジャートの女性が性的関係を持ち、米飯や水で穢されているなら、一年間投獄し、そのジャートに墜ちたところの当のジャートの一つの文字を刻し、水を別にし、そのジャートに統合し置かれること。［後略］［Śrī 5 ko Sarkār 2022(1910)v.s.: 671、名和 2009: 90］

ムルキ・アインが行ったことは、単に人々を一つの体系内に位置付けるの

12　1954年ムルキ・アインにおけるこれらの語句の表記には、*matwāli* が時に *matuwāli* とされるなど相当の揺れが見られる。ここでは Höfer［1979］に従う。

みならず、その体系内の位置によって行為や社会関係のあり方を規制し、違反者にはジャートに応じて異なった罰則を与えるということだったのである。

こうしたムルキ・アインのヒエラルヒー的な規定は、ネパールという国家を前提としたとき、原則として外部の存在しない包括的なものであった。つまり、ネパール国内に住む者は、遍くムルキ・アインに従うべきものとされた。だが、その包括性は、実際にはネパールに住む人々の多様性と折り合いをつけることではじめて達成される。この点をムルキ・アインがいかに処理したのか、それを次に見てみよう。

第一に、内部にカースト的と言えるようなヒエラルヒーを持っていない人々やネワールの大半は、ムルキ・アインのヒエラルヒーの中に、原則としてマトワリすなわち飲酒する人々として、高カーストと低カーストの中間的な位置を占める形で組み込まれることとなった[13]。ただし、条文において個々の民族名への言及は概して少なく、またチベット系の人々を指すボティヤという範疇に多くの人々が押し込まれる傾向も見られる。こうした扱いの理由として、当時こうした人々の多くがカトマンドゥの支配者層によく知られておらず、また法を制定した側の関心が実際の人々の集団アイデンティティにではなく、人々にヒエラルヒー上の適切な位置を与えることにあったであろうことが考えられる。実際具体的なジャート名は、しばしば固有の慣習についての例外規定の中で言及されている。他方、ネパール国内に住むムスリムや外国人（Mleccha、ここで意識されているのはヨーロッパ人）もまた、ムルキ・アインのヒエラルヒーの中に位置を占める。

---

13 中でもMagarやGurungなどは奴隷化されない酒を飲む人々という一段高い位置を得たが、これにはゴルカ王朝の拡大期から軍の中核となってきた歴史が反映しているものと思われる。なお、村落レヴェルでの実際のジャート間関係においても、チベット・ビルマ語族の言語を話してきた人々は、高カーストと低カーストの中間に位置づけられるのが通例であった。

しかもその地位は、山地の諸民族よりも一段低い、不可触ではないが水をやりとり出来ない人々という位置であった。

　他方、カースト的な社会制度を有する人々の位置づけにおいては、山地ヒンドゥー、タライ、ネワールの異なったヒエラルヒーを調整し、一つの体系としてまとめる作業が必要となる。この点でムルキ・アインの基本的な方向性は明白である。すなわち、前記の大まかな枠組を前提としつつ、ゴルカ王朝の支配層を形成する山地ヒンドゥーの高カーストを、ネワールやタライの高カーストよりも上位に位置付けるということである。例えば、タライやインドのブラーマンは平地の人々・国［インド］の人々（*madhisyā deśī*）として一括して扱われ、山地ヒンドゥーの最高位に位置するウパデャヤ・ブラーマンより下位に置かれている。またネワールにおいては、民族誌的にはデウバジュ（ヒンドゥー司祭）とグバジュ（仏教司祭）が最高カーストを構成するのに対し、ムルキ・アインにはグバジュは現れず、デウバジュはタライやインドのブラーマンとほぼ同様の位置に置かれている。勿論、タライやネワールの高カーストがこうした扱いに喜んで同意していたとは到底思われない。ムルキ・アインによる、ネパール各地の独自のカーストヒエラルヒーの統合は、様々な曖昧さを残し、また人々自身の自己査定とも矛盾し得るものなのである。低カーストに関しても、詳細な序列が定められているが、実際には例えばネワールの低カーストとタライの低カーストが食物や水をやりとりする可能性は乏しかった筈である。

　多様なカーストヒエラルヒーとそのいずれにも属していない諸民族とを、単一の国家的ヒエラルヒーへと統合したムルキ・アインは、結果として、どこにも存在しなかった「カースト・システム」を理論的に構成することになった[14]。確かに、ムルキ・アインの中には民族やカーストの慣習に配

14　それ故、ムルキ・アインに描かれたカーストシステムを基準に、実際にネパールの山地で観察される社会関係をその単純化した形態として描くのは、全く逆立ちした議論である。

慮した規定も存在するが、そうした規定の集まりが法律全体を構成する訳ではなく、一つのヒエラルヒーの枠内での例外規定と言うべきものである。国家の領土を同一の法律により規制される空間として仮定した1854年のムルキ・アインは、そこに住む人々の不平等な扱いを統一的に規定するというかなり特異な形でではあるが、ネパールが南アジアの王権国家から近代国民国家へと変化していく際の一つの重要なステップだったと言う議論がなされる所以である[15]。

このことと密接に結びついていたのが、ヒンドゥー国家としての自国の規定である[16]。例えば1854年のムルキ・アインの具体的な条項の冒頭を飾る長大な条文の中に「ヒンドゥー王国には牝牛殺しはなく、女性殺しはなく、バラモン殺しはない」「末世にはヒンドゥーの王国はまさにこの国だけである」[17]という文言が出てくることは典型的である。

15　Burghart［1996: 226-260］。別の観点から同様の結論を導いた論文としてGaborieau［1981］参照。なお、Whelpton［1992: 218］によれば、ジャング・バハドゥルはヨーロッパ滞在中特にナポレオン法典に興味を持ったという。

16　ゴルカ王朝下の近現代ネパールにおいて、ネパール国家は自らを「ヒンドゥー」として強調してきたというのが定説である。実際、ネパールを統一したプリトビ・ナラヤン・シャハ王が、その教えを記した *Dibya Updesh* の中で、自らの王国に関して「4つの *jāt* と36の *varṇa*［4つの *varṇa* と36の *jāt* の誤記か］による *asil hindusthān*（真のヒンドゥスターン）」と形容し、古くからの宗教を守るべきことを説いたことは広く知られている［Pant n.d.: 201、Stiller 1989(1968): 44］。ここでの *hindusthān* という語 に、近代的な「ヒンドゥー教」の含意をどこまで読み取れるかに議論の余地はあろうが、快楽主義的と見なされたムガル帝国に対する対抗意識が見られることは文書全体から明白である。なお、近現代ネパール史における「ヒンドゥー」及び関連する語の用法を概観した Burghart［1996: 261-277］は、そうした語の意味・用法が、国家内外の文脈との関係において、時代によって変化してきたことを指摘している。

17　Śrī 5 ko Sarkār［2022(1910)v.s.: 8］。この条文は、宗教的な寄進地グティに

だが、ジャートのヒエラルヒーとヒンドゥー教の関係は常に単純に整合的であった訳ではない。例えば、高いジャートの人間が低いジャートの人間との性交渉や食物、水の授受等を行った場合、ムルキ・アインの規定によれば、当人はしばしば交渉相手の低いジャートに統合される。しかし1935年版のムルキ・アインには次のような条文が存在するという。「ヒンドゥー教の人間が、外来の異教的な信仰を表明する人間と性的関係を持ち、水や水で調理された食べ物を交換しており、そして法に従ってヒンドゥー教の人間がその地位を失い、相手の低位のカーストに格下げされ統合されねばならなかった場合、その際ヒンドゥー教の人間がヒンドゥーの宗教に反する信仰を持つジャートに統合されることはない」[Gaborieau 1977: 206]。つまりここでは、ジャートの単線的なヒエラルヒーよりも、イスラームやキリスト教に対するヒンドゥー教の一体性が重視されているのである。

　ただし、ラナ時代のネパール国家は、国内での雌牛殺しやカースト規範からの重大な逸脱を国家全体に関わる重大事と考えるヒンドゥー王国であり、また同時に、国家内部に単一の法規範を制定する程度に領域国家であったが、国家が国内に在住する者全てをヒンドゥー化しようと試みることは全くなかった。このことは、中間山地のムスリムであるチュラウテをその他のムスリムから区別し、そのヒエラルヒー上の位置づけを詳細に規定していることからも明らかである。確かに、ガボリオ [Gaborieau 1977: 202-203] によると、プリトビ・ナラヤンの時代から行われていた外国の (*videsī*) 異教的 (*vidharmī*、或いは反ダルマ的) な信仰の布教を禁止する政策は、1854年のムルキ・アインには条文としては現れていないが、1935年版ではカビール・パンタ、キリスト教、イスラームの名を挙げて布教を禁止する条文は存在する。だが、それぞれの地域に住む出自を異にする人々はそれぞれの慣習を持っており、そうした慣習はヒンドゥー王国の根

　関するものである。

幹を揺るがすものでないかぎり許容されるという原則は、ムルキ・アインの中にはっきりと記されている［Śrī 5 ko Sarkār 2022(1910)v.s.: 379、名和 2009: 89-90］。この点で、20世紀中葉までのネパールは、南アジア的なヒンドゥー王国であった。

さて、国内の全ての人間をジャートのヒエラルヒーの中で特定の位置を占める者として扱うムルキ・アインは、その下で暮らすことになったネパールの人々に、様々な影響を与えることになった。勿論ムルキ・アインはあくまでも法律であり、当時の現実を完全に反映している訳でもなければ、ネパール全土に同様の厳格さで適用された訳でもない。しかし逆に、この法典が現実と全く遊離したものだと考えるのも誤りである。この法典を一つの頂点とするネパール国家による全人口のヒエラルヒー的な体系化の試みと、それに対する人々の側からの反応は確かに存在した。後者は主に、自らのジャートの地位の適正化を主張し、実質的にヒエラルヒー上の地位の上昇を目指す請願という形をとることになった。そして興味深いのは、こうした請願の動きが、逆に現地の人々のアイデンティティや民族間関係に影響を与えた場合があることである[18]。

例えば、ムルキ・アインは東タライのモランに住むメチェ（Mecyā）の人々について、「1860年以降水を受け取れる浄ジャートとする」と規定し、その根拠として不浄ジャートの水を受け取らないこと、水牛、豚、鶏の肉

18　ネパール国家と民族の動態全般を、カルナリ川上流域の事例を参照しつつ論じた論文として、Levine［1987］を参照。東ネパールでは、伝統的に当該の土地に住む民族コミュニティの父系血縁集団が一定の領域に対して土地の共有権を持つ、キパットという土地制度が大きな問題となった［Regmi 1975, 1978(1963-68), 1978, 1988; L. Caplan 1970; Sagant 1996; Forbes 1999; Egli 2000］。またネワール、ことにその仏教カーストに対しては、ラナ体制期の特に終盤に、母語による出版の禁止や儀礼の制限など露骨な介入政策が採られ、それに対するネワールの側の様々な動きも見られた［Lewis 1998］。

を食べるが、他の浄ジャートにも同様の習慣を持つ者があること、宮廷で奴隷として働いていること、シヴァ神を崇拝していることを挙げている［Höfer 1979: 100, Śrī 5 ko Sarkār 2022(1910)v.s.: 392］。ヘーファーはこの規定の背景にメチェ自身のジャートの地位の変更を求める請願があったと推定しているが、これは極めてありそうなことである。

　カトマンドゥ周辺の高地に住むタマン（Tamang）の事例［Höfer 1979: 146-149］も興味深い。タマンの名はムルキ・アインには登場せず、同時代の文書に見られるムルミ（Murmi）やラマ（Lama）といった名称も出てこない。彼らはボティヤあるいはボテというチベット系の人々を示す包括的な範疇の一部として扱われていたのである。タマンという名称が用いられるようになるのは、「ボテやラマではなくタマンと呼ぶべし」という1932年の布告[19]に端を発しているのだが、この布告の背景にここでタマンと呼ばれている人々の側からの請願があったことはほぼ確実である。ただし注意すべきことは、こうした請願を行った者は、この布告がタマンとして名指す数十万の人間のごくごく一部に過ぎなかったということだ。それ以外の人々にとって、また恐らく請願を行った当人達によっても、現在タマンを自称している人々に正確に対応する「民族集団」は、想像されていなかったのである[20]。

---

[19]　ただし名称の変化にも拘わらずタマンは依然としてボテに属するものとされていた。

[20]　タマンをめぐる状況にもう一つ大きな影響を与えたのが、牛を殺すことの禁止である。「牛を食べる人々」というステレオタイプの強調は、逆にタマンをネパール国家から文化的に分離させるという結果を生んだと考えられるからだ［Holmberg 1989］。他方、タマンがカトマンドゥを巡る物資の輸送の労働力として政府に搾取されたことの重要性を指摘する議論もなされている［Campbell 1997; Holmberg et al. 1999］。いずれにせよ、ここ2世紀のネパールの民族論的状況を議論する際に、国家との関係を無視することはほぼ不可能であり、そこでムルキ・アインの存在が一定の役割を果たしたことは間違いない。勿論、ネパールのチベット・ビルマ語族の言葉を母語としてき

こうした過程はかなり込み入ったものである。各民族の側からの請願の結果として認められるのは、主観的なエスニック・アイデンティティ自体ではなく、ヒエラルヒー上の地位を持った者同士の相互行為に基づく、いわばカーストとしてのアイデンティティだったのだが、それが逆にエスニックなアイデンティティを再強化する効果を持ったと言えるからだ [Höfer 1979]。さらにはタマンの例のように、国家と地域の有力者層とのやりとりが、結果としてあるジャートを、恐らくは従来誰も想像していなかった形で生じさせる場合も存在した。そして先走って言えば、こうして成立或いは再規定されていった個々のジャート範疇の多くは、1990年以降の「ジャナジャーティ」をめぐる言説の中で、その基本的な単位として再登場することになる。

III　パンチャーヤット時代
少数民族政策の欠如

　1951年、傀儡化されていた国王と様々な政治的立場の人々からなる反ラナ勢力とが手を結び、ラナ家の専制政治に終止符が打たれた。既にラナ時代の末期、1948年に宰相パドマ・シャムシェル・ラナにより、憲法に相当する「ネパール政府法」が作られたことがあったが、この政変を受けて1951年には暫定統治法がトリブバン王により公布された。さらに紆余曲折の末1959年にはマヘンドラ王により憲法が公布、その元で議会選挙が行われた。
　しかし1960年12月、マヘンドラ王は自らクーデターを起こし議会を解散、政党政治家を一斉逮捕して全権を掌握した。その元で作られたのが、

た人々が、常に政府の方針に従ってきた訳ではない。例えばOppitzは、かつて自分たちはカトマンドゥの政府と問題が生じた時に特に牝牛を殺したものだという北マガルの人々の語りを紹介している [Michaels 1997に引用]。

政党を禁止した上で村、町レヴェル（1980年以降国政レベルも）の選挙を伴う、所謂「パンチャーヤット民主主義」体制である。1962年にマヘンドラ王により公布された憲法は、この体制の基本法となるものであった[21]。これに伴い、19世紀以来改正を重ね、1951年以降は憲法に従属する法として部分的に存続してきた旧ムルキ・アインは、新憲法に則って1963 (2022v.s.) 年に新たに作られたムルキ・アインに取って代わられた。

　1990年まで30年近く続いたパンチャーヤット体制期は、国王、ネパール語、ヒンドゥー教を三本柱とするネパールの国民形成が、国家の側から試みられた時期であった。実際、1962年のネパール憲法では、1959年の憲法よりも国王の下での統制色が強まっている。このことは、議会に対する膨大な規定が全て消えてパンチャーヤットについてのものに入れ替えられたことのみならず、国旗、国歌等々に関する規定が憲法の冒頭近くに並べられていること、「基本的権利」が「国民の義務と権利」に変わったこと等、文言の端々に現れている。

　それでは、この憲法はネパール国家について如何に規定していたのか。国家語の規定と合わせ、まずはこの点を見てみよう。

　　3. 国家
　　　(1) ネパールは一つの独立的、不可分的な、及び主権を有する王制のヒンドゥー国家である。[…]
　　4. 国家語（*rāṣṭrabhāṣā*）
　　　ネパールの国家語はデーヴァナーガリー文字によるネパール語である。[22] [Śrī 5 ko Sarkār 2019v.s.: 2-3]

21　この憲法は1967年、1975年、1980年に改正されている。
22　この条文は、1959年憲法では70条という全く目立たない位置に置かれていた。

それではこの国家に住むのは一体どのような人々だとされているのか。ここに、この憲法と旧ムルキ・アインとの決定的な断絶が存在する。即ち、1962年憲法においては、ネパールがヒンドゥーの国家だという条文は存在するが、ジャートの違いに関するいわゆるカースト的な規定が全て姿を消し、全く逆に宗教、人種、性、カースト、民族による差別の禁止に関する条項が現れているのだ[23]。

> 9. 市民の基本的義務
> (1) 国民への献身と王国への忠誠は全ての市民の基本的義務である。
> 10. 平等権
> (1) 全ての市民は法律による平等な保護を受ける権利と共にある。
> (2) 一般法の適用において、何人も市民を、宗教、人種、性、カースト、民族またはそれらのいずれかに基づいて差別してはならない。
> (3) 政府職員または他の如何なる公的な職員の任命において、何人も、宗教、人種、性、カースト、民族またはそれらのいずれかのみに基づいて、差別してはならない。［Śrī 5 ko Sarkār 2019v.s.: 4-5］

1962年憲法でカーストが廃止されたという概説書風の言い方は誤りであるが[24]、ジャートの差異に基づく体系が、国王らを例外として国民全員が

---

[23] 既に1951年暫定統治法は、15 (1) で宗教、人種、カースト、性、出生地による差別を禁止している。

[24] 条文自体に出てくるのは、法や公務員採用におけるカーストや民族（後述のように英語版では tribe となっているが、ネパール語では *jāti* を用いている）に基づく差別の禁止に過ぎない［P. Caplan 1972: 92-93］。

同一の権利義務を持つ体系へと変わったことは確かである。同じことは、1963年新ムルキ・アインにも言える。実際、新ムルキ・アインの制定に合わせて発行された政府による説明文書［Śrī 5 ko Sarkār 2020v.s.b, c］は、憲法10条に言及しつつ、開発（vikās）へと向かう進歩史観的枠組の中で、以前のムルキ・アインは宗教的な基礎の上に作られたもので最早時代に合わず、ジャートを大小（高低）で差別するようでは国の開発は望めないと繰り返し強調している。

　それでは、ジャートの不平等を取り去ったこの新たな法体系において、実際に社会的に存在したジャートの差違は、如何に扱われたのだろうか。この点について1962年憲法は積極的には何も規定していない。ただし、17条（2）の中に、異なった階級や職業、また異なった地域の人々の間のよい関係の維持のためには基本的人権の行使が制限出来るとする規定が存在する。このことは、国内の様々な差異の強調が、ネパール語を国家語とするヒンドゥー王国ネパールの調和と統合を乱す不安定化要因と見なされていたことを示唆する。

　宗教に関する権利はどうだろうか。一方で、既に見たようにネパールはヒンドゥー国家だと規定され、また国王は20条で「アーリヤ文化の後継者、ヒンドゥー教の庇護者」と規定されている。他方で既に引用した10条に加え、「宗教 dharma に関する権利」に関する14条が存在する。だが、一見信仰の自由を謳っているかのようなこの条文の内容は、古来（sanātanadekhi）伝承されてきた自らの宗教を信仰し、伝統に従って実践する権利を保証したものであり、改宗の自由が書かれていないどころか、逆に他人を改宗させることの禁止が明記されている[25]。新ムルキ・アインの次の条文は、一件中立的に見える上記条文の含意を、明確に示している。

25　1959年憲法4（3）及び5も参照［Śrī 5 ko Sarkār 2016v.s.: 6］。

正義

1. ネパール全土において、ヒンドゥー住民によって実践されてきた宗教を破壊するキリスト教、イスラームなどの諸信仰を奨励すること、ヒンドゥー教の人をこれらの信仰に改宗させるために、その宗教を変えさせることは何人にも禁じられている。[26] [Śrī 5 ko Sarkār 2020v.s.a: 123、cf. Gaborieau 1977: 206]。

ただし、この条文から、パンチャーヤット体制は全国民を画一的にヒンドゥー化することを試みた、と断じてはならない。当時ヒンドゥー以外の人々が二級市民扱いされることがあり、またセンサスにおいてヒンドゥー教徒の数が出来るだけ多くなる方向で様々な努力が行われていたとしても、憲法は国民の集団的な「宗教に関する権利」を、明確に保障していたからである。むしろ、国内に様々な各集団独自の伝統的宗教＝ *dharma* を認めることは、旧ムルキ・アイン或いはそれ以前との連続性において理解されるべきである。ここに見られるのは、一方でネパール語の *dharma* と外来の「宗教」概念との不整合、他方で伝統的ヒンドゥー王国と国民国家の思想との、緊張関係を含んだ微妙な融合である [Nawa in press]。

以上の点に加え、パンチャーヤット時代には政党が禁止され、政治活動が制限されていたことが重なり、ネパールの諸ジャートが政治的な運動

---

[26] この条文では、イスラームやキリスト教について *dharma* ではなく *mat* という語が用いられている。先行研究 [Gaborieau 1977; Höfer 1979] によれば、1854年ムルキ・アインの宗教に関する用語として、アラビア語起源で一般的、中性的な意味で宗教を意味する *majhab*、真の宗教を含意し主にヒンドゥー教を指す *dharma*、「意見」と言った意味で、キリスト教及びイスラームを主に指し、軽蔑的な含意を持つ *mata*、主に仏教を指して使われる *marga* と、様々な用語が使い分けられていた。この条文のヒンドゥー中心の発想は、旧ムルキ・アインのこうした用語法を部分的に踏襲しているところにも現れているといえよう。

を起こすことは、少なくとも中間山地以北ではほとんど見られなかった[27]。他方、パンチャーヤット時代を通じて、国家語とされたネパール語を母語とする人々や、国教であるヒンドゥー教徒の割合は、統計上増加し続けた。ただしこのことは、国王、ネパール語、ヒンドゥー教による国民統合が十全に成功したことを意味しない。この時代、中間山地及びヒマラヤのチベット・ビルマ語系の言語を伝統的母語とする人々の中には、蓄えた経済力を次の世代の教育や新たな事業への投資に振り充てることで、経済的に成功した人間を輩出するジャート[28]も多く登場したのだが、こうした成功者の多くは、従来「ヒンドゥー化」「ネパール化」と呼ばれてきた様々な変化を経験しながらも、自らのジャート意識を、再規定しつつ保持しつづけた。先回りして言うと、1990年民主化の前後に自らの言語的文化的権利を主張した人々の中心は、こうした都市在住の高等教育を受けた諸民族の比較的若い人々であったのである。

　もう一点、この時期に生じた変化で強調されるべきは、「カースト」と「民族」に対応する区別が、ネパール語の法律用語の中に導入されたことである。ネパール語の varṇa、jāt、jāti にそれぞれ英語の race、caste、tribe を割り当てるというこの用法は、1951年以降の法律の中で成立したと考えられ[29]、また人々の日常的な会話にはほとんど見られないものだっ

27　タライの状況については Gaige［1975］を参照。この時代の国家制度との関わりを視野に入れた民族誌的研究として、例えばパンチャーヤットに焦点を当てた Borgström［1980］、選挙制度の導入による変化を論じた P. Caplan［1972］を参照。また、パンチャーヤット時代にはコミュナリズムなき調和的なネパールのイメージが過度に喧伝されていたという Gurung の指摘［1997］は、その後の情勢の変化の中で常識化した感がある。

28　その要因は様々である。例えば、グルンやマガルにとってはグルカ兵となること、シェルパにとっては観光との関わり、またタカリーやマナンの住民、一部ネワールにとっては交易が大きな要因となった［cf. Ziverz 1992］。

29　例えば Höfer［1979: 46-47、135］を参照。1990年憲法（12（2）及び（3））においても同様の用語法は踏襲されている。なお、tribe の語は文化人類学

たようだ。

　まとめよう。1950年代から1960年代前半にかけて、ネパールの法のあり方は根本的に変化した。ジャートによる扱いの差異は法律から消滅し、代わって国王とネパール語、ヒンドゥー教を中核とする国民国家ネパールの発展が目指されるようになった。そこで想定されたネパール国民は、ネパール語を話すヒンドゥー教徒たる平等な臣民であった。この像に必ずしも当てはまらない様々な人々についての積極的な規定はなく、むしろ様々な差異の主張は、国内の調和の維持という、政党を禁止したのと同じ理由により抑圧されねばならなかった。こうした状況において、人々の間にはネパール語が広まり、またかなりの人々が何らかの意味でヒンドゥー的な方向への文化的変化を経験した。しかし文化的社会的差異とそれに対する認識は消滅しなかったため、約30年間のパンチャーヤット時代によっても均質なネパール国民が形成されることはなかった。さらに付言すれば、宗教的な領域は、完全にヒンドゥー化＝国民化されることも、個人化されることもなかった。

IV　1990年憲法
民主化とマイノリティ問題の表面化[30]

　国王を中心としたパンチャーヤット体制は、1990年の民主化によって

　　的な「部族」の意味というより、植民地期以後のインドで歴史的に形成されてきた、ヒンドゥーでもムスリムでもない、多くは社会の周辺に存在する人々といった含意を持つ概念に由来するものであろう。この時期のネパールにはインドのようなトライブ政策は存在せず、元のネパール語が jāti であるため翻訳に窮するところがあるが、ここでは jāt と jāti の区別の用法から仮に「民族」と訳しておく。

30　1990年憲法には日本語訳［谷川 1994］があるが、本稿では条文を基本的にネパール語から直接、かなり直訳に近い形で翻訳している。谷川訳との訳文の違いの多くはそのために生じたものである。

終焉を迎えた。1989年から1990年にかけてのパンチャーヤット体制に対する反対運動は、国王が実権を握る体制への広範な反対のみならず、ネパール国家のあり方自体に対する様々な議論を顕在化させることになった。ヒンドゥー教やネパール語の優位に対する反対、王制を廃止して世俗の共和制に移行すべきだと言う議論、さらにはネパールを諸民族からなる連邦制国家として構想する案に至るまで、様々な主張が一気に表舞台に登場したのである。広く一般から新憲法に関する提案を募集した憲法勧告委員会の議長は後に、ほとんど全ての提案が言語的、宗教的、民族的、地域的問題に関するものであったことに触れ、こうした「周辺的」な問題に議論が集中したのは「不幸な」ことだったと述べたという [Hutt 1997: 35-36]。この予想外の方向での議論の高まりを中心的に担ったのが、高等教育を受け、経済的にも恵まれたチベット・ビルマ語族の言語を伝統的母語とする諸民族や、タライの「インド系」住民の比較的若い世代だったことはほぼ確実である。結果として、こうした「周辺的」な議論は、1990年憲法の制定過程においても、部分的にではあるが考慮されることになった。

　民主化後に作られビレンドラ王により公布された1990年憲法は、国王をネパールの国家性及びネパール人民の統合の象徴とする立憲君主制、政党の存在を認めた議会制民主主義をその基盤としており、主権在民を謳うなど、国王専制色の極めて濃い1962年憲法とは基本的性格を異にしている。本書の主題との関係で最も注目されるのは、以下の二つの条文である。

> 4　王国
> (1) ネパールは、一つの多民族的、多言語的、民主的、独立的、不可分的で主権を有するヒンドゥーの立憲君主制王国である。
> [Śrī 5 ko Sarkār 2047v.s.: 3]
>
> 6　*rāṣṭrabhāṣā*（国家語）
> (1) ネパールの *rāṣṭrabhāṣā* はデーヴァナーガリー文字によるネ

パール語である。ネパール語は公用語とする。
　(2) ネパールの様々な地域で母語として話されている全ての諸言語はネパールの *rāṣṭriya bhāṣā* である。[Śrī 5 ko Sarkār 2047v.s.: 3]

　1962年憲法の対応する規定との違いは明白であろう。ネパールが多民族、多言語国家であることが、はじめて憲法上明記されたのである。同様の規定は、18条(1)「ネパール王国内に居住する各々の社会集団は、自らの言語、文字及び文化を保存し奨励する権利を有する」、(2)「各社会集団は、自らの子供達に初等教育まで母語で教育を与え、学校を運営することが出来る」といった条文、また26条の「国の文化的多様性」といった文言にも見られる。

　ここで一際目を引くのが、*rāṣṭrabhāṣā* と *rāṣṭriya bhāṣā* の使い分けである。実はこの言葉は、双方とも「国家の言語」或いは「国民の言語」と訳しうるものであり、語自体からその含意の違いを汲み取るのは全く不可能である。実際ネパール政府による英訳では前者が the language of the nation、後者が the national languages と記されているのだが、かつて出版された民間の翻訳者による英訳では両者が逆になっていたという [Whelpton 1997: 77]。いずれにせよ、こうした表現をひねり出した点に、言語的マイノリティの主張を部分的に取り入れつつ国家語、公用語としてのネパール語の地位をも保全しようとした憲法起草者の苦労の跡を窺うことが出来る。

　一方カーストや民族、宗教の違いによる差別を巡る問題は11条で扱われている。その内容は基本的に1962年憲法10条を引き継ぐものであるが、従来の「宗教、人種、性、カースト、民族」に加え「イデオロギー的信条」が加えられ、公務員の採用のみならず国家による市民間の差別全般の禁止が謳われているのに加え、(4)においてカーストを理由とした不可触民差別、公共の場所への立ち入りや利用の拒否の禁止を明記し、違反者

は法律により処罰されるとしており、全体としてより積極的なものとなっている。

　他方、宗教に関する規定は相変わらず微妙なままである。宗教に基づく法や国家による差別を禁じた多民族、多言語国家ではあるものの、ネパールは相変わらず世俗国家ではなくヒンドゥー王国であり、27条では国王であることの要件に、以前と同様「アーリヤ文化の後継者、ヒンドゥー教の庇護者」という文言が入っている。加えて以下の条文に見られるように、「宗教に関する権利」は引き続き、西洋近代的な意味での「信仰の自由」とは別個のものであった。

　　19条　宗教に関する権利
　　（1）何人も、一般的慣習に規範を置いて、古来（*sanātanadekhi*）継承されてきた自分自身の宗教を信仰しかつ実践する自由を有する。
　　　　しかし、何人も、何人の宗教をも変化させることは許されない。
　　（2）あらゆる宗派（*dhārmik sampradāya*）は、法に従って、自らの独立した存在を安定させ、自らの宗教的場と宗教的財産を運用し守る権利を有する。［Śrī 5 ko Sarkār 2047v.s.: 13-14］

（2）が新たに加わり、（1）にも旧憲法との表現の違いが見られるものの、ここでも宗教は古来の伝統として捉えられ、他人を改宗させることが禁止されているばかりか、個人が宗教を選択すること自体そもそも想定されていない。同様の問題は、新憲法を受けて改正されたムルキ・アインの条文にも、露骨なヒンドゥー中心主義は姿を消したとは言え、現れている。

　　正義
　　1.他人の宗教に妨害となる形で、何人も、如何なる宗教を宣伝

し、あるいは他人の宗教を変化させることは許されない……。
(2048v.s. 改正)［Śrī 5 ko Sarkār 2049v.s.: 247］

　ただし、後に論じるように、ネパール国内のマイノリティの運動家の多くが、この条文を抑圧的なものとは見なしてこなかったことに注意されたい。
　他方、自由権に関する12条は、「様々なカースト、民族もしくは社会集団の間の良好な関係を妨害する」行為や言論に対し、合理的な制限を課す法律を課すことを認めている。実際こうした文言は、1962年憲法からそう大きく変わったわけではない。宗教の問題も含め、民主化後に現実生活において生じた変化のかなりの部分は、条文自体の変化というより、法の運用が変わったことに起因しているように思われる。さらに112条は、宗教、社会集団、カースト、民族或いは地域を基礎にして組織された政党の承認を禁じている。この条文は実際に用いられており、例えば1991年の総選挙において、中間山地部のマイノリティの為の主張を展開した2つの政党が承認を得られなかったのである［cf. Hangen 2010］[31]。
　以上の留保にもかかわらず、1990年憲法は本稿の主題との関連では確かに画期的なものであった。ジャートのヒエラルヒーに基づく不平等な多様性の時代から、パンチャーヤット期のヒンドゥー王国としての一体性の強調の時期を経た後に、この憲法においてネパール史上初めて、ネパールの国民の民族的、宗教的、言語的多様性がヒエラルヒー的含意抜きで明確に認められ、少数者の言語的権利が条文の中で具体的に示されたからである。歴史的に言えば従来の国民統合の方向性と多民族性・多言語性を擁護する立場との妥協の産物であったこの憲法の規定は、その後のネパールの人々の生活に様々な影響を与えると共に、政府レヴェルでの対応をも生み出していった。次節ではこの点を概観する。

31　なお、これら禁止された政党が人々の広範な支持を得ていた訳ではない。

V　1990年憲法下における出自に基づくマイノリティの運動と政府の対応

　既に述べたように、1990年の「民主化」にいたる運動の中で、王権、ヒンドゥー教、ネパール語による国民統合に対する反発が顕在化した。必ずしもヒンドゥーではない文化的伝統に属し、或いはネパール語を伝統的母語としない人々の間から、自らの言語や文化を尊重せよという要求が噴出したのである。ネパールの伝統的エリートの中核を占めてきた山地ヒンドゥー、ことにバフンの支配への批判も広く聞かれるところとなった。ネパールの統一として描かれてきたプリトビ・ナラヤンの治績を「征服」として読み変えた歴史書［Pradhan 1991］や、ネパールの低開発をブラーマンの運命論的態度と結び付けて論じた警世の書［Bista 1991］が、マイノリティ運動の指導者達の間で広く読まれる現象も生じた［小林1998］。こうした主張に対し、バフンのほとんどは他のジャートと同様村の小農に過ぎないし、人口比で見れば我々もマイノリティなのだといった反論も存在し、さらには各民族の母語による教育への動きに対して、ヒンドゥー文明圏における古典語たるサンスクリット教育の必要性がヒンドゥー高カーストの一部識者から改めて持ち出されるなど、議論は乱戦の様相を呈していった。

　注意すべきは、山地ヒンドゥーの高ジャート、とりわけバフンに対して主張を展開した「マイノリティ」の側が、その目的や主張において決して一枚岩ではなかったことである［cf. Gellner 1997］。図式的に述べると、第一に、ネパール語を母語とするヒンドゥーに対して、所謂諸「民族」が、自らを「ジャナジャーティ」として再規定し、言語的文化的抑圧を批判して対立した。第二に、山地に住む人々に対して、タライに住む「インド系」の住民の中から、自らを「マデシ」と再規定し、従来の二級市民的扱いを改めるよう求める運動が生じた。第三に、ヒンドゥー内部で従来不浄とされ差別的な待遇を受けてきた人々の中でも、既にインドで広汎に用いられていた「ダリット」の語彙で自らを捉え直し、差別撤廃を目指す運動

が活発化した。問題は、これらの対立と運動が、互いに抵触し合う側面を有していることである。例えばヒンディー語の使用運動はチベット・ビルマ語系諸民族や山地ヒンドゥーの低カーストには利益にならず、ネパール語に対する反対は山地ヒンドゥー低カーストの利益に反し、ヒンドゥー教に対する反対はタライの住民一般や山地ヒンドゥーの低カーストに対する攻撃ともなり得る。実際例えば、ネパールのジャナジャーティ組織の連合体であるネパール民族連合が、ダリットとの連帯を、彼らがヒンドゥー教徒だという理由で拒否したことが報告されている［Fisher 1993］。いずれにせよ、ジャナジャーティ、マデシ、ダリットといった語は、それらの語がもたらす批判的な現状認識と共に、急速に運動家から一般の人々の間へと広がっていった[32]。

ここでは、「ジャナジャーティ (*janajāti*)」についてより詳しく見ておこう。この語は、山地やタライのヒンドゥー諸カースト以外の人々の運動家達が、所謂「アーリヤ系」のヒンドゥー教徒、とりわけネパール語を母語とする中間山地のヒンドゥーに対立するものとして用いるようになったものである。ただし、ジャナジャーティの主要な一翼を担うネワールの人々はチベット・ビルマ語系の言語を話すが独自のカースト制度を保持しておりヒンドゥーも少なくないなど、この用語には一定の曖昧さが付きまとう。ジャナジャーティの中には、パンチャーヤット時代から民族毎に自らの組織を作って文化・社会面での活動を行ってきたものもあったが、それらの連合組織であるネパール民族連合 *Nepāl janajāti mahāsaṁgha* が 1991 年に設立されたことが、運動にとって一つの画期となった。ジャナジャーティ運動家達は、恐らく中国の用語法の影響もあって［Toffin 2013: 80-81］ジャナジャーティを nationalities と英訳したが、程なくグローバルな先住民運動との関係で自らを先住民族 *ādivāsī janajāti* と再規定し、活発に運

32　こうした人々に関する実体的な概観として、まずは Guneratne［2010, 2011］Lawoti and Guneratne［2010］を参照。

動を展開していった[33]。当初都市の高等教育を受けた人々を中心に行われていたこうした運動は、1990年憲法のもとで、それを超えて広がっていくこととなった。

　1990年憲法は、言語に関する条項を除き、国内のマイノリティに関して、インドのような留保制度や、特別の施策について定めている訳ではない。しかし民族や言語に関する憲法の規定は、確かに行政側の対応をも生み出した。ヒンディー語、及びネワール語をはじめ幾つかの *rāṣṭriya bhāṣā* よるラジオ・ネパールのニュース放送は1990年代前半に開始或いは再開され[34]、1994年に「*rāṣṭriya bhāṣā* 政策提言委員会」の答申が教育文化社会福祉省に提出されるなど、*rāṣṭriya bhāṣā* の扱いについての議論も政府内で行われた［小林他 2007］。またネパールの第9次五か年計画においては、教育と文化の章の文化の部分に独立の節が当てられ、ネパールの文化的多様性を意識した記述が第8次に比べ大幅に拡充されている［His Majesty's Government 1992, 1998］。

　本格的にネパールの多民族性に対処する組織としては、地域開発省の下に1997年に設立された国家民族開発委員会を挙げることが出来る。この委員会は、多民族国家という憲法の規定に基づき、ネパールのジャナジャーティを定義し、それぞれのジャナジャーティの伝統的な文化や言語を記録し、その発展に向けた様々な支援のパイプ役となるべく設立さ

33　団体名称は、2001年にネパール先住民族連合（*Nepāl ādivāsī janajāti mahāsaṁgha*、Nepal Federation of Indigenous Nationalities）となった。彼らが一貫して Nationalities の語を用いていることは、国家との関係における自己主張として極めて重要である。

34　ラジオ・ネパールにおいて、ネワール語の放送は1990年から再開され、マイティリー語は1993年から、バンタワ・ライ語、グルン語、マガル語、リンブー語、ボージュプリー語、アワディー語、タルー語、タマン語の放送は1994年から開始された。

れたものである。予算規模は1500万ルピー程度と小さいが[35]、2000年8月までに61の民族をリストアップし［Ukyāb evaṁ Adhikārī 2057v.s.］、ネパール語を中心とした雑誌『ジャナジャーティ』やパンフレット類の刊行を行った。この組織は2002年の法令により国家先住民族開発機構へと改組され、同法の付表では、ジャナジャーティの数は59となった［Śrī 5 ko Sarkār 2058v.s.］。

　ここで興味深いのは、ジャナジャーティなる語の定義の変遷である。国家民族開発委員会は、「自分たちの母語と伝統的慣習を有するが、4ヴァルナのヒンドゥーのヴァルナ体系の中に入っていない人々」という規定を採用し、さらに「伝統的な言語、宗教、慣習がある」「伝統的な社会的紐帯が平等性に基づいている」「その集団が近代ネパールで政治や国家運営に中心的な役割を果たしていない」といった項を加えている［Ukyāb evaṁ Adhikārī 2057v.s.: 2］。これらは明らかに、ジャナジャーティを、ヒンドゥーの人々とりわけ従来ネパールの政治の中心にいたネパール語を母語とするヒンドゥー高カーストとの差違において定義したものである。こうした批判的な議論が政府傘下の委員会で行われたことは、興味深い事態である。他方2002年の法では、第2条(1)で、「「先住民／ジャナジャーティ」は、自らの母語と伝統的な習慣、独自の文化的アイデンティティ、独自の社会構造と、書かれた或いは書かれていない歴史を持つ、付表に示された民族 (*jāti*、政府英訳ではtribe) あるいはコミュニティ *samudāya* と理解されねばならない」とされている。社会構造の平等性や、近代ネパール国家の支配体制に関わる議論は消え、「民族あるいはコミュニティ」という語自体（「先住民」、ジャナジャーティといった新たな用語の登場にも拘わらず、最終的にはそれが *jāt* と *jāti* の区別により説明されていることは重要である）と、言語的、文化的、歴史的差異によってのみ説明し、内実は付表で具体的に示すというやり方は、ネパールの社会文化的多様性に関する従来の理

---

[35]　2001年、当時の委員会の主任行政官Tamla Ukyab氏のご教示による。

解との連続性を示すものである。またそれは、一方でマオイストがジャナ
ジャーティの解放を喧伝して支持を広げ、他方でギャネンドラ王が権力を
掌握していく時期における、最も無難な書き方であったように思われる。

VI　マオイストの主張
様々な「解放」への戦い

　1990年憲法の下、議会制民主主義が根付くかに見えたネパールであるが、1996年に始まったネパール共産党マオイストによる「人民戦争」が勢いを増すと、ネパールの国土のかなりの部分がその実質的な支配下に入ることとなった。一方2001年6月のネパール王族殺害事件の後王位についたギャネンドラ王は段階的に権力を掌握し、2005年2月以降直接統治を行うに至った。

　多民族・多言語かつ議会制民主主義のヒンドゥー王国を標榜した1990年憲法下のネパールは、国内の様々な「マイノリティ」の運動家達が望んだ形で、多民族化、多言語化された訳ではなかった。確かに、ジャナジャーティやダリットの運動は眼に見える形で展開されるようになった。また、国家の側にも、国家民族開発委員会、国家先住民族開発機構に続き国家ダリット委員会を組織するなどの動きが見られた。しかし、政治や行政の中核を担った人々の多くは、相変わらずネパール語を母語とするヒンドゥー高カースト（及び一部ネワールの高カースト）であった。政治面では、ネパール民族連合は特定の政党と結びつくことなく活動を展開し、タライを主要支持基盤とするサドバーヴァナ（友愛）党は広汎な支持を得られない状況が続いた。多言語性に関しては、1998年に最高裁がカトマンドゥ市の行政がネワール語を使うことを、ネパール語が公用語と規定されていることを理由に禁じる判決を出したことで、憲法の規定は行政的には全くの名目に過ぎなくなった。また当時のネパールの主要政党は、ネパールの多民族性、多言語性に関わる問題について、積極的に対応した訳

ではなかった。ギャネンドラが王位に就いてからは、例えば2002年には、*rāṣṭriya bhāṣā* の公的使用を禁じた最高裁判決に関する例年の抗議のデモを行っていた人々が逮捕されるという事件も生じ、「国民統合」に反すると見なされた運動への締め付けは強化されていった。

　1996年以降、様々な帰属カテゴリーに属するマイノリティの人々を狭義の政治の世界に動員しようという試みを積極的に行ったのは、マオイストであった。マオイストの「人民戦争」は、基本的には階級闘争の論理に基づくものであったが、彼らは階級的支配からの解放 (*mukti*) のみならず、ジェンダー、宗教、カースト、民族、地域、等々の解放をも同時に要求した。この点は、彼らが「人民戦争」を開始する直前に、統一人民戦線議長バブラム・バッタライ名で当時のS.B. デウバ首相に宛てて出した40項目要求に既に明白である。その中から、本稿と直接関係する項目を抜き出してみよう。何れも「*janatantra*（民主主義、人民主義[36]）に関する要求」のセクションの中にある。

> 10. *janagaṇatantrātmak*［人民民主主義的、民主共和主義的］な体制を立ち上げるために選ばれた代表により、新たな憲法が起草されるべきである。
> 11. 王及び王家の全ての特権は廃止されるべきである。
> 18. ネパールを世俗 *dharma nirapekṣa* 国家と宣言すべきである。
> 19. 女性に対する家父長制的搾取と差別は終わらせるべきである。娘には父親の財産に対する権利を与えるべきである。
> 20. 全ての *jātīya*［民族的あるいはカースト的］な搾取と抑圧は終わらせるべきである。ジャナジャーティがマジョリティをなすところでは、彼らが自治政府を作ることが認められるべきである。

36　マオイストの文章は独自の用語体系によって書かれており、それをどの程度共産主義的に訳すかにより、複数の翻訳が可能である。

21. ダリットに対する差別は終わらせるべきである。不可触制は除去されるべきである。
22. 全ての言語と方言は繁栄の平等な機会を与えられるべきである。高等学校までの母語による教育の権利が保障されるべきである。
23. 表現の権利と報道・出版の自由が保障されるべきである。政府のマスメディアは完全に自律的であるべきである。
25. 丘陵部とタライの地域的な差別は終わらせるべきである。後進的地域は地域自治を与えられるべきである。村落と農村の間は平等に扱われるべきである。
26. 地方自治体は権限と装備と共に整えられるべきである。[37]

　マオイストの主張は、包括的かつ比較的具体的なものである。宗教は「世俗」secular とも訳される *dharma nirapekṣa* の語によって否定的な形で言及されている。女性の財産権にはっきりと言及し、ジャナジャーティに対しては自治政府の可能性、ダリットに対しては不可触制の廃止を明言し、言語的には高等学校までの母語教育を保障すべきだとしたことは、当時の政府の実際の政策と比較すると非常に先進的な主張である。ただし、やや後付け的に言えば、マデシの問題については、後進地域（中西部や極西部の山地部の幾つかの郡が主たる対象であろう）や都市農村問題とまとめられており、扱いはやや弱いと言えるかも知れない。もう一つ指摘すべきは、自治についての要求はあるが、言語以外の文化的な多様性に関する要求は現れていない点である。
　「人民戦争」を通じて、こうしたマオイストの主張がどれほど人々に訴えたかを、正確に測ることは難しい。しかし、一定数の支持者がいたことは、彼らが2004年に民族名を冠した複数の自治区の人民政府を樹立し、その一部はそれなりの実効性を持っていたらしいことからも明らかであ

37　ネパール語文は Gautam et al.［2064v.s.: 485-488］に拠った。

る。自分達の民族的、カースト的、宗教的、地域的、等々の解放を主たる動機としてマオイストに接近し或いは加入していったと思しき人々の一部が、人民戦争後にマオイストを離れ、自らの「アイデンティティ」に基づく解放の運動へと向かっていったこともまた、「人民戦争」中のマオイストの「解放」のレトリックの効果を、やや皮肉な形で示すものであろう。

やや先走って言うと、マオイストは、次節で論じる暫定憲法において、ここで引用した要求のかなりの部分を実現し、或いは実現への道筋を付けることとなった。他方、英語の secular の語には収まりきらない *dharma nirapekṣa* という語は、その後の新憲法制定過程で議論の焦点の一つとなっていく。

VII　2007年暫定憲法
集団的多様性と「包摂」

2006年4月、マオイスト、議会諸政党に加え広範な市民勢力が協力し、最終的には多くの国民がこれに参加した第二次人民運動によりギャネンドラ王が権力を手放した。主権が人々に戻り、解散されていた議会が復活、同年11月には包括平和協定が結ばれ、「人民戦争」或いは「マオイストの反乱」が終わった。しかし、議会復活時点で議員は既に当初の任期を満了していたため、国民から制度的に有効な形で信託を受けた政治家は、厳密に言えばこの時点でネパールに一人もいなかった。そのため、その後の政治過程は、様々な人々や国家、国際連合ネパール支援団（UNMIN）、その他国内外の組織等の声や行動を反映しつつ、議会諸政党及びマオイストの有力政治家達の交渉と妥協によって展開していくこととなった[38]。

交渉の結果2007年初頭に成立したネパール暫定憲法は、新たな憲法が

---

[38]　2007年暫定憲法制定を巡る政治過程、及び第二回制憲議会選挙に至る展開については、名和［2015］も参照。

制憲議会で成立するまでの「暫定」憲法であったが、単に制憲議会をはじめとする当座の国家の体制を定めたのみならず、主権在民を明示した上、ネパールに住む多様な人々に関して多くの点で従来より踏み込んだ条文を多く含んでおり、その後の新憲法の制定が当初予定より大幅に遅れたこともあって、ネパール憲政史上極めて重要な位置を占めるものとなった。まずは、本稿に直接関係する条文について、簡単に概観しておこう。

第一に眼を引くのは、前文冒頭近くにおいて「階級的、民族的 jātīya（政府英訳は該当箇所で名詞の ethnicity を用いている）、地域的、及びジェンダー的な」問題を解決するために、国の前進的な再構築を達成すること」を誓っていることである。続いてネパール国民 rāṣṭra を規定する第3条に、「多民族的 bahujātīya、多言語的 bahubhāṣik、多宗教的 bahudhārmik、多文化的 bahusāṁskritik な特質を持つ」という形容句が見られる。多民族性、多言語性に加えて多宗教性、多文化性を認めたこと、1990年憲法では「王国」条項にあったこうした語彙が「国民」を定める条項に移動していることが注目される。因みに、ネパール国家を定めた4条は、従来の「王国」の条項に対応するものであるが、ネパールが世俗の dharmanirapekṣa、包摂的な samāveśī 国家であることが記されている。本書全体の主題である「包摂」の語は、ここでネパール国家を規定する主要原則の一つとして明記されることとなったのである。

言語に関しては、まず5条1で、ネパールで話されている全ての母語がネパールの rāṣṭra bhāṣā であることが、続いて2で、デーヴァナーガリー文字によるネパール語が公用語であることが定められ、さらに地方の役所等での母語即ち rāṣṭra bhāṣā の使用に関する3が続く。ここに rāṣṭra bhāṣā と rāṣṭriya bhāṣā という、言語と国民の関係に関する二重性は解消され、同時にネパール語が公用語であることを理由にそれ以外の人々の母語が地方レヴェルで排除される可能性が排除された。また教育権に関する17条にも言語に関する条項が見られるが、マオイストの40項目と異なり、母語による教育の権利は初等教育に関するものとなっている。

13条平等権では、2で、宗教、人種 varṇa（英訳は color）、性、カースト jāt、民族 jāti（英訳は tribe）、出自 utpatti、言語、思想信条により差別されないこと、3では国家がこれらのこと（何故か列挙する際の順番が異なっている）により市民を差別してはならないが、このことは、女性、ダリット、先住民ジャナジャーティ、マデシ、農民、労働者、経済的社会的或いは文化的に後進の階層、子供、老人、障害者の保護発展の為の措置を取ることを妨げないこと、が規定されている。これとは別に、不可触制とカースト・人種・民族的（ネパール語正文は jātīya、英訳は racial）差別に関する第14条が存在する。jāti の英訳に race を当てる場合と tribe を当てる場合の双方が見られるなどネパール政府の英訳に微妙な点もあるが、全体としては、カースト、民族、人種、出自に基づく差別全体を禁じつつ、アファーマティヴ・アクション的な措置を行う余地をも明記したものである。さらに17条3では、ネパールに住む全てのコミュニティが自らの言語、文字、文化、文化的文明、遺産を保持し促進する権利を明記している。
　社会正義に関する21条では、経済的社会的教育的に後進の女性、ダリット、先住ジャナジャーティ、マデシ・コミュニティ、非抑圧階層、貧困な農民労働者が、国家の構造に「比例的包摂」の原則で参加する権利を持つことが定められている。「包摂」の語は、国家の義務を記した33条（gha）の他、類似の文脈で何度も登場する。
　こうした条項で興味深いのは、宗教、人種、性、カースト、出自、言語といった語彙と、女性、ダリット、先住ジャナジャーティ、マデシ、農民、労働者、後進階層、等々の語彙が、基本的には別個の条項に、しばしばそれぞれひとまとまりのものとして現れることである。ネパールの様々な側面での多様性の強調と、1950年代から存在する国民の制度的な平等を保証する文脈に加え、特定の人々に対してアファーマティヴ・アクション的な措置を取ることを明記する必要が、こうした語彙の分断をもたらしたものと考えられる。包摂的 samāveśī の語が、後者の文脈と結びついて登場することが多いのも、そのためであろう。

もう一つ興味深いのは、宗教 dharma に関する権利を定めた 23 条である。1 では古来受け継がれてきた自らの宗教を信仰し実践し保護する権利が書かれ、他人を改宗させることや、互いの宗教を危うくすることの禁止が定められている。つまり、ヒンドゥー王国でなくなったネパールにおいても、宗教或いは dharma に関する規定は、形式上はほとんど全く変わらなかったのである。ただし、「古来」に相当する語は、ヒンドゥー的含意を色濃く湛えた sanātana から parāpūrva（「遠い昔」）に変えられており、細かな用語を巡る折衝があったことを窺わせる。宗教的な場等の維持に関する第 2 項も同様に存在する。ヒンドゥーが国教の地位を失い、ネパールが「世俗」国家となった後にも、憲法上宗教 dharma は、ヒンドゥー的な含意を減じつつも、基本的に集団的なものであり続けたのである。

　2007 年暫定憲法は、来たるべき新憲法に先んじて、ネパールを多元的な多様性をもつ国家として規定した。人種、カースト、民族、宗教、性、地域等に基づく差別の禁止が改めて確認されると共に、ジャナジャーティ、マデシ、ダリットといった語彙が、労働者、農民、後進階層等々といった範疇と並列される形で、何らかの手立を必要とする者、新たなネパールに「包摂」される対象として、登場あるいは再登場した。言語面では、公用語をネパール語とする一方、全ての国民の母語を国民の言語とし、地方レヴェルでの使用を保証する形が採られた。他方宗教＝ dharma に関しては、ヒンドゥー王国から「世俗」国家への移行にも拘わらず、基本的には集団に伝統的に帰属するものとする扱いが維持された。

VIII　2015 年憲法へ

　紆余曲折の末 2008 年 5 月に行われた制憲議会選挙の結果を受けた第 4 次暫定憲法改正により、ネパールは正式に王のいない連邦民主共和国となった。ここに、連邦国家内部の単位をいかに規定するかという、万人の納得する解決が極めて困難な問題が、多元的な権利主張への対応の上に、

折り重なることになった。1990年憲法制定時に「周辺的」とも評された問題は、これ以降、ネパール政治の最重要課題の一つであり続けているのである。

　2008年4月の選挙により成立した制憲議会は、しかし、度重なる任期延長にも拘わらず憲法を制定することが出来ないまま、2012年5月に解散した。2013年11月の選挙に基づく第二次制憲議会においても、憲法制定過程は当初の見通しより大幅に遅れて進行したが、2015年4月25日の大地震の後には、援助に関わった諸外国からの圧力もあってか政党間で新憲法制定への機運が高まり、2015年7月には『2072年ネパール憲法(第一次草案)』がまとめられ、7月20日、21日の両日には、この憲法草案を各々の制憲議会議員が自らの選挙区に戻って内容を説明し、広く人々の意見を聴取するというプログラムが行われた。雨期の真只中にやや拙速とも思える形で行われたにも拘わらず、そこでは多様な意見が噴出し、またタライのみならずネパール各地で草案に対する様々な反対運動が生じた。制憲議会は草案を修正の後、一条毎に(修正案も含めて)審議にかける形で新憲法を制定し、ついに9月20日、ヤダブ大統領により、「我々主権を備えたネパール人民」(憲法前文の最初の5つの単語の直訳)による初の暫定でない憲法、所謂2015年憲法が正式に公布された。新憲法の下新内閣が組織されネパールは新たな政治段階に入ったが、新憲法の下での国会議員選挙が行われていない現状では、ネパールの「体制移行期」が終わったとは言えない。憲法成立直前に「憲法は選挙によって選ばれた議会で改正できるのだから、まずは憲法を作り、国を正常な状態に戻そう」と論じていた主要政治家が多かったこと、また新憲法制定直後から、タライの反対運動及びインドの非公式な国境封鎖が数ヶ月にわたり継続したことは、ネパールがいまだ移行期にあることを端的に示している。その後2016年7-8月には政権交代が生じたが、本稿脱稿時点で、とりわけ連邦の州境を巡る問題について、最終的な解決への道筋は見えていない。

　以下ではまず、第一次憲法草案において、ネパール内部の様々な多様性

が如何に扱われていたかを概観し、第一次草案に対する様々な議論、及び成立した憲法との異同についても簡単にまとめたい。

第一次憲法草案では、まず前文で、「多民族的、多言語的、多宗教的、多文化的および地理的な多様性」が言及され、「階級的、民族的 (jātīya)、地域的、言語的、宗教的、性的、全ての形態のカースト的不可触制」を終えることで経済的平等、繁栄、社会正義を確保し、「比例包摂的及び参加の原則に基づく平等な社会」を作ることを決したことが述べられている。また本文においては、3条（国民）において、「多民族的、多言語的、多宗教的、多文化的な」という語句が登場し、4条（ネパール国家）において、「ネパールは、独立不可分の、主権を持つ、世俗の (dharmanirapekṣa)、包摂的な (samāveśī)、民主主義の、社会主義的な、共和制の、多民族国家」であると定められている。暫定憲法に続き、「包摂」は新ネパールの基本原則の一つとして提案された。実際、この憲法草案では、人権委員会、女性委員会、ダリット委員会等（なお、ジャナジャーティ委員会は草案段階ではない）と共に、第28部（253条以下）で、「国家包摂委員会」が規定されたのである[39]。

言語については、6条（国語、rāṣṭra bhāṣā）と7条（公用語）が分けられ、前者がネパールで母語として話されている全ての言語、後者がデーヴァナーガリー文字のネパール語とされている。この区分も暫定憲法の規定を引き継ぐものである。7条 (2) でネパール語以外の言語が州公用語となる可能性が明確に規定される一方、(3) で、言語関係のその他の問題については「言語委員会の勧告によりネパール政府が決定する」とされ、暫定

---

[39] 公布された2015年憲法では、女性委員会（252条以下）、ダリット委員会（255条以下）、包摂委員会（258条以下）に、さらに先住ジャナジャーティ委員会（261条）、マデシ委員会（262条）、タルー委員会（263条）、ムスリム委員会（264条）が加わった。いずれも第27部「その他委員会」において規定されている。

憲法にあった役所等での言語使用に関する条文は、憲法上からは消滅した。

　宗教については、31条がこれまでの「宗教に関する権利」から「宗教的自由の権利」(*dhārmik svatantratāko hak*) となった。「古来受け継がれてきた *dharma*」といった言い方は消滅し、個々の宗教団体の権利に関する条項が増えた。ただし、他人を改宗させる行為は、唐突に登場する「公共の衛生、品位、道徳に反する行為、公的な安寧を乱す行為」と共に、明確に禁止されている。

　もう一つ、この憲法草案に顕著なのは、集団的範疇の細分化とも言うべき現象である。例えば平等権を定めた23条の中に、優遇措置を受ける可能性がある者として、「社会的或いは文化的見地から後進的な女性、ダリット、先住民、先住ジャナジャーティ、カス・アーリヤ、マデシ、タルー、農民、労働者 [*majdūr*]、被抑圧階層、ムスリム、後進階層、少数者、周縁化され、消滅の危機にある共同体、若者、子供、年長の市民、性的少数者、障害者となった人、無力な或いは寄る辺なき人、後進的地域の市民」が列挙されている。暫定憲法からの範疇の増殖は明らかであろう。平野部に続くジャングル地帯の先住民であるタルーがジャナジャーティとは別に登場し、ムスリムが別立てされている他、労働者、農民から性的少数者まで、出自に基づかない様々な枠組についても細分化が進んでいる。とりわけ興味深いのは、ネパール語を母語とする人々を指す Khas Ārya という範疇が登場したことである。

　全体として、憲法草案は、基本的に2006年以降の議論の流れを受け継ぎつつ、第二次制憲議会で勢力を増した保守派の声を含む各方面からの要求を取り入れた、折衷的乃至妥協的な内容を有していた。

　こうした内容を持った憲法草案はしかし、様々な人々から様々な反対を受けることになった。その内容は、ネパールはやはりヒンドゥー国家であるべきだという主張から、「男性及び女性」でなく「女性及び男性」と書くべきだ、といったものまで多様であったが、政治的に最も大きな問題となったのは、具体的な州の数、区割り、名称という、憲法草案には明示さ

れていなかった事柄であった。マデシやタルーのみならず、中間山地の幾つかの地区でも、道路封鎖やゼネストなど、激しい反対運動が続いた。

　もう一つこの時期関心を集めたのが、世俗 *dharmanirapekṣa* という語の是非である。この語は字義通りに読めば宗教を否定する含意を持つため *dhārmik svatantra*（直訳すれば宗教的自立あるいは宗教的自由）の語を用いるべきだという声がかなり強く上がった。

　こうした議論をうけて、制憲議会で再び議論が行われ、修正された新憲法草案が議会に提出された。最終的にはネパールをヒンドゥー国家とすることを主張する諸政党、また一部マデシ政治家も参加し、一条毎に修正案も含めた審議、採決を行い、新憲法は成立した。ただし上述のように、これにより憲法を巡る問題が全て解決された訳では全くなく、修正の是非及び内容を巡る議論は本稿脱稿時点も続いている。

　新憲法草案と新憲法の間には、本稿の論点との関係では、一見するとそれほど大きな変更はない。その後の政治的混乱の最大の原因の一つは、当初存在していなかった7州からなる州の区割り（及び各州に入る郡名）が付表4に示され、それが、マデシやジャナジャーティの運動家の要求と真っ向から対立する、民族的地域的アイデンティティを反映しないものであったことである。もう一つ、実質的な変更が多く政治問題化したのは、市民権を巡る部分である。詳細は佐藤論文、上杉論文に譲るが、11条で両系血統主義を定めながら、複数の市民権を設定し例外規定を連ねることで実質上それを骨抜きにするその内容は、ジェンダー活動家や在外ネパール人社会のみならず、とりわけ歴史的経緯により従来市民権を十分に認められてこなかったマデシにとって極めて大きな問題と捉えられた。他方宗教に関しては、*dharmanirapekṣa* の語は4条「ネパール国家」の中で維持され、また宗教的自由への権利（26条）では、「自身の信仰に基づき宗教を公言し実践し維持する権利」が認められる一方、他人を改宗させることの禁止は継続している。注目すべきは、それが、集団の歴史への参照ではなく、公衆衛生や道徳との並置によって正当化されたことである。他

方、4条に新たに付加された「説明」の一文では、この条文における世俗 *dharmanirapekṣa* が「古来 *sanātanadekhi* 受け継がれてきた宗教文化の保護の他宗教的、文化的自由」と理解すべきものとされている。ヒンドゥー的含意の強い *sanātana* の語は、「世俗」への注釈の中で復活を果たしたことになる。

集団範疇の細分化傾向は、微妙な調整を経つつも継続しており、例えば平等権を定めた 18 条には、特別措置の可能性のある人々として、「社会的或いは文化的見地から後進的な女性、ダリット、先住民、先住ジャナジャーティ、マデシ、タルー、ムスリム、被抑圧階層、後進階層、少数者、周縁化された人々、農民、労働者［*majdūr* から *śramik* に変更］、若者、子供、年長の市民、性的少数者、障碍者となった人、妊娠中の人、無力な或いは寄る辺なき人、後進的地域の経済的に苦境にあるカス・アーリヤを含む市民」が列挙されている（本書石井論文も参照）。ますます長くなるこうしたリストは、2015 年憲法の妥協的、パッチワーク的性格を示すものであるが[40]、タルーやムスリムの登場や、「労働者」を表す語彙やカス・アーリヤの位置の変更が端的に示すように、誰がどのような名目で包摂されるかを巡る政治的交渉の、一つの暫定的結果でもある。暫定的と書いたのは、このリストが非体系的であり、例えば先住民 *ādivāsī* と先住ジャナジャーティ *ādivāsī janajāti* の並置は、ジャナジャーティでない先住民の存在を示唆すると共に、全てのジャナジャーティは先住民なのかという問いを惹起し得るからである[41]。だが、憲法 18 条が平等権に対する特別措置を定め

40　1 条ごとに、各種修正案と共に裁決するというその成立過程とも相俟って、2015 年憲法において内的整合性が法的に十全に保たれているかは疑問である。市民権を巡る規定に加え、2016 年 7 月の政権交代時には、首相を辞めさせる憲法上の根拠について、議会内外で議論が行われたことが想起される。

41　ほぼ同様の範疇を列挙した 42 条（社会的公正の権利）(1) は、2016 年 1～2 月の第 1 次憲法改正で修正され、最終版と目される 2 月 28 日版では、先住民 *ādivāsī* と先住ジャナジャーティ *ādivāsī janajāti* の並置は解消された。

るものである以上、特別措置を伴って国家に「包摂」されるべき単位を巡る議論は、現実の政治運動をも反映して、今後も続いていくであろう。

IX　おわりに

　近代ネパール王国の始祖プリトビ・ナラヤン・シャハ王は、自らの国を「大小 4 つのヴァルナ、36 のジャートからなる真のヒンドゥスターン」という言葉で表現したと言われる[42]。1854 年ムルキ・アインは、一見この言葉に内実を与えようとしたものとも見える。国家のヒンドゥー性が強調され、全国統一のカースト的ヒエラルヒーによってネパールの全住民を不平等な形で一つの法の下に位置付けたこの法律は、しかし、国境により閉ざされた一つの領域内に住む人々を統一的に支配しようとする点で、近代的な性格をも併せ持っていた。

　マヘンドラ王クーデター後の 1962 年憲法では、ネパールは国王を中心としネパール語を国家語とするヒンドゥー王国と規定された。ジャートによる法律上の差別は消え失せ、全ての国民は平等だとされた。しかしそもそもヒンドゥー教徒でもネパール語母語話者でもない人々や、従来低カーストとされてきた人々への積極的な配慮は存在せず、むしろ国内の差異を強調することは国の調和と発展、国民統合を妨げる阻害要因と見なされた。この時期上述のプリトビ・ナラヤンの言葉は、ヒエラルヒー的側面を捨象され、国民統合のための標語として喧伝された。

　1990 年憲法は、ヒンドゥー王国という規定を残し、また個々人の信仰や自由に対する微妙な制限を維持しつつも、ネパールが多民族、多言語の国家であることを明記し、差別の禁止や母語による教育権を明確にするなど、国内の多様性への配慮を含んでいた。だがそうした規定は、従来当然

　　　他方、18 条には修正はなく、両者の並置は存続している。
[42]　詳細は注 16 参照。

の前提とされてきた「4つのヴァルナ、36のジャートからなる真のヒンドゥスターン」という枠組に属していないと主張する多様なネパール国民の存在を顕在化させることになった。国家は第一次民主化以降15年にわたりそうした人々に部分的に対応し、また1996年以降マオイストはそうした人々を自らの運動に取り込もうとした。

　2007年暫定憲法では、ネパール国内の多様な人々の範疇が、「包摂」の対象として明確に現れることとなった。こうした方向性は、2015年憲法においても基本的には引き継がれており、「包摂」は連邦共和制国家ネパールの主要原理の一つとなった感がある。だが、「包摂」の対象の細分化が進行する一方、連邦制の前提となる州の区割りと名称を巡る問題の解決は容易ではなく、今後新憲法の元に総選挙が行われ、新たな議会と内閣の下、ネパールが真に国家として正常な状態に戻るまでには、多くの曲折が予想される。

　最後に、D. ゲルナーの「集団的権利から個人的権利へ、そしてまた集団的権利へ」という図式に戻ろう。この図式は、確かにネパール法制史の大まかな傾向性を的確に捉えてはいる。だが、言語について見ると、ラナ時代の言語政策の欠如から、パンチャーヤット時代の唯一の国家語＝公用語という国民国家モデルを経て、二つの水準の国民の言語（ただし公用語は一つ）という過渡的なモデル、さらに唯一の公用語と、全ての国民の母語＝国民の言語というモデルへという流れは、むしろ「権利」が国民国家構築の試みの後に問題になったことを示唆しているように見える。「新ネパールの包摂的な声」を標榜する国営放送局ラジオ・ネパールが、本稿脱稿時においても、毎朝最初に、誰の「母語」とも言い難いサンスクリット語ニュースを流していることも付言しておこう。

　他方、宗教＝ *dharma* については、出自に基づく集団に帰属することが長く前提とされ、他人を改宗させることが禁じられてきたことから、「個人的権利」への十全な移行は一度も生じなかったと言える。そして興味深いことに、ジャナジャーティの運動家の多くは、ヒンドゥー教の強制には

強く反対する一方、宗教＝*dharma* を集団的なものとする基本的発想を、多くのヒンドゥー達と共有してきた。自らの社会的文化的独自性に基づく集団的な権利の主張にとって、ネパールの宗教＝*dharma* 概念は確かに適合的ではある。だが、一方で近年のキリスト教やテーラワーダ仏教の信者の増加、他方で VHP（世界ヒンドゥー協会）等の影響力の増大という事態は、法律の規定や運動家の思惑を超えた社会文化的動態の存在を示唆している（本書丹羽論文も参照）。他方、2015 年憲法に顕著な集団範疇の細分化傾向は、「包摂」概念が生み出した様々な議論と政治的交渉の暫定的な結果として生じた。ここで、範疇の多重化、多元化により、例えばジャナジャーティという、多くの小集団をひとまとめにする範疇の重みは、相対的には減じていると言えるかも知れない。だが、タルーやカス・アーリヤ、さらに恐らくムスリムが、ジャナジャーティ、ダリット、マデシといった従来の範疇に加わったことは、出自に基づく集団範疇の、「包摂」の単位としての重要性自体は、減じていないことを示していよう。

　冒頭に述べたように、D. ゲルナーは、ネパールにおける文化と政治統合を論じる際に、ラナ時代のヒエラルヒー的なカースト基盤モデル、パンチャーヤット時代の開発的な文化的均質化モデル、そして多文化的な「異なっているが平等」モデルの三者を区別した。彼は第 3 のモデルに「未だ実現されておらず、恐らく実現不能な」という形容詞句を付けたが [Gellner 2001: 193]、2006 年以降の展開を待たずとも、これはやや拙速な表現であった。国家の枠組を前提とした時、その内部の文化的社会的言語的宗教的多様性に如何に向き合うべきか、さらにそれ以前に、多様性を如何に範疇化すべきかといった問題については、理論的にも現実の世界においても、万人が認める解決は見出されていないのだから。本稿が概観したネパールの事例もまた、西洋的規範を逸脱した変則的な例外としてではなく、様々な地理的歴史的制約の下に展開しつつある一つの現在進行形の挑戦として、捉えられるべきである。

参照文献

Anderson, Benedict
  2006(2007) *Imagined Communities: Reflections on the Origin and Spread of Nationalism* (new edition). Verso.（『定本 想像の共同体──ナショナリズムの起源と流行』白石隆・白石さや訳, 書籍工房早山）

Bista, Dor Bahadur
  1991 *Fatalism and Development: Nepal's Struggle for Modernization*. Orient Longman.

Borgström, Bengt-Eric
  1980 *The Patron and the Panca: Village Values and Pancayat Democracy in Nepal*. Vikas Publishing House.

Burghart, Richard
  1996 *The Conditions of Listening: Essays on Religion, History, and Politics in South Asia*. Oxford University Press.

Campbell, Ben
  1997 The Heavy Loads of Tamang Identity. In *Nationalism and Ethnicity in a Hindu Kingdom: The Politics of Culture in Contemporary Nepal*, David N. Gellner, Joanna Pfaff-Czarnecka, and John Whelpton (eds), pp. 205-235. Harwood Academic Publishers.

Caplan, Lionel
  1970 *Land and Social Change in East Nepal: A Study of Hindu-Tribal Relations*. University of California Press.

Caplan, Patricia
  1972 *Priests and Cobblers: A Study of Social Change in a Hindu Village in Western Nepal*. Intertext Books.

Chaturvedi, S. K.
  1993 *Nepal: Internal Politics and its Constitutions*. Inter-India Publications.

Dumont, Louis
  1980(2001) *Homo Hierarchicus: The Caste System and Its Implications* (Complete Revised English Edition). University of Chicago Press.（『ホモ・ヒエラルキクス』田中雅一, 渡辺公三訳, みすず書房）

Egli, Werner M.
  2000 Below the Surface of Private Property: Individual Rights, Common Property, and the Nepalese Kipat Sistem in Historical Perspective.

European Bulletin of Himalayan Research 18: 5-19.
Fezas, J.
　　1990(2047 v.s.) The Nepalese Juridical Tradition and its Sources: A List of the ain Books Kept in the National Archives. *Abhilekha* 8: 121-134.
　　1993　Custom and Written Law in Nepal: The Regulations Concerning Private Revenge for Adultery According to the Code of 1853. In *Nepal: Past and Present: Proceedings of the France-German Conference Arc-et-Senance, June 1990*, Gérard Toffin (ed), pp.3-20. Sterling Publicaions.
Fisher, William F.
　　1993　Nationalism and Janajati. *Himal* 6(3): 11-14.
Forbes, A.
　　1999　Mapping Power: Disputing Claims to Kipat Lands in Northeastern Nepal. *American Ethnologists* 26(1): 114-138.
Gaborieau, Marc
　　1977　*Minorités Musulmanes dans le Royaume Hindou du Népal*. Laboratoire d'ethnologie.
　　1981　The Law of Debt in Nepal: Private Rights and State Rights in a Hindu Kingdom. In *Asian Highland Societies: in Anthropological Perspective*, Christoph von Fürer-Haimendorf (ed), pp.131-156. Sterling Puolishers.
Gautama, Bhāskara, Pūrṇa Basneta, evaṁ Cirana Mānandhara
　　2064v.s.(2007)　*māovādī vidroha: saśastra saṅgharṣako avadhi*. Mārṭina Cautārī.
Gaige, Frederick H.
　　1975　*Regionalism and National Unity in Nepal*. Vikas Publishing House.
Gellner, David N.
　　1997　Ethnicity and Nationalism in the World's Only Hindu State. In *Nationalism and Ethnicity in a Hindu Kingdom: The Politics of Culture in Contemporary Nepal*, David N. Gellner, Joanna Pfaff-Czarnecka, and John Whelpton (eds), pp. 3-31. Harwood Academic Publishers.
　　2001　From Group Rights to Individual Rights and Back: Nepalese Struggles over Culture and Equality. In *Culture and Rights: Anthropological Perspectives*, Jane K. Cowan, Marie-Bénédicte Dembour, and Richard Wilson (eds.), pp. 177-200. Cambridge University Press.
Government of Nepal

2010　*The Interim Constitution of Nepal, 2063 (2007)*.
http://www.lawcommission.gov.np/index.php?option=com_remository&Itemid=17&func=fileinfo&id=163&lang=en

2016　T*he Constitution of Nepa*l.
http://www.lawcommission.gov.np/en/documents/2016/01/constitution-of-nepal-2.pdf（2016 年 9 月 22 日取得）

Guneratne, Arjun (ed.)
　　2010　*Dalits of Nepal: Towards Dignity, Citizenship and Justice*. Himal Books.
　　2011　*The Tarai: History, Society, Environment*. Himal Books.

Gurung, H.
　　1997　State and Society in Nepal. In *Nationalism and Ethnicity in a Hindu Kingdom: The Politics of Culture in Contemporary Nepal*, David N. Gellner, Joanna Pfaff-Czarnecka, and John Whelpton (eds), pp. 495-532. Harwood Academic Publishers.

Hangen, Susan I.
　　2010　*The Rise of Ethnic Politics in Nepal: Democracy in the Margins*. Routledge.

His Majesty's Government of Nepal
　　1992　*The Eighth Plan (1992-1997)*. National Planning Commission.
　　1998　*The Ninth Plan (1997-2002)*. National Planning Commission.

Hodgson, Brian Houghton
　　1992(1880)　*Miscellaneous Essays Relating to Indian Subjects*. 2 Vols. Asian Educational Services.

Höfer, András
　　1979　*The Caste Hierarchy and the State in Nepal: A Study of the Muluki Ain of 1854*. Universitatsverlag Wagner.

Holmberg, David H.
　　1989　*Order in Paradox: Myth, Ritual, and Exchange among Nepal's Tamang*. Cornell University Press.

Holmberg, David H. Kathryn S. March, and Suryaman Tamang
　　1999　Local Production/Local Knowledge: Forced Labor From Below. *Studies in Nepali History and Society* 4(1) :5-64.

Hutt, Michael
　　1994　Drafting the 1990 Constitution. In *Nepal in the Nineties: Versions of*

the Past, Visions of the Future, Michael Hutt (ed), pp. 28-47. Oxford University Press.

小林茂

 1998 ネパールの低開発と知識人：D.B. ビスタ氏『運命論と開発―近代化 にむけたネパールの闘い』をめぐって.『比較社会文化』4：49-64.

小林茂・森野良典

 2007 「ネパールの国民統合と言語問題：国民語政策提言委員会答申（翻訳）とその背景」. 前平泰志編『ネパールにおけるマージナルグループの教育様式の政治人類学的研究』pp. 101-153. 京都大学大学院教育学研究科.

Lawoti, Mahendra, and Arjun Guneratne (eds.)

 2010 *Ethnicity, Inequatily, and Politics in Nepal.* Himal Books.

Letizia, C.

 2012 Shaping Secularism in Nepal. *European Bulletin of Himalayan Research* 39: 66-104.

 2013 The Goddess Kumari at the Supreme Court: Divine Kingship and Secularism in Nepal. *FOCAAL: Journal of Global and Historical Anthropology* 67: 32-46. Doi: 10.3167/fcl.2013.670103.

 2015 Shaping Secularism through the Judiciary in Nepal: Case Studies from the Kathmandu Supreme Court. In *Secularism, Religion, and Politics: India and Europe*, Péter Losonczi and Walter Van Herck (eds.), pp. 190-210. Routledge.

Levine, Nancy E.

 1987 Caste, State, and Ethnic Boundaries in Nepal. *Journal of Asian Studies* 46(1): 71-88.

Lewis, Todd

 1998 Growing up Newar Buddhist: Chittadhar Hridaya's Jhi Maca and its Context. In *Selves in Time and Place: Identities, Experience, and History in Nepal*, Debra Skinner, Alfred Pach III, and Dorothy Holland (eds.), pp. 301-318. Rowman and Littlefield Publishers.

Macdonald, Alexander W.

 1984 The Hierarchy of the Lower Jat in the Muluki Ain of 1955. In *Essays on the Ethnology of Nepal and South Asia*, vol.1, 281-295. Ratna Pustak Bhandar.

Malagodi, Mara

2013　*Constitutional Nationalism and Legal Exclusion: Equality, Identity Politics, and Democracy in Nepal.* Oxford University Press.

Michaels, Axel

1993　Widow Burning in Nepal. In *Nepal: Past and Present: Proceedings of the France-German Conference Arc-et-Senance, June 1990,* Gérard Toffin (ed), pp.21-34. Sterling Publications.

1997　The King and Cow: On a Crucial Symbol of Hinduization in Nepa. In *Nationalism and Ethnicity in a Hindu Kingdom: The Politics of Culture in Contemporary Nepal,* David N. Gellner, Joanna Pfaff-Czarnecka, and John Whelpton (eds), pp. 79-99. Harwood Academic Publishers.

名和克郎

1997　「カーストと民族の間――民族・ジャート・国家」．『アジア読本ネパール』石井溥編, pp. 46-54. 河出書房新社．

2009　「近代ネパール国家のカースト規定（一八五四年）――「ムルキ・アイン」（一八五四年一月六日）」．歴史学研究会（編）『世界史史料 第8巻 帝国主義と各地の抵抗Ⅰ――南アジア・中東・アフリカ』, pp.89-91. 岩波書店．

2013　『東京大学東洋文化研究所所蔵 社団法人ネパール協会旧蔵資料目録』東京大学東洋文化研究所附属東洋学研究情報センター．

2015　「ネパールの『デモクラシー』を巡って――用語・歴史・現状」．『現代インド研究』5: 69-87.

Nawa, Katsuo

2016　Triangulating the Nation State through Translation: Some Reflections on "Nation", "Ethnicity", "Religion", and "Language" in Modern Japan, Germany and Nepal. *Internationales Asienforum/ International Quarterly for Asian Studies* 47(1-2): 11-31.

in press　Effects of translation on the invisible power wielded by language in the legal sphere: the case of Nepal. In *Meaning and Power in the Language of Law,* Janny Leung and Alan Durant (eds.). Cambridge University Press.

Nepāla Sarkār

2072v.s. a　*nepālako saṁvidhāna 2072 (prārambhika masyaudā) 16 būde sahamatisahita.* saṁvidhānasaabhā sacivālaya.

2072v.s. b　*nepālako saṁvidhāna 2072.* saṁvidhānasaabhā sacivālaya.

2072v.s. c　*nepālako saṁvidhāna 2072.* [pauṣ月13日第一次修正を含む] http://www.lawcommission.gov.np/?workflow_state=prevailing-laws-constitution (2016 年 9 月 22 日取得)

2072v.s. d *nepālako saṁvidhāna 2072*. [第一次修正 caitra月16日認可版を含む] http://www.lawcommission.gov.np/?workflow_state=prevailing-laws-constitution (2016 年 12 月 26 日取得)

Pant, Nayaraj

   n.d. *Śrī 5 Pṛthvinārāyaṇ Śāhako Upades*. Jagadamva Prakāśan.

Pradhan, Kumar

   1991 *The Gorkha Conquests: The Process and Consequences of the Unification of Nepal, with Particular Reference to Eastern Nepal*. Oxford University Press.

Rana, Chandra Shum Shere Jung Bahadur

   1924 *An Appeal for the Abolition of Slavery*. Kathmandu.

Regmi, Mahesh C.

   1975 Preliminary Notes on the Nature of Rana Law and Government. *Contributions to Nepalese Studies* 2(2): 103-115.

   1978(1963-68) *Land Tenure and Taxation in Nepal*. Ratna Pustak Bhandar.

   1978(1994) *Thatched Huts and Stucco Palaces: Peasants and Landlords in 19th Century Nepal*. Vikas Publishing House.(『一九世紀ネパールの農業社会』蓮見順子訳, 明石書店)

   1988 *An Economic History of Nepal, 1846-1901*. Nath Publishing House.

   1999 *Imperial Gorkha: An Account of Gorkhali Rule in Kumaun (1791-1815)*. Adroit Publishers.

Sagant, Philippe

   1996 *The Dozing Shaman: The Limbus of Eastern Nepal*. Oxford University Press.

佐藤斉華

   2004 「比喩の論争、論争の比喩——現代ネパールにおける国家と少数民族をめぐる言説の政治」『帝京社会学』17: 63-96.

Sharma, Prayag Raj

   1977 Caste, Social Mobility and Sanskritization: A Study of Nepal's Old Legal Code. *Kailash* 5(4): 277-299.

Śrī 5 ko Sarkār

   2011(2007)v.s. *nepāla antarīma śāsana vidhāna*. kāṭhamāḍaũ.

   2016v.s. *nepāla adhirājyako saṁvidhāna*. kānūna maṁtrālaya.

2019v.s. *nepālako saṁvidhāna 2019*. kānūna tathā nyāya mantrālaya.

2020v.s.a *mulukī aina*. kānūna tathā nyāya mantrālaya.

2020v.s.b *nayā mulukī ainako viśeṣatā*. pañcāyata maṁtrālaya.

2020v.s.c *nayā mulukī aina saṁkṣipta paricaya*. pracāra tathā prasāra vibhāga, pañcāyata mantrālaya.

2022(1910)v.s. *śrī 5 surendra vikrama śāhadevakā śāsanakālamā baneko mulukī aina*. kānūna tathā nyāya mantrālaya.

2047v.s. *nepāla adhirājyako saṁvidhāna*. kānūna tathā nyāya mantrālaya kānūna kitāba vyavasthā samiti.

2049v.s. *mulukī aina*. kānūna tathā nyāya mantrālaya kānūna kitāba vyavasthā samiti.

2058v.s. *ādivāsī/janajātī utthāna rāṣṭriya pratiṣṭhāna aina*.
http://www.lawcommission.gov.np/index.php?option=com_remository&Itemid=18&func=startdown&id=361&lang=en

2069v.s. *nepālako antarima saṁvidhāna 2063*.
http://www.lawcommission.gov.np/index.php?option=com_remository&Itemid=17&func=fileinfo&id=129&lang=en

Stiller, Ludwig F.

1973 *The Rise of the House of Gorkha: A Study in the Unification of Nepal 1768-1816*. Ratna Pustak Bhandar.

1989(1968) *Prithiwinarayan Shah in the Light of Dibya Upadesh*. Himalayan Book Centre.

谷川昌幸（訳）1994 『ネパール王国憲法』. ネパール研究会.

Thapa, Kanak Bikram

2010 Religion and Law in Nepal. *Brigham Young University Law Review* 2010(3): 921-930.

Toffin, Gérald

2013 The *Adivasi/Janajati* Movement in Nepal: Myths and Realities of Indigeneity. In *Routing Democracy in the Himalayas: Experiments and Experiences*, Vibha Arora and N. Jayaram (eds.), pp. 29-49. Routledge.

Ukyāb, T. evaṁ Ś. Adhikārī

2057v.s. *Nepālako Janajātiharū*. Rāṣṭriya Janajāti Vikās Samiti.

Whelpton, John

1992 *Kings, Soldiers and Priests: Nepalese Politics and the Rise of Jang*

Bahadur Rana, 1830-1857. Ratna Pustak Bhandar.
   1997 Political Identity in Nepal: State, Nation, and Community. In *Nationalism and Ethnicity in a Hindu Kingdom: The Politics of Culture in Contemporary Nepal*, David N. Gellner, Joanna Pfaff-Czarnecka, and John Whelpton (eds), pp. 39-78. Harwood Academic Publishers.
Ziverz, Laurie
   1992 *Private Enterprise and the State in Modern Nepal*. Oxford University Press.

第 2 章

ネパールの「カースト／民族」人口と「母語」人口

国勢調査と時代

石井 溥

I　はじめに

　本稿では近年のネパールの国勢調査の結果と手引き書を材料として、国勢調査におけるカースト、民族、言語の扱いや人口の変化を、示されている数字の意味を探りつつ検討し、同時に、社会・政治の変化と国勢調査の関連を考えたい。議論の核は、「カースト／民族」と「言語」の項目の細分化傾向がみられ、それが近年の多様性・社会的包摂の重視などに関連する点、および、他方に限られた数の「安定的（非細分化）」グループが存在し、従来の有力層・多数派の大人口が統計数字上で維持されているという状況への注目である。

　ネパールの国勢調査は10年に1度行われるが、ここで「カースト／民族」について参照するのは1991年、2001年、2011年の国勢調査結果［CBS 1993a, b, 2002, 2012］と各国勢調査の調査員向けの手引き書［KTB 2047 v.s. (1990), 2057? v.s. (2000?), 2068 v.s. (2011)］であり、言語（母語）については1950年代からの国勢調査結果［上記のほかDepartment of Statistics 1958; CBS 1975, 1984］を用いる。

　それらの検討・考察に入る前に、予備知識として、近現代ネパールの国家形成、国民形成と国勢調査の関連を手短に概観し、合わせて、社会的包摂と人口統計のネパール的特徴について考えたい。

II　近現代ネパールの国家形成、国民形成と国勢調査

　ネパールがほぼ今日の大きさの国になるのは、征服によって拡大し18世紀後半に確立したシャハ王朝からである（その拡大は1814-16年の英ネ戦争でとまる）。シャハ王朝は、軍事優先・内紛の初期とラナ宰相一族の専制期（1846～51年）を含む時期（シャハ＝ラナ期）、パンチャーヤット期、そして1990年の「民主化」を経て2008年まで続き、今日の連邦共和制にかわるが、ここでは90年から現在までを「民主化期」とし、大まかに3

時期を設定して述べたい（関連文献は多いが、まずは本書の序章、第 1 章、石井 [2011, 2012, 2015] とそれらの文献リストを参照されたい）。

1　シャハ＝ラナ期（1769 ～ 1951 年）

　この時期の政権は社会を（ネパール的な）カースト制によって整序することを目指した。この「カースト」にあたるネパール語は「ジャート」で、高位カーストを中心とする支配者はこの語を、カースト的序列や慣習とはあまり縁のなかった被征服民族（マガルやグルン等々）に対しても用い、それぞれを(多くは中間の位階の)「ジャート」として国家に編入した[1]。「ジャート」の語は「種類」の意味でも広く使われる言葉で [Bista 1982: 15]、被征服者に対して用いるのに抵抗はなかったと考えられる。

　ネパールはこの時期、インドのイギリス植民地政府や清朝中国と接し影響を受けつつ、内政面での整備・改革も進めた。国状把握は不可欠で、19 世紀中葉には部分的な人口調査を行い、1911 年からはほぼ 10 年ごとの国勢調査を実施した。その主な目的は兵士登録ができる男性数の把握や徴税促進であった［より詳しくは石井 2004］。

　シャハ王朝が公式に「ネパール」を名乗ったのは 1930 年代であるが、それがすぐ「ネパール国民」意識を作り出したとは考えられない[2]。生活上より強く意識されたのは、もっと身近な範囲である「ジャート」の方であっただろう。一方、傭兵（グルカ兵＝ゴルカ兵）の経験などは、当事者の国家・国民意識を育てる要素として働いたと考えられる。

1　1854 年の Muluki Ain ではカーストと民族の区別なしに jāt の語が用いられていた [Höfer 1979: 46]。

2　それまでは王朝発祥の地名であり支配者側の人々を指す色合いの濃い Gorkhā, Gorkhālī ＝「ゴルカ（の）（人々）」の語が使われていた [Burghart 1996: 253（初出 1984）, Whelpton 2005: 85]。

2 パンチャーヤット期（1960〜90年）

　1951年、ラナ体制が崩壊し政党政治が始まり、ネパールは第二次大戦後の世界に伍すべく開国し新体制を目指した。その初期の1952/54年には既に本格的な国勢調査が行われている。しかし政党政治は国王の全権掌握により短期間で終わり、パンチャーヤット期に入る[3]。そこではカースト的差別は否定されたものの、カーストは変貌・弱化しつつ存続した。「パンチャーヤット民主主義」と喧伝されたこの体制で強調されたのは、国内の多様性ではなく統一で、国王、ヒンドゥー教、ネパール語（山地ヒンドゥーの母語）を中心にしたネパール国民の形成が目指された。言い換えれば、当時「ネパール的」とされたものへの同化、いわば「ネパール化」[Bista 1982]、が眼目で、国内のさまざまな民族の言語・文化への考慮は薄く、その振興は抑えられた。政策の実施には、法的措置や教育など、さまざまな手段が動員され、国勢調査もその一翼を担っていた。

　1952/54年から81年までの4回の国勢調査には「カースト／民族」の統計は存在しない。その理由として、1931年まででカースト・トライブの統計をとることをやめたインドの国勢調査［三瀬2004: 217-22］の影響も考えられるが、国民の多様性を敢えて明らかにしない方向が政策に親和的であったという面も指摘できよう。なおこの時期、ネパールの民族人口は母語人口から推測するほかなく、カースト人口は不明であった。

3 民主化期

　1990年の第1次民主化、2006年の第2次民主化後のネパール社会では、（東欧の民主化、ソ連崩壊、欧米やインドの思潮などの影響のもと）民主主義、

---

[3]　パンチャーヤット制の開始は、パンチャーヤット憲法が制定され、前もっていくつかの関連法制も制定された1962年からであるが、ここではマヘンドラ王の全権掌握以来の時期をこの名称で括っておく［なお、佐伯2003: 650-1参照］。

社会的包摂が多方面で主張されるようになった。1990年の憲法では主権在民がうたわれ政党が復活し、ネパールは多民族・多言語国家（等）と規定されたが、依然「ヒンドゥー王国」であり続けた。王の権限は縮小されたものの徹底せず、2005年の国王の直接統治につながる。政党政治は不安定でマオイストの武装闘争（1996-2006年）を招く結果となった。第2次民主化は、主要政党とマオイストの連携と大衆運動により国王の実権を剥奪し、ついには2008年の王制廃止に至る。2007年の暫定憲法では「ヒンドゥー王国」の規定はなくなり「世俗的、包摂的」民主国家とされ、また、多民族・多言語に加え、多宗教・多文化の語も国家規定に盛り込まれた。ネパールは王制廃止とともに連邦民主共和国となり、「連邦」の区分やあり方が、「民族」等の社会範疇の括り方や分布とも関連して、大きな問題になっていく。

　そこで顕著になったのが、自らの社会範疇を肯定的（時に本質主義的）に捉え、その文化・言語を振興し、また政治力につなげようとする運動や被抑圧層の権利主張、旧来の支配層への批判・反発・攻撃であり、また、それに伴う社会範疇の見直しである。特に「ジャナジャーティ」（民族）、「ダリット」（旧不可触民）、「マデシ」（南部のインド系住民）等、諸民族同士やある種のカースト同士あるいは特定地域の人々を包括しようとする（包括的社会範疇の）用語は、1990年以降急速に普及した。また社会範疇間の対立も顕在化した。民族協会やカースト団体の結成も盛んで、諸民族協会を束ねるネパール（先住）民族連合（当初名NEFEN〔Nepal Federation of Nationalities〕、現名称NEFIN〔Nepal Federation of Indigenous Nationalities〕）も1991年に発足している。

　「社会的包摂」の概念は1990年代からネパールに入っているが、政策につながっていくのは、たとえば2003年の留保制度の導入の決定にみるように、21世紀になってからである。暫定憲法には関連条文が諸所に盛り込まれ、（経済、社会面で遅れている）女性、ダリット、先住諸民族、マデシ共同体、被抑圧集団、貧しい農民、労働者たちが平等・包摂政策や保

護・社会進出などの対象とされている。

　社会的包摂の方向は 2015 年にようやく制定された現憲法にも受け継がれているが、平等であるべきとされる諸集団にはさらに多くの社会範疇が含まれるようになっており焦点が曖昧になっている（なお注 11 も参照）。政治・行政面での包摂・平等政策は、2015-6 年にいずれも女性が大統領、国会の議長、最高裁長官に選ばれるなど、ある面では大胆に進められている。

　民主化以降の国勢調査の特徴として、1991 年以来「カースト／民族」の統計がとられるようになった点がある。これは国内的には明らかに新憲法を伴う民主化の影響であったが、世界的動きのなかで捉えておく必要もある[4]。

4　社会的包摂と人口統計のネパール的特徴

　ネパールは社会的包摂概念を北欧からの影響下に導入したが、その概念を自らの社会に適合させる方向で受け入れ適用する方向がみられる。西欧では「包摂」の議論は国家と個人の関係（政治・経済・社会的権利からの排除状態の是正）を論じる方向が主軸で、社会集団への注目は副次的・後発的なものであった[5]。ネパールにおいては、個人への注目もあるものの、包摂に関わる議論や立法・施策で主に注目されてきたのは社会の主流派外の諸社会範疇であり、それらを含めた多様性の肯定と平等の主張である[6]。社

4　イギリスで「エスニック集団についての質問……が国勢調査に導入されたのは 1991 年」［青柳 2004: 8］で、これはネパールの国勢調査での「カースト／民族」の統計の導入年と重なる。青柳は移民の増大を導入の理由としてあげている。

5　*Contributions to Nepalese Studies*, Vol. 36 (Special Issue), 2009 や Gurung et al. (eds.) 2014 の論文集所載の諸論文は包摂概念の発生と変遷、ネパールへの適用についてさまざまな形で論じている。

6　上記 *Contributions to Nepalese Studies*, Vol. 36 の副題は Social Exclusion

会的包摂が大きな価値とされるなかで諸社会範疇の存在を前提とする社会保障・弱者優遇措置（留保制度、クオータ制等）も実施されはじめ、アイデンティティ政治がそれらをめぐって展開している。そのなかで国勢調査は、人の分類をも含む基礎的な資料を提供するが、その規模と権威により社会・政治の方向性に大きな影響を与え得る[7]。「カースト／民族」の統計の導入はその面で大きな意味をもつ。ただ、そのデータ提示法は、包括的社会範疇を強調する方向とは合致していない（後述）。

III 国勢調査の手引き書にみる「ジャート」「ジャーティ」「ジャナジャーティ」

　国勢調査の人口統計は人口を網羅的に把握するという定量的な性格をもつが、ネパールやインドでは人の分類・社会範疇の設定を伴う定性的な面も強い。国勢調査がもつ網羅的な性格により、そこで用いられる概念や分類法、提示される数字は、国家像、社会範疇、住民の（自己および相互）イメージなどを形成するうえで大きな力をもつ。そして、それらに影響を与えようという作用もさまざまなレベルで働く。国勢調査は、中立的・客観的であるべしとの命題と、その経過・結果を左右しようとする諸力のせめ

---

　　and Group Mobilization in Nepal であり、ネパールでの集団性への注目が明らかである。なお、この巻では地域格差や集団内格差、組合その他の集団等への注目の必要性も強調されている［Haug and Aasland 2009］。Gurung et al. (eds.) 2014 所載の Das et al. や Tamang や Lawoti の論文には「ジャナジャーティ」「ダリット」「マデシ」「他のマイノリティ」への言及がかなりみられる。なお、同論文集の最後で Toffin［2014］は社会的包摂概念を、西欧の個人主義と南アジアの集団主義を対比しつつ論じている。

7　Turin［2014］は、シッキムでの母語・複数言語使用をネパール、インド等と比較する論文において、国勢調査に注目し、それが国家像や政策の形成に大きく影響することを先行研究を引きつつ論じている。

ぎあいのなかで実施され、まとめられるといえるであろう。Cohn は、パンジャーブを例に、インドの人口についての少数の英植民地官僚の知的関心から始まったセンサスが、政治・文化・宗教闘争の手段に転じた、と論じている［Cohn 2004: 250］。ネパールにおいても、国勢調査はアイデンティティ政治の手段として用いられる場合があるのである。

　私は以前、1991 年と 2001 年の国勢調査結果と手引き書を材料にネパールのカーストと民族の連続について論じ、1991 年用の手引き書の説明では、「ジャート」と「ジャーティ」の用語は区別されておらず「ジャート／ジャーティ」の表現でカーストと民族を連続的に捉えていること、そして 2001 年用の手引き書においては、「ジャーティ＝ジャナジャーティ（民族）」とするとともに「ジャート＝カースト」として両者を区別する説明が現れていることを指摘した［石井 2004］。「ジャート＝カースト」、「ジャーティ＝民族」とする捉え方は（憲法を代表として）法制面では 20 世紀中葉から存在する［同上、237］。従って、1991 年用の手引き書の説明は口語の用法に沿ったもの、2001 年用の手引き書の説明は法制面での用法に合わせたもの、とする解釈も可能である。そうであっても、その変化を何がもたらしたかは問題となろうが、民主化後のジャナジャーティの運動と「ジャナジャーティ」の語の普及が「ジャナジャーティ＝民族」の等式をまず定着させ、それに伴って「ジャート」の意味合いの中で「民族」の影が薄くなり、手引き書での「ジャート＝カースト」の等式につながったと考えられる。これは「カースト」の明確化といえ、「カースト」と「民族」の概念の対立を際立たせる面ももつ。ダリットをはじめとした被抑圧層の人権主張の運動等にとっては、「カースト」の存在を明確化して自らの集団的権利獲得に繋げることも選択肢のひとつであろう。しかし、国の建前は、カースト的差別否定や平等の追及にある。手引き書で上下序列の存在を想起させる「カースト」の概念が「民族（ジャナジャーティ）」から切り離され明確化されるのは逆説的方向といえよう。

　この点について、2011 年用の国勢調査の手引き書は 2001 年用の内

容をほぼそのまま踏襲している。すなわち現在、手引き書のレベルでは、「ジャーティ＝ジャナジャーティ（民族）」、「ジャート＝カースト」であり、ネパール語の「ジャート／ジャーティ」は「カースト／民族」と各項が1対1で対応する意味合いとなっている[8]。

　2011年の手引き書の「……のジャート／ジャーティは何か？」の質問の解説の最後には、国勢調査の調査員が個々人のカーストや民族の名称をきいた際に、もし相手（被調査者）がカーストや民族の名称でなく、その下位区分（タル、thar, すなわち氏姓、苗字など）の名称を答えた場合には、調査員が判断してその下位区分の名称がどのカーストや民族に当たるかを書き入れよ、という趣旨の文章がある［KTB 2068 v.s. (2011): 55-6］。これは被調査者の「ジャート／ジャーティは何か？」を調査員が現場で判断する際に、かなりの恣意性が入り込む余地があることを示している。

　1991年と2001年用の手引き書の巻末付表には、代表的な十数カーストと十数民族の名前があげられ、おのおのの下位区分（みな「タル」とされている）の名称が例示されており、調査員が判断材料として用いるようにとの指示が本文にある。網羅的ではないが300を超えるタルの名称があり、調査員の判断の一助になったと思われる。しかし、2011年用の手引き書には相当するリストはなく、この面での判断は大幅に調査員にゆだねられているようである。

　国勢調査の集計表には民族やカーストの名称がリストアップされ、それ

---

[8] 2011年用手引き書の「ジャート／ジャーティは何か？」の質問の解説のなかで2001年用の手引き書と異なる点は2個所のみである。ひとつは「ダリットの諸ジャート」（2001年）が「ダリットの中の諸ジャート」と変えられている点で、この変更では「ダリット」が包括的な名称であることがより意識されている。2番目は、2001年時点でジャーティの名称の例示のトップ（「リンブー」の前）にあった「ボテ」が2011年には削除されている点で、これは（チベット系のグループへの）蔑称のニュアンスの強い言葉を避けようとする配慮によると思われる。

それの人口が示されているが、それらの名称を（下位区分等でなく）民族やカーストのレベルのものとするかどうかについては、国勢調査の調査員のレベルからデータのまとめ・公表の段階に至るまで、それぞれ微妙な判断があると考えられる。それは人類学、社会学、言語学などの進展に影響されるとともに、さまざまな段階で政治的な判断が入ったり恣意的な振り分けがなされたりする可能性もあるであろう。以下、そのような可能性も念頭におきつつ、私なりに整理した近年の国勢調査結果を示し、考察を加えてみたい。

IV　1991年、2001年、2011年の国勢調査結果の「カースト／民族」集計比較

　稿末の表1～10は1991年、2001年、2011年の国勢調査結果の「カースト／民族」の集計部分をまとめ直したものである。

　これらの国勢調査結果は、手引き書がネパール語であるのに対して、英語で書かれている（なお1961年にはネパール語・数字、一部英語）。ここで「カースト／民族」と訳した部分のもとの言葉は、91年、01年では「caste/ethnic group」、11年では「caste/ethnicity」（表のタイトル部分では「Population by caste/ethnicity」）である。

　国勢調査集計表での「カースト／民族」の配列法は、91年には居住高度で3地域を区別し、標高の低い地域（タライ＝南部平野）から順に並べ、カースト序列もある程度反映しているが、かなり恣意的である。01年は単純な人口順で、11年には人口順で始まりつつも大グループ以外では貫徹されない（母語の人口表も同様）。なお、11年には「カースト／民族」人口を現在の居住地（「都市／農村」「居住高度に応じた3地域」「開発地域〔ネパールを東西に5つに区分〕」）について集計した人口数も同ページに載っており、地域分布が把握しやすくなっている。

　本稿の表2～10は、それらをもとに、ネパールを「山地・高地」と

「タライ」に分け、各地域を故地とすると考えられる人々を、「ダリット以外の諸カースト」「ジャナジャーティ」「ダリット」に分けて示したものである。なお「ムスリム等」および「その他」はそれぞれ別表に示した（集計表のなかの Hill は「山地」、Mountain は「高地」とした）。また、それらの 6（＋2）グループごとの合計人口数を 3 回の国勢調査（91、01、11 年）について集計したものが表 2 である。カースト／民族の故地同定作業は、タライから山地低部にかけて分布してきた若干のグループについては割り切れない面が残るが、それは現在の居住人口が多い地域を優先する形で判断した[9]。なお、全ての表で、人口数が「-」となっているものは、当該年にその項目があげられていないことを示す。

1　「カースト／民族」の項目数の変化（表 1）

「カースト／民族」名称の項目数は、91 年に 60 だったものが 01 年には 101、11 年には 125 と急増している、これは民族名とタライのカースト名の増加による。ただそれは新しいカーストや民族が（たとえば移住で）実質的に増えたということではなく、分類、同定、仕分け（「その他」に入れる等）の問題に関わり、次の国勢調査ではまた異なる様相が現れると考えられる。「2011 年、ネパールには 125 の『カースト／民族』が存在する」という言い方はできようが、これは明らかに過渡的なものである[10]。

2　山地ヒンドゥー等の対全人口比（表 1）と大分類合計の比較（表 2）

表 1 の右側の部分で対全人口比をみると、山地ヒンドゥー（含ダリット）

9　そのため、分類の細部では他の著作［たとえば Acharya 2009 や Central Department of Sociology/ Anthropology 2014］と異なる場合もある。

10　また国勢調査以外の政府委員会刊行物や法令中のカーストや民族のリスト（schedule 等）は、近い時期でも国勢調査のそれとは完全には重ならず、中には国勢調査にみられない名称もある［たとえば、National Dalit Commission, NFDIN, NEFIN, Ukyab and Adhikari 2000］。

はほぼ4割で、山地・高地民族とタライの「カースト／民族」は各3割弱であり、91、01、11年の国勢調査を通じ、それほど大きくは変動していない。これは、パンチャーヤット時代に「カースト／民族」の調査・集計がなく、母語人口から山地ヒンドゥー人口を全人口の半分以上と推定し（させられ）ていたイメージとはかなり異なる。「カースト／民族」の調査・集計の導入は、山地ヒンドゥー優位のイメージをある程度変える効果をもつといえよう。

表2で山地ヒンドゥー（ダリット以外の高カースト）の人口をみると全人口の3割強で、山地のジャナジャーティ人口の3割弱よりは多いが、全ジャナジャーティ人口（含タライ）よりは少ない。

ここで「マデシ」に触れておきたい。「マデシ」の語は民主化以降、タライの人々の権利主張の中で急速に広まったが、国勢調査の手引き書や「カースト／民族」および「母語」の集計にはあらわれない。「マデシ」の範囲や人口を確定するのは難しいが、字義通り「マデシュ（タライ）の住民」＝「マデシ」（ただし山地出身の移住者とその子孫は除く）とすれば［たとえば Das et al. 2014: 68 や Lawoti 2014: 126 にはこの捉え方がみられる］、その対全人口比は91年27.9%、01年32.1%、11年33.0%となる。この人口（比率）はタライの諸カースト、ジャナジャーティ、ムスリム、パンジャービー／シク等を含むものであるが、論者や運動のあり方等により、それら（あるいはそれらの中のどこまでのグループ）をマデシに含むかは異なり、また流動的である[11]。一方、タライの諸カーストのみを一応、狭義「マデシ」

11　Dahal［2008: 134-5］は「マデシ」の定義の難しさを述べつつ、その論文の「マデシ」に、ジャナジャーティ、ムスリムは含めるが、シク等のインド出身商人グループは含めない方法をとっている。Hachhethu［2009: 98-100, 118-9］は近年のネパールの包摂関連政策はムスリムを「マデシ」に含めるという片寄り（bias）をもつという。またムスリム自身のアイデンティティは東西で異なるという。さらに2015年の憲法（18条3項等、改正前）には「……女性、ダリット、アディバシ、アディバシ・ジャナジャーティ、マ

とすれば、その対全人口比は91年16.1%、01年18.7%、11年19.5%である（その場合でも、タライのダリットが自らを「マデシ」とするかどうかは、集団や運動のあり方で異なるであろう）。「マデシ」の範囲設定は立場によってかなり異なるが、その対全人口比は2011年には一応約2割から3割強の間といえよう。

　国勢調査は近年になるに従いダリットの存在への留意を強めるようになっている。ダリットの対全人口比は11年に13.5%弱で、91年、01年に比べ多く、また、タライのダリットの人口・比率は、91年に比べ、01年、11年に多くなっている（項目は回を経るごとに増加している）。この理由としては、自然増分に加え、留保制度導入等によりダリット・カーストとしての申告をためらわない人が増えている点、および、個々のカースト名は未確認でも「ダリット」かどうかの確認が01年からなされるようになった点、が考えられる。

　なお、「ムスリム等」の人口も少なくなく、タライのダリットの人口に近い。

3　ダリット以外の山地ヒンドゥー（表3）

　山地ヒンドゥーの各項目は、91、01、11年の国勢調査を通じ、カースト名の変化や欠落はなく、比較的「安定」している。

　人口数では、チェトリが多くブラーマン（バフンあるいはバウン）がそれ

デシ、タルー、ムスリム、被抑圧階級……」とあり、従来一般にタライの先住民族（ジャナジャーティのひとつ）とされてきたタルーがマデシさらにはジャナジャーティ等と並列的に、かつ別の社会範疇として列挙されている[Saṁvidhān Sabhā Sacivālaya. 2072 v.s. (2015)]。なお、この並べ方からは、「タルー」が一民族としてではなく、包括的社会範疇とされているようにもみえる。それを含め（また「カス・アーリヤ」という表現の出現など）憲法における社会範疇・包括的社会範疇の分類・扱いについては、さらに考察が必要であるが、ここではその点を指摘するにとどめておきたい。

に次ぐ。バフンの人口・比率の多さは、タライのブラーマン人口・比率の少なさ（表6）と対照的である。また、チェトリ、バフンそれぞれの人口は、他の人口の多い民族やカースト（たとえばマガルやヤーダブやタルー）と比べて格段に多い。従来のネパールの支配層の中核をなす山地ヒンドゥーの人口面での優位性は、80年代までのイメージに比べれば下がったものの、ここ3回の国勢調査でも維持されている。その理由として、他のグループがいろいろな名称に細分化される傾向があるのに対して、「チェトリ」や「バフン」の項目が細分化されていない点があげられる。チェトリやバフンもその内部に下位グループがあることは従来から知られているが、国勢調査の「カースト／民族」の項目には全く反映されていない。これが政策的意図や議論の結果か無関心（既成事実として当然視）によるものかは不明だが、民主化以降、従来の支配層への反発があるなかで、このような「安定性」がみられることは注目に値する。

4　山地・高地ダリット（表4）

　山地・高地ダリットの項目も3回を通じあまり変わらないが、2001年に「ダリット／未同定のダリット」、11年には「その他のダリット」の項目が設けられており、山地や高地にかなりの人口がみられる。カースト名称がリストに記載されているもの以外でも、ダリットの存在が意識されるようになっているのである[12]。

　ダリットではカミの人口が多いが、その人口は91年の96万人台から2001年には89万人台に下降し、11年に120万人台に上昇している。これは、カミ人口そのものの増減を表しているとは考えにくく、国勢調査への答えで自らをある調査年には「カミ」、別の調査年には他の何らかの「カースト／民族」と申告（または調査員が記入）した人々がいたと推測さ

---

[12]　11年に関しては、元のリストのEcological Beltの部分を参照して「その他のダリット」を「高地」「山地」「タライ」に分けた（表4、表7）。

れる。民主化から10年経ち、カースト否定あるいは低カーストとしての登録忌避に傾いたカミの人々もいたかもしれない。一方、01年から11年の間には、留保制度の導入や暫定憲法の制定などがなされており、低カーストへの優遇措置を期待し積極的に「カミ」と申告する人々が増えても不思議ではない。バディにおいても増減がみられるが、11年の増加は急激で、上記の理由に加え、何らかの運動や（NGO等の）働きかけなどが想定される。他のダリット・カーストに類似の増減がみられない点については、ダリットの権利運動の影響の差異などを考慮する必要があろう。

5　山地・高地ジャナジャーティ（表5）

　民族名称数は91年17、01年28、11年45、と大幅に増加する。これは、特定の民族の下位グループとされていたり「その他」と一括されていたものが、国勢調査の回数を重ねるたびに、独立の項目とされてきたことによると考えられる。特に顕著なのはライ・グループの細分化で、91年に比べれば11年には10以上が独立の項目として立てられている（それらの「民族」人口は数千人以下の例が多い。なお、母語での同様な点については後述）。シェルパあるいはボテと分類されていた人々の項目も数項増えている。また、マガル、グルンからもチャンテル、ガレがそれぞれ独立項目として分けられている。それらの結果、11年のライ、シェルパ、グルン等の人口は01年より減少している。11年のスヌワールやボテの人口の減少も同様に説明されよう。

　増加例ではヨルモが目立つが、これも自然増ではなく民族運動などの影響下での申告のあり方と関連するものであろう。

　山地・高地民族で人口数が100万を超えるのは、3回を通じてマガル、タマン、ネワールのみで、10万を超えるものを数えても10指に満たず、10万人以下の「民族」が圧倒的に多い（11年には36項目）。マガル、タマン、ネワールにも内部の地域差、階層差や言語・文化の差異はあるが、（マガルからチャンテル約1万人が分離された以外は）細分化されることなく項

目の「安定性」をみせている。

6 ダリット以外のタライ諸カースト（表6）

　タライのダリット以外のカースト名称数は91年17、01年32、11年34、と増加する。91年には特に少なく、ハザーム、ローハール、マーリーなど（北インドで）比較的よく知られたカースト名さえみられず、何らかの判断で他のカーストや「その他」に分類されてしまっていたと考えられる。なかにはブーミハールのように、01年の手引き書の巻末付表にカースト名（＋複数のタル名）がありながら国勢調査集計表に全く名前がない例もある。また、カルワール、クムハルなど91年の方がそれ以降より人口の多いカーストもみられる。

　これらのことから、91年には、カースト名の自己申告、調査員によるタル名等の判定、あるいは項目選定・集計段階の判断により、実際とは異なる特定のカーストとされたケースがかなりあると推測される[13]。特に同じタル名が複数のカーストにわたって存在する場合（たとえば「シャハ」「タークル」等）では恣意的に分類された可能性が高い（91年には調査・集計等に従事する人にタライ出身者が少なかったのであろうか）。

　具体的な人口をみると、タライ諸カースト内ではヤーダブの人口が卓越するが、それも100万人前後であり、山地のチェトリやバフンの人口には、はるかに及ばず、マガルやタマン、タルーより少なく、ネワールやカミにほぼ匹敵する数である。それに比べ、ブラーマン（10数万）、ラージプート、カーヤスタ（各数万）などの人口は少ない。また、これらのカーストの場合、91年の人口が最高でそれ以後は下降している。これは全人口が増加しているなかでの現象であり、単純に実数が減少しているとは考えにくく、

---

[13] これは他の年にもあったと思われる。たとえばBurkert［1997: 258］のジャナクプルのカースト・リストには、2011年の国勢調査のタライの諸カーストにみられない名前が複数ある。

91年にこれらのカーストとして恣意的に分類された人々が01年、11年には別のカースト名で登録された結果と考えられる。また、留保制度等の優遇措置の行方をみつつ、自らを低位カーストとして申告する人々が現われている可能性もある。

7　タライ・ダリット（表7）

　タライ・ダリットのカースト名称数は91年には5と大変に少なく、01年11、11年17と増加する。11年には独立の名称で載っている人々が91年、01年には他カーストや（一般の）「その他」に分類されていたことが窺える。マデシやダリットの権利主張の運動はNational Dalit Commissionの設立（2002年）など政府の対応を促し、タライへの一般的関心を深め、またこの間に諸研究の進展もあった。その流れのなかで11年の国勢調査は項目数の増加の方向で充実を図っているといえる。

　タライのダリットには、人口10万を超えるグループがかなりみられる、それぞれの人口は、タルーとヤーダブよりはるかに少ないが、タライの他のカーストや個々の民族の人口にほぼ匹敵する。また、11年に人口が1万人以上あるダリット・カーストの01年からの人口増加の度合をみると、ソナールを顕著な例外として（またタライの他のカーストやジャナジャーティと異なり）軒並み全人口の増加度合より高い。これは、自らをダリットのカーストとして申告する人々の増加を表していると考えられる。ソナールやチディマールの数が11年に激減しているのは、実際のカースト人口の変化を表しているのではなく、明らかに分類に関わるものといえよう。

8　タライのジャナジャーティ（表8）

　タライの民族（ジャナジャーティ）の名称数も91年9、01年17、11年18と変化している。タライの民族についてはタルーなど少数例以外は、山地諸民族ほど知られていない印象があるが、人口の存在自体が知られていなかった例は少ないと考えられる。国勢調査の言語統計では、表8の

民族名中の 3 分の 2 に対応する名称が既に 52/54 年、61 年のリストにみられ（71 年、81 年には後述のように項目が減る）、また表 8 で 91 年に「-」（項目なし）となっているものでも、同年の母語統計には対応する名称がある場合（Satar, Santhal, Jhangar）があるのである。

　国勢調査で「ジャート／ジャーティ」の名称として（ネパール語で）調査票に記されるのは、タル名や言語名、地域名等も含む雑多な情報で、それを（英語の）「カースト／民族」のリストにまとめる整理・集計作業では、母語統計などの既存資料や諸研究等も参照しつつ、分類・同定・項目選定、「その他」への仕分けなどがなされたと考えられる。そのなかで 91 年には、過去の母語統計にあるいくつかの名称さえ「カースト／民族」のリストに入れないという選択がなされており、対照的に、2001 年、11 年には多くの細分化された名称が現われる。これはタライの民族以外についてもいえるが、11 年に集計リストに載せられ（すなわち名前をもつ社会範疇と同定され）ているグループが、91 年には「その他」、別の「カースト／民族」名の下に分類されていたという例は少なくないのである。その変化の理由としては、民主化直後の 91 年におけるパンチャーヤット期的観念（斉一的統一指向）の持続、その後の多様性や包摂を強調する政治状況の影響や研究・分類の進展、それらを反映した諸レベルでの国勢調査に関わる人々の人選のあり方の変化などが考えられる。

　ここで具体的な人口をみると、タライの民族ではタルーが百数十万人と頭抜けている（それは 01 年から 11 年に 1.13 倍に増えているが、全人口の 10 年間の増加度合の 1.17 倍より低い）。それ以外ではダーヌックとラージバンシが（11 年に）それぞれ 20 万人、10 万人強で、他はすべて 10 万人に満たない。

　なお、集計表では「カースト」と「民族（ジャナジャーティ）」は区別されていないため、本稿の表の作成は別種の情報を利用しつつ行ったが[14]、

14　本稿では NEFIN, NFDIN, National Dalit Commission の諸表、M.S.

タライのカーストと民族の区別や同定にも不確定性はつきまとう[15]。カーストや民族の境界が曖昧であることはむしろ自然であり、分類・線引きには恣意性が伴う。本稿の諸表も例外ではなく、多様な整理法のなかのひとつに留まるものである。

9　ムスリム等（表9）

91年、01年にはChuraute（Churoute）の項目があり、11年にはなくなっている。これは主に山地に住むムスリムであるが、11年にはMusalmanの項目に統合されたのであろう（11年の居住地域をみると、Musalmanの大半はタライに住むが、山地にも数万の人口がある）。この項目統合の意味は、統合によりグループ人口をより大きくみせるという方向ではなく、むしろムスリム内の多様性を示さないという括りの面から捉えるのが適当であろう。

10　その他（表10）

「その他」に相当する項目は91、01、11年の3回でかなり異なり、集計の揺れを示す一端となっている（表1とその注1も参照）。同時に「その他」的項目の合計人数は回を重ねるごとに減り、帰属の同定が進んでい

15　Tamang 2014, Ukyab and Adhikari 2000 等を援用。
たとえばダーヌックやラージバンシの境界も（カーストか民族かを含め）自明ではない。NFDIN は一応ダーヌックを民族に入れるが、付表には 25. Dhanuk (Rajbanshi) という名称があり、また、44. Rajbansi (Koch) もある。Ukyab and Adhikari［2000: 22］は、Sur Dhanuk と Mandal Dhanuk をカースト、Rajbanshi Dhanuk を民族（ethnic group）とする。一方、国勢調査では Dhanuk という項目は 52/54 年から 2011 年までのどの母語リストにもみられず、その点から Dhanuk をカーストとする判断もあり得る。言語面では、52/54 年の国勢調査の母語リストに「Rajbansi or Tajpuri」という項目があり、Ethnologue は（異なる綴りは除き）Gangai, Koche, Rajbansi, Tajpuria を同言語の異名とする。

ることも窺える[16]。一部では近年普及してきた包括的用語も使われ、01年にはDalit/Unidentified DalitとUnidentified Caste/Ethnicが最後の2項目に、またadibasi/janajati（5259人）が一般（個別の「カースト／民族」名扱い）の項目としてみられる[17]。11年にはこれらの項目はなくなっており、集計リストの最後から4、5番目にJanajati OthersとDalit Othersの項目がみられる[18]。国勢調査が「ジャナジャーティ」「ダリット」の語を用いるのは01年以降、（手引き書と01年のadibasi/janajatiの項目以外では）「その他」に当る部分においてのみであり、諸民族や諸カーストをそれらの語を用いて括る方向は希薄である。

V　言語（母語）人口と「カースト／民族」

　母語人口は国勢調査では、20世紀中葉から調べられており、20世紀後半以降の政治社会の変化を窺うことができる。

1　母語の項目数・言語数、母語人口等の対全人口比の変遷（表11）

　母語（言語名称）の項目数も、調査年により大きく変化している。表11にはそれを全項目数、チベット・ビルマ（T-B）系言語（母語）およびタライの印欧系言語（母語）の項目数とともに示した。

　母語項目数は1952/54年、61年には各35, 36であるが、71年、81年

---

[16]　91年のOthers (Hill) とOthers (Mountain) は、本稿の作表では、表5の山地・高地ジャナジャーティのOthersに入れ、表10の「その他」には入れていない。

[17]　ただ、それが国勢調査での答えを直接記録したものか、このような用語に整理した結果なのかは不明である。

[18]　11年のDalit Others（155354人）とJanajati Others（1228人）の項目は、今回の表作成上では表10「その他」には入れず、Ecological Beltの情報を参照しつつ、表4, 5, 7, 8に割り振った。

には半減して 17, 18 となる。この数は 91 年には 50-60 年代近くまで戻り、2001 年にはその約 3 倍に急増、11 年にはさらに増加し 123 となっている。T-B 系言語とタライの印欧系言語の項目数の増減もそれと並行的で、71 年、81 年の激減が目立つ。この激減は、明らかにパンチャーヤット期の政策の反映である。すなわち 71 年、81 年には、52/54 年、61 年のリストにあった言語名のうち計 10 数項目が削られ「その他」に括られている。名前を削られた言語の一方には Hindi, Urdu などインドの有力言語があり[19]、他方には人口の少ないネパール国内の諸語がある[20]。この時期のネパールの国勢調査集計は、インドの有力諸言語の話者がネパールに相当数住むことを示さず、また民族言語の項目数を少な目に提示して言語面での多様性を抑える形でネパール語優先政策に寄り添っているといえる[21]。

　表 11 には T-B 系、タライの印欧系諸語、ネパール語それぞれについて、合計母語人口の対全人口比も示した。T-B 系やタライの印欧系の人口の比率はパンチャーヤット期（特に 81 年）の顕著に低い数字を底としてその前後で高くなっている。一方、ネパール語を母語とする人口の対全人口比は 81 年に 58% と大変に高く、前後の 61 年〜91 年の間は 50% 以上で、他の時期は 50% 以下となり、11 年には 45% を切っている。これは、元来

---

[19] Bangali (Bengali), Madwari, Hindi, Urdu, Udissa. なお表 12 も参照されたい。
[20] Chepang, Jhangar, Thami, Dhimal, Majhi, Pahari, Jirel, Kumal, Darai, Lepcha, Meche, Raji（集計リストにおけるネパール文字からの誤転写は修正）。
[21] I.P. Rai は当時の政府が単一言語政策によりネパール語以外を抑圧していたとする［Rai 2013: 219］。なお、表 12 の Maithili, Bhojpuri, Avadhi, Bajjika は言語分類の説によっては Hindi の中に含める場合もある。ネパールの国勢調査が、それらを別個の言語とする分類法をとっているところにも、インドの有力言語のネパール国内話者数を少なく見せようとする方向が窺える（Maithili, Bhojpuri の名称は 1952/4 年以来、Avadhi は 1961 年以来、Bajjika は 2011 年の集計にみられる。Bajjika 話者人口の多くは以前は Maithili に含まれていたと思われる）。

ネパール語を母語としない人々がパンチャーヤット期にネパール語を自らの母語と申告し（または調査者によって記入され）、その一部が民主化後にそれを撤回していること等を窺わせるが、これについては表12も見つつさらに検討したい。

2 「母語」項目（2011年、1981年）と「カースト／民族」項目（表12）

表12には、2011年について、具体的な言語名、言語系統、各言語の母語人口、その対全人口比を示す。言語名称は123全部ではなく、母語人口2万人以上のものを示すに留める[22]。なお比較のため81年の母語人口を3列目に示す。また、2011年の言語名と民族名が重なる場合について（のみ）、民族人口を右端の列に示す。

2.1 1981年の母語人口と2011年の母語人口

1981年の母語人口リストにみられる18言語は、ネパール語（1項目、全人口の58%）、（山地の）T-B系諸言語（9項目、同12%）、タライの諸言語（印欧系6、ムンダ系2の計8項目、同24%）である。1981年の対全人口比においては、ネパール語の比率の高さ、T-B系とタライの印欧系の低さが他の国勢調査年と比べ突出している[23]。この理由については主に以下のような点が考えられる。

---

[22] 表12ではもとの集計表の順番を組み換え、母語人口2万人以上を人口数の多い順に上から配置した。その際、参照の便宜のため、原表の上からの順番を言語名の頭に付した（但し原表には通し番号はふられていない）。母語人口2万人未満の「言語」は表12では「他の印欧系諸語」等の形で系統別に括り、別に「その他」も設けた（欧米諸語は印欧語系でも「その他」に分類した）。言語系統は、原表には載っておらず、鳥羽1997: 30, Ethnologue, Glottolog等を参照しつつ判断した。

[23] 81年の国勢調査の特異性については他にも考える必要があろうが、本稿ではこの節での指摘に留める。

a. パンチャーヤット期の「ネパール化」政策の影響で、母語を話さなくなり、ネパール語を使うようになった山地の諸民族の人々が増えた。
　b. 民族語（等）を実際の母語とする人々や母語とネパール語のバイリンガルの人々のなかに、母語をネパール語と申告する例が存在した。また、調査員が人々に面接し調査票に記入する際、本人の申告を聞かず、あるいはそれにかかわらずネパール語と記入した例もあったろうと推測される（これは、文字の読めない人が対象の場合に、より起こりやすかったであろう）。
　ここで表 12 のマガル（Magar）の項目を見てみよう（なお、本文中では原則として言語名をローマ字で表記し必要に応じ「語」を付す。民族名、カースト名および「語」を付した場合の言語名〔の一部〕には片仮名を用いる）。その母語人口は 81 年には 21 万余で、2011 年には 79 万人弱と 3.7 倍に増えている。その 30 年間の全人口の増加度合は 1.76 倍なので、3.7 倍という数字は人口の自然増の反映とはいえない。むしろ、81 年のマガルの母語人口が低く抑えられている可能性と、11 年のマガルの母語人口が多めに出ているかもしれない点を考える必要があろう。前者については上記の a, b が想定できる。後者については、使用実態にかかわらず自民族語のマガル語を「母語」と申告するよう勧めるマガルの民族運動があり［Minami 2007: 447］、それに応じた人々もいたと考えられる[24]。
　それにもかかわらず 11 年のマガルの母語人口は同年の民族人口の 4 割強で、マガル人口の 6 割近くは母語をマガル語以外としている。その母語はほとんどの場合はネパール語と考えられる（その傍証として、11 年のネパール語母語人口〔1183 万人強〕と、ネパール語を元来母語とする山地ヒンドゥー人口〔1053 万人強、含ダリット〕の差の存在があげられる）。
　母語人口に比べての民族人口の多さは、程度の差はあれ、多くの民族に

---

[24]　シッキムでは母語を話さなくなっている人が、母語を失っているからこそ、Bhutia や Lepcha や Limbu 語を自分の母語と主張する現象がみられる［Turin 2014: 383-90］。

おいてみてとれる（表12）。山地の諸民族には、マガルほどではないにせよ、元来の母語を捨てネパール語を話すようになっている人々がかなりの数存在するといえる。山地でのネパール語優勢の状況は（若干弱まりつつも）続いているのである。

　この状況はタライでは異なり、タライの印欧系諸語の話者（と全人口比）が着実に増えている（表11）。タライである程度の人口を示す Urdu 語は、2001 年には 17.5 万人（表には示さない）のみだったが 2011 年には 69.2 万人（表12）になっており、母語として申請する人々が急増している。ムスリムの人々に近年みられる Urdu 語を威信のよりどころとして「マデシ」との差異化を図る傾向 [Hachhethu 2009: 87] はその大きな理由であろう。なお、タライでも民族人口の方が母語人口より多い（すなわち元来の母語をなくしている）例はあるが、山地ほど顕著ではない。また（やはり表には示さないが）ネパール語はタライでも第 2 または（Hindi 語に次ぐ）第 3 言語としてよく使われるようになっている。

　なお、52/54 年、61 年にあり、71 年には外されていた Thakali の母語項目が 81 年に復活する。タカリーは人口は少ないが商業で裕福になったことで知られる民族である。項目復活の経緯は不明であるが、国家による社会範疇としての認定を求め、国勢調査結果に言語（この場合は民族名と同じ）名称が載ることを重要視し動いた人々がいたことが窺える。

2.2　細分化

　2011 年の母語名称の項目数（全 125 項目中 123）は同年の「カースト／民族」の項目数（130 中 125）に近い。しかし両者で名称が重なるのは民族言語名と民族名の 60 項目のみである。母語リストはカースト名に対応する名称を含まない一方、「カースト／民族」リストにない項目を多数含んでいる。その代表はさまざまなカーストを話者として含む母語人口の多い

印欧系諸言語であるが[25]、他方、人口のごく少ない母語項目も大変に多い（人口 1000 人以下の項目は、「母語」では 37 件。「カースト／民族」では 3 件のみ）。「母語」は、ネパール語という大項目を含む一方、「カースト／民族」に比べ細分化の程度が大きいのである。

ライ・キランティ諸語

　細分化の代表はライ・キランティ諸語で、1991 年までは Rai/Kirati の 1 項目（表記には若干の差がある）だけだったが、2001 年には同項目がなくなり Bantawa や Chamling 等 20 項目がみられる。11 年には Rai の項目が（Kirati 抜きで）復活し、約 30 項目に及ぶライ・キランティ諸語がみられる。

　11 年のライ・キランティ諸語の項目の半分には「カースト／民族」リストに対応項目がある（表 12 で *R を付した諸言語はその一部）[26]。上述のようにこの年の民族言語の母語人口数は民族人口数より少ない場合が多いが、新しく項目として現れたライ・キランティ諸語では逆で、Bantawa, Chamling 等々にみるように同名の民族人口数より多い。他方、11 年のライ（Rai）の母語人口は 81 年よりも少なく、民族人口は母語人口の 4 倍近くにのぼっている。これは、母語が Bantawa 語や Chamling 語（等々）であるとした人々の多くが「カースト／民族」リストでは「ライ」となっていることを示唆するが、これとの関連では以下のような点が考えられる。

・民族帰属を「ライ」とする人々は多い。そして、その一部は母語も「Rai 語」としている。
・民族帰属を「ライ」としながら、母語を Bantawa 語、Chamling 語

25　山地ヒンドゥーの母語であるネパール語（とその方言）、タライの諸カーストの母語である Maithili, Bhojpuri, Bajjika, Avadhi 等々。
26　Limbu, Sunuwar も Kiranti 諸語に分類されるが、表 12 では *R を付していない。

等々とする人口はかなり多い。
・民族帰属、母語ともに細分化された単位名（Bantawa, Chamling 等々）で申告し（記入され）ている人々もある程度存在する。

　ライ・キランティ・グループで谷ごとに言葉が異なることは以前から知られてきたが、上記のような差異は、自発的な申請に加え、運動家等の働きかけ、調査員の判断などや集計段階での操作が複合した結果として現れているといえる。ただ、それらの具体的相互作用については別種の研究が必要である。

ネパール語とその関連「言語」

　表12の Doteli, Baitadeli, Achhami, Bajhangi と「他のネパール語諸方言（6項目）」は、大きくはネパール語の方言と考えられるが、ネパール語と同様に、対応する「カースト／民族」名がなく、話者は数カースト（等）に分かれる。

　これらは2011年に初めて現れた項目であるが、地域名の語尾を変えて言語を示す形（または形容詞形）にしたこれらの名称が、2011年にいろいろな地域で、何万人・何十万人の人々によってはじめて国勢調査での申告に使われるようになったとは考えにくい。これら西部ネパールの地域には小王国を形成した歴史をもつ例もある。2001年以前の国勢調査でも、調査票に母語を Doteli, Bajhangi 等々と記入した例はあったが整理・集計の段階で Nepali（ネパール語）（ごく一部は「その他」？）に統合されていた、と推測するのは無理ではあるまい。2011年の変化は、（暫定憲法にも盛り込まれている）弱者や周辺的存在（地域）への配慮の高まりや、小地域・グループの独自性の主張などの潮流に、国勢調査当局が反応した結果といえよう。このプロセスはネパール語の細分化といえようが、それでもなお11年のネパール語母語人口は一千万人以上である。

超少数言語

　母語リストは人口数の少ない項目を多数含む[27]。それらには、表12の下部（続）にみるように、系統面ではチベット・ビルマ系言語が多い。それらを含め、国勢調査での母語の細分化は著しい。これは、小地域（小言語）の差異の主張・申告、消滅の危機に瀕する言語や他のマイノリティ言語への注目と研究の進展などが国勢調査当局の判断に影響した結果と考えられる。

VI　結論

　「カースト／民族」や「母語」の人口統計は、人口の実態を把握しようとしながらも、準備から集計・公表に至る多くの場面で関係者の判断を伴う。判断は、時代により、また関わる人により異なり、揺れ、それらの総合として出されるデータも揺れる。

　準備段階では、手引き書の項でみたように、社会範疇把握のための枠組み自体が変化している。また、手引き書の内容が多数の国勢調査の調査員に一様に伝わり実施される保障はない。

　調査票の記入には、被調査者の回答と調査員の判断が関わる。被調査者が、周囲の人々の影響や時代の状況下、自らの「カースト／民族」や「母語」について、以前の国勢調査とは異なる回答（申告）をする可能性もあることは本文の複数の個所で指摘した。調査員が記入する際の判断もまた時代の影響を免れないであろう。

　「カースト／民族」や「母語」の項目設定・選定は国勢調査当局の仕事

---

[27]　母語人口1万人未満1000人以上37項目。1000人未満も37項目。うち人口2桁は12例、1桁が1例。母語人口1万人未満の言語のうち58はほぼネパールの言語。他の16項目は英仏語等やインドの各地を故地とする諸言語であり、外国籍話者も多いと思われる。

である。当局は、時代時代の政府、政治社会運動、学術研究などの影響を受けつつ「カースト／民族」や「母語」を分類・同定し、調査、集計を実施し、結果を公表するが、項目数は大きく変化している。その内容は、政治や人々の考え方、学問内容に影響を及ぼし、それらとの相互関係が繰り返される。

国勢調査は、シャハ＝ラナ期には萌芽的なものに留まったが、「ネパール化」が進められたパンチャーヤット期には、言語・民族の多様性やインド的要素の存在を極力薄める提示方法で国家方針を支えた。カーストや民族に関わる人口統計はなく、母語人口統計はネパール語母語話者ひいてはその核である山地ヒンドゥーの優越を印象づける効果をもった。

民主化期、政府の姿勢は、多様性、社会的包摂（弱者優遇）重視の方向に転換した。そのなかで「カースト／民族」の人口統計がとられるようになり、母語人口から推測するのみであったネパールの「カースト／民族」人口のイメージが、山地ヒンドゥー優越の度合が低下する方向で修正された。少数民族、少数話者言語、タライの諸カーストの認知が進み、新しい項目が多数出現し、項目の細分化が進んだ。従来、「カースト／民族」は一般的用法では連続的に捉えられていたが、「ジャナジャーティ」の用語がポピュラーになるにつれ、「カースト」と「民族」が切り離され、法的にカースト差別が禁止されてきたにもかかわらず、手引き書では「カースト」概念はむしろ明確になった。ただ国勢調査集計リストは「カースト」と「民族」を区別しておらず、手引き書の姿勢との間には齟齬がみられる。

項目の「細分化」にはプラス・マイナス両面がある。プラス面は、それまで表面に現れていなかったマイノリティの「カースト／民族」や言語が独立の項目として提示されること自体にある。それは、当該の人口が名前をもつ単位として存在することのお墨付きであり、さまざまな社会範疇の独自性への希求に応えるものといえよう。ただ、この国家による認知は当面は国勢調査という枠内に留まる（NFDIN や National Dalit Commission など他の機関、部署等は民族やカーストの別の形のリストをもち、単位としての認知

が相互にある程度異なる)。

　一方、細分化されたグループ規模は当事者にとって政治的にはマイナスの要素である面が強い。小さな集団は、国家に認知されたとしても、政治・社会的な側面での力を蓄えることは難しいのである。

　民主化後、ジャナジャーティ、マデシ、ダリットなどが発言力を強め、旧来の支配・有力層と対立しているが、このレベルの包括的社会範疇は国勢調査では影が薄い。国勢調査は細分化した諸単位の同定・認知には力を入れているが、大括りの包括的社会範疇とは一線を画しているようにみえる。

　ここで注目されるのは、大人口項目の「安定性」である。たとえば2011年に人口100万以上を示す項目をみれば、「カースト／民族」でも「母語」でも、データのある全ての回を通じて大人口数がそれ以前から保たれている（人口数十万まで広げても、ライ〔Rai〕を例外としてほぼ同様である）。中でもネパール語は、一部の細分化を経つつも他を圧倒的に凌駕し、それを母語とするチェトリとバフンの（カースト）人口もとび抜けている。

　項目の細分化は近年の国勢調査人口統計の一面ではあるが、大人口グループの維持（非細分化）もまた別の一側面である。中には研究が進んでいないとされる例もあるが[28]、大グループが内部に差異を含み込んでいるのは普通である。すなわち大グループの細分化は、可能ではあっても、なされていないのである。このようにして人口規模を保ち続けているグループは、旧来の支配的カーストおよび今日被抑圧層を名乗っている人々のなかの有力民族（一部はカースト）や言語グループである。これらにおいては、その規模が当然視されているものもあろうが、大きさを維持しようとする何らかの力が働いている場合が多いと考えられる[29]。

28　たとえばTharu語の研究は他の数言語とともに進んでいないとされる[Yadava 2013: 125]。
29　「近年のネパール・タライのアイデンティティ運動のなかで、ヤーダブの多

今日、国勢調査結果は、一方に細分化された多数の小単位、他方に限られた数の「安定的」グループが存在するという状態を示している。民主化と多様性・社会的包摂重視、少人口グループへの配慮、名称をもった単位としての認知、そして、本稿では具体的に取り上げなかったが、従来の「被抑圧層」の支配グループへの反発の表面化 (等)、などは近年のネパールの注目すべき変化である。ただそれらは、国勢調査からみる場合、従来の有力層・多数派の大人口維持という状況のもとで起こっているのである。

Cohn がインドについて指摘したように、国勢調査は政治・文化・宗教闘争の手段になるという側面をもち、ネパールでもその一端をみて取ることができる。そのなかで、より大きな権力関係・闘争は、当然視されているようにみえるデータの「安定的」側面に潜んでいるようである。

謝辞
本稿の作成に必要な資料の入手・閲覧に関しては Keshav Lall Maharjan 教授、名和克郎教授にお世話になった。記して御礼申しあげる次第である。

参照文献
略語
CBS = Central Bureau of Statistics, National Planning Commission, His Majesty's Government of Nepal（但し 2008 年以降は Government of Nepal）
KTB = kendrīya tathyānka bibhāg「中央統計局」(śrī pā̃cko sarkār, rāṣṭriya yojanā āyog「ネパール政府国家計画委員会」) [但し「国家計画委員会」は 2001 年には記載がなく、1961 年には ārtik yojanā mantrālaya「経済計画省」。bibhāg は年によっては vibhāg となっている。]

くの下位集団は自分たちのことを単にヤーダブと書き、その力とまとまりを示している」[Dahal 2009: 167]。

Acharya, Bidhan
   2009   Methodology: Social Exclusion and Group Mobilization in Nepal. *Contributions to Nepalese Studies* 36 (Special Issue): 23-47.

青柳真智子（編）
   2004   『国勢調査の文化人類学：人種・民族分類の比較研究』古今書院.

青柳真智子
   2004   「序章　国勢調査の文化人類学」青柳（編), pp. 1-12.

Bista, Dor Bahadur
   1982   The Process of Nepalization. In *Anthropological and Linguistic Studies of the Gandaki Area in Nepal [Monumenta Serindica, No. 10]*. Dor Bahadur Bista et al., pp. 1-20. ILCAA, Tokyo University of Foreign Studies.

Burghart, Richard
   1996   *The Conditions of Listening: Essays on Religion, History and Politics in South Asia*. Oxford University Press (ed. by C.J. Fuller and J. Spencer).

Burkert, Claire
   1997   Defining Maithil Identity: Who is in Charge? In *Nationalism and Ethnicity in a Hindu Kingdom: The Politics of Culture in Contemporary Nepal*. D. Gellner, J. Pfaff-Czarnecka, and J. Whelpton (eds.), pp. 241-73. Harwood.

CBS
   1975   *Population Census 1971: Social Characteristic Tables* Vol. II, Part II. Kathmandu.
   1984   *Population Census 1981: Social Characteristic Tables* Vol. 1, Part II. Kathmandu.
   1993a *Population Census 1991: Social Characteristic Tables* Vol. 1, Part VII. Kathmandu.
   1993b *Population Census 1991: Social Characteristic Tables* Vol. 1, Part VIII. Kathmandu.
   2002   *Population Census 2001: National Report*. Kathmandu (in collaboration with UNFPA Nepal).
   2012   *National Population and Housing Census 2011*. Kathmandu.

Central Department of Sociology/Anthropology
   2014   *Poverty and Exclusion in Nepal: Further Analysis of Recent Surveys and Census*. CDSA, Tribhuvan University.

Cohn, Bernard, S.

2004 *The Bernard Cohn Omnibus*. Oxford University Press.

Dahal, Dilli Ram

2008 The "Madhesi" People: Issues and Challenges of Democracy in the Nepal Tarai. In *Local Democracy in South Asia: Microprocesses of Democratization in Nepal and its Neighbours*. D. Gellner and K. Hachhethu (eds.), pp. 128-49. Sage.

2009 Social Exclusion and Group Mobilization: A Case Study of Yadavs and Tarai Dalits in Dhanusa District. *Contributions to Nepalese Studies* 36 (Special Issue): 131-74.

Das, Arun Kumar Lal et al. (eds.)

2014 Research on Social Inclusion Atlas (SIA) and Ethnographic Profile (EP) Nepal Social Inclusion Index (NSII): A Proposed Methodology. In Gurung et al. (eds.), pp. 58-121.

Department of Statistics

1958 *Census of Population Nepal 1952/54 A.D.* Kathmandu.

Ethnologue

http://www.ethnologue.com（2016年11月16日確認）

Glottolog

http://glottolog.org（2016年11月16日確認）

Gurung, Om, Mukta S. Tamang, and Mark Turin (eds.)

2014 *Perspectives on Social Inclusion and Exclusion in Nepal*. Central Department of Sociology/Anthropology, Tribhuvan University.

Hachhethu, Krishna

2009 Social Exclusion and Nepali Muslim: A Case Study of Banke District. *Contributions to Nepalese Studies* 36 (Special Issue): 83-130.

Haug, Marit and Aadne Aasland

2009 Policy Debate on "Social Exclusion" in Europe and its Relevance to Nepal. *Contributions to Nepalese Studies* 36 (Special Issue): 1-22.

Höfer, András

1979 *The Caste Hierarchy and the State in Nepal: A Study of the Muluki Ain of 1854*. Universitätsverlag Wagner.

石井溥

2004 「ネパール：カーストと民族の連続」青柳（編), pp. 231-52.

2011 「流動するネパール、あふれるカトマンズ盆地」『南アジアの文化と社会を読み解く』鈴木正崇（編), pp. 435-71, 慶應義塾大学東アジア研究所.

2012 「ネパール」『[新版] 南アジアを知る事典』辛島昇・他 (編), pp. 922-28, 平凡社.
2015 「近現代ネパールの政治と社会：マオイストの伸長と地域社会」『現代ネパールの政治と社会：民主化とマオイストの影響の拡大』南真木人・石井溥 (編), pp. 13-52, 明石書店.

KTB
2024 v.s. (1967) *rāṣṭriya janagaṇanā 2018ko pariṇām*, dvitīya bhāg (1961 国勢調査結果第 2 部). Kathmandu.
2047 v.s. (1990) *rāṣṭriya janagaṇanā 2048, gaṇak nirdeśikā* (1991 年国勢調査：調査者の手引き). Kathmandu.
2057? v.s. (2000?) *rāṣṭriya janagaṇanā 2058, praśnāvalī nirdeśikā* (2001 年国勢調査：質問表の手引き). Kathmandu. (出版年の記載なし)
2068 v.s. (2011) *gaṇanā nirdeśikā, rāṣṭriya janagaṇanā 2068* (2011 年国勢調査：調査の手引き). Kathmandu.

Lawoti, Mahendra
2014 A Comprehensive Exclusion/Inclusion Index for Nepal: A Proposal. In Gurung et al. (eds.), pp. 122-72.

Minami, Makito
2007 From *Tika to Kata*?: Ethnic Movements among the Magars in an Age of Globalization. In *Nepalis Inside and Outside of Nepal [Social Dynamics in Northern South Asia, Vol. 1]*. H. Ishii, D.N. Gellner, and K. Nawa (eds.), pp. 443-66. Manohar.

三瀬利之
2004 「インド：カーストの周辺概念としてのトライブ・レイス」青柳 (編), pp. 203-30.

National Dalit Commission, Government of Nepal.
　　　http://www.ndc.gov.np/caste-schedul-12-en.html (2016 年 11 月 16 日確認)

NEFIN (Nepal Federation of Indigenous Nationalities).
　　　http://www.nefin.org.np/list/Categorization-of-Indigenous-People-based-on-development-/5/95/6 (2015 年 7 月 4 日確認)

NFDIN (National Foundation for the Development of Indigenous Nationalities), Organization Act.
　　　http://www.nfdin.gov.np/securi/?page_id=184 (2015 年 7 月 4 日確認)

Rai, Ichcha Purna

2013　Issues of Language Planning in Nepal: Linguistic Diversity, Conflicts and Peace Building, *Contributions to Nepalese Studies*, 40 (2): 217-38.

佐伯和彦

2003　『ネパール全史』明石書店。

Saṁvidhān Sabhā Sacivālaya

2072 v.s. (2015) nepālko saṁvidhān. kāṭhmāḍaũ: saṁvidhān sabhā sacivālaya. (英訳：Constitution of Nepal. http://nepalembassyusa.org/wp-content/uploads/2015/11/The-Constitution-of-Nepal-English.pdf　2016 年 11 月 16 日確認)

Tamang, Mukta S.

2012　*Social Inclusion and Protection of the Rights of Minorities, Indigenous People and Excluded Communities in the New Constitution*. Kathmandu: Support to Participatory Constitution Building in Nepal (SPCBN)/UNDP.

2014　Perspectives on Social Inclusion and Implications for Research in Nepal. In Gurung et al. (eds.), pp. 11-57.

鳥羽季義

1997　「『多言語国家』ネパールと言語運動の波」『《アジア読本》ネパール』石井溥（編）, pp. 28-36, 河出書房新社.

Toffin, Gérard

2014　The Inclusive State: A Philosophy and Sociology of Social Inclusion. In Gurung et al. (eds.), pp. 218-40.

Turin, Mark

2014　Mother Tongue and Language Competence: The Shifting Politics of Linguistic Belonging in the Himalayas. In *Facing Globalization in the Himalayas: Belonging and the Politics of the Self*. G. Toffin and J. Paff-Czarnezka (eds.), pp. 371-96. Sage.

Ukyab, Tamla and Shyam Adhikari

2000　*The Nationalities of Nepal*. Kathmandu: National Committee for Development of Nationalities, Ministry of Local Development, HMG.

Whelpton, John

2005　*A History of Nepal*. Cambridge University Press.

Yadava, Yogendra P.

2013　Linguistic Diversity in Nepal: Perspectives on Language Policy. *Contributions to Nepalese Studies* 40 (2): 120-41.

表1 「カースト／民族」リストの項目数、包括的社会範疇の人口の対全人口比

国勢調査年	全項目数 *1	「カースト／民族」項目数 *2	山地・高地民族人口の対全人口比	タライの「カースト／民族」人口の対全人口比 *3	山地ヒンドゥーの対全人口比 *4
1991	65	60	28.31%	27.73%	40.33%
2001	103	101	28.18%	27.76%	37.98%
2011	130	125	26.78%	28.56%	39.77%

*1.「カースト／民族」のリストも「その他」と「不明」の項目を含むが、1991年には「その他」が高度別の3地域に分けられ、また「カーストなし（外国人）」の項目がある。一方、2011年には一括した「その他」でなく、「その他のダリット」「その他のジャナジャーティ」「その他のタライ（住民）」に分けられ、また「外国人」の項目がある。

*2. 2001年の101の項目（「カースト／民族」名称）数のなかには81番のadibasi/janajatiも含めてある。

*3. 本表のタライの「カースト／民族」人口にはムスリム、パンジャービー／シク等は含まれない。なお、1991年のタライの「カースト／民族」人口にはOthers (Terai) 627514人を含めて計算した。それを除いた場合の対全人口比は24.34%となる。

*4. 山地・高地のダリットの人口を含む。

表2 ネパールの民族・カースト計 1991, 2001, 2011 年

社会範疇名	1991年		2001年		2011年	
	人口	対全人口比	人口	対全人口比	人口	対全人口比
山地ヒンドゥー（ダリット以外）計	5837736	31.57%	7023220	30.89%	8278401	31.25%
山地・高地ダリット計	1619434	8.76%	1615577	7.09%	2256463	8.52%
山地・高地ジャナジャーティ（民族）計	5234065	28.31%	6406557	28.18%	7094772	26.78%
タライ諸カースト（ダリット以外）計	2393910	12.95%	3222099	14.17%	3866205	14.59%
タライ・ダリット計	582347	3.15%	1031292	4.54%	1308623	4.94%
タライ・ジャナジャーティ（民族）計	1524157	8.24%	2054144	9.05%	2392870	9.03%
ムスリム等計	664125	3.59%	975949	4.29%	1171431	4.42%
その他計	635323	3.44%	408096	1.79%	125739	0.47%
総計	18491097	100.00%	22736934	100.00%	26494504	100.00%

表3　山地ヒンドゥー（ダリット以外）1991, 2001, 2011 年

カースト名	人口 1991	人口 2001	人口 2011
Chetree #*Chhetri	2968082	3593496	4398053
Brahman-Hill	2388455	2896477	3226903
Thakuri	299473	334120	425623
Sanyasi/Dasnami #*Sanyasi	181726	199127	227822
山地ヒンドゥー計	5837736	7023220	8278401

\#　1991 年の表記、項目（他の表でも同様）。
*　2001 年の表記、項目（他の表でも同様）。

表4　山地・高地ダリット 1991, 2001, 2011 年

カースト名	人口 1991	人口 2001	人口 2011
Kami	963655	895954	1258554
Damai/Dholi #Damai	367989	390305	472862
Sarki	276224	318989	374816
Gaine	4484	5887	6791
Badi #Wadi	7082	4442	38603
Dalit Others (Mountain)	-	-	19409
Dalit Others (Hill)	-	-	85428
Dalit (Mountain, Hill) total	1619434	1615577	2256463

表5　山地・高地ジャナジャーティ（民族）1991, 2001, 2011 年

民族名	人口 1991	人口 2001	人口 2011
Magar	1339308	1622421	1887733
Tamang	1018252	1282304	1539830
Newar	1041090	1245232	1321933
Rai	525551	635151	620004
Gurung	449189	543571	522641
Limbu	297186	359379	387300
Sherpa	110358	154622	112946
Gharti/Bhujel	-	117568	118650
Kumal	76635	99389	121196
Sunuwar	40943	95254	55712
Majhi	55050	72614	83727
Chepang/Praja #Chepang	36656	52237	68399
Thami	19103	22999	28671
Bhote	12463	19261	13397
Yakkha	-	17003	24336
Thakali	13731	12973	13215

表 5 (続)

民族名	人口 1991	人口 2001	人口 2011
Pahari	-	11505	13615
Chhantyal/Chhantel *Chhantel	-	9814	11810
Brahmu/Baramo *Brahmu/Baramu	-	7383	8140
Jirel	4889	5316	5774
Dura	-	5169	5394
Lepcha	4826	3660	3445
Byasi/Sauka *Byangsi	-	2103	3895
Hayu	-	1821	2925
Walung	-	1148	1249
Raute	2878	658	618
Hyolmo *Yehlmo	-	579	10752
Kusunda	-	164	273
Lhomi	-	-	1614
Kulung	-	-	28613
Ghale	-	-	22881
Nachhiring	-	-	7154
Yamphu	-	-	6933
Chamling	-	-	6668
Aathparia	-	-	5977
Bantaba	-	-	4604
Dolpo	-	-	4107
Thulung	-	-	3535
Mewahang Bala	-	-	3100
Bahing	-	-	3096
Lhopa	-	-	2624
Samgpang	-	-	1681
Khaling	-	-	1571
Topkegola	-	-	1523
Loharung	-	-	1153
Janajati Others (Hill, Mountain) #*1	185957	5259	358
Janajati (Hill, Mountain) total	5234065	6406557	7094772

#*1. 1991 年＝ #Others (Hill)＋ Others (Mountain), 2001 年＝ *adibasi janajati

表6　タライ諸カースト（ダリット以外）1991, 2001, 2011 年

カースト名	人口 1991	人口 2001	人口 2011
Yadav #Yadav, Ahir	765137	895423	1054458
Teli	250732	304536	369688
Koiri/Kushwaha #Kushwha *Koiri	205797	251274	306393
Kurmi	166718	212842	231129
Mallaha *Mallah	110413	115986	173261
Kewat	101482	136953	153772
Kathabaniyan *Baniya	101868	126971	138637
Brahman - Tarai	162886	134496	134106
Kalwar #Sudhi, Kalwar	162046	115606	128232
Kanu	70634	95826	125184
Hajam/Thakur	-	98169	117758
Lohar	-	82637	101421
Sudhi #1	-	89846	93115
Nuniya	-	66873	70540
Kumhar	72008	54413	62399
Halwai #*Haluwai	44417	50583	83869
Rajput	55712	48454	41972
Kayastha	53545	46071	44304
Badhaee *Badhae	-	45975	28932
Marwadi	29173	43971	51443
Baraee *Barae	-	35434	80597
Kahar	-	34531	53159
Lodh *Lodha	-	24738	32837
Rajbhar	33433	24263	9542
Bin *Bing/Binda	-	18720	75195
Gaderi/Bhedihar *Bhediyar/Gaderi	-	17729	26375
Nurang	-	17522	278
Mali	-	11390	14995
Bangali *Bengali	7909	9860	26582
Kamar	-	8761	1787
Dhunia	-	1231	14846
Rajdhob	-	-	13422
Amat	-	-	3830
Dev	-	-	2147
*Jaine	-	1015	-
Tarai Castes total	2393910	3222099	3866205

#1. 1991 年には Sudhi, Kalwar とあるため、同年の人口は Kalwar にまとめ、Sudhi は「-」とした。

表7　タライ・ダリット 1991, 2001, 2011 年

カースト名	人口 1991	人口 2001	人口 2011
Chamar/Harijan/Ram #Chamar	203919	269661	335893
Musahar	141980	172434	234490
Dusadh/Pasawan/Pasi #Dusadh	93242	158525	208910
Sonar	-	145088	64335
Tatma/Tatwa *Tatma	-	76512	104865
Khatwe　#Khatway	66612	74972	100921
Dhobi	76594	73413	109079
Bantar/Sardar *Bantar	-	35839	55104
Chidimar	-	12296	1254
Dom	-	8931	13268
Halkhor	-	3621	4003
Kalar	-	-	1077
Natuwa	-	-	3062
Dhandi	-	-	1982
Dhankar/Dharikar	-	-	2681
Kori	-	-	12276
Sarbaria	-	-	4906
Dalit Others (Tarai)	-	-	50517
Dalit (Tarai) total	582347	1031292	1308623

表8　タライ・ジャナジャーティ（民族）1991, 2001, 2011 年

民族名	人口 1991	人口 2001	人口 2011
Tharu	1194224	1533879	1737470
Dhanuk	136944	188150	219808
Rajbansi #Rajbanshi	82177	95812	115242
Danuwar	50754	53229	84115
Satar/Santhal	-	42698	51735
Jhangad/Dhagar *Dhagar/Jhagar	-	41764	37424
Gangai #Gangain	22526	31318	36988
Dhimal	16781	19537	26298
Darai	10759	14859	16789
Tajpuria	-	13250	19213
Bote	6718	7969	10397
Meche	-	3763	4867
Kisan	-	2876	1739
Raji	3274	2399	4235
Koche	-	1429	1635
Munda	-	660	2350
Pattharkatta/Kushwadiya *1	-	552	3182
Khawas	-	-	18513
Janajati Others (Tarai)	-	-	870
Janajati (Tarai) total	1524157	2054144	2392870

*1. 2001 年には Patharkata/Kuswadiya.

表9 ムスリム等 1991, 2001, 2011 年

カースト／民族名等	人口 1991	人口 2001	人口 2011
Musalman #*Muslim	653055	971056	1164255
#Churoute *Churaute	1778	4893	-
Punjabi/Sikh #Shikh	9292	3054	7176
Musalman 等 total	664125	979003	1171431

表10 その他 1991, 2001, 2011 年

カースト／民族名等	人口 1991	人口 2001	人口 2011
Terai Others #Others (Terai)	627514	-	103811
Undefined Others	-	-	15277
Foreigner #No Caste (Foreigners)	2951	-	6651
*Dalit/Undefined Dalit	-	173401	-
*Unidentified Cast/Ethnic[sic]	-	231641	-
#Not stated	4858	-	-
Others Total	635323	405042	125739

表11 「母語」関係項目数および母語の言語系統ごとの人口比率の変遷

国勢調査年	全項目数*1	母語項目合計数*2	T-B系言語(母語)項目数	T-B系母語人口の対全人口比*3	タライの印欧系諸語項目数*4	タライの印欧系諸語人口の対全人口比	ネパール語人口の対全人口比*5
1952/54 *6	37	35	15	22.13%	17	28.82%	48.74%
1961	38	36	17	19.38%	15	29.17%	50.96%
1971	19	17	8	17.07%	6	26.06%	52.44%
1981	19	18	9	11.97%	6	24.39%	58.36%
1991	35	32	14	16.97%	13	29.67%	50.31%
2001	93	92	56	18.68%	25	31.61%	48.61%
2011	125	123	68	17.30%	32	32.57%	44.64%

*1.「母語」リストは大抵の場合、(年によって表現が異なることもあるが)「その他」と「不明」の項目を含むため、全項目数が母語項目数より2項目多くなっている。ただ、1991の場合には「その他」が「国内」と「国外」に分けられているために3項目多い。一方、2001年には「その他」の項目がない。

*2. 1952/54年の母語項目とタライの印欧系諸語のなかには「Maithili Pradesh Dialects」などタライの諸言語をまとめた5つの項目も含めてある。また、1961年の母語項目のなかには「M. P. Local Language」(M. P. =Morang Pradesh) が1項目含まれている。なお、Yadava [2013: 120], Rai [2013: 219] はともに1952/54年の言語数を44とするが正確でない。

*3. 1981年の母語人口においては、76.5万人が「その他・不明」に入れられている。それを仮に全部T-B系に含め計算すると、「T-B系母語人口の対全人口比」は17.06%、半数を含めるとすると14.52%となる。なお、このコラムの数値はYadava [2013: 125] の数値と若干ずれる。

*4. Tharu, Rajbanshiなどの言語や Hindi, Assamiなどインドに人口の多い言語を含む。一方、DhimalやSanthalなど非印欧系言語は含まない。(そのため表1の「タライの「カースト／民族」には厳密には対応しない。)

*5.「Nepali (ネパール語)」は2011年には、Nepali と Doteli, Baitadeli, Achhami, Bajhangiなどの10ほどの「言語」に分けられた。Doteli以下はそれ以前にはNepaliの方言としてネパール語人口に含まれていたと考えられる。それらの人口をもネパール語人口に入れて計算するなら2011年のネパール語人口比は49.53%となる。なお、これらは「タライの印欧系諸語人口」にも含めていない。

*6. 1952/54年の国勢調査は、ラナ体制崩壊 (1951年) 直後、ネパール史上はじめての政党政治の試行のなかで、52年 (東部)、54年 (西部) に分けて行われた。

表12 1981年, 2011年 言語（母語）人口、言語系統、2011年民族人口

言語名	言語系統 *1	母語人口 1981*2	母語人口 2011	対全人口比（母語）2011	民族人口 2011
1 Nepali	印欧	8767361	11826953	44.64%	
2 Maithili	印欧	1668309	3092530	11.67%	
3 Bhojpuri	印欧	1142805	1584958	5.98%	
4 Tharu	印欧	545685	1529875	5.77%	1737470
5 Tamang	T-B	522416	1353311	5.11%	1539830
6 Newar	T-B	448746	846557	3.20%	1321933
12 Bajjika	印欧		793416	2.99%	
7 Magar	T-B	212681	788530	2.98%	1887733
105 Doteli	印欧		787827	2.97%	
13 Urdu	印欧		691546	2.61%	
8 Avadhi	印欧	234343	501752	1.89%	
11 Limbu	T-B	129234	343603	1.30%	387300
10 Gurung	T-B	174464	325622	1.23%	522641
110 Baitadeli	印欧		272524	1.03%	
93 Rai	T-B *R	221353	159114	0.60%	620004
98 Achhami	印欧		142787	0.54%	
9 Bantawa	T-B *R		132583	0.50%	4604
14 Rajbanshi	印欧	59383	122214	0.46%	115242
15 Sherpa	T-B	73589	114830	0.43%	112946
16 Hindi	印欧		77569	0.29%	
17 Chamling	T-B *R		76800	0.29%	6668
112 Bajhangi	印欧		67581	0.26%	
18 Santhali	ムンダ	5804	49858	0.19%	51735
19 Chepang	T-B		48476	0.18%	68399
20 Danuwar	印欧	13522	45821	0.17%	84115
22 Sunuwar	T-B	10650	37898	0.14%	55712
81 Magahi	印欧		35614	0.13%	
21 Uranw/Urau*3	ドラヴィダ		33651	0.13%	37424
27 Kulung	T-B *R		33170	0.13%	28613
99 Kham	T-B		27113	0.10%	
24 Rajsthani	印欧		25394	0.10%	
25 Majhi	印欧		24422	0.09%	83727
26 Thami	T-B		23151	0.09%	28671
33 Bhujel*4	T-B		21715	0.08%	118650
23 Bangla	印欧		21061	0.08%	
31 Thulung	T-B *R		20659	0.08%	3535
Satar	ムンダ	22403			
37 Thakali	T-B	5289	5242	0.02%	13215

表 12（続）

言語名	言語系統 *1	母語人口 1981*2	母語人口 2011	対全人口比（母語）2011	民族人口 2011
他のネパール語諸方言（6項目）	印欧		22820	0.09%	
他のT-B系諸語（51項目）	T-B		225842	0.85%	
他の印欧系諸語（18項目）	印欧		81880	0.31%	
その他 *5		764802	78235	0.30%	
Total		15022839	26494504	100.00%	

*1.「印欧」＝印欧（インド・ヨーロッパ）語族。「T-B」＝チベット・ビルマ語族。*R＝ライ語系。

*2. 1981年と2011年の間には言語名に以下のような相違がある（大文字が1981年のつづり）：Maithili (MAITHALI), Newar (NEWARI), Avadhi (ABADHI), Rai (RAI, KIRATI), Sherpa (BHOTE, SHERPA), Sunuwar (SUNWAR), Santhali (SANTHAL). これらのうち、RAI, KIRATI および BHOTE, SHERPA は、それぞれ Rai および Sherpa よりも指示範囲が広いと考えられる。また、2011年には言語名に Satar がみられない。この年には Satar は Santhali の中に含まれていると考えられる（そのため頭に番号を付していない）。なお、「その他」は1981年には OTHERS/UNSTATED。

*3.「カースト民族」リストでは Jhangad/Dhagar（表8）。

*4.「カースト民族」リストでは Gharti/Bhujel。

*5.「その他」に含まれるもの：Sign Language, Khariya（ムンダ系）, Kisan（ドラヴィダ系）, Kusunda, Chinese, English, Musalman, Arabi, Spanish, Russian, French, 'Others', 'Not Reported'.

第 3 章

国家的変動への下からの接続

カドギのカースト表象の展開から

中川 加奈子

I　はじめに

　ネパールは 1951 年、1990 年、2006 年に大規模な民主化運動を経験し、2008 年には王制が廃止された。特に 2008 年前後より、連邦制や民族自治に関する憲法のあり方をめぐって人びとの関心が高まり、個々の民族の間で主張がぶつかり合う場面も増えている。

　本稿では「ダリットではなく先住民（アディバシ）である」ことを主張し、2008 年に国が定めるダリット・リストから離脱するに至ったカドギたちに焦点をあて、1951 年の民主化以降約 60 年間における運動の展開を検討する。カドギとは、カトマンドゥ盆地を故地とするネワールの一つのカーストである。カドギたちは、1854 年のムルキ・アインで高位カーストと水の授受ができない「不浄」の地位に位置づけられ、それに伴う差別に苦しめられてきた。しかしながら、特に 1990 年代以降顕著となったグローバル市場経済への包摂を追い風に、カーストに基づく役割である屠畜や肉売りで経済力をつけてきている。

　以下、本稿では、グローバル市場等を介してカーストと関係のない新たな社会環境への接続が可能となったカドギたちが「カースト」を中心として「ジャート」、「アディバシ」など自身が帰属する範疇をいかに捉え返し再定義してきたのかを時間軸に沿って検討する。そうすることで、固定されたカースト・アイデンティティを起点とするカースト間の覇権争いとして描かれがちであったカーストの表象を、日常的な交渉から己の帰属する範疇を捉え返し具現化していくいわば下からの国家的変動への接続の動態として提示してみたい。

II　先行研究

1　カドギをめぐる民族範疇とアイデンティティ政治

　まず、カドギを一つのカーストとするネワールとはどのような範疇な

のだろうか。1995年に、ネワールの研究者たちによってネワール社会の様々な側面を描いた論集『争われるヒエラルヒー（*Contested Hierarchies*）』が出版された。クイグリーはその結論部において、「ネワールとは、それぞれ異なった起源をもつ、カトマンドゥ盆地社会に歴史上のさまざまな期間に参加するようになったネワール語を母語とする言語集団である」としている［Quigley 1999: 299-300］。なかでも、1769年にカトマンドゥ盆地がシャハ王朝に統一されたことは、カトマンドゥに住みネワール語を母語としていた人びとが、現在も続く「ネワール」という民族範疇を構成する重要なきっかけとなっている。

　ネワール社会には36のカーストが存在するともいわれ、カーストに基づく役割の授受がなされてきた。石井はネワールのカースト社会の特徴として、「世俗的役割体系の編成は粗で、儀礼的役割体系が密に編成されている」としている［石井1980a］。同様にクイグリーも、「個々のカーストの区別は、儀礼によって浮き彫りになる」としている［Quigley 1999］。ネワール社会においては、カーストに基づく役割の授受関係は、儀礼をめぐってもっとも頻繁に見られ、また儀礼によって再生産されてきたといえる。

　このように儀礼での役割授受の単位としての性格が強いネワールの諸カーストは、国家によって制度的に位置づけられ序列づけられてきた。ゲルナーは、ネワール社会における今日のカーストのあり方を判断するための「ベースライン」として、14世紀におけるジャヤスティティ・マッラ王によるカースト・コードと、1854年のムルキ・アインを挙げている［Gellner 1999: 266］。特にムルキ・アインで示された序列は、本稿でのちに詳述するように現在も、ネワールの日常的な共食や社交の場面において、カーストをめぐる序列意識やそれに伴う差別として続いていることが筆者の調査からも確認できている。

　さらに、1990年の民主化をきっかけとし、ネワール社会において個々のカースト団体が相次いで結成され、個々のカーストという単位が組織化

されるようになった [Toffin 2007: 371]。トファンは、ネワール社会におけるカースト団体は、インドにおけるカースト団体と、その結成の意図や活動目的が大きく異なるとしている。そしてその違いを、ネパール政府が、インド政府が実施したような元不可触民たちや抑圧された立場にいる人々を「指定カースト（SC）」や「後進諸階級（OBC）」等として枠取り、公務員等に優先雇用をするなどの優遇政策を、2003 年まで全く取り入れて来なかった点から生じているとする。そのうえでトファンは、ネワール社会におけるカースト団体は、何らかの優遇措置や議席を得ること等の特定の政治的目的を持っているわけではなく、全般的なカースト・イメージの向上や、カースト・アイデンティティの強化を意図していると特徴づける。こうして、個々のカーストという単位は、儀礼遂行上の分担というよりは、個々のアイデンティティの源泉として組織化されていったのである。

　トファンが示した 1990 年代におけるカースト団体の特徴は、2003 年の留保制度導入と 2008 年の比例代表制選挙をきっかけとして大きく変化した。2003 年、政府はこれまでネパールで導入していなかった留保制度を始めることを発表した。これを受けて翌 2004 年、「国家ダリット共同体留保委員会」は報告書を出版し、カドギを含む 18 のカーストをダリットに指定した。2008 年の制憲議会選挙においては比例代表制が導入され、民族自治を求める政党が相次いで結成された。ゲルナーは、1990 年代と 2008 年の選挙を比較し、人びとによる「政党ベースの投票からカースト・アイデンティティベースでの投票への移行」を指摘している [Gellner 2009: 15]。人々の関心が自民族、自カーストへの裨益へと移っていったのである。こうして、それぞれの集団が、政治的資源の分配をめぐって互いに競合関係となる場面が増えつつあり、その中で、ネパールにおいても政党の下部組織、支援組織などの政治団体として議席の獲得等の特定の目的を持ったカースト団体が結成される傾向がみられるようになってきている。

2　カーストに関係ない社会環境への接続

　カーストが、議席の獲得や優遇政策に向けてカースト団体を介して新たに意味づけ直されていく一方で、近代化や都市化を背景にカーストに関係ない新しい社会環境に直接つながる人々も見られるようになった。インドの大都市ベナレスに住む清掃人カーストたちについて調査したサール・チャタジーは、清掃人カーストたちが彼らの名誉を守るため、また、経済的上昇の機会を得るため、「民主主義」や「平等」などの西洋近代の概念を用いながら、政府等と直接交渉する様相を描いている［Searle-Chatterjee 1979］。つまり、人びとにとってカーストと関係のないより広い社会環境にある概念や価値を利用することも可能となってきている。しかしながら、もう一方で、カーストという括りで、たとえば職業組合として、政治団体として、カースト団体を形成して広域の連帯を強めるという動きが同時進行しているのだ。

3　分析視角

　屠畜や肉売りをカーストに基づく役割としてきたカドギたちにとって、カーストという範疇は、肉売りという職業を既得権益として囲い込むために有用な資源となっている。グローバル市場の浸透や民主化によりカーストと関係ない環境への接続機会が広がっているにもかかわらず、カーストという括りは肉売りを営むうえでも政治に参加するうえでも重要な意味をなすという錯綜した状況が生まれているのである。

　以上の先行研究の整理に基づいて、本稿ではカドギをめぐる社会環境の変化を受けた己の帰属する範疇の捉え返しの動態を捉えるべく、1951年以降のカドギたちの運動の変化を時間軸にそって検討していく。まず第3節において、1951年以降の時代区分を、第一にカースト団体結成以前（1951年～1973年）、第二にカースト団体結成以後1990年の民主化まで、第三に1990年民主化から2006年民主化まで、第四に2006年以降に分け、それぞれの区分での傾向を整理していく。続いて4節において

は、カドギをとりまく社会環境の変化として、グローバル市場経済や民主主義の浸透をうけて出現したカーストに関係のない社会での人びとの紐帯のあり方を検討する。最後に5節において、新しい社会環境と接する中で、どのようにカドギたちは彼らが帰属する範疇を捉え返しているのか、またカドギたちはネパールという国家の変動にどのように接続しているのかを、カースト団体ネパール・カドギ・セワ・サミティ（以下NKSS）の対外的・対内的役割の変化から検討し、6節で小括を行いたい。

III　カドギたちによる運動の展開

1　NKSS 設立以前における政治運動

　カドギたちの政治運動はカースト団体 NKSS の設立をもって始まった訳ではない。一部のカドギのリーダーは、ラナ専制を崩壊に導いた 1951 年の民主化運動にも積極的に参与していた。以下、NKSS 設立以前の運動を牽引した女性活動家である S さんの語りをもとに、当時の運動の動向について検討していきたい[1]。

　S さんは、1933 年に首都カトマンドゥ市に隣接したラリトプル市に生まれた。S さんは、子どもの頃から、ラナ専制崩壊のきっかけとなる運動に兄や叔父たちが従事している姿を見て育ってきた。

> カドギの中で、一番政治活動をしていたのは私たちの家族だ。私の兄はとても熱心な活動家だった。1952 年 6 月、牢獄に入れられていた兄は 19 歳で毒を盛られて獄死した。コミュニストで最初の殉死者だった。兄はナクー[2]の牢獄にいたが、シャンカムル[3]で弔わ

1　2010 年 9 月、2011 年 3 月、2011 年 9 月、2012 年 3 月に聞き取り。
2　ラリトプル市郊外に位置する。
3　ラリトプル北部の河岸に位置する。市内北部に住むネワールたちの火葬場が

なければいけないと、約1万名のコミュニストたちが集結しラリトプルの道を行進した。政府は外出禁止令を出し、デモ行進に向けて催涙ガスを発射したが、私たちは怖くなかった。

　1948年に、私の叔父は投獄された。1951年にラナの政権が終わってから、叔父は刑務所から釈放された。当時は政党もなくて、みんなで政党政治の実現のために動いていた。叔父たちは、釈放されてから、1951年に、「サマーズ・スダール・セワ」という組織をつくった。これは、「サーノ・ジャーティ（小さいジャーティ）」たちが集まってできた組織である。カドギのほかに、ポデ、クスレ[4]、ドビ[5]たちがいた。カトマンドゥのドビが代表、叔父が事務局長、兄が会計をしていた。カトマンドゥではドビが、ラリトプルでは私たちが中心的に活動していた。カトマンドゥ、ラリトプル、バクタプルに4つの学校を作った。当時はポデたちに手を洗うこと、鼻をかむこと、服を作ることを教え、勉強してはいけないとされていたが勉強も教えた。学校の形ではできなかったので、家の中でプライベートでしていた。

　1954年には、寺院参拝運動を実施した。これは、何度警察に追い出されても、寺院に繰り返し突撃して参拝を無理やり行うものだ。これを繰り返して、「サーノ・ジャーティ」がパシュパティナート

　　ある場所である。
4　ネワールのカーストであり、太鼓づくり等をカーストに基づく役割としている。ムルキ・アインの序列においては、カドギと同じく、「水不浄」とされてきた。
5　ヒンディー語を話しインドのドビ（ドービー）・カーストの人々と通婚していることから、ドビをネワールに含むかどうかは研究者によって見解が異なる。また、ドビたち自身も、ネワールを自称することもあれば、ネワールでないとする場合もある。なお、儀礼遂行上の役割分担も特に担っているわけではない。

寺院[6]に入れなかったのを、入れるようにした。この運動をリードしたのはカドギで、他に、ダマイ[7]、クスレ、ポデなどがいた。

　この証言にみられるように、NKSS設立以前においてカドギたちは、「サーノ・ジャーティ」として、非ネワールのダマイらとともに団体を形成するなど、ネワールという民族を超えた「差別されているジャーティ」としての連帯を見せている。

　また、Sさんの兄は、ネパールで最初のコミュニストの殉死者とされている。獄死した彼を、ナクー刑務所内の火葬場ではなく、正統なネワールの火葬場で弔う必要があるとして、カーストを超えて人々は「コミュニスト」として集結し、デモ行進を行った。つまり、「サーノ・ジャーティ」として、コミュニストの同胞としてなど、その時その時の主張に合わせて、連帯する範疇が変化しているのだ。

　ラナ専制が崩壊し、パンチャーヤット体制が確立された後も、Sさん一族による政治活動は続けられた。そのなかで、Sさんやその一族は、貧困層への支援も積極的に行ってきた。上述したような、衛生指導や学校の設置に加えて、貧困世帯でのトイレの設置事業も積極的に行っている。これらの活動の功績を認められて、Sさんの叔父は、パンチャーヤット体制下において、カドギ・カーストから初めて国会議員に選ばれた。以後、彼は、国王による慈善事業や地域開発事業において地域との橋渡し役として活躍している。

6　ネパールにおけるヒンドゥー教の最も重要な寺院である。国王の火葬も、この寺院で行われていた。
7　非ネワールのヒンドゥー系のカーストであり、服の仕立て等をカーストに基づいた職業としている。

2 NKSS 設立前後の動向

　前節で検討してきたように、NKSS 設立以前の運動は、カドギのある一族が中心となり、主にカースト差別やラナ専制体制への異議申し立てが中心となってきた。一方で、NKSS 設立の背景はこれらの政治運動とは少し異なる。

　1970 年代頃より、家畜市場でムスリムとの間で価格交渉を巡っていざこざが頻発していた。少しでも交渉を有利にすすめるため、それまで個々に交渉していたカドギたちが纏まり始めたのである。NKSS の設立メンバーである R さん（60 代男性、皮加工工場経営）は次のように語っている[8]。

> 　1970 年頃より、インドから水牛を売りに来ていたムスリムとカドギの間で、交渉がうまく行かなくなった。インドから来る商人は、500 ルピーで買った水牛を我々に売るときには 600 ルピーにするなど、高額の手数料を上乗せしようとする。このままでは利益を出しにくいので、カドギで纏まって交渉しようということになり、ミーティングを開いた。1971 年のことである。

　1970 年代初頭より、ムスリムの仲買との交渉を有利に進めるためにカドギたちがミーティングを開くようになる。当時、会合は禁止されていたので、店や個人宅など場所を変えながら、非公式に集まるという形をとっていた。1973 年に、このミーティングが発展して NKSS が結成される。しかしながら、パンチャーヤット体制下にあたるこの時期、政治活動には制限が課されていた。よって、NKSS は名目上、社会奉仕のための団体として結成されたのである。開始当初、カトマンドゥとラリトプルの 100 人程度が集まった。上述の S さんら既に政治活動をしていた人々も NKSS に合流した。

8　2010 年 9 月聞き取り。

最初のミーティングは、私の家で開いた。当時、自宅でホットポットロッジという店を開いていた。私は1967年にロッジを開けた。当時は、お店を開けることが許されなかった。店がオフィシャルになったのは、1973年のことである。

Rさん（上記）の語り

　レストランを開いていると、警察が来て看板を壊し、店を荒らしていく。「水不浄」だから、店をするなといわれるんだ。だから、看板なしで店を開けることもあった。しばらくして、様子をみて、また看板を出した。何度壊されても、何度も出したんだ。

Bさん（カトマンドゥ在住、70代男性）の語り[9]

　開設後、NKSSが最初に行った大きな事業は、「水不浄」差別に異を唱えるための、公共飲料水タンクの設置である。上位カーストがカドギから水を受け取れないという差別をなくすために、「カドギファミリー」と書いた公共飲料水タンクを設置し、広く公衆に水を提供することをその目的としている。NKSS名義での最初の公共飲料水タンクは、1975年にカトマンドゥ中心部のバスターミナルに建設した。これに続けて、他のバスターミナルや寺院等にも公共飲料水タンクを寄贈した。

　1975年にはNKSSが主催し、国際赤十字と提携する形で献血事業を実施した。献血キャンプを主催することは、社会奉仕事業であると同時に、血液はカースト等を超えて人類に必要なものであることから、これには献血を通してカースト差別に異を唱えるという政治的な狙いもあるという。寺院や広場に献血のためのテントの設営をNKSSが行い、実際の採血や問診・血圧測定などは赤十字のスタッフが行うという方針で実施された。献血したドナーには、NKSSが軽食を提供し感謝状を手渡すという

9　2010年9月聞き取り。

流れになっている。ドナーにはカドギが多いが、近隣地域に住む人々の有志ら他のカーストもテントを訪問し献血を行う。

　以上検討してきたように、NKSS が結成された直接的な動機は、食肉市場での対ムスリムの交渉を有利にするためであった。ムスリム商人との交渉のため、カドギが開いていた不定期的なミーティングに、当時レストラン経営等において問題を抱えていたカドギたちも参加し、これが発展して NKSS が設立されるに至った。設立当初は政治活動が禁止されていた時期でもあり、NKSS は社会奉仕のための団体として、公共飲料水タンクの寄贈や、献血事業を積極的に行っていた。この時期の NKSS の活動は、社会奉仕活動を軸としながら、差別に異を唱える活動が中心的だったと言える。

3　民主化と市場化の時代（1990年―2006年）

　1990 年の第一次民主化運動によってパンチャーヤット体制が廃止され、複数政党制が実現した。1990 年代は、これまでパンチャーヤット体制として制御されていた統治体制の解放が進み、市場化が一気に進んだ時期でもある。食肉市場にもカドギ以外の人々による参入がなされ、個人主義化が進んでいる。この中で、カドギを取り巻く社会動態や、カドギによるカーストに対する認識に変化が見られるようになってきた。

　　　私の父や祖父は水牛の屠殺を仕事としていた。父親は（上位カーストたちに）触ってはいけないといわれたり、水に触るなといわれたり、レストランで茶を飲んだ後はコップを自分で洗わされたりしてきた。私は学校では勉強を頑張って SLC もパスしたし、大学にも少し通った。法律を学んでいた。あと 3 年勉強したら、弁護士になれていた。だけど父親が、お金がないからこれ以上は勉強をさせられないといった。だから、勉強をあきらめて仕事をしたんだ。やめるときには泣いたよ。子どもには同じ思いをさせたくないから、

大学にまで行かせている。私たちのジャートには、勉強するか仕事をするかという選択肢があるんだ。勉強しなくても、水牛の仕事はある。それで、努力をやめてしまう人もいるんだ。

Hさん（60代男性、レストラン経営、水牛仲買商）の語り[10]

　カドギ・ジャートの人たちは、家業があるから、子どものころから屠畜をしてお金を稼いでいる。逆にシュレスタたちは、家業がないから、必死になって勉強して役人や銀行での地位を得ている。私の子どものころには、シュレスタたちが、食べるに困って（私の）家にご飯を食べにきていたんだ。今は、みんな仕事ができたから、それぞれの家でご飯を食べられるようになったけどね。

Lさん（30代男性、語学学校教師）の語り[11]

　この時期に肉の市場化も進んでいる。小売りの形態は、家の軒先での販売からバザールでの販売へと変化した。肉売りが、カーストの踏襲というよりは仕事として再確立されるようになってきたのである。
　この時期には、もともと肉屋をしていなかったカドギが、新たに肉売りになるケースも見られる。しかしながら、HさんとLさんの語りのなかで見られるのは、家業としての肉屋があり、だから、カドギたちは現状維持の方向に向かいやすいという見解である。この見解は、上記の二人に限らず、多くのカドギたちが語っている。他のカーストが学業や仕事に専念することで社会的な成功を果たそうとする上昇志向を持っている中で、カドギは家の仕事を継げばお金に困ることはないので、「努力をやめてしまう人もいる」とし、自由競争のなかでしっかり自己研鑽をすることを美徳

10　2011年8月聞き取り。
11　2010年8月聞き取り。

とする考え方を示している。

　他方、現金収入を資本として教育投資に成功し、オフィスワークに就くなど肉売りから離れるカドギたちも見られるようになった。工場を経営したり、医者になったり、海外NGO職員になるカドギもこの時期に増えている。

　1990年代から2000年代前半にかけては肉売りを再開したり、オフィスワークに従事したりと、市場化が進む中での個々人の利益の追求が進められた時期であったといえる。この時期においては、市場化を背景にカーストの踏襲というよりは、個々人での努力や自己研鑽により現金収入や社会的地位の上昇を求める意識が高まり、NKSSによる活動などカーストを起点とした運動は一旦停滞する。

4　カースト間・民族間の差異の強調の時代（2006年以降）

　2006年の第二次民主化運動は、ついに王制の廃止をもたらした。2008年にネパールは連邦民主共和国となり、新しい国家の体制の中に個々の民族やカーストが、どのように組み込まれるのかが重要な焦点となった。このころよりネパール共産党（マオイスト）やネワールの民族活動家を中心に、①ネワールが先住していた地域をネワール自治州とする、②公用語をネワール語にする、③ネワールの優先的な雇用等を訴える運動が生じる。また、ネワールの民族団体であるネワデダブは、ネワール語、ネワール文学、ネワールの儀礼の保全継承や、文化的啓発事業を実施している。さらにネワデダブの傘下には、NKSSを含むネワールの各カースト団体が参加している。

　この時期より、NKSSの活動は「先住民カドギ」イメージの構築に傾倒していく。この時期におけるNKSSの活動の中で最も大きなものは、ダリット・リストからの離脱である。2008年3月、NKSSは、国家ダリット人権評議会（National Dalit Human Right Council）に対し、カドギをダリット・リストから除外するように訴え、同評議会もこれに応じた。こ

れは全国誌に次のように報じられた[12]。

　ネパールカドギセワサミティ（NKSS）の抗議により、ネワール・コミュニティの一カーストである「カドギ」は、国家ダリット人権評議会の条文のダリット・リストから削除された。「我々は、我々のカーストをダリット・リストから削除するために、国家ダリット評議会と政府に対し、多くの圧力を行使しなければならなかった」と NKSS 会長は語った。
　国家ダリット人権評議会は、繰り返し、カドギがダリットのための基金と便宜をうけられるようにカドギをリストに入れた旨説明した。これに対し、NKSS 会長は、「我々の間の問題や不満は、内部の協議を通じて解決される、カドギ・コミュニティは、ダリット・リストに入れられた後で、いくつもの問題に直面せざるを得なかった」と述べた。18 日、国家ダリット人権評議会は、NKSS に書簡を送り、カドギをダリット・リストから除外した旨通達した。

ダリット・リストに入っていることにより、政府からダリットとしての公務員への優先雇用や、奨学金制度を受け取ることができる。国家ダリット人権評議会が記事のなかで述べているように、さまざまな便宜を受け取るために、このリストに組み込まれることを望む集団もいる。しかしながら NKSS は、自分たちを取り巻く問題は、上から救済されるのではなく、自分たち自身による協議を通じて解決するとし、ダリットとして括られることを拒否した。
　NKSS が選んだのは、ダリットとして括られることではなく、先住民として括られることだった。その一環として、民族団体ネワデダブと提携する形で先住民としての歴史や文化の表象を盛んに行っている。これに

---

[12]　2008 年 3 月 19 日の The Himalayan Times 紙の第 3 面による。

加えて、近年、カドギたちは改名運動を盛んにしている。NKSS は、本部メンバーを国内の支部に派遣し、「カサイ」として市民登録をしている人々の登録名を変える運動を積極的に展開している。その際の呼びかけのロジックとしては、「カサイはもともとネワールにない言葉。ムスリムの言葉で屠畜人を意味する。外の人たちが、屠畜しているカドギをみて、カサイと呼び、自分はカサイなのだと思い込んだもの。もともとない外来語で、わざわざ屠畜人だと名乗るのはやめよう」という言い方になっている。もともとカトマンドゥに住んでいたネワールの一つのカーストであるカドギとして、外来語でありかつ蔑称であるカサイという名乗りをやめることで、先住民らしさを強調しようとしているといえるだろう。

　さらに、NKSS はカドギの儀礼上のカースト役割のうち、名誉になると考えているものを強調する動きを見せている。こうした動きは NKSS が開催するイベントにおいて見られる。NKSS は 2008 年より、毎年、ナヤディワスというイベントを開催している。第 1 回のナヤディワスは、M.K. ネパール首相（当時）を招待して実施され 1 万人程度が参加した。2012 年の第 4 回ナヤディワスにおいては、NKSS 関係者ではなくネワールの他カースト団体とネワデダブ、各政党有力者らが登壇した。その中で、例えば、「どの祭りにおいても太鼓で先導しているカドギは、実際に社会を先導する必要がある」など、カドギの一部の伝統がこの場で強調して示された。また、先住民であるネワールにはダリットはいない、ダリットは後から政治的に作られたとされ、「10 年間は先住民としての優遇政策を受け取る。その後は、状況に根差して優遇政策を受け取る」という呼びかけも示されている。これらの言説が、ナヤディワスのようなカースト表象の場で発信されることで実体化されていくのである。

　以上のように第 3 節においては、カドギや NKSS の活動の変遷を検討してきた。NKSS 設立以前においては、カーストを超えた連帯も見られていたこと、NKSS 設立直後は差別に異を唱える運動や社会奉仕活動が中心となっていたことが明らかになった。1990 年の民主化以降、経済の

自由化が進み、市場が急速に拡大した。生計の資が個々による市場での競争へと移ったのち、いったん、NKSS の活動などカーストを単位とした運動はやや停滞気味となる。民族やカーストが、社会的な包摂の単位となった 2006 年以降において、再び NKSS の活動は活発化する。その際には、被抑圧集団とされた「ダリット」として括られることを拒否し、「先住民」としてのイメージを構築し、先住民として国家に包摂されることを目指すように方向転換が図られた。つまり、ネワールの民族団体であるネワデダブと協調しながら、先住民としてのカドギという自己定義を多く用いるようになったのである。

では、このようなカドギの「カースト」表象のありかたの変化に、民主化や市場化がもたらした新たな社会環境での交渉はどのように関わっていたのだろうか。以下、第 4 節において、「民主化」や「市場化」に伴い出現したカドギを取り巻く新たな社会環境について検討する。

IV 新たな社会環境への接続

主に 1990 年以降より、カーストと関係ない社会に直接つながる人々が増加しつつある。ここでは、カドギたちをめぐる、①生活面、②労働面、③経済面における人々の新しい紐帯のあり方について、それぞれ象徴的な事例をもとに検討していきたい。

1 カーストを超えた互助講の形成——生活面での変化

ネワール社会には、サナグティとよばれる葬送儀礼の執行を目的とした組織があり、これは特定のカースト、特定の地域の社会成員としての身元保証の役割を果たすものとして重要な役割を果たしてきた。サナグティは毎年、数日かけて大規模な儀礼と共同宴会を開き、それを通じて成員の紐帯を確認し更新してきた。

しかしながら近年、オフィスワークに従事する人々を中心に、儀礼や

宴会に手間暇をかけることを敬遠する風潮がみられるようになってきた。1990年代後半頃から、カトマンドゥを中心に葬送の人手を貸すための講である「グワリ（手助け）グティ」が、カーストを超えて形成されるようになった。

　筆者は、これらのグワリグティのうち、最も古くメンバーも多いものの年次総会と宴会に参加した[13]。このグワリグティは1997年、ネパール・コミュニストリーグという政党の活動家が設立した。2012年現在、約100世帯が参加している。ネワールであれば、どのカーストの人でも参加できる。聞き取りによるとムルキ・アインでは「不可触民」とされたデウラも含む、すべてのカーストの人がこれに参加している。

　このグワリグティでは特定の聖地を持たず、儀礼もしない。年間に1人あたり200ルピーを会費として支払う。この会費をもって年に一度、共同宴会を開き、メンバーの顔を合わせ、親睦を深める。共同宴会では、炊いた米や酒は振る舞われず、サマエバジ[14]などの軽食を立食スタイルで共食する。席次も特にきめられていない。また、代表は3年ごとに実施される選挙で決められる。

　総会は午前10時ごろ、カトマンドゥ市街地北端の聖地で行われた。11時ごろ、寺院の傍の公堂でスピーチが始まる。まず、元ネワデダブ会長のマッラ・K・スンダルがスピーチを行った。ほかにも、マオイストや、共産党UMLの党員、ネワール語のFMラジオプログラムのDJなど、など、ネワールの政治家や著名人らによるスピーチが行われた。続いて13時半ごろ、会計報告として共同宴会経費や運営費などの報告がなされた。最後に、新規参入者の紹介がされ、共同宴会が行われた。

　このグワリグティには、もともとのサナグティに入っている人も、入っ

---

[13]　2012年3月10日に調査・聞き取りを実施した。
[14]　炊いた米を平たくつぶし、乾かしたものを、野菜や肉のカレーとともに食べる軽食。

ていない人も、参加することができる。メンバーに死者が出た場合は、各自が希望する火葬場にグワリグティのメンバーが赴き、火葬の手伝いをする。人手だけを貸すというスタイルであり、葬送に関する儀礼やサービスおよびモノのやり取りは交わされない。このグワリグティの元会長であるA氏は次のように語っている。

　　これは、体系立っていて科学的なものである。儀礼をしたり数日にわたる供宴をしたりはしない。基本的には遺族の文化に寄り添うものであるが、宗教的なものについてはこちらからはやらないように要請はする。だけど、介入はしないんだ。要請した結果、それに準じるか準じないかはその人次第だ。
　　できるだけ宗教的なものはやめて、シンプルなものにするんだ。お寺はないし、ガイジャットラ[15]などの追悼儀礼にも支援はしない。だけど、先ほども言ったように、死者の文化に寄り添うから、たとえば土葬の習慣をもつカパリが亡くなったときには、我々も土葬の手伝いをするよ。
　　――　なぜこのグワリグティに入ったのですか？
　　サナグティのときには、3日間仕事を休まないといけない。夜中までお寺にいて酒を飲み、喧嘩をする。必要のない話で喧嘩をしてすごすことが、意味がないように感じた。私は「左派」だ。だけど、コミュニストではない。政党活動はしていない。新しい考えのために動いている。だから何の政党にも属していない。私たちは文化や伝統は重んじるよ。合理的でないものを変えようと思っているだけだ。自分はサナグティにも入っている。だけど、そこの慣習が古いからこのグティで学んだことを伝えているんだ。いろいろ変わって

15　ネワールの年中行事であり、死者の追悼儀礼である。1年間のうちに亡くなった人がいる家の遺族たちが、牛の仮装をして街を巡回する。

きているよ。

　ここでのＡ氏の語りのなかでは、グワリグティは「手伝い」のグティであるという見解が貫かれている。ここには、寺院もなく、儀礼もしないが、手伝いだけをしている。そしてそれは、「合理的」ではないとみなされる深夜までの供宴などについての違和感とともに語られる。都市化や近代化とともに、身につけられたこの「合理性」という基準によって、どこまでを「要請」するべきか、どこからが「介入」とみされるのかの判断が下されている。

　また、グワリグティの中では、カーストを超えた親密な交友関係が築かれている。このグワリグティの共同宴会に筆者を招待してくれたカドギのＤ氏と、インタビューに応じてくれたバジュラチャリアのＡ氏は、友人同士である。帰り際に、話を聞かせてもらってありがとうと礼をいうと、Ａ氏が、今度Ｄ氏と一緒に家にご飯を食べにきたらいいと誘ってくれた。1970年代にネワールの農村で調査をした石井のエスノグラフィの中には、カドギが上位カーストの家に上がらなかったり、食事の席次が厳格に決められていたりするエピソードが描かれている（石井 1980b）。石井の描写と比較すると、食事や家に上がれるかどうかなどのカーストに関する社会慣行上の規制が、和らいできているということを指摘することができるだろう。そして、それが可能になった背景には、様々なカーストが入り混じった形で儀礼の執行の「手伝い」が交わされるなかで「合理的」思考の浸透等が見られるようになったことが、カーストの上下を越えた人々の紐帯が形成されつつあることの一つの要因として指摘できるのではないだろうか。

2　カーストを超えた肉業組合の結成——労働面での変化

　2006年の民主化運動は、政党が呼びかけたゼネストや、これを取り締まろうとする政府による外出禁止令の頻発により、人々の労働環境を不安定化させた。労働環境を保護し労働者の権利を守るために、この時期、さ

まざまな分野において労働組合が形成されている。また、政党の下部組織としての労働組合もこの時期数多く形成された。なかでも、マオイスト傘下の労働組合が、レストラン、タクシー運転手、ホテル従業員など、特に都市部のサービス業関連分野に浸透している。

　政党傘下の労働組合の動向について、マオイスト傘下の食肉業労働組合の幹部であるKさん[16]に聞き取りを行った。Kさんは、ラリトプルの近郊の村出身のカドギであり、市営バザールで豚肉の小売店を経営している。この組合の代表はカドギであるが、Kさん以外の幹部は、ネワールではないヒンドゥー高位カーストが占めている。メンバーは一日 5-10 ルピー程度をこの組合に寄付している。

　Kさんがマオイストになったのは、「ジャートに関する差別をなくし、貧しい人たちの暮らしをよくしたいと思った」ことが一番目の理由であるという。二番目の理由としては、「商売を安定的にするため、身の保障のため」という理由が挙げられるという。父親から小作農を引き継いだKさんは、パンチャーヤット体制期から政治活動に参加してきた。雇用条件の改善を求めて小作人同士で相談する際には、警察に邪魔をされるので場所を転々としながら秘密裡に会議を開いてきたという。1990 年の民主化運動の後、政党活動が公になり、Kさんはそのリーダーシップが認められて村落開発委員会の地区代表にも選ばれた。また、1980 年代頃より、現金収入が見込めることから豚肉の小売を始めた。ところが、コングレス党政権下の 1995 年頃に、突然警察が店にきて、自分たちの店のものを全部没収していった。また、夜間にバイクに乗っていると警察にどこに行くのだと訊問されたり、金銭を要求されたりすることもあった。政府による妨害をこれ以上受けなくて済むよう、2008 年の制憲議会選挙を経てマオイスト政権が発足すると、Kさんはマオイストになった。マオイストになりその ID カードを見せると、小売店経営にも夜間の外出にも、妨害さ

16　2010 年 8 月聞き取り。

れることはなくなったという。K さんによると、同様に商売を安定的にするため、また身の保障のために政党傘下の労働組合に入る人々が、特に都市のサービス業において増えてきているという。

　政党の労働組合とは異なるが、同業者でカーストを超えて対政府でまとまる動きもみられる。ヤギの定期市は、カトマンドゥ盆地内に 3 箇所設置されており、このうち最大のヤギ市を運営しているヤギ肉の小売業者労働組合は 1996 年に設立された。現会長であり、設立時のメンバーである G さんによると、労働組合結成の最も大きな理由は、政府との交渉の窓口とするためであるという[17]。2008 年に王制が廃止され、ヒンドゥー教が国教ではなくなり世俗国家となる前には、ヒンドゥー教の教義では殺生をしてはいけないとされる月回りであるエカダシ（白半月、黒半月の 11 日）、アウンシ（新月）に肉売りをしていると、警察に捕まえられた。ところが、月によっては 2 日続けてエカダシがある場合があるが、その日得た収入で生計を立てる人々が多く、2 日連続で店を閉めると、たちまち食べるための金に困ってしまう。そのために、警察から妨害されないように、「肉屋休店」「肉屋開店」と記入した組合公式のカレンダーを作った。このカレンダーを、組合メンバーに配布し、店頭に貼って、警察が妨害してきたらこのカレンダーを見せるようにメンバーに伝えたという。カレンダーを見せることで、背後に強固な組織があることを示すことができ、警察も容易に手出しできなくなるのだという。このようにして、労働組合は、ヒンドゥー教規範に伴う規制とは異なる、自分たちのルールを持って動いていることを、カレンダーを根拠として主張し営業活動を守ってきたのである。

　ネパールが世俗国家となってから、ヒンドゥー教の慣習に伴う、エカダシ・アウンシの際の営業への警察の妨害はなくなった。そして、労働組合のカレンダーからも、「肉屋開店」「肉屋休店」の記述はなくなった。現在、この労働組合が力を入れている事業は、衛生基準の認証制度である。

17　2010 年 8 月聞き取り。

2000年頃から急激に肉屋を始める人が増え、カドギ以外の人々のなかでも、現金収入を求めて肉屋を始めるものが増えた。中には、不衛生な状態で肉売りをしているものなどもいて、肉屋のイメージが悪くなるなど、問題も増えてきている。よってこの労働組合では、2005年から、組合による衛生基準の認証制度をはじめたという。店にタイルを敷いて汚れを簡単に洗い流せるようにし、エプロンを着用するなどの衛生向上の工夫をしている店（2010年現在、656軒）に対して証明証を発行している。

　以上見てきたように労働面において、より安定した環境で商売をするため、利害関係が一致した同業者によって、カーストを超えて組合が形成されるようになってきている。特に政党傘下の労働組合は、カーストの差異ではなく政党の差異により、人々の紐帯のあり方を草の根レベルで編成しなおすような影響力を有しているといえる。

3　サハカリの形成——経済面での変化

　2000年代以降、ネパールにおいて、サハカリ（小規模の頼母子講）が流行している。人々は、地域単位、親族単位、友人単位等で、病気などの急な出費に備えお金をプールしておくためにサハカリを形成している。構成しているメンバーシップは、親族、近隣住民など、日常的に顔を合わせる範囲内であることが多い。これらの備蓄目的だけでなく、近年の高金利を受けて投資目的で預金をする人が増加しており、その数やシェアは急増している。カドギを取り巻く新たな社会環境の象徴的な一面として、最後にこのサハカリにみる経済面での人々の新たな紐帯の在り方について検討を加えたい。

　カドギたちのサハカリには、大きく、NKSSベースのもの、地域ベースのもの、食肉業協同組合と連動したものが形成されている。

　NKSSベースのものとして、NKSS本部が運営しているものについて以下検討する。なお、NKSSにおいてはカースト団体として一本化されたサハカリを設けてはおらず、たとえば、バクタプル支部やボーダ支部等、

支部ベースで個々に設置されている。

　NKSSの中央本部が運営しているサハカリは、2008年に形成された。2012年現在、シェアホルダーは40名程度であり、本部があるカンケショリ地区周辺のカドギのみで構成されている。ホームページ上では、その目的として、①零細経営のビジネスマン、農民、肉売り、労働者、非雇用者、低所得者層に財政的支援をする、②相互での投資を促し、金貸しによる搾取からメンバーを保護する、③仲介者を廃し、より安くより質の良いものを提供する等とされている。商業銀行は、開発事業や中規模・大規模企業への貸付等はしているが、小規模な事業への貸付はあまり見られないという問題があり、相互で貸し付けをし合うことで小規模事業者への融資を可能にするという狙いがある。

　次に、地域ベースのものとして、カトマンドゥ中心部にある商業地スンダラのサハカリを例に検討する。このサハカリには、スンダラに店舗を出しているカトマンドゥ、ラリトプル、バクタプル、キルティプル、ブンガマティ等に住むカドギ約160人が参加している。その金利等は、上記のNKSSのものとほぼ同じである。2012年現在の預金総額は3,000万ルピーであり、大規模な部類にはいる。ここでの貸付金は、新たに店を開けるときの準備金、教育、健康のためなどに用いられているという。

　カドギたちにより構成されるサハカリの中で、シェアが最も大きいものは、カランキにある食肉業協同組合と連動したものである。カランキは、カトマンドゥ盆地とインドとを結ぶハイウェイに面しており、カトマンドゥ盆地最大のバザールが設置されている。バザールには、野菜や果物、マサラや肉等の食糧が運び込まれる。2008年に、カドギの食肉業従事者たちが、カランキのバザール付近に事務所を構えてサハカリを設立した。2009年には、サハカリの共同出資者同士で事業が食肉業に重なっていることから、提携組織として協同組合を形成した。2012年現在、シェアホルダーは、1,600名程になっており、全員がカドギである。年利が2011年時点では15％程度であり、他のサハカリに比べて高い点も、多く

の人々を呼び込む理由になっている。

　協同組合には、カトマンドゥ、ラリトプル、キルティプルなど、カトマンドゥ盆地中のカドギたちが入っている。すべて、屠畜・解体や、肉の販売にかかわっている人であり、仲買などはこれには入らない。協同組合は、サハカリ参加者とともにもともとは200人程度で始めたが、政府が海外NGOの支援を受けつつ推進する屠場近代化事業の受け皿となったことから一気に増加し、2012年現在、553名が加入している。

　カランキのマイクロ・ファイナンスと協同組合の創始者は、11年間海外NGOのボランティアスタッフを経験してきた人物、J氏である[18]。J氏はNGOでの活動経験のなかで、プロポーザルの作り方やプレゼン技法などを習得した。その上で「必要なことは勉強させてもらったし、これからは必要なことは自分たちでやろう」と思い至り、まずサハカリを形成して自己資金を準備したのちに協同組合形成に至ったのである。

　以上のように、サハカリは、従来は病気などの急な出費に備えてお金をプールしておくために作られたが、高金利を背景として投資をする人が増え、ブームとなっている。その中で、最後の協同組合の例にみられるように、さまざまな活動を政府やNGO等による支援に依存するのではなく自立的に行うための手段としてサハカリを用いている人々が見られるようになった。自由に運用できる資金を手にしたことで、大きな国家事業を取り付けるなど、サハカリはより主体的かつ自律的にその活動を展開することを可能としているといえるだろう。

---

[18]　2010年8月、2011年3月、2011年8月、2012年3月、2012年8月聞き取り。

V NKSS の役割の変化

1 NKSS の対内役割と対外役割

4節で見たように、都市化や市場化が進む中で、直接に新しい社会環境で人々が交流することが可能となった。その中で、カーストの枠を超えて、人々が「手伝い」グティを形成したり、労働組合を形成したりする動きがみられるようになった。また、サハカリはカーストの枠内で形成されることが多いが、直接、自律的にグローバルな活動を展開することを可能にしている。では、新しいつながりが形成される今日、カースト団体にはどのような役割があるのだろうか。第5節においては、新しい社会環境の形成を受けて、NKSS の役割がどのように変化しているのか、内的役割と外的役割の変化に注目しながら検討していく。

2012年現在の NKSS の活動を、ホームページと参与観察を基に以下の表にまとめた。ここで見られる主な対内活動は、SLC 合格者・その他成功者の表彰、政治的啓発カリキュラムの開催、合同成人儀礼の実施、支部の増設に加えて、改名運動、カドギの「文化的アイデンティティ」の象徴とされる太鼓（ナェキバジャ）の伝承事業などが挙げられる。特に、2000年以降、約10年間でカトマンドゥ盆地外を中心に40か所以上の支部

表1 NKSS の対内・対外活動概要

対内活動	対外活動
・年長者、SLC 合格者、修士号取得者、その他成功者の表彰 ・政治的啓発カリキュラムの開催（プレゼン能力向上プログラム等） ・合同成人儀礼の実施・「カサイ」の改名 ・学生の奨学金申請のための推薦書発行 ・ブランチの増設・太鼓（ナェキバジャ）の伝承事業	・衛生的な肉、経済的向上、教育に関するインタアクション・プログラムに参加 ・献血事業の継続実施 ・ダリット・リストからの離脱 ・バイオガスプラント[19]の建設 ・家畜輸入の効率化に向けたネットワーク形成と政府との交渉 ・ホームページや Facebook のアカウントの作成

---

[19] 屠畜時に廃棄される、水牛の腸内の廃棄物を集めて、そこからバイオガスを発生させる大規模な設備を2011年にカンケショリ地区に設立した。

を開設し、盆地外に暮らすカドギたちを取り込もうとする動きが進んでいる。対外活動としては、食肉事業、教育支援事業等に関するインタアクション・プログラムへの参加、献血事業の継続実施、ホームページやFacebookのアカウントの作成に加えて、ダリット・リストからの離脱が挙げられる。

2 NKSSの年次総会における議論

NKSSの活動計画は、年次総会において議論される。年次総会は毎年3月頃に実施されている。年次総会では、まず一年間の活動報告を会長が行い、続いて、会議の形で各支部から2人ずつが順に1年間の活動状況を報告し、その後活動方針についての議論を行うこととなっている。

筆者は、2012年度の年次総会に参加した。出席者は幹部として、NKSS本部メンバー、カトマンドゥ盆地代表、東部ネパール代表、西部ネパール代表、各支部代表(カトマンドゥ市街:12区・19区・17区、カトマンドゥ盆地:ボダナート・キルティプル・バネパ・バクタプール・パナウティ、東部ネパール:ダヌサ・ボジュプル・ウダイプル・シンドゥリ、西部ネパール:タナフン・ゴルカ)である。合計60名程度が参加していた。ラリトプルからの参加が全く見られない等、最大の人口を擁するカトマンドゥ盆地での参加度はそれほど高くないが、人口比ではそれほど多くない村落部からの参加率は高い傾向がみられる。

冒頭の会長スピーチにて、カドギからまだ誰も大臣になっておらず、カドギの社会的な認知度を高める必要があると提起された。続いて活動報告として、支部を村落部に増設したこと、ダリット・リストからカドギを外したこと、「カサイ」という名前の改名を進めていること等の報告がなされた。その後、第II部として、ネパールの集会によくみられる壇上のスピーチを聞く形式ではなく、円卓会議の形式をとり、各支部の活動報告が行われた。表2は、各支部が報告した主な活動内容である。

円卓会議の流れとして、最初にこの日のチーフゲストとして創立メン

表 2　NKSS 総会における各支部の活動報告内容

参加支部名		主な活動報告
カトマンドゥ市街	12 区	ナェキバジャの子どもへの継承事業
	17 区	献血キャンプの実施 SLC 合格者への証書授与
	19 区	道路の清掃ボランティア 衛生的な問題を抱えている人、病気の人々への支援事業 「カサイ」の改名
カトマンドゥ盆地	ボダナート	2010 年に女性部会、サッカーチームを設立 マイクロ・ファイナンスを開設
	キルティプル	ナェキバジャの子どもへの継承事業 献血キャンプの実施 アゴデヨの寺院を改修
	バネパ	ナェキバジャの子どもへの継承事業
	バクタプル	マイクロ・ファイナンスを開設
	パナウティ	2008 年に新設 スペインやフランスの NGO に支援を受けて寺院を改修
東部ネパール	ダヌサ	約 50 名の「カサイ」の改名 市役所と掛け合い、サルラヒ、ウダイプル、シンドゥリ、シラハ等の近隣郡に改名運動を普及
	ボジュプル	2008 年に新設 2010 年に、ネパール東部の 10 か所の郡の NKSS 支部と合同で、ネワデダブ共催で、先住民の文化振興プログラムを実施
	ウダイプル	「カサイ」の改名 SLC 合格者への証書授与
	シンドゥリ	2009 年に新設 「カサイ」の改名
西部ネパール	ゴルカ	2000 年に新設、2007 年に女性部会を設立 マイクロ・ファイナンスを開設
	タナフン	2000 年に新設 「カサイ」の改名（タナフン郡から始めた事業） 文化振興事業（仮面舞踊の復興） SLC 合格者への証書授与

（2012 年の総会の参与観察を元に筆者作成）

バーより、NKSSを始めたときには、カトマンドゥ盆地においてのみ100人程度で連帯してやっていたが、徐々にこれが広がって全国規模になったと、これまでの経緯が説明された。つづいて、中央本部より、今のところ、ナェキバジャの継承などの文化活動や献血だけをしているがそれでよいのか、他に必要な事業が無いか検討する必要があるという意見が示された。

　東部ネパール代表より、市街地では食肉業を仕事とするカドギが多く、水場に寄るなと言われる等、「ヘプネ（下にみる）」を受けるカドギが多いことが報告された。この問題に対処するために、ボジュプル支部が主催してネワデダブの代表や歴史家を招致し先住民の文化プログラムを実施した。このプログラムに同行したネワールの歴史家が、カドギは「カサイ」ではなく、カースト差別が始まる前から住んでいた先住民であると明言したという。また、東部ネパールの支部では、「カサイ」と名乗っている人たちの改名事業を進めており、先住民であると「スビダ（ここでは優遇措置）」を受けられることもあるので、それぞれの地区にどのようなスビダがあるのか調べる必要があると呼びかけがあった。実際に、ボジュプルでは、先住民としての支援を受け取り始めたことが報告された。

　西部ネパール代表より、西部ネパールのカドギたちは、カトマンドゥや東部ネパールのカドギたちに比べて貧困状態にあるものが多い旨が報告された。また、移住後、ネパール語で日常生活を送り、ネワール語を話せないものも増えていることからネワール語の教室を開く支援をしてほしいという要望があった。また、改名運動はタナフン郡のカドギから始めたものであり、「カサイ」（屠畜人）という「アビール」[20]をつけるのではない発展の方法を考えていると話した。具体的に農村地域なので大規模な事業は難しいが、例えば、ヤギ、鶏、水牛などを集めて農場をつくり、市役所と共

20　主に既婚の女性が、自身が既婚であることを示すために前頭部に赤い粉でつける印である。

同で運営するなどの事業を実施することを考えているという案の報告があった。

　その後、表に示したような各支部の活動報告がされた。特に、カトマンドゥ市街地の19区からは、カトマンドゥ盆地に住んでいるカドギのうち約8万人のカドギが、「スクンバシ（スラム）」のようなところに住んでいるとされていると報告された。また、いまだに「ティチョミチョ（蹂躙）」されるような差別は残っており、カドギの供宴には、ネワールの上位カーストたちは来るようになったが、逆に上位カーストの供宴にはカドギは参加できないことが多いことが訴えられた。そのうえで、「ネワーラッジェ（ネワール自治州）」といっているが、「ジャート間でも上に行くようにしてほしい」という要望が出された。

　商売の活動から学ぶことができる事業をしている人がいるとして、皮の加工工場経営者であるKさんの活動が紹介された。Kさんは、ボダナート地区から納入される水牛の皮の売り上げのうち、1頭あたり10ルピーを、NKSSのボダナート支部に寄付している。その資金を受けて、女性部会やサッカーチームを設立するなど、ボダナート支部がとても活気づいていると報告された。また、同様の事業を、2012年度より、カンケショリ地区から納入される水牛の皮の売り上げのうち1頭あたり10ルピーをNKSSの本部に寄付することが報告された。Kさんより、働いた分だけコミュニティに還元できることから労働者の意欲の向上にもつながるという意見が出て、拍手が起こった。

　総会の総括は会長が行った。なお、2012年度は、中央本部メンバーの3年間の任期の最終年度でもあり、近年の活動の総括としての報告であった。会長は、「カドギ・サマージ（社会）」に生まれたら、必然的に自分はNKSSに帰属すると思うようになることが我々にとって必要であり、今後はそうなるようにしていかなければいけないと呼びかけがあった。会長は3期、約10年間会長を務めたが、その間、約40か所の支部を開設している。他の活動として、これまでダリット・リストから離脱したことや

改名、カドギの司祭を増やしたことを挙げた上で、これだけ広がったカースト団体は他にないと思われると総括した。NKSSは我々の「名前」のために必要なものであり、今後の方針として、ダリットという言葉は一切使わないようにしていこう、「カドギ・ジャーティ」には5000年の歴史があるのだから、という言葉をもって総括が終わった。

最後に決定事項として、①支部ごとにサハカリをつくって経済的な上昇を図る、②ビジネスダイアリーを作り、全国にいるカドギたちがどのような仕事をしているのかについて、名簿や連絡先一覧を共有する、③支部ごとのプログラムの実施やウェブサイトの作成などを進めるという今後の方針が決定された。

以上、NKSSの年次総会の動向から、その活動内容を検討してきた。会長が何度も述べているように、NKSSはカドギという「名前」のために活動している。カドギの社会的認知を良くするために、高い地位に就くことを奨励し、差別をうけないように改名をするなどの運動を繰り広げている。そして、活動の方針は、年次総会などの場においてカドギに関する様々な問題を洗い出し、共有することに基づいて更新されていくのである。

3 NKSSの役割の変化——被差別民としての社会奉仕から先住民としての自助へ

では、NKSSの役割はどのようなものであり、それはどのように変化してきているのだろうか。NKSSの対外役割は、「水不浄」にともなうカースト差別への異議申し立てから「先住民」性の表象へと変化しつつある。また、対内的には、設立当初は社会奉仕をするための組織として機能してきたが、ウェブサイトやfacebookのアカウントを利用した全国規模での互助ネットワークへと役割を変化させている。他方で、近年においては、都市部の参加度は低く反対に村落部では、改名運動を通じて影響を深めつつある。特に、2000年代以降、盆地外の村落部にいて支部を増やし、全国規模のネットワークを形成しつつある。これらの傾向を整理すると、

近年 NKSS は薄く活動拠点を拡大し、その中で政治的・経済的な自立につながる活動に特化する傾向をもっており、それにより、都市化による新しい社会環境とそこで形成される新たな紐帯から漏れた人々を、「先住民」や「カースト」というフレームに組み込むことで底上げを図っていると位置づけることができるだろう。

VI　おわりに

　本稿では、グローバル市場等を介してカーストと関係のない新たな社会環境への接続が可能となったカドギたちが、「カースト」を中心に「ジャーティ」、「ジャート」など自身が帰属する範疇をいかに捉え返し再定義してきたのか、1951 年以降の約 60 年の運動から検討してきた。

　新たな社会環境への接続が可能となったことをうけ、カドギたちの生活の基盤は大きく変化してきた。1951 年以降カースト団体 NKSS が結成されるまでにおいては、被差別状況にある「サーノ・ジャーティ」間における横の連帯が重要な意味をもってきた。カースト団体 NKSS は、水牛市場が拡大することにより新たに交渉することとなったムスリムへの対応窓口として設立された。NKSS は設立当初、社会奉仕団体として差別に異を唱える活動を中心としており、被差別民として「権利」「平等」などの観念に基づいた交渉が多くなされてきた。食肉市場が急激に拡大した 1990 年代以降は、水牛肉を扱う職業集団としての連帯が、重要な基盤となってきた。民族運動やアイデンティティ政治が盛んになった 2006 年以降においては、「救済」されるのではなく「自助」を図ることを掲げ、カースト団体 NKSS を介した先住民としてのネットワークの形成が進んでいる。

　1990 年頃より、特に都市部においてカーストと関係のない世界に直接つながるカドギたちが増加しつつある。合理的思考などが浸透し、これまで社会慣行などにより阻まれてきたカーストを超えた人々の紐帯も見られ

るようになった。また、サハカリの浸透等によって、人々が直接的により広い社会環境のアクターと交渉し、自律的に運動をすることが可能になっている。

　NKSSはこれらの新たな紐帯とすみ分けるように、カトマンドゥ盆地外のカドギへの啓発活動や貧困層の底上げへと特化しつつある。つまり、NKSSは都市化による新しい社会環境とそこで形成される新たな紐帯から漏れた人々を、「先住民」としてのフレームに組み込むことで底上げを図っている。これは、大きくはカーストが関係ない社会環境のなかに自身を配置しなおす動きであるが、その際の交渉の拠点として「カースト」「ジャート」「ジャーティ」「アディバシ」などの範疇のなかからその都度特定の範疇を強調し具現化するプロセスであった。

　本稿で検討した動態は、数度の民主化やグローバル市場経済を通して、人びとがより広い社会的文脈に接続することで生じる対外的・対内的な相互交渉のダイナミズムであったと位置づけることができる。本稿は、その社会動態の一環として、「カースト」を中心とした民族範疇が、その都度最大限に利用するために戦略的に流用され、そのなかで表象された範疇自体も変わっていくプロセスの一端を、描き出したものであった。

　なお、この社会動態は、変化する社会環境への多面的な「カースト」の適応と再生としてみなすことができ、固定されたカースト・アイデンティティを起点とするカースト間の覇権争いであるという見方では説明しきれない動きである。人びとは、アイデンティティ政治と部分的に接続しながら、常に「カースト」自体を更新し続けている。ネパールのエスニック・アクティヴィズムを捉える際、カースト間・民族間の覇権争いだけでなく、その水面下にある動きへの注目の必要性と、その社会変動との接続の位相に目を向けることの重要性を指摘したい。

付記　本稿は、2014年に関西学院大学社会学研究科に提出した博士学位論文「ネパールにおける食肉の市場化と『カースト』の再創造をめぐる民族誌的研究

──供犠・肉売りを担う人びとの日常的実践を通して」の第9章を大幅に加筆修正したものである。

参照文献

石井溥
- 1980a 「ジャジマニ制における交換原理の比較研究──ネパールのカースト社会の調査から」『アジア・アフリカ言語文化研究所通信』38, pp.44.
- 1980b 『ネワール村落の社会構造とその変化──カースト社会の変容』, アジア・アフリカ言語文化叢書〈14〉.

中川加奈子
- 2016 『ネパールでカーストを生きぬく──供犠と肉売りを担う人びとの民族誌』世界思想社.

Gellner, D. N.
- 2009 Introduction: How Civil are 'Communal' and Ethno-nationalist Movements? In *Ethnic Activism and Civil Society in South Asia*. Gellner D. N. (ed.), pp. 13-22. SAGE Publications.
- 1999 Low Castes in Lalitpur, in Gellner, D. N. and Quigley, D. (ed.), *Contested Hierarchies : A Collaborative Ethnography of Caste among the Newars of the Kathmandu Valley*, pp. 264-297. Oxford University Press.

Quigley, D.
- 1999 Conclusion, in Gellner, D. N. and Quigley, D. (eds.), *Contested Hierarchies : A Collaborative Ethnography of Caste among the Newars of the Kathmandu Valley, Nepal*, pp.298-327. Oxford University Press.

Seal-Chatterjee, M.
- 1979 The Polluted Identity of Work: A Study of Benares Sweepers. In *Social Anthropology of Work*. S. Wallman (ed.), pp. 269-286. Academic Press.

Toffin, G.
- 2007 *Newar Society: City, Villadge, and Pheriphery*. Himal Books.

Nevāḥ de dabū (ed.)
- 2009 *Nevā Samāj*. Nevāḥ de dabū（ネワール語）.

第 4 章

ガンダルバをめぐる排除／包摂

楽師カースト・ガイネから出稼ぎ者ラフレへ

森本　泉

I はじめに

　ネパールでは、民主化が達成された 1990 年前後から社会が大きく変わり始めた。1996 年から 10 年間にわたって繰り広げられたマオイストによる「人民戦争」が終結し、2007 年 1 月にはヒンドゥー王国から連邦民主共和国に体制転換することが宣言され、2015 年に新憲法が制定された。この一連の過程で、それまで周縁化されてきたダリット[1] *Dalit* や女性、1996 年には「先住少数諸民族集団」であるジャナジャーティ *janajāti*、2007 年に南部タライ平原に居住するマデシ *Madhesi* が包摂の対象として顕在化し、排除／包摂をめぐる議論が各分野に浸透することになった [Bhattachan 2009: 11-15]。こうした議論が広まった背景に、第 10 次五か年計画（2002 - 2007 年）にその柱の一つとしてヨーロッパ起源の「社会的包摂」[2]という概念が盛り込まれたことが挙げられる。この動きの中で、中間集団[3]が種々の政治的主張を繰り広げ、それぞれのアイデンティティや

1　ダリットとは一般に「不可触」とされたカーストと考えられる。しかし従来の「不可触」カーストとするかどうかは、地域によっても人によっても違いがある。山地ヒンドゥーの諸カーストの中では、鍛冶、仕立て、皮革職人等のカースト、ネワールでは漁師、清掃・汚物処理人等のカースト、タライのマデシの人々の間では、清掃・汚物処理人等々 10 前後のカーストが入れられるであろうが、本人たちが自らをダリットとするかどうかは、カースト階梯に関する意識のみならず、政治意識や教育・知識のあり方によっても異なる［石井 2011: 448-449］。

2　西洋社会で流通してきた政策指向的な包摂 inclusion という概念は、「誰が何にいかに包摂されるのか」をめぐって時代とともにその対象を変化させ、社会に大きな影響を与えてきた。今日のネパールにおいても包摂の対象となる社会範疇や包摂される先の社会／国家の在り方に影響を与えている重要な概念の一つといえる。

3　1991 年センサスで登録されていたエスニック／カースト集団は 59 集団であったのが、2001 年センサスでは 100 集団、2011 年センサスでは 130 集団

文化を再構築し、新旧の社会範疇が顕在化されることになった。この過程は、ネパールが包摂的民主主義を掲げ、文字通りネパールの国土空間に新たな境界線――州境――を引く作業と直接的間接的に連動したものであり、ネパールの社会地図が大きく変わろうとしている局面といえる。

　20世紀後半から続く大きな社会変動について、谷川は先進諸国との関係によるところが大きいと指摘する。つまり、「ごく単純化していうならば、先進諸国は、前近代的社会であったネパールを1980年代末頃から強引にグローバル資本主義社会に引き込み、政治的社会的混乱を引き起こし、それを背景とするマオイスト人民戦争を惹起させ、国家を破綻寸前まで追い込み、その修羅場を自らの最新の政治理論・憲法理論の格好の実験場として利用している」［谷川 2010: 16］というのである。ただし、「ネパールのグローバル化は一方的に外から押し付けられたわけではなくネパール人自身が望んだことでもあるし、新しい政治理論・憲法理論にしてもネパール人自身が自分たちの深刻な諸問題を解決するため自覚的に取り入れてきた」面があることは否定できない［谷川 2010: 16］。この様相の一端は、カトマンドゥをはじめとした都市部にショッピング・モールやシネマコンプレックスが開設され、消費社会化が進んでいることからも伺える［森本 2015a］。こうした社会変化を背景に、より豊かな生活を求める人々は自ら進んで出稼ぎへと旅立っていく。他方で外国起源の概念――民主主義や包摂のような――や支援の受け皿となる為にNGO等各種団体が創設され、この動きは今日ジャナジャーティやダリットを自称する人々が、既に展開

　　に増加している。他方、本稿で取り上げるカースト集団であるガンダルバはガイネの呼称で登録され、1991年センサスでは登録されている集団の中で少ない方から数えて5番目であったのが2001年では24番目、2011年では39番目となっている［Central Bureau of Statistics 1993, 2001, 2012］。このことからマイノリティ集団が中間集団として新しく創設され、乃至顕在化してきていることが分かる。センサスに見られる変化について、詳しくは本書石井論文を参照。

してきた自身の運動に外来の概念を選択的に導入してきた側面を併せ持つ。

本稿では、このような社会変動を背景に排除／包摂をめぐって何が起きているのか、楽器を携えながら村々を歩き、歌ってきたことで知られる職業カースト、ガンダルバ[4]を事例に、その様相の一局面を提示する。ガンダルバはネパールにおいてアチュート achūt（不可触民）として扱われてきた人々であり、今日権利を要求する集団の一つであるダリットとしてのアイデンティティを、時と場合によって主張するようになった。ここで取り上げる事例では、まずかつて聴衆を求めて歩きながら歌を弾き語ってきたガンダルバがトゥーリスト相手に片言の英語を操りながら楽器を売るインフォーマル経済に参入し、活動の場を切り拓いていく過程を検討する。そして、1990年代から増加している国境を越える移民労働者の流れに乗ってアイルランドに渡り、そこで暮らすようになったガンダルバ兄弟 H と R の生き方 a way of life[5]に焦点を当て、彼らが国境を越えて構築してきた彼らの社会空間で起きている変容を考察する。これらの作業は、ネパールで近年論じられている社会的包摂、換言するとネパール語の造語であるサマーベーシーカラン samāveśīkaraṇ が指示する情勢の一側面を描くことになる。また、佐藤が指摘するようにヨーロッパ起源の「包摂」概念がネパールに導入されたものの、同じ言葉に盛られた内容が欧米語諸国

---

4 ガンダルバとは、ネパールのヒンドゥー社会において歌う gāunu、歩く hiḍnu 生業形態に由来する「ガイネ」gāine という呼称で音楽を生業とする人として認識されてきたジャートであり、近年ではネパール文化の担い手として、ガンダルバという呼称で知られるようになった。ガンダルバの他に元「不可触」カーストであることを隠すために高位カーストや他のダリットが自称として用いる「ネパリ」という呼称や、「ガエク」、「ガンダリ」という自称も用いる。但し、本稿で取り上げる兄弟のパスポートや公的書類に登録された名前が「ガイネ」であるように、ガンダルバ等の自称を名乗っていても書類上では「ガイネ」と登録されている場合もある。

5 この過程について詳しくは森本［2008, 2012: 第8章］、Morimoto［2008］等を参照。

におけるものとは相当ニュアンスの異なったものとなった［佐藤 2015: 4］、つまりネパールにおいてむしろ多数派ともいうべき貧困層／労働者階級が包摂の対象から排除されることになった［佐藤 2015: 9］状況に光を当てることになろう。次節では、本題に入る前にこのような情勢を提示する為の背景として、ダリットと移民をめぐる排除／包摂について簡単に概略する。

II 排除／包摂をめぐって　ダリットと移民

　ネパールでは、1990 年乃至 2006 年の人民運動以降に排除と包摂についての議論が顕著になったとされるが、Bhattachan が指摘するように、実際はそれ以前から排除と包摂をめぐる問題はダリットと女性について存在していた。例えば、18 世紀後半、建国の父であるプリトビ・ナラヤン・シャハはネパールの文化的多様性を認め、多様な人々をネパールという枠内に包摂することを求めていたと解釈されてきた［Bhattachan 2009: 24］。その一方で、反ヒンドゥーを掲げた民族運動の立場からは、「国民」のヒンドゥー化を目指した歴史を考えるとこの時の王が多文化主義を賞揚したとは考え難いとする批判もある［Gellner 1997 等］。今日、ガンダルバは村々を歩き戦況を歌に乗せて伝達することで建国に貢献したとされるが、生きるために「歩か」ねばならなかったガンダルバの状況から、彼らが社会に包摂されながらアチュートとして諸機会から排除され、周縁化されていたことは想像に難くない。

　アチュートに対してダリットという用語は、1990 年以来の民主化の流れで、従来のカースト階梯の最下層諸グループの総称として使われるようになったが、ダリットと称される人々は一枚岩ではなく、複数のカーストによって階層的に構成されている[6]。自らもダリット出身の Y. B. Kisan

---

6　ガンダルバはダリット人口に占める割合が非常に小さく、その中でも周縁化されてきた。ダリットの中で人口の多いビショカルマ *Biśwakarmā* が現在

によれば、「抑圧された」人々という意味を語源に持つダリットという用語は、西部インドで1930年代以来使われるようになった言葉であり、ネパールには20世紀中葉に導入されたといわれる。ネパールにおいてダリットを自称する人々は広く分布し、このアイデンティティを共有する人々の政治的イデオロギーや信仰、カースト等も一様ではない［Kisan 2009: 47-51］。浄不浄を軸としたカースト的ヒエラルキーが盛り込まれた国法ムルキ・アイン *Mulukī Ain* が1854年に制定されたことで、既にあったアチュートに対する差別が法的な形で体系化されていくことになった。1963年にムルキ・アインは改定されるもののカーストに由来する差別や不可触性への差別に対する処罰はなく、それへの処罰が法制化されたのは1990年に定められたネパール憲法においてであったが、それもごく一部にとどまった。2007年の暫定憲法では、これまで排除されてきた人々が比例・包摂原理に則って国家機構に参加する権利を保障する条項が設けられ［Kisan 2009: 45］、それぞれの立場から包摂の在り方を求める動きが活発化していくことになった。

　2007年暫定憲法の条項[7]には、包摂の対象として真っ先に女性が挙げられ、次いでこれまで周縁化されてきた生得的アイデンティティに由来する集団、最後に貧しい農民・労働者達が挙げられていた。先述した佐藤が指

　　　のダリット社会運動を主導していることからも、ダリットの中でも権力をめぐって排除機能が作用していることは明白である（Kisan 2005: 117-132）。ビショカルマは、ネパール社会ではカミ *Kāmī*（鍛冶を生業とする職業カースト）という他称で知られる。
[7]　2007年暫定憲法第三部「基本的権利」第21条に、「社会的正義への権利」一項：「経済面、社会面あるいは教育面で遅れている、女性、ダリット、先住諸民族、マデシ共同体、被抑圧集団、貧しい農民・労働者たちは、比例・包摂原理に則り、国家機構に参加する権利をもつ」と定められている。但し、2015年憲法ではそのあとの社会運動を受けて包摂対象に若干の変化がみられる（2015年憲法第三部第42条参照［CAS 2015］）。

摘する包摂の「相当ニュアンスの異なったもの」とは、今日の欧米において「社会的排除」として問題化された最たるものが「新たな貧困」「アンダークラス」にみられるネオ・リベラルなグローバル資本主義時代に対応した新・階級論というべきものであるのに対し、ネパールで問題化されたのは多かれ少なかれ生得的で民族的な差異を帯びた諸集団がネパール国家社会の周縁に古くから存在し、これまで排除されてきた／今後包摂されるべき対象として指示されていることである［佐藤 2015: 4］。ネパールにおいて、農業従事者は現在も全人口の 69%[8]（2016 年）と多数を占めているが、この人口は高齢化し、減少しつつあるのに対し、工業・サービス業従事者数は増加し、外国への出稼ぎも急増している。政情不安や経済的低迷に後押しされ、より豊かな消費社会に生きることを欲してカトマンドゥに出てくる若者は増加の一途を辿り、ネパール人の労働者化が進んでいる。このような状況のもと資本主義的階級とカースト的階梯が多かれ少なかれ重なるにしても、カーストや民族といった生得的アイデンティティに由来する排除の問題が前景化し、資本主義的階級の問題はそれほど顕在化していない。しかし、グローバルな資本主義経済の周縁に位置するネパールから国境を越えて移動する人々の多くが、その先で周辺的労働者になっていることから、資本主義的階級問題と無関係ではないことも事実である。但し、一般にネパールで得るより多くの賃金を得られる為、ネパールの社会空間においては出稼ぎに関わる個人、家族は相対的に裕福になり、うまくいけば「ミドルクラス」の暮らしも可能になる。

　1990 年代以降出稼ぎが急増しているネパールに限らず、移民労働者の存在は世界規模で急増しており、送り出し国と受け入れ国の双方において国家の枠組みとその状況にも影響を及ぼすことになった。サッセンは、世界各地の都市で見られる排除と略奪の対象となった移民をはじめとした社

8　CIA の The World Factbook 参照。http://www.indexmundi.com/nepal/economy_profile.html（2017 年 1 月閲覧）。

会的マイノリティの困難な状況は、個人的希望によって祖国を離れた移民たちの自己責任ではなく、その人々を誘致する要因をつくった、すなわち合法非合法を問わず労働市場に吸収する機能を持つ受け入れ先国の責任であると指摘する［サッセン 1999(2004)］。このような周辺労働者層に組み込まれた開発途上国からの移民は、受け入れ社会において排除の対象になりやすく、移民をめぐって受け入れ社会のあり方について諸議論がなされてきた。例えば、キムリッカは、入植と異なり移住者は、個人や家族が自分たちの社会を離れて既存の別の社会に加わることを選択した、つまり移民たちに自らの元来の文化に留まるという選択肢がなかったわけではない限り、彼らの移民先社会での統合を期待しても不正ではないと指摘する［キムリッカ 1998: 43-44］。さらにキムリッカは、移民の受け入れ社会の主流への公的制度への統合を所与と見なし、民族文化的多様性の——多様性の制約の範囲内においてではあるが——増大を承認し受容することを目指した多文化主義政策を提起している［キムリッカ 2012: 247］。他方で、多文化主義が前提とする民族と文化が対応する状況は移民の状況を鑑みると必ずしも前提とはならず、マイノリティには自らの文化を棄てる権利、さらには社会的管理から「逃走する権利」があることも指摘されている［メッザードラ 2015］。いずれにしても、彼／女たちは、移民先で権利を要求する「市民」として確実に存在感を高めるようになり、国家との関係において規定されてきた従来の「市民権」概念では、把捉しきれない存在となっている［Sassen 2009］。サッセンのこうした指摘の背景には、移動の時代において、とくにグローバルサウスから北へ移動し、移動先で多くの場合排除されてきた移民が様々なやり方で合法的に暮らす権利をはじめ、社会保障を受ける権利、文化表象の権利を要求し始めている現実がある。このような移民となる出稼ぎ者が増加している今日のネパール社会において、グローバルな資本主義的階級という観点が重要度を増すであろうことは否定できない。

　本稿で取り上げるアイルランドへ移民したガンダルバ兄弟HとRは、

ネパールで弾き語りをしていた頃はガイネと呼ばれ、アチュートとして扱われたこともあったが、カトマンドゥでトゥーリズムに関わる過程で楽師 musician としてのアイデンティティを持つようになった。しかし、1999年にアイルランドに渡航してからは「カーロ・マンチェ」*kālo mānche*（肌の黒い人）として差別されることになった。アイルランドでは周辺的労働者であったが、そこで得られた収入でカトマンドゥに土地を購入して家を建て、家族はラムジュン郡の村からカトマンドゥに移住、仲間達からは成功したラフレ[9] *lāhure* として羨まれている。出稼ぎに行ってもカトマンドゥに土地を購入して家を建てることは容易でないことから、彼らは稀な成功例といえる[10]。HとRが現代の大きく変動しているネパール社会だからこそ夢見たこともない成功を手にすることができたと考えれば、本稿は、社会変動を背景にネパールで周縁化されてきた人々の生き方 a way of life の可能性を示すことにもなるだろう。

III　ガンダルバをめぐる変化
生業とアイデンティティ

　本節では、ガンダルバが社会においていかに排除／包摂されてきたのか概略する。具体的にはガンダルバの生業とされてきた村を歩いて楽器を弾き語るアチュートとしての生き方から、トゥーリズム現象に接合されたことで彼らの生業の一部を文化として商品化し、それで生計を立てるように

9　ラフレとは、今日のネパールで一般に出稼ぎ者を意味する言葉として用いられる。彼らは 2011 年にアイルランド市民権を取得したので、厳密には現在は出稼ぎ者ではない。

10　ガンダルバは、2011 年センサスで 6,791 人の人口を擁し、ネパール人口に占める割合は 0.03％に過ぎないし、そのうちアイルランドに定住したガンダルバは 2 人しかいない。したがって、この事例をもってガンダルバ、乃至ネパールの出稼ぎ移民をめぐる状況として敷衍できないことを断っておく。

なった過程を検討する。

1 社会的経済的周縁化──移動をめぐって

　ガンダルバは、ネパール社会の最底辺に位置付けられてきた不浄な職業カースト［Höfer 1979］とされる一方で、ネパールの「建国」時、他の職業カーストの人々がそれぞれの専門技術で貢献したのと同様に、彼らもまた村々を歩いて戦況を歌い、人々にニュースを知らせて貢献した［Macdonald 1975a: 169］と再評価されている。一般には四弦弓奏楽器サランギを弾き、歌を語ることで生計を立ててきたとされるが[11]、近代化によって村にラジオが普及するとエンターテイナーとしての役割は低下することになった［Macdonald 1975a; Hitchcock 1975］。村を歩いて生活の糧を得られなくなると、都市雑業等に職を求めるようになり、彼らの保持してきた文化が失われつつあることが危機感をもって指摘されるようになった［Chhetri 1989］。従来の役割低下に伴い、ネパール人を対象とした弾き語りにかわって、トゥーリストを対象に楽師を名乗ってサランギを売り、BGMを奏でるようになったガンダルバも見られる［森本 2012, Morimoto 2008］。他方で、「偉大な芸術家」として文化的評価を受けてきたラムサラン・ネパリは、楽師として自尊心を保とうとした時、そのカーストにまつわる不可触性を回避できず、終生アンヴィヴァレントなジレンマに苛まれてきたという［Weisethaunet 1997, 1998］。なぜならば、ガンダルバが聴衆として想定してきたのは、ネパールのヒンドゥー的社会においてガンダルバの弾き語りに対して報酬を与える社会的文脈を共有し、つまりガンダルバをアチュートとして認識し、少なくとも彼らより裕福な人々であり、金品を与えることを含め言動にその認識を反映させる可能性のある人々で

---

[11] 主として男性がガンダルバに特有とされる楽器サランギを弾き歌を語ってきた。筆者がこれまでに確認した中でサランギを弾き語るガンダルバ女性は一名のみである。

あったためである。このような社会関係が、教育の場である学校や水飲み場等の公共空間や諸機会から彼らを排除してきた。ラムサラン・ネパリが楽師として自負する時に前提となっていたのがこの社会関係であり、彼がどんなに素晴らしい文化的評価を得ようとも、この関係が彼を苦しめるスティグマとなっていたのである。

　このようにネパールにおいてアチュート故に社会で周縁化されてきたガンダルバは、従来生産手段（土地）を所有してこなかった為、何らかのサービスを提供することで生計を立てる必要があった。そして、彼らの歌に報酬を与えてくれる聴衆を求めて様々な地域を歩き、人々に歌を提供することで生活の糧を得てきた。他の職業カーストは、多くの場合固定的なパトロン・クライアント関係を通じて生活の糧を得てきたが、ガンダルバの場合は固定的関係を維持することはあまりなかった。常にパトロンを探し求め、家を離れて歩かねばならなかったのである。この生業を営む中で見知らぬ人と出会い、関係を構築し、様々な扱いを受けることを通して、自らをネパール社会に位置付けてきた。アチュートとしての扱いを受け、公共空間から排除され、自らもそのように行動する一方で、彼らが出会うのは彼らをひどく差別する人ばかりではなかった。一緒に歌を楽しむような娘達との出会いもあり、何日も、何週間も同じ場所に逗留し、毎晩歌い、酒を飲み、やがて結婚にまで話が発展することも——時間の経過とともに脚色も加わって——あったという語りをしばしば耳にする。

　彼らはこうした生業の中で道や川がどこに通じるのか、山の向こうにどのような人々が暮らしているのか、何をいかに食べ、飲んでいるのか、若い娘達は愛想が良いか、気前が良いかといった地理的知識を収集してきた。歩きながらネパールの自然環境や文化的多様性を肌で感じ、経験してきたのである。また、彼らは地理的知識やスキルだけでなく、サランギの弾き方、歌い方、サランギの作り方等も経験のある年長者から習ってきた。ジャンクリ *jhākrī*（呪医）のガンダルバがいれば、素質のある者に悪霊等を吹き払うフクネ *phukne* と呼ばれるジャンクリの技術や知識を伝え、道

中収集できる薬草のある場所を教えることもあった[12]。社会的経済的周縁性故に常に未知の地域を開拓し、自らにとって馴染みのない空間でも生活の糧を求めねばならなかった彼らにとって、移動が彼らの生活を支え、移動を通じて彼らの社会空間は構築されてきたといえる。

　1980年代に、ガンダルバがトゥーリズム空間を生活の糧を得る場として「発見」したことは、以上を考えれば不思議ではない。ネパールの1人当たりGDPの年平均額を数日で使い切ってしまうトゥーリストを、新たなパトロンとして見出したのである。高位カーストに比べて文化的禁忌が少なかったガンダルバにとって、素性の知れないトゥーリストとの付き合い――レストランでの共食や、肉食や飲酒、場合によっては牛肉食――はそれほど困難ではなく、比較的容易にトゥーリズム現象に接合されていったといえる。タメルに来る以前から村々を歩き、未知の社会や文化、他人との接触を経験してきたことから外部世界との接触に抵抗が相対的に小さかったことも、彼らがトゥーリストと接触する上で有利に働いていたと考えられる［森本2012: 第8章］。

　こうしてカトマンドゥで最もトゥーリズム関連産業が集積していた安宿街のタメルに、ネパール西部ラムジュン郡出身のガンダルバが集まるようになった。それまでのガンダルバの生業は歌うことであったが、ネパール語を解さない外国人に歌うかわりにBGMとしてサランギを弾き、あるいは土産物として売り、そして商品としてのサランギを製造するようになった。景気がよくなるとラムジュンのガンダルバだけでなく、彼らを頼ってゴルカやチトワンに住む親類縁者がタメルに出稼ぎに来るようになった。路上でサランギを弾きながら外国人トゥーリストに声をかけ、興味を示すトゥーリストにサランギを売り、あるいは彼らの音楽CDを売ったり、楽器のレッスンを提供したりする他、市内観光やトレッキングの「ガイド」をすることで経済機会を多様化させていった。彼らは英語をはじめ

12　ジャンクリとしての側面についてはMacdonald［1975b］等を参照。

とした外国語を操るようになり、かつて村を歩きながらしていたように、どの国・地域のトゥーリストが自分達にとって「ビジネス」しやすいのか、ある種の地理的知識を仲間と共有するようになった。こうして彼らはタメルの路上で、トゥーリズム現象というグローバル経済に、より正確にはその末端で繰り広げられるインフォーマル経済に関わることになった。

　彼らにとってタメルは経済機会以外にも諸機会を与えてくれる空間であった。最大の要因は外国人トゥーリストの存在である。トゥーリストはネパールの基準からすると高額な報酬を与えてくれ、これまで見たこともないような夢を実現させてくれるパトロンでもあった。彼らと接触したり共食するトゥーリストとの関係は、これまで彼らを差別してきた社会とは別の社会、具体的にはラムサラン・ネパリを苦しめてきたようなスティグマから精神的にも物理的にも解放してくれるような、少なくとも公には全ての人間の自由と平等を尊重するような「民主的」な社会を経験する契機ともなった。

　外国人トゥーリストと昵懇な間柄になると、旅の同伴者としてトレッキング等をトゥーリストと「同様に」楽しみ、時には国境を越える機会を得ることもあった[13]。友人としてだけでなく、「夫」として外国での合法的滞在が可能になる「配偶者ヴィザ」を獲得し、国境を越えた例も散見される[14]。全てのガンダルバがこのような恩恵に浴しているわけではないが、トゥーリストに出会うことでこのような幸運に恵まれたガンダルバの存在は、次は自分に幸運が訪れることを夢見て家族に送金できないどころかカトマンドゥでの自身の生活費が底をついても、借金を重ねてタメルの路上を歩き続ける動機となった。

13　ガンダルバ兄弟HとRがアイルランドに渡ったのもその例である。
14　妻子がいる既婚男性も例外ではない。村で生活するガンダルバ達は法的な婚姻関係にないことが多く、外国での婚姻に必要なネパールにおける単身証明を取得することは法的にあまり困難ではない。

ネパールの文化や社会的実践を他者文化として認識する外国人トゥーリストは、ガンダルバが不可触カーストとされてきたことを知っても、それ故に差別するどころか（ネパール人一般に対する差別的な言動がないわけではないが）、寧ろその経験に同情を寄せて物品を贈り、子供の学費を支援し、さらには土地を購入して家を建てる等、援助の手を差し伸べることもある。こうした外国人の彼らに対するまなざしには、ネパールという貧しい国の中でもとりわけ困難な状況に置かれた人々を救出しなければならないという慈悲が含まれている。ガンダルバ文化芸術協会 Gandharba Cultural and Art Organization (GCAO) も、そのような思いを抱く外国人の支援を受けて 1995 年に創設されたものであり、以後国内外からの援助の受け皿となっていった[15]。タメルのガンダルバは外国人トゥーリストとの関係において、ラムサラン・ネパリにとって軛となったスティグマを戦略的に利用するようになったといえよう。彼らは「ビジネス」機会がなくても、慈悲心のある外国人との出会いを期待してタメルに居続けるようになったのである。

　しかし、ガンダルバのタメルでの活動は 1996 年に開始されたマオイストによる反体制武装闘争により、やがて外国人トゥーリストが激減したことを受けて変容していく。老舗ホテルやレストランも閉業に追い込まれ、彼らの活動も大打撃を受けた。これに並行して、ネパール全体の傾向として中東諸国やマレーシア等に向かう制度化された出稼ぎが急増し、その流れに合流するガンダルバも出てきた。労働移民は国外に雇用機会を求めるネパール政府の方針でもあり、ネパールから出稼ぎ先に橋渡しをする「マンパワー」と呼ばれるグローバルな人材派遣代理店が増加し、経済力・借

15　開発途上国を援助するアメリカ政府のボランティア活動を行う平和部隊 Peace Corps の隊員だったアメリカ人女性が、ガンダルバの文化を維持・発展させ、彼／女らの村の発展につなげることを目的として H と共に立ち上げた協会で、タメルに事務所を置いている。

金力のある人々が代理店を利用して出稼ぎに旅立った。トゥーリストとの個人的関係によって欧米先進国への渡航を実現したガンダルバも、行った先で移民労働者として働くようになった。このことについては、IV節で具体的事例を取り上げて検討する。

2　国民文化への包摂——ガイネからガンダルバ、あるいはダリットへ

　1990年にネパールで民主化が達成されてから、ナショナリズムやエスニシティの機運が高まるようになると、文化やアイデンティティの再創造・再構築が顕在化するようになった。ガンダルバも例外ではなく、この動きの中で自らの文化やアイデンティティを再構築していった。ガンダルバのアイデンティティの核になっていた生業の一部は、不可触性を払拭した文化として抽出され、ネパール文化の一部を構成するものとして再評価され、これにより自らをネパール社会に再定位するようになった。しかし、近代化により村でのエンターテイナーとしての役割が失われていくと、近年増加してきた都市部での現金獲得機会に生活の糧を求めるようになった。サランギや歌から離れて生計を立てるようになり、子供達には自身とは違う人生を歩ませるためにサランギに触れることを許さず、教育機会を与えるようになった。

　タメルに1980年代から出稼ぎに来るようになったHは、かつて年長者のガンダルバと共にサランギを携え、村々を弾き語りしながら歩いていた。その当時のガンダルバ達は、人々に古い歴史や事件を弾き語り、神に祈りを捧げ、雨を降らせる歌を歌っていたという。この古老達の知識や技術は、現在タメルでトゥーリストに「ネパール伝統文化」としてサランギを売り、フォークソングを弾くガンダルバ達にはあまり継承されていない。トゥーリストはエスニック文化としてサランギというモノを購入するが、ガンダルバを特徴づけてきた歌にはあまり興味がなく、歌を伴わないサランギの奏でる旋律だけのBGMか、歌があったとしてもネパールのフォークソングが持つ「歌」になったため、タメルのガンダルバも敢えて古老から知

識や技術を受け継いでこなかったのである。また、多くの年配のガンダルバが文字で歌を書き留めることができなかったことと、現代のように録音する手立てがなかったことが文化が消滅する要因だと H は指摘する。また、H は、サランギが一般化する以前、ガンダルバ達が弾き語りに用いていたとされる四弦撥弦楽器のアルバージ *arbāj* の高名な演奏者が「鉛筆を持っていなかったから竹の筆で人間の血で綴った歌をたくさん持っている」というので、歌や、アルバージの作り方や弾き方について教えを請うたが断られたと語る。歌の需要が減少し、古老たちが次世代に歌や技術を伝えずに亡くなり、前世代のガンダルバの知識や技術が失われていく。

　ガンダルバの文化が近代化によって消失していくことを憂えた高位カーストの研究者 Chhetri は、「ガイネもネパール社会の一成員であり、ガイネの文化をネパールの伝統文化として認めていくべき、(中略) 文化を消滅させない為に、政府主導でサランギ工場を開設し、歌を録音する等して文化の保存に取り組む必要がある」と提起した ［Chhetri 1989: 63］。Chhetri はネパール文化を構成する要素としてガンダルバの文化——サランギ——を評価し、その文化を消失させないために国の支援が必要であると主張する。このまなざしには、従来の高位カースト対低位カーストの関係性が垣間見えるが、伝統文化という評価でサランギにまとわりつく不可触性を表面上払拭し、ガンダルバを国民の一員として主張している。穿った見方をすれば、ガンダルバが国民文化を構成する一成員であることを確認しなければならない状況が、その当時あったということになる。前節でみたように、ガンダルバは社会的に周縁化され、諸機会から排除されてきたが、この時、彼らが何者であるのか判断される指標は歌う行為に必要な道具、サランギであった。歌を所望される為にはサランギを見せていなければならなかったが、匿名性の高い状況で彼らが差別を回避するためにカーストを明らかにしたくない場合は、サランギを身の回りから隠せばよかった。

　上からのネパール文化の再構築の動きに対し、ガンダルバの中でもネ

パール文化を構成する要素として自らの文化を再構築しようとする試みがなされている。例えば、ネパリを名乗るガンダルバで、ネパール各地を歩いて村に伝わるガンダルバの歌や文化を収集し、583ページに及ぶ書物にまとめたプルナ・ネパリは、差別的なニュアンスを含むガイネという呼称は本来は音楽家を指示する呼称であり、ガンダルバは音楽家ではあるが本来はダリットでないのに社会がダリットとして扱ったのだと主張し、ラムサラン・ネパリが苦しんできたスティグマを克服しようとした。彼は、ガンダルバの生業の音楽的要素を抽出し、客体化し、それをガンダルバの文化であると同時に「ネパール文化」であるとして評価する[16] [Nepali 2003]。ヒンドゥー的ネパール社会においてガンダルバの象徴として認識されてきたサランギを携えて歩き、弾き語る生業から、文化を示すモノ——サランギ——のみが抽出され、国民文化に包摂されていく過程で、ガンダルバに対するアチュートとしての扱いを不当であるとして批判し、権利主張の手掛りとすることも見られるようになった。

　並行して、1996年にマオイストによって開始された「人民戦争」を背景にクランティカリ・ギート *krāntikārī gīt*（革命的歌）を歌ったことで、1人のガンダルバ少年（当時）、ルビン・ガンダルバが注目されたことがあった。ルビンは主に政治集会に呼ばれて、当時の国王専制政治をはじめ体制批判をサランギで弾き語った。その様子がニュースとしてラジオやテレビ、インターネットを通じて配信され、国内外のネパール人がガンダルバの歌からそのメッセージを受け取っていたと考えられる。同様に、2001年6月1日にカトマンドゥにあるナラヤンヒティ王宮で晩餐会に集まっていたビレンドラ国王（当時）夫妻を含む王族が射殺された事件について歌った、「カハリ・ラグド・ガタナ *kāhalī lāgdo ghaṭanā*（恐ろしい事件）」の収録されたカセット・テープが町中の音楽店で売られた。この歌を作詞したマンガル・プラサド・ガンダリは、事件の真相は謎に包ま

16　詳しくは森本［2012: 第7章］で考察している。

れたままであるが、人々にその事件があったという事実を亡き王とその家族への敬慕と哀惜の念を歌に込めて伝えた。これらの歌から、ガンダルバが「建国」時にネパール各地にそのニュースを伝えて歩いたことが想起され、ネパールのナショナリズムと関連付けられてガンダルバの生業であったメッセンジャーとしての役割が、再確認されることになったといえよう。ラジオにとってかわられたニュース伝達の役割は、情報環境が整った現代、移動せずともメディアを通じてより広くメッセージが伝えられるようになった[17]。

　制憲議会選挙時には、人々に投票を呼び掛けると同時に、新しいネパールの目指す方向を歌にのせて弾き語ることもあった。包摂的民主主義を掲げるネパールの国家建設の過程で、投票を呼び掛けられる対象として、これまで排除されてきたマイノリティにジャナジャーティやマデシ等に加えて当事者であるダリットも組み込んで歌う自覚的な歌い手もいた。しかし、全てのガンダルバが包摂的民主主義を念頭に置き、自身の信念に基づいて投票を呼びかけていたわけではなく、選挙管理委員会から与えられた歌詞の通りに歌うガンダルバもいた。これは歌の依頼人が政府であれ、政党であれ、ガンダルバがパトロンを歌で喜ばせてきた歴史を考えれば不思議ではない。他方、ダリット関連のNGOに就職する若者もおり、サマベーシーカランをめぐる一連の動きの中で権利意識に目覚め、自覚的に社会変革を志向するガンダルバも見られる。

IV　グローバル化と社会空間の変容
アイルランドに渡った兄弟の事例

　タメルで活動しているガンダルバの少なからぬ仲間が、外国に行った

---

[17] 詳しくはガンダルバの歌からネパールの近年の変化について検討した森本［2015b］を参照。

経験がある。少し古いデータであるが、1996年から日常的にタメルに関わっていた筆者のインフォーマントについてみると、2007年夏時点で30人中11人が外国に行った経験があった。若い世代のガンダルバでは、この数はさらに増える。外国とのつながりは彼／女らの生活や生き方を大きく変えていく。本章では、タメルで出会ったトゥーリストによって移民する機会を得て、アイルランドで市民権を得て生活するようになったガンダルバ兄弟の事例から[18]、彼らが構築してきた社会空間で排除／包摂をめぐって何が起きているのか考察する。

1 アイルランドで暮らす

1980年代からタメルの路上で活動していたHとR兄弟が、初めてアイルランドに渡ったのは1999年であった[19]。アイルランド人音楽家とタメルで出会い、音楽を通じて意気投合し、演奏旅行の機会を得たのだ[20]。彼らが初めて訪れた外国の地であるアイルランド西部、リスドゥンヴァルナは音楽と祭りで有名な町で、街角で辻音楽師が楽器を奏で、人々が足を止めて聴きいり、賞賛の言葉と金を置いていくような場所であった。兄弟は、ネパールで彼らがおかれてきた状況と比べ、演奏者が音楽以外の仕事を本業としていること、そして聴衆が演奏者を称賛し、楽器演奏が趣味として人々に親しまれていることに驚く。

2人は演奏旅行後ネパールに戻り、2000年に改めて労働許可を得てア

18　筆者は2005年7月、8月及び2015年1月の3度にわたりアイルランド西部で調査を行った。
19　この時、HとRにとって親戚にあたるガンダルバが同行し、3人で約3か月間の演奏旅行となった。
20　彼らに渡航機会をもたらした音楽家は音楽で知られるアイルランド西部出身者であり、タメルの路上で——タイガーバーム売りでなく——楽器を弾く彼らに関心を抱き親しくなったことは、必然ではないが偶然以上の成り行きであったと考えられる。

イルランドに渡航した。渡航手続きをしてくれたアイルランド人の友人の友人であるPが経営するパブや鮭の燻製工場等で働くようになった。Hはパブの給仕をはじめ、シェフの指示に従って料理の下拵えや買い物等の雑用をこなしていた。パブには地元の音楽家が楽器を携えて訪れ、夜が更けるまで店の客と楽しみながら演奏をしていた。HやRもパブの仕事が落ち着けば時々サランギやマーダル(両面太鼓)を持って演奏に加わり、そうこうしているうちにアイルランド民謡をサランギで演奏するようになった。ネパールにいた時よりもサランギに触れる時間は短いが、地元の人々のまなざしを受けて、ネパールの伝統的音楽家としてのアイデンティティを強めていった。

　他方で、燻製工場で働くRは、鮭を燻蒸してそれを包装する仕事をしていたが、自身の作ったスモークサーモンを客が美味しいと言って喜んで食べること、それらが世界中に発送され、世界中の人に食されていることを知り、彼の触れたものを不浄であることを理由に食べようとしなかったネパール社会を批判するようになった。こうして、近代的ではない側面を持つネパール社会を客体化して見るようになった[21]。

　2人がパブや燻製工場で働いていた頃、パブの2階にそれぞれ一室ずつ部屋を与えられ、食事、ネパールの往復航空券、ヴィザ代、その他諸経費を差し引いた金額を給与として受け取っていた。1年間で約40万ルピー(2005年当時の換算率で約68万円)を稼ぐことができ、それを2人で折半していた。ネパールにおける2005～2009年の1人当たりGNIの平均が720米ドル[22]であることを考えれば、1人20万ルピーの収入は彼らに

21　マオイストの活動の一環でダリットの調理したものを高位カーストに食べさせることが敢えて行われたことが示唆するように、高位カーストによるダリットのアチュート扱いは社会秩序として厳然と存在していた。

22　World Bankのホームページを参照。http://data.worldbank.org/indicator/NY.GNP.PCAP.CD/countries/NP-8S-XM?display=default

とっては破格に大きいといえる。2005年には10万ルピー（当時の換算率で約17万円）を投じて村の家のすぐそばにセメントでバスルームを建造した。HとRの家族は、やがてラムジュンからカトマンドゥに移住し、月々約3千ルピーの賃貸料で部屋を借りて暮らすようになった。2007年に2人はカトマンドゥの市街地の外れに土地を購入し、2008年に隣り合わせで同じ設計の家を建て、それぞれの家族が移り住んだ。HとRが長年夢見てきたカトマンドゥの持家に彼らが足を踏み入れたのは、2010年のことであった。

　2人はネパールでは成功したラフレと見なされていたが、アイルランドでの境遇に不満を抱いていた。彼らに、朝8時から深夜3時までの勤務時間中（うち1時間は昼食休憩）、小間使い的な雑用で忙しく働いて月600ユーロ（当時の換算率で約82,500円）の計算で給料が支給されていたのに対し、同じパブに働きに来ていたポーランド人には、週400ユーロ（当時の換算率で約55,000円）が支払われていた（2005年時点）。Pの下で働いている限り2人は食住が保証され、病気になれば世話をしてもらえたし公私にわたって相談に乗ってもらえたが、長時間労働に安価な報酬、差別待遇に嫌気がさして2008年にPのもとを去ることにした。その後、ピザ屋やフィッシュ＆チップス屋等職場を転々としながら働いた。フィッシュ＆チップス屋では一日12時間（うち1時間の昼食休憩）働いて40ユーロの収入となり、時給にすると3.3ユーロであった[23]。P氏の下で働くより給与は割高であったが、住居は自前で何とかせねばならず、経営者からすぐに解雇される不安定な状況に置かれた。一方で、仕事が休みの日には友達と

23　Rによると最低賃金は8.75ユーロ／時間と法で定められているが、守られていない（2015年1月聞き取り）。アイルランドの市民情報局によると、18歳以上の経験者であれば1時間当たりの最低賃金は8.65ユーロとなっている（2011年7月以降のレート）http://www.citizensinformation.ie/en/employment/employment_rights_and_conditions/pay_and_employment/pay_inc_min_wage.html（2015年9月閲覧）。

公園等の屋外で音楽演奏を行い、多い時は一日に200〜300ユーロ（当時の換算率で約2.7〜3.7万円）を稼ぎ、仲間で分配することもあった。しかし、この街角での音楽演奏は常に稼げるわけではない。

　彼らが働く中で経験する他の人々との差別待遇に対し、彼らは「カーロ・マンチェ（肌の黒い人）」「アジアの貧しい国の人」だからと理由づけをする。かつてネパールで高位カーストの人々による差別に対し、「同じ赤い血が流れているのに」と憤慨していた彼らは、アイルランドにおいて、ラムサラン・ネパリが苦しんだものと類似の生得的な出自に由来する差別に直面することになった。アイルランドでの周縁化の経験から、世界において「ネパール人」乃至「アジア人」としてのアイデンティティを意識化し、それらがアイルランドにおいて必ずしも居心地の良いものではないにしても、自分のものとなっていった。

　ネパールを歩く時、そしてアイルランドに渡る時に必須だったサランギは、アイルランドではケースにしまわれている。1997年作製のサランギは、Hの仲間が演奏旅行で日本に携えていった後、Hが2千ルピー[24]で購入、その後Hとともにアイルランドに渡りフランス、イギリスにも行ったことのあるものだという。使い込まれて爪の痕がくっきりとつき、元は白木で白かった胴の部分が茶色く光っている。サランギの音調はアイリッシュ音楽に近いものとなり、歌が上手でよく弾き語ってくれたHから歌声がなくなっていた。歌わないと歌を忘れると言うが、日々の暮らしの中で歌うこと自体を忘れつつある。そして、サランギ弾きのきゃしゃできれいな爪をした指が、労働者の手に変わっていった。

24　当時、楽器用のサランギは1台400〜500ルピーから購入できた。但し、楽器としての質によって値段が異なり、Hが2千ルピーで購入したサランギは楽器として非常に質が良いものであった。

2　HとRをめぐる社会空間の変容

　2011年、2人はアイルランドの市民権を手に入れた。市民権の申請手続きは彼らの労働許可証の発行時から支援してくれているPの友人をはじめ、多くの人々に助けてもらって行った。市民権を入手するとアイルランドのパスポートを申請し、「ラート *rāto*（赤い）パスポート」を取得した。「ラートパスポート」であればEUどこにでも行けると語る。2012年からアイルランド西部のエニスの街中にHとRは2LDKの部屋を借りて住むことになった。それまではネパール人の友人宅に寄宿していたが、その友人がネパールに帰った為、彼らの名義で家を借りることになったという。2011年に取得したカーガジ *kāgaj*（市民権）[25]があるので、彼らが部屋を借りるには法的に問題はない。彼らの家には2015年1月時点で2011年からアイルランドに来たグルンの青年Rと、2014年に来たグルンSの2名が寄宿していた。2つの寝室にあるベッドはHとRがそれぞれ使い、寄宿している2人はソファや床の上に寝る。335ユーロ／月の家賃はHとRが払う。

　市民権を得てから、彼らは仕事がなくなると社会保障省Department of Social Protectionに求職手当てを申請しに行く。Hへの受給はすぐに決まったが、Rはその支給を断られ、受給が認められるまでの4カ月間、兄の求職手当てで生活することになった。Rは、支給を断られた理由について、申請時のインタビューで生活状況を問われた時に、「兄の求職手

---

[25] 　HやRは市民権をカーガジ *kāgaj* と呼ぶ。カーガジは紙を意味する言葉であるが、ここでは証書、証明書の意味があり、ヴィザやグリーンカード、婚姻届け等何らかの権力を発揮する書類の総称として用いられる。例えば、ニューヨークで難民申請を試みる（試みない）ネパール人の苦労をカーガジ・バナウネ（難民申請書作成）という観点から記述したShrestha［2015］や、西ネパール農村部を事例に土地所有についてカーガジ（政府発行の土地所有証明書）の重要性を指摘した藤倉［2015］においても、カーガジの持つ権力やそれ故にそれを取得するための困難な状況が伺える。

当てで暮らしている」「街角で音楽を弾いて、日によって80ユーロ稼ぐ」と胸を張って答えたことだと考えている。Rの回答に対し、職員に「兄は金持ち（Rに求職手当ては不要）」「UKに出て行け」と言われたことに傷つき、移民に対する排除の意識を実感するようになった。Rは社会保障省の「意地悪な職員」に悩まされながらも求職手当ての申請を諦めず、Hに4か月遅れて求職手当てを受け取れるようになった。求職手当てとして毎週188ユーロを受け取り、社会福祉 Social Welfare により毎月50ユーロが住宅補助として、同20ユーロが光熱費補助として支給される。HとRの2人で毎月約1,644ユーロを社会保障費として受け取っている。求職中、時々社会保障省が斡旋する仕事に出かけるが、これには最低賃金が保障されている。この他に知り合いに頼まれる音楽演奏が臨時収入となっている。この状態で家賃や食費その他の経費を支払ってもいくらかはネパールに送金できる。

　求職手当てを受け取ると、社会保障省が斡旋する仕事か職業訓練を受けねばならないが、特にRはネパールで学校に通えなかったことから、「ただで勉強を教えてくれる」と喜ぶ。成人教育センターで勉強したアルファベットの書き取りノートを示して、問わず語りに彼が初めてアイルランドに渡った時、唯一書けたのが自身の名前であり、1999年に村で筆者と木切れで地面に名前を書く練習をしたことを懐かしげに話し、名前が書けることで諸機会を得られたと語る。「ネパールにいた時はラート *lāto*（無知）だった」と回想する。Hも成人教育センターに一年間通って英語の文法クラスを4課程修了し、その他に買物リストの作成や車輛の運転も教えてもらえ、2人ともこれらの教育機会を喜んでいた。このような社会保障の中で彼らにとって重要なものに医療保険がある。保険証があれば医療費が免除になることから、少しでも体調が悪いとかかりつけ医を訪ね、薬を処方してもらう。三カ月に一度、総合病院に糖尿病外来で受ける検査や投薬治療も無料である。

　食事は基本的に自炊をし、昼食、夕食はネパール食が多い。Rがネパー

ルから持ち帰った妻手製のグンドルック（高菜を発酵させて干したもの）や、寄宿人がネパールから取り寄せたスクティ（干し肉）やチュルピー（干しチーズ）が食卓に上る。香辛料や唐辛子、米、肉等は近所のインド食品店で購入する。また、その他の食品等は近所のスーパーに買いに行く。買物は銀行のカードで支払う。HとRはアイルランドで銀行口座を持ち、クレジットカードを複数枚所持している。寄宿人を含む生活経費は主に2人から支出され、寄宿人2人は、手持ちがあれば経費を渡すことがあるという。

　2人がカーガジと呼ぶ市民権は、アイルランドに暮らすネパール人社会に階層化をもたらすことになった。Rが「カーガジがない時は仕事はあったが賃金が安かった。カーカジがあると仕事はないが、あれば高い」と語る。合法的にアイルランド社会で働き、暮らす権利があれば、必要以上に搾取されてまで働かずとも、求職手当てで暮らす選択肢があるということである。アイルランド社会において求職手当てを受給することは成功者を意味しないが、今、2人が暮らすアイルランドのネパール社会では羨まれる立場にあり、カーガジのないネパール人に居住空間を提供する等、困ったことがあると頼られる存在になっている。

　しかし、求職手当て受給者では家族を呼び寄せることができない為、2015年4月にHとRはファストフード店を開業した。この時、カーガジがあるHが名義人となって銀行口座を開設し、場所を借り、ローンで初期投資を行い、事業登録を行い、寄宿人Sには資本を提供してもらって3人で共同経営することにした。HとRは自身の経験をもとに、「ここには安く働く人──ネパール人──が幾らでもいる」と語り、かつての自分たちと同じ境遇の人々を安く雇うことを想定している。アイルランドで合法的に諸権利を行使できるカーガジによって、HとRはネパールで経験してきた社会関係を逆転することに成功したといえる。

　彼らが移民としてうまく暮らしていくには以上のようにカーガジが重要であるが、その他に携帯電話が彼らの今の生活に不可欠なモノとなって

いる。2014年9月に一時帰国したRは、子供達や妻に携帯電話を買って帰った。ネパールでは携帯電話どころか電話そのものも滅多に使ったことのなかったRが、日がな一日携帯電話でFacebook（FB）を閲覧するようになった。ここでも「ネパールでは自分は兄任せでラート（無知）だったから、携帯電話を使ったことがなかった」と言い、他方で「妻はラート（無知）だから携帯電話の使い方を覚えない」と嘆く。専業主婦となった妻は都市で時間を持て余し、子供に夫に電話をかけさせ、話をしたがるという。ネパールにいた時の家族のコミュニケーションは、友人が村に帰る時に伝言を頼んで安否や帰村の予定を知らせ、母や妻からは重大事等があれば村の電話局から彼らが拠点とするガンダルバ協会のオフィスにごくまれに電話がかかる程度であった[26]。今では携帯電話のお陰で一日に何度も家族と話しができるようになり、日々の食事の内容から就寝時間、どこに出かけ、誰に会ったのかを伝えあい、遠く離れていても、寧ろネパールにいた時よりも頻繁に話し、両者の間にある距離を感じさせない。家族以外のガンダルバともFB等SNSを通じてお互いの情報を交換し合い、それらを通してまた新しい知り合いを広げている。マレーシアやアメリカ、イギリス、イタリアに渡ったガンダルバともインターネットで繋がっている。

　こうして携帯電話やインターネットは人間関係の在り方を大きく変えた。その好例が、FBで知り合った19歳のモラン出身のディマール *Dhimal* と結婚したHの20歳になる次男である。次男はその女性と3か月間、FBや電話でやり取りして交流を深め、2014年にHが帰国した際に結婚したいと訴え、Hは、父を亡くしてほどなく母が再婚し、弟の面倒を見なければならないという次男のガールフレンドの身の上に同情して結婚を承諾したのであった。Hがネパールに一時帰国している間、急遽親類縁者を招いて結婚式と披露宴を行った。今はカトマンドゥのHの自宅に同

26　村から電話をかける場合、電話局のあるバザールに行く必要があった。

居している。Hの嫁のジャート名であるディマールがジャナジャーティか、ヒンドゥーか、HもRも知らないという。彼らの世代では結婚を認める評価基準が歌で生計を立てられるか否かであり、殆どが同カースト間で結婚しているが、子供世代の結婚に関してはジャートに由来する生業は大きな意味を持たなくなっている。ヒンドゥー的ネパール社会においてインターカースト結婚でジャートを気にするのは下降婚を避けようとする高位カーストの人々であり、ダリットは非ダリットよりもそれを積極的に受け入れる傾向があり、また性別や匿名性の高い都市部に住んでいるか否かによって温度差がある［Kansakar and Ghimire 2009］ことも影響していよう。Hが気にしたのは彼女の困難な状況であり、かつて貧しかった時に外国人に救われてきた経験から、貧しく困窮している人々に同情し、救うべき使命感を抱いて行動したのである。結婚相手のディマールというジャートがヒンドゥーなのかジャナジャーティなのかすら関心がない感覚は、もともとの社会的地位によるものもあろうが、Hに諸機会をもたらした外国人トゥーリストの感覚——資本主義的階級意識——に近いものなのかもしれない。

V　おわりに

20世紀後半から続くネパールの社会変動を背景に、ガンダルバによるガンダルバ文化の再構築は、外部からの期待も相俟って、たとえサランギが弾けなくても、歌が歌えなくても、「サランギと生きてきた伝統音楽家」としてのアイデンティティの再構築を伴った。他方、他のダリットと同様、ガンダルバに関するNGOが増加し、ダリットとしてのアイデンティティも戦略的に主張されるようになった。ガンダルバはネパールの真正な国民文化の担い手として自らのアイデンティティを創り上げ、他方でアチュートというスティグマを脱色し、新しいネパールに「平等」に包摂される権利を要求するマイノリティとして、ダリットというアイデンティティを持

とうとしている。ネパールの国民文化を構成するものとしてガンダルバの文化を再構築することも、グローバルな支援の受け皿となるべくダリットを名乗ることも、近年の排除／包摂の議論と共鳴し、センサスに見られる変化のように社会範疇が新設され、顕在化されるようになった動きと無関係ではない。

　いうまでもないことだが、ネパール国内の社会のあり方にグローバルな世界経済の発展は大小さまざまな影響を及ぼしている。HとRの社会空間は、出身村のあるラムジュン郡からカトマンドゥを経由して国境を越えて拡大し、その拠点をずらしながら変容してきた。移動を前提に生きてきた彼らはかつて歩いて社会空間を築いてきたが、移動手段が飛行機になり、携帯電話が人間関係を繋ぐ手段になると、その空間はトランスナショナルに拡大し、個人と個人が繋がれるようになった。ガンダルバが今日権利主張団体のダリットを名乗り、他方で国外では労働者階級に組み込まれていくことも、グローバル化の側面である。国外のネパール・アイデンティティで繋がる社会空間では、アチュートとされたガンダルバの家にアチュートを避けてきた人々が寄宿し、ガンダルバの作る食事を食べ、食後の片づけをする関係が見られたが、このような関係変化はアイルランドにとどまらず、ネパールにおいても、部分的ではあるが、実践されている。Hの次男が結婚した際、寄宿人Sの妻がカトマンドゥで開かれた宴会に招かれガンダルバと共食したことが繰り返し話されたことからその状況が伺える。彼らにとって、他ジャート（非ダリット）の人が彼らの家で共食することは、かつては考えられないことであった。ガイネとしてネパールで周縁化されてきた兄弟の困難な経験は、移民先で「カーロ・マンチェ」として差別されることになった一方で得られた権利によって、少なくとも彼らをめぐって広がるトランスナショナルな社会空間においてある程度克服されているといえよう。

　HとRがアイルランドに生活拠点を構え、合法的にアイルランド社会に包摂されることで、ネパールを契機とした社会関係において彼らの地位

は経済的に上昇することになった。カトマンドゥに土地を買い、家を建て、妻は専業主婦となり、子供達はカトマンドゥの学校に通える（残念ながらほとんどの子供達がSLCを落第し続けている）いわゆる都市の「ミドルクラス」になった。サマーベーシーカランを目指すネパール社会に「平等」に包摂されるのではなく、アイルランドの市民権を得て、近い将来家族を呼び寄せることを望んでいる2人は、いわばネパールの領土に重ねられる社会の管理から免れている、メッザードラの言葉を借りれば「逃走」しているともいえる。常により良いパトロンを求めて歩いてきたガンダルバが、ネパール社会に定位されるのではなく、その枠を超えて自らの眼前に広がる世界でより良い関係を求めて移動する状況は、従来の生業として行われてきたパトロンを求めて歩く生活戦略が社会変化とともにグローバル化する過程で生じたものとも考えられよう。

　他方で、アイルランドで社会的にはEU以外からの移民労働者、即ち彼らの場合は「カーロ・マンチェ」として差別され、経済的には求職者（予備軍）として低層に位置づけられることになった。しかし、HとRがアイルランドで見ている風景は、アイルランド人のそれ——求職者であることを成功者と思わないこと——ではないことは確かである。ネパールとアイルランドを繋いで構築された彼らのトランスナショナルな社会空間において、少なくとも多様なアイデンティティを有す人々が流動的に移動する匿名性の高い都市部では、その経済的階層——ネパール内で問われている生得的アイデンティティとは異なる範疇——が意味を持つものになってきている。具体的には、彼らを苦しめてきたヒンドゥー的価値観に資本主義的価値観が上書きされ、このことによって、ネパールの社会空間においては従来のヒンドゥー的価値観に基づく社会関係とそれに依拠した諸実践が変容させられていく過程である。本稿で描いたHとRが経験しているガンダルバをめぐる社会空間の変容は、国家の再構築過程にあるネパールをめぐって、人々が——とりわけ周縁化されてきた人々が——グローバル―ローカルの軸を補助線にいかに生きようとしているのかを考える一つの手

掛りとなるだろう。

謝辞
本稿で取り上げたHとR兄弟をはじめとしたガンダルバの理解と協力なしに時空間的に広がる本研究を続けることはできなかった。また、本研究の主要調査は科学研究費（代表者名和克郎、基盤研究（B）24320175）の助成を受けて行った。併せて謝意を表したい。

参照文献
石井溥
 2011 「流動するネパール、あふれるカトマンドゥ盆地」『南アジアの文化と社会を読み解く』鈴木正崇（編), pp. 435-471, 慶応義塾大学東アジア研究所.

キムリッカ, ウィル
 1998 『多文化時代の市民権——マイノリティの権利と自由主義』角田猛之, 山崎康仕, 石山文彦訳, 晃洋書房.
 2012 『土着語の政治　ナショナリズム・多文化主義・シティズンシップ』岡崎晴輝, 施光恒, 竹島博之監訳, 栗田佳泰, 森敦嗣, 白川俊介訳, 法政大学出版局.

サッセン、サスキア
 1999（2004）『グローバリゼーションの時代　国家主権の行方』伊豫谷登士翁訳, 平凡社.

佐藤斉華
 2015 「『包摂』の排除するもの——階級論的ネパールの可能性」『帝京社会学』28: 1-31.

谷川昌幸
 2010 「連邦制とネパールの国家再構築」『長崎大学教育学部社会科学論叢』72: 15-30.

藤倉達郎
 2015 「開発、人民戦争、連邦制——西ネパール農村部での経験から」『現代ネパールの政治と社会——民主化とマオイストの影響の拡大』南真木人・石井溥（編), pp.207- 230, 明石書店.

メッザードラ, サンドロ
 2015 『逃走の権利　移民、シティズンシップ、グローバル化』北川眞也訳, 人文書院.

森本泉
- 2008 「トゥーリストの来た道を遡行する――アイルランドに渡った出稼ぎネパール人ガンダルバの事例」『お茶の水地理』48: 73-89.
- 2012 『ネパールにおけるツーリズム空間の創出 カトマンドゥから描く地域像』古今書院.
- 2015a 「カトマンズにおける都市空間の変容――グローバル化と創造的破壊」『広島大学現代インド研究 空間と社会』5: .1-14.
- 2015b 「ガンダルバの歌うネパールの変化――王政から国王のいない民主主義へ」『現代ネパールの政治と社会――民主化とマオイストの影響の拡大』南真木人, 石井溥（編）, pp. 231-265, 明石書店.

Bhattachan, Krishna B.
- 2009 Discourse on Social Exclusion and Inclusion in Nepal: Old Wine in a New Bottle. In *Identity and Society: Social Exclusion and Inclusion in Nepal*. Joanna Pfaff-Czarnecka, Kristian Stokke and Mohan Das Manandhar (eds.), pp.11-44. Mandala Book Point.

Central Bureau of Statistics
- 1993 *Population Census 1991 Nepal*. His Majesty's of Government Nepal.
- 2001 *Population Census 2001 Nepal*. His Majesty's of Government Nepal.
- 2012 *National Population and Housing Census 2011*. Government of Nepal.

Chhetri, Gyanu
- 1989 Gāineko Sāraṅgī eutā māgne bhā̃do ki Nepālī Saṃskṛtiko Aṅga? Ek Samājaśāstrīya Dṛṣṭikoṇ (in Nepali). *Contributions to Nepalese Studies* 16(1):55-69.

Constituent Assembly Secretariat(CAS)
- 2015 *Constitution of Nepal 2015. Unofficial Translation*, Constituent Assembly Secretariat Singha Durbar.

Gellner, David N.
- 1997 Ethnicity and Nationalism in the World's only Hindu State. In *Nationalism and Ethnicity in a Hindu Kingdom: The Politics of Culture in Contemporary Nepal*. David N. Gellner, Joanna Pfaff-Czarnecka and John Whelpton (eds.), pp.3-31. Harwood Academic Publishers.

Hitchcock, John T.
- 1975 Minstrelsy, A Unique and Changing Pattern of Family Subsistence in West Central Nepal, In *Explorations in the Family and Other Essays*.

Dhirendra Narain (ed.), pp.305-323. Thacker & Co., LTD.

Höfer, András
- 1979 *The Caste Hierarchy and the State in Nepal: A Study of the Muluki Ain of 1854*. Universitätsverlag Wagner.

Kansakar, Keshari and Sita Ghimire
- 2009 Intricacies of Inter-Caste Marriage between Dalits ad Non-Dalits in Nepal: The Perspective of Married Couples. In *Identity and Society: Social Exclusion and Inclusion in Nepal*. Joanna Pfaff-Czarnecka, Kristian Stokke and Mohan Das Manandhar (eds.), pp. 67-93.

Kisan, Yam Bahadur
- 2005 *The Nepali Dalit Social Movement*. Legal Rights Protection Society Nepal (LRPS).
- 2009 Inclusion of Dalits in the Nepali State, In *Identity and Society: Social Exclusion and Inclusion in Nepal*. Joanna Pfaff-Czarnecka, Kristian Stokke and Mohan Das Manandhar (eds.), pp. 45-65.

Macdonald, Alexander W.
- 1975a The Gaine of Nepal. In *Essays on the Ethnology of Nepal and South Asia*. Alexander Macdonald W. (ed.), pp. 169-174.
- 1975b The Healer in the Nepalese World. In *Essays on the Ethnology of Nepal and South Asia*. Alexander Macdonald W. (ed.), pp. 113-128.

Morimoto, Izumi
- 2008 The Changes in Cultural Practices and Identities of a Nepali Musician Caste: The Gandharbas from Wandering Bards to Travelling Musicians. *Studies in Nepali History and Society* 13(2): 325-349.

Nepali, Purna
- 2003 *Gandharba Saṅgīt ra Saṃskṛti* (in Nepali). Sanyukta Rāstriya Śaiksika, Baighyanik tathā Sanskritika Sansthā UNESCO Office Kathmandu.

Sassen, Saskia
- 2009 Incompleteness and the Possibility of Making Towards Denationalized Citizenship? *Cultural Dynamics* 21(3): 227-254.

Shrestha, Tina
- 2015 Kagaj Banaune: A Collective Moral Practice of Suffering in the Asylum Experience of Nepalis in the United States. *Studies in Nepali History and Society* 20(1): 5-30.

Weisethaunet, Hans
1997 'My Music is My Life': The Identification of Style and Performance in Gaine Music. *European Bulletin of Himalayan Research*. 12-13: 136-151.
1998 *The Performance of Everyday Life The Gaine of Nepal*. Scandinavian University Press.

第 5 章

ネパール先住民チェパン社会における 「実利的民主化」と新たな分断

包摂型開発、キリスト教入信、商店経営参入の経験

橘 健一

I　はじめに

　ネパールでは1951年にラナ家の専政が終焉を迎え、立憲君主制を基本とする議会制民主主義が導入された。しかし王政復古したシャハ王家は、1960年にネパール会議派中心の議会への不満からクーデターを起こして政党活動を禁止した。1962年には国政レベルで親王的な強権統治をおこない、村落など下位レベルの首長選挙は認めるパンチャーヤット制度を導入した。それにより、筆者が人類学的な調査を続けてきた先住民チェパンが暮らす山村にも、新たな税制や学校教育、選挙制度がもたらされた。ラナ時代の農具への課税が土地課税に改められたため、村人たちは犂の数を増やし、焼畑用益地の常畑化を進めた。村に正式な小学校が設置され、子どもたちが熱心に通うようになった［橘2009: 209-286］。

　このように国家が内包する個別社会は、国家の体制や制度的変化に大きな影響を受ける。しかし、ラナ家がイギリス政府と友好関係を維持するなか近代化を進め、奴隷廃止や限定的ながらも小学校の設置を既に実施していたこと、そうした近代化政策以降に育った世代が政党活動を始め、1947年のインド独立に影響を受けてネパールの民主化運動を展開、ラナ政権の崩壊をもたらしたことを考慮に入れると、先住民チェパンの山村の暮らしの変化も、世界的な近代化や民主化の潮流のなかで起きたものと捉えることができる。

　その視点に立つと、先住民の暮らしの変化が単なる制度上の問題に留まらず、自由や平等、あるいは権利に対する意識の問題も含んでいることが見えてくる。ラナ体制の崩壊後、チェパンの村人たちは、それまで特権を持っていた村の徴税役と一般の村人がもはや平等な地位にあることを理解し、選挙などを通した政治参加を意識するようになっていた。さらに、その前提となるネパール語の識字能力を身につけるため、寺子屋的な小学校教育を、隣村の人たちの手を借りながら政府の設置以前から始めていた。そうした民主的な高揚感やその流れに乗り遅れまいとする危機感が生まれ

ていたのである［橘 2009: 209-286］。

　1989 年にベルリンの壁が崩壊すると、再びネパールで都市を中心に民主化を求めるデモが広がった。政府は 1990 年に政党活動を認め、ネパールは新たな民主化の段階に踏み込んだ。さらに、マオイストの 1996 年人民戦争開始から内戦、その解決の名目で強行されたシャハ王家の親政、2006 年の民主化運動から王政廃止、そして 2015 年の連邦民主共和国の憲法発布に至り、ネパールでは少数派の権利に配慮した「包摂型」の民主主義が模索されるようになった。本稿では、こうした国政レベルの新たな民主化の展開のなか、チェパンの山村社会の社会変化と民主化がいかに進行しているのか検討する。

II　ネパール先住民チェパンと 2000 年以降の山村社会の変化

　チェパンの人口は 2011 年現在 68,399 人（ネパール全体の 0.26%）で、その 7 割がチベット・ビルマ語系のチェパン語を母語とする[1]。チェパン世帯の 99.7% が村落で暮らし［CBS 2012］、その村落のほとんどがカトマンドゥの西南のマクワンプル、ゴルカ、ダディン、チトワンの 4 郡のマハーバーラト山脈に集中している。同山脈を故地とする先住民の一部は、歴史的に国家との関わりを深め都市への進出を果たしているが、チェパンの場合、現在まで都市に生活基盤を持つ人はごく限られている。また、今日のチェパンの主な生業は、同山脈で一般的な、自給的な雑穀の生産と家畜飼養との複合からなるが、1950 年代まではイモの採集に大きく依存した生業複合で、農業生産による自給を目指すのは一般的でなかった。

　そうした都市への進出が進まない社会的周辺性、生業における農業の比重の低さを、周辺の諸カースト・民族は「貧しさ」や「後進性」を示す象

1　残りの 3 割は国語であるネパール語を母語とするものと推察される。

徴として捉え[2]、1970年代からネパール政府やNGO、そして国際協力団体もチェパンだけを対象とした特別な開発プロジェクトを実施してきた。ネパール先住民の権利獲得運動に大きな役割を果たしてきたネパール先住民族連合（Nepal Federation of Indigenous Nationalities）は、周辺化の度合いにより先住民族を5つのグループに分けているが、それをもとに政府系独立機関の国家先住民族開発機構（National Foundation for Development of Indigenous Nationalities）がチェパンを「周辺化された民族」よりも悪い状況におかれた「極度に周辺化された民族（Highly Marginalized Group）」（5つのうち下から2番目）に指定している[3]。

筆者はそのチェパンだけが暮らすチトワン郡のある山村（以下M村）で調査を続け、前述のようなM村の暮らしの歴史的な移り変わりを論じてきた。そのなかで、パンチャーヤット時代の政治参加、生活向上への期待が、同体制の末期である1980年代には政府や開発への失望、不信感に変わったことを示した［橘2009: 209-286］。

ヨーロッパで社会的包摂が政策目標として一般的になった2000年代に入ると、国際協力団体によるチェパン社会対象の開発プロジェクトは、社会的包摂や権利に基づくアプローチを目指すもの（以下、包摂型開発とする）となった。国政は、マオイスト問題で混乱を極めていたが、新たなプロジェクトの進展とともに村人たちはそれまで否定的に捉えていた開発を積極的に受け入れ始め、その成果が見えるようになった。1990年代まで「開発は役に立たない」「自分たちチェパンはどうしようもない。ずっと変わらない」と嘆いていたM村のある男性は、2006年には以前はなかった

---

[2] そうしたチェパンの「未開」イメージを強調してきたのは、イギリス公使のBrian Hodgsonであった。彼のチェパンに関する論文の問題点は、筆者の議論［橘2009: 188-199］を参照。

[3] こうした分け方自体が、格差や偏見を固定化しかねない、という批判を受けてか、ネパール先住民族連合のホームページに掲載されていた区分けのリストは、2016年9月現在、削除されている。

飼い葉用の植木や簡易水洗トイレを筆者に見せ、生活の「進歩」を語るようになった。また、村人たちはこぞって厩肥づくりを熱心におこない、「以前はトウモロコシが15カゴしか収穫できなかった畑で、80カゴもとれるようになった」「穀物倉に来年まで食べきれないくらいのトウモロコシがある」という成果がもたらされた。多くの村人が、「食べるのに困らなくなった」と盛んに口にするようになった。

　新しい包接型開発プロジェクトは、カトマンドゥで始動したチェパンの権利団体ネパール・チェパン協会（Nepal Chepang Association：以下NCAとする）に対する支援もおこなった。NCAが村々で活動を始めると、M村だけでなくチェパンの村落部の住人全般から支持され、基盤を固めることに成功した。さらにNCAは、ネパール政府や国連を含めた国内外の組織との関係を築きつつチェパンの権利を主張するようになり、チェパンの社会的包摂は一気に進展した。

　ほぼ同時期、チェパン社会でキリスト教（主にプロテスタント）が急速に広がった。開発プロジェクトやNCAがキリスト教の布教に関わることはなかったが、M村周辺のほとんどのチェパンの人々がそれまでの宗教的活動を捨て、キリスト教の信仰の世界に入った。チェパン社会への布教活動は、1968年から、チトワン郡の東に隣接するマクワンプル郡で始められていた。だが、1990年中頃まで布教活動が政府によって厳しく禁じられていたためその広がりは限定的で、筆者の1989、90年の調査当時、M村周辺でキリスト教徒になったという人に出会うことも、そうした噂を耳にすることもなかった。それが1995年頃から徐々にチトワン郡にも広がり初め、2000年過ぎからM村をはじめとした周辺のチェパン山村で、キリスト教徒が圧倒的多数になった。

　もともとチェパン社会では、パンデ（*pande*）と呼ばれる司祭を中心としたシャーマニズム的な解釈と実践[4]が、主な「宗教」活動だった。1990

4　脱魂や憑依を中心とした身体技法と、地上世界と地下世界とのやりとりなど

年頃、M村の人びとはセンサスの調査員から、自らの宗教（*dharma*）は何かと聞かれて、明確に答えることができず、調査員の誘導でヒンドゥー教や仏教と答えていた。実際ヒンドゥー的な神に対する儀礼もいくつかおこなわれていたが、村人たちが主要なものとみなす治療儀礼や祖先儀礼は、特定の「宗教」として意識されることがなかったのである[5]。それが、キリスト教への入信＝「宗教に入ること（*dharma poksa*）」により、キリスト教化以前の宗教として意識されるようになった。そして、開発の問題と併せて「自分たちの社会は大きく変わった」と、チェパンの人びと自身が、様々な場面で語るようになった。

またこの頃には、M村が属すS行政村の役場周辺のバザール（小規模な商業地）で、商店経営に進出する世帯が目立つようになった。S行政村内の村々は山の尾根上に点在し、それぞれの領域を渓流で区切られているが、その渓流の合流地点の川岸に役場が設置されている。1990年前後には、その周辺に商店はほとんどなかったが、近年急激に役場周辺に商店が建ち並ぶようになった。乾季の道の状態がよいときには国道の街までの道のりを往復するバスも運行されるようになり、M村をはじめとしたS行政村のチェパンの人びとの多くがその地に店を構え、あるいは将来店を構えるために土地を購入している。

1990年代までM村の人たちは、チェパンが貧困状態に留まり、商店経

から出来事を解釈していく象徴的な理解が中心となる。詳しくは筆者の議論 ［橘 2009: 59-183］を参照。

[5] アサドは、宗教概念の人類学的定義に疑問を突きつけ、それが近代以降、変容していることを示している ［アサド 2004(1993)］。法、規範、義務、倫理、徳、真理など多様な意味を担ってきた *dharma* 概念の歴史を本稿で十分に論じることはできないが、このチェパンの事例は、*dharma* が選択的な信仰の体系としての宗教の意味で用いられるようになった歴史を示しているといえる。なお、本書の名和論文においても歴代のネパール憲法における、*dharma* 概念の検討がおこなわれている。

営者として成功する人物を輩出できていないことを嘆いていた。現在その人たちの一部は、山村の所有地を親族に任せ、専業の商店主になっている。

　包接型開発、キリスト教入信、バザールでの商店経営への参入といった経験を通し、2000年以降のチェパン社会は、大きく変化した。それは、どのようにして可能になったのだろうか。包摂型開発プロジェクトやチェパンの権利団体は、開発に不信を抱いていた村人たちから、どうして受け入れられることができたのだろうか。同時期に、従来のパンデ中心の信仰を捨てることや、商店経営中心の暮らしに踏み込むことが、なぜ、起きたのだろうか。そうした変化に、民主的な意識や実践がどう関わっていたのだろうか。

III　社会の変化と新たな言説の広がり

　2008年1月、筆者はチェパン社会の調査のためチトワン郡を訪れていた。新たに包摂型開発のプロジェクトの対象になっていたチェパンの人びとは、チェパン自身で協同組合を運営するようになっており、そこに聞き取り調査に向かったのである。協同組合は国道とM村の中間に位置し、国道からバスで2時間ほどの距離、そこからM村まで徒歩で3時間ほどの距離にある低地のバザールにあった。

　そこでマネージャとして働いていたA氏に、協同組合の運営等について話を聞いた。A氏は、M村の隣にあるD村出身で、子どもの頃から知っている男性だった。話を聞き終わると、A氏はオートバイにまたがり、どこかへ出掛けようとした。そのとき、私は「これは絵になる」と考え、A氏を制止して、カメラのシャッターを切ろうとした。

　A氏はバイクにまたがったまま、少し意地悪そうな表情で笑いながら、私にこう話してきた。「遅れていたチェパンが、バイクに乗るようになった、そういって人に見せるために撮るんでしょう？」。私は慌てて、彼自

身に写真をプレゼントするためだと釈明した[6]。

 その後、A氏と再会し、協同組合や開発プロジェクトの話をひとしきり続け、その後、1990年代の想い出に話題が移った。私はD村の人が、チェパンの民族起源譚のひとつであるラーマーヤナの話を蕩々と語ってくれたことを話した。チェパンの人びとのあいだでは、「ラーマの妻シーターが森に逃れ、そこで生んだ二人の子ども（一人は本物、一人は草でつくられた偽物）のうちの本物がチェパンの祖先、偽物がクスンダという異民族の祖先になった」という神話が広く共有されており、それを思い出したのである。

 A氏は私の話を聞き終えるとすぐに、あの話はチェパンをジャンガリ（森の住人＝未開人）として位置づけるために、勝手につくられたんだ、という批判を始めた。それまで筆者は、一部の狩猟に関わる儀礼で、ラーマ・ラクシュマナの名を含んだ祝詞をあげていることを確認してきた。またM村の人たちが「自分たちチェパンは、ラーマ・ラクシュマナの子孫である」、「自分たちが弓矢で狩猟をするのは、ラーマ・ラクシュマナ以来の伝統である」と誇らしげに語るのを幾度も聞いてきた。そのラーマ・ラクシュマナに関わる神話を、ここまで批判的に捉える彼の見解に筆者は驚いた。チェパンの人びと自身から、神話をここまで突き放す言説、慣れ親しんだ自己に対する表象を政治的行為として表象し批判する言説、表象を政治化する言説[7]が語られるのを耳にした覚えがなかったのである。そ

---

6 もとより、プリントを彼にプレゼントするつもりで写真を撮っていたが、実際、彼のいったような意図が、全くなかったということもできない。A氏はチェパンについての映画製作に意欲を示していたことから、彼の言説と映画産業の展開とも関わりがあるかもしれない。2006年に大学卒業資格が得られる映画学部が南アジアで初めてネパールで開講され、2008年にはカトマンドゥ映画協会が、国内学生向けの映画製作ワークショップを開いている［伊藤2011: 132］。

7 このような言説は、サイードのオリエンタリズム批判に重なるものである。

の後、A氏と、別の物語や儀礼はどう考えられるか話を続けた。筆者も、博士論文のなかで、彼と同様な視点で神話や儀礼を分析しており［橘 2009: 59-208］、意見交換したかったのである。

　M村では、A氏のように批判的に神話を分析する言説を確認できていないが、同じ時期に村人の写真を撮ると、「その写真を売って儲けているのだろう、一枚幾らになるのか」などとしばしば訊かれるようになった。それまで写真を撮ったあとプリントを村人に贈る、ということを繰り返し、写真を撮ってくれとせがまれることも少なからずあったが、こうした問いかけは経験したことがなかった。

　このA氏とのやり取り、写真撮影についてのエピソードは、チェパン社会の知のあり方や言説編成が、別の方向に向かい始めたと思わせられる出来事だった。また、筆者自身の調査者としての権力的な地位を、意識させられる出来事でもあった。

　前述のチェパン社会の近年の変化は、開発プロジェクトやキリスト教団体によってもたらされたもの、とみなされるのが一般的である［例えばRai 2013］。飼い葉用の植木や簡易水洗トイレの建設も、開発プロジェクトが指導したものである。厩肥を作り施肥することも、開発プロジェクトが指導を続けていたことである。また、キリスト教も外部からやってきたことは明白で、それらによって「チェパンが進歩した」とか「チェパンの文化が失われてしまった」ということが、チェパン社会周辺の他のカースト・民族から当たり前のように語られる。さらに「開発がたくさんの予算を落としているから」とか「教会が、たくさんの外国の金品をあげるからチェパンはそれにつられているんだ」という類いの説明が、しばしば付随する。

　しかし、そうした外部の「お陰で／せいで」社会が変化したとする言説

　また、筆者がここでいう表象概念は、サイードに影響を与えたフーコーの議論［フーコー 1974(1966)］を参考にしている。

は、サイードの批判するオリエンタリズム言説［サイード 1986(1978)］同様、チェパンを「受動的存在」として釘付けし、先のエピソードのようなチェパンの知のあり方や言説編成の変化を、等閑に付してしまう。

確かに開発プロジェクトには巨額の予算が投入されており[8]、それが開発を成功に導いた一因であることは間違いない。だが、開発プロジェクトで借金が増えたという人（例えばトイレ建設に補助金が拠出されるが、村人も一定の金額負担が必要）も多い。また、教会から村人たちに物品が渡されることもあるが、それは僅かな文房具と菓子くらいで、大きな金額の物ではない[9]。そうした贈り物が、村人たちから評価されてきたわけでもない。開発やキリスト教もすぐに受け入れられたわけではなく、様々な葛藤のなか、徐々に正当化され受け入れられていったものである。問題は、その正当化の論理である。

バザールでの商店経営の問題にしても、インフラの発達や海外出稼ぎによる資金調達という外部的な影響を無視することはできない。だがそれだけでは、以下のような近隣の他のカースト・民族によるチェパンの知のあり方に対する評価を、説明することはできない。「S 行政村は、ながいあいだ開発されてきたから、あの辺りのチェパンはすっかりチャラーク (calāk：賢い、活発) になっている。それで、最近は商売までするようになった」。

以下では、前述のチェパン社会の変化が、どのように展開していったのかを押さえた上で、それらの正当化にまつわる言説を確認していく。その

---

[8] チェパンへの SNV 開発プロジェクト予算は、1996-2000 年に 22,973,220 ルピーだったものが、2000-2003 年に 71,226,540 ルピーと一旦増加したものの、2004-2007 年には 38,387,160 ルピーに減少している［SNV and NCA 2008］。

[9] M 村の教会の牧師も、教会活動の負担から借金を膨らませており、それを村人たちも認識している。また、村の教会建設に際しても、外部の仲買人が利益を得るばかりで、村人たちには大した利益にならなかった、とされている。

過程で論じることになるのは、前述の表象の政治化と結びつく「構造的批判言説」と「実利的民主化」という実践の展開である。「構造的批判言説」は、それまでの表象の行為の次元を抽象化して捉え、政治的批判、誰がどう利益を得る構造になっているのかという批判に結びつける。さらに、そこから実利的な利益分配の平等や公正さを求め、それを具現化する実践が「実利的民主化」である。こうした言説や実践が、どのように生成、展開し、権力関係の組み替えを働きかけ、社会変化を支えたのか、ここから論じることになる。

IV 包摂型開発の成功

包摂型開発が成功するまで、チェパンに対する開発プロジェクトは紆余曲折を経ていた。筆者はすでに、その状況を紹介しているが［橘2009: 209-261］、本稿の議論に関わる部分のみ、若干の補足も加えながら、その経緯をまとめておきたい。

M村が属すチトワン郡の南部は、北のマハーバーラト山脈と南のチューリア山脈に挟まれた内タライと呼ばれる亜熱帯の湿潤な低地で、もともとそこはマラリアが巣くう森林地帯だった。ラナ家の専制政治が終焉を迎えるとアメリカの援助が開始され、1956年からマラリア撲滅運動と山地からの移住計画が実施された。広大な農地が非常な安価で売られ、入植事業が進められ、かつて森林に覆われていて「何もなかった」地域に都市が建設された。

そうした状況でチェパンにも移住の話が何度か寄せられたが、マラリアへの恐怖から、多くの村人が「話を断ってしまった」。その後も山村に住み続けたチェパンの人びとは、低地に交易や買い物などで出掛けると、都市の商店主たちが「丈夫な家、セメントの家を建てて、良い服を着て、美味しい物を食べて過ごす」のを横目で見ながら通り過ぎるようになった。さらに、そうした商店主の位置に立つこともできたはずの自己や自民族を

卑下して、「自分たちには、当時、知恵がなかった」とこぼすようになっていた。山村で暮らし続けるチェパンの人たちは、こうした初期の開発から取り残された状況を通して、「貧困」や失敗した主体としての自己や自民族という枠組みを意識するようになっていた。

　パンチャーヤット時代に即位したビレンドラ国王は、1977年中央ネパールの視察に向かった。その際チェパンの窮状を知り、チェパンをプラジャ（*prajā*：王の臣民）と呼んで、プラジャに対する開発援助を実施するようチェパン人口が集中するマクワンプル、チトワン、ダディン、ゴルカの各郡に命じた [Gurung 1985: 236-249]。1979年に「プラジャ開発委員会」が設立され、チェパンの人びとは開発の対象とされるのと同時に、公式に民族として「プラジャ」と呼ばれるようになった[10]。1989年当時、M村の人たちはそのプラジャの名称で呼ばれることを好み、チェパンと呼ぶ人たちを激しく非難するようになっていた。

　プラジャ開発委員会は、農業開発のために種苗、農薬を、家畜飼養のために子ヤギを配布した。手工芸の訓練もおこなった。しかしながら、多くの村人たちにとって、これらは単に「配布して終わり」のものがほとんどで、訓練も継続せず、生活の変化を実感させることはなかった。村人たちの多くは、「開発は何の役にも立たない」と批判した。

　パンチャーヤット時代は、チェパン地域に限らず、ネパール各地で開発プロジェクトが進められ、国民の期待が膨らんだ時代でもあった。だが、開発が思うような成果を上げることができず、停滞感の漂った同時代末期の1980年代末には、ネパール各地で開発を批判する言説[11]を耳にするよ

10　現在でも人口統計に「チェパン／プラジャ」と「プラジャ」の名が併記されているが、それはこの歴史的経緯による。

11　藤倉は、このような開発の負の側面を強調した Failed Development（失敗した開発）批判の代表的論者として Panday と Shrestha の議論を取り上げる。前者は、なぜ、どうやって開発がネパール人の念願となったのか、それがどうして単なる口先だけのものになり、真実の言葉にならなかったのかと

うになっていた。その代表的なもののひとつが「開発が来ても政府の役人が食べてしまう（食いものにしてしまう）」というものである。それは「開発は外国からもらうもの」という前提のもと、政治的な腐敗、汚職により開発予算が有効に使われていないことを批判する。

それでもこの当時、プラジャ開発委員会に関連して「国王はプラジャを愛している」と国王を称揚する声がよく聞かれた。また、チェパン地域に限らず「外国政府は私たちを愛して援助してくれる」と、国内の行政を批判しても、外国の援助そのものについては肯定的に語られるのが一般的だった。

1990年にネパール民主化が成し遂げられ、政党活動が認められると、それ以前から徐々に権利の回復を訴えていた先住民団体も、その主張を強めるようになっていった。さらに、キリスト教をはじめとした宗教団体の布教活動も、目立つようになった。

問い［Panday 1998,1999］、後者は、開発がネパール人の心も身体も植民地化し、ネパール人に劣等感を植え付け、自己に対する尊厳も敬意も奪ってしまったとしている［Shrestha 1998］。藤倉は、そうした開発の欠如や開発の欺瞞を強調する議論が、開発が実際にネパールの人びとにもたらした変化を見えにくくしていると批判する。藤倉は、開発や社会運動がもたらしたものとして、ネパールの人びとの awareness（目覚め）の言説、「NGO の人たちが来るまで、私は何もわかっていなかった。今は、もっと学んで状況を改善したい」という類の言説を取り上げ、分析している［Fujikura 2013: 48-54］。M 村でも、学校の設立や簡易水道設備の建設など、前向きに捉えられている開発もあり、そうした awareness が確認できないわけではないが、全体として村人の開発のとらえ方、対応を見たときには、Panday や Shrestha の議論に近い現実が目につき、村人自身も開発をそう語ってきた。筆者が本稿で論じたいのは、開発によって直接教育されて得る awareness ではなく、そうした「失敗した開発」言説が、ある種の awareness につながっていく状況である。いずれにせよ、本稿は藤倉の議論に大きな刺激を受けていることを記しておきたい。

1996年になると、チェパンの開発に関しても、新しい流れが見られるようになった。それまで、主に政府主導でおこなわれていたものが、SNVというオランダの国際協力団体主導のものに切り替わったのである。M村周辺でも、そうした情報が聞かれるようになり、多額の予算が投じられ、チェパンを対象にした住民参加型の開発プロジェクトPCDP（Praja community development programme）が開始される旨、ラジオ、新聞で報道された。村人たちは、その多額の資金に大きな期待を寄せ、中学程度まで学んだ当時M村の比較的高学歴の青年たちも、プロジェクトの仕事に就くことができるかもしれないという期待を膨らませた。しかし、高校卒業資格取得以上の高学歴者でないと応募できないことを知り、また、オフィスが山村から遠い国道近くの街に設置されることを聞き及んだ村人たちは、「自分たちは加わることができない」「山村に関心が向けられていない」などと批判の声をあげはじめた。さらに、プロジェクトのスタッフが村々を廻って、開発プログラムの意図を解説するための寸劇を披露すると、新たな開発に対する批判する声を強めた。自らの生活にある問題に気づき、自ら問題解決を考えよう、という趣旨で見せられた「チェパンの苦労」の演技が、自分たちを馬鹿にしていると問題視されたのである。また、国王から与えられた「プラジャ」の名でではなく、「チェパン」と当該の人たちを呼んだことも、非難の的となった。M村の元村議のひとりは、ラジオで放送された「住民主体の開発」の趣旨を聞き、すでにこう嘆いていた。「自分たちの考えを取り出して開発を進めるというが、考えられることはもう自分たちでとっくにやっていますよ。必要なのは新しいことなんだ。そんなことをいっているようでは、こちらが新しいものを欲しいと主張しても、どうせ何もくれないでしょう」。

　やがて、その開発プロジェクトのネパール人スタッフ（一部チェパンも含む）たちが、M村を含めたS行政村でフィールドワークを開始した。チェパンの生活に関するデータ収集が6ヶ月間続けられたが、次第に「開発はいつ始まるのか」「折角の予算が彼らの給料で無くなってしまう」とい

う声が、村人のなかから上がり始めた。

やがてプロジェクトの方針を決めるミーティングが、村々で開かれた。最低でも一世帯から一人、女性もできるだけ参加して欲しいとの呼びかけがなされ、多くの村人が集まった。トレーニングを受け、調査も実施したネパール人開発スタッフが、「あなたたちの生活の問題は何か」という問いを村人たちに投げかけた。インフラ整備を期待していた村人たちは、「道路、灌漑水路、橋、電気などが無いことが問題だ」と答えた。外部から与える開発ではなく、住民自身の内発的な問題解決の延長としての開発を目指すよう指導されてきたスタッフたちは、インフラ導入のマイナス面をあげて、それらの声を聞き入れなかった。次第に議論は紛糾し、多くの村人、特にリーダーシップを日頃発揮していた村人たちは、怒って家に帰ってしまった。僅かに残された村人たちとスタッフのミーティングは続けられ、厩肥の作り方のトレーニングが必要だということ、厩肥が流れないように畑の隅に草を植えることが必要、という意見にまとまった。それに基づき、住民参加型の開発プロジェクトは、村のごく一部の人を対象に開始された。

途中で帰宅した人たちは、「開発が来ても、あのスタッフたちの給料で予算がなくなり、それで終わりだ」と口々に語っていた。なかには「そのまま予算を分けてくれれば、よかったのに」という人もいた。こうした発言は、汚職や賄賂を非難するのではなく、開発プロジェクトそのものの構造的な問題を指摘しているのがわかる。こうした開発の構造的批判言説が、開発現場のやりとりのなかで生成されていたのである。

同じ頃、M村の小学校の教員（高位カーストのバフン）たちが、村で野菜を無心して歩いていると、「給料をもらっている先生たちに、なぜ貧しい私たち[12]がただであげなくてはならないんだ」、という声が時折聞かれた。

---

[12] こうした貧しい者への搾取の問題、貧しい者の声を聴くことの重要性を論じる言説の広がりは、政党政治の展開にも関わっている。筆者は別稿で、共産

近隣のバザールからM村を訪れたネワールの商人が、自家製のタバコを分けてくれというと、「(お金持ちの) バザールの人が、私たちのような (貧しい) 村人にタバコを無心して吸おうなんて、おかしい」などと非難する声も聞かれた。これも、従来は「先生」や「客人」として疑問を持たずにもてなしてきたが、そのもてなしにつけ込んで、搾取しようというのか、という趣旨の構造的批判言説と捉えることができる。こうした構造的批判は、しばしばネパールのカーストシステムと結びついた政治権力批判にも重ね合わせられる。先生や客人の地位の高い人物は、ほとんどが高位カーストのバフン・チェットリで、その「バフン・チェットリは、チュチョ (chuco：心が卑しい、ケチ) だ」というひとことが、前述のような批判に頻繁に加えられるのである[13]。むろん、こうした辛辣ともいえる批判を誰もがしていたわけではない。それまで通り、「先生」や「客人」を批判せずにもてなす人たちも、少なからずいたし、こうした批判を繰り返す若い女性に対し、逆にチュチョといって批判する年配の女性もいた。ただ、構造的批判を繰り返す人たちは、元村議や中学程度の学齢を持つ人、勝ち気で知られる女性など、村の中で弁が立ち、リーダーシップを発揮しうる人物として一目置かれていたことも確かである。それを考えれば、構造的批判言説は、一種の知性のあり方として認められていたといえる。

　このような状況で、新たな開発プロジェクトが開始された。2000年から実施されたプロジェクト、「プラジャ能力開発プログラム (Praja Capacity Development Programme：2003年まで)」では、「チェパンの人びと自身

　　党系の諸政党が、抑圧を顕在化し、支持を広げた状況について論じている [橘 2015]。

[13]　そうした高位カーストに対する批判の声は、ネパール全般で1990年代に強まっていくが、それには1991年に設立されたネパール民族連合 (Nepal Federation of Nationalities) やネパール先住民族連合 (ネパール民族連合が改名したもので、実質的に同一団体) が発言力を強めていったことも関わっている。

に責任を」というモットーが掲げられ、当事者性を重視した計画が実行された（以下、SNVの開発プロジェクトの内容についてはSNV and NCA 2008を参照した）。その際、白羽の矢が立てられたのが、ネパール・チェパン協会（Nepal Chepang Association：以下NCAとする）というチェパンの権利団体である。協会本部役員の話によれば、NCA設立のきっかけは1994、5年頃、ある全国紙にチェパン文化についての酷く偏見に満ちた記事が載っているのを見つけたのがきっかけだという。「カトマンドゥに住んでいるチェパンたちが集まり、チェパンの団体を作ろうという話になりました。でも、そのときにはどうしてよいかわからず、なかなか話は進みませんでした。やがて、チェパン社会の開発援助をおこなっていた国内NGOに辿り着き、協会設立を手伝って貰いました。そのNGOが活動拠点としていた村のチェパンたちもNCAに加わりました。1996年に政府の登録に行ったのですが、その年は1996年で丁度マオイストが人民戦争を開始した年で登録の許可が得られず、1998年にようやく認められました」。NCAは、その二年後には現在のネパール先住民族連合の前身、ネパール民族連合の一員になり、政府にも登録された。

　新たな開発プロジェクトでは、チェパンの当事者団体としてNCAに責任が与えられた。このプロジェクトでは、5つの行政村のチェパンを対象に、国民IDカードの取得、土地の登記、教育機会の改善などのプログラムが実行され、郡との連携も計られた。NCAのリーダーたちは、そうした業務に加わりつつ、チェパン社会全体を統括し、国内外の組織との関係を構築し、開発業務を運営するための経験を積んでいった。また、NCAの組織も整備、強化され、チェパンの居住する郡に支部が設けられ、NCAへの参加がチェパンの村人たちにも働きかけられた。2004年のうちに、全チェパンを呼びかけた集会が実施され、民族の正式名称を「プラジャ」ではなく「チェパン」とすることが決定された。

　同年開始された新しいプログラムの名称には、そのチェパンの名が冠され、チェパン・メインストリーム・プログラム（Chepang Mainstream

Programme）となった。そこでは、「チェパンを運転席に」のモットーに、社会的排除の対象となってきたチェパンを、メインストリームに包摂することが目指された。実力を徐々につけてきたNCAがプロジェクトの主体となり、SNVは資金の提供とアドバイス役に留まることとなった。NCAのカトマンドゥオフィスにはアドバイザーが配置され、NCAは試行錯誤しつつも多くの開発計画に携わり、さらに経験を重ねていった。

　M村周辺でも、NCA主体の開発計画が実施されるようになった。筆者の2006年の調査では、プラジャではなくチェパンを正式名称とすることに、多くの村人が戸惑いを見せていた。前述のような構造的批判をする人たちは怒りを隠さなかったが、そうした人たちも、村人に対するNCA参加の呼びかけがあったことにも触れつつ、NCAを「自分たちの団体」として高く評価していた。構造的批判をする人たちにとって、「チェパンが運転席に立つ」こと、自分たち村人が運転席に誘われたことは、望ましいことだったのである。

　新たなプロジェクトでは①人々の食の安全と収入を改善、②教育状況を改善、③自然資源の管理を改善、④土地の所有権の確立、⑤文化、言語、歴史、伝統知識と技術の促進、⑥自己開発のための資源動員を目指したチェパン協会の組織力強化、⑦すべての開発において女性の代表を増やす、という具体的な目標が設定され、M村では多彩な計画が実施された。

　2005年からは「社会的包摂」と「女性の平等」がプロジェクト遂行上の正式な目標に据えられ、2007年には政府が共和制を目指すことが決まり、NCAもそれまで社会の中心から排除されてきたカースト・民族として、共和制への社会的包摂を目指すようになった。

　2006、7年の筆者のM村の調査では、商品作物の導入、焼畑用益地で苗木を育てるグループへの助成、トイレの造成、環境教育、観光促進のためホームステイ施設の増築、植樹用の苗床の造成、沿道の植樹、観光に関するグループワークとトレーニング、マイクロ・クレジットのための口座の開設（SNVから10,000ルピーが与えられ、参加者は50ルピー積み立てる。

2007年現在で14,341ルピー、2013年に20,000ルピー)、観光・文化保存プログラムとして祖先儀礼、狩猟漁撈のショーの開催などがおこなわれていた (観光に関するものは、SNVだけでなく、他の国際機関やネパール観光局も共同で運営されていた)。これらのうち、観光に関するものは観光客が来ずに徐々に縮小していったが、他のプログラムはいずれも好意的に受け取られていた。

　村で実施された多様なプログラムのなかで、どれに一番よい印象を持っているか、村人たちに訊いてみた。商品作物の導入を評価する人がいたが、作物によっては価格が安定せずに、この先どうなるかわからない、という人も少なくなかった。以前、構造的批判をしていた人たちからは、「マイクロ・クレジットのために、プロジェクトからお金を出してくれたこと」という答えが共通して返ってきた。また、その理由として「急病人が出たときに、お金を引き出せるし、必要に応じて自分の考えで使える」ということが指摘された。このように、生活のなかで自らの裁量で決められる実利を得たことを評価していることがわかる。包摂型開発は、それまで広がっていた構造的批判言説と結びつきながら、実利的民主化を構成しているのである。

　また、M村の外部でも、冒頭で触れたチェパン協同組合の設立などの進展があった。協同組合にはマネージャの他、役員2人、秘書、運転手、助手、製粉機係1名、店員1名、マーケティング係1名、会計1名 (すべてチェパン) といった人員が配置された。それまで、チェパンの山村でとれる生産物、蜂蜜や半栽培されたチウリ (*ciuri*: *Bassia* or *Aesandra butyracea*) の種、薬草、豆などは、近隣のバザールのネワールやバフン・チェットリの商店主が買い取り、街などで売りさばいて利ざやを稼いでいたが、それに代わって、チェパン協同組合が村人から買い取り、販売するようになったのである。これもチェパンに実利を与える民主化のように見える。この協同組合も、2009年時点では、チェパンの人びとの多くが、

「自分たちの協同組合」として評価し、その店舗も活気に溢れていた[14]。

　丁度この頃、前述の厩肥づくりが浸透し、誰が始めたのかも意識されないまま村全体に広がっていった。周りの成功例をみて後追いする人が増え、それが常識化していった。施肥により畑の生産高が上昇、商品作物の導入とともに、生計の改善に貢献した。

　それ以外に、教育環境も大きく改善した。M村が属するS行政村に隣接するK行政村の高校近くに寄宿舎が建設され、SNVからの予算で、学費だけでなく寮費、食費も無料でチェパンの成績優秀者が学べるようになった。2007年現在で、6-10年生まで37人、うち12人女性がそこで学んでおり、8年生のある生徒は「将来チェパン社会のために働いて、チェパンの開発の仕事をしたい」と語っていた。

　S行政村にも中学校が設置され、M村の小学校でも生徒が急増した。1990年代に10数名しか来ていなかった学校（保育園も設置された）に、2007年には幼児20-25人、1年生30人、2年生35人、3年生20人、4年生16人、5年生10人が通っていた。

　また、同じチトワン郡のバザールに、個人が慈善事業として始めた（現在はNGOの運営）チェパンのための寄宿学校が2000年頃建設された。その寄宿学校のオーナーは、設立の経緯をこう語る。「私の叔父が結婚しなかったので、自分の資産をどうするか考え、貧しく発展から取り残されているチェパンのため、40人の子どもを集めて教育を始めました。その後、学校用地、寄付を得て、今は185人の生徒がいます。辞める生徒はいません。食事、部屋、すべて無料です。交通費を渡すこともあります。8年生までここで勉強しますが、それ以上は外の学校で勉強しています。教師は10人、スタッフ3人です」。ある8年生の生徒はいう。「以前は、別の学校で勉強していましたが、ここでは食事も寮もすべて揃っているので、

14　その後、SNVの援助が打ち切られると、徐々に規模を縮小させていった。現在もマスタードオイルの圧搾と販売を中心に経営は続けられている。

助かります。昔は寄宿学校で月に2-3000ルピーの出費を強いられていました」。

1990年代には、小学校でも落第すると学校に通うのを止めてしまう子ども、止めさせてしまう親が少なくなかった。だが、こうした状況の変化により、教育熱が再上昇し、高校卒業資格試験に落ちても、翌年も挑戦する浪人生も数人現れた。特に、前述の構造的な批判をする人たちは教育熱心で、子どもを有料の寄宿学校に入れる人、塾に行かせる人もいた。畑の生産高が上がったことで、教育に出費する経済的余裕が出てきたことも、それを助けた。

チェパン全体の国家における地位も、この時期に大きく変化した。2008年の制憲議会選挙に、比例代表としてNCAの元会長の男性ゴビンダ・ラム・チェパン氏がネパール共産党UMLから出馬し当選、マオイストから出馬した女性のマヤ・チェパン氏も当選した。また、2009年にはNCAの呼びかけでチェパン国家政策大円卓会議が開催され、チェパン自治州を求める宣言が採択された。そこでは、チェパン自治州ではチェパン語を公用語とし、その他自治州が認めた他の言語一つを公用語として認めること、自治州内の政策立案、政治代表の決定をチェパン自らがおこない、政治的、経済的、社会的、宗教的、文化的自立を保つこと、自治州内では、言語政策、教育、行政、法律、すべての領域で自らが治め、中央政府からの干渉は認めないこと、自治州内の自然資源、文化的、宗教的資源を、チェパン自治州の許可無く中央政府は得ることができないことなどが宣言された。

「極めて周辺的」で開発の対象とされたチェパンは、自民族の枠組をその構造的周辺性とともに強く意識するようになった。新たな包接型開発は、そのチェパンの自立や自律を助けることで実利的民主化を後押しした。その結果、チェパンは国会議員を輩出し、自治州の要求をするところまで社

会的に包摂されたのである[15]。

V キリスト教への入信の進展

ここまでみたチェパン社会における開発の進展と並行して、同じ時期にチェパン社会で大きな変化が生まれている。それは冒頭でも取り上げたキリスト教への入信の広がりである。

M村周辺では、1995年頃、パンデが途絶えて不在だったD村の北辺にあるB集落に広まったのが伝播の始まりだった。B集落の人たちは、病人がでるとD村の他の集落に住むパンデのところまで、治療儀礼に行かなくてはならなかった。そのB集落に、チトワン郡の北に隣接するダディン郡に住む姻戚がやってきたときに、B集落の病人を「お祈り (prārthanā)」で治療し、成功したのである。数年のうちに、キリスト教はD村全体、特に若者中心に広がりはじめ、M村の人たちもその評判を聞き、しばしば入信の是非について議論するようになっていた。1997年までは、「自分たちの昔からのやり方」を捨てる理由はない、と多くの人たちが話しており、中高年の男性は、自分たちの親族の若者が入信することは許さない、といっていたが、2007年の時点では、M村のほとんどの家族が入信していた。

M村教会の牧師を務めるM村出身30代のS氏も、当初はキリスト教に否定的だったが、「病気になってパンデのところに何度行っても治らなくて、姉の嫁ぎ先のD村の人たちがお祈りをしたら治ったので入信しま

15　ただし、こうした自治州の要求には、NCAのメンバーは難しさを感じ、困惑していたという。詳細はNCAの果たした役割についての議論［Tanaka 2013: 71-72］を参照。なお、その筆者の田中雅子上智大学准教授はSNVの元職員で、NCAの開発プロジェクトにも携わっていたため、筆者はSNVやNCAの活動の記述に際してしばしば助言を頂いている。本稿の文責は筆者にあるが、田中准教授にはこの場を借りてお礼申し上げたい。

した」。他にも「子どもがパンデのところに（治療儀礼に）行っても治らず、困っていたところでキリスト教のお祈りで治ったから」など、キリスト教の「お祈り」による治療の効果を理由に入信した人が多い。

　その効果を一度信じれば、パンデのもとに戻ることない。それが禁止されるからである。そうして、パンデによる治療儀礼の代替として、徐々にキリスト教は広がっていくことになった。そして、パンデ自身が「誰も私のところに来なくなった。なぜ、ひとりで続ける必要があるのか。それに自分が死んだときに誰が墓に埋めてくれるのか。（入信した若者たちは）自分たちが埋めてやるという。ひとりでいるのは難しい」といって入信した。年配の男たちも「もう年寄りだし、息子たちが入ったから、仕方なく自分も入った」。「頭が痛くなってもパンデがいない。どこで治したらよいのかと思い、入ることにした」。パンデを中心とした信仰は、父系的な親族単位での祖先儀礼や葬式などの儀礼と結びついていた。その父系的な親族の多くがキリスト教に流れると、それに逆らうことはパンデ自身といえども難しく、パンデが入信すれば、儀礼で中心的な役割を果たしていた年配の男たちも、他に行き場所がなくなるのである。

　2006年までは、中学程度まで学校に通った比較的学歴の高い男性たちは、「昔カトマンドゥのヒンドゥー寺院に行っていたから自分はヒンドゥー教徒だ」「気持ちは二つに割れている。皆と同じにしたほうがよいとも思うし、自分は学校で勉強しているので、イエスもブッダもラーマも所詮人間だとわかっている。そう考えたら、入らないでもよいと思う」などと語りながら、入信の流れに抵抗していた。2007年には、そうした人たちも全員入信していた。2016年現在、M村のおよそ100家族のなかで、中年のパンデがいる一家族（「自分たちでできるのだから、このままでよい」）を残して、全ての家族がキリスト教徒になっている。

　入信に際しては、川で洗礼を受けなくてはならないとされるが、その際、飲酒、喫煙、血を食べることが禁止される。「今は焼酎もどぶろくも飲みません。もう誰もパンデのところにはいきません。毎週土曜日に礼拝をし

て、歌を歌うだけです。神々への感謝の歌です。もう酔ってけんかする人もいません」。「息子は以前、どぶろくを飲んでは酔っていましたが、今は平和です」と飲酒や喫煙を止めることのメリットを語る人も多い。

　近隣バザールのネワール店主も「チェパンがキリスト教に入ることには、経済的な利点があります。以前、焼酎を求めてたくさんのお金を使っていましたから。今では村でもどぶろくを造らなくなって、共同労働の時にもご飯を作って出しているし、トウモロコシはこのバザールまで売りに来ますよ」と、それを認めている。M村の牧師も「Gさんの家を建てるときには（皆がキリスト教に入るまで）、約650リットルの（自家製の）ロクシー（raksi：焼酎）が必要でした。自分は家を建てるのに180リットルだけで済みました」という。

　もともと、焼酎やどぶろくの消費は共同労働などの互酬的なやりとりに基づいたもので、労働が提供された際の一時的な返礼の意味合いで、焼酎やどぶろくが提供されて（それにまた返礼されて）いた。また、バザールでは、焼酎を買って友人や姻戚などに振る舞えば友人、姻戚もお返しする、というやりとりがおこなわれていた。そうした互酬的な応酬が、結果的に飲酒にともなう喧嘩などの問題や浪費につながっている部分があった。飲酒の禁止は、そうした互酬的なやりとりの外部に一度出ること（酒以外のご飯などのやりとりが取って代わるものの）を促す側面もあった。

　M村の牧師によれば、D村から信仰が伝わってきたとき教会組織はNepal Christian Familyに属していたが、教会からの特別な働きかけはなかったという。その後、M村にNepal Evangelical Holiness（本部はKorea Evangelical Holiness）という韓国系の福音教会が布教に来て、教会建設などが約束された。現在M村の牧師になっている青年は、カトマンドゥで韓国人牧師を中心とする福音教会で、長期間のトレーニングを何度も受け、牧師として認められた。その後、竹などで簡易的に造られたM村の教会は、2007年にセメント造りの立派な姿に変わった。教会ができると、韓国の牧師や若者のグループがやってきて、教会で説教や交流プロ

グラムが実施され、文房具やお菓子などがM村の子どもたちに送られるようになった。その後、年に一度はそうしたプログラムが実施されているが、韓国のグループは食事、宿泊（基本的に1泊2日）とも教会内部で済ませるので、毎年決まって訪れる牧師以外の人たちとの交流は限定的である。

　教会では、ネパールの休日である毎週土曜日に礼拝がおこなわれている。朝7時頃から「子どもの歌」の時間として女性や子どもたちが集まり、賛美歌が教えられ、歌われる。8時から礼拝が始まり、献金が集められ、賛美歌が歌わる。そして世話役や牧師の説教がおこなわれる。説教と説教の合間に告白の時間が設けられ、全員目を瞑り、思い思いに神に語りかける。その際、興奮状態に陥り、身体を痙攣させる女性の姿がしばしば見られる。こうした憑依のような状態になり、身体を痙攣させるのは、従来はパンデなどの司祭に限定されていた。神との交流による非日常的身体経験も、こうして一般の女性にも開かれるようになった。10時に礼拝は終了し、病人がいれば、治療のための祈りが捧げられる。

　教会での説教は聖書の解説が中心だが、他の宗教との差異が正統からはずれたかたちで強調されることもある。以下の例では、駄洒落を使って、ネパールで支配的なヒンドゥー教を揶揄している。「私たちが信仰してきたヒンドゥー教で、なぜ神をデウ (*dew*) というか知っていますか。ヒンドゥー教の神々には、ヤギやニワトリの供犠をして、血を捧げなくてはなりません。もし捧げないと、どうなるか。私たちは、病気にされてしまいます。そう、ヒンドゥーの神々は、私たちに供犠の動物をディウ (*diu* : 与えろ) といってきます。だから、ディウからデウになったんです。でも、私たちの信仰には、動物も何もいりません。必要なのは、イエスを信じることだけ、アーメン」。

　2007年、教会の礼拝に来ていたのは男性21人、女性57人だった。女性は若者から年配の人までまんべんなく集まっていたが、男性はほとんどが若者で、中年男性は2人、70代の高齢者が1人だった。男性が少ない理由を牧師に訊くと「忙しいからでしょう」という返答だったが、礼拝

に来た一般の人たちは「もともと少なかったんだ」と話していた。実際に、教会へは行ったことがないという中年男性は多く、その理由を訊くと、「自分は酒を止められないから、教会には行かない」という返事が共通して返ってきた。「私たちは、ずっとどぶろく、ロクシーを死ぬまで飲み続けますよ。信仰の道に入って血は食べられないけど、どぶろく、ロクシーは大丈夫です。どぶろくは、私たちにとってのお金と一緒です。死ぬまでずっと飲み続けます」。こう話して、筆者にどぶろくを勧めてくれる中年男性もいた。社会関係構築の場でもある飲酒を止めることは、飲酒という行為の社会性を考えても、身体性を考えても、中高年の男性には難しいようである。

　このように、チェパンの人びとの多くがキリスト教に入信したといっても、全員が熱心に教会に通っているわけでも、飲酒や喫煙などを止めているわけではない。だが、そうした教会に行かない人たちも、キリスト教を評価している点がある。「もう、病気のときに、いちいちパンデのところに行かないですむのがいいですね。治療が自分の手にあるということですから」。「以前はパンデを家まで連れて来ることができず、パンデの家まで病人を負ぶって連れて行かなくてはなりませんでした。もう、そんな必要はありません。近所の人たちを呼んでハレルヤと歌ってもらい、祈りを捧げれば終わりですから簡単です」。さらに、その経済性も語られる。「以前は、供犠のためにニワトリやヤギをパンデに渡さなくてはならず、その負担が大きいものでした。神のためといってパンデが食べていたんです。イエスならそれが必要ありません。自分で治療できます。タバコもいらなくなるし、食料も不足しなくなりました。2ヶ月分は、消費量が減りました」。

　パンデは、病気という出来事を、睡眠中など意識がないときに魂が地下世界の様々な悪霊に連れ去られたことが原因とし、悪霊の巣くう世界を描き出し、それと交渉、しばしば供犠をおこない治療していた。そうした超越的な世界、無意識の世界を俯瞰し地図化する治療言説が、キリスト教では政治、経済的な行為として読み替えられる。入信を正当化する（後づけ

を含めた）論理も、不平等や不正を是正し、経済的利益、実利を得るためとする構造的批判言説と実利的民主化によっているのである。

　近年のキリスト教化が、パンデ中心の治療儀礼や祖先儀礼などを、消滅に近い状況まで追い込んでいる点で、チェパン社会を劇的に変えているのは間違いない。そうした点から、前述のようにキリスト教に対する非難が、近隣の他のカースト・民族から、また、NCA内部でもしばしば聞かれる。チェパン文化を保存し、その重要性を訴えるために、NCAはパンデによる祖先儀礼のひとつをチェパン公式の宗教儀礼と定めたが、その儀礼をチェパンの人たち自身がキリスト教への入信によって捨てているのである。また、そうしたチェパンの公式な「伝統」を定めたNCAの元会長、憲議会選挙で議員に選出されたゴビンダ・ラム・チェパン氏自身もキリスト教徒で牧師でもある。

　こうした矛盾や葛藤が、様々な場で目につくようになっている[16]。だが、その矛盾、葛藤には、ある共通点がある。それは、どちらも旧来のパンデ中心の信仰に関わる言説や実践を外部的な対象として表象し、それが誰のどんな役に立っている（役に立っていない）のか批判的に論じている、という点である。それは、これまで見てきた構造的批判言説に通じる見方なのである。

　チェパン社会で社会的包摂などを目指す開発の進展と、キリスト教への入信の動きは、どちらも構造的批判言説に即したかたちで進展しており、相互にその流れを強化しているように見える。こうした流れは、一見関わりがなさそうな、近年のバザールでの商店経営への参入にもつながっている。

16　Raiは、社会的包摂とキリスト教化の葛藤を、社会的包摂の研究報告で強調している［Rai 2013］。

VI　バザールの商店経営への参入

　1990年代、M村周辺の人たちは、自家栽培したトウモロコシなど穀物の蓄えが尽き、バザールに借金（穀物をツケや蜂蜜などで購入）に行ったとき、一番安い穀物である麦のご飯を「美味しくないが仕方がない」といって食べるときなどに、「貧しい自分たち」「いつまでも山で農業ばかりしている自分たち」を卑下し、「私たちの民族は、なぜバザールで商売ができないのか」と語り合っていた。

　2000年代の初頭には、M村の学校の用務員の家族が、その給与を元手に隣の行政村のバザールに店を出したことがあった。だが、村での農業、用務員の仕事との兼ね合いで続かなかったという。

　2003年頃、M村の向かいにあるG村出身のG氏がM村から嫁いだ妻とともに、同じバザールで店を経営し始めた。G氏によれば、G村で相続した土地が、3人兄弟で農業していくには小さすぎたために、村を出る決意をしたという。当時、まだ村で祖先儀礼がおこなわれていたので、その時集まった村人たちに自家製の焼酎などを売って稼ぎ、それを元手に販売する商品を卸から買った。G氏の妻は、最初、商売を始めたときには、計算もロクにできず大変だったという。雑貨や食品を販売し、店内で焼酎などの飲食もできるG氏の店には、それまで他のカースト・民族の店に通っていたチェパンの村人が挙って買い物に来るようになり、数年で自分の店とその敷地を持つことができた。その後さらに店と敷地を購入し、M村から嫁いだ妻の姉夫婦に貸すようになった。

　G氏は、兄弟に資金を出して、出稼ぎのためにカタールに送った。それに成功すると、カトマンドゥの人材派遣会社の下請け業務もするようになり、G村の人びとを立て続けに出稼ぎに送るよう手配した。そうして得た手数料や店の稼ぎを、近隣の村人たちに求められれば貸す。G氏から実際に借金している人が何人もいる。G氏は、今ではこの地域のチェパン屈指のサフ（*sahu*：商店主）と呼ばれる。

そのG氏以上に、近年サフになったといわれるのが、チェットリのR氏である。R氏は同じバザールで商店を経営しているが、同時にG氏同様、人材派遣会社の下請け業務をおこなっている。この地域でのチェパンのマレーシア出稼ぎは、すべて彼が手配したものである。R氏の話を聴くと「私はこの地域出身だから、チェパンが貧しいのをよく知っています。他のカースト・民族が出稼ぎに行っているのに、チェパンはまだ出稼ぎに行くことができていなかったから、勧誘しているのです」という。そして、「出稼ぎのための初期費用、航空券代やパスポートなど諸手続費用、服などの支度金すべてを会社から出させているから、貧しくても皆出稼ぎに行けるんです」と、出稼ぎが貧しいチェパンの地位を引き上げるためのものだと強調する。このように出稼ぎの勧誘にも、民主的な平等の論理が持ち出される。だが、その手配業務によってR氏がいかに潤っているか、近隣に暮らすチェパンはもちろん、他のカースト・民族の人々も、R氏の所有する自家用車、国道沿いの商店などをあげつつ、話題にしている。
　チェパンのサフG氏の妻の義兄であるM村出身のK氏も、2007年にG氏の店を借り、G氏の店のすぐ近くで同様な雑貨・食品店を始めた。M村を離れ、商売を始めたのは、G氏同様、3人兄弟で相続する土地が僅かだったことのほかに、妻が病気がちで農作業がほとんどできなかったことが大きな理由だという。K氏の店も、M村の人たちを中心に多くのチェパンが訪れるようになり、人気の店となった。K氏も店と敷地を購入し、さらにM村近くのS行政村の村役場近くに店を建て、それをM村の人に貸している。
　その数年前、K氏の弟や妹、従兄弟が同じ村役場近くに店を建て、雑貨・食品店を始めていた。1990年代に、数件の民家で、どぶろくや焼酎が細々と売られていた程度だったのが、今では16軒の店が建ち並ぶようになった。そのうち、5軒がネワールやタマンなど他の民族が経営する店で、残りはすべてチェパンが経営するものである。そして店の周りには、将来、店を構えるために購入された家々が何軒も立ち並び、その数は年々

増えている。もう、チェパンのサフがいないとは、この周辺で誰もいわなくなった。

こうした状況のなかで、かつてチェパンを使用人として雇っていた近隣バザールのネワールの店主が、逆に、こうこぼすようになった。「最近のチェパンは、土地の売り買いで儲けていますよ。バザールで店もやっているし、自分は仕事をしないで人を使うことも覚えました。稲刈りの仕事を頼もうとしても、1日200ルピー程度の日当をもらって何になるのか、といって断られるほどです」。

今日のチェパンのサフたちは、自らのバザールへの進出をどう捉えているのだろうか。「昔は、ネワールなど他のカーストのサフたちが、私たちが使う費用で儲けていました。今は、チェパンが使う費用でチェパンが稼ぐんです」。別の女性店主は、「チェパンはバザールに出たら、焼酎やどぶろくを飲まないわけにはいきません。それで以前は、他のカースト・民族が稼いでいました。この新しいバザールでは色々な商品を置いていますが、どの店でも（酒類を）飲むことができます。今はもう、余所で飲む必要はありません。チェパンが飲んでチェパンがサフになるんです」といって笑う。こうした語りも、構造的批判言説同様、チェパンが互酬的な焼酎やどぶろくのやりとりで親睦を深める裏で、誰が儲けているのか、という視点からなりたっている。そうした視点は、チェパン自らが商人としての利益を生み出す場の追求と重なるのである。

VII　実利的民主化と新たな社会的分断

ここまで見たように、チェパン社会の近年の社会変化は、既存の権力の表象行為を批判的に表象する構造的批判言説の広がりと、権力が収奪してきた実利を奪い返し平等に是正しようとする民主化の論理によって支えられてきたといえる。また、前述の「チェパンはチャラークになった」という知的向上の印象は、そうした抽象度の高い知的操作を伴う構造的批判言

説の成果を表現しているものと理解できる。

　しかし、そうした言説と民主化の展開は組織化されたものでも、統合された全体性を持つわけでもない。チェパン外部の権力批判に向かうことがあれば、チェパン内部の権力批判に向かい、社会的な分断や排除をもたらすこともある。

　酒を飲む人たちは、禁酒を求める教会に行こうとしない。そうした人たちは一般に中高年の男性で、ネパール語で細かく書かれた聖書を読むのも難しい。旧来の互酬関係や超越的な無意識の世界の解釈に親しい一方、飛躍的に学歴が上がった若者に比べ、ネパール語での読み書きの能力に劣り、開発で求められる事務処理能力にも欠ける。他方、若者は教会に行くことに抵抗感を持たず、聖書を読み、事務仕事も難なくこなす。本人の意思があれば資金がなくても海外出稼ぎに行き、バザールで店を開くこともできる。

　結局、構造的批判言説や実利的民主化の展開でもある包接型開発、キリスト教化、バザールでの商店経営参入の流れは、それに乗ることができる存在と乗ることができない存在に社会を分断する。ほとんどの若者がこうした流れに、全てが無理でも一部に乗り、未来を夢見ることができる。中高年の男性にとって、その3つの流れに乗るのは容易ではない。状況によっては、それらすべてから脱落する。

　教会に行ったことはないという60歳に近いある男性は、最近こんなことをいうようになった。「ブド（buḍho：年寄り）になった。もう、死んでもいい」。そして笑いながら付け加える。「焼酎を町でタップリ飲んで、一緒に飲んでいる友達にトイレに行くといって大河に飛び込むんだ。そうしたら一発で終わりさ」。彼の家に新しく造られた小さな一室の棚には、多数の酒瓶が並べられている。村の小さな酒屋兼居酒屋である。その店を切り盛りしているのは、長男夫婦（教会に熱心に通い、酒も飲まない）で、そこに置かれた酒を飲むのに、いちいち息子夫婦の許可がいるとこぼす。また、「ブドになって、歯がぐらついて抜けそうだから、マレーシアにいる

次男に相談したら、お金は送るから差し歯をしたほうがいいといってくれた」と、嬉しさと哀しさの入り交じったような表情で話す。教会や禁酒についての話や、こうした商店経営や出稼ぎを巡る日常会話の背景で、「真面目に稼ぐ若者」と「役に立たないブド」の分断が、あるいは「ブド」という存在の排除が進んでいる。

　年を取って体力が落ちたことを嘆き、否定的に捉える声は、以前から耳にすることがあった。だが、かつてのブドたちは、パンデと超越的な無意識世界の見取り図を共有し、存在の深層に潜む魂の居場所や様態を子や孫に語っていた。そして、その見取り図についての知識と語りの実践が、ブドという存在にも深みを与えていた。構造的批判や実利的民主化の波に曝されている現在では、そうした深層世界を語る知性が評価されることはない。

　2008年以降、前述の男性とほぼ同じ世代のM村の男性二人、女性一人[17]が数年のうちに自殺した。以前、M村に自殺者はいなかったという。ある年配の女性は、自殺したパンデ（彼女の親族でもある）の写真を見て「なぜ、死ななければならなかったの。こんな死に方をしてはいけないのに」と繰り返していた。村人たちの一部は、泥酔、家族との喧嘩、そして生来の精神的な不安定さを自殺の原因としてあげる。だが、それらは以前から変わらぬ条件であり、近年生じた困難や苦しみではない。

　実利的民主化の流れから脱落したブドたちが、表層的な実利的眼差しに曝され、「役に立たない」と位置づけられたときに感じる排除の力は、深層の無意識世界が萎縮する以前と比べ、どれほど強いものなのだろうか。三人の死は、そうした今日的な時代状況が抱える問題を、私たちに投げ掛

17　男性のうちの一人はパンデで、もう一人は時折精神的に対人恐怖のような症状を示し、森で数日過ごして家に帰る、という事件を数度起こした人だった。そのような症状は、森の精霊のような存在と結び付けられていた。また、女性は、頻繁にパンデのもとに治療儀礼の依頼に訪れる人だった。

け続ける。

参照文献

Central Bureau of Statistics (CBS)
　2011　*National Population and Housing Census 2011*. Kathmandu: CBS, Government of Nepal.

Fujikura, Tatsuro
　2013　*Discourse of Awareness: Development, Social Movement and the Practice of Freedom in Nepal*. Martin Chautari.

Gurung, Ganesh Man
　1985　*The Chepangs of Nepal: A Sociological Study*. Ph. D. Thesis Submitted to the Department of Sociology, Banaras Hindu University.

Rai, Lagan
　2013　*Conversion to Christianity and Social Inclusion: A Comparative Ethnographic Study of Chepang and Santal communities*. Final Report submitted to Social Inclusion Research Fund (SIRF)/ SNV Nepal. (http://www.socialinclusion.org.np/new/files/Lagan%20Rai_1380088942dW5c.pdf).

Panday, Devendra Raj
　1998　Foreword. In *In the Name of Development: A reflection on Nepal*. Nanda R. Shrestha, pp. i-ix, Educational Enterprises.
　1999　*Nepal's Failed Development: Reflections on the Mission and the Maladies*. Nepal South Asian Centre.

Shrestha, Nanda R.
　1998　*In the Name of Development: A reflection on Nepal*. Educational Enterprises.

SNV Netherlands Development Organization and Nepal Chepang Association
　2008　*Let the People Lead: Lessons for working effectively with excluded groups (The Chepang community's experience in Nepal)*. SNV and NCA.

Tanaka, Masako
　2013　Balancing between Development and Politics: The multiple Roles Played by Indigenous Peoples' Organization in Nepal. *History and Sociology of South Asia* 7(1): 61-78.

アサド, タラル
  2004 『宗教の系譜——キリスト教とイスラムにおける権力の根拠と訓練』中村圭志訳, 岩波書店（Asad, Talal 1993 *Genealogy of Religion: Discipline and Reasons of Power in Christianity and Islam*, The Johns Hopkins University Press）

伊藤敏朗
  2011 『ネパール映画の全貌——その歴史と分析』凱風社.

サイード、エドワード
  1986 『オリエンタリズム』今沢紀子訳, 平凡社.（Said, Edward 1978 *Orientalism*. Pantheon Books.）

橘健一
  2009 『〈他者／自己〉表象の民族誌——ネパール先住民チェパンのミクロ存在論』風響社.
  2015 「チトワン郡チェパン村落における政党支持と抑圧の顕在化」『現代ネパールの政治と社会——民主化とマオイストの影響の拡大』石井溥、南真木人編, 明石書店.

フーコー、ミシェル
  1974 『言葉と物——人文科学の考古学』渡辺一民・佐々木明訳, 新潮社.（Foucault, Michel 1966 *Les mots et les choses: une archéologie des sciences humaines*. Gallimard.）

第 6 章

何に包摂されるのか？

ポスト紛争期のネパールにおけるマデシとタルーの
民族自治要求運動をめぐって

藤倉 達郎

I はじめに

　ネパールのポスト紛争期の大きなキーワードとなった「社会的包摂 (social inclusion)」という言葉は、そもそもどういう意味を担わされていたのだろう？　社会的包摂はおそらく「社会的排除 (social exclusion)」の対義語であろう。では、これまで排除の対義語と考えられてきた他の言葉は、と考えてみると、「同化 (assimilation)」や「統合 (integration)」が思い浮かぶ。

　一方で、「包摂」という日本語は、政治経済学や地理学で用いられる subsumption の訳語としても使われる。これは経済や社会が、外生的な存在を取り込んでいく過程を考えるときに使われる言葉である。例えば自給的な農業をいとなんでいた人たちが、資本主義的な生産様式へと、変容されつつとりこまれていく仕組みについて考察するための用語である［今村 2009 参照］。

　ネパールで議論されてきた包摂が、少なくとも理想としては、同化とも、統合とも、subsumption とも違う意味をもつとしたら、それはどのようなものだろう。例えば、subsumption としての包摂が、異質なものとして世界システムに接合されたものが、やがて異質性を失いながら統合されていく過程であるとしたら、inclusion としての包摂にとっての重要課題は、異質性や差異を、なんらかの仕方で確保しつつ接合する、ということになるのであろうか？　また、社会的包摂というときに、「社会」の側には何が起こるのか、という問題もある。同化や統合という用語が語られていたときに、当該社会が、異質なものを同化したり統合する前とあとでは、根本的な変化を起こさないと考えられていたのに対し、社会的包摂においては、「社会」の側の変化に、より力点がおかれていたのではなかっただろうか。

　民族／カースト集団の包摂と、連邦制の構築をめぐる争いは、紛争後ネ

パールにおける大きな政治課題である。本章ではそのなかで特にマデシとタルーによる民族自治州要求運動について、フィールドワークでの経験にも触れながら振り返ってみたい。連邦制および民族自治州要求運動は、包括的和平合意直後の2006年12月から大きな興隆をみせ、さまざまな議論や反動を呼び起こしながら展開してきたが、2013年11月の第二回制憲議会選挙でマオイストやマデシ系政党が大敗を喫すると、これは民族自治州運動に反対する「民意」のあらわれであるという説明がカトマンドゥを中心に広く語られるようになった。

　そして、2015年4月から5月にかけてのネパール中部大地震が起こる。これを機に、マオイストを含む制憲議会の主要3政党が、震災に挙国一致で対処するために、憲法制定過程を急加速することに合意する。さきほど私があえてネパール「中部」大地震と書いたのは、この地震がカトマンドゥ盆地を含み、西はゴルカ郡から東はドラカ郡に至る山岳・丘陵地域で大きな被害を引き起こした一方で、タライ平野や東部、中西部、極西部の山岳・丘陵地域にはほとんど影響を与えなかったことに注意を喚起したいからである。つまり「いまは争っている場合ではない」というメッセージは、カトマンドゥ周辺とタライとでは、その説得力に大きな違いがあったということである。カトマンドゥで、「いずれにしろ憲法ができるのはよいことだ」という声が多く聞かれるなか、タライでは激しいデモと衝突が繰り返された。そして9月17日、タライの6つの郡で外出禁止令が敷かれるなか、カトマンドゥの制憲議会で、ネパールの新憲法が圧倒的多数で採択された。

　本章の中心をなすのは、集団的な包摂を巡って、大きな動員や暴力をともないながら展開したこの政治の軌跡を、いくつかの民族誌的断片をとおして、部分的にふりかえる作業である。

　そのうえで、ふたたび「包摂とはなにか」という問いにたちもどり、この政治過程で争われてきたことについて、人類学者テレンス・ターナー（Terence Turner）の、文化的差異と「集団の権利」に関する議論も参照し

ながら考察をおこなう。

II　マデシ自治州運動

1　マデシ自治州運動の軌跡

　マデシとは、タライ（ネパール平野部）で北インド系諸語（マイティリー、ボージュプリー、アワディー等）を話す人々の総称である。マデシュ（Madhesh）はタライを指し、マデシはそこに住む人を指す。マデシは山地出身のパハリ（*pahāḍī*）と対置される。1960年代以降のパンチャーヤット体制のもとで制度化されたネパールのナショナリズムの特徴の一つは、インドとの違いを強調することであった。そこではネパール中部丘陵部の文化が真正のネパール文化を代表するものとされ、国語としてのネパール語がナショナリズムの重要な柱となっていた。このなかで、ネパール語を第一言語とせず、その多くがインド側の住民とも親族関係を持つマデシは、常にネパール国家への忠誠を疑われる存在となってきた［Gaige 1975］[1]。

　マデシの人口構成は複雑で、高カーストから低カースト、教育水準の高い人から低い人も含む。私がマデシの差別に最初に触れたのは、1997年に西ネパール丘陵部のサリヤン郡でフィールドワークをしていた時だった。サリヤン郡の森林局の職員といっしょに森の中を歩いていたとき、たまたま一緒になった高校生に森林局員が樹木に関するクイズを出した。答えられなかった高校生を森林局員がからかうと、高校生は、「あなただってネパール語がちゃんと話せないじゃないか。ネパール人ならネパール語をちゃんと話せなければいけない」と反論し、森林局員は言葉を失っていた。彼はマデシだった。このように公務員として働くマデシの人たちは多い。サリヤン郡の公教育の要職にもマデシの人たちが何人かついていた。しか

---

[1]　近代ネパール・ナショナリズムにおけるネパール語の重要性についてはOnta［1996］も参照のこと。

し警察や軍隊に占めるマデシの人たちの割合はとても少ない。これはマデシのネパール国家への忠誠心への疑惑の効果であり、マデシ運動家たちが是正を求める重要なポイントでもある［Lawoti 2005］。

その後に、ネパールでのマデシの位置について考えさせられる機会になったのは「リティック・ローシャン（Hritik Roshan）暴動」である。2000年12月16日、インドの人気映画俳優リティック・ローシャンがインタビューで「ネパールも、ネパール人も大嫌いだ」と言った、という噂が広まり、タライとカトマンドゥで抗議行動と暴動が起こった。マデシの商店や家、インド系のビジネス等が襲われた。現在、マデシュのネパールからの分離独立を唱えているC. K. ラウト（C.K. Raut）は当時カトマンドゥで工学を学ぶ学生だった。ラウトは、「それまで自分はネパール人だと思っていた。リティック・ローシャン暴動が私をネパール人からマデシに変えた」と言っている［Hindustan Times, 26 Jan 2016］。

2005年3月、非常事態宣言下のカトマンドゥで「ネパールのタライ──その文脈と可能性（Nepal Tarai: Contexts and Possibilities）」というシンポジウムが開かれた。このシンポジウムにマデシ知識人が多数参加し、かれらのネパール国家と社会に対する不満を熱を込めて語った［Yadav 2011参照］。これまでネパール国内外のタライ研究（おもに人類学など）はタルーを対象としたもの以外、非常に少なかった。このシンポジウムで初めてマデシの怒りに気づいた「ネパール専門家」たちも多かった。

これらに先がけて、1997年に超党派のマデシ連携組織としてマデシ人権フォーラム（Madeshi Janadhikar Forum）が設立されている。その設立はマオイストの支持のもとに行われ、一部のリーダーは一時マオイスト運動にも参加していた。かれらは和平後のマデシによる連邦制要求の主要な政治的リーダーとなっていく。

2006年12月26日、西部タライのネパールガンジでマデシ政党であるネパール友愛党（Nepal Sadbhavana Party）がストを呼びかけた。治安部隊はマデシの行進を阻止し、同時にパハリがマデシの商店を襲撃する。

2013年にインタビューに答えてくれたネパールガンジのマデシの商店主は、その日のことについて、「マデシがストを呼びかけたり、デモ行進をするなんて許せない、とパハリたちが思ったのだよ」と語った。この日、パハリがマデシを病院の中まで追いかけて攻撃する様子や、警察がその行動を支持している様子がマオイストによって撮影され、DVDになって、タライに広く流布した。ここからタライで抗議行動や暴動がつづき、ギリジャ・プラサード・コイララ（Girija Prasad Koirala〔ネパール会議派〕）が首相をつとめていた暫定政府は、連邦制の実施を約束することになった。ちなみにマオイストはDVDによって政府の横暴を伝えようとしたのであるが、DVDはマオイストとすでに対立していたマデシ勢力に利用され、その動員に効果を発揮したのだった。

　マデシ運動はこのように広がり、2008年4月10日におこなわれた第一回制憲議会選挙で、マデシ勢力は、マオイスト、ネパール会議派、ネパール共産党（UML）に次ぐ、第4の勢力となり、どの政党も絶対多数を占めない制憲議会のなかで、連立政権を組織する際にキャスティングボートを握る重要な位置を獲得した。しかしマデシ政党は第二回制憲議会選挙において、マオイストとともに大敗した。そして2015年の大地震のあとの急速な制憲過程において、マデシ運動が要求し、暫定政府からも約束を得ていたマデシ自治州は、大幅に縮小されることになり、マデシ運動は8月8日に「無期限ストライキ」を宣言した。タライにおける抗議行動は、最初の数週間は、平和裡に行われていた。しかし8月末にかけて激化し、後述する西部タライにおけるタルー自治州運動とあわせて、8月から9月にかけて、治安部隊の10名を含む46名の死者がでた。

　インドからネパールへの物資輸入の最大の要所であるビルガンジにおいては、8月後半まで、デモは日中に行い、インドからの物資を載せた車両は夜間に通過するという仕組みが守られていた。しかし、タライでのデモが、カトマンドゥの政治状況にまったく影響を与えていないことに苛立ちを覚えた一部のマデシ活動家たちが、8月の終わり頃、障害物や車両への

投石で物流の妨害を試み始める。投石によって警官が骨折する事件などののち、8月31日には外出禁止令が出されたが、それ以降も大規模な衝突が起こり、複数の民間人が警官によって射殺された［Human Rights Watch 2015: 24-29］。

　国際人権団体ヒューマン・ライツ・ウォッチ（Human Rights Watch）は同年9月10日から19日にかけてタライの5つの郡で調査を行い、8月24日から9月11日までに殺された25名について報告している［Human Rights Watch 2015］。このうちマデシ運動に関連して命を失ったのは16名で、うち警察官は1名、残りは民間人である（残りの9名は後述のタルー運動と関連するティカプル事件の被害者である）。報告書によると、これら25名のうち、誰一人として、殺される時点で、他者に危害を加えようとしていた形跡のある者はいないという。例えば、タマン・ビソーカルマ巡査部長を乗せた救急車が農村部で集団に止められ、そののちに彼の死体が田んぼで発見されている。彼は、9月11日にマホッタリ郡で、私服でオートバイ乗車中にデモ参加者につかまり、頭に重傷を負ったために、都市部の病院へ移送される途中だった［Human Rights Watch 2015: 33-34］。同郡では、ビソーカルマ巡査部長の死体発見の数時間後に、デモが行われている付近で雨宿りをしていた女性（41歳）と、農村部の市場に野菜を買いに来ていた男性（71歳か72歳）を、武装警察が頭を撃ちぬいて殺害している［Human Rights Watch 2015: 34-35］。この他、ヒューマン・ライツ・ウォッチは、警察による無抵抗の民間人の殺害例として、学校帰りの少年や、けが人に水を与えようとしていた少年が射殺された事例や、警察官によって押さえつけられた上で至近距離から顔面に銃弾を受けて殺された複数の事例を報告している。

　9月11日にはジャナクプルでも大規模なデモンストレーションが行われた。警察は催涙ガスと実弾を使用し、多くの死傷者がでた。警官たちはこの日、「ビハール人たちを撃て（*Bihārīharulāi ṭok*）！」と叫びながら発砲していたという［Human Rights Watch 2015: 38］。ビハールとは国境を越

えたインド側にある州の名前である。警官たちはジャナクプルに住むマデシたちを、ビハール人と名指しながら催涙弾と実弾を浴びせていたことになる[2]。

2 新憲法発布前後のノートから

2015年9月20日憲法発布の日に、私はカトマンドゥにいたくなかった。カトマンドゥで話を聞く人たちの、「なんでもいいからとりあえず憲法ができることはいいことだ」という言葉や、「マデシ運動って、インド人が文句を言っているのだろう」というような言葉と、タライのマデシやタルーの人たちの感覚があまりにかけ離れているように感じていたからだ。そこで私は憲法発布の前日、カトマンドゥ盆地の南端の街、チャパガオンから南へ歩いて3時間半ほど、山を二つ越えたあたりのところにある、グッシェル村に向かった。私は1986年12月から翌年にかけて、この村に1ヶ月ほどホームステイをした。2015年4月の震災のあと、30年前にはホームステイ先の幼児であったウットムと電話で話はしていたが、まだ実際に村を訪問できていなかった。

グッシェル村に行く道沿い、ひどく壊れた家屋や学校の校舎を見た。グッシェル村のウットムの家は、3階建ての、村で一番立派な家だったのが、いまは1階部分だけがかろうじて残っている。ウットムはいまこの家に、妻と、ちいさな息子二人と住んでいる。震災でグッシェル村では5人の死者がでた。ウットムの家族は無事だった。ウットムはジャイシー・

---

[2] マホッタリ郡出身の著名なコラムニストで、マイティリー話者でもあるC.K.ラールは、新憲法発布一周年記念日である2016年9月20日発行の新聞エッセイで、いずれは破棄されるであろう憲法に対してわざわざ黒旗を振って抗議するよりも、むしろ、「9・11」を「犠牲の日」として、ネパールのすべての虐げられているものたちのために記念すべきである、と論じている［Lal 2016］。

バフン(ブラーマン)[3]だ。カトマンドゥ盆地の高校に行ったあと、村に戻って来て農業をしている。この村の子どもたちがカトマンドゥ盆地の高校に行くと、田舎者と馬鹿にされる。「アンクル、なぜカトマンドゥの人は貧乏人を馬鹿にするの？」と聞かれたことがある。

　ウットムの畑の一部に携帯電話の電波塔を建てる工事が行われている。工事の現場監督はマデシで、電波塔の制御器械をおさめる「シェルター」に寝泊まりし、ウットムの家で食事をしている。私も同じシェルターに泊まることになった。

　憲法発布の前日の夜、シェルターでお互い布団に入っているときに、現場監督は私に話す。「マデシに銃をつきつけて無理矢理通した憲法なんて、長持ちするはずがない」。彼は10年程前にネパール陸軍の電気技師の求人に応募したときの話をはじめる。募集は50人で、応募者は36人だった。そのうち10人は書類の不備で却下された。残った26人のうち25人が採用され、自分だけが不採用だった。自分の名字が「ジャー（Jha; マデシに含まれるマイティリー・ブラーマンに特有の名字）」だったこと以外に理由は考えられない。

　「いまタライでは、政府の人間が家のなかに押し入ってきて、女性の前で性器を露出している。また内戦がはじまる。15年ぐらいまえにリティック・ローシャンの発言で大暴動になっただろう。またあの時のようになると思う」。

　トウモロコシの収穫期で、ウットムとその妻は暗いうちから起きて収穫をはじめ、日が暮れても収穫をしている。3階建ての家が1階だけになってしまったので、収穫したトウモロコシをどこに置けばいいのか、としき

3　ジャイシー・バフンはカースト・ヒエラルヒーで、他者のさまざまな祭祀を執り行うウパッディヤ・バフンの下位に位置づけられている。このあたりのジャイシー・バフンには水牛や牛を飼い、中位カースト／民族と同様、農業に従事する人たちが多い。

りに話している。「村では朝9時にご飯を食べてから、次、いつ食べられるかわからない」とウットムの妻は言う。

　ウットムはグッシェル村周辺で、有機農業が流行っていることを教えてくれる。自分も茶の有機栽培を始めようと思っているそうだ。また、60年ぐらい前に使われていたトウモロコシの種を有機肥料で育てたという。そのトウモロコシを二本焼いて、おやつに出してくれた。とてもおいしい。ウットムは、女性への留保政策はよいと思う。障害者への留保政策もよいと思う。しかしジャート（*jāt*; カースト／民族）を基準にした留保政策はよくないと思う、と言う。「能力にしたがって、自由な競争で選ばれなければいけない」。

　その日の夕食はウットムがつくった。夜9時頃の夕食時、タライの状況について語る現場監督に、ウットムは「外出禁止令を出すのはよくない」と同意する。しかし、つづけてウットムは「ジャーティヤ・ユッダ（*jātīya yuddha*; カースト／民族間の戦い）はやめて、バルギヤ・サンガルシャ（*vargīya saṅgharṣa*; 階級闘争）に向かおう」と言う。現場監督は「ひとりでやっても、なにも変わらない」と話をそらす。ウットムの妻は現場監督に同調する。

　憲法発布の翌朝、カトマンドゥに戻って、新聞屋の前に立っていると、通りがかりの男が新聞屋に「憲法発布おめでとう！」と言う。新聞屋は「なにがおめでとうだ。一面をよく見ろ」と言う。一面には、インドの外交筋がネパールの憲法発布に「遺憾の意」を表し、これからネパール国内の治安が不安定化して、物流が滞る可能性を示唆したと書かれている。少し歩くと、ガソリンスタンドに長蛇の列ができている。インドからの原油輸入が止まると思った人たちの列だ（実際にこのあと8ヶ月間、ネパールはインドからの輸入物資不足に苦しむことになる）。

　その日、友人のシェルから電話が入り、カトマンドゥの中心にある広場で憲法発布を祝うイベントがあるから、その賑わいを見に行こうと言う。シェルは中西丘陵部出身のマトワリ・チェットリ（「酒を飲むクシャト

リア」)⁴で、ネパールの統一とヒンドゥー教を、キリスト教やイスラームの宣教から守らなければならないと常々言っている。カトマンドゥの中央の広場には、顔にネパール国旗のペインティングをした人や、大きな国旗を掲げて練り歩く人たちがいる。その上をネパール陸軍のヘリコプターが飛び、祝いの赤い粉を撒いていく。祝賀イベントでは、共産党（UML）党首のカドガ・プラサード・オリ（Khadga Prasad Oli）、マオイスト党首のプラチャンダ（Prachanda, 本名 Pushpa Kamal Dahal）とネパール会議派党首で当時の総理大臣のスシル・コイララ（Sushil Koirala）が演説を行った。

　1996年に始まったマオイスト武力革命闘争を率い、第一回制憲議会で最初の総理大臣もつとめたプラチャンダは、この演説で、ネパール人民自身の代表による憲法の制定は、かれこれ70年来のネパール人民の悲願であったと強調した。つまり、内容に関わらず、まずは総選挙で選ばれた制憲議会によって憲法が制定されたことを歴史的成功として祝うべきだと強調したのである。そして新憲法の特徴として、共和制、連邦制、留保制を通じた包摂政策、世俗主義（*dharma nirapekṣatā*）と信教の自由を挙げ、これらの理念を現実にするため、ネパール人民が一致団結して努力する必要を訴えた。さらに、マデシやタルーをはじめとして、さまざまな集団が新憲法に不満を唱え、運動をおこなっていることに触れ、マオイストはその運動の初めから現在まで、その人たちのアイデンティティと権利のために戦っている、と言った。しかし憲法は発布後にも改正が可能であることを

4　マトワリ・チェットリはネパール中西丘陵部に多く、もともとクシャトリアであったが、酒を作って飲むようになり、クシャトリアが行うべき人生儀礼の一部をとりやめたため、カーストの地位が下がった人々である、と一般的に説明される。ただし、ドル・バハドゥール・ビスタ（Dor Bahadur Bista）は、この説明は間違いでマトワリ・チェットリはもともと非ヒンドゥーの牧畜生活者であり、ブラーマニズムがネパールに浸透した後も、飲酒を含む昔からの慣習を維持してきた民族（ジャナジャーティ）なのであると論じていた［Bista 1995］。

強調し、話し合いを通じて、マデシやタルーにも納得できる憲法に変えていく必要について述べた。そして最後に、インドによる新憲法批判を念頭に、「わたしたちはインドの友でありたい。奴隷になるつもりはない」と言って喝采を浴びた。

III　タルー自治州運動

1　タルー自治州運動の軌跡

　タルーはタライに住む民族であり、近年、先住民としての権利を主張してきた。2011年のネパールの人口調査によると、タルーは170万人超で、ネパール人口の約6.6%を占める。これはジャナジャーティと呼ばれるネパールの民族集団のなかで、マガルに次ぐ2番目の多さである。タルーはマラリアへの耐性があるとされ、長年、マラリアがある平野部で農業を営んできた。しかし1950年代に世界保健機構（WHO）やアメリカ合衆国の援助によるマラリア撲滅計画が始まると、パハリ（丘陵部の住民）が土地を求めてタライに移住するという現象が起こる。パハリたちのほとんどはネパール語を話し、読み書きができた。文字のわからないタルーたちの多くの土地が、パハリの手にわたっていくということが、特に西ネパールで顕著に起こり、土地を失って債務農業労働者になるタルーが多数あらわれた［Fujikura 2007］。

　内戦終結後にタルー自治州（タルーハット）要求運動を先導したのは、もとマオイストの人民解放軍司令官、ラクシュマン・タルー（Laxman Tharu）である。マオイストを離れてタルーハット自治州要求運動を始めたのは、マオイストがタルーの自治州としていた「タルーワン」のリーダーにラクシュマンではなく、バフン（ブラーマン）を任命したからだと、彼は言う。西部タライ地域を中心にはじまったこの運動だが、当初、タルーの主だったリーダーたちは懐疑的だった。タルーの集中する西部タライにおいても、多くの場所でタルーとパハリが混ざって暮らしている。そ

こをどうやって「タルーの州」にするのだ、という意見や、タルーの自治州運動をすることでタルーが危険にさらされるのではないか、という意見も聞かれた。私も多くの民族やカーストが混在するネパールを特定の民族名によって区分けする制度についての疑問や危険性への感覚を、これらのタルー・リーダーたちと共有しているつもりであった[5]。

　そのタルーハット運動が盛り上がったきっかけは、2007年に暫定政府が、マデシ勢力と「タライ全土をマデシ自治州にする」と約束してからである。当初懐疑的であった多くのタルーのリーダーたちも積極的にタルーハット運動に参加するようになった。「タルーは先住民であり、インドから来たマデシとは違う」という主張がなされた。多くのタルーは日常生活において、マデシを「デシ」[6]と軽蔑をこめて呼んでいた。タルーはマデシではない。インドとの国境を行き交い、ネパール人かどうかよくわからないマデシと違って、タルーは移動せず、ずっとネパールのタライに住み続けた先住民である、という主張のもとにタライ西部での長期のストライキを成功させた。私は以前、私の旧知のタルー・リーダーたちのこの運動への参加について、学校教育を受け、「地図」が国民国家を構成する重要な要素であることを知っているかれらが、「ネパール連邦民主主義共和国」の地図に、他の民族名があって、タルーの名前がないという事態になれば、これまでのかれらの活動や闘争が「なかったことになる」、そしてネパールを構成する一員としてのタルーが「いないことになる」という感覚につきうごかされていたのではないか、と解釈した［藤倉 2015］。

　しかし2009年、ラクシュマンがマデシ政治家たちと手を組んだことで

5　詳しくは［藤倉 2015］参照。タルーとネパール国家の関係については［Guneratne 2010］も参照のこと。

6　「デシ」はインドで使われるヒンディー語等で「インドの」「祖国の」という意味であるが、ネパールではインド人やインドに関することに対して侮蔑のニュアンスをこめて使われることが多い。

運動は混乱し、いったん勢いを失った。その後、第2回制憲議会選挙にむけて、「アイデンティティにもとづく連邦制」に反対し、「アカンダ・ネパール（akhaṇḍa nepāl）」を標語とする運動が盛り上がる。「カンダ」とは「部分」という意味であり、その前についた「ア」は否定詞である。つまり、「アカンダ」とは「部分にわかれていない」「統一された」という意味を持つ。すなわち、民族を単位とした連邦制を要求するものたちは、個別のアイデンティティに拘ってネパールを分裂させるものたちであり、これに対して、ネパール人としてのアイデンティティを再び呼び覚まし、ネパールの統一性を守らなければならないという主張である。このような主張に押されるようなかたちで、第2回制憲議会選挙でマオイストが大敗した。この選挙結果は民族自治要求を否定する民意だという解釈が力を持つと、タルーのリーダーたちは危機感を強め、マデシやマオイストたちとの共闘を強める。

2　ティカプル事件

2015年新憲法における連邦の区分けが行われる過程で、タルーハット／タルーワン運動は再び盛り上がりをみせる。一方、パハリによる「極西部統一（アカンダ・スドゥール・パッチム Akhaṇḍa Sudūr Paścim）」運動が起こる。それは、これまでの地域区分と同様、極西ネパールのヒマーラヤ、丘陵部、タライを北から南までつなぐ、縦割りの区分を維持せよという運動である。この極西部統一運動とタルーハット／タルーワン運動のあいだで、激しい衝突がくりかえされることになる。

2015年8月24日に極西部ネパールのカイラリ郡ティカプルで、悲劇的な事件が起こる。このころ、タルーハット／タルーワン運動と、極西部統一運動は、お互い一日おきにデモを行うような状態であった。8月24日の前日、タルーのリーダーたちは、翌日、ティカプルの政府関係の建物に向かって行進をし、建物に「タルーハット」や「タルーワン」という文字を書くという計画を警察に通告していた。警察は「そのような行為

は、政府の財産に対する器物損壊にあたるので、認められない」と答えていたそうである（2016年3月20日、ティカプルの警察署長へのインタビューから）。このデモ行進を計画したタルーのリーダーたちによると、これはあくまで非暴力の運動のはずであった。警察側も非暴力のデモになる、ということに疑いを持っていなかったようである。カイラリ郡の郡庁所在地であるダンガディから派遣された、武装警察隊の警視正ラクシュマン・ネウパネ（Senior Superintendent Police, Laxman Neupane）が軽装備の警察官20名ほどだけを連れて、数千人規模（タルーのリーダーたちによると2万人規模）のデモの警備に向かったことからも、そのことがうかがわれる。

　しかし、村々からティカプルに向かったタルーのデモ行進の先頭あたりと、停止するようにと説得にあたっていたネウパネたちのあいだにトラブルが起こり、催涙弾が発射され、覆面をした一群が、警察官たちに刃物などで襲いかかるという事態が起こる。これによって、警察官計8名が命を落とした。ネウパネ警視正はトラブルの際、近くの建物の中に隠れたが、発見され、引きずり出され、殺害された。武装警察隊のビハリ・チョウダリ巡査（Bihari Chaudhari）は、暴行をされた上に、火をつけられて殺された。このとき、チョウダリ巡査は「自分もタルーだから殺さないでくれ」と命乞いをした、と伝えられている［Human Rights Watch 2015: 17］。さらにこの衝突の数時間後、衝突場所近くの自宅の庭にいた、武装警察官の一歳半の幼児が、銃弾によって死亡した。これらの殺害事件が、だれの手によるものか、いまだに明らかになっていない。

　事件をきっかけにこの地域に軍隊が動員され、外出禁止令が出される。しかし、治安部隊が道路を警備しているなかで、ティカプルで名を知られたタルーの家や、タルー組織の事務所に暴徒が押しよせ、略奪と放火をするという事態がおこる。2016年3月にティカプルで私が臨地調査を行った際も、略奪され、焼き討ちをうけた家々はそのときのままの状態に保たれていた。被害に遭ったタルーの人は、火事の影響でぐにゃりと曲がった、天井の扇風機などを私に見せながら、略奪や放火があったことを示しつづ

けるために、そのままにしているのだと教えてくれた。軍隊から何度も片付けるように言われた、そして焼かれて外に置いていたものについては、軍隊が来て片付けていった、と言っていた。

　事件後に警察がティカプル周辺の主だったタルーの人たちの拘束を始めたため、多くのタルーが国境を越えてインド側に逃れた。私のインタビューに答えるタルーたちも、ホテルの庭の片隅などで、他人の目を気にしながら私に語ってくれるという状態であった。行政当局によって、「和解と平和」のためのイベントが何度も企画されたが、そのような場所に行って治安部隊に逮捕・拘束されることを怖れて、タルーたちはほとんど参加しなかった。イベントに出席しているタルーはだいたい自分だけだ、と言って、私を案内してくれたタルーの新聞記者は笑った。

　その時点でも、いまだにカイラリ郡に戻って来られないタルーのリーダーもいた。警察官殺害に関しては、58名のタルーが告発され、25名が逮捕された。2016年3月に拘束中の19名のタルーにインタビューを行った人権団体アムネスティ・インターナショナルによると、19名中18名が警官による暴行を受けたと証言している（殴る蹴る、木の棒やプラスチックのパイプで殴る、殴られて失神すると水をかけられて、また暴行されるなど）[7]。また、警察が作成した自白調書への署名や拇印を物理的に強要され、調書の中味を読ませてくれというとさらに暴行をうけたともいう［Amnesty International 2016］。他方、タルーの家屋に対する焼き討ちに関して逮捕されたものは一人もいない。私のインタビューにティカプルの警察署長は、焼き討ちに関していくつかの告訴状は受け取っているが、いずれも書類に

---

[7] ただ一人、暴行を受けていないと答えたのは前述のラクシュマン・タルーである。ラクシュマンはこの時点でマデシ人権フォーラム（民主派）（MJF-D）の中央委員をつとめる高名な政治家であった。カイラリ郡の警察官たちも、タルーとはいえ、中央の政治家たちと深いつながりをもつラクシュマンに直接暴行を加えるのは得策ではない、と判断したのかもしれない。

不備があったので、なにもできていない、と答えた。

　2016年3月、ティカプルの中心に位置する交差点には、銃弾によって命を失った幼児の写真が「極西部統一運動の最初の殉死者」という文字とともに掲げられ、また同じく中心部のクリケット場の入り口に、事件で命を失ったラクシュマン・ネウパネ警視正の写真を引き伸ばし「わたしたちはあなたを惜しむ（"we miss you sir"）」の言葉を添えられた巨大なポスターが置かれていた。

　この事件はネパールで全国的に報道され、タルーの行き過ぎた民族主義が引き起こした惨事として受け取られた。事件当時のカトマンドゥでは、「権利主張と言いながら、罪のない警察官を殺すとはなにごとか」「わたしたちはみんなネパール人（hāmī nepālī）」といった反応が多く聞かれた。この事件によってタルー自治州運動は大きな打撃を受け、停滞した。とあるタルーハット支持者の友人は、この事件のあと、学校に通ったことのない母親に「タルーの権利というが、それで人を殺したり殺されたりするのならば、権利など、ないほうがいい」と言われ、返す言葉がなかったという。タルーハット運動に積極的に参加していたリーダーたちのなかにも、自治州要求のあり方について再び疑問を語り始めるひとたちが出てきた。

　他方、事件の直後にティカプルを訪れて調査を行ったバースカル・ゴータム（Bhaskar Gautam）は、この事件についての世論やマスメディアの報道のあり方に異議を唱えている［Gautam 2072 v.s.］。そこには二点がある。第一に、丘陵部出身の高カーストが地主としてタルーを搾取してきた歴史にまったく触れず、パハリとタルーの間の争いをコミュナリズムであるかのように報道がされていることである（コミュナリズム〔sāmpradāyikvād〕とは言語や宗教で結ばれたある社会集団が他集団に対する優位性を主張する思考形式であり、インドではこの言葉は英植民地期以降、ヒンドゥーとムスリムの間や、カースト間の暴力的対立を形容する言葉として使われてきた［内藤 2012］）。第二に、タルーのような周縁化された集団が、長くネパール国家によってひどい扱いを受けてきたことにまったく触れず、タルーが非合理な要求によっ

て、せっかくの新憲法制定を阻害しているというような見方を喧伝しているところである。しかし、周縁化されていると意識している人たちから見ると、以前と同じような体制が新憲法で制定されるということは、ここ何十年かの社会運動にも関わらず、不正義が継続するということである。

　ゴータムは 10 年間にわたるマオイスト紛争時の、ネパール国家によるタルーへの仕打ちに注意を喚起する。紛争期にカイラリ郡で殺害された人たちの過半数はタルーである[8]。また隣接するバルディヤ郡は、紛争時に強制失踪がネパール中で一番多く発生した場所である。紛争終了後、国際連合高等人権弁務官事務所（UNHCR）は、バルディヤ郡で 200 件以上あるとされる事例のうち 156 件について調査を行った [UNHCR 2008]。強制失踪事件 156 件中 24 件はマオイストによるものであり、残りはネパール国家側によるものであった。このうち強制失踪されたタルーは 135 人で、強制失踪者数の 85％にあたる（バルディヤ郡におけるタルーの人口は 52％である）。私も紛争の激しい時期にバルディヤやカイラリを含む西部タライをバスで行き来し、治安関係者によって貧しいタルーが、最初からマオイストか、マオイスト支持者であると疑われ、厳しい尋問をうけるのを何度も目にしていた。

　ゴータムはさらにタルーの運動を、連邦の線引きの争い還元するのは、

---

[8] これについて精確な数字を示すことは困難であるが、例えばネパールの人権団体であるインフォーマル・セクター・サービスがウェブ上で公開している「紛争被害者プロフィール」によると、カイラリ郡に住所があって、紛争で命を失った人たちは 420 人である [INSEC 2010]。このうちタルー語話者を検索すると、283 人の記録が出る。つまりカイラリ郡に住所を置いていて殺害された人たちのうち、67％がタルー語話者だったということになる。他方、カイラリ郡が公表している統計によると、2015 年における同郡のタルー語話者は 41％である。このような数字からも、タルーが他の集団に比べてより多くの犠牲を強いられたという傾向を読み取ることができる [District Development Committee Kailali 2015]。

問題の本質を見失うことだと言う。そもそも連邦制は、「国家の再編成 (state restructuring)」という課題のもとに議論されてきたことである。すなわち、幾度もの民主化運動を経た上で、「国家とはいかにあるべきか」「これまであったネパール国家のかたちをどのように変えていくべきか」を、これまで国家の主流から疎外されてきたひとたちの視点から問い直すという課題なのである。

そのうえで、ゴータムはいまのネパールでコミュナリズムと混同されやすい「アイデンティティ政治」というラベルをタルーの運動に貼り付けることを否定する。タルーが希求しているのはアイデンティティではなく、「人権」なのだとゴータムは論じる。タルーやその他の集団の人権が守られるために、いかに国家を再編成していくかということが「新しいネパール」を作る際の最重要課題なのである、とゴータムは言っているようである[9]。

IV 結びにかえて

本章において、ネパールでの「包摂」をめぐる社会動態について、マデシとタルーの自治州要求運動に着目しながら述べてきた。そして最後に、タルーの自治州要求運動に関して書かれたゴータムの、タルーはアイデンティティ政治をしているのではなく、人権を求めていると理解すべきだ、という主張を紹介した。確かに2012年の第一次制憲議会解散以降のネパールにおいて、少数者の「アイデンティティ」という言葉は、ネパールの「統一」という言葉の前に劣勢に立たされているように見える。そこ

---

9 ゴータムの議論に加えて、1990年代以降のネパールの政治動態を、開発の枠組みではなく、国家と市民のあいだの社会契約の結びなおしの要求という視点から見なければいけない、というセーラ・タマン［Tamang 2002］の議論も重要である。

でマデシやタルーの運動を、基本的で普遍的な人権の要求であると理解した上で、「新しいネパール」のあり方を議論すべきである、というのがゴータムの主張である。では、「アイデンティティ」ではなく「人権」の問題として考えようとする場合、なにが課題になるだろうか？　少し話が飛ぶようではあるが、ここで、アメリカの文化人類学者、テレンス・ターナーの普遍的人権についての議論を振りかえることで、結びにかえたい。

　ターナーは1960年代以降、アマゾンのカヤポという先住民たちのもとでフィールドワークを行っていた。アマゾンの開発によってカヤポの人たちの生活が脅かされるようになると、ターナーはカヤポの権利運動に積極的に関わるようになる。ターナーは人類学者による社会運動への関わりについて、グローバル化のなかで、「参与観察（participant observation）」と「運動家としての参加（activist participation）」の区別は困難、あるいは無意味になってきた、と論じていた [Turner 2006]。このような関与のなかで、人類学と「人権」の関係が課題として浮上する。アメリカ人類学会は1947年に「世界人権宣言」に反対する立場を表明していた。文化相対主義的な立場から、世界人権宣言は西洋的な価値観の、他の社会への押し付けであると批判したのである。しかし、とくに1980年代以降、多くの人類学者が、先住民等の人権運動に関わるようになり、あらためて人類学と人権の関係を考え直す必要が出てきた。1995年にアメリカ人類学会によって発表された人権についての声明には次のような文言が含まれている。

> 学問としての人類学は、人間の多様性と共通性のあり方とその基盤を研究する学問であり、実践としての人類学は、人間にとっての問題の解決にその知見を応用しようとするものである。……アメリカ人類学会は、人間の差異（human difference）が権利の否定の根拠としてもちいられる事態に、これからも注意しつづけていかなければいけない。ここでいう「人間」とは、その文化的、社会的、言語的、生物学的に包括的な意味で理解されたものである。[Turner 1997:

286］

　この声明の起草に深く関わったターナーは、この文言の根底にあるのは、差異をつくりだす力としての文化的能力が、あらゆる人間集団に普遍的に備わっているという、人類学の基本的な視座であるという。人類学者はこの普遍的能力が発揮されうる状況を支持し、それが否定される状況に強く反対すべきである。文化的能力は集団によって伝達され、維持され、変容されていくものである。すなわちそれは（個人ではなく）集団にそなわる権利として守られなければいけない。マデシやタルーがネパール語以外の言葉を話し、近代ネパール・ナショナリズムで奨励されたのとは違う習慣を持つとしても、それを理由にかれらが排除されてはならない。このような見方から、包摂の問題をもう一度考えなおすことはできないだろうか？タルーの一部のリーダーたちが言うように、それを実現するための最善の方法は、民族連邦制ではないのかもしれない。ではそれ以外に、マデシやタルーが、マデシやタルーであり続けながら、他と平等なネパール人でありうるためには、どのよう方法あるのだろうか。そのことが、さまざまな社会的分断を越えて、広く建設的に話し合われるような政治状況が、近い将来ネパールにおとずれるのであろうか。

参照文献

Amnesty International
　2016　*Nepal: Torture and Coerced Confessions: Human Rights Violations of Indigenous Tharus after the August 2015 Police Killings in Kailali.* ASA 31/4456/2016
　https://www.amnesty.org/en/documents/asa31/4456/2016/en/ 2016 年 8 月 21 日参照.

Bista, Dor Bahadur
　1995　Khas of Chaudabisa. *Hinmal* May 1995.

http://old.himalmag.com/himal-feed/53/2969---Khas-of-Chaudabisa.
　　　html 2017年1月20日参照
District Development Committee Kailali
　　2015　*District Profile*. District Development Committee Kailali.
Fujikura, Tatsuro.
　　2007　The Bonded Agricultural Laborers' Freedom Movement in Western Nepal. In *Political and Social Transformations in North India and Nepal: Social Dynamics in Northern South Asia* Vol.2. Hiroshi Ishii, David Gellner and Katsuo Nawa (eds.), pp. 319-359. Manohar.
藤倉達郎
　　2015　「開発、人民戦争、連邦制――西ネパール農村部での経験から」『現代ネパールの政治と社会――民主化とマオイストの影響の拡大』南真木人、石井溥（編）, pp. 207-230, 明石書店.
Gaige, Frederick H.
　　1975　*Regionalism and National Unity in Nepal*. University of California Press.
Gautam, Bhaskar
　　2072 v.s.［2015］ṭīkāpur hiṃsākā āyām. *Kantipur* 2072 vs. bhadra 28［2015.9.4］
　　　http://kantipur.ekantipur.com/news/2015-09-04/20150904075549.html
　　　2016年9月1日参照.
Guneratne, Arjun
　　2010　Tharu-State Relations in Nepal and India. *Himalaya, the Journal of the Association for Nepal and Himalayan Studies* 29(1): 19-28.
Human Rights Watch
　　2015　"*Like We Are Not Nepali*": *Protests and Police Crackdown in the Tarai Region of Nepal*. Human Rights Watch.
　　　https://www.hrw.org/sites/default/files/report_pdf/nepal1015_forupload. pdf 2016年8月20日参照
今村元義
　　2009　「資本のもとへの労働の「包摂」（Subsumption）概念について」『群馬大学社会情報学部研究論集』16: 177-195.
INSEC
　　2010　*Conflict Victims Profile*. Informal Sector Service.

http://www.insec.org.np/victim/candidate_display_user.
　　　php?display=home 2016 年 8 月 20 日参照.
Lal, C. K.
　　2015　The 9/11 in Madhesh. *Republica* 20 September 2016.
　　　http://www.myrepublica.com/news/5876 2016 年 9 月 20 日参照
Lawoti, Mahendra
　　2005　Cleavages, Conflicts and Sociocultural Groups. In *Towards A Democratic Nepal: Inclusive Political Institutions for a Multicultural Society*, pp. 87-112. Sage Publications.
内藤雅雄
　　2012　「コミュナリズム」『新版南アジアを知る事典』, pp. 288-289, 平凡社.
Onta, Pratyoush
　　1996　Creating a Brave Nation in British India: The Rhetoric of Jāti Improvement, Recovery of Bhanubhakta and the Writing of Bir History. *Studies in Nepali History and Society* 1(1): 37-76.
Tamang, Seira
　　2002　Dis-embedding the Sexual/Social Contract: Citizenship and Gender in Nepal. *Citizenship Studies* 6(3): 309-324.
Turner, Terence
　　1997　Human Rights, Human Differences: Anthropology's Contribution to an Emancipatory Cultural Politics. *Journal of Anthropological Research* 53(3): 273-291.
Turner, Terence
　　2006　Anthropology as Reality Show and as Co-production. *Critique of Anthropology*, 26(1): 15-25.
UNHCR
　　2008　*Conflict-related Disappearances in Bardiya District*. United Nations Office of the High Commissioner for Human Rights.
　　　http://nepal.ohchr.org/en/resources/Documents/English/reports/HCR/2008_12_19_Bardiya_Report_Final_E.pdf 2016 年 8 月 16 日参照.
Yadav, Ramawatar
　　2011　On Being Madhesi. In *The Tarai: History, Society, Environment*, Arjun Guneratne ed., pp. 150-160. Himal Books.

第 7 章

そこに「女」はいたか

ネパール民主化の道程の一断面

佐藤 斉華

I はじめに

　1990年の第一次民主化と2006年の第二次民主化を経て、いやむしろラナ専制下から抜けでて20世紀後半世界の一員としてネパールが国際社会に登場して以降というべきか、その過程が決して平坦でも一直線でもなかった（そして誰もが認めるごとくその行方はなお不透明であり続けている）とはいえ、ネパールが大枠で「民主化」――その極めて一般的な意味、つまりその構成員すべての合意に基づく意思決定を行う社会／政体になっていく過程という意味において――の道程を歩んできたことに同意しない観察者はいないだろう。本稿はこの道程をジェンダー的マイノリティ、主に「女性」[1]に焦点をあてて観察する試みである。つまり、ネパールに生きる女性達はこの道程にどう関わってきたのか、それは女性達に何をもたらしたのか、女性をめぐる変化は民主化という観点から見てどう評価できるのか――こうした問いへの答えを模索するものである。

　これらの問いに答えるためには、入念な質的ないし量的調査による草の根レベルからの知見の積み上げが本来的には必要であることはいうまでもないが、本稿はそれを企てるものではない。そうではなくて、ネパールの言論空間に流通した種々の言説を観察し、この言説空間において代表／表象されている限りにおいて、ネパールの民主化プロセスのなかに女性達はいたのか、どのようなかたちでいたのか、そのありようはどう変容してきたのかを跡づけようとするものである。つまり、この空間において女性達がどう語り／語られてきたのか、女性による（あるいは）女性について

---

[1] その他の性的マイノリティについてはほとんど言及することができないが、2000年代以降NGOの活動等により彼（女）らの可視性が高まり、一定の政治参画も果たしていることに言及しておく。性的マイノリティ団体Blue Diamond Societyの創立者であるS. B. Panta氏が第1回制憲議会選挙で当選したことはその端的な事例である。彼を中心とするネパールにおける性的マイノリティ運動の展開について、Knight［2014］。

の（あるいは）女性のためのいかなる言説が流通してきたのかを明らかにしつつ、その作業を通して女性達が「民主的」社会の一員として生きることがどこまで実現されてきたのかを暫定的に評価する企てである。政治家、ジャーナリスト、ソーシャル・ワーカー／活動家、学者、あるいは草の根男女の誰によるものであれ、言論空間に流通することになった言説はもちろん、ネパール社会の多様で複雑な現実の一端（を映すもの）でしかない。しかし、「民主的」社会とはまさにこの空間の成長によってその実現の度合いを測られるものでもあり、またこの空間で起こることによって大きくその行方が左右される社会体制でもある。その意味で、ネパール各地の草の根の現実と言説的現実の距離がどれほどのものであれ、後者への注目は「民主化」の内実を見極めるという目的からして重要な意義を有することは間違いない[2]。

　以下、おおよそ時系列に沿いながら、ネパールの言論空間における「女性」をめぐる現実を観察していこう。言論成立「前史」から始め、「開発」言説、マオイスト運動（をめぐる）言説をへて「権利」言説へと進み（II 1～4）、民主化という観点から見たそれら言説の変遷の方向性とその問題点について検討して（III）、議論を締め括る（IV）。

II　女性による／についての／のための言説

1　前史

　ネパールにおける「女性運動」の先駆けとしてしばしば言及されるのは、1917年に東ネパールのシラハ郡においてヨグマヤ・デヴィらが設立したとされる組織「女性委員会」である。この組織は、女性の地位向上を

---

[2]　なお本稿で利用する「言説」資料は出版資料に限定される。また出版資料といっても新聞・雑誌等定期刊行物の体系的利用は含まない暫定的レビューに留まることをお断りしておく。

訴えるとともに当時の専制的政治体制への批判も行ったといわれるが、サティーの禁止を当時のラナ宰相に直訴してこれを法的に禁止させることに成功した（1920年）ことを除けば大きな変革を起こすには至らず、最終的にはヨグマヤを始めとする68名が抗議の集団投身自殺をするというかたちで終結を迎える［Nepāl Adhyayan Kendra 2059v.s.: 93］。

　その後のネパールにおいて女性が表舞台に登場するのは、20世紀中盤になってからである。1947年、ネパール最初の争議といわれるビラトナガルのジュート工場のストライキは、マン・モハン・アディカリ、コイララ兄弟などその後ネパール政党政治シーンで活躍することになるリーダー達が率いたものだが、そこには活発な女性達の参加もあった［Pandey 2001］。この流れは、ラナ専制打倒／民主化運動にも引き継がれ、ネパールにおける女性運動はまさに、このより大きな民主化運動の一部ないしそれへの参画として始まったのである［cf. Singh 2051v.s.; Tumbahangphe 2010］。

　この反権力闘争における女性達の貢献は決して小さなものではなかったというが［cf. Vasnet 1997; Pradhan 2007; Shrestha 2004］、そのようなかたちで始まった女性達の運動はそれに応じた弱点も抱えることになった。一つには、男性主流の運動の動向に基本的に左右されることになったことがある。1947年にカトマンドゥで結成されたマンガラ・デヴィを会長とする「ネパール女性協会」が、その後の民主主義諸勢力の分裂（会議派／共産党）に伴って各党の「女性組織」へと分裂していくことになったのはその端的な例である。またこのこととも関連して、二つに、実質的に彼女達の運動が「政治のために」女性が動員されることで終わってしまい、「女性のために」政治を動かすのにまで繋がっていかなかったことである。女性が女性のために言挙げすること、端的にいえばフェミニスト的女性運動を「反・男性的」なものとして「毛嫌いする（*hickicāune*）」傾向は今に至るまでネパールで（も）珍しくもないという［cf. Tumbahangphe 2010: 179］。既にこの時期の民主化運動のなかに「女性はいた」、物理的には確かに存

在していたけれども、彼女達の運動が本格的なフェミニズム的展開を遂げるためには、1990年の第一次民主化運動後まで待たなければならなかったのである [Acharya 2010; Tripati 2012]。

2 「開発」言説

ネパールの言論空間における「女性について」の言説は、ネパールの国際的な開発（vikās）レジームへの組み込み、つまり外国援助主導の開発プロジェクト導入とともに本格的に登場した。第一次五か年計画（1956-61）において既に、女性は「妻／母／主婦」として、すなわち男性／家族の福祉の向上を通じて開発に資すべき存在と名指されていた [Vidya 2008: 293]。女子教育の重要性が既に叫ばれその充実が図られる動きがあったのも、近代西欧的な生産労働＝男性／再生産労働＝女性という性別分業を前提として、経済・国家・社会の発展をその肩に担うべき男性（労働力）の質と福祉の向上に資する（ことをもって間接的に国家社会の開発に資する）ため、端的にいって男性のためなのであった [Parajuli n.d.]。

その後もネパールの開発は、基本的に外国ドナーの関心に駆動され、その認識枠組みに規定されつつ展開していく。女性をターゲットにした開発アプローチ（「開発における女性」、「女性と開発」、「ジェンダーと開発」）が国際援助／開発業界で主流化されていくプロセスに沿って、ネパールにおいても1980-85年の第六次五か年計画で開発プロセスへの女性参加が促進されるべきことが明示的に謳われたのを皮切りに、女性を直接的な「開発対象」とするプログラムが導入されていく [cf. Fujikura 2013][3]。

1990年の第一次民主化は、ネパールの第二の「開国」というべきモメントでもあった。政治体制の転換とともに経済自由化・市場開放が進められ、開発の主体もNGOセクター主導へと転換する。この流れのなかで、

3　その嚆矢は、the Production Credit for Rural Women (1981-) と the Small Farmer Women Development Program (1982-) であった [Acharya 2010]。

開発を推進するための旗印として全面的に採用されたのが「エンパワーメント・アプローチ」である［Alsop et al. 2006］。もちろんこのアプローチもネパール固有でも何でもない——「個人」（と「市場」）にたのむ新自由主義のグローバルな展開の、開発分野における現れとして捉えられるべきものである［Elyachar 2002 cited in Fujikura 2013］。個々人が「自己責任」のもとその潜在能力を活性化して「力をつけ」、能動的に経済活動を展開していく自助努力に期待するというこの方式のもとで、引き続き女性達は「開発」の主要なターゲットとなった［Jackson 1998; Joshi & Joshi 2012］。90年代以降のネパール各地でも、無数の女性向けの識字教育、リーダーシップ研修、収入創出活動プログラム（＝識字教育に加え技術研修やマイクロ・クレジット供与等を通して小規模事業のスタートアップを支援する）が実施されてきた。この流れは基本的に現時点まで続いていると見てよいだろう。

さて、開発をめぐるこの言説空間のどこに、「女性」はいたのだろうか。まず、開発の導入期においてはもちろん、女性が開発の主要ターゲットとして浮上してからも、また女性に「力を与える」ことを標榜した90年代のエンパワーメント・アプローチ全開後もなお、政府やNGOの指導的な立場にあって開発を、開発と女性を、はたまた開発における女性を語り、リードする立場にあった人々の多くが男性であったということは指摘しておかなければならない。この言説はその大方において（少なくともネパール国内において）「男性による」ものであったのである。言説の内容に目を向けるならば、それは女性をターゲットとしていた限りにおいて確かに「女性について」のものであり、またそれが女性を力づけ活性化することをめざしていた限りにおいて「女性のため」のものでなかったとは言い切れない面を持つ。しかし、それが本当の意味で開発対象となった女性達にとってポジティヴな効果を持ったかどうかといえば、その評価はせいぜい微妙、である。

そもそも開発のターゲットにされるということ自体の言説効果がある。グローバルなスケールでエスコバルが指摘し、ネパールの村の文脈でピッ

料金受取人払郵便

本郷局承認

9647

差出有効期限
2018年5月31日
まで
（切手不要）

郵便はがき

113-8790

（受取人）

文京区本郷1—28—36

鳳明ビル1階

株式会社 三元社　行

1138790　　　　　　　　　　　　17

1冊から送料無料😊（国内のみ／冊子小包またはメール便でお届け。お支払いは郵便振替で）

お名前（ふりがな）	年齢
ご住所（ふりがな） 〒　　　　　　　　　　　　　　　　　　（電話　　　　　　　　）	
Email（一字ずつ正確にご記入ください）	
ご職業（勤務先・学校名）	所属学会など
お買上書店　　　　　　　市 　　　　　　　　　　　　区・町　　　　　　　　　　　　　　　書店	

20160513/10000

愛読者カード

ご購読ありがとうございました。今後、出版の参考にさせていただきますので、各欄にご記入の上、お送り下さい。

書名

▶ 本書を何でお知りになりましたか
　□書店で　□広告で（　　　　　　　　　）　□書評で（　　　　　　　　　　）
　□人からすすめられて　□本に入っていた（広告文・出版案内のチラシ）を見て
　□小社から（送られてきた・取り寄せた）出版案内を見て　□教科書・参考書
　□その他（　　　　　　　　　　　　　　　　　　　　　　　　　　　　　）

▶ 新刊案内メールをお送りします　□ 要　　□ 不要

▶ 本書へのご意見および今後の出版希望（テーマ、著者名）など、お聞かせ下さい

● ご注文の書籍がありましたらご記入の上お送り下さい。
（送料無料／国内のみ）
● ゆうメールにて発送し、代金は郵便振替でお支払いいただきます。

書　名	本体価格	注文冊数
		冊
		冊

http://www.sangensha.co.jp

グが例証してみせたように、開発言説は「開発されていない」集団を名指し、その集団をそのような集団として構築し続けることにおいてのみ、言説として成立する［Escobar 1995; Pigg 1996］。言いかえれば、女性を開発対象と名指すということは「女性を……開発されなければならない、開発されていない集団として表象する」ことに他ならないのである［Tamang 2004: 541］。

　さらにいえば、そもそも「女性を開発する」ことの目的とは何かという問題もある。それは、個人として侵されざる尊厳と権利を有する女性がそれを十全に実現していくためであるというより、女性達をターゲットとした開発プロジェクトを推進することが、これまでもまた展望可能な将来においても、全体としては男性が主導してきた／していくであろう経済・社会・国家全体のより速やかな開発／発展に資することが期待されたからに過ぎない。いわば女性は経済発展のための手段なのであり、女性をターゲットにしたプロジェクトは、女性自体を目的として行われてきたわけでは必ずしもなかったのである。このことは、草の根の女性達自身のニーズに鈍感であったり、女性達をプロジェクトに組み込むことに急でそもそも過重なその労働負担への配慮に欠けていたり、あるいは女性達の苦労の一半が由来するはずのその権利剥奪状況への働きかけは薄いといった、開発の現場でしばしば観察される具体的なプロジェクトの態勢からも窺われるところであろう[4]。

　確かに90年代末から、エンパワーメントに加えてそれまで権利を奪われてきた諸集団がその獲得すべき権利の実現として経済・社会的な向上＝

---

[4] もちろんこれは狭くネパールのみならず、広く国際援助・協力による開発実践にあてはまる傾向である（例えば、ネパールでの開発プロジェクトについての報告も含む田中・大沢・伊藤［2002］を参照）。のみならず、現今の日本で喧伝される「女性の活躍（活用、改め）推進」政策にまで、その傾向は一貫したものだといえよう。

開発の実現をめざすアプローチが登場してきた。女性に関しても「ジェンダー平等」が叫ばれるようになり、「権利」として開発への平等な参画を求める「開発」言説が興隆してくることになる［Acharya 2010］。運動の担い手自体も「当事者」主体へと変わっていく、つまり女性を対象にする開発プロジェクトであればそのリーダーシップも含め女性主体にシフトしていく方向性は明らかである[5]。従来の開発言説と大幅に重なる部分も持ちつつも、権利ないし「力」の獲得自体をめざすという意味で従来の開発言説の射程を踏みこえる部分を含むこの言説については、別に項をたてて議論しよう（II 4）。

3　マオイスト運動をめぐる言説

　1996年に開始されたマオイストによる武力闘争はネパール社会・政治・経済に広汎なインパクトを与えた。共産主義政党によるのでありながら、階級的というよりむしろ種々の「生得的」属性に沿った抑圧・排除を明示的に焦点化したこの運動は、女性をめぐる言説的状況にもそれまでになかった、あるいは十分に取り上げられてこなかった論点を導入したといえる。

　そもそもマオイスト軍（人民解放軍、PLA）自体に多くの女性兵士が参加していたということがある。女性兵士の割合は停戦後の国連発表によれば約20％、マオイスト内部の主張によれば3割という［Yami 2063v.s.: 93］。女性参加（の喧伝）はマオイストの政治的アジェンダの一部であったとともに、実際相当の女性参加があったことは間違いない。紛争の過程でネパール国軍でも女性兵士のリクルートが開始されるようになったことは、マオイストのジェンダー・ポリシーがマオイストを大きく踏み越えるインパクトを持った一つの端的な例でもある。

5　なお、それはどんな女性なのかという問いは残るのであるが。以下のIII 2参照。

他方で、世帯の男性がマオイストにリクルートされたことにより、残された女性達が伝統的な性別役割規範を踏みこえる役割をこなさざる得なくなるケースが各地で頻発した。そのようなケースに対しマオイストがイデオロギー的支援を与えて促進することで、女性の活動領域・政治参加・発言権が拡大したという指摘がある［Onesto 2005: 168; Vaidya Malla 2011: 60; Dahal 2004］。またマオイストは、その勢力下におさめた地域において、女性への暴力（DV、性暴力を含む）に積極的に介入ないし厳しい態度で臨み、またそうした暴力の温床ともなってきたアルコール摂取・製造・販売の禁止（*raksī banda*）を課しもした。こうしたことがコミュニティの女性達の高い支持を得［Fujikura 2013: 200］、また女性達の自意識向上に繋がることも少なからずあったといわれる［Neupane 2010: 193, 197; Adhikari 2006; Com. Parbati 2003; Duttn and Vernal 2009］。民族／カースト的マイノリティ問題と並び、ネパールの言説空間において女性問題が一層前景化してくるのにあたって、マオイスト運動が一定の推進力となったことは否定できない。

　とはいえ、マオイスト運動によるインパクトが女性達にとってポジティヴなものばかりであったかといえば、決してそうではない。そもそもマオイスト組織のリーダーシップ自体が（バフン）男性のほぼ独壇場であり続けていることは誰の目にも明らかである。人民解放軍が多くの女性兵士を擁するといっても、その指導層における存在感はほぼ無きに等しい。それどころか、マオイストの内部調査結果の明らかにするところだが、女性兵士の8割近くが、解放軍内部における性的抑圧（*liṅgīya śoṣaṇ*）が「相当」ないし「ふつう程度」あると回答しているという（Yami 2063v.s.: 155）。軍内部で望まない妊娠をした上危険な中絶をしてその後遺症に苦しんでいる例、紛争中にマオイスト内部で行われた結婚がその後破綻する例、そうでなくとも紛争終結後男性兵士にとって以上に不確かに見える女性兵士のその後など、マオイストのミッションに参加した女性達の経験と将来は深い

闇に沈み込むかのようである[6]。

　マオイスト運動に直接参加しなかった女性達一般に対するインパクトも、その活動域が広がり自信が深まったというポジティヴなものばかりではない。女性達自身が紛争中に様々な暴力に巻き込まれたケースのほか、家族の男性を失ったり、マオイストへの様々な「協力」を強いられたり、はたまたそういったことを避けるために移住をせざるをえなかったり、そうした移住によって財産や社会的紐帯等を失ったりしたことによる、経済・健康・心理・性的損失はしばしば甚大なものである［Vaidya Malla 2011; Dahal 2004; Shakya and Bhusal 2008］。

　全体として評価するならば、マオイスト運動による女性をめぐる言説は、その公式面において女性／女性問題を主流化する方向性を明らかに持ち、実際それを実現させた面もあるものの、マオイスト運動に参加しあるいは巻き込まれた草の根の女性達個々人への実際的影響という面からいえば、彼女達に数々の傷跡を残し、そしてここまでのところそれを大方等閑視してきたものといわざるをえない。

4　「権利」言説

　開発言説における女性の焦点化が女性の民主化プロセスへの参加の拡大といえるのかどうかには、既に指摘したように微妙なところがある。この女性の参加拡大に明確にコミットし、女性を男性と同等の地位を有する民主的社会／国家の十全なる構成員として確立することを求める言説が、90年の第一次民主化以降、特に90年代末以降の公的言論空間のなかで

---

[6]　マオイスト運動に参加した女性達が、「妻」とりわけ「母」となるに及んで運動のなかで脇に追いやられていく様子に関して、例えばBhattarai［2016］のレポートを参照。また紛争終結後キャンプに滞留する元マオイスト女性兵士を「母」という伝統的性役割において描き直し、彼女達が持ったジェンダー秩序破壊的なインパクトを飼いならす主流メディアによる元女性兵士の表象について、Tamang［2015］を参照。

存在感を増してくるようになった［Acharya 2010; Des Chene 1997; Luintel 2069v.s.］。ここに、ネパールにおける女性運動の実質的な成立を見てもよいだろう。見てきたように、それまでも「女性による言説」（それは多くの場合男性主導の「民主化」運動に合流するものだった）や「女性についての言説」（例えば女性を開発のターゲットとする）は存在してきたし、それらの少なくとも一部は確かに「女性のための言説」でもあった（と標榜されていた）。しかしそれらすべてが交わる言説領域――「女性による、女性についての、女性のための言説」――がつくられることこそが女性運動／フェミニズム運動の一つの前提なのだとすれば、そのような言説が言論空間において一つの明確な潮流として成立したのは、この時期なのである[7]。

　90年代に入って爆発的に拡大したNGOセクター、そのなかでも女性に働きかけることをめざすNGOの多くは、そのリーダーシップ自体を女性中心の構成にシフトし、開発プロセスへの女性のより実質的な参加（＝単に「開発される対象」としてではない）を確保するとともに、権利の実現として開発／経済的向上へのアクセスを拓こうとする開発言説（＝開発へのright-based approach）を採用するようになってきた。そしてそれとともに、これら諸団体は個々のプロジェクト実施をこえて（あるいはそれに加えて）、女性の権利／ジェンダー平等を実現すべく、既存の制度の改変を求めまた改変された制度を根拠としながら、関係諸アクターを動かし、女性が実質的な「権利／力」を獲得することに向けて運動を展開してきている。個別の開発プロジェクト実施を志向せず、リサーチと情報発信、ネットワーキングとアドヴォカシー、それらを踏まえた政策・制度レベルの改革実現に特化した組織の登場はこの時期から顕著になってきた傾向である[8]。

7　ネパールで最初で、管見では唯一の（2016年8月現在）フェミニスト雑誌 *Asmitā* の1988年の発刊は、この新たな展開を象徴する先駆であった。

8　1995年設立のForum for Women, Law and Developmentはその代表的なものの一つといえよう。

以下この「権利」言説を三つの部分に分けて観察する。女性への暴力廃絶を求める言説、法の下の平等を求める言説、女性の民主的社会への包摂の実質化を求める言説である。

4.1 暴力からの自由

ネパールの女性が被った暴力として、最も忌み疎まれ恐れられるとともに広く喧伝され人口に膾炙したものは、1990年代における *celībeṭī becbikhan*——インドで売春させるための女性売買（及びその後の強制売春）——ではなかろうか。人を「売り／買い」しセックス・ワークを強制することが極めて重大な暴力であり、人間の尊厳・権利の極めて重大な侵害であること、その限りにおいてこの暴力の被害から人を「救出」しようとする努力に異議をさし挟む余地のないことはいうまでもない。しかし、このインドでの売春に焦点化した「権利」言説についていえば、それがこの暴力にさらされた（あるいは潜在的にさらされる可能性のある）女性達のために、彼女達の人としての尊厳と自由を回復する方向に（ばかり）働いてきたかといえば、そこには疑問の余地がある。

そもそもこの件に限って、「女性」が「自分の親族集団の女性」、端的には「娘」や「姉妹」達を示すネパール語の *celībeṭī* という言葉で繰り返し呼びかけられていたことに注意したい。インドに売られ売春させられるという危険は「私達の女性」が被っている、「私達の」危機として表象されることで、大きな共感・反響を呼び起こしたのである。ここで女性達は「私達」のいわば所有物、所有物という表現が強すぎるなら「私達」との関係性においてその存在を定義される、その意味で「私達」との関係に依存することが当然に想定されている存在である［Joshi 2001］。誰とどのような関係にあろうとなかろうと侵されざる個人が侵されたことが問題とされているのでは、ないのである。

ではここにいう「私達」とは誰か。それは当然、隣国インドに常にその自律・独立を脅かされ続けてきたネパール（国民）としての「私達」とい

うことになろう。問題とされていたのは、実は「女性（の性的純潔）」に仮託されたところのネパールという国自体の不可侵性であり、守られようとしているのは国の名誉なのである[Fujikura 2003][9]。それが「女性のための」言説であることには、まずこの点で留保が必要である。

　さらに「女性」への暴力が彼女達の帰属すべき集団（国）への暴力とすり替えられ、この帰属集団が自らを守るためにこそ「女性」を守らねばならないという論理が通るならば、この論理は容易に逆立ちして、女性達は帰属集団＝私達によって守られなければならない、彼女達は甘んじて守られることを受け入れるべきである、守られるに値する存在であるべきであるという論理がまかり通ることにもなる。

　ここにおいて、女性を暴力から解放する努力は、女性を守られるに値する存在として規律化していく権力作用と不可分なものとなる。そしてどのような女性が守られるに値されるかといえば、そこで参照されることになるのは、20世紀後半以降近代中流階級的規範をも部分的に取り入れつつ推進された国民文化創出プロセスのなかで再構成された、ネパールの支配層すなわち丘陵高カースト的伝統にのっとった女性のありようである。それは何より、性的な慎ましさ・しとやかさ、純潔・貞潔性を備えた存在であり、自らの（性的なものも含む）欲望・希望を主体的に追求するというより「誰かの *celībeṭī*（娘・姉妹・妻・母 etc.）」として生きる存在であるといえよう。つまりこの規律化は、女性が女性自身のために生きることをむしろ貶め、困難にしかねないものなのである。彼女達を「守る」ためにその自由を切り詰めることが容認されるなら、彼女達は守られなければ生きら

---

[9]　このような論理はネパールに限らず、世界各地の多くの民族／国民においても作動しうる／してきたものである。王家／王国の伝統が処女神クマリによる聖化／祝福に象徴的に依存してきた伝統［Allen 1996(1975)］を持つネパールにおいて、それがすぐれて色濃く作動したことは驚くべきことではない。

れない脆弱な存在へと実際切り詰められてもいくだろう。それは結局のところ、彼女達が暴力にさらされる構造自体を温存・強化していくこと以外ではない。

　この女性への暴力から女性達を救おうとした「私達」とは、具体的には誰だったのだろうか。この「私達の女性」救出運動の先鋒に立っていたのも実は、大方女性であった。この段階に至って、開発を由として出発した女性をターゲットとする様々な団体・組織の多くは、その担い手の中心を既に女性にシフトさせていた。ただその担い手となった女性達の圧倒的多数は、都市の教育を受けた中流階級高カースト出身女性であり、「人身売買」の被害に遭う層の女性達との階級的（そしてときに民族／カースト的）懸隔は顕著であった。この言説は中・上層（高カースト）女性が、無知で無力で可哀想な下層（ジャナジャーティ）女性を守るという「パターナリスティックな」姿勢に立脚するもの［cf. Ghimire 2005; Sijapati et al. 2011］、いわば支配層女性による国家父権主義言説ともいうべき皮肉な側面を持っていたのである。

　大々的なスポットを浴びたインドでの女性人身売買／売春に比べれば、ネパール国内で起こっている女性に対する暴力の注目は、その時期も遅く、また小規模なものに留まっている［cf. Bhatta and Paudel 2007; Gautam 2012; Sharma 2008］。ネパール国内において、同様の事例（強制された売春）はもとより、各家庭で、労働の現場で、あるいは村や街のそこここで女性が暴力にさらされることは実際珍しいとも思われないのに、である。ネパール国内で起こったレイプ事件等をきっかけにして女性への暴力廃絶を訴え大きな盛り上がりと持続を見せた首相官邸前抗議（Occupy Baluwatar 運動、2012 年末〜）は、こうした事態にもようやく注意が向けられるようになってきた最近の動向を示したものではある。

　こうした「ドメスティック」な暴力に関して語ったもの、その実態に関する信頼に足る情報自体はなお乏しいが、2000 年代に入ってから幾つかの調査・研究は出てきており、その広がりの一端が明らかになりつつ

ある。例えば家庭内暴力に関して、あるサーヴェイは 64% の女性が「経験がある」と回答したとし［Tamang 2010］、また別の研究は夫から妻への暴力を「正当化」する態度が少なからず存在していることを明らかにしているという［Subedi 2010: 57］。職場やその他公共の場における女性に対する暴力についての報告も出てくるようになっている［GEFONT and KAD 2003; Nepali and Shrestha 2007; Bhandari and Adhikari 2068v.s.; Neupane and Chesney-Lind 2013; Sato 2017］。

　法レベルでの対応も出てきた。家庭内暴力についていえば、2009 年に法が制定され犯罪化された。夫婦間レイプに関しては既に 2006 年に法的に犯罪化されている。法的枠組みの変化がただちに社会的な認識の、さらにいえば実際の行動パターンの変容に結びつかないことはもちろんであるが、少なくとも夫が妻を殴ることは不当であり、妻が夫とのセックスを拒むのは正当であること（＝女性が結婚するということはその性的自律性を配偶者に明け渡すことではない）が公的に認知されたことの意義は大きい［Forum for Women, Law and Development 2007］。このような法的言語の書き換えは、次に見る法の下の平等を求める女性運動のドライブの高まりのなかで、それに伴って行われたものである。次にこれを検討していこう。

4.2　法の下の平等

　ヒンドゥー的カースト・ヒエラルキーに基づいて明白にカースト／民族差別的でありまた性差別的でもあったネパールの法体制（1854 年に公布された「国法」を中核としてきた）が、それなりの「近代的」体裁を整えてきたのは、ラナ専制体制崩壊後に重ねられてきた憲法発布と法改正を通じてである。法の文言上は消えた民族／カースト差別は変容しつつも社会的事実として現在にまで持ちこされてきたわけであるが、こと性差別に関していえば、そもそも法内部においてすら、それが完全なかたちで抹消されたことはない。パンチャーヤット時代は、性差別条項のかたちばかりのマイナーな改善が行われる一方で、むしろネパール各地に多様なかたちで存在

してきたジェンダー諸秩序が、丘陵高カースト・ヒンドゥーにおけるそれを暗黙の参照点としつつ再構築の圧力にさらされた時代でもあった。ネパール各地の多様な（特にいわゆる諸ジャナジャーティの）のジェンダー的諸伝統は、ネパールの支配層＝丘陵高カーストにおけるのと同様基本的には男性中心的でありつつも、相対的には、そこでは認められないような女性の自由を許容する部分を含むことも少なくなかった[10]。それが法律の文言をテコに「近代ヒンドゥー国家家父長制」[Tamang 2000] のもとに取り込まれ、より女性にとって抑圧的な規範・制度に変容させられるということが起こってきたわけである。

　第一次民主化以降は、1990年憲法で女性差別の禁止が明言され、1992年には CEDAW（女性差別撤廃条約）を批准、第八次国家計画 (1992-97) では女性差別的な法律の改正が提起された。こうした動きと、またこうした動きのバックボーンともなりまたこうした動きによってさらなる推進力も得た在野の女性運動のもとで、完全な法的平等の実現に向けた動きがともあれ推進されてきている。法の下の不平等として取り上げられてきた主な問題点には、親の財産相続権問題、婚姻関連（結婚・離婚）問題、市民権付与をめぐる問題がある。ここでは相続権と市民権について見ておこう。

　1975年の国際婦人年世界会議を機に、35才まで未婚でいた娘は親の財産の相続権を持つことを定めた条項が国法に組み入れられた（その後結婚した場合相続財産は返却）。この規定は第一次民主化後いち早く問題化され、最高裁による政府への改正法案提出命令を経て、2002年にひとまずの改正が実現した。これにより、女性も生まれたときから相続権を持つこととなったが、結婚時に返却する規定はそのままであった。これが返却不要となり、財産相続に関する法律条文上の男女平等が実現したのは、やっと2006年のことである。

10　そうした民族誌的事実を瞥見するために、ほんの一例として Watkins [1996]、March [2002]、あるいは拙著 [佐藤 2015] を参照。

もちろんこれで、相続に関する平等が実現したということではない。結局のところ、法の下での平等が書き込まれることとそれが現実にもたらされることの間には、一般に（その現実が長らく続いた伝統の統制のもとにある場合には特に）大きなギャップがあるからである。相続権をめぐる現時点のフェミニスト的議論は、この相続法をいかに現実にもたらすか、もたらすために何ができるかという大問題をめぐって展開している［cf. UNIFEM & Forum for Women, Law and Development 2007; Toffin & Shakya 2011］。

　市民権付与をめぐる問題について見よう。ネパールの市民権はネパール市民権を持つ男性（＝父親、あるいは夫）を通して得ることを原則とするという、明白にジェンダー不平等なものとして定義されていた[11]。これに変化をもたらしたのが、ネパール社会の支配層を構成する丘陵（出身）住民に対するマデシ（タライ住民）の蜂起・動乱を受けて政府がマデシ代表との間で締結した合意を踏まえて施行された 2006 年市民権法であり、それを基本的に継承した 2007 年暫定憲法、さらには紆余曲折を経て制定された 2015 年新憲法の規定であった［cf. Malagori 2013］。

　市民権の新たな基本規定は、ネパール市民である父または母の子は出自によるネパール市民権を得る（市民権法のセクション 3 の 1、暫定憲法 8 条 2 項、新憲法 11 条 2 項 b）というものであり、その限りにおいてジェンダー中立的である。新憲法制定過程の 2010 年第一次制憲議会中には、出自による市民権はネパール市民の父及び母を持つ子が得るとする、そのジェンダー効果において極めて問題含みの退行的規定が提起されたものの、その採択は議会内外の女性達を中心とする反対運動により阻止された。いずれも文言上ではジェンダー中立的であるとはいえ、この「または」と「及

11　このような市民権規定のあり方が、インドで売春に従事するネパール女性を *celībetī*（＝「私達の女性（娘／姉妹等）」と呼んで その「救出」を訴えた 90 年代の大々的キャンペーンを支えた意識のありようとパラレルであったことは容易に見てとれる。

び」の間に横たわる落差は大きい。子に市民権を得させるために常に両親のネパール市民権が求められれば、困難に直面するのはほぼ常に「母」のほうになるだろうからである[12]。ネパールの女性運動が、女性達が求めているのは、単なる法＝言葉の上でのジェンダー平等ではなく、実質的な平等を実現できる言葉である。

　しかし問題はなお、残っている。実はこの「または」の担保するジェンダー中立性は、これに続く条項によって実質的になし崩しにされているのである。上の基本規定にもかかわらず、ネパール市民の母と外国人の父の間に生まれた子は、ネパールに永住しているという条件のもとで帰化による市民権を得られるかもしれず（新憲法11条7項）、またその父がネパール市民権を得ていれば出自による市民権を得られるかもしれないと規定された（同項）。この規定のもとで、さらにいえばこれまで綿々と続いてきた性差別的な市民権付与の伝統の残滓のもとでは、ネパール市民女性が自らが産んだということのみに基づいて我が子に（出自による）市民権を得させることは途方もなく困難となる。ネパール女性はなお、法の言語内部においてすら「二級市民」から脱しきれていない——女性達がこれをすかさず指摘し、公的議論の俎上にもたらすことに成功したこと自体が瞠目さるべき事実であるにもせよ、である [cf. Malla 2015]。

4.3　「包摂」の実質化

　ネパールの政治シーンにおけるマオイスト勢力の主流化後、それまで周縁化されてきた社会的諸集団——ジャナジャーティ、マデシ（タライ平原住民）、ダリット、そして「女性」等——をめぐる政治的環境は大きく変

---

[12] いわゆる「シングルマザー」の直面する困難がすぐに思い浮かべられる。なお、配偶者を通した市民権獲得におけるジェンダー不平等な規定（＝男性の場合、配偶関係を通した市民権獲得は大幅に困難）も残されたままであることを言い添えておく。

わり、社会を構成する様々な諸集団をすべからく「包摂」する民主的国家社会の建設は誰もが否定できない理念となった。そして現状では、ネパール社会を構成する公的諸領域——政治をはじめ、公的諸機関、メディア、教育・学術、市民セクター等——における意思決定を担う／に影響力を持つポジションにおいて、諸集団の人口比を反映した代表・参加を実現すること自体が、「包摂」の達成としてマイノリティ諸集団の政治目標と化している観がある。既に一般に認知されたマイノリティ諸集団の人口比に基づく代表・参加の実現が、原理的には無限に多様でありうる社会の構成員の十分な包摂を可能にするものなのかどうか、そもそもある集団の成員であることはその集団の利益を代表することを保証するのかどうか、仮に保証されるとしてもそれを数値目標として固定することは望ましいのかどうかといった、留保をめぐる原理的問題に関する疑問が今日のネパール言論空間において提起されることはあまりない。圧倒的主流を占める言説は、ともあれ各領域における諸集団の代表枠の留保を「権利」として獲得することを指向するものであり、マイノリティの挑戦を受ける従来の支配的集団の側でも、この要求を原理的に批判・検討するというより、自らにも留保分を確保することでこれに対抗しようとしているように見える［cf. Adhikari and Gellner 2016］。

　女性達がその「権利」の実現を求めて声をあげている近年最も主要な分野となっているのも実は、この国家・社会の様々な領域における女性の代表・参加確保をめぐるもの、つまり人口比に配慮した代表・参加を実現するための留保制度導入の要求であった。留保も「女性の権利」だという主張である［Acharya 2008; Acharya 2007: 72; Women Security Pressure Group 2007］。公的機関について、この要求は徐々にではあれ達成されつつあるように見える。既に1990年憲法で「女性の教育、健康、雇用のために特別な配慮をし、国の発展に寄与させるものとする」との条文が盛り込まれ（26条）、下院の候補に最低5％の女性を含めることが規定された。その後1999年の地方自治法で、村落開発委員会の区議員レベルにおける20％

の留保、それより上位レベルの地方議会でも女性代表を必ず入れることが定められた。2006年には国会で「すべての国家機関における女性の1/3の参加」が決議され、2008年には公務員法改正により、公務員採用における女性を含む諸マイノリティ集団への留保が導入されている[13]。

　もちろん、ポリシー・レベルでの決定は即その現実化ではなく、上に述べた決定もなお実現には程遠い。そもそもその他のセクターではなおポリシー・レベルですら留保導入がなされていない場合が多く、領域によりまた個々の組織により、女性の参加・代表の進捗状況はかなりバラついたものとなっている。例えば、一般にその後の雇用・職業生活の基盤を形成すると目される高等教育分野における女性の「包摂」は、文系を中心に既にかなり進んでいる[14]。その後のキャリア展開へと接続していくことが強く期待されるところである。雇用・労働に関わる分野でも、基本的にマーケット指向でなく政策的配慮による決定が重みを持つ分野、例えば労働運動の分野では、国の政策展開も踏まえた組織としての意思決定によって女性の代表・参加の実現に長足の進展を見せているケースもある[15]。その一方で、従来からの男性中心性がなかなか変わる気配を見せない分野も無論

13　マイノリティに留保されるのは全体の45%で、そのうちの33%（すなわち全体の15%）が女性枠ということになる。

14　Bhatta [2011] によれば、ネパールの学士・修士レベル学生の男女比は全体で約6:4。理系ではぐっと下がり、女性は約25%という [Magar 2011]。

15　ネパール共産党（UML）系の労働組合ナショナルセンターのGEFONTをその一例として挙げることができる。1989年の設立時には「女性労働者の問題は労働者の問題」だとして、階級闘争の解決により「女性問題」は自ずと解決するという姿勢をとっていたが、その後別個の取り組みの必要性を認知し、構成諸機関における女性の参加割合を目標設定ないし義務化することで伸ばしてきた。2009年にはGEFONT傘下のすべての機関・組織における33%の女性参加を義務化し、男女の労働者がいる職場からは必ず男女各一人の職場代表を選出することを決めている [GEFONT n.d. (2013)]。

ある（例えばメディア[16]）。それでも全般として、女性の参加・代表状況のここ 10 ～ 15 年間の進展は基本的に目覚ましいといってよいだろう。その最も目覚ましい象徴はもちろん、第一次制憲議会において、そのほぼ 1/3 が女性議員となったことである。

　社会の様々な分野の意思決定に関わる重要なポジションに、女性が（あるいはその他のマイノリティが）その社会における構成割合を踏まえた応分の参加をすることは、民主的な社会の実現にとって重要であり、また逆に民主的な社会であれば、そのようなかたちが実現していることが予想される。社会のいかなる領域においても、そこで両性（そしてさらに様々な社会的属性において多様な諸個人）に影響を持つ社会的意思決定が行われるのであれば、その意思決定を遂行する集団にはジェンダー的（さらにはその他の）多様性が反映されてあることが一般に望ましいといえよう。その限りにおいて、女性達がそのような状態を思い描き、そのような状態の実現を目指していくことは当然のことである。

　ただ、現在のネパールの「包摂」をめぐる言説がある種の欠落を抱えているように見えることも指摘せざるをえない。触れているようにそれは、言説の現状においてマイノリティ集団の要求が、単に当該集団出身者が人口比に応じた代表を持つという「数合わせ」の要求に堕しているように見えることと関わる。マイノリティ代表の「数」の達成は、彼（女）らがむしろ声を持てたことの結果として当然ついてくるはずのことであり、本来それ自体を目的化すべきことではないことが明確に共有されるべきではないだろうか。物理的に「女」が「そこにいる」だけで、女性の声が、主張が、関心が本当の意味で「そこ」に届き力を持つことは保証されないのである [cf. Upadhya 1996: 426; Tuladhar 2008: 27-29]。結局のところ、女性な

---

[16] 女性ジャーナリストの組織化に尽力したこともある S. ラマは、ネパール・メディアのジェンダー状況を「男性の、男性による、男性のためのメディア」と評した［Lama 2008: 75］。

ら女性のために行動するのかという問いに一義的な答えを与えることは、論理的にいって不可能なのである。

　女性の参加を真に実質的な変化へと繋げるためには、「数」のみに照準するのでなく、代表となった女性が十全に活動できる素地の形成に留意することが極めて重要である。そうした素地形成として、代表となるべき女性個々人の能力開発［Kaini 2008］、代表されるべき女性の利害関心・主張を形成していくための女性の組織化、あるいはそうした女性個人や女性組織が活発に活動し発展していく前提となる環境変革[17]等の努力が地道に積み重ねられなければならない。もちろん、そうした努力自体が、女性のリーダーシップのもとでこそ強力に推進されやすいということはあろう。つまり、「数」は変革の手段という面からいってもやはり重要である。問題は単なる数合わせに終わることなのである。

　穿ってみれば、女性の代表・参加の数の上での目覚ましい進捗というのも、結局は女性がただ「そこにいる」だけでは実質的に女性達が力を持つ方向に何かが変わることにはならないことを見越した男性側の譲歩ではなかったかと見えなくもない。もし数合わせ自体が達成と錯視されてしまえば、実質的には何も変わらなくともそれでよしとされることになる。さらには（何の変化ももたらさないのであれば）その数の上での達成はそもそも不要ないし無意味だったという議論も導かれかねず、そうなれば、むしろジェンダー平等化のプロセスは長期的には尻窄みし、「退行」していく可能性すら考えられるのである。

---

[17] ネパールのアカデミックNGOマーティン・チョウタリは、ネパールの「権威主義的政治文化」を、制憲議会に代表として参加したマイノリティがなかなかインパクトを持ち得ない背景として指摘している［Martin Chautari 2010］。その他にも、女性が公共の場で直面する様々な困難や［Sato 2017］、公共の場に出て行く前提としての家庭責任の配分問題など、女性の実質的な参加を可能とするために取り組むべき課題は多々ある。

III　ネパール女性をめぐる諸言説
評価

　民主化への道程途上のネパールにおいて、女性による／女性についての／女性のためのいかなる言説が語られてきたのか、ネパール民主化の道行きに女性はいたのか、どんなかたちでいたのかを辿ってきた。ここまでの議論を振り返りつつその全般的輪郭・方向性を確認しておくとともに、以上の議論ではなお見えないままに留まっている、ネパールの女性をめぐる幾つかの論点を提示しておきたい。

1　言説の輪郭と方向性

　ネパール民主化の最も初期から、女性達がそのなかにいたことを私達は「前史」でまずは確認した。幾多の女性達もそこに参画し、幾多の男性達とともにそれを推進する力の一部となっていたのである。にもかかわらず、女性が来るべき民主的社会の十全なる構成員であること、であるべきことは長い間、それとして独自の論点とはされてこなかった。女性達は新たな社会をつくる運動に動員された、彼女達は確かにそのために動いたけれども、女性達がすぐれて女性のために行動を起こすということはなかったのである。

　「開発」言説が導入され、そこで「女性」が開発のターゲットとして焦点化されてからも事情は基本的に変わらなかった。女性は家族（夫／男性）に、さらには国によりよく奉仕すべく、「開発される」べき存在となったのである。現在に至るまでなお言説的牽引力を失っていない「開発」語りは、本来社会・国家のすべての構成員の平等な参加を要請する民主主義理念とのこの緊張関係において捉えられるべきである。

　マオイスト運動とこれをめぐる言説は、このような受動的な女性像を一定程度打ち破るものではあった。マオイストはあるいは文字通り女性達を「闘う主体（兵士）」に取り込み、あるいはそれまで担ってこなかった役回

りを担うことを女性達にとって可能（あるいは不可避）にして、その実質的な活動の幅を広げた。その一方で、その暴力的な変革手段が運動内外の女性達に大きな傷跡を残したことは無視出来ない。また原理的にいって、両性を含む多様な個人が平等に参画する民主的社会の構築に、そうした変革手段が馴染むものかどうかについては、大きな疑問符をつけざるをえない。

　開発言説とマオイスト言説の展開・浸透とも絡み合いつつ、しかしまたこれに対抗する契機をも含みつつ、「権利」の実現として女性の十全なる社会参加（「包摂」）を求める言説が、90 年代、とりわけその末以降に活発に展開されてくることになる。女性に対する暴力は当然ながら人権侵害として（も）問題化されたが、特にインドに「売られた」女性達をめぐる言説は、彼女達を自律した権利の主体としてよりは「無垢・無力な犠牲者」、国家父権主義的な庇護と管理の対象として扱う傾向を強く帯びていた。その後国内における女性に対する暴力も問題の俎上にあがってくるに従って、言説は女性の実質的な権利獲得のほうへと方向転換しつつあるように見える。

　法の下でのジェンダー平等の実現は、1990 年第一次民主化以降、女性による女性のための運動として漸くにして社会的存在感を確立したネパールの女性運動が取り組んできた中心的テーマの一つである。なかでも親の財産相続権と市民権獲得におけるジェンダー平等は大きなテーマであったが、なお法律の文言上はともかく（財産相続権）、あるいは文言上においてすら（市民権獲得）、完全な平等が、つまりは女性の十全なる権利が確立されたとはいいがたい。権利を求める主体として自ら立ち上げつつも、権利を現実に享受する主体としてはなお自らを実現する途上にあるというのが、ネパール女性の現状だといえようか。

　2000 年代後半以降の現段階に至って、女性運動の焦点となっているのは（他のマイノリティ諸集団にとってと同様）「包摂」の実現である。ここに至って女性達は、「開発」に主体として参画すること、暴力から自由でありその個人としての尊厳を保つこと、男性と同等に十全なる社会の構成員

と認められることにも加え、政治・社会・経済の様々な領域における意思決定に実質的に参画していくことを要求している。意思決定への参画は、女性達が誰か・何か（男性／国／社会）のために動かされるのでなく、自らのために、そして自らを含む社会全体のためにその意思と価値に基づいて行動していくために、いうまでもなく欠くべからざるものである。ただその参画が、各領域における人口比に応じた代表割合の機械的固定によって果たされると錯視されるならば——現在の議論はほぼそこに収斂しそれ自体を目的化しているように見えるわけだが——それが不十分に留まることは確実と思われる。

　以上の言説的展開を、全体として、ネパール女性が「ネパール女性」としてより実質的な主体を確立していく方向に向けた推移として把握することがひとまず可能である。様々な軋みやもつれを孕みつつも、ネパール民主化の道程をネパールの女性達は男性達と共に歩んできたし、またそのなかで「女性として」の尊厳と力とよりよき生の獲得に向けて歩んできた、歩みつつあると認めてよいであろう。

　さて、このことを踏まえつつ改めて考えておきたいのは、この「ネパール女性」の内実が実際には決して一枚岩でも平等でもないこと、それに応じてこの道程にすべての「ネパール女性」が平等に自らの場所を占めることができてきたわけではないという事実に関連する問題状況についてである。「同じ女性」として多くの点で社会的困難を共有しつつも、あるいはしているからこそ、マイノリティ・コミュニティに属する女性達はネパールの女性運動のなかに組み込まれつつ周縁化されざるをえなかった。彼女達の困難とそれに対する取組みの一端を見ておこう。

2　言説的抹消——「ジャナジャーティ女性」というアポリア

　開発のターゲット、暴力の被害者あるいは権利／変革の主体として、いかように名指されるのであろうと、ネパール女性をめぐる語りは大方「ネパール女性」を基本的に一括りにするかたちで展開されてきた。一枚岩の

「ネパール女性」像が言説的に構築される裏で不可視化され周縁化されてきたのは、ネパールを構成する多様なコミュニティの多様な女性のありようであり、少数派に属する女性達の声である [Tamang 2004]。

「ネパール女性」を語る主体となってきた女性達は基本的に、ネパール社会の主流を構成してきた、教育ある上／中流階級・丘陵高カースト・ヒンドゥー出身[18]の女性達であり、彼女達が表象／代弁した「ネパール女性」の現実もまた、丘陵ヒンドゥー的伝統をベースにしたものであったことは明白である。「ネパール女性」の名のもとに語られていたのは、実質的には「丘陵高カースト女性による丘陵高カースト女性についての語り」だったのであり、そこでは、ジャナジャーティ、マデシ、ダリット、ムスリムといった諸マイノリティに属する女性達の現実がまともにとりあげられることはほぼなく、また彼女達自身が自らを語ることもほぼなかった。高カースト女性が「ネパール女性」を語り、その語りをもってすべての「ネパール女性」を代表／表象していることにするというこの傾向は、高カースト男性が「ネパール」全体を語り代表／表象してきた流れと平行するかたちで、女性運動内部においても長く続いてきた、なお続いているものなのである。

こうした状況に対し、民主化後のマイノリティ運動の高まりとも呼応しつつ、少数コミュニティの女性として声をあげようとする運動が既に始まっている [Tamang 2009][19]。ここでは特に「ジャナジャーティ女性」の例をとりあげ、彼女達が囚われることになった言説的「アポリア」とともに、そこからの彼女達の脱出の試みについて検討しておきたい [cf. Rai

---

18 例外的にジャナジャーティ諸集団のなかでもネワールは大きな存在感を放ってきた。

19 例えばダリット女性組織としていち早く1994年にFEDO（Feminist Dalit Organization）が、2001年にはジャナジャーティ女性組織 National Indigenous Women's Federation（NIWF）が設立されている。ダリット女性に関して、Jha [2003], Ramtel [2012], Sunar [2008?] 等を参照。

2008: 154; Rai 2009]。

　ネパールの言論空間においてジャナジャーティの女性達が被ることになった最大の不正義が、大勢におけるその黙殺＝不可視化であることは動かないとして、しかし、彼女達が全く語られてこなかったわけでもないことは注意しよう。彼女達がネパールの女性運動において（またジャナジャーティ運動のなかで）、ほんのことのついで程度にではあれ、言及されることは確かにあった。しかしその言説はむしろ、身もフタもない無視以上に彼女達の現実の表象を困難にしてしまうような、彼女達の存在をあたかもアポリアとしてしか概念化できないものとしてしまうような配置をとっていたのである。

　主流女性運動言説は「ネパール女性」が直面する様々な問題として、ダウリー、幼児婚、寡婦差別、家庭内暴力等々に繰り返し言及する一方[Parajuli 2003; Paudyal 2067v.s.; Subedi 2010]、たまさか「ジャナジャーティ女性」に言及する場合には（そのような場合自体がそれほどはないわけであるが）、ジャナジャーティ女性はそのような問題には直面していないという、否定形においてであった［cf. Tumbaphangphe 2010: 172］。彼女達自身の伝統・社会のありように即した検討が行われることはなく、ヒンドゥーにおいて見られるような女性差別的慣行の不在が即、ジャナジャーティ的伝統における女性の地位の高さへと短絡される。（マルクス主義的）思弁的歴史観にのっとってジャナジャーティ社会は「母権制」だったといわれることすらあるほど、ときにそれは空想的なのである［ibid.: 174］。

　その一方で、「開発」言説一般、あるいは「インドに売られるネパール女性」言説に特に顕著に見られたのは、ネパールの周縁化された貧しい村々の女性を「教育のない」「遅れた」コミュニティに属する「可哀想な」存在として、「開発」実践による介入／「暴力」からの救出の対象として想定することである。そうした「可哀想な」女性達は「ジャナジャーティ女性」のイメージに重ねあわされることも少なくなかった。重ね合わされればその表象は、女性の権利に目覚め女性運動を牽引する「私達（中流・

高カースト女性)」が「彼女達(ジャナジャーティ女性)」を守り導き代弁するというパターナリスティックな関係性を正当化するものとして機能することになる。

「ジャナジャーティ女性は抑圧されていない、(しかし)彼女達は哀れな犠牲者である」。あるいは、「ジャナジャーティ女性は抑圧されていないから女性運動に参画する動機をそもそも持たない、(しかし)無力な犠牲者だから女性運動を指導する地位にはつけない」。矛盾する規定の相克のなかで、「ジャナジャーティ女性」は明確な像を結ぶことができない。そして相矛盾するどちらの規定を切り捨てどちらの規定をとるにしても、彼女達が女性運動に参画すべきこと、参画できることは否定されることになるわけなのである。幾重にも彼女達は、ネパール女性運動のなかで不可能な存在にされている。

主流女性運動のなかでその場所をえることができないジャナジャーティ女性は、では、ジャナジャーティ運動のなかで自らの声を、彼女達の現実が語られることを得るのだろうか？ もちろん、否である。ジャナジャーティ運動(紛れもなくこれも男性中心的である)の側からいわせれば、カースト／民族差別的なネパール社会において、男も女もなくジャナジャーティ全体が虐げられているのであり、最も重要な課題はその克服である。そして彼らがいうのには(ここで彼らの言説は主流女性運動言説とぴったり重なることになるのだが)、そもそも「我々の社会に女性差別はない」のである——場合によっては彼らも、ジャナジャーティはもともと「母権制」だったと声をあわせさえする [Tamang 2008: 316, 321; Bhattachan 2001]。ジャナジャーティ社会には女性の抑圧はない、だからあえて女性達が女性達のために語る必要はないというのである。

ジャナジャーティ運動の男性中心性自体が雄弁に示しているように、もちろん、ジャナジャーティ諸社会で女性差別がないということはない。しかしジャナジャーティ男性達は、仮に彼らの社会における女性差別を認める場合でも、これを歴史的なヒンドゥー支配の産物に還元しようとする。

すなわち、もともと差別がなかった彼らの社会に女性差別が持ち込まれたとすれば、それこそがヒンドゥー支配の影響なのである、と。こうしてまた、本質的問題はヒンドゥーの、高カーストの支配であり彼らの抑圧的文化なのだという議論が回帰してくる。「我々の社会に女性差別はある」、だからこそ（我々男性が主導している、この）ジャナジャーティ運動が必要なのだということになる。ジャナジャーティ内部で女性への差別があろうがなかろうが、女性が別個の声を持つ必要は認められないことになるのである。

　こうしたなかで、さて、ジャナジャーティ女性はいかに己の現実について声をあげる道を切り拓くのだろうか？　まず彼女達が主張していることは、彼女達が主流女性運動においてもジャナジャーティ運動においても、周縁化され声を奪われてきたということである。彼女達は、彼女達が不可視化されてきた状況を打破し、彼女達がここにいると認められること、その「アイデンティティ (pahicān)」を確立することを求めている。女性運動とジャナジャーティ運動双方からの「あなた方は語ることができない／語る必要がない」という二重の否定を撥ね返しつつ、「否、私達は語ることができる／語る必要がある」と主張すること。彼女達が各々の社会・文化的伝統のもとで被ってきた具体的な差別や暴力を問題化するより以前に[20]、まずはこの己の声を、語るためのプレゼンスを獲得するということが、現在の彼女達の最大のアジェンダとなっているのである[21]。

---

[20] もとより女性への差別や暴力の具体的形態は各集団において多様であり、「ジャナジャーティ女性」運動としてまとまって取り組むことは難しいという背景もあろう。

[21] このアジェンダにのっとった彼女達の現段階における具体的な要求は、上に見た「包摂」、すなわち女性運動・ジャナジャーティ運動も含め、ネパール社会の諸活動領域における応分の代表・参加を確保することである（例えばNIWFによる「先住民ジャナジャーティ女性宣言2011」第1項は、これに関するものとなっている）。主流女性運動の側のこれに対する反応は、とり

現段階でのその方策は、どちらかといえば、ジャナジャーティ内部の女性差別を前面化させるより、むしろ「(自社会において) 地位の高いジャナジャーティ女性」像を温存しつつ主流女性運動における存在感を確保しようとしているものと見える[22]。その姿勢は、連邦制の行方を睨みジャナジャーティ運動全体の力を削ぐことを避ける戦略であるのかもしれない。ジャナジャーティ女性としての独自の声も求めつつ、女性として、またジャナジャーティとしての運動にも合流してその力をいかに高めていけるか——ジャナジャーティ女性が現在直面している課題は、この困難な舵取りである。

IV　おわりに

　ネパール女性による／女性についての／女性のための言説は、その言説の「外部」——ひとまずはそうした言説と直接的接点を持つことなく日々をおくっているとも見える、大多数のネパールの女性達——にどのようなインパクトを与えたのか、いやそもそも、与えたのだろうか？　逆に彼女達は、民主化プロセスにどんな、どれほどのインパクトを与えたのか？いやそもそも民主化プロセスのなかに草の根の女性達はどれほどいたのだろう、いたのだろうか？
　草の根のネパールの女性達が生きる環境の変化は急である。経済自由

---

[22] あえず否定的なものではないようだ [Acharya 2008]。
ジャナジャーティ女性の伝統的地位に関する調査レポート [NIWF 2011] は、ジャナジャーティ女性組織によるその伝統的地位の高さの過剰なまでの強調において際だっている。例えばカブレ郡のタマンにおけるガンバ (男性長老) 制についての以下の記述を参照。「女性が指導的立場に立つことはないものの、この制度は女性の権利に対して差別的な仕組みとはなっていない。いかなる点でも女性は差別されていないのである。……100％の回答者が、伝統的慣行は女性の権利に対して肯定的であるとしている」[NIWF 2011: 64]。

化・グローバル化の深化によるさらなるサブシステンス経済の崩壊、女性達の賃労働・移民労働への参入、打ち続く政治的騒乱と停滞、これらすべてに連動した種々の新たなチャンスとリスクの到来──「民主化」の他にも、彼女達の生活を左右し変えようとしている要因は枚挙に暇がなく、そうした様々なことどもに直面しつつあるネパールの大多数の女性達にとって民主化それ自体は必ずしも大きな変化の要因とも、優先順位の高い実現課題とも意識されていないようにも見える（世界的潮流から見れば、むしろ民主主義政治への関心・期待はネパールではまだしも高いのかもしれないが）[23]。

　それでも、彼女達の生を左右する様々な課題（それが「民主化」の不全に起因するものであれ何であれ）に対処していくためにこそ、政治が、機能するデモクラシーが必要であることは疑義をいれない。ネパールの女性達によって展開されてきた運動のここまでの達成とそれが今日直面している課題は、民主化の道程がいかなるかたちで歩まれていくのかについて考究するための一つのテスト・ケースを、確かに提供してくれているのである。

参照文献

Acharya, Meena
　2008　Samāveśi tathā Samānupātik Pratinidhitva Mahilāko Adhikār. *Asmitā* 66: 17-25.
　2010　Diversity and Unity of Feminist Movement in Nepal. In *Multiverse of Nepal's Democracy: Contents and Discontents*. Dev Raj Dahal & CB Bhatta (eds.), Friedrich-Ebert-Stiftung.

Acharya, Netra
　2007　*Nāgarikko Pahalmā Nayā Nepāl: Nāgarik Bhelāko Dastāvej, Śhantika*

---

[23] 2000年代の二度の（制憲）議会選挙の高い投票率はこの主張の傍証になろう。ただし、あまりに長期化した制憲プロセスとその間（そしてその後も）打ち続いてきた成果を生まない政権運営／交代が、この関心と期待を相当浸食してきていることも、否定できない。

lagi Sājhā Abhiyān, Nepal Dakṣiṇ Asia Kendra, Martin Chautari and Samudāyik Vikās Saṅgaṭhan.

Adhikari, Indira

2006 Women in Conflict: The Gender Perspective in Maoist Insurgency. In *Nepal: Facets of Insurgncy*. Lok Raj Baral(ed.), Adroit Publishers, pp.60-84.

Adhikari, K.P. and D. N. Gellner

2016 New Identity Politics and the 2012 Collapse of Nepal's Constituent Assembly: When the dominant becomes "other". *Modern Asian Studies*, pp. 1–32.

Aditya, Anand

2007 *The Inclusive State: Reflections on Reinventing Nepal*. SAP-Nepal.

Allen, Michael

1996(1975) *The Cult of Kumari: Virgin Worship in Nepal* (3rd edition). Mandala Book Point.

Alsop, R., M. Bertelsen and J. Holland

2006 *Empowerment in Practice: From Analysis to Implementation*. The World Bank.

Basnet, Babita

2064v.s. *Mahilā, Saṁvidhānsabhā ra Saṁcārmadhyam*. Sancārika Samūha.

Bhandari, Krishna Munrari & Prakash Adhikari (eds.)

2068v.s. *Saṅkalpa: Mahilā Mānav Adhikār Rakṣak haruko Saṅgharṣgāthā*. WOREC Nepal.

Bhatta, G. & Ambika Paudel

2007 *Mahilā Māthi ko Hiṁsā: HIV ko Mahilākaran*. Sachet Sancār Mañc.

Bhatta, Pramod

2011 Nepālko Uccaśikṣāmā Samājik Asamāntāka Wiwidh Āyām. In *Uccaśikṣāmā Sahabhāgitā: Asmāntāka Samājik Āyām*. P.Bhatta (ed.), Martin Chautari, pp.1-14.

Bhattachan, Krishna Bahadur

2001 Social Perspectives on Gender Issues in Changing Nepalese Society. In *Gender and Democracy in Nepal*. L.K.Manandhar & K.B.Bhattachan (eds.), Central Department of Home Science Women's Studies Program, Tribhuvan University in cooperation with Friedrich-Ebert-Stiftung, pp.76-

94.
Bhattarai, Sewa
 2016 The Battle Within. In *Garrisoned Minds: Women and Armed Conflict in South Asia*. Laxmi Murthy and Mitu Varma (eds.), Speaking Tiger Publishing, pp.128-142.

Comrade Parvati
 2003 Women's Participation in People's War. In *The People's War in Nepal: Left Perspectives*. A. Karki & D. Seddon (eds.), Adroit Publishers, pp.165-182.

Dahal, Jagadish et al.
 2004 *Impact of Internal Armed Conflict on Women and Children: A Research Report of Sindhuli District of Nepal*. Institute of Peace and Development.

Des Chene, Mary
 1997 Nepali Women's Movement: Experience, Critiques, Commentaries. *Studies in Nepali History and Society* 2(2): 291-7.

Dutta, Anuradha & Triveni Goswami Vernal
 2009 *Women Rebels: Stories from Nepal and Nagaland*. Akansha Publishing House.

Elyachar, Julia
 2002 Empowerment Money: The World Bank, Non-Govornmental Organizations, and the Value of Culture in Egypt. *Public Culture* 14(3): 493-513.

Escobar, Arturo
 1995 *Encountering Development: The Making and Unmaking of the Third World*. Princeton University Press.

Fujikura, Tatsuro
 2013 *Discourses of Awareness: Development, Social Movements and the Practice of Freedom in Nepal*. Martin Chautari.

Fujikura, Yasuko
 2003 Borders and Boundaries in the Era of AIDS: Trafficking in Women and Prostitution in Nepal. *Studies in Nepali History and Society* 8(1): 1-36.

Forum for Women, Law and Development
 2007 *Women and Sexuality in Nepal: A Study Report*. Forum for Women Law and Development.

Gautam, Shobha

2012 Civil Security, Violence on Women and Human Right. In *Contemporary Nepal: Reflections on Emerging Political and Social Issues and Trend.* B.C.Upreti & Uddhab Pyakurel (eds.), Kalinga Publications, pp.116-122.

GEFONT (General Federation of Nepalese Trade Unions)

n.d.(2013) *We Feel Proud!: From Zero to Thirty-three Percent.* GEFONT.

GEFONT & KAD (Women Workers' Union of Denmark)

2003 *Search for Alternatives: GEFONT / KAD Study Report on Women Workers Issues.* GEFONT.

Ghimire, Durga

2005 *Celīko Kathā ra Vyatha: Mero Anubhūtiharu.* ABC/Nepal.

Jackson, C.

1998 Rescuing Gender from the Poverty Trap. In *Feminist Visions of Development: Gender Analysis and Policy.* C. Jackson and R. Pearson (eds.), Routledge, pp.39–64.

Jha, Harivansh (ed.)

2003 *Tarāīka Dalit evaṁ Dalit Mahilā.* Centre for Economic and Technical Studies and Friedrich-Ebert-Stiftung.

Joshi, Siddharaj & Kiran Joshi

2012 *Laingiktā ra Vikās.* Pairavi Prakashan.

Joshi, Sushma

2001 'Cheli-Beti' Discourses of Trafficking and Construction of Gender, Citizenship and Nation in Modern Nepal. *South Asia* XXIV (Special Issue): 157-175.

Kaini, Prabha Devi

2008 *Women and Public Policy: Evaluating Programmes of Micro-Credit and Political Quatas in Nepal.* Ph.d.thesis, the Jawaharlal Nehru University.

Knight, Kyle

2014 Outliers: Sunil Babu Pant, the Blue Diamond Society, and Queer Organizing in Nepal. *Studies in Nepali History and Society* 19(1): 113-176.

Lama, Sangita

2008 Nepāli Miḍiyā: Puruṣko, Puruṣbāta ra Puruṣkai lagi. In P. Onta et al (eds.) *Samāveśi Midiyā.* Martin Chautari, pp.71-88.

Luintel, Pushpaprasad

2069v.s. *Itihās: Nepāli Nārī Jāgaraṇ Awasthā.* Shantadevi Luintel Pratishthan.

Magar, Mankumari Thada
 2011 Prāvidhik Uccaśikṣāmā Mahilāharuko Sahabhāgitā. In *Uccaśikṣāmā Sahabhāgitā: Asamāntākā Samājik Āyām*. P.Bhatta (ed.), Martin Chautari, pp.15-44.

Malagodi, Mara
 2013 *Constitutional Nationalism and Legal Exclusion: Equality, Identity Politics, and Democracy in Nepal*. Oxford University Press.

Malla, Sapana Pradhan
 2015 Citizenship Provisions Discriminate against Women. *The Himalayan Times* (Sep.21, 2015).

March, Kathryn S.
 2002 *"If Each Comes Halfway": Meeting Tamang Women in Nepal*. Cornell University Press.

Martin Chautari
 2010 *Policy Paper No.4, September 2010: Attendance and Participation in the Constituent Assembly*. Martin Chautari.

NIWF (National Indigenous Women's Federation) (K.B.Bhattachan, Research Team Leader)
 2011 *Empowering Indigenous Women in Traditional Customary Institutions: Baseline Report of Nepal*. Nepal Indigenous Women Federation.

Nepal Adhyayan Kendra
 2057v.s. *Yogmāyā: Samājik Andolanki Agreni tathā Kavi*. （編者クレジットなし）Nepal Adhyayan Kendra.

Nepali, Rohit Kumar & Prakash Shrestha
 2007 *Unfolding the Reality: Silenced Voices of Women in Politics*. South Asia Partnership International.

Neupane, Gita and Meda Chesney-Lind
 2013 Violence against Women on Public Transport in Nepal: Sexual Harassment and the Spatial Expression of Male Privilege. *Journal of Comparative and Applied Criminal Justice* 38 (1): 23-38.

Neupane, Ramji Prasad
 2010 Living in the Cross-fire: Women's Struggle for Livelihoods during the Conflict. In *In Hope and in Fear: Living Through the People's War in Nepal*. Prabin Manandhar and David Seddon (eds.), Adroit Publishers,

pp.185-199.

Ojha, Ghananath
   2067v.s. *Nepālma Mahilā*. Pairavi Book House.

Onesto, Li
   2005   Dispatches from the people's war in Nepal. Pluto Press.

Pandey, Binda
   2012   Women's Movement in Nepal: Search for Political Participation and Power. In B.C.Upreti and Uddhab Pyakurel (eds.), *Contenporary Nepal: Reflections on Emerging Political and Social Issues and Trends*. Kalinga Publications, pp.195-201.
   2001   *Nepāli Śramik Andolanmā Mahilā Sahabhāgitā*. GEFONT.

Parajuli, Kamala
   2003   *Nepālmā Narivād*. Budhabar prakashan.

Parajuli, Lokranjan
   n.d.   Educating Women for Men's Sake: Discourses of Female Education in Late Rana Nepal. Paper presented for the 4th Social Science Baha Annual Conference, 22-24 July, 2015, Kathmandu.

Paudyal, Bina
   2067v.s. *Vividh Āyāmmā Nepāli Mahilā*. Pairavi Book House.

Pigg, Stacy Leigh
   1996   The Credible and the Credulous: The Question of 'Villagers' Beliefs' in Nepal. *Cultural Anthropology* 11(2): 160-201.

Pradhan, Sahana
   2007   Women in Constitution. In Aditya (2007), pp.186-188.

Rai, Kailash
   2008   Ādivāsi Janajāti Mahilā Andolan ra Janajāti Mahilā Mahasaṅgh. *Studies in Nepali History and Society* 13(1): 147-191.

Rai, Kailash
   2009   Ādivāsi Janajāti Mahilākā Samājik Andolan. *Asmitā* 69: 4-11.

Ramtel, Punyawati
   2012   Dalit Mahilāmathiko Hiṁsā Jhan Dayanīya. *Mārgadarśan* (Dalit Mahila Saṅghko Prakāśan) 8: 3-4.

佐藤斉華
   2015   『彼女達との会話:ネパール・ヨルモ社会におけるライフ/ストーリーの

人類学』三元社.
Sato, Seika
2017　Still Out of Place?: Women in Public Spaces in Contemporary Nepal. In *Social Transformations and Cultural Change in South Asia: From the Perspectives of the Socio-Economic Periphery*. Takashi Shinoda, Takako Inoue, and Toshihiko Suda (eds.), The Institute for Oriental Studies, Daito Bunka University, pp. 221-244.

Shakya, Sujata and Sabitra Bhusal
2008　*Situation of Women Workers Living in Conflict Areas and Under Politically Suppressive Regimes (NEPAL)*. Committee for Asian Women (CAW).

Sharma, Nirmala
2008　*Nasuniekā Āvāj: Patrakār Mahilākā Riport*. Sancharika Samuha.

Shrestha, Sushila
2004　*Sahanā Pradhān: Smṛtikā Ankhījhyālbāta*. Swapnawatika Prakashan.

Sijapati, Bandita, Amrita Limbu and Manisha Khadkha
2011　*Trafficking and Forced Labour in Nepal: A Review of the Literature*. Himal Books for the Centre for the Study of Labour and Migration.

Singh, Mangala Devi
2051v.s.　*Nārī Saṅgharṣakā Pailāharū*. P.L.Singh.

Subedi, Prativa
2010　*Nepali Women at the Crossroad*. Mr.P.Subedi and T.Subedi

Sunar, Tilak
2008?　*Parivartankā Pailāharū*. Feminist Dalit Organization (FEDO).

Tamang, Jyotsna
2010　Domestic Violence in Nepal. In *State and Society: Social Exclusion and Inclusion in Nepal*. Kristian Stokke & Mohan Das Manandhar (eds.), Mandala Book Point.

Tamang, Parshram
2008　*Hāmro Nepāl: Sanghīya Loktantrik Gaṇatantra*. Mulyangkan Prakashan Griha.

Tamang, Seira
2000　Legalizing State Patriarchy in Nepal. *Studies in Nepali History and Society* 5(1):127-156.
2004　Nepālmā Vikāse Nārīvād. In *Nepālko Sandarbhamā Samājśastrīya*

       Cintan. Mary Deschene & Pratyoush Onta (eds.), Himal books for Social Science Baha.

  2009   The Politics of Conflict and Difference or the Difference of Conflict in Politics: The Women's Movement in Nepal. *Feminist Review* 91: 61-80.

  2015   Mātritvako Kaṇṭenar: Nepālko Saṅgkramaṇma Māowādī Śivir ra Pūrva Mahilā Laḍākuharūko Miḍiyā Citraṇ. *Miḍiyā Adhyayan* 10: 5-40.

田中由美子・大沢真理・伊藤るり（編著）

  2002   『開発とジェンダー：エンパワーメントの国際協力』国際協力出版会.

Toffin, Gerard and Shova Shakya

  2011   Women, Law and Democracy in Nepal: An Interview with Sapana Pradhan-Malla. *European Bulletin of Himalayan Research* 39: 148-165.

Tripathi, Sudha

  2012   *Chelibetīkā Beglai Kurā*. Brikuti Academic Publications.

Tuladhar, Indu

  2008   Mithā Vachanbaddhatā ra Titā Satyaharū: Partik Ghoshnāpatraharūmā Mahilā. *Asmitā* 66: 26-34.

Tumbahangphe, Shivamaya

  2010   *Nepālmā Mahilā Andolan*. Vani Prakashan.

UNIFEM & Forum for Women, Law and Development

  2007   *Impact of Existing Discriminary Citizenship Law on Women and Children in Nepal*. United Nations Development Fund for Women & Forum for Women, Law and Development.

Upadhya, Shizu

  1996   The Status of Women in Nepal - 15 years on. *Studies in Nepali History and Society* 1(2):423-453.

Vaidya Malla, Meena

  2011   *Political Socialization of Women in Nepal*. Adroit Publishers.

Vasnet, Meera

  1997   *Nepālko Prajātantrik Jana Andolanmā Mahilā Vargako Bhūmikā*. Meera Vasnet.

Vidya, S.

  2008   *Women in Nepal*. Summit Enterprises.

Watkins, Joanne C.

  1996   *Spirited Women: Gender, Religion and Cultural Ideology in the Nepal*

Himalaya. Columbia University Press.
Women Security Pressure Group
  2007　Women's Partnership in the New Constitution. In Aditya (2007), pp.189-192.
Yami, H
  2063v.s.　*Janayuddha ra Mahilā Mukti*. Janadhwani Prakashan.

第 8 章

テーマ・コミュニティにおける「排除」の経験と「包摂」への取り組み

人身売買サバイバーの当事者団体を事例に

田中雅子

I　はじめに

　紛争後の体制移行期にあるネパールにおいて、多様な集団による権利の回復を求める運動や、開発もしくは政策立案の場において、頻繁に登場するようになったのが「包摂」の概念である。ネパール語で包摂を示す *samāveśīkaraṇ* は、英語の inclusion の翻訳語として 2000 年代半ばに普及し始めた。包摂の訳語がこの単語に落ち着くまでの間、参加を示す *sāmelī* でよいという意見も出たが、ネパール語を母語としない人びとにとっては、いずれも日常の語彙にはなく、排除を指す *bahiṣkaraṇ* の対義語として *samāveśīkaraṇ* が定着していった[1]。差別を否定し、多様性を受け入れることを意味する包摂は、主流派の人びとにとっても正面からは否定しがたく、国家再建過程で目標とすべき社会のイメージを表現する言葉として定着した。*samāveśīkaraṇ* を運動の中で最初に活用したのは、欧州の援助機関や社会運動と接点が多かった研究者と、諸民族やダリット運動のリーダーたちであったが、障害やセクシュアリティなど、地縁や出自とは異なる差異によって排除された人たちも、その状態からの克服を目指すキーワードとして用いるようになっていった。

　本稿は、地縁コミュニティや、民族・カーストといった出自に基づく集団と交差する形で存在する社会的スティグマを抱えたテーマ・コミュニティの人びとが、どのような排除を経験し、またいかに包摂の取り組みを行っているか明らかにすることを目的とする。特に、テーマ・コミュニ

1　筆者が 2005 年から 2009 年まで勤務した SNV Netherlands Development Organization は、のちにネパール政府が直接運営するようになる Social Inclusion Research Fund の事務局としてネパール人による社会的包摂に関する調査を推進した。同時に、当時の地方開発省とともに Social Inclusion 概念の普及をはかるため、都市や農村の一般市民にも聞き取りを行った上で、ネパール語の研修教材等を製作した。包摂の訳語を巡る議論は、この作業過程での筆者のメモによる。

ティの人びと自身が結成した当事者団体に着目し、排除の克服から包摂の実現への過程で果たす団体の役割に焦点を当てる。

事例として、人身売買の被害に遭ったサバイバーの女性たちが結成した当事者団体であるシャクティ・サムハを取り上げる。彼女たちは、家族の名誉を重んじるネパールにおいては、家族からも不名誉な存在とされ、排除されやすい点が、地縁や出自によって規定されるコミュニティとは異なる。

はじめに、包摂の対概念である排除と、その要因でもあり、かつ結果でもある社会的スティグマをもつ人びととのコミュニティ形成と当事者団体の役割について概観する。次に、人身売買の定義と、ネパールにおける問題と現状について述べる。人身売買サバイバーの当事者団体シャクティ・サムハの概要と組織の特徴を紹介した後、家族、国家、民間セクター、村の社会活動の4つの切り口から人身売買のサバイバーが経験する排除について述べる。また、シャクティ・サムハが国家や市民社会、国際社会、メディアから承認されていった過程に触れ、社会的スティグマを抱えたテーマ・コミュニティの人びとにとって、承認が関係性を変えるきかっけとなることに言及する。最後に、シャクティ・サムハの活動は、排除を克服し、包摂をもたらしたのか、その到達点を検証するとともに、リーダーと一般参加者が抱く排除や包摂のイメージの違いを指摘し、その限界について考察する。

なお、本稿は「当事者団体とのパートナーシップによる包摂型援助のあり方に関する研究：ネパールにおける人身売買サバイバー団体の成長過程の事例から」（2014年度 日本福祉大学大学院 国際社会開発研究科 国際社会開発専攻 博士論文）の一部を再編したものである。本稿で用いた用語の検討過程は、博士論文で詳述している。研究にあたっては、シャクティ・サムハや関連団体の出版物、WEBサイト、新聞・雑誌などの文献の他、1995年から2016年にかけてネパール各地で行った同団体の理事・職員・会員ほか活動参加者、資金提供団体の協力者へのインタビューや活動の観察記

録を使用した。

II　社会的スティグマを抱える人びとにとっての当事者団体

1　社会的排除と社会的包摂

　社会的排除は、産業構造の変化に伴う労働市場の再編によって生まれた、貧困概念では説明できない問題の分析概念として、1970年代から西欧諸国で用いられてきた。人種、民族、宗教、年齢、ジェンダーといった出自によるものだけでなく、障害、失業、配偶者の有無など後天的な事由により経済的・社会的・政治的に排除された人々の生活を分析する際にも用いられる。最初に社会政策の中で社会的排除という概念を用いたフランスのルノワールは、1974年に記した著書の中で、社会の規範に適合せず、不利な立場にあるために、経済的恩恵を受けられない人を生み出すことを社会的排除と呼んだ［バラ、ラペール 2005］。障害者、薬物乱用者、非行に走る若者などが排除されがちな例としてあげられ、社会的スティグマを抱えた集団と関連づけられて議論された。その要因には、個々人の問題だけでなく、特定の集団が参加の権利をもつ市民として扱われない、国家からの排除がある。一方、開発援助の文脈では、1995年の世界社会開発サミット以後、社会的排除の概念が用いられるようになり、「参加型開発」では看過されてきた制度上の障壁が重視されるようになった。また、性別や年齢、障害の有無に関わらず、すべての人が基本的権利をもつことを出発点とする開発援助の実践手法である「権利に基づくアプローチ」（Rights-Based Approach: RBA）が2000年以降に提唱され、サービスの享受や、権利の行使を阻む状態の克服が不可欠であるという認識が進んだ。本稿では、開発援助におけるこれらの議論をもとに、社会的排除を「個人や集団が、経済的、社会的、政治的な制度上の障壁や社会との関係性によって、必要なサービスの享受、機会や決定への参加、権利の行使を阻まれた状態」と定義する。家族に受け入れられず、自治体に提出する書類に親の署名をも

らえないなど、家族からの排除もこの範疇として扱う。

　社会的包摂は、社会的排除への対抗策として提起された概念であることから「制度上の障壁を取り払って、排除される側が権利の行使や資源へのアクセス、社会参加ができる環境を整えること」を指す。従来、排除されがちな人は「社会的弱者」として一括され、彼女ら・彼らを弱者にする側、排除する側の姿勢は問われなかった。しかし、包摂のための施策は、制度上の障壁を設けている排除する側も働きかけの対象とし、排除する側とされる側の関係性の変容を求める。開発援助においては「資金提供をする援助機関、国際 NGO、現地政府、地方行政、現地 NGO などの諸アクターが、その力関係を変えながら、透明性を高め、より効率的、効果的な援助を行うことを目指す概念」を「包摂型援助」(Inclusive Aid) と呼び［Groves and Hinton 2006: 13］、社会的包摂を目指す過程で、アクター間の力関係の変容を求めている。しかし、そこでは援助から排除されがちな集団との関係には言及していない。そこで、本稿では、社会的スティグマを抱えた人びとが結成した団体に着目し、他のアクターとの関係変容にも言及する。

2　テーマ・コミュニティ

　テーマ・コミュニティとは、地理的空間を基盤とする地縁コミュニティとは異なり、構成員の共通の関心事や帰属意識による結びつきに依拠する集団を指す。HIV 感染者や紛争もしくは公害の被害者などが、その体験を共有することで生成するものを「社会運動のコミュニティ」ととらえた研究もある［平井 2012］。本研究が事例として扱う人身売買の被害に遭ったサバイバーも、これらと同種の特徴をもつコミュニティである。

　人びとの相互行為を研究したゴッフマンは、社会から否定的な烙印を押された状態をスティグマと呼び、事情が他の人に知られ「すでに社会的信用を失った者」(the discredited) と、まだ他の人が知るところとはなっていない「信用を失う事情のある者」(the discreditable) に分類している［ゴッフマン 2001］。本稿で扱う人身売買の被害者など、自らの意思で信用

を失う行為に至った者ではない場合も、他人に事情を知られること、つまりカミングアウトをためらいがちであることから、後者と位置付けることができる。

　スティグマの要因の違いは、カミングアウトのリスクだけではなく、当事者とそれをとりまくステークホルダーの関係にも影響を与える。とりわけ異なるのは、家族や地域社会など近親者との関係である。カミングアウト自体が「家族の名誉を傷づける行為」とみなされ、家族との関係が修復困難に陥ること、またそれが他のステークホルダーからの排除の誘因にもなるからである。

　家族から排除される人は、自分以外の他者とも関係を築くことが極めて困難であるが、同様のスティグマをもつ者同士が、痛みを分かち合う場をもつこと、また集団としてのアイデンティティを形成することは、自信を回復するために効果的である。カミングアウトによってリスクを負う可能性がある人たちにとって、自ら名乗りをあげて他者とつながることは困難を伴うが、後述する当事者団体の結成には不可避であり、その結果、ようやくスティグマを抱える仲間への直接支援や、排除する側との関係や制度の改善に取り組むことを可能にする。

　一方、スティグマを抱えるような体験をしても、カミングアウトしなければ、差別や排除を免れる可能性はあるが、痛みを共有したり、支援を受けることはできない。カミングアウトしていない人も潜在的にはテーマ・コミュニティの成員になる可能性があるが、他者との結びつきがない状態のため、テーマ・コミュニティの成員には含めない。

3　当事者団体

　日本の法律用語で、当事者とは係争に直接関与した人を指すが、本稿では自己決定権を求める「当事者運動」や「当事者主権」を主張する際の用法［中西・上野 2003］に倣う。民族団体や障害者団体などの多くは、自らの課題解決のために集まった当事者自身が結成しており、他益性を重視す

るNGOとは異なる。また地域の自治組織や住民組織（Community-Based Organization）、相互扶助だけを目的とした自助組織（Self-Help Group）とも区別される。そこで、本研究では、アメリカの社会運動等で用いられるIdentity-Based Associationを参考に「民族や性別、セクシュアリティ、障害や土地の権利の有無など、出自や特定の事情によって権利が剥奪されている人々が、共通の課題の解決、集団的アイデンティティによる結びつきを求めて設立し、会員へのサービスだけでなく、法制度整備などを求めるロビー活動にも関わることで組織に参加していない非会員にも資する活動をする団体」を当事者団体と定義する。

　当事者団体の多くは「権利に基づくアプローチ」（RBA）を組織の指針としている。RBAとは「権利が守られていない状態」であることを問題の出発点としてとらえ、権利が守られるために誰がどのような役割を果たすのかを明らかにし、それが可能になるよう支援を行う手法である［Theis 2004ほか］。当事者団体がRBAを指針とする理由には、権利を剥奪された状態からの脱却を目指して行動する当事者自身が、自らの権利を主張する側、すなわち権利保有者（Rights holder）と位置づけることによって、課題の分析や取り組み方法を明確化できることがあげられる。RBAの文脈では「当事者」と「権利保有者」は同義である。一方、人権の回復やサービスの提供をする行政等は義務履行者（Duty Bearer）と位置付けられる。本稿で取り上げる排除の克服には、権利の回復や、行政サービスへのアクセスの保障など、義務履行者側の変化によってはじめて実現されるものがあり、権利保有者と義務履行者はともに包摂に取り組む主体に位置づけられる。

　社会的スティグマをもつ当事者とその他のステークホルダーの関係の中で、当事者団体の位置づけを示したのが図1である。①の社会的スティグマをもつ当事者とは、自らの経験についてカミングアウトしたテーマ・コミュニティの成員である。

　当事者団体の多くは、社会的スティグマをもつ当事者たちが相互扶助を

図1 社会的スティグマをもつ当事者とそれを取り巻くステークホルダーの関係

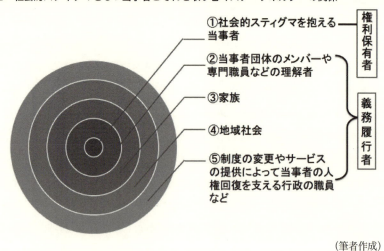

①社会的スティグマを抱える当事者 —— 権利保有者
②当事者団体のメンバーや専門職員などの理解者 ——┐
③家族　　　　　　　　　　　　　　　　　　　　　│義務履行者
④地域社会　　　　　　　　　　　　　　　　　　　│
⑤制度の変更やサービスの提供によって当事者の人権回復を支える行政の職員など ——┘

（筆者作成）

目的として結成することが多いが、より多くの当事者に働きかけるために、カウンセラーなど専門職員を雇用したり、当事者自身が専門性を身につけて活動を発展させる場合がある。②のうち当事者以外の関係者は、③の家族や④の地域社会に働きかける際の当事者との橋渡し役を担う。制度の変更やサービスの提供によって当事者の人権を回復するには、①から④までが一丸となって、⑤の行政等に働きかけることが不可欠である。

4　ネパールにおける当事者団体

　ネパールにおける当事者団体の結成は3期に分けられる。第1期にあたる1990年の民主化以前は、政党傘下の女性団体やダリット団体などが結成された。第2期は1990年以降2000年くらいまでの間で、特定政党と関係をもたないダリット団体や障害者団体、民族団体が設立された。第3期は2000年頃からで、従来からある民族、カースト、ジェンダー、宗教など出自によるアイデンティティを基盤とする団体に加えて、HIV感染者、人身売買の被害者など社会的スティグマを抱えた人たちが団体を設

立した。

　ネパールでは、カーストや民族の出自のほとんどは、姓名から判断することができる。差別の対象になることはあるものの、存在が否定されることは少ない。一方、セクシュアル・マイノリティやHIV感染者、人身売買の被害者などは、カミングアウトすることによって、さらに差別されるリスクがあり、他者に隠して生きることを選択することも少なくない。

　民族やカーストの差異から生じる問題への気づきは、出自だけでなく、居住地や、障害の有無、寡婦、移住女性、セクシュアル・マイノリティ、女性のHIV感染者、セックス・ワーカーなど立場の違いによって生じる多様性、またその背景にあるスティグマを自覚させた。その結果、他者が代弁するのではなく、異なる背景をもった当事者自身がそれぞれの事情をアピールする基盤として当事者団体の結成へとつながった。

　2016年現在、本稿で取り上げる人身売買のサバイバー以外に、寡婦、歓楽街で働く女性、移住労働から戻った女性、シングル・マザー、セクシュアル・マイノリティなどが当事者団体を結成しており、南アジアだけでなく世界各地から活動見学や交流を目的とした来訪者がある。

　ネパールで当事者団体の動きが活発化した理由のひとつとして、社会福祉規則に「国際的な社会組織は、（現地の）社会組織をパートナーとして事業を実施する」と定められていることが挙げられる。2012年時点で国際NGO協会（Association of International NGOs、略称AIN）に加盟している101団体のうち、大半は他益性を重視するNGOと組んでいたが、19団体は当事者団体をパートナーとする事業を実施していた（AIN 2012）。パートナーシップを重視する政策は、当事者団体を育成する上で重要な役割を果たしている。その結果、ネパールでは他の南アジア諸国以上に、当事者団体の活動が活発である。

III　ネパールにおける人身売買

1　人身売買／人身取引

　本稿では Human Trafficking を意味するネパール語 *mānava becabikhan* の日本語訳として「人身売買」を用いる。2000年の「国際的な組織犯罪の防止に関する国際連合条約を補足する人（特に女性及び児童）の取引を防止し、抑制し及び処罰するための議定書」（以下、「人身取引議定書」）採択に際し、日本政府は、国際組織犯罪を取り締まるために国際社会と協調行動を取りやすいという視点から「人身取引」という言葉を用いている[2]。一方、日本国内の運動体は、売る側と買う側の非対称的な力関係や、その過程での搾取や暴力を想起させる用語として、議定書採択以前から「人身売買」を用いている。当事者団体の視点は後者に近いことから、本稿では人身売買と表現することが妥当である。

　人身取引議定書は「人身取引」の定義を「搾取の目的で、暴力その他の形態の強制力による脅迫若しくはその行使、誘拐、詐欺、欺もう、権力の濫用若しくはぜい弱な立場に乗ずること又は他の者を支配下に置く者の同意を得る目的で行われる金銭若しくは利益の授受の手段を用いて、人を獲得し、輸送し、引渡し、蔵匿し、又は収受することをいう。搾取には、少なくとも、他の者を売春させて搾取することその他の形態の性的搾取、強制的な労働若しくは役務の提供、奴隷化若しくはこれに類する行為、隷属又は臓器の摘出を含める」（人身取引議定書 第3条 (a)）としている。なお、ネパールでも、臓器売買は報告されており、2007年7月に制定された「人身売買及び移送（管理）法」（Human Trafficking and Transportation

---

[2]　日本語で「売買」でなく「取引」と表現することが、国際組織犯罪への取り組みにどのように関係するのか不明であるが、日本政府の見解は、人身売買禁止ネットワークの WEB サイトを参照した。「人身取引／人身売買に関する用語」http://jnatip.jp/about/ 2013年8月19日閲覧。

(Control) Act, 2064v.s.）は処罰の対象としている。しかし、本稿で扱う当事者団体とは関連がないため、ここでは臓器売買については取り上げない。

2　人身売買と移住労働

人身売買は、誘拐や脅迫によって起きる以外に、自ら移住労働を選択した者が不当な契約や搾取、強制労働の状態に置かれる場合もそれに当てはまる。男性も人身売買の被害に遭うが、搾取された移住労働者として扱われ、帰還や再統合に移行しやすい。一方、女性が人身売買によって従事させられるのは、性産業だけでなく家事労働や工場労働など多様であるにも関わらず、「人身売買の女性被害者＝セックス・ワーカー」というイメージが根強い。いずれの労働に従事しても、人身売買の結果、性暴力や性的搾取の被害者になることはあり、女性被害者全般が排除されやすいのは世界的に共通している。ネパールでは被害者のほとんどが女性や少女であることから、本稿は被害者の多くが女性であると前提として進めるが、調査対象者が従事した仕事を性産業には限定せず、家事労働者やサーカス団員も含める。

ネパールの女性や少女がインドの買春宿に売られるようになったのは、1951年のラナ政権崩壊後、鎖国状態が解かれ、インド国境地帯との往来が盛んになってからだと言われる（ABC/Nepal 1996）。80年代に入り、急速にAIDSが広がるインドとの往来が多いネパールでもその流行が懸念されるとWHOが発表すると、ネパールからインドへの人身売買が国際的に知られるようになった（松井1987）。人身売買によって送られる先は、インドだけでなく国内にもあり、また職種も実際は多様だったが、90年代に人身売買と言えば「インドの買春宿に売られる女性・少女」というイメージが出来上がっていた。

1990年の民主化以前にも、人権活動家による被害者への支援や保護は行われていたが、1996年にインドから128人の少女たちが一斉帰還するまでは、組織だった救出はなく、当事者の経験が公にされることもなかっ

た。この出来事はネパールで mānava becabikhan（人身売買）という言葉が知られる契機になった。それまでは、他者によって売られ、さらに自分を買った相手に搾取されても、「(家を離れて) 働きに行った」、「働くために遠くに行っていた」と説明することが一般的であった。被害から十数年を経て、当事者団体の職員と出会うまで、自分が経験したのは移住労働であり、人身売買の被害に遭ったと理解していなかったと語る人もいる[3]。

1996 年に一斉帰還した少女を受け入れた現地 NGO 7 団体[4] は、心身の傷からの回復や生活再建のための支援を行った。しかし、メディアや社会に浸透した「ボンベイ帰りの少女たち」[5] に対する否定的なイメージを変えるのは容易ではなく、家族のもとに帰っても受け入れてもらえないという問題があった。心に傷を負い、汚名を着せられ、家族からも勘当同然の扱いを受けた彼女たちが、再び家族のもとに戻るという望みを叶えることは困難で、先の見通しは全く見えなかった。村に帰らない選択をする者、また一度帰っても、再び仕事を求めてカトマンドゥに戻ってくる者もいた [Fujikura 2003: 8-10]。彼女たちには、家族や出身地域以外で、生活再建の場が必要だった。

現地 NGO 7 団体のひとつ Women's Rehabilitation Center (WOREC) は、1990 年代の前半から当事者自身の参加を尊重した活動を行い、社会的スティグマを負った HIV 感染者の女性を、健康教育の担当者として雇用していた。その経験を活かして WOREC が実施した人権研修に参加した被害者たちが中心となって、当事者団体シャクティ・サムハを結成した。

3　2012 年 10 月マクワンプル郡での聞き取り調査より。

4　Agroforestry, Basic Health and Cooperative Nepal (ABC/Nepal), Child Workers Concerned Center in Nepal (CWIN), Maiti-Nepal, Navajyoti Kendra, Shanti Punasthapana Kendra, Shree Shakti と Women's Rehabilitation Center (WOREC)

5　ムンバイは 1995 年にボンベイから名称変更しているが、ネパールでは現在も会話の中では旧称が用いられている。

また、人身売買の被害者支援で最大規模の活動をしている Maiti-Nepal は、帰る場所のない少女たちを、国境付近で運営する一時宿泊施設（トランジット・ホーム）のボランティアとして採用し、後に有給職員として雇用した。行き場のなかった彼女たちは、安全な場所が提供され、新たに「尊敬できる職業」に就くことができたことを誇りに感じた［前掲書：10］。

　国境での監視や村での啓発活動によって人身売買を予防するメカニズムが導入されているが、女性自身の選択による移動の自由や、自己決定権の尊重という視点から見ると、移住労働を選択する自由まで侵害することはできない。人身売買と移住労働の境界は曖昧で、切り離して考えることは困難である［田中 2005: 21］。女性たちが移住労働を選択する権利を認め、渡航や契約に関する十分な情報提供をし、危険から身を守る術を伝えて「安全な移住」を推進することが、人身売買問題への取り組みの一環として行われている。

　1997 年に、カタールで働く家事労働者のネパール人女性が、性的虐待の末に自殺するという事件を受け、女性の中東への出稼ぎ禁止がネパール政府によって閣議決定された。翌 1998 年には「外国雇用法」が改定され、女性の移住労働は「保護者」と政府の承認状が必要であるという条項が加えられた。女性団体はこれを憲法で規定する男女平等に反するとして告訴したが、最高裁は女性に対する保護規定として棄却した。その後、女性の渡航規定が緩和されたが、女性移住労働者が巻き込まれる事件が度重なり、2012 年には 30 歳以下の女性が湾岸諸国への家事労働者として渡航することが禁止される。

　人身売買問題に関わる団体には、移住労働に関する規制が女性の選択に制限を加えるとともに、安全でない人身売買を助長すると主張し、「安全な移住労働の推進」と「人身売買撲滅」は矛盾せず、表裏一体であるという立場をとるところが多い。

3 現状

　人身売買廃絶のための主な取り組みは、売買に関わった者の訴追 (Prosecution)、被害者の保護 (Protection)、予防 (Prevention) の頭文字をとり「3P アプローチ」と呼ばれてきたが、加害者の摘発や訴追中心から被害者支援重視への転換が提唱され、救出 (Rescue)、被害からの回復 (Rehabilitation)、再統合 (Reintegration) を指す「3R アプローチ」へと取り組む範囲が広がっている。

　ネパールの国家人権委員会が 2014 年に発行した『ネパールにおける女性や子どもの人身売買報告書』によると、2013 年現在、16 の現地 NGO が人身売買や安全な移住の分野で活動しているが［NHRC 2014: 102］、依然としてネパールの人身売買問題は深刻である。警察や人身売買問題に関わる NGO への聞き取りからまとめた推計値によれば、2012 年／13 年度の 1 年間に、人身売買に巻き込まれた人は推定 29,000 人おり、未遂に終わった約 16,000 人を除く 13,000 人あまりが被害に遭っている［前掲書: 14］。また、オーストラリアの NGO、Walk Free Foundation は、Global Slavery Index を発表しているが、強制労働や債務労働、強制結婚も含めた奴隷状態にあるネパール人は 2014 年現在、世界で 228,700 人いると推計している［Walk Free Foundation 2014］。10 年に及ぶ内戦がもたらした治安の悪化や経済の停滞、平和構築後の国家再建の遅れにより、移住労働は男女ともに加速化し、渡航先も多様化したことで、1990 年代より問題は複雑になっている。国家人権委員会は 2005 年以来ほぼ毎年報告書を発行しているが、移住労働に関する記述の割合を年々増やしている。

　世界各国の人身売買問題への取り組みをモニターし、2001 年以来、報告書を発行している米国国務省は、ネパール政府が人身売買廃絶に必要な最低基準を遵守していないものの、最大限の努力をしていることを認めている。国家反人身売買省庁間委員会 (National anti-trafficking inter-ministerial committee) は、担当次官のリーダーシップによって強化され、人材派遣会社の規制に着手している。また国家人権委員会が、報告書を発

行していることも評価している［USDOS 2013］。しかし、依然として人身売買対策は十分ではなく、被害者が政府から十分な支援を受けていないこと、人身売買及び移送（管理）法が十分適用されていないこと、予防のための予算を政府が効果的に活用していないことを指摘している。特に、被害者認定の努力が不足しており、未だに政府関係者の多くが人身売買をインドの買春宿に売られることであると狭義に解釈していること、国内の性的搾取や強制労働、政党が人身売買の加害者をかばい、警察、検察、裁判官に対して、特定の事件の訴訟を取り下げるよう働きかけていることを問題として指摘している。

IV　人身売買サバイバーの当事者団体シャクティ・サムハ

　サバイバーとは、困難を「乗り越えた人」を意味する。人身売買の被害が人生の一時的な体験であるにも関わらず、「被害者」としてラベリングされ、固定化されることに抵抗をもつ当事者は少なくない。彼女たちの意見を尊重し、以下、被害そのものについて扱う場合、また当事者団体に参加する以前の状態、引用元の資料等で victim が使用されている時のみ被害者と表記する。

1　概要

　シャクティ・サムハ（Shakti Samuha, *śakti samūha*）とは、ネパール語で「力強いグループ」を意味する。2007 年の米国国務省の報告書は、人身売買サバイバーによって世界で最初に設立された団体として紹介している［USDOS 2007］。設立当初は「ボンベイ帰りのセックス・ワーカー」と揶揄され、好奇の視線にさらされたが、自らの団体を設立して活動を続けたことで、人身売買に遭った女性たちの尊厳を回復しただけでなく、その他の理由でスティグマを負った人びとが当事者団体を設立するきっかけも作った。

「人身売買のサバイバーが社会で尊厳ある暮らしができるようエンパワーされること」をビジョンに掲げている。また、「人身売買のサバイバーと人身売買の危険にさらされる女性や子どもが組織化され、エンパワーされて自覚をもつことにより、人身売買に反対するキャンペーンや、脆弱な状況にある女性や少女を保護するために貢献できる」[6]状況をつくることを使命としている。その実現に向けて、1) 人身売買のサバイバーは社会の他の成員と同等の権利を持たねばならない、2) 人身売買サバイバーが人身売買反対運動を主導し、自分や他者の権利を守る、3) シャクティ・サムハの会員は組織のサービスを受ける際に差別されない、という当事者の権利回復に重点を置いた3つの理念に基づいて活動している。

2016年7月現在、カトマンドゥの他、ヌワコット、ラスワ、シンドゥパルチョーク、ラメチャップ、シンドゥリ、ジャパ、ラウタハト、バラ、マクワンプル、ゴルカ、カスキ、バンケ、バルディア、カイラリの全15郡[7]で事業を直接実施している。東部と中西部ネパールでは会員からなる地域ネットワークも結成している。

主な活動は、人身売買サバイバーのための安全なシェルターの提供、カウンセリング、生計向上や就労支援、法的支援などのサービス提供のほか、人身売買予防のためのキャンペーンによる啓発、またそのための地方・中央政府ならびに国際機関へのアドボカシー活動である。設立以来、2013年までに全国計15,000を超える人びとに啓発を行い、678人の人身売買やドメスティック・バイオレンスのサバイバーの回復や再統合を支援

6 　この節の情報は Shakti Samuha [2013] より。

7 　いずれも郡内全域ではなく、それぞれの郡で人身売買の被害が多い村落開発委員会（Village Development Committee: VDC）を選んで思春期の少年少女からなるグループを結成し、予防活動等をしている。人身売買の被害者については、活動対象となる VDC に居住していない場合も、地域の事務所等でカウンセリングや相談を受けることができる。カミングアウトした人は当事者グループの会合に参加する。

図2　シャクティ・サムハ組織図

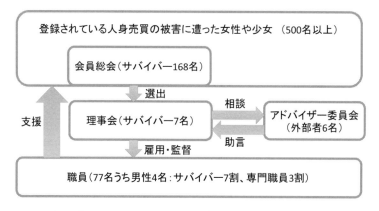

(2016年7月現在。Shakti Samuha［2015］、ホームページをもとに筆者作成)

するとともに、670人の女性に生計向上や教育の機会を提供した［RMAF 2013］。

2　組織の特徴

　シャクティ・サムハの組織体制は、図2の通りである。2016年7月現在、500名以上の人身売買の被害に遭った女性や少女が、シャクティ・サムハに登録されている。人身売買の被害にあった人が累積で数万人規模に及ぶことを考えれば、登録者数は多いとは言えないが、彼女たちは、何らかの支援を受けるか、活動の担い手として参加している人たちであり、少なくともシャクティ・サムハの関係者に対してはカミングアウトしているテーマ・コミュニティの成員である。うち168名は会費を支払っている会員であり、会員総会で選出された理事が組織運営の責任を負っている。

　入会規定では、人身売買に遭った女性と少女であれば、従事させられた職種は問わず会員になれるとしている。理事については、2010年に規定が変わり、人身売買の結果、性産業に従事させられた人だけに限定された。改定の理由は公にされていないが、その頃、理事会内でメンバー同士の対

立があったことが原因だと考えられる。当時の代表は、結成期からの主要なメンバーであったが、人身売買されて従事した仕事が家事労働であったという理由で、理事会から外されることになった。シャクティ・サムハに限らず、当事者団体は、スティグマとなる要因の違いをもとに、内部で相互排他的な状態に陥ることがある。

　当事者が組織運営の責任を負っているが、非当事者が雇用されて業務に従事していることは特徴のひとつである。人身売買の被害に遭った女性だけでなく、男性や被害経験をもたない女性も関わっている。2016年7月現在、有給職員は計77名で、うち7割を人身売買のサバイバーが占め、残る3割は「専門職員」と呼ばれる人身売買された経験をもたない人である。専門職員のうちカトマンズの本部事務所の法的支援や財務担当等の4名が男性である。

　当事者団体は、専門性をもった人材が少ないことが組織の弱点であると言われがちだが、外部の人材を補強しても、サバイバーが主体的に団体を運営することが可能なら、非当事者の関与は問題にはならない。同様の例は、スクォッターの女性団体が結成した貯蓄貸付組合で、教育を受けた若者が職員として雇用されている例にも見られる。職員の採用を雇用機会の提供とだけ考えるのではなく、当事者以外の理解者を増やすための方策だと考えれば、サバイバー以外からの人材登用は、非当事者との関係を変えていく上で重要な一歩である。

V　人身売買の被害に遭ったサバイバーが経験した排除

1　家族との関係

　人身売買された先で性暴力に遭ったり、買春宿で働かされることで性的搾取に遭って傷つくのは女性や少女たち本人である。しかし、彼女たちが罪を犯したわけではないにも関わらず、「汚れた存在」として貶められる。ネパールにおける女性の自殺の要因に関する調査報告によると、人身売買

の被害が女性に与える社会的スティグマは極めて大きく、自殺の要因のひとつとして挙げられている[8]。

人身売買により性的搾取を受けた女性の社会的スティグマを研究しているMeena Poudel[9]は、人身売買された女性は*izzat*（*ijjat*、ネパール語で「名誉」、〔社会での〕価値」)[10]がなくなり、その結果、社会から拒絶（*bahishkar*）されると説明している［Poudel 2011］。女性は父、夫、息子のために尽くさねばならないが、「汚れた」存在になったことで、その務めを全うできなくなり、本人の名誉や価値が失われるとする。家族に対して負っている責任や役割が異なる男性の場合は、仮に同じような体験をしても、*izzat*を失うことはない。必ずしもすべてのネパール女性が拒絶の原因を*izzat*を失ったという言葉では表現しないが、女性たちが人身売買の被害に遭った体験を他者に知られた状態で村の暮らしに戻ることが難しいのは、属する民族・カーストに関わらず、ほぼ同じである。

マクワンプル郡の50歳代のサバイバーDは、帰還してすでに40年近く経っているが、3年間インドの買春宿で働かされていたことは、夫には死ぬまで黙っているつもりだという[11]。夫にすべて話しているサバイバーもいるが、あえて話さない人もいる。マクワンプル郡でインタビューした

---

8 Pradhan, A., Poudel, P.,Thomas, D. and Barnett, S. n.d. A review of the evidence: suicide among women in Nepal, http://www.esp-nepal.org.np/document/downloads/Review%20of%20Evidence%20of%20Suicide%20among%20Women%20in%20Nepal.pdf　2013年8月26日閲覧。
9 1990年代以前から人身売買問題に取り組む活動家で、女性に対する暴力や保健分野で活動するNGO、WATCH等を経て、2012年10月から在ネパール米国大使館人身売買問題担当官。
10 *izzat*はアラビア語の*izzah*を語源とするが、南アジアでは宗教を越えて用いられている。パキスタンや北インドで発生している名誉殺人は、親が認めない異性と関係をもった女性に対する家族による暴力であるが、家族の名誉（*izzat*）の回復がその動機である［田中2012: 63］。
11 2012年10月16日マクワンプル郡でのインタビューから。

11人のサバイバーは、サーカスに売られた人が7人、買春宿に売られた人が4人だったが、自分が人身売買のサバイバーであることを夫に話した人はいても、自分の子どもに話した人はひとりもいなかった。子どもの年齢にもよるが、シャクティ・サムハが結成した思春期グループに子どもが参加している場合、その子どもは母親の事情を知っている。一方、事情を知られたくない母親は、シャクティ・サムハの活動について子どもに話すことは少ないようだ。

2　国家からの排除

シャクティ・サムハは、1997年の結成以来、2000年に政府への登録が完了するまで3年を要した。法人登録を行う場合、設立者の市民権証を添付した申請書を郡事務所に提出する必要がある。しかし、シャクティ・サムハには、市民権証をすでに取得しているメンバーがほとんどいなかったため、申請書類を整えることが困難であった。

ネパールでは、居住地での住民登録制度がないため、出生地の郡事務所が各種証明書を発行する。市民権証は16歳をすぎると請求が認められ、父親の署名を添えて申請する[12]。しかし、シャクティ・サムハの設立メンバーの多くは16歳になる前に売られ、帰還後も家族のもとに戻っていない、あるいは戻っても、父親から署名をもらえない、といった事情を抱えていた。建物の一部をシャクティ・サムハの事務所として貸していた現地NGOのWORECの職員は、シャクティ・サムハのメンバーが村に戻って市民権証の取得するのを手助けするとともに、設立者名簿に自分たちも

12　この法律自体がジェンダー不平等であるという理由から、女性たちは、長年にわたって改正を求め、2006年の市民権法改正により市民権取得の際、母親の署名でよいと変更された。しかし、窓口担当者への周知徹底不足などから、現在も母親の署名だけで子どもの市民権証を取得するのは困難である。

名前を連ね、申請書類を整えるのに協力した[13]。
　長年にわたり理事や職員として関わるチャリマヤ・タマンも、市民権証を取得するまでに家族との葛藤があった。

　　　市民権証を取ることができたのは、1999 年になってからです。兄に「市民権証を取りたい」と話したところ、最初は良い返事をくれました[14]。しかし、近所の人が余計なことを吹き込んだのでしょう。兄嫁が「市民権証がほしいだなんて、まさか親の土地を相続したいと言い出すんじゃないだろうね」と言って、妨害し始めました。長年不在だった住民が市民権証を申請するときは、近所の人などの証言が必要ですが、私がそこに住んでいたことを証言してくれる人を見つけるのにも苦労しました。「私は財産がほしくて市民権証がいると言っているんじゃありません。自分の力で生きていくために市民権証がいるんです」と言ったところ、兄は書類に署名してくれました。役所の人からも最後には推薦書をもらえました。

　市民権証は、基本的権利を行使するために必須である。それが取得ができないことは、国家からの排除を意味する。ネパールでは、総人口が約 2000 万人であった 1995 年時点で、国内で出生した人のうち 340 万人が市民権証を取得していなかった［DFID/WB 2006: 5］。市民権証申請の際、土地所有権証の提出は必須でないにも関わらず、担当の行政官が恣意的にその提出を求めることから、土地の権利書を持たない人たちの多くは、市民権証を取得できなかった。土地の購入や公的機関への就職には市民権証が必要とされることから、財産形成ができない、パスポートが発給されず出稼ぎに行けないなど、経済的な機会からも排除された。

13　2008 年 2 月 28 日 WOREC 事務所での当時の代表レヌ・ラジバンダリへのインタビューから。
14　父をすでに亡くしていたので、兄の署名をもらう必要があった。

ダリットや諸民族、平野に住むマデシの運動体が市民権証の問題を取り上げる時は、その出自によって世帯単位で市民権証が取得できないことを問題にしてきたが、人身売買の被害者の場合、親や兄が署名してくれないために取得できないという別の問題を抱えていた。家族からの排除が国家からの排除の誘因であると言える。

3 民間セクターからの排除

救出や帰還から日が浅いサバイバーは、村の家族のもとに帰ることは少なく、多くは都市で自活する選択をする。多くの支援団体が、職業訓練を実施しているものの、人身売買の被害に遭った女性や少女が、職を得る機会は乏しい。彼女たちの多くが、未就学か中途退学者であるために、中等学校卒業資格が必要とされる職には応募できない。また仮に学歴があったとしても、差別や偏見を恐れて応募を躊躇したり、職に就いた後で人身売買の被害を受けたことがわかってハラスメントを受け、仕事を継続できないといった問題がある。

シャクティ・サムハは、自らも当事者である職業斡旋コーディネーターによる就労支援を行っている。雇用機会を提供する側への働きかけと、就労希望者に対する支援の二つの柱からなっている。2014年初頭までコーディネーターを務めていたLがこの仕事を始めた頃は、人身売買のサバイバーがNGOやシャクティ・サムハで雇用された例はあったが、民間企業に就職した例はなかった。人身売買サバイバーの団体であると紹介した上で、企業の人事担当者と話をするのは、彼女自身についてカミングアウトすることを意味する精神的負担の大きい仕事だ。自分の仕事について、彼女は次のように語っている[15]。

　　　私の仕事は、企業から求人情報をもらうことです。彼らの信用を

15　2008年10月24日シャクティ・サムハ事務所にてインタビュー。

得るために、まず自分の能力の高さを理解してもらわなくてはなりません。ネパールでは人身売買のサバイバーやHIVに感染した女性に対する偏見が強いので、彼らに自分のことを理解してもらうことは並大抵のことではありません。

　昼間に会社を訪問したときは紳士的に接した人が、「今日は妻が実家に帰っているから、自分の相手をしに家に来ないか」と、夜になって電話をかけてくることがあります。大病院の事務長も「君もセックス・ワーカーだったんだろう」と言って身体に触ろうとします。人身売買のサバイバーに対して偏見をもつ人の態度はなかなか変わりません。私たちサバイバーを、自分の言いなりになる存在だと思っている人がまだ多いのです。

　シャクティ・サムハは、2010年3月から2012年6月まで国際移住機関（IOM）と女性子ども社会福祉省による「人身売買リスク軽減事業」(Trafficking Risk Reduction in Nepal: TRRIN) に、7つのパートナー団体のひとつとして参加した［IOM 2012］。事業期間中に、205人の女性が職業訓練や就労の機会を得た。うち41%にあたる84人が就職し、35%にあたる72人が起業している。このうちのすべてが人身売買のサバイバーではないが、就労支援の傾向はわかる。起業した者は、仲間とともに仕立て屋や美容院を開いたり、養豚など家でできる仕事をしている。就職した84人は、登山用品の縫製工場やフェアトレード製品の生産団体、牛乳公社など11社に採用された。いずれもネパールでは大手組織で、それまでNGOや当事者団体がアプローチできていなかったところだ。IOMが企業の社会的責任（Corporate Social Responsibility: CSR）を推進するために商工会議所等を通じて働きかけたところ、関心を示したという[16]。

　企業から求人情報を得ると、コーディネーターは該当する者が応募書類

---

[16]　2013年8月5日IOMカトマンドゥ事務所でのインタビューより。

を整えるのを助けるが、企業側に応募者の個人情報を知らせることはない。応募者はカミングアウトすることを望まないからである。つまり、応募者は、他の一般の応募者と同じプロセスを経て、競争に勝ち残らなければ採用に至ることはない。

　この事業によって機会を得たサバイバーたちは、一旦は就労の機会を得たものの、継続できないことが多かった。民間航空会社の社員食堂や、ショッピング・モールのコーヒー販売コーナーの運営を任された人がいたが、場所の賃料が高い、インフレにも関わらず提供する商品の値上げが認められないといった、本人の働き方とは別の理由で、職を離れざるを得なかった。この事業でコーディネーターを務めていたLは、2年あまりの事業実施期間のうち、就労を希望している女性たちの現実を「IOMが学ぶ」のに1年くらいかかったという[17]。IOMの報告書でも「就労希望者のほとんどが16歳から20歳までと若く、学校を卒業していなかったり、就労経験がないために、企業の応募基準を満たすことができなかった」、「市民権証をもっていない就労希望者が多く、正規の職業訓練に参加することすら叶わなかった」ことを課題としている［前掲書］。IOM側は、人身売買のサバイバーが抱えている基本的な問題を知らずに事業を計画していた。企業は国際機関であるIOMへの協力に関心は示しても、人身売買問題に関わる姿勢はあまり見せなかったという。この事例は、排除される側が努力を重ねても、就労機会を創り出す企業側に変化がないと、労働市場に包摂されることが難しいことを示している。

4　村の社会活動からの排除

　村で暮らす人身売買のサバイバーのグループ活動は、人身売買問題に取り組む他のNGOにはないシャクティ・サムハの特徴的な活動である。しかし、村のサバイバーのカミングアウトに関する考え方には個人差があり、

17　2013年8月9日シャクティ・サムハ事務所でのインタビューより。

すべてのサバイバーが参加することはない。

　村の当事者グループのメンバーの多くは、人身売買された先から帰還して数年から数十年経った既婚者である。ヌワコット郡で 2004 年頃結成された当事者グループの場合、5 つの村落開発委員会（VDC）からサバイバー 35 人が参加している。月 1 回の会合場所まで、自宅からの移動時間は、平均で徒歩 2 〜 3 時間、遠い人は 6 時間以上かかる[18]。同じ VDC で近所に住む人同士でも、このグループに参加するまで互いに人身売買のサバイバーであることを知らなかったという。

　グループに加入することは、自分が人身売買の被害者であることを少なくともグループのメンバーに公表することを意味する。家族にも外出理由を説明する必要があるが、家族に過去を打ち明けていない場合、夫やその家族、子どもの視線を気にしながら活動することになる。都市にいるサバイバーから見れば、村への帰還者は「村に帰ることができた人たち」に見えるが、実際は「村に戻るほかに生きる術がなかった人たち」でもある。現在のように人身売買の被害者を保護するシェルター等が整っていなかった頃、都市で生き延びることなど思いつかなかったはずだ。帰還から何年経っても、スティグマを抱えたまま暮らしている人は少なくない。たとえ頻度は少なくても、また話題が人身売買に関わることだけではないにしても、自分と同じ体験をした人たちと安心して話ができることがグループへの参加の動機である。

　参加者の中にはシャクティ・サムハから小規模融資を受けて、村での小商いや、山羊や水牛の肥育、野菜栽培など、生計向上事業に取り組む人もいる。「シャクティ・サムハ以外から融資を受けることはできなかったのか」という問いに対して、前出のメンバーは「このグループに参加する以前は、自分が利用できるサービスが村にあることを知らなかった。シャクティ・サムハのグループのメンバーになってはじめて、他のグループにも

---

[18]　2013 年 8 月 7 日ヌワコット郡でのインタビューより。

参加するようになり、自分の村で協同組合を始めた」と答えた。

ネパールにおける信用貸付の普及は地域差があり、一般化できないが、彼女たちは他に貸付を受ける機会があっても、サバイバーであることを隠して暮らしているために、社会活動に積極的に関わることを躊躇し、これまで機会を生かすことができなかった。カミングアウトをして直接排除された経験はなくても、彼女たちは生計向上など社会活動の機会から排除されていたと言える。

生計支援のための融資は、サバイバーの困窮状況を改善するために行われている。返済率を上げるためには、確実に収益が上がるよう助言をし、融資と一緒に研修等が行われる必要があるが、シャクティ・サムハは関連する研修等は提供していない。家畜の肥育に投資するならば、獣医から家畜の病気の予防について研修を実施することも考えられるが、シャクティ・サムハとして研修を企画すると、誰がサバイバーなのか研修の講師にわかってしまう。サバイバーのプライバシーの保護を考えると、シャクティ・サムハとして村のグループ活動に他団体からの協力を得ることは困難である。

5　小括

民間セクターからの排除の経験などは、出自によって排除を受ける他の集団とも共通するが、家族からの拒絶が原因で市民権証が取得できず、国家との関係にも影響を与えることは、人身売買サバイバーなど後天的な社会的スティグマを抱えた集団に特有である。家族との関係が障壁となって、社会活動など機会への参加、サービスの享受、また権利の行使ができない状態に陥ることもあり、家族に受容されることがいかに重要であるかがわかる。

VI　当事者団体としての包摂の実践

1　活動の場としての都市

　シャクティ・サムハに限らず、社会的スティグマを抱えたテーマ・コミュニティによって結成された当事者団体のほとんどは、首都カトマンドゥをはじめとする都市を本部として活動を始め、その後、地方に展開している。いずれの団体も、中心メンバーの多くは村落部の出身だが、家族や地域社会から排除されがちなためか、都市で暮らすようになり、そこで仲間や支援者と出会い、国際NGOから支援を受けたり、他団体と協力しながら権利を回復する運動に関与するようになっている。

　都市でカミングアウトしているメンバーの中には、家族が暮らす出身地の村では自らの体験を語っていない者もいる。カミングアウトした者たちが仲間を見つける都市は、当事者団体が活動を始めるにあたって必要不可欠な場である。

2　新たなアイデンティティの形成──「被害者」から「サバイバー」へ

　サバイバーをネパール語に直訳すると *uttarjībī* だが、シャクティ・サムハの本部事務所に常駐する理事や職員は、ネパール語の会話でも英単語のsurvivorを使う。一方、地方事務所の職員など英単語を交えず話す人は *prabhābit* というネパール語で表現している。これはsurvivorと同意ではなく、英語のaffectedに相当し「影響を受けた人」を意味する。日本語の「当事者」に近い。一方、村の会員や、シャクティ・サムハから支援を受けている女性は、自分自身を *pīḍit*（被害者）と呼ぶことが多い。

　入手可能で最も古いシャクティ・サムハの刊行物は2004年度の英文年次報告書だが、そこではすでにsurvivorという表現が用いられている［Shakti Samuha 2005］。ネパール語での自称について尋ねたところ、2002

年くらいから *pīḍit* ではなく *prabhābit* を使うようになったという[19]。その頃、国外の人身売買問題に取り組む団体と交流するようになり、被害者を意味する *pīḍit* は、自分たちを力なき存在と規定し、社会との関係性を変えない言葉だと理解したために、ネパール語では *prabhābit*、英語では survivor を使うようになったという。

現在も *pīḍit* だと自称する一般会員の女性は「自分たちは被害者以外の何者でもない」と語っており、都市で活動する理事などのリーダーと、地方の会員の間には、自称をめぐるギャップがある。なお、英語の survivor、ネパール語の *pīḍit* のいずれを用いる場合も、人身売買の結果として従事した仕事とは関連づけられていない。買春宿で働かされた女性も、サーカスで働かされても呼称は同じである。

自称の変化は、シャクティ・サムハから支援を受けている人すべてに及んだのではなく、リーダー層に限られているが、リーダーたち自身が、受け身なイメージがつきまとう被害者という立ち位置に留まらなかったことを意味する。また、被害者としてではなく、サバイバーとして新たな集団的アイデンティティを形成していったと考えることができる。

3　国家による承認

シャクティ・サムハの設立メンバーは、インドから帰還する際、ネパール政府から帰国を歓迎されず、団体設立後も、政府に登録するまで3年かかった。行政からの排除を経験したと言える。しかし、活動実績を重ねるうちに政府から認められるようになり、関係は大きく変わっている。社会的スティグマを抱えた当事者から見て、政府や自治体は関係のうすいステークホルダーであったが、現在では協働の関係へと変わりつつある。

国家人権委員会が発行する『ネパールにおける女性や子どもの人身売買

---

[19] 2012年10月19日ジャヌカ・バタライとラクシミ・プリへのインタビューから。

報告書』では、2005年版以来、サバイバーの視点を生かした活動を行う団体としてシャクティ・サムハが紹介されている［NHRC 2005］。2007年度からは、レポート作成委員会のメンバーにも選ばれ、他のNGOの代表者らとともに国家人権委員会の作業に関わっている［NHRC 2007］。

　女性子ども社会福祉省は9月5日を人身売買撤廃デーと定め、この問題への取り組みに貢献のあったNGOや個人の表彰制度を設けている。初年度の2007年にはシャクティ・サムハが団体として、翌2008年には、前述のチャリマヤ・タマン個人が表彰された。女性子ども社会福祉省の責任者は「シャクティ・サムハの活動に刺激を受けて、カトマンドゥでドメスティック・バイオレンスのサバイバーが自分たちの当事者団体を作った」と報告している［Thakali and Nepal 2008: 29］。2009年に設置された国家人身売買撲滅委員会には、チャリマヤを含む2名、また5つの郡の人身売買防止委員会に各1名、シャクティ・サムハの会員が任命されている。これらの委員会では、人身売買に関する政策に当事者の視点を入れることの重要性を訴えている。

　2000年に政府登録を完了するまでの困難を考えると、行政とシャクティ・サムハの関係の変化は目覚ましい。シャクティ・サムハが女性子ども社会福祉省等関係省庁や出先の行政機関に対して頻繁に活動報告を行い、良好な関係を築くよう努力を重ねた結果である。設立メンバーのスティグマが完全に消えることはないが、国家からの承認は「名誉の回復」であり、彼女たちが包摂のために働きかけた結果である。

4　市民社会からの承認

　シャクティ・サムハは、社会的スティグマを抱えた当事者団体の代表例として、ネパールの市民社会全体で知られる存在になっている。2012年9月、シャクティ・サムハの代表スニタ・ダヌワールは、ネパールの

NGO 5,370 団体の連合体である NGO Federation of Nepal（NFN）[20] の中央執行委員計 11 名のひとりに選出された。24 名の候補者中、得票数で第 3 位になった[21]。NFN の加盟団体のほとんどが現地 NGO であり、過去に当事者団体出身の中央執行委員はひとりもいなかった。多くの当事者団体は、自分たちのアイデンティティに関わる特定課題に関する活動だけで手一杯で、市民社会全体の利益のために活動する余裕がない。仮に当事者団体のリーダー個人が、現地 NGO も含む NFN 全体のために働くことに意欲があったとしても、NFN 加盟団体の投票によって信任を得られなければ、選出されることはない。NGO 全体の利益を代弁する役職に当事者団体から委員が選ばれるということは、シャクティ・サムハが誕生した頃の他の NGO との関係を想起すると大きな変化である。市民社会からの承認は、選挙で選出された委員個人だけでなく、サバイバー全体の「名誉の回復」につながることであり、広く社会で支援者を増やしていく過程と言えよう。

5　国際社会からの承認、メディアの変化

2011 年、チャリマヤ・タマンは、「現代の奴隷制廃止のために戦う英雄」として米国国務省から表彰された［USDOS 2011: 48］。ネパールで最初に人身売買の加害者を訴える裁判を起こし、その後も自分の経験を伝えていることが讃えられたのである。彼女はインドから帰還してすぐ、自分を売った男について郡警察に通報した。裁判の末、翌年 8 人の男に実刑判決が下された。彼女の勇気と、シャクティ・サムハでの活動、また国家人身売買撲滅委員会での活躍などが、ネパール国内だけでなく、国際社会

20　1991 年設立。NGO Federation of Nepal http://www.ngofederation.org/ 2013 年 5 月 26 日閲覧。

21　シャクティ・サムハの Web サイト http://www.shaktisamuha.org.np の Update の項を参照。2013 年 8 月 26 日閲覧。

でも認められたのである。

　この受賞は、ネパールのテレビ局などメディアから大きな注目を集め、彼女とシャクティ・サムハに関する特集番組等が制作された。インドからの帰還後、差別され続けてきた彼女にとって、より多くの人に自分自身が「認められる」機会であった。彼女にとってとりわけ印象深いのは、「公共の出来事」(Sājhā Savāl) というテレビの公開収録型番組である。イギリス国営放送 BBC の傘下の BBC Media Action が民主化支援の一環として制作し、ネパールの民間放送局カンティプルが放映している。米国での表彰式に出発する数日前に、人身売買の被害が未だに多いヌワコット郡のあるホテルの屋上で、収録が行われた。警察署長と女性子ども社会福祉省の大臣と彼女の3名が、人身売買問題についてパネルディスカッションを行い、会場に集まった人からの質問に答える番組だった。彼女は、自分が警察の高官や大臣とともに聴衆の前で話をするようになったこと、ヌワコット郡の村の人たちが会場までやってきて、自分の話を真剣に聞いてくれたことに驚いた。

　また 2013 年 8 月、シャクティ・サムハはアジアのノーベル賞と呼ばれるラモン・マグサイサイ賞を受賞した。ネパールで4番目、女性またグループとしては初めての快挙である。受賞が報じられた7月末から8月にかけて、ネパールの新聞は特集記事を組んでその歩みを紹介した。また代表者が表彰式から帰国したときにも、新聞の1面で大きく報道した。設立メンバーがインドから帰還したばかりの時、空港で待ちかまえ、彼女たちが罪人であるかのような報道をしたのもネパールのメディアだった。皮肉なことに、国際社会が認めてはじめて、ネパールのメディアも彼女たちを承認したと言える。その後、シャクティ・サムハが新聞やテレビのトーク・番組等で取り上げられる機会は飛躍的に増えた。リーダーのひとりは、メディアで取り上げられるようになってから、長年音信不通になっていた親族と再会した。

6　小括

　社会的包摂は、排除される側と、排除する側の関係性の変化によって起きる。まず、シャクティ・サムハのリーダーたちが、被害者からサバイバーへと、自称を変えたことは、「保護」の対象である社会的弱者として固定化されるのを防ぎ、サバイバーの人権回復など運動を担う主体となって、他のステークホルダーとの関係を変えるきっかけとなった。

　行政の各種委員会にリーダーや職員が参加することで、法制度整備に当事者の声が反映されるようになった。人身売買関連の法制度が、すべてシャクティ・サムハのメンバーが提案したとおりに改正されたわけではないが、制度上の障壁を取り払う過程に参加していることは間違いない。また、チャリマヤなど加害者訴追をしたサバイバーを手本に、自分を売った加害者を訴える被害者は少しずつ増えている。訴追は、彼女たちが尊厳を回復するために不可欠のプロセスである。

　また、国家や市民社会、国際社会からも承認されたこと、その結果メディアの報じ方が変わったことで、リーダーたちは地域や家族・親族との関係を修復していった。

VI　結論
当事者団体による活動の到達点と課題

　最後に、シャクティ・サムハの活動が、排除を克服し、包摂をもたらしたのか、その到達点と課題について、リーダーと一般のメンバーそれぞれの視点に注目しながら言及する。

1　到達点

　1990年代まで語ることすらタブー視されてきた人身売買について、その被害を正面から取り上げる当事者団体が存在し、村でもグループ活動を行い、さらに国家が発表する報告書の作成にも参加することは、20年前

には想像できなかった大きな変化である。

　人身売買の被害者が、帰還直後に家族から排除されがちであることは今も変わりないが、シャクティ・サムハの専門職員やリーダーが家族や地域社会に理解を求める役割を担っており、その機能を誰も果たしていなかった頃とは被害者の回復の過程が異なる。市民権証の取得や、就労機会確保、また村のグループ活動への参加を通じた回復の促進によって、人身売買の被害者が経験する排除は、軽減される方向にあると言える。

　活動が全国に広がり、リーダーが行政の委員会等で重要な役割を果たすようになったり、内外で表彰される機会も増えたことで、資金提供を申し出る団体の数は増え、団体の規模や活動内容の面では成長を続けている。また、NGOなど支援団体が当事者の意見を代弁するのではなく、当事者自身が関与できることを周知させたことで、他の要因によって社会的スティグマを抱えた女性たちによる当事者団体の結成を促したことも評価できよう。

2　課題

　リーダーたちが被害者からサバイバーへと自称を変え、メディアで取り上げられ、女性運動やNGOの連合体での存在感を発揮する一方、帰還から何十年も経ても、家族に知られるのを恐れつつグループ活動に参加する村のメンバーがいる。組織の成長や活動が展開するほど、中央のリーダーと村の一般会員の間の意識の差は広がっている。これは一般のNGOなどどんな組織にも言えるが、当事者団体は共通の体験を出発点としているだけに、一般メンバーがリーダーを「私たちの仲間」と思えなくなると、団体の存在意義が問われかねない。

　シャクティ・サムハでは、非ヒンドゥーや下位カーストに属するメンバーからも理事を選出するなど、特定の民族・カーストに偏らないリーダーシップ育成に力を入れている。民族やカーストを理由に活動への参加の機会が奪われるようなことはなく、出自より、人身売買による被害とい

う社会的スティグマのほうが、メンバー同士の結びつきにおいて重要であることがわかる。しかし、実際には、特定のリーダーが長期にわたって有給ポストに就く傾向があること、また本部と地方支部は情報や資源へのアクセスに差があることなど、内部から指摘する声がある。

　家族からの排除の克服や尊厳の回復は、村のメンバーだけでなく、都市で暮らすようになったメンバーにとっても避けることができない。リーダーの多くが、被害からの回復後に結婚や出産を経験しているが、その背景には家族や社会から「女性として承認される」ことへの強い願望があるように見える。結婚相手から、人身売買の被害者であった過去を理由に暴力を受けるなど、苦しんでいる人もいるが、それでもなお結婚や出産は彼女たちにとって重要な承認の過程だと考えられている。こうした年長のリーダーの苦悩を見て、別の形で家族や社会に承認されることを模索する若いメンバーもいる。結婚や出産は個人の人生の選択であり、団体の課題として語るのはふさわしくないかもしれない。しかし、結婚や出産を経なくても家族に受け入れられ、リーダーとして認められる者が誕生することは、シャクティ・サムハに集う当事者たちに、排除を克服するための多様な選択肢を提示したことになるのではないだろうか。

VII　おわりに

　シャクティ・サムハのリーダーたちが、*samāveśīkaraṇ* という言葉を自ら口にすることが多かったのは、第一次制憲議会選挙の準備期間であった。残念ながら立候補したメンバーは2008年の選挙で落選したが、国内外で表彰されるなど、政治以外の場面で、自分たちの存在意義を示していった。これは国家との関係だけでなく、家族等との関係の修復にも役立った。一方、村の一般の会員たちは自ら *samāveśīkaraṇ* という言葉を用いることは稀だが、家族や地域との関係に気づかいつつ活動に参加している点はリーダーと同じである。中央と地方、リーダーと一般メンバーの格差は、

当事者団体に限った問題ではないが、社会的スティグマをもった集団でさえ、内部で相互排他的になったり、組織内での格差が生まれることは「連帯のために結成された当事者団体でさえも私たちを包摂できない」という失望になりかねない。結成から 20 年を迎えようとしているシャクティ・サムハが、これらの課題を今後どう克服するのか、引き続き研究を重ねたい。

謝辞

本稿は、シャクティ・サムハの理事や職員、会員など活動の参加者、またその支援者への数次にわたるインタビューをもとにしている。実名を公開している人については名前を記し、公開していない人は頭文字のみとした。多くのサバイバーにとって、封印したい過去を再び思い起こす辛い作業であったはずだが、それを乗り越えた過程もあわせて共有してくださったことを感謝する。

参照文献

ABC ネパール（編）
 1996 『ネパールの少女買春——女性 NGO からのレポート』矢野好子訳, 明石書店（原書 ABC/Nepal. 1994. Red Light Traffic – The Trade in Nepali Girls Second Edition, Kathmandu: ABC/Nepal と ABC/Nepal. n.d. A Situation Analysis Report on "Girls Trafficking in Sindhupalchowk", Mahankal and Ichowk Village Development Commjittee, Kathmandu: ABC/Nepal.）

ゴッフマン, アーヴィング
 2001 『スティグマの社会学―烙印を押されたアイデンティティ』石黒毅訳, せりか書房（Goffman, E. 1963. *Stigma: Notes on the Management of Spoiled Identity*, Prentice-Hall, Inc.）

田中雅一
 2012 「名誉殺人——現代インドにおける女性への暴力」,『現代インド研究』2: 59-77.

田中雅子
 2005 「『自己決定』に揺れる移住労働と人身売買の境界」,『女たちの 21 世紀』

  41: 20-22.
 2014 「当事者団体とのパートナーシップによる包摂型援助のあり方に関する研究：ネパールにおける人身売買サバイバー団体の成長過程の事例から」日本福祉大学大学院 国際社会開発研究科 国際社会開発専攻 博士論文.

中西正司・上野千鶴子
 2003 『当事者主権』岩波書店.

バラ, アジット・S, フレデリック・ラペール
 2005 『グローバル化と社会的排除 貧困と社会問題への新しいアプローチ』福原宏幸, 中村健吾監訳, 昭和堂.

平井京之介 編
 2012 『実践としてのコミュニティ──移動・国家・運動』京都大学学術出版会.

松井やより
 1987 『女たちのアジア』岩波書店.

Association of International NGOs in Nepal (AIN)
 2012 Membership Report 2012. Kathmandu: AIN.

Department for International Development (DFID) and The World Bank (WB)
 2006 *Unequal Citizens: Gender, Caste and Ethnic Exclusion in Nepal.* DFID and WB.

Fujikura, Y.
 2003 Borders and Boundaries in the Era of AIDS: Trafficking in Women and Prostitution in Nepal. *Studies in Nepali History and Society* 8 (1): 1-35.

Groves, L. and Hinton R. (ed.)
 2006 *Inclusive Aid: Challenging Power and Relationships in International Development.* Earthcan.

International Organizations for Migration (IOM)
 2012 *A New Beginning: Trafficking Risk Reduction in Nepal.* IOM and Ministry of Women, Children and Social Welfare.

Nepal Human Rights Commission (NHRC)
 2005 *Trafficking in Persons Especially on Women and Children in Nepal National Report 2005.* NHRC.
 2007 *Trafficking in Persons Especially on Women and Children in Nepal National Report 2006-07.* NHRC.
 2014 *Trafficking in Persons Especially on Women and Children in Nepal National Report 2012-13.* NHRC.

Poudel, M.
  2011 *Dealing with Hidden Issues Social Rejection Experienced by Trafficked Women in Nepal.* LAP LAMBERT Academic Publishing.
Ramon Magsaysay Award Foundation (RMAF)
  2013 "Citation for the 2013 Ramon Magsaysa Award Shakti Samuha".
Shakti Samuha
  2005 *Annual Report 2004.* Shakti Samuha.
  2013 *Annual Report 2012.* Shakti Samuha.
  2015 *Annual Report 2014.* Shakti Samuha.
Thakali, H. and Nepal, T. R.
  2008 Shakti Samuha Review Report: Evaluation of the "Empowering Girls and Women for Prevention and Protection from Trafficking" Project. Save the Children Norway.
Theis, J.
  2004 *Promoting Rights-Based Approaches: Experiences and Ideas from Asia and the Pacific.* Save the Children Sweden.
U.S. Department of States (USDOS)
  2007 *Trafficking in Persons Report 2007.*
  2011 *Trafficking in Persons Report 2011.*
  2013 *Trafficking in Persons Report 2013.*
Walk Free Foundation
  2014 *The Global Survey Index 2014.*

第 9 章

ストリート・チルドレンの「包摂」と
ローカルな実践

ネパール、カトマンドゥの事例から

高田 洋平

I はじめに

　子どもの基本的人権を国際的に保障する「子どもの権利条約」(1989年第44回国連総会で採択・1990年発効) は、それまで人道主義や慈善活動の関心事でしかなかった困難な状況にある子どもの保護を、権利と原則に基づく国家の義務として位置付けた。

　ネパールは1990年9月にこれを批准し、ストリート・チルドレン、児童労働など、子どもの権利を侵害する事態を改善する運動が国内で展開された。この運動を中心となって推し進めたのは、当時、ネパールの議会政党制の実現を目指していたガウリ・プラダンをはじめとする学生運動家であり、その点で子どもの権利というグローバルなレベルで生起した概念のネパール国内への流入は、1990年民主化以降のネパール国内の政治的運動と密接に結びついていた。子どもの権利擁護運動は、NGO/NPOなどのボランタリー・セクターを形成しつつ、それまでネパール国内で中心的であった救済的な慈善活動ではなく[1]、権利概念に基づくアプローチを目指してネパール国内の児童福祉のあり方を刷新していった。

　しかしこの運動はネパール児童法 (1992年) やこれに基づく児童労働に関する行政組織の新設・刷新、児童労働禁止規制法 (1999年) の制定など今日のネパールの児童福祉に関わる重要な成果[2]を挙げたものの、ある種の困難を抱えていた。それは「子ども」や「権利」などグローバルなレベルで合意された概念が、必ずしもローカルな現実に適応しないという

1　運動の先駆けとなったガウリ・プラダンらによるCWIN (Child Workers In Nepal) の設立当初の報告書 [CWIN 1994] のなかで、「CWINの性格は権利ベース (right-based) であり、チャリティーではない」としてその慈善的性格が明確に否定されている。

2　1992年ネパール児童法では子どもの権利が盛り込まれ、国家の保護責任が明記されている。また本法律が定めるところにより、当時の「女性児童社会福祉省」のなかに中央児童福祉局が、各郡庁に地方児童福祉局が設立された。

困難である。例えば子どもの権利条約が前提とした、西欧近代の中産階級の働かなくてよい「子ども」と、しばしば働かざるを得ないネパールのローカルな現実を生きる「子ども」という違いは、運動が擁護しようとする子どもとは一体誰なのかという混乱[3]を引き起こし、子ども期を標準化しようとする国連の権利条約はローカルな現実とどう結びつくのか[Montgomery 2001] といったことが議論されている。これはまさにローカルな現実と「全球的（グローバル）に流通する概念との間の微妙な関係」[名和 2015: 177] によるものであった。また子どもの権利擁護運動は運動の当事者が子どもであることそのものが、これをさらに難しいものにしていた。1990年民主化以降の他のカースト・エスニック集団による政治的運動では、多くの場合、当事者団体が結成されることによってさまざまな権利の主張がなされてきた。しかし、子どもの場合、（子どもの政治的能力を過小評価するべきではないが）子ども自身が、そもそも政治的に参加するとはどういうことか、権利の主体になるとはどういうことか、十分に理解することは容易ではなかった[4]。また困難な状況にある子どもは、その生活

---

[3] 例えば児童労働は就労最低年齢規定で「原則15歳未満の子どもが大人と同じように労働すること」と定義されている（「子どもの権利条約」第138条）。しかし退学率が高いネパールでは15歳未満の子どもが家計を助けるために自営業を手伝うことや、（児童労働には含まれないものの）家事や農業を手伝うケースは少なくない。こうしたローカルな現実においては子どもが働くことはしばしば「大人との交流を通した社会化の意味」[Beatrice A 1993] があり、児童労働という概念が指摘するように必ずしも全てが有害とは限らない。これらを踏まえて「子どもの権利条約」による「有益な子どもの仕事や職業の否定」[Nieuwenhuys 1996] という指摘もなされた。

[4] ただし近年の民族誌的研究において戦争を含む子どもの政治的活動における役割と能力は評価されつつあり、子供を単に「前政治的存在 (pre-political being)」としてみなす見方は徐々に見直しが図られている。とはいえ1990年代のネパールにおいて、少なくとも子どもの権利擁護運動の実践現場では子どもの政治参加がひとつの困難になっていた。

だけでなく、カースト、民族などの帰属範疇も多様であり、権利を主張する集合体としてみなすことの難しさがあった。そのため多くの運動体が子どもの声の代弁という戦略をとったが、これによりしばしば子どもの声は国際ドナーとの関係のなかで都合よく解釈されるなど別の課題[5]を抱えることになった。このようにネパール国内の子どもの権利擁護運動は、ローカルな現実とグローバルな概念の微妙な関係に加えてそもそも子どもが主体であることの難しさも抱えている。

　このうちローカルな現実とグローバルに流通する概念の微妙な関係は、文化人類学者と人道主義者のあいだでしばしばみられる文化相対主義と普遍主義の対立として捉えることもできる。しかし、1990年代、グローバルな概念の流入によってネパール国内の困難な状況にある子どもの生活を支えるシステムが整備されたことを踏まえると、藤倉の「ユートピアンな細胞たちが少しでも危険と搾取の少ない世界を築くために必要なリソースであれば、たとえそれがプロテスタント倫理と深い関わりをもっていようと、かまわず使えば良いのである」[藤倉 2010: 226] という指摘が示唆するように、より重要なことはローカルな現実か、グローバルな概念かという対立ではなく、2つの立場の折衷的なあり方を求めることだろう。真に当事者の利益となるようなネパールにおける社会的包摂のあり方の1つは、こうした議論の先にあると考えられる。そのためにまず必要な作業は、当事者である子どもが何をどう考え、どのように生活しているのか、つまりローカルな現実を綿密に描くことかもしれない。

　そこで本稿では1990年代から、ネパールでも社会的に注目されてきたストリート・チルドレンを取り上げて、ローカルな現実を描き出してみた

5　例えば「子どもの権利という強力な言説の流入後、ネパールでストリート・チルドレンは『開発競争の場』になった」[Onta-Bhatta 2000] という指摘に代表されるように、当事者不在はときに開発ビジネスといった問題を生み出してきた。

い。ストリート・チルドレンはこれまで福祉的支援や社会的逸脱の様式に関心が集まり、我々と同じように話すこと、遊ぶこと、道の往来、買い物をしたり時に料理したりすることといった日常的実践には十分に注意が払われてこなかった。本稿では、ローカルな現実として彼らの日常的実践に焦点をあて、民族誌的調査から明らかになったことをもとにそれを描いてみたい。

II　子ども、日常的実践、ストリート空間

　日常的実践を描く前に「子ども」について簡単に触れてみたい。フィリップ・アリエスが明らかにしたように、現在我々が使用する子どもというカテゴリーは、欧州に近代的な学校教育制度が整えられ始める17世紀に生み出された［アリエス1980］。無垢で純粋、受動的な存在という子ども像が西欧近代で一般化すると、しばしば自民族中心主義的な形で他の社会・文化へと適用されていった。こうした標準化された子ども期に対して文化人類学は、相対主義の立場から地域や時代によって異なる子どもの社会化や子ども期の文化的多様性を明らかにしてきた。しかしながら文化人類学者のジェイソン・ハートはそうした子どもについての文化人類学的研究は比較的安定した社会を対象としていることが多く、人道主義が介入するような危機的状況にある子どもの表象はこれまで圧倒的に「子どもの権利章典（1928年）」を主導したエグランタイン・ジェブの伝統に基づく人道主義者たちによってもたらされてきた、と指摘する［Hart 2006］。そしてロマン化、標準化された「子ども期」の表象がかえって政治利用されたり、自民族中心主義的な軽蔑を煽ったりしているとし、危機的言説に満たされている子どもをより適切に政治的経済的状況に位置付けるべきだと結論づけている。人道主義では標準化された子ども期が用いられ、子どもは「正しい子ども期」を生きるべきという信念に基づくことが多いが、ストリート・チルドレンや児童労働は、この標準化された子ども期と比較され

た結果、道徳的に破綻した社会や国家のシンボルとして機能してしまうことを考えると、ハートの指摘は重く受け止められなければならず、確かに危機的言説に満たされている子どもこそローカルな現実が描かれる必要がありそうである。

このとき、標準化された子ども期が想定するような受動的な存在として子どもを描くのではなく、より積極的に世界や価値を創造する能動的な存在とする視座［Prout and James 1997］は重要である。ストリート・チルドレンはある種の傷つきやすさを抱えており、彼らの積極的な側面や能力の過度な強調は、彼らの実害の過小評価につながるため注意が必要だが、本稿も基本的にはこの視座に同意する。さらにそうした能力を描くために本稿では彼らの「戦術」［ド・セルトー 1987］に着目する。戦術とは、私たちが普段おこなっているたいていの日常的実践（話すこと、読むこと、道の往来、買い物をしたり料理したりすること等）のなかでみられるある種の技芸をいい、社会文化的な生産の技術によって組織されている空間を人々がどのようにわがものとしているのかを明らかにしようとする。とくにこの戦術は、ある意志と権力の主体（企業、軍隊、都市など）が、周囲から独立してはじめて可能になる力関係の計算（または操作）である「戦略」に対して、もっぱらその空間を利用し、あやつり、横領するというやり方で、規律の装置のなかにありながらも人々が「なんとかやっていく」ことを可能にしている姿に焦点を当てる。ド・セルトーによればこうした戦術を含む人々の日常的実践は、権力装置が提供するものをどう「使用あるいは消費」しているのか、規律の装置、社会政治的な秩序を編成するひそかな方式にたいする「もののやりかた」、それらを規則づけている「やりかたの技法」という3つの要素で規定されているという。いずれにせよ、こうした戦術や日常的実践がフーコー的な社会文化的な生産の技術やそれによって組織されている空間を視野に入れていることを踏まえると、彼らが生活している空間、すなわちストリート空間に触れる必要がでてくる。ストリート空間は、これまでしばしば暴力やリスクに満ちた場所として描かれてきた

が、子どもがそうした困難な環境のなかでもなんとかやっていく姿があるとすればそのような見方だけでは不十分である。ではどのように描くべきだろうか。

　その際、参考になるのは関根の「ストリートの人類学」［関根 2009］である。関根は、「ストリートを近代の限界問題を考える格好の場所として位置付け、見捨てられる下層が辛うじて生きる場にしている、権力空間の縁辺としてのストリートが深く考慮されなければならない」［関根 2009: 31］とする。このとき強調されるのが、縁辺での視点の転換である。関根によれば、従来、そこで暮らす者は救済すべき貧者か快活な逸脱者か、いずれにせよストリートはホームという中心に対する周辺としてみなされてきた。しかしストリートをそのように見ている限り、どちらの見方も権力の中心から眺めるという点で同一性の政治学にはまっていることに変わりはない。関根はこれから抜け出すために、周辺を「境界」と読み替えることを提示し、そこでストリート現象を検討しようとする。そしてそれによって同じ生身の人間として「地続き」として現れる異質な他者との対話が可能になるとする[6]。今日、ストリート・チルドレンにも「貧困の被害者」「不良少年」という2つの強力な偏見が結びつけられているが、これらは確かに中心から眺められた結果生み出されたものであり、この点で、関根が提示する視座は本論文にとっても示唆的である。つまり、「地続き」の他者としての彼らから現代社会を生きるための何らかの智慧を得るためには、権力の周辺ではなく境界と読み替えるという関根の発想と構えが必要なのである。そこで本稿でも困難な環境で生きる彼らを、救済対象としてみなすのでもなく、また快活な逸脱者として讃えるのでもない、「地続き」の他者として描きつつ、彼らがもつ智慧に接近することを試みる。では彼

---

[6]　関根は眼差しの転換によってストリートに感じるある種の恐怖が「排除に向かう恐怖から、自己変容のモチヴェーションでありエネルギーである畏怖へと転換する可能性が拓けてくる」［関根 2009: 32］としている。

らが生活の拠点としているストリート空間とはいかなる場所だろうか。

　都市のストリートは、公共空間である。公共とは、多様で複数の観点、様相によって成立している共通世界としての領域［アレント 1973］である。公共をめぐる議論では、それが多様で複数の観点によって初めて成立するものであるからこそ、誰が公共に参入する資格があり、誰にはその資格がないのかという、参入の資格と排除がしばしば取り上げられる。この参入の資格と排除を最も目に見えやすいかたちで示すのは、具体的で物質的な空間としての公共空間である。その意味で、公共空間としての都市のストリートは、その使用をめぐる排除と周辺化の力学が働く「抗争空間」［Brown 2006］であり「社会的価値が争われる領域」［Malone 2002］であった。このなかでいわゆる「近代」の経験の１つとしてストリートが制限と管理の対象となっていく「ストリートの政治化」［Berman 1988］といった事態も生まれた。しかし、ストリートはただ単に、管理が厳しい空間としての「閉じられた空間（Closed Space）」であるわけではない。そこには、複数的で寛容、警察や行政による管理が緩やかな空間として「開かれた空間（Open Space）」［Sibley 1995］が並存しているし、ストリートを単純に支配/被支配の場と捉えたり、ロマン化して出会いの場として捉えたりするのではなく「生活の場としてのストリート」の可能性を探求する研究［小田 2009］もある。またストリートは本来、誰にでも開かれた集合的に蓄積された資源であるとする理解［Brown 2015］など、より包括的で包摂的な空間としてのストリートのあり方を模索する研究群がみられる。これらは、ストリート・チルドレンや不良少年、貧困層などストリートの非正統的な使用者とされる社会集団がいかに排除されるかという動態だけではなく、どのように差異に寛容な空間が可能なのかと問おうとしているのかもしれない[7]。

---

[7]　それを示すかのように、実践においてもストリートの使用に関する抗議行動やデモ、議論が活発化している。例えばアメリカでは露天商に対する不

いずれにせよ興味深いことは、こうした公共空間としてのストリートの様相は地域や都市ごとによって異なる、ということである。これは実際にいくつかの都市を歩けば経験的に理解できることでもあるが、例えば他の都市とは異なり「インドのストリートは、偶然的で文脈的で、ストリートの使用者によって経験されるローカルなプロセスによって整えられている」［Edensor 1998: 207］といった言及は、それぞれの都市のストリートにはある種のローカリティーを備わっていることを示唆している。ではネパールのストリート・チルドレンが生活しているカトマンドゥのストリート空間はどのようなものだろうか。これについて次節で概観してみよう。

III　カトマンドゥのストリート空間

本節では、カトマンドゥのストリート空間を概観する。とはいえ、全ての空間の様相を取り上げることはできないので、ここでは「開かれた空間」「閉じられた空間」を下敷きにして部分的に取り上げてみたい。便宜的にカトマンドゥの旧市街を開かれた空間として、新市街、モダンな建築物を閉じられた空間として提示するが、当然、旧市街でもかつて存在した城壁やカーストによる居住地の分布など、旧市街がすべて「開かれた空間」というような単純なものではない。また閉じられた空間についても同様である。それでも、ストリート・チルドレンは閉じられた空間と、開かれた空間が雑多に入り混じるストリート空間の特性をうまく活用しており、その点でネパールの開かれた空間と閉じられた空間の様相を取り上げるの

当な権利剥奪に対する訴訟など、ストリートで商売する権利を求める運動が「Street Vendor Project（SVP）」という団体を中心に展開されている。またインドでは National Associations of Street Vendor in INDIA（NASVI）、ネパールでは労働組合である Nepal Street Vendors Union が活動するなど、ストリートの使用をめぐる議論や運動が活発化している。

は意味がありそうである。以上を踏まえてカトマンドゥの空間の様相を概観してみよう。

1 開かれた空間——旧市街、ダルマシャーラ

　都市カトマンドゥは北方のチベット高原と南方のインド亜大陸双方との交易のための交易都市として開かれた。中世、カトマンドゥ盆地で三王朝が鼎立した時代には、都市カトマンドゥはネワール人の都として文化が栄えたが、その後、18世紀にゴルカ王朝によるネパール王国が創設されてからは、3～4階のレンガ建ての家々が路地に面して連なるネワールの旧市街と、まわりの独立住宅の散在する新しい住宅地とが明瞭な対照をなし、重層性をもつ都市となった［石井 1992］。こうしたネワールの旧市街は、全体的に小ぶりで、小路は狭く、人と人の物理的距離が近い。また市場で働く女性たちや、昼寝をするリキシャ・ドライバー、鶏や犬、ときには牛も闊歩し、子どもが遊ぶなど、日常生活に欠かせない場所として、活気があり豊かな賑わいをみせている。そうしたネワールの旧市街においてヒンドゥー寺院、仏教寺院の伝統的建築物周辺の空間は、使用用途が曖昧で、比較的、寛容な空間、すなわち開かれた空間となっている場合が多い。その最もわかりやすい例は、ダルマシャーラと呼ばれる伝統的建築物である。

　主に旧市街のストリートに配置されているダルマシャーラは、カトマンドゥが交易都市として栄え始めた当初に設置され、行商人や旅人、巡礼者を休ませるための施設として用意された「公共休憩所」である。現在でも、近隣住民や行きかう人びと、巡礼者や露天商によって使用され、誰もが自由に使うことができる場所となっている。建築学者の中山によればその成り立ちはヒンドゥー教と仏教が混淆して発展反映していた4世紀のネパールまでさかのぼることができるという。ヒンドゥー教の巡礼者を迎え入れるための施設として造られたもので、現在でこそ「休憩所」というような意味合いをもっているが、本来は「避難所」という意味があり、巡礼を

行っていたヒンドゥーの修行者が危険を伴う旅の合間に避難するために建設されたという見方ができるという[8]。ダルマシャーラを「縁側」と呼ぶ中山は、「『縁側のような』形態や機能をもった空間は他に類を見ない」[中山 1999: 64]と述べ、以下のように表現する。

> カトマンドゥ盆地のいろいろな街や都市を歩いていると、この「縁側」がよく目につく。それは道や広場の要所要所に効果的に配置されているからである。ここでは道や広場は単に通過するため、作業するためといった本来の機能を越え、この縁側によって、ゆっくりと人と人とが語り合えるような人間的な空間になっている。都市における縁側の存在は私への暖かいメッセージでもある。歩いて見ると行く先々であたかも「どうぞ休んでいきなさい」と語りかけているようである。[中山 1999: 63]

公共休憩所としてのダルマシャーラには、パティ、サッタール、マンダパといった形式があるが、中山によればそれぞれ名称や形式、使い方などははっきりとした定義があるわけではない。また雑多な人が利用し、多様な使い方が許されている一方で、禁止事項も全くないとされている。カトマンドゥの街のなかでダルマシャーラは数知れず、また都市周辺だけではなく農村地帯にもみられる。中山はカトマンドゥの都市空間について、バドガオンのジェラ広場などを例に建築学的な分析を加え、パティなどのダルマシャーラの配置の仕方が巧みで、カトマンドゥの都市空間の構成がいかに有機的であるかを明らかにしている。ド・セルトーは、使用用途が曖昧で、もともともっていた意味合いが薄れた空間を「豊かな非決定性」

---

[8] 出典が明らかにされていないが、中山によれば「5世紀、リッチャビ王朝時代、古都パタンにおいては1つの街に1つのマンダパを作らなければならないという法律があった」とされる。

［ド・セルトー 1897: 223］と表現したが、ダルマシャーラは使用用途が曖昧である点でまさに豊かな非決定性をもった空間なのかもしれない。こうした空間が必ずしも全てのネパールのストリートを特徴づけているわけではないが、これらがいまだに存在感をもっていることは、カトマンドゥのストリート空間の特徴の1つと言えそうである。

2 閉じられた空間——新市街、モダンな建築物

　1950年代以降、ネパールでは旧市街の外側に新たな市街が作られてきた。さらに1990年代以降の急激な都市人口の増大に伴ってショッピング・モールやファッションビルなどの商業的な建築物が作られ、都市の景観は日々、急激に変化してきている。主に購買力のある中間層以上を対象とした新市街の住宅街やそうした建築物の周辺はしばしば警察が巡回したり、警備員が配置されたりするなど、その空間の不適格者であると見なされた場合は厳しく立ち退くことを求められてる。この意味で、そうした空間は単一的で管理が厳しい空間としての閉じられた空間とみなすことができるかもしれない。ではそうした空間はどのように形成されてきたのだろうか。1963年、「町開発協議会法」の制定、1969年には歴史的・文化的遺産を保存することと土地利用の計画立案を通して都市開発を行うことを目的とする、カトマンドゥ盆地の開発に関する基本方針が定められた開発計画、1976年には、カトマンドゥ盆地開発計画協議会（KVTDC: Kathmandu Valley Town Development Committee）の設立、「カトマンドゥ盆地都市開発計画」が策定された。この際、策定された区画割をもとに1970年代以降にはリングロードが建設、1991年「カトマンドゥ盆地都市開発計画プログラム」の策定、これよりそれまでの都市計画のなかで十分に開発の手が回らなかったカトマンドゥ、ラリトプルの外側、郊外に関する開発計画が策定された。同時にそのなかでカトマンドゥ中心部の土地利用（土地収用や土地開発計画）、環境、インフラに関する提言がなされるなど、人口増加によって悪化した公衆衛生を整えるための開発計画が策定・

写真1　道路にはみ出した商品（靴）の撤去を開始　　写真2　摘発されるストリートの行商人

実施されている。ストリートに関わる主要な法律では、1974年に制定され、現在も修正されながら適用されている「公共道路法（Public Road Act 1974）」と2002年の「道路基金に関する法令（Roads Board Act 2002）」があげられる。なお公共のストリートについてはPRA第2条、a項で「誰による個人的所有にも従属していない道路」と定義されている。

　こうした開発計画や法制度の整備は人々の生活向上を目的としたものであるが、しばしば空間の使用用途を細かく定めることによって、それ以外の使用法をしている人物を排除する力になる。例えば公共道路法（PRA）第18条で「私有物や障害になるモノの排除を認める」とされているが、これに基づいた警察の摘発を見る機会が増えてきた。対象となるのは、商売が禁止されている地区で商売している露天商や、ストリートにはみ出して商品を展開している店主などである。そこでははみ出している商品が崩されたり、露天商が警察署で取り調べを受けたりといったことが起こる。

　また近年ではネパールのストリートにおける一風景だった牛も、特定の区画ではストリートの使用者として不適格とみなされつつある。例えば、2013年4月2日にはネパール警察によるカトマンドゥのストリートを歩く牛の摘発が行われた。AFP通信（2013年4月2日）の記事によると牛による交通事故と交通渋滞の軽減のために牛18頭を検挙し、飼い主に60

ドルの罰金を科したうえで返却したとされる。その後もたびたび牛の摘発について伝えられている。これらは管理可能な空間へとするための都市計画による空間の分割と操作であるという点で、ド・セルトーのいう「戦略」と考えることができるだろう。カトマンドゥの都市空間のうち具体的にどのエリアが開かれた空間／閉じられた空間なのかを一律に示すことはできないが、戦略と閉じられた空間の広がり[9]も、現代ネパールのカトマンドゥのストリートを特徴付けることの1つである。

　こうした現代のカトマンドゥのストリート空間でストリート・チルドレンは空間の多様なあり方をうまく捉え、活用しながら日常的実践を展開している。では彼らはどのようにストリート空間を日常生活の場としているのだろうか。またそこに見られる戦術にはどのようなものがあるのだろうか。次節で民族誌的調査[10]から明らかになったことをもとにそれらを示してみたい。

---

[9]　こうした動きに対してはネパールでたびたび空間の使用に対する社会的な議論も起きている。例えば都市の中間層や富裕層の車を中心に再編されることに異議を申し立てるものとして、貧困層が活用する歩道の確保を訴えるもの（「歩行可能なカトマンドゥ〔Walk-able Kathmandu〕」リパブリカ紙〔2012年4月20日〕、カトマンドゥポスト紙の「人々のための都市〔Cities for People〕」〔2012年10月19日〕「「もしカトマンドゥが歩行者と自転車に好意的なら道や公共交通機関への莫大な投資は必要ない」〔2013年1月18日〕）などがある。

[10]　本論文で使用するデータは、筆者が2008年から2012年までの4回のカトマンドゥでの調査、合計およそ1年半の民族誌的調査で得たデータを基にしている。主に3つのストリート・チルドレンのグループと関わりを持ったが、本論文ではそのうち最も長く深く私を受け入れてくれたJ地区でのグループのデータを中心にしている。なお、本稿で使用するデータは本人、彼らを庇護するNGOに了承を得たもののみを使用するが、個人名は全て偽名とする。

IV　ストリート・チルドレンの日常的実践

（路上に停まっている車を指差して）あれは僕の車。（その向こうにある大きなホテルを指差して）あれは僕の家。（後ろを振り向いて、今は使われていない交通警察の小屋を指差して）あれは僕のベッド。

ニラジュン（12歳、男児）

　まだ調査を始める前、NGO職員のプラディーブがカトマンドゥのストリート・チルドレンの生活拠点を訪ねるというので、私はそれに同行させてもらうことにした。「カトマンドゥのストリート・チルドレンのことはだいたい知ってる」という、元ストリート・チルドレンのプラディーブは、まだ夜が明けていない12月のカトマンドゥの暗やみのなか、いくつかの生活拠点を訪ねて「何か問題はないか？」「大丈夫か？兄弟」とまだ寝ている子どもたちに声をかけていく。私はしばしば足をとられながら、川の側や狭い小路もずんずん進むプラディーブの背中を追った。

　調査を通して数年間にわたって関わることになるスーザンと「再会」したのは、その日のお昼のことだった。向こうから子どもが2人、歩いてくる。そのうちの1人が「グル（先生）！」と私に声をかけてきた。それがスーザンだった。彼は、私が2004年にボランティアしていたNGOの支援施設に滞在していた子どもの1人だった。14歳のスーザンは私がボランティア活動を終えて帰国したあと、支援施設を出て再びストリートで生活していたのだった。人の生活に入って調査することへのためらいを消せないでいた当時の私は、控えめに自分が博士論文を書くこと、ストリート・チルドレンに関心があることを伝え、調査させてくれないかと尋ねた。するとスーザンは「調査って？勉強？」「一緒にいるってこと？いいよいいよ！」と応じてくれた。「今から？」というので「いや。明日から」と返すと「いいよ！」「ええっと10時、いやいや！11時にまたここにきて！」という。次の日、スーザンは約束どおり、私のことを迎えてくれた。

写真3　テンプー・ボラウネ (tempu bolāune)

　こうして彼らと一緒にカトマンドゥを歩き回る日が始まった。
　スーザンが迎え入れてくれたのは、カトマンドゥの中心地に近い、大通りからは少し奥まったところにあるJ地区の公衆便所の跡地で、そこではスーザンを含めて6〜7人（スーザン、イッコル、アシス、タルー、ビノッド、プルネ、サントス）の男児と30代の夫婦が一緒に暮らしていた。本稿ではスーザンたちの事例を中心にして彼らの日常的実践のうち、彼らの生業、戦術、消費、空間の活用について明らかにしてみたい。

1　生業

　ストリート・チルドレンの現金収入の方法、いわば「生業」は、生活する地区の特徴をうまく捉えて見い出されることが多い。例えば、寺院が近くにある場合、参拝者や観光客が寺院内に入るときに脱いだ靴を盗まれないように見張る「靴守り」、商業地に近い場合は「バイクの見張り」を仕事とすることが知られている。
　スーザン達にとっての生業は、テンプー・ボラウネと呼ばれる仕事であった。テンプー (tempo) は6〜7人乗りの「オート三輪車」、ボラウヌ (bolāunu) は「呼びかける、呼び寄せる」という意味で、この仕事はオート三輪車の乗客を呼び寄せて、集まった乗客の数に応じて運転手から報酬

を受け取るものである。テンプーに乗りながら集金をする添乗員とは違い、彼らはバス・ターミナルにいながら、そこに入ってくる顔見知りの運転手を見つけるとすぐに迎えて大声をあげてテンプーの行き先をアナウンスし、乗客を集める。報酬は乗客を全員集めると10ルピーで、あとは乗客数に応じて運転手が判断する。朝と夕方の通勤時間帯になるとテンプーは止めどなく停留所に入ってくるし、顔見知りの運転手も多い。そのためひとりの運転手から受け取るのは、1回5～10ルピーだとしても、数をこなすことでそれなりの金額になる。例えば、朝10時から1時間、その日、停留所に入ってきたテンプーは17台で、ニラジュンは5台を相手にこの仕事をこなして合計55ルピーを受け取った。これを繰り返すことで、1日200ルピー程度のお金となる。この仕事はJ地区にバス・ターミナルがあることで可能になっており、その点でこの地区の特徴をうまく捉えたものであった。また運転手から彼らに依頼がある場合も多い。あるテンプー運転手は彼らの生業について好意的に「いい仕事だよ、こうやって停車してもバッテリーが必要だが、この子達が早く客を集めてくたらそれだけ早く出発できるから」と語る。

　　事例　4-1-1　イッコルの語り
　　（この仕事をするときは）とにかく速くやる。ずっと待ってて誰も乗客がいない車はみんな乗らない。でも一人でもいると次々に（乗客が）くる。そうするとテンプーもすぐに出発できる。誰か近くに友達がいたら乗客のふりをして乗ってもらうこともある。時々洋平にお願いするみたいにね（注：実際、筆者もこのような「一人目の乗客のふり」をするよう頼まれ、何度か乗客〔外国人観光客〕のふりをして座り、人が集まると退出するという行為を繰り返した）。

　イッコルが筆者や他の友人を乗客に似せて先に乗せるのは、乗客をできるだけ乗せて早く出発したいテンプーの運転手の関心を捉えたうえでの工

夫だった。また行き先を大声で告げるので、しばしば乗客は乗り込む前によく彼らに行き先を聞いており、この生業はサービス、接客をしているようにも見えてくる。

廃品回収業

　テンプー・ボラウネの他に彼らの収入の多くを支えているのは、カワディ・カーム（*kawādi kām*）と呼ばれる廃品回収業[11]である。この仕事は、カトマンドゥに廃棄されたもののなかから資源となるものを回収してカバルと呼ばれるジャンクヤードに売却する仕事である。この仕事は彼らにまとまった収入をもたらすものの、ある種の労力を必要とする。ではそれは彼らにとってどのようなものなのだろうか。筆者と彼らとのやりとりから示してみたい。

　　事例 4-1-2　彼らにとっての廃品回収業
　　　スーザンたちと生活し始めて数週間が経ってから、廃品回収に同行させてもらえないかとお願いしてみた。するとスーザンには戸惑った顔をされ、プルネには「できないよ」「嫌だ」とはっきり断られてしまった。これは彼らがみせるはじめての、はっきりとした拒否だった。一緒にいる時間が多くなっていた当時、大抵のことは聞けばこころよく教えてくれていた彼らの拒否に私は驚いた。「僕にうるさく質問されるのが嫌なのかな」と思いながらも、どうして同行が難しいのかと尋ねてみても彼らははっきりとはその理由を答えない。そしてちょうど廃品回収業にいくタイミングだったのでいつの間にか一人、一人とその場を立ち去って廃品回収業にでかけてしまった。残ったのは、プルネだった。カトマンドゥのストリート

---

[11]　他にもクトゥン・ティプネ（*kutun tipne*）や、袋担ぎを意味するボロ・ボクネ（*bhaulo bokne*）とも呼ばれる。

の活気に浮かされ、彼らといるのがとても楽しくなり、廃品回収業を宝探しか何か楽しいことだと考えていた私は、あまり深く考えることなく、もう一度お願いしてみた。そして私も一緒に麻袋を担ぐと伝えると、プルネは「洋平が？廃品を探すの？」と笑いながらも「それもダメ。いいとは言えない。やめてくれ」と言った。理由ははっきりとわからなかったものの無理は言いたくなかったのでプルネの考えに従った。別の日、そのプルネが「この間、洋平がさ、麻袋もって廃品を一緒に探すって言い出してさ」とスーザンやイッコルの前で笑いながら話しだした。イッコルは「ええ、洋平。洋平は廃品を本気で探したいの？」と私に聞く。私は「いや、本気で集めたいというよりはどんな仕事なのか勉強したいのよ」というと「それは知ってるよ」と答えるイッコル。そして「よしそれなら一緒に歩いておいで」「プルネと」とイッコル。プルネは「おい！」といいながらも結局私と歩く役回りを引き受けてくれた。人もまばらになって落ち着いた昼下がり、大通りを歩きながら、少しずついつも生活している場所を離れていく。プルネは仕事を始めると寡黙になった。ストリート脇に捨てられたゴミを棒でつつきながら、交換できそうなものを拾い、麻袋に入れるという作業を繰り返す。宝探しどころか地道な作業だと思いながら歩いていくと、とある建物の前にたどり着いた。そこでプルネは顔を左右にしてまわりを確認したような仕草を見せると、建物と建物の間の小路にある下り階段へと入っていった。下り階段を下りていくと強烈な匂いが鼻をつく。そこは、生活用水が流され、下水に近い汚れた水路だった。

　「俺たちが嫌だと言ったわけがわかっただろう？」と苦笑いしながらいうプルネ。「落ちると危ないからそこから動かないでね、洋平は」というとプルネは水路に入り、膝下を水につけながら水路を遡上し、奥まったところに廃棄されているゴミを探しにいく。どんどん小さくなるプルネの背中。周りを見渡せば灰色に濁った水が流

れる水路に、人糞らしいもの。下水の鼻をつく強い匂い、遠くで聞こえるクラクション。

「いいものはなかったよ」「けちくせえ」。帰ってきたプルネがそういって私はふと我に返る。プルネは「こんな悪い仕事はないよな？洋平」といいながら濡れた半ズボンの水をしぼる。改めて「俺たちが一緒にいくことを『だめ』といったのがわかった？」と笑いながらプルネはまた私に問いかける。

　この日を境に私は廃品回収業に同行することが増えていった。別の日、イッコルが「一緒にいく？」と廃品回収の仕事に誘ってくれたので、夕方、同行させてもらうことにした。イッコルも、プルネと同じように、生活圏を大きく外れてカトマンドゥの南東へと歩いていく。その方角にはピクニックなどができる行楽地があるので、そこが目的地かと思っていたが、そこへはいかずにその脇の道を抜けていく。途中、イッコルと私は２匹の野良犬に吠えられたがイッコルは犬と目を合わさずそのまま道をゆく。私もそれに習い、犬に目を合わさずに続いた。着いた場所は会議が行われるよう建物の裏手ゴミ捨て場で、捨てられていたのはたくさんのランチ・パックと水のペットボトル飲料だった。イッコルは食べることができそうなものを選び出して、中に入っていたサモサとサンドイッチを拾いだすと、こちらをみて「俺たちのおやつ」といってこちらをみて照れくささを含んだ微笑みを浮かべながらそれを頬張る。「ここはこういうミーティングのお菓子が捨てられている」といいながら、イッコルはペットボトルに残ったミネラル・ウォーターを飲み大きなげっぷをひとつした。スーザンやビノッドなどのために黒いビニール袋にほかに残っているランチ・パックを詰める。イッコルは「この場所はビノッドたちも知らないから、洋平は誰にも言わないでね。いい？」という。

　秘密にしたい気持ちはとてもよくわかった。捨てられたものを食

べている姿は友達だろうが見せたくはないのはもちろんだが、それ以外にも理由がある。それはイッコルにとってその場がひとつの「秘密の場所」だったからだ。人前だと目立ち、彼らの迷惑になるのでしなかったが、このときになると人目につかないところで、私も麻袋を担ぎ、廃品を漁る作業をしていた。私が「これはいくら？これは拾っても意味ない？」と彼らにやり方を教えてもらいながら廃品回収業をしてみて気がついたことは、交換可能なものがゴミのなかにまぎれていることは実はとても少ないということだ。また見つけても1kgあたりで売却するので段ボール等などの紙類やビニール袋は大量になるまで集めなくてはいけない。ましてやまだかろうじて食べることのできる食料が大量に廃棄されていることなどもっと稀で、少なくとも人目のつくところにそれが捨てられていることはほとんどない。仮に残っていてもストリートの砂にまみれたり腐敗していたりして食べられる状態ではない場合が多い。ここはひとりで一度探しにきて見つけた場所で、だからこそイッコルにとってこの場所は他の仲間にも教えることのできない大切な場所だった。

　このように、廃品回収業は、大変な労力を必要とするものであるだけでなく、周りの同業者や他の子どもとも時には競合しなくてはいけない。廃品を回収するタイミングや時間、場所やルートはそれぞれ個人によって違っている。そのなかでイッコルが案内してくれたような「秘密の場所」のようなものができていって、それはとても貴重なものとなる。いつも一緒にいるストリート・チルドレンが廃品回収業のときだけは別々に行動することが多いが、それはこうした理由からだ。つまり、一緒にやるよりも好きなように移動してときに秘密の場所も活用するなどして自分の取り分をできるだけ大きくしたいからだ。もちろん一緒に廃品回収に出て行くことはあるが、一緒に歩いていても、視界にまだ手がつけられていないゴミがあるとみるや、競うように走っていって誰よりも早くよりよい廃品

を回収しようとするなど、廃品回収業は個人作業という側面が強い。

事例 4-1-3　廃品を売る

　回収した廃品は、廃品を集散・保管して転売を行う廃品投棄所のカバルで売却する。売値はそれぞれのカバルで若干異なるものの、基本的に、廃品の種類とその時のレートで、キロ単価で計算される。スーザンやイッコルたちが使っていたカバルでは（2012年1月の時点）、1kg あたりの値段は、段ボール (*kutun*) 4〜6 ルピー、ビニール (*plāstik*) 5〜10 ルピー、塩化ビニール (*ghudiya*) 20 ルピー、鉄 (*phalām*) 25 ルピー、ガラス瓶 (*sisā*) は1本につき1ルピー、スニーカーやビーチ・サンダルは底の部分だけ引き剥がして2ルピーで交換となる。プルネは、1月のまだ寒いなか、夜6時から朝5時まで歩いて集めた廃品の交換のために、J地区の廃品投棄所に来ていた。8時ごろ、カバルが開くまで近くの交差点で仮眠をとる。そしてカバルが開くと、背中に担いだ汚れた麻袋を下ろして集めた廃品をカバルの計量台に乗せて取引がはじまる。値段交渉のやりとり（後述）をしながら、プルネは最終的に段ボール 6.6kg、瓶が14本、塩化ビニールが 1.5kg、その他「ツボルグ」や「レッドブル」など、比較的高価で取引される海外ブランドの空瓶や缶によって、合計 190 ルピーを手にした。プルネは仕事を終えると所定の棚に自分の麻袋をおさめて、そのまま服を脱いで廃品投棄所の水道を使って身体を洗う。

事例 4-1-4　ディポックの語り

　（私がストリート・チルドレンのことを勉強していずれ博士論文を書きたいという話をしてその流れで。）そうか、あなたはストリートの子どもたちのことを勉強したいんだね。ボロ・ボクネのこととか？ボロ・ボクネはお金を稼ぐことができるよ。1人で暮らしていくのなら

ボロ・ボクネでもやっていけるさ。いいときだと1ヶ月で4000ルピーぐらい稼げるから。でもそこから2000ルピーで部屋代でしょう、それに洋服と食事で月の終わりにはほとんどなくなってしまう。一人で暮しているときはあまり困難は感じなかったけれど妻がいるとね。ああ僕には妻がいるんだ。妻と生活するにはどうしてもボロ・ボクネだと生活できない。だから今、NGOのスタッフに仕事を探してくれないかとお願いするためにこうして今日みたいにNGOにくるよ。

　僕は12年間ストリートにいて、だいたい6年くらいは、あの（イッコルたちがいる）カバルにいた。ボロ・ボクネは、大変だったよ。とてもね。一度、仕事をして、終わる頃には麻袋の中身は重くなるよ。だいたい5、6kgとか多いときで10kgくらい。一生懸命集めてもカバルの人に騙されたり、拾った小さなガラスで怪我をしたりする。時々は嬉しいこともあったけど、あの姿でいると「カテ、カテ (khāte)」とよく言われた。知ってるだろ、この仕事が「カテの仕事 (khāte kām)」と言われているの。それがとても苦しかった。人が聞いているときは「カバル」というのも恥ずかしいときがあった。だから「カバル」に行くと仲間内でいうときは、「ストア」といっていたこともあるよ。そうやって社会は時々、僕らみたいなストリート・チルドレンを罵って汚い言葉を浴びせるよ。けれど僕はそれは違うと思う。いつも社会は僕たちを外側から見ている。だから悪くいうんだ。昔、まだ子どもだった頃、NGOはボロ・ボクネをするなというけどじゃあどうやって生活するんだろうって思った。そうでしょう？恥ずかしいけれど、仕事をしてお金を稼いでたのだからNGOも何も（文句は）言えないと思っていた。ボロ・ボクネは嫌だよ。でも仕事だからね。　　　　　ディポック（25歳、男性）

事例4-1-3では廃品回収業がもたらすおおよその収入が一部、示されて

いるように、その日、プルネは 18 時から 5 時まで作業をしていた。ただし 12 時間近くずっと仕事をしていたのではなく、22 時から翌 2 時頃まで、ストリートの寝床のひとつに留まって 3 〜 4 時間の仮眠をとった。つまり深夜から早朝にかけての 7 時間に働いておよそ 190 ルピーを得たということになる。彼らの世界では 1 ルピー単位で仲間内での交換や貸借が基本であることふまえると、廃品回収業は彼らにとって高額で安定的な収入をもたらすものであることが理解できる[12]。彼らにとってこの労働が過酷であることは言うまでもないが、こうしたことからカトマンドゥに限らずネパールの主要都市では彼らの多くがこれに従事している。

廃品回収業がストリート生活にとって必要不可欠な点をもつ一方で、この労働は彼らにとって常に望ましいものと理解されている、とは限らない。廃品回収業はしばしば「カテの仕事 (*khāte kām*)」という不名誉な烙印が押されている。「カテ (*khāte*)」はストリート・チルドレンを意味する強い蔑称である。当初、それはストリート・チルドレン自身の自称だったが、次第に他者に流用され、侮蔑的な意味を持つようになった [Onta-Bhatta 2000]。そしてカテの仕事 (*khāte kām*) とは、カテが従事する仕事ということになる。以前、カテという言葉がもつスティグマについて調査しているとき、ビカスという子どもが「カテといわれるのが一番心が痛くなる。カトマンドゥを歩いていると何度もカテと言われたよ。とっても面白くないし、時々はとても強く怒って言い返したりすることもある。でも最近は、自分の仕事 (廃品回収業) をみて、自分はカテかなあと思うときもある」と語ったことがあった。ビカスの短い語りが示すのは、彼らにとっても廃品回収業が「カテの仕事」とされ、さらにそれがカテであることを証明する特徴の 1 つとして理解されている可能性である。事例 4-1-4 で示

---

[12] もちろん、こうした収入は自動的に彼らにもたらされるのではなく彼らの微細な戦術が介在することによってもたらされている。この戦術については後述する。

したディポック[13]の語りからはビカスと同じようにカバルの仕事としての廃品回収業に対するある種の後ろめたさが見て取れる。彼はカバルという言葉を出すことをためらい、そのために人前でカバルと言わねばならぬときにはストアと言い換えたというが、このことからも廃品回収業がもつある種のスティグマが彼らにとって小さくないことがわかる。事例 4-1-2 でイッコルやスーザンに、廃品回収業への同行を私が願い出たものの拒否されてしまったのは、この理由によるものだろう。しばらくお願いしてようやく私を同行させてくれたプルネは、初めての同行の際、しきりに私の様子を確認している様子だった。「なぜ(同行を拒否したのか)わかったでしょう?」とやや恥ずかしそうにしながら数回私に確認したのは、ともにする時間が増えていたとはいえ外部者である私にスティグマを伴った仕事の様子を見せたり、それを説明したりすることにある種の勇気を必要としたことの現れ、と想像するのに無理はない[14]。

　ただし、この仕事はすべてのストリート・チルドレンにとって常にネガティブなものとして受け入れられているわけではない。例えば、年長者のサントスは廃品回収業につい別の場所で「ボロ・ボクネをどう思うかって? どうって、仕事だよ。他に(ネガティブに思うようなことは)何もないよ。今だけの仕事だしね」と語ったが、彼のようにネガティブな意味を感じていたとしてもただの仕事と割り切っている場合もある。とはいえ、

---

[13] ディポックは元ストリート・チルドレンで現在は求職活動をしている。私がある NGO の事務所を訪れたとき、同じく仕事の斡旋を求めて事務所に来ていたディポックと出会った。事例 4-1-4 は、偶然、帰り道が同じだったので彼と歩きながら話すなかでディポックが廃品回収業について語ってくれた内容である。

[14] ただし同行を拒否された理由のすべてに、このスティグマが関連していたというわけではない。グループの 1 人であるアシスは同行を拒否した理由について後で「(洋平に)あれやこれやと聞かれるのがうるさいと思ったから。」と語っている。

この仕事は少なくとも彼らの一部には否定的な意味をもつことがある仕事だということは指摘できるだろう。また否定的な意味をもっているために、この生業に従事することに対して彼らはしばしば葛藤と困難を感じる場合がある。先に挙げた事例 4-1-4 のディポックは「昔、まだ子どもだった頃、NGO はボロ・ボクネをするなというけどじゃあどうやって生活するんだろうって思った。そうでしょう？恥ずかしいけれど、仕事をしてお金を稼いでたのだから NGO も何も（文句は）言えないと思っていた」と語っている。ここからは、この仕事に対する後ろめたさだけでなく、生きるための仕事なのにそれを否定されたりその仕事自体に否定的な意味を与えられたりすることにジレンマを抱えてるのかもしれない。これらの事例から、廃品回収業は、ストリート生活にとって安定的な収入をもたらすものでありながら、その仕事に従事することは、仕事に否定的な意味が結びつけられているために、彼らにとってしばしば葛藤を伴うものであることがわかる。ここまで彼らのストリート生活での生業を取り上げてきた。生業をはじめとする彼らの日常的実践には、ストリート生活を有利にするための工夫がみられる。次節ではそれらの工夫について取り上げてみよう。

2　戦術

　イッコルたちストリート・チルドレンは、ストリート空間を自らのものとして流用していくある種の知恵や技術を駆使しながら生活している。それら、ストリートで生きるための彼らの知恵や技術を戦術として捉えてみたい。

「歩く」
　　　　人びとの足どりは、どんなに一望監視的に組織された空間だろうと、その空間に細工をくわえ、その空間を相手にして戯れている。その身ぶりは、そうして組織化された空間に縁遠いものでもないし（どこかよそを通っていくのではないから）、といってそこに順応する身

ぶりでもない（その空間にアイデンティティをあたえられるのではないから）。歩行の身ぶりはその空間に、何かの影響と両義性をうみだしてゆく。自分だけのいろいろな参照や引用をそこにさしはさむのだ（社会モデル、文化的慣用、個人的係数、など）。その足どりは、それじたい、次々とふりかかってくる出会いやチャンスをうみだす結果なのであり、そうした出会いやチャンスはたえず歩き方に変化をあたえ、その足どりを他者の刻銘に変えてしまう。［ド・セルトー 1987：216］

　ド・セルトーは、戦術として「道行く人々の歩みぶり」に着目している。彼によれば、歩みぶりや歩き方の技法には話し方と同じようにそれぞれのスタイルや用法があり、独自性を持つものだとしている。そうした歩き方の技法は、社会文化的な技術によって編成されている都市空間をスキップしたり、横切ったりするなどして、空間に細工をくわえ、その空間を相手にして戯れている。そして都市計画にそなわる分析的で首尾一貫した固有の意味をあらぬ方向に吹き飛ばす、とする。ド・セルトーはこうした歩みぶりというものは、いくつかのかたち（提喩、省略法等々）をもった固有のものでありそこでは「主体性があらわれる典型的な方式」がみられるとする。
　こうした視座と完全に一致するかは別として、彼らの実際の歩みぶりはたしかにある種の特徴があり、ストリート生活では歩くことそのものがもつ意味も大きい。次に示す事例は、彼らの歩き方の特徴の1つを示している。

　　事例　4-2-1　歩き回る
　　交差点の下、パビタ（14歳、女子）は昨日、ジャンクヤードで購入したという中古のラジオに耳を当てて横になりながらそれを聞いている。風の強い昼下がり、パビタと私とラビンは交差点の歩道橋

の下にいた。吹き付ける風と交差点を忙しく行き交う車のクラクションの合間に、途切れ途切れ、パビタのラジオからニュースが聴こえてくる。パビタたちは昨日夜から廃品回収をしていて、今朝方までここで休んでいた。こうやって彼らが道の端にとどまり、休む時間はいつも私も一緒になって腰掛けてストリートから街を眺める。座って、彼らと一緒に忙しく行き交う人々を眺めていると、博士論文を考える焦りや不安は和らいで、自然と心が緩やかになってくる。少し大げさかもしれないが、あまりに心が緊張を解かれて緩やかになるので、ここは忙しく動く都市のなかで止まっている安全地帯みたいだと感じる。当時、博士論文と自分の先行きを案じていたからかもしれないが、私は彼らが作り出す「止まっていてよい場所」に抱えられて、確かに助けられていた。

　心地よさに身を預けつつ、そんな風にとりとめもなくぼけーっと考えていたらパビタが「歩き回ろう (ghumnu)」[15]とみんなに呼びかけた。私は反射的に「どこに？」と答える。「どこに？」と突然言われてまごまごするパビタ。すぐに私はこのやりとりを彼らとのあいだで何度となく繰り返してきたことに気がつく。まごまごしたパビタは、「あっち」ととりあえず答える。ただどこに行くのか気になった私は「あっちって？どこ？」とさらに聞くと、パビタは照れながら「何でこんなに聞くのよ」と笑い「何もプランはないよ」と答える。

事例 4-2-2　蛇行する足どり
　イッコル、スーザン、プルネ、アシスのいつものメンバーの「散歩」についていくことにした。いつも寝床にしている公衆トイレ跡

15　『ネパール語辞典』[三枝 1997] によれば「グムヌ (ghumnu)」は散歩、逍遥という訳語が当てられている。

地を昼過ぎに抜け出てまず、下り坂に差し掛かった。そこで、別の友だちであるビノッドとパラブーがトランプでカード・ゲームをしていたところに出くわす。4人はそこに混ざって1時間ほどゲームをする。そのうち、プルネとスーザン、イッコルはおもむろに立ち上がって移動、アシスはそこでゲームをし続ける。3人になって元来た道を少し戻り、裏路地に入った。裏路地と接している他人の家を通りかかったとき、少し覗き込めば見える位置に、その家のリビングがあった。テレビではネパール映画が放送されている。それに気がついたイッコルが歩みを止めて先にいった2人を呼び止め、路地から室内のテレビで放送されているネパール映画を3人は背伸びをして覗き込む。3人ともストリートに立ちながらそのテレビを黙って立ち見をする。またしばらくするとイッコルが他の2人に「行こう」と声をかけて「どっちにいく？」とプルネが聞き、「飯」とイッコルが答えて、路地を歩き出す。が、10分、15分と歩いても食事を取る様子もない。私がイッコルに「飯食べるんじゃないの？」といったら「散歩するよ」と答える。その言葉どおり、遊園地の方まで歩き、遊園地のフェンスの外からなかのアトラクションをのぞいてしばらく見る。年少のニラジュンが「どうやって回っているのだろう」と小さな観覧車を見ながら話すと、イッコルは「ガソリンだよ」「そうだよね？洋平？」というので私が「いや違うよ、電気だよ」というと「電気か。ガソリンじゃないのか」といったあと、また静かに観覧車を眺める。歩き出すと近くに斜めになってたわんだ道路標識が目に入った。そのたわみで遊んでいると、今度は、通行人を捕まえて一番年少のニラジュンが物乞いする。手に持ったシンナーを見ながら「シンナー買えるやつがなんで金がないんだよ」と言いながらも、男性は5ルピーをニラジュンに渡す。そうやって回り道をして、バスパークの方に戻ってきた。そしてようやく、パスパークの食堂に入ってチョウメンを食べる。

事例4-2-1、女児のストリート・チルドレンであるパビタとのやりとりで、彼らのストリートで生活する時間のうちの多くが「歩き回る」時間に充てられていることに気がついた。「歩き回る」というのは一言で言えば、散歩ということになるが彼らの歩みぶりはほっとけばふらふらと行ったきりで元の場所に戻らないことも多く、休むという目的や行き先、帰る場所がある程度、はっきりしている散歩とは少し異なるように思われる。もちろん、例えば食事をするために食堂にいく、小便をするためにトイレにいくというように、何かをするために移動することは彼らの日常的実践のなかでもよくあることであり、決して全ての移動に目的がないということではない。ただ彼らは日常のなかで明確な目的を持たずに移動する、すなわち「グムヌ (*ghumnu*)」することが多い。

　事例4-2-2は、彼らのグムヌがどのような特徴をもったものかを示している。歩き回った私たちは、流れ流れて最終的に食事をすることになったが、彼らは出発の時点で食事するために移動し始めたわけではない。また最初、彼らが出発した公衆トイレ跡地からバスパークまでの直線距離はおよそ2kmである。しかし昼過ぎに公衆トイレ跡地を出発して、最終的に目的地となったバスパークの食堂についたときには4時頃になっていた。最短ルートで移動すれば、おそらく30分もかからない。

　つまり彼らのグムヌは、直線的ではなく蛇行する。蛇行する歩みぶりは、右に関心のあるものがあればそちらへと、左に友人たちの姿をみつければそちらへと、お腹が減ったら食事へとまさに足が向く方向にいく。そして蛇行しながら、立ち止まって休むこともあるし、大道芸人のショーや喧嘩、ちょっとした出来事が起こればそこに集まり、タバコを吸いたくなれば道端に腰掛けてタバコを吸う。こうした蛇行という特徴をもった歩みが彼らの日常生活を組み立てている。しかしこれが「戦術」となるのはなぜだろうか。それは直線的な移動と蛇行では、歩数や移動時間が違うだけでなく出会いや出くわす光景の数の違いが違ってくることに関わる。彼らのグムヌが戦術であるのは、蛇行が生み出す出会いが、彼らの日常的実践を有利

にする、ということが多々あるからだ。ではそれは具体的にどのような場面だろうか。彼らのグムヌが生み出すストリートの出会いを取り上げてみよう。

　事例 4-2-3　「小さな仕事」をみつける
　クリスマスが過ぎ去った1月上旬、捨てられていたサンタクロースの帽子をかぶったアシスと一緒に私はお昼前のストリートを歩いていた。アシスの特に目的のない、いつも通りの散歩についていったのである。人通りが多いストリートをただぶらぶらと歩き回る。道の曲がり角にきたとき、アシスは立ち止まってて2階建ての空き店舗を見上げた。その空き店舗では2階部分の内装が取り壊されている最中で、数人の作業員が壁の一部のレンガを崩して1階に落とす作業をしていた。するとアシスは、そのまま「おー、速く、速く」と交通整理をしているかのように振る舞って大きな声を出し始める。私は何をしているのかすぐにわからなかったが、どうやら落としているレンガが通行人に当たらないように、アナウンスをしているらしい。工事現場の人もそれを見ている。5、6分それを続けるとおもむろに二階への階段をのぼっていくので私も何をしようとしているのかわからぬままついていく。そして2階でアシスは作業員に「お金ちょうだいよ」とお手伝いの駄賃を求める姿をみて私はたまげた。「え、作業員のなかに知り合いがいたとか、なんとなく遊びで手伝っていたわけではないのか」と。若い作業員の男性もやはり驚いていた。そしてすぐにニコニコしながら「なんでお金あげなきゃいけないんだよ？何で？」と優しく答える。アシスは警戒したような、少し緊張したような表情のまま、もじもじながらも「下で手伝った」と呟く。するとその若い男性が仕方ないなという笑顔を見せながら10ルピーをアシスに渡す。お金を受けとったアシスは何もいわず振り返って階段を降りていく。あまりに堂々

たる態度に「せめてお礼くらい言ったらいいのに……」と思いながら足早に私もアシスの後ろをついていった。　アシス（13歳、男子）

　この場面も蛇行してただぶらぶらしていたときに生まれたものだ。この事例からは歩くなかで何気ない工事現場に出くわし、それさえも彼らによって小遣いを得るチャンスに変えられていることがわかる。私がアシスに「今のは何？工事現場に知り合いがいたの？」と聞いたところ、アシスは「小さな仕事」と答えた。口を尖らせて話す、彼独特の話し方で「人がたくさんいるだろう。ここ（ストリート）には。だから小さな仕事もたくさんあるよ。小さな仕事をしてお金を稼いでまた別の小さな仕事をして、お金を稼ぐ。それが俺たちのやり方だよ。」という。もしかしたらこのような小さな仕事を見つけるためには蛇行することが最も合理的なのかもしれない。さらにこうした出会いが、継続して従事することができる、大きな仕事を偶然生み出すこともある。さきにあげた「テンプー・ボラウネ」はその1つである。

　　事例　4-2-4　テンプー・ボラウネの仕事を始める
　　　停留所で座っていたらドライバーから僕が『おい、座ってないで客を呼んでくれよ。お金やるから』と言われて始めた。それからみんな真似してやるようになった。　　　　　サントス（16歳、男子）

　サントスが語っているように、現在、ある程度安定した収入をもたらすような仕事でさえ、ただストリートにいたということで新たに生み出されている。彼らにとってストリートにいることや歩くことは、ただ無為な時間を意味するのではなく、それはそのまま新しい出会いや現金収入のための方法につながる時間になることを意味している。この事例からは、彼らの日常生活がただ反復ではなく（今回であれば、出会いが安定的な収入をもたらす仕事の方法を生み出したように）、常に差異を生み出し変化する可能性

をもったものであることも理解出来るだろう。蛇行した歩みぶりはその可能性をより広げるための重要な方法なのかもしれない。

 もちろんイッコルたちは、蛇行することの戦術的な側面を重視して意図的にこうした歩みぶりをしているというわけではない。それは時間が余っているから、暇だから、結果として蛇行しているにすぎない。しかしこの蛇行が何か新しいものを生み出していくことを、経験的に理解している可能性はあるし、その意味で蛇行は、彼らにとっての意義や合理性のようなものをもった実践知なのかもしれない。都市計画においてストリートは移動のための空間であるが、彼らの歩みぶりは、蛇行して滞在することによって、そうした空間の意味を変化させている。この点で、都市を自らのものとする彼らの戦術の1つであろう。

3 消費

 日常的実践のなかで彼らが何かを消費する場面では、どのような戦術が取られているのだろうか。

> 事例4-3-1 食事のチャンスをつかむ
> 「クイレ!」[16]というビノッドの言葉にサントスたちは、だっ、と手に持っていたトランプを捨てて走り出す。走っていく方向を見るとファストフード店があり、その前で外国人の男性が今まさに購入したチキンをストリート・チルドレンに分け与えようとしていた。並べ並べの大連呼でたちまち子どもたちの押し合いへし合いの行列ができた。受け取ると、その場で食べ始める子どもたち。あっという間に箱のなかは空になった。その喧騒冷めやらぬなか、アシスはひとり他の子どもが捨てたチキンの骨を拾う。飼い犬の「カリー」にあげるためだという。男性がもっていたチキンの箱が空になると、

---

16 外国人の意。しばしば侮蔑的な意味を持つ。

彼らは蜘蛛の子を散らすように解散する。そしてイッコルたちはまたトランプ・ゲームに戻っていく。

　事例のように、彼らにとって突然現れる食事のチャンスを逃さず掴むということも大事な戦術のひとつだ。また次の事例が示すように彼らはストリートで突然現れるそのような食事や現金収入の機会をより活かすために、社会的に構築された偏見やイメージさえも利用している。

　事例4-3-2「哀れな少年を演出する」
　「くそお、なんて『娼婦の息子』なんだ」。昼下がり、トランプ・ゲームで30ルピーの負けが確定したニラジュン（12歳）が大きな声で嘆く。「金、もうねえよ」というニラジュンに対してイッコル達は負け分をちゃんと払うよう、ニラジュンに要求する。「ちょっと、ちょっと待って。一瞬待って」というとニラジュンは、ストリートの向こう側の舗道を歩く西欧出身らしき夫婦を見つけると、車が行き交う舗道を渡ってその夫婦のそばに駆け寄っていく。近づいたときには歩くスピードをゆるめ、後ろから夫婦にさわって、気づかせる。歩きながら、ただ沈黙して手を差し出す所作を繰り返している。夫婦は迷惑そうにして無視をする。するとニラジュンはまた黙ったまま、相手の足に自分の頭をつける仕草をする。そうして何も語らず、物を乞う哀れな少年の目をしている。いつものスラングを使う、悪ガキのニラジュンと違う姿なのは、明らかだ。そうやってずっと黙って物を乞いながらついて回っていたら、最後は根負けしたその夫婦がニラジュンにお金を渡す。ニラジュンはもらうとすぐに振り返りこちらに走ってくる。その顔は嬉しそうなにやけ顔だ。「10ルピーだけだった」とニラジュン。「だけ」の部分を強調しつつも、その顔は得意げだった。ニラジュン、今度は別のアジア系の夫婦を見つけると、すぐに走っていき、同じような仕方でお

金を乞う。そのうち夫婦が怒り、ニラジュンを威嚇してようやくニラジュンはあきらめてそのままこちらに帰ってきた。

　たまたま通りがかったホテルに戻ろうとする観光客の前でニラジュンは突然、無口で哀れな少年となって物乞いを始めた。このように「哀れな少年」を演出してストリートで利益を得ようとする姿は、ストリート・チルドレンの実践としてしばしば報告されてきたが、このように、社会的に構築されたイメージを利用することも彼らの戦術の1つである。

4　空間の活用

　カトマンドゥに限らず都市空間のそれぞれの空間の用途は、基本的には都市計画によって決められている。彼らは用途が決められているはずのそうした空間をうまく活用する。ちょっとした店舗の軒先、取るに足らない歩道、壊れかけの鉄柵、舗道寺院の裏手、バス停留所などは、彼らにとって寝床になったり、遊具になったり、仕事場になったりと、空間に与えられた意味や使用法は彼らによって巧みに読み替えられる。では彼らはどのように空間に関わる実践をしているのだろうか。ここでは空間に焦点をあててその実践を取り上げてみよう。

　　事例4-4-1　都市を遊具に
　　イッコルはおもむろに立ち止まるとポケットからビー玉を取り出す。「やるか」と呼びかけるイッコルに対して、返事することなくアシスやスーザンが地面を見てある一箇所を人差し指でほじくる。それはちょうど舗装用のレンガが剥げ落ち、土がむき出しになっている箇所だ。土が硬いとみるや持っていた緑色の鉛筆でガリガリガリガリと一点をほじくる。グッチャ（ビー玉遊び）をするためのゴールを作っているのだ。（2011/2/12　バグバザールで）

写真4　グッチャの様子　　　　　　　写真5　壊れかけの鉄柵で遊ぶ

　写真4は、カトマンドゥの旧市街を中心に見られるレンガ舗装された歩道だ。この道は、レンガを横に立てて敷き詰めているもので、経年によって自然に凹凸が生まれその一部は地表に出て、いつの間にかはげ落ちる。彼らはカトマンドゥの景観の1つとなっているこの歩道の凹凸を利用してグッチャ（ビー玉遊び）を行う。事例のなかでイッコルがしているように、その道がグッチャをするのにほどよいとみて盤を作り出せばすぐにゲームがはじまる。こうしてただの歩道は、彼らによって即興的に彼らの遊具となる。

　彼らによって見出されて遊具になる都市の建築物は、歩道だけではない。ほぼあらゆるものがその対象となる。写真5は、彼らが壊れかけの鉄柵で綱渡りをして遊ぶ様子を写したものだ。この時、近くにある鉄柵が壊れかけで斜めになっていることに気がついたのは、年長のサントスだった。朝、いつものように5、6人で賭けトランプをしていたサントスはトランプの輪から抜けてなんとなく鉄柵に寄りかかった。そして鉄柵の根元部分が曲がり、たわむことを見つけた。そしてサントスは何度かその強度を手で押して確かめてからその上に登って、端から端へと渡る。うまく渡りきれず「わーっ」という声をあげて落ちると、サントスはトランプに熱中し

ているイッコルに「イッコル！」と笑いながら呼びかけて一緒にやろうと誘う。イッコルがトランプをやめてそちらに移ると一人また一人と鉄柵に集まって、登ったり渡ろうとする者を落としたりして遊びはじめる。このように鉄柵と同じように倒れかけている交通標識を利用したり、崩れかけた公衆トイレのレンガを障害物として捉えてアスレチックのように使ったりするなど、彼らが都市空間そのものを遊具として活用することは珍しくない。

　調査のなかで気がついたのは、彼らが都市を遊具にする実践は、いわゆる「都市計画」による整備が十分に行き届いていない空間を利用する場合が多いということだ。彼らはきれいに舗装されたアスファルトや光沢を放つような磨かれたタイルが敷かれている店舗前のスペースよりも、レンガが一部剥がれている昔ながらの凸凹の歩道や、壊れかけの鉄柵、道路標識、工事が中断されたのか、崩れ落ちたレンガがそのままになっている公衆トイレなど、手入れが行き届いていない空間にとどまり、その遊び場を見出している。それらはまさに「フリーの空間」「空いた空間」である。既に述べたようにド・セルトーはそうした空間の特徴を「豊かな非決定性」［ド・セルトー 1897: 223］と呼んだが、ゆらゆらする鉄柵、壊れて裏返しにされてしまっている道路標識は、もともと持っていた意味あいは薄れ、使用用途が不明になっていて、そこに用途が決定されない余地が生まれている。このような非決定性をもった空間は、ストリート・チルドレンが遊び場にしたり、カトマンドゥを歩く若者や老人もたまにベンチに使ったりできるなど、ある程度自由な使い方が許されている。この意味で確かにある種の「豊かさ」を備えてる。彼らは、こうした非決定性に特徴付けられたフリーの空間をうまく見出して遊具としている。

V　おわりに

ここまでストリート・チルドレンが、開かれた空間と閉じられた空間が

入り交じるカトマンドゥのストリート空間を巧みに活用しながら生活している姿を描いてきた。彼らは空間に与えられた意味を読み替えたり、偶然の機会を逃さず捉えたりして、彼らなりに生活の基盤を築いている。そこにあるのは、まさに管理された空間を流用しながらなんとかやっていくための戦術であり、智慧であった。しかし人道主義における標準化された子ども期は、彼らのこうした「なんとかやっていく」というストリートのローカルな現実における戦術や智慧を正当に評価することができない。これに対してはやはりローカルな現実を引き続き、綿密に描いていく作業が必要であろう。

　一方で、ストリートのローカルな現実は本稿が示しているような「なんとかやってい」けるものだけではない。今回は取り上げなかったが彼らは、人道主義者たちが指摘するように暴力や薬物など身体へ影響を与えるリスクに晒されている。圧倒的な暴力を前にしたとき、そこに現れるのは、彼らのひどく小さく傷つきやすい身体だ。その点で、彼らの戦術を駆使する姿は、全体の生活のうち非常に限定的なものであると言わざるを得ず、彼らのローカルな現実を理解するためには彼らが抱える傷つきやすさを無視することはできない。決して簡単なことではないが、彼らの暴力と傷つきやすさについては改めて別稿で論じる予定である。その際、人道主義者が訴える子どもの傷つきやすさを、過大評価せず、同時に過小評価することなく、ローカルな文脈を大切にしながら彼らの傷つきやすさを減らすために、文化人類学的な知は何が求められているだろうか。まとめとして社会的包摂のために求められる貢献について述べてみたい。

　近年、人類学の相対主義が、対象とする社会の人道的な問題から目を背けてきたことを反省し、人類学者は対象社会の人々の世界観を尊重しつつ、フィールドに責任をもち、人道問題には積極的に介入すべきだとする議論がある [Scheper-Hughes 1995]。たしかに、ひどく傷ついた他者を前にしたとき、相対主義に基づく判断停止はあまりに無責任で、無力だ。多元主義の立場をとることが人道への沈黙につながってしまうことは大きな

ジレンマでもある。しかしながら人道の概念の普遍化がしばしば対象社会の人々を直接的・間接的に批判するようなある種の暴力性をもつことを考慮すると、文化相対主義がもつ役割は依然として軽視できない。かといってわかりやすく加工された他者の世界観を政策決定の側へ提供することが、移ろいやすい政治のなかで浮き草のように動く利益配分の受益者になることにつながるというならどのような向き合い方ができるのだろうか。筆者は、その向き合い方は、シェパー・ヒューズが提案する介入やジャーナリズム的な暴露という手法だけでなく、記述と分析という方法が未だに重要ではないかと考えている。なぜならそこには、人道主義では照射できない、描くべき現実の奥行きがまだまだ残されていると思われるからだ。

　2011年の調査当時、カトマンドゥ市内のあるNGOの滞在施設では子ども専用の喫煙所を設置していた。標準化された「子ども期」とは相容れないそのサービスは子どもにストリートではなく支援施設に留まってもらえるよう、ネパール人職員によって発案・設置されたものであった。結局、喫煙所はその団体を援助する国際ドナーの意向によって廃止されたが、こうした努力はローカルな人道主義者による人道のローカルな解釈、つまり括弧つきの「人道」というものが生まれていることを示しているのではないだろうか。また人道主義は、普遍的な価値との比較によって異なる文化を生きる人の傷つきやすさや暴力を鮮やかに浮き彫りにしてきたが、その傷つきやすさや暴力は一体誰にとってどのようなもので、実際にどのように彼らがそれを経験しているのかは、ローカルな文脈を抜きしては理解が難しいはずである。こうした彼らの傷つきやすさの奥行きを、人道主義は十分に明らかにしているとは言い難いのではないだろうか。

　もちろんただちに介入が必要な緊急性のある現場でも常にこうした向き合い方ができるかと言われれば難しいかもしれない。また安易な価値判断をできるだけ避けつつ人道や暴力、傷つきやすさを描く行為は、ある種のジレンマを伴うだろう。しかしもし人道について描くべき奥行きが残されており、そこに将来的に、本当の意味での社会的包摂へとつながるような、

ローカルな人々のまだ見ぬ智慧があるのだとすれば、文化人類学は彼らのローカルなコンテクストのなかで、ジレンマに耐えつつ、静かにそれらを描いていく作業が求められているのかもしれない。

　このときに重要なことは普遍主義が持つポリティクスに引き続き注意を払いつつも、安易に普遍主義を批判する類の結論に至らないことだ。傷ついた他者を前にして普遍主義か相対主義かという二項対立は、とても不毛である。真の社会的包摂のためには、グローバルな概念が照射した現実を、ローカルな文脈で静かに捉え直していく作業、すなわち引き続き特定の他者と関わり、他者を理解するために欠かせない、細かい事象を静かに記述・分析する作業が求められているように思われる。

参照文献
アリエス, フィリップ
　1980　『〈子供〉の誕生――アンシャン・レジーム期の子供と家族生活』杉山光信, 杉山恵美子訳, みすず書房.
アレント, ハンナ
　1994　『人間の条件』志水速雄訳, ちくま学芸文庫.
石井溥
　1992　「カトマンズ」『南アジアを知る辞典』平凡社.
小田亮
　2009　「生活の場としてのストリートのために」『ストリートの人類学　下巻』関根康正（編）, pp.489-518, 国立民族学博物館.
三枝礼子
　1997　『ネパール語辞典』大学書林.
関根康正
　2009　「『ストリートの人類学』の提唱」『ストリートの人類学　上巻』関根康正（編）, pp.27-44, 国立民族学博物館.
ド・セルトー, ミシェル
　1987　『日常的実践のポイエティーク』山田登世子訳, 国文社.
中山繁信
　1999　「縁側のある都市空間――ダルマシャーラという公共休憩所」『WAN-

DERING KATHMANDU ネパール・カトマンドゥの都市ガイド』宮脇檀, 中山繁信（編）, 建築知識.
名和克郎
　2015　「ネパール領ビャンスにおける『政治』の変遷──村、パンチャーヤット、議会政党、マオイスト」『現代ネパールの政治と社会』南真木人, 石井溥（編）, pp.175-206, 明石書店.
藤倉達郎
　2010　「訳者解説」『グローバリゼーションと暴力』アルジュン・アパドゥライ, 藤倉達郎訳, pp.195-213, 世界思想社.
Berman, Marshall
　1988　*All that is Solid Melts into Air: The Experience of Modernity*. Penguin Books.
Beatrice A, Oloko
　1993　Children's Work in Urban Nigeria as Adaptation and Maladaptation to Changing Socioeconomic Circumstances. In *International Journal of Behavioral Development* 16 (3):465-482.
Brown, Alison
　2006　*Contested Space: Street Trading, Public Space, and Livelihoods in Developing Cities*. Practical Action.
　2015　Claiming the Streets: Property Rights and Legal Empowerment in the Urban Informal Economy. In *World Development* 76:238-248.
CWIN-Nepal
　1994　*Cwin Nepal Annual Report 1994*. CWIN-Nepal.
Edensor, Tim
　1998　The Culture of the Indian Street: In *Images of the Street*. Nicholas R. Fyfe (eds.), pp. 205-224. Routledge.
Hart, Jason
　2006　Saving Children, What Role for Anthropology? In *Anthropology Today* 22(1):5-8.
Malone, Karen
　2002　Street Life: Youth, Culture and Competing Uses of Public Culture. In *Enviroment and Urbanization* 14: 157-168.
Montgomery, Heather
　2001　Imposing Rights?: A Case Study of Child Prostitution in Thailand.

In *Culture and Rights: Anthropological Perspectives*. Cowan, Jane K. Dembour, Marie-Benedicte and Wilson, Richard A (eds.), pp. 80-101. Cambridge University Press.

Nieuwenhuys, Olga
    1996   The Paradox of Child Labor and Anthropology In *Annual Review of Anthropology* 25: 237-251.

Onta-Bhatta, Lazima
    2000   *Street Children's Subculture and Cultural Politics of Childhood in Nepal*. PhD thesis. Cornell University.

Prout, Alan and James, Allison
    1997   A New Paradigm for the Sociology of Childhood? Provenance, Promises and Problems. In *Constructing and Reconstructing Childhood: Contemporary Issues in the Sociological Study of Childhood*. Allison James and Alan Prout (eds.), pp.7-33. Falmer Press.

Scheper-Hughes, Nancy
    1995   The Primacy of the Ethical: Proposition for a Militant Anthropology. In *Current Anthropology* 36(3): 409-420.

Sibley, David
    1995   *Geographies of Exclusion*. Routledge.

第 10 章

乱立する統括団体と非／合理的な参与

ネパールのプロテスタントの間で観察された
団結に向けた取り組み

丹羽 充

I　はじめに

　国王に政治権力を集中させるパンチャーヤット体制に終止符を打ち複数政党制を実現せしめたネパールの 1990 年第一次民主化運動は、それまで排除されてきた人々が「平等」や「権利」といった掛け声の下、公の活動を立ち上げる契機を提供した。それ以降、後に「包摂 (samābeśīkaraṇ)」をめぐる議論へも接続されるそれら一連の活動は、現地の人々にとって自らの利権に直結する切実な、それゆえ研究者にとっても焦点を当てるべき問題系であり続けてきた。

　従来の研究は「カースト／民族」、「地域」や「宗教」といった多様な範疇におけるマイノリティの動向に着目してきた。それにもかかわらず、宗教的マイノリティの一つであるプロテスタンティズムの動向は、これまでほとんど報告されてこなかった。それについての研究が全く進められてこなかったわけではない。特定の「カースト／民族」についての研究の中でプロテスタンティズムへの改宗はしばしば報告されるようになっている [e.g. Fricke 2008; 橘 2009; Ripert 2014. 本書橘論文も参照]。だが、既存の範疇を跨いで広がるプロテスタンティズムそれ自体に焦点を当てた研究は、依然として限られたままである[1]。

　上記問題系および本論文集に与えられた「包摂」という鍵概念との関係で、プロテスタンティズムの特異性を明示しておきたい。従来の研究対象とは異なりプロテスタンティズムでは、「生まれ」ではなく個々人の「選択」が帰属を成り立たせている。すなわちプロテスタンティズムの共同性

---

[1]　筆者のこれまでの研究は、まさにネパールのプロテスタンティズムそれ自体を対象としたものであった。例えば、プロテスタンティズムにおける「信仰 (biśwās)」概念についての研究［丹羽 2012a］、教会分裂についての研究［丹羽 2012b］、プロテスタントの間で広がり深まる相互不信についての研究［丹羽 2015; Niwa 2015］がある。

は、既存の地縁や血縁といった盤石たる原理を欠いているのである。ところが個々人の「選択」が帰属を成立させるという特徴は、他方で、対外的な関係を通じてプロテスタンティズム内部で「団結（ek[a]tā）」する必要性を高めてもきた。ネパールでは宗教的帰属も一般に「生まれ」によってこそ規定されるものであるがために、現地の「宗教（dharma）」概念それ自体にすら異議を突きつけるプロテスタンティズムは、1990年の民主化運動まで公的弾圧の対象とされ、それ以降も法的には、その存在自体がごく最近まで認められてこなかったからである[2]。再開されるかもしれない公的弾圧の恐怖と法的な未承認の中、盤石たる共同性の原理を欠きつつも団

---

2 ネパールを「ヒンドゥー王国」と定めた1959年憲法［śrī 5 ko sarkār 2016v.s.］、それに続く1962年憲法［śrī 5 ko sarkār 2019v.s.］、1990年憲法［śrī 5 ko sarkār 2047v.s.］および2007年暫定憲法［nepāl sarkār 2063v.s.］は、「宗教」もしくは「宗教に関する権利」の条項において、他者に宗教を変えさせることを禁じてきた。その一方で、自らの宗教を保持したり、実践したりする権利を認めてはいる。ところが、この「自らの宗教（āphno dharma）」という文言には、1959年憲法、1962年憲法と1990年憲法では「永遠の過去より継承されてきた（sanātandekhi caliāeko）」という条件が、2007年暫定憲法では「太古より継承されてきた（parāpūrbadekhi caliāeko）」という条件が付されているのである。とりわけ1959年憲法、1962年憲法および1990年憲法で用いられている「永遠の過去より（sanātandekhi）」という表現は、19世紀インドのヒンドゥー教改革者がヒンドゥー教を示すために用いた「永遠の宗教［法則］（sanātan dharma）」［e.g. Walker 2005］という言葉に由来しているようであり、強いヒンドゥー教的な含みを有している。後述するように、1990年の民主化運動をきっかけにキリスト教への公的弾圧は弱まり、教会活動は比較的自由に行われるようになった。だがキリスト教の存在は、その第2部第26条に「宗教的自由（dhārmik swatantratā）の権利」を明記した2015年憲法［nepāl sarkār 2072v.s.］によって一応は認められるようになったといえる。ところが、2015年憲法においても他者を改宗させることは依然として明確に禁じられており、また自発的に改宗する権利も曖昧なままにされている。

結を実現する必要に迫られてきたという意味において、プロテスタンティズムの運動は他の範疇のそれと比較して特異性を有しているのである。

だが、これまでプロテスタントが「生産的に」動いてきたとはとても言い難い。なるほど彼らの間では、団結した声を挙げていくために「統括団体（umbrella organization）」が結成されてきた。しかし、相次いで結成される統括団体の間には、単なるすれ違いのみならず「真の」統括団体の座をめぐる争いすら見られるようになっているのである。ある団体が代表していると主張する人々を「真に」代表しているのかという問いは、他の範疇についての研究でも提起されてはきたが［e.g. Gellner 2009; Lecomte-Tilouine 2009］、十分に議論されてきたとは言い難い。本稿では、堅固な団結を実現していく必要に迫られながらもそれを果たしえないプロテスタントを事例として、この問いに正面から取り組みたい。次節では統括団体の結成に焦点を当てつつネパールのプロテスタンティズムを概観し、続く節では 2011 年から墓地問題への対応をめぐって大々的に繰り広げられた統括団体の争いを描き出す[3]。

その上で本稿の後半部では、草の根のプロテスタントが統括団体といかに関わっているのかということに焦点を当てる。草の根のプロテスタントの間には、統括団体に対する批判の言説が流通するようになっている。統括団体の結成や活動は、その要職者の「名誉の獲得」や「金儲け」のために過ぎないというのだ。そのような批判を差し向けてはおきながらも、しかし筆者の調査では依然として統括団体への参与を続ける事例が散見された。統括団体がなんらかの成果を挙げた際、分け前にあずかれるようにしておくためである。本稿の後半部分ではこうした「合理的な参与」が意図に反して「非合理的な参与」に陥っている可能性を、とはいえ、そのことが意図せざる結果としてプロテスタントの間で緩やかな紐帯をなんとか

---

[3]　墓地問題については、政治学者の谷川昌幸［n.d.］が主にメディア報道を基にインターネット上で取り上げていることを付記しておきたい。

維持するために鍵となる役割を果たしていることを、浮かび上がらせる。

本稿は、ネパール連邦民主共和国の首都が位置するカトマンドゥ盆地において 2010 年から 2015 年に亘って断続的に行われたフィールドワークの成果に基づいている。聞き取りには、どの団体も快く応じてくれた。しかしながら、自由な参与観察ができたわけでもなければ、なんでもかんでも開けっぴろげに話してくれたわけでもなさそうであった。複雑な利害の絡まり合いの中で、時として政治的に動かざるをえない統括団体が部外者を警戒するのは、至極当然のことだといえよう[4]。

II　ネパールのプロテスタンティズムと統括団体
歴史的概観

1　初期の団結から分裂へ

1951 年にネパールがおよそ 180 年に亘る鎖国政策を終えると、外国からの宣教師、ネパール系インド人や外国で改宗したネパール人たちによってプロテスタンティズムが持ち込まれるようになった。例外もあったようだが、「初期のネパールのキリスト教徒たちは、信仰の表明および教会の設立において、相対的な自由を享受していた」［Perry 2000: 84］という。だが、プロテスタントの数は少なく、彼らはポカラ、アムピパル、タンセンやカトマンドゥなどネパール各地に散らばっていた。そうしたプロテスタントを団結させるべく 1960 年に最初の統括団体、すなわち「ネパールキリスト教同盟（Nepal Christian Fellowship, 以下 NCF と略記）」が結成された［Pandey 2003: 43-45］。この時期のネパールのプロテスタンティズムの、

---

[4]　このことは、ネパールにて民族団体の調査に着手した際、アメリカ合衆国中央情報局から送り込まれたスパイではないかと疑われたスーザン・ハンゲン［Hangen 2010］のエピソードを思い起こさせる。筆者もこれまでの調査において同じような疑いを差し向けられることがしばしばあった［丹羽 2015］。

したがって NCF の特徴として付記しておかねばならないのは、宗派間対立を回避するため「宗派主義（denominationalism）」を排してきた点である。

　1960 年代に入るとキリスト教には公的な弾圧が差し向けられるようになった。1959 年憲法によってネパールが「ヒンドゥー王国」と定められ［śrī 5 ko sarkār 2016v.s.］、1962 年憲法によって国王に圧倒的な政治権力を付与するパンチャーヤット体制が敷かれ［śrī 5 ko sarkār 2019v.s.］、そして 1963 年には民法、民事訴訟法、刑法および刑事訴訟法が一体となった「ムルキアイン法典」によって、キリスト教の布教のみならず改宗の禁止までもが、明文の下に再確認されたためである[5]［śrī 5 ko sarkār 2020v.s.］。1990 年の民主化運動まで続いた公的な弾圧について、1950 年代中葉にインドのカリンポンからネパールへと移住して以降、プロテスタンティズムの発展に携わってきたラジェンドラ・ロンゴン博士[6]は次のように回想している。

　　……政府、警察、軍隊そして原理主義的ヒンドゥー教といったあらゆる組織が、キリスト教徒たちと敵対しているようであった。実際に、この時期、全てのキリスト教徒は迫害の危険の中にいた。全国のキリスト教徒たちは、打擲、投獄、排斥、それから罰金刑の対象であった。……教会や会合の場は、警察の手入れを受けた。聖書は焼かれた。キリスト教徒の活動についての情報を得るために、ファ

5　カトマンドゥ盆地には、18 世紀初頭にはカトリック教会が開設されていたという［Perry 2000; 佐伯 2003］。しかしながら 18 世紀中葉にプリトビ・ナラヤン王がカトマンドゥ盆地を制圧すると、外国人宣教師や現地のキリスト教徒は国外追放され、また布教および改宗も禁じられるようになった［Gaborieau 2002］。

6　本稿では人名を、文献や新聞などで実名が公開されている場合には、また公的な活動に従事する統括団体の要職者については、本名で記述する。仮名を用いる場合は、本文中に「（仮名）」と記す。

イルや記録が調べられた。ほとんどすべての牧師や教会の指導者は、警察署もしくは地方役人の事務所に呼ばれ、取り調べを受けた……。腕を縛って吊るし上げたり、逆さに吊るしたり、足の裏で蹴り飛ばしたり、身体を傷つけたりといった拷問は広範囲に広まった。……多くの者が職を断られ、他の者は昇進から除外された。キリスト教徒だったことがその理由である。キリスト教徒になることは犯罪だったのだ。[Rongong 2012a: 111]

法に裏打ちされた排除の中でNCFは、教役者の訪問を通した教会間の会合や相互扶助にはじまり、布教活動、聖書教育の推進、投獄者の支援、さらには法的権利の要求といった活動を展開し、名実ともにプロテスタントの統括団体として機能してきた。NCF（後述するよう現在は「NCFN」）から提供された資料にも、「すべての［プロテスタント］教会はNCFという傘の下にあった」[Perry 1986]と記されている。

ところが1981年、NCFの下での団結に亀裂が入り始める。もっとも有力な教会の一つであった「ネパールキリスト教会（nepalī isāī mandalī）」がNCFから離脱したのである。この教会を主導してきたロバート・カーサック氏は、NCF結成の中核的なメンバーの一人であり、またその会長をおよそ10年に亘って務めた人物でもある。そのカーサック氏は離脱を表明するのに際して、「椅子［地位］か、十字架か（kursī ki krūs）」と言い放ったのだという。結成から20年、NCFの内部では地位をめぐる争いが見られるようになっていた。そのことに批判的なネパールキリスト教会を皮切りに他にも離脱する教会が現れ、NCFは次第に求心力を失っていく。

NCFが求心力を失うことになった主な原因はもう一つある。1980年代からネパールには海外から宗派主義が、すなわちさまざまなプロテスタント諸宗派が「宗派」的帰属を前面に打ち出しつつ、流入するようになる。宗派主義に否定的なNCFは、それらの教会の加盟を渋った。他方、

往々にして海外とのつながりを持つそれらの教会も、宗派を妥協してまで NCF に加盟する必要性を見出さなかった。尚、NCF は、1992 年の会合において「ネパール全国教会同盟（National Churches Fellowship of Nepal, 以下 NCFN と略記）」へと改名された。その会合では、宗派を掲げる教会の加盟を認める必要性も提起されたという [Pandey 2003: 46]。だが、その後も NCFN は宗派主義に否定的な態度を維持してきた[7]。

こうして 1980 年代、NCF の下でのプロテスタントたちの団結は崩れていった。ただし、今日でもそれは、「ネパールの土着教会によるもっとも大きな連合体であり、2015 年現在、およそ 1000 の教会を代表する」[National Churches Fellowship of Nepal n.d.] 団体として存在し続けている。

2 民主化運動と統括団体の乱立

1990 年の民主化運動は、プロテスタンティズムにも多大な影響を及ぼした。キリスト教徒に対する公的な弾圧は弱まり、教会活動はこれまでになく自由かつ活発に行われるようになった。その結果、自らの信仰を公にする者や、新たにプロテスタントへと改宗する者が急増した。このことは国勢調査にも反映されており [Dahal 2014]、キリスト教人口は、民主化運動以前の 1971 年から 1981 年には、2541 人（総人口比 0.02%）から 3891 人（0.03%）とそれほど増えてはいないものの、民主化運動後の 1991 年には 31280 人（0.17%）とこれまでにない伸びを見せている。その後も 2001 年には 101976 人（0.45%）と、また 2011 年には 375699 人（1.41%）と堅調に成長している[8]。

---

[7] 今日の NCFN は宗派を掲げる教会の加盟を認めている。ただし、そうした教会が実際に NCFN に加盟することはほとんどなく、むしろ NCFN 自体が一つの「宗派」だと語られる事例が散見された。

[8] カトリックの司教によれば、2014 年時点でカトリックの信者数はおよそ 8000 人とのことであった。そのため、ネパールのキリスト教人口の大半がプロテスタントだと推測される。

だが、団結という観点からいえば状況は悪化していった。布教が比較的自由に行われえるようになったことを受け、新たな外国人宣教師がネパールへと押し寄せるようになったためである。それらの宣教師たちは、さらなる宗派主義とともに、莫大な経済的援助をネパールに持ち込んだ［Rongong 2012b］。その結果、既存の教会では分裂や分派が相次ぐようになる。とある宣教師によれば、1989 年の時点でカトマンドゥ盆地には 12 の教会しかなかったという。しかし、2010 年には少なくとも 400 の教会の存在を確認できる［丹羽 2012b］[9]。また孤児院、布教や教役者のトレーニングなどを目的としたプロテスタント団体の数も増え続け、いかなる団体がいかなる活動を行っているのか、布教の黎明期よりプロテスタンティズムの展開に従事してきた教役者ですら全体を把握できないようになった。

こうした事態が進行する中、新たな統括団体を結成しプロテスタンティズムに団結を取り戻そうという動きが見られるようになる。本節の残りの部分では、民主化運動以降、2010 年までに結成された統括団体について、とりわけ団結の必要性がいかに示されているかという点に注意を払いつつ概観したい。

まず 1996 年には、「ネパールキリスト教協会（Nepal Christian Society, 以下 NCS と略記）」が結成された。主導したのは、1986 年から NCF の事務局長を務めたティルタ・タパ氏である。1992 年にタパ氏は神学を修めるため海外に渡った。1996 年に帰国すると、民主化運動以降の更なる宗派

---

[9] 2010 年に出版されたと目される教会やキリスト教団体の連絡先を集めた電話帳［Nepal Bible Church n.d.］には、カトマンドゥ盆地に 414 の教会の存在を確認できる。しかし筆者の調査では、この電話帳には載っていない小規模な教会も少なからず確認された。そのため、実際の教会数はこの数を優に上回ると考えられる。尚、実際にネパール全土を調査したという「ネパール調査資源ネットワーク」［Nepal Research and Resource Network 2007］によれば、2007 年時点で、教会数はネパール全土でおよそ 2800 とのことである。

主義の浸透と、プロテスタント間の紐帯のさらなる弱体化を目の当りにした。それにもかかわらず当時のNCFN（の要職者たち）は、依然として宗派主義に対して否定的な態度を堅持していたという。そこでタパ氏はネパール各地の教会や宗派集団に声を掛けNCSを結成したのである。それは次のように紹介されている。

> [NCSは] 使徒信条を信じるすべてのキリスト教徒の共通のプラットフォームである。それは、キリスト教徒がお互いを分かち合い気遣う場であり、ネパールのキリスト教徒の相互理解と霊的団結の場であり、ネパールのキリスト教徒が自分たちの法的権利のために立ち上がるための団結した声であり、ネパールのキリスト教徒たちが自分たちの国を発展させていくための団結した力である。[Nepal Christian Society n.d.]

NCSが結成されて3年後、新たに「ネパール全国教会協議会（National Council of Churches of Nepal, 以下NCCNと略記）」が結成された。主導したのは、海外の大学で学び、帰国後は大学で教鞭を執り、後にネパール聖書協会をはじめとする複数のプロテスタント系団体で要職を務めたK.B.ロカヤ博士である。博士は、これまでネパールのプロテスタンティズムが福音伝道ばかりを重視してきた点を批判的に問い直した。そして1997年には独自の教会を創始し、1999年にNCCNを結成したのである。ロカヤ博士は次のように話している。

> 国内および国際的水準でネパールのキリスト教徒を代表し、彼らを団結させて組織化し、彼らが社会と国家の発展に活発に参与するよう促し、平和、正義と人権［の推進］に貢献し、キリスト教徒たちの声となってこの国の市民としての権利を代弁し、教会の四方の壁の外側へとキリスト教徒が出ていくよう促すことでネパールの教会

を［社会の中で］可視化する、共通のキリスト教団体の必要性があった。［Bastola 2008: 132-133、傍点はイタリック］

　暫定憲法によってヒンドゥー教が国教としての地位を失い、制憲議会選挙が実施されることになったのをきっかけに、2007 年には先に紹介した NCFN と NCS、さらには一部の有力な教会や宗派集団の要職者たちによって「ネパールキリスト教連合（Christian Federation of Nepal, 以下 CFoN と略記）」が結成された。結成の際には団結の必要性が、「われわれの声と関心を関係各所へと届けていくために、共通の拠り所が必要であるが、その前にキリストの下での団結が達成されなければならない」［hāmro āśiṣ n.d.: 26］と提起されている。その上で CFoN の目的は、「すべてのキリスト教徒の権益、権利や関心事を巡って声を挙げていくこと、また突発的な事態に際しては、前向きな取り組みと協調のため適切な責任を果たしていくこと」［hāmro āśiṣ n.d.: 26］だと説明されている。

　2010 年には「ネパール統一キリスト教同盟（United Christian Alliance of Nepal, 以下 UCAN と略記）」が結成された。参加したのは NCFN と NCCN、そして有力な教会や宗派集団の要職者たちの一部であった。その中には、CFoN の結成に参加した教会や宗派集団や、さらにカトリックの要職者も含まれている[10]。結成時の「了解覚書」には、「この会合では、団結して神の国［の実現］を推進し、また国家の発展において意義深い役割を果たしていくため、イエス・キリストの信者たちの間での、多様性の中での団結の必要性を議論した」とある。

　以上、2010 年までに結成された統括団体を概観した。自分たちの権利を強調するのか、もしくはより広い社会への貢献を強調するのかという点

10 　カトリックは、プロテスタントの間で「嘘の教え（jhūṭo sikṣa）」とさえ呼ばれることがあり、一定の敵愾心の対象である。そのため、カトリックが参加することを理由に UCAN への加盟を渋った教会や宗派集団もあった。

に違いを見出すことはできよう。ただ、いずれにせよ1990年の民主化運動をきっかけに長く続いた公的な弾圧が弱まって以降、より広い社会の一員として自らの存在を打ち出していくために、団結の必要が謳われるようになってきたのである。だが、これらの統括団体が繰り返し結成されてきた事実は次の問いを免れえない。他の範疇についての研究でも指摘されてきたように [e.g. Gellner 2009; Lecomte-Tilouine 2009]、相次いで結成される統括団体は、果たして自らが代表していると主張する人々を「真に」代表しているのだろうか。続く部分では、このことをめぐって2011年から大々的に繰り広げられた統括団体の争いを検討したい。

III 「真の」代表の座をめぐって

1 争う統括団体

2011年12月25日、カトマンドゥの一等地にあるネパール・アカデミーの公会堂では、同年5月に結成された「ネパール全国キリスト教連合 (Federation of National Christians, Nepal, 以下FNCNと略記)」によって、「2011年クリスマス祝祭の特別プログラム」なる催しが開かれた。それに参加した筆者は、まず、音響および照明装置を完備し、およそ600名を収容できる大公会堂がネパールに存在していたことに驚かされた。だが、それ以上に筆者を驚かせたのはFNCNの力、すなわちこの公会堂を借りる財力と、それを埋め尽くす支持者を集めたり、報道機関を動員したり、名だたる政治家や某国の外交官を招待したりする人脈の方であった。

だが、そもそもプロテスタントですらない政治家といった来賓の顔ぶれには違和感を覚えざるを得ず、それは催しが進むにつれてますます強まっていった。FNCNの側からはプロテスタントの権利要求のような、来賓の側からはそれに一定の理解と配慮を示すかのような演説が延々と続けられたためである。筆者は、この催しとクリスマスとの関係を見出すことができなかった。一緒に参加していた、とある教会で牧師補佐を務める知人

のアシス氏（仮名）は、「[FNCNは]自分たちの力を見せつけようとしているのだろう」と話したのであった。

　こうした解釈には相応の根拠がある。当時FNCNは先述のUCANと、プロテスタントを土葬するための墓地に関する問題への対応をめぐって対立していたからである。土葬のために土地を提供するよう政府に要求を突き付けるFNCNに対して、UCANは不賛同を表明していたのだ。FNCNの壮大な催しの背後に、ネパールのプロテスタンティズムを代表する統括団体が、UCANではなく、また他のどの団体でもなく、まさにFNCNであることを知らしめようという魂胆があったとしても決して不自然ではない。

　墓地問題の経緯は次の通りである。ネパールのプロテスタント教会は、従来、単独もしくは共同で土地を購入し土葬を行ってきた。ところが、管理の甘さから盗掘が相次いだり、周辺の住人たちからの妨害を受けたりしたため、かなりの部分が利用できなくなっていた。利用可能な場合でも、面積不足のため古い墓を掘り起こしたり複数の遺体を一緒に埋葬したりせざるをえない状況にあった。そのため、少なからぬ教会がヒンドゥー教の大寺院であるパシュパティナートに隣接するバンカーリーの森を利用していたのである。ところが2011年1月、それを管理するパシュパティ地域開発トラスト（Pashupati Area Development Trust）が、今後、キリスト教徒を含めた異教徒の土葬を受け入れないという声明を発表したのである。

　この声明を受けてすぐに動いたのが、「新憲法に対するキリスト教徒の助言委員会（Christian Suggestion to the Constitution of Nepal Committee, 以下CSCNCと略記）」であった。新憲法にプロテスタントの声を反映させるべく2008年に結成されて以来、CSCNCは、政府による墓地の提供を含め、制憲議会の委員長、起草委員会の委員長、さらに諸政党の党首にさまざまな便宜要求を行っていた［Rongong 2012a: 132］。だが、新憲法は制定には至らず、墓地が提供されることもないままバンカーリーでの土葬もできなくなってしまった。そこで、CSCNCは、墓地を早急に提供するよう、ま

たそれが実現されるまではパシュパティ地域開発トラストがこれまで通り土葬を受け入れるよう、行政および司法に対してこれまで以上に強く働き掛け始めたのである。

　CSCNC は実力行使にも打って出た。2011 年 3 月 20 日には政府庁舎の前で棺を担いでデモ行進を行い、続いて 23 日からはカトマンドゥの中心にあるラトナ・パークにて大規模な断食集会を断行した。草の根の教会に手紙を送ったり人員を派遣したりしてデモ行進と断食集会に参加するよう声を掛け、大勢を動員した結果、CSCNC は政府を交渉の場へと引きずり出すとともに、墓地の提供について前向きな返事を取りつけることに成功した。そして CSCNC は、2011 年 5 月に FNCN とその名を変え、統括団体を自称するようになる。

　だが、こうした FNCN[11] の動きに対して UCAN は明確な不賛同を打ち出した。その事務局長の一人である K.B. ロカヤ博士は新聞紙上で [*Kathmandu Post*, May 22nd, 2011]、UCAN こそがキリスト教徒の代表であり、そしてそれは異教徒の土葬を受け入れないというパシュパティ地域開発トラストの声明にむしろ賛同しており、また政府による墓地の提供を求めてはいないと主張した。さらにロカヤ博士は、2011 年 10 月には、文化省のゴパール・キランティ大臣から、墓地問題を検討するために設置された同省の委員会におけるキリスト教側の代表として指名を受けたのである [*Kathmandu Post*, October 30th, 2011]。事態は UCAN にとって有利に進んでいるかのようであった。しかし、FNCN も引き下がらなかった。FNCN は、2011 年 3 月のデモ行進および断食集会を通して交わされた約束を果たすよう政府へ働き掛け続けるとともに、より多くの支持者を確保しようと動いていた。本節の冒頭で紹介した FNCN によるクリスマスの

11　墓地問題をめぐる一連の運動を展開していたのは、厳密には、FNCN の内部に設置された「キリスト教墓地の全国闘争委員会（The Christian Burial Space National Struggle Committee）」であった。

催しは、まさに UCAN との対立の最中に開かれていたのである。

2 代表を名乗るための論理

　筆者が墓地問題についての調査に現地で着手することができたのは、既に FNCN と UCAN の対立が顕著になった 2011 年秋のことであった。UCAN のロカヤ博士は次のように話してくれた。2007 年暫定憲法によってヒンドゥー教が国教としての地位を失い、ネパールは「世俗主義」国家と定められた。それにもかかわらず政府はヒンドゥー教に対して便宜提供を続けている。しかし、だからといってキリスト教が政府に対して便宜要求をして良いわけではない。政府が果たすべき責任は、墓地の提供ではなく、キリスト教徒が自ら購入した土地を墓地として利用することを妨害する住人を説得したり、必要であれば公権力を用いて取り締まったりすることに過ぎない、と。もしも「世俗主義」が政教分離を意味しているのであれば、この主張は説得的だといえる。それに対して FNCN は、「ネパール［独自］の『世俗主義』」というスローガンの下に、便宜要求を正当化してきたのである[12]［e.g. *mahān abhiyān* 2068v.s.］。

　ところで、草の根の教会での聞き取りを進めていくうちに、筆者にはある疑問が浮かんだ。一連の運動において大勢のプロテスタントを動員した実績を持ち、さらに少なからぬ教会（の教役者たち）の加盟を得てきた FNCN が統括団体を名乗ることには、相応の根拠があるのかもしれない。それに対して UCAN の方はどうだろうか。それは、プロテスタント内外のメディアで頻繁に取り上げられはするものの、草の根のプロテスタントたちの間で相応の存在感を発揮しているとはとても言い難かった。教役者を含め、UCAN なる統括団体が存在することすら知らないプロテスタン

---

[12]　直示的には「宗教との無関係」を意味する「世俗主義（*dharmanirapekṣatā*）」は、2007 年暫定憲法においてその具体的なあり方が明示されないまま宣言されたがために、多様な解釈に開かれていた［Letizia 2012, 2013］。

トにしばしば出会ってきたからである。

　UCANが代表を名乗ることができたことの鍵は、その組織形態にあった。それは、個々の教会ではなく、NCFNやNCCNといった既存の（統括）団体、教会集団や宗派集団を構成要員の単位としている。そのため、個々の教会の教役者や信者たち自身がUCANに代表されていることを知っているかどうかということとは関係なく、UCANはその構成要員に加盟するすべての教会の代表を名乗ることができるのだ。このことが奇妙な事態を引き起こしていた。すなわち、ある教会はNCFNに加盟しているがためにUCANに代表されているはずなのだが、そのことを知らずして当該教会（の教役者）がFNCNの会員になっている、つまりFNCNによっても代表されているという、争い合う統括団体への複数加担を発生させていたのである。それだけでなく、自らの教会がUCANの構成要員である団体に加盟しているがためにそれによって代表されていることを知りつつも、敢えてFNCNとの複数加担を選択する事例も少なからず見られた。このことについては次項でより詳しく検討することにして、先に墓地問題のその後の展開についてまとめておきたい。

3　解決しない墓地問題

　先述のように筆者が現地調査に着手した2011年11月の段階で墓地をめぐる統括団体間の対立は、文化省とつながりを持つUCANに有利であるかのように思われた。その上で、UCANはさらなる一手を繰り出した。2012年3月、これまでUCANに参加していなかった既存の（統括）団体、教会や宗派集団を取り込み、さらに大きな「ネパールキリスト教嘱目団（Christian Concern Group Nepal, 以下CCGNと略記）」を結成したのである。2012年4月、CCGNは記者会見を通して、また文化省には使者を送り、「真正な」統括団体としての自らの存在を公に打ち出した。その上でCCGN（UCAN）のロカヤ博士は、FNCNの活動について、「支援者の資金を引き出そうとする人々の利得に［のみ］役立つだろう」[*Kathmandu*

Post, May 7th, 2012]と批判を続けた。

　それでもFNCNは異なったルートを通じて政府との交渉を続け、2012年5月、遂に目に見える成果を挙げた。平和復興省と「六つの合意」を取り交わすことに成功したのである。「六つの合意」のうちの一つはまさに墓地問題に関するものであり、具体的には、2011年3月のデモ行進および断食集会を通して交わされた約束を、すなわち政府が墓地を確保するという約束を迅速に実行へと移すよう努力することが記されていた。「六つの合意」を取り交わした翌日、FNCNは記者会見を開き成果を公にした。それは大々的に報じられ [e.g. *Kathmandu Post*, May 27th, 2012]、墓地問題は一気に解決に向かうかと思われた。

　それでもCCGNは、自分たちこそがキリスト教徒たちの「真の」代表であり、またFNCNと平和復興省の間で交わされた「六つの合意」には賛同しないと主張した。例えば次の引用は、ネパールの有力誌の一つである『カトマンドゥ・ポスト』紙の編集長に宛てて書かれた抗議文書である。

　　　ネパールキリスト教嘱目団（CCGN）の重大な関心は、あなた方の尊敬に値する全国日刊紙に書かれた「キリスト教徒が『歴史的な』六つの合意を政府と取り交わす」（KTP［『カトマンドゥ・ポスト』紙］、2012年5月28日、4頁）と題されたニュースへと向けられた。……［CCGN］こそが、ネパールのすべてのキリスト教徒と教会の公的かつ真正な（official and authentic）集まりである。私たちは、CCGNがキリスト教共同体とネパール政府の平和復興省との間で交わされたとされる「六つの合意」と呼ばれるものに関与しているわけでも、それを支持しているわけでもないことを明確に主張したい。

　　　KTP［『カトマンドゥ・ポスト』紙］のような広く読まれる英語の全国日刊紙にとって、まず正確さと真正さを確認しないのであれば、ニュースを公表しない方が良いだろう。CCGNは、ネパール政府

の平和復興省が、ネパールのキリスト教徒の真正な代表団体に問い合わせたり、意見を求めたりすることもないまま、いわゆる合意に署名したことを遺憾に思う。私たちは、ネパールのキリスト教徒および教会に関連した事柄を巡っては、ネパール政府とすべての関係諸機関がCCGNへと問い合せ、意見を求めるよう要請したい。

　明瞭かつ力強い抗議である。ところがCCGNが代表を名乗るための論理は、その前身であるUCANから引き継がれていた。だから個々の教会の人々は、依然として自分たちがCCGNに代表されていることを知らなかったり、それ故に（あるいは知りつつも敢えて）FNCNの方に加担したりもしていたのである。

　FNCNとCCGNのどちらが「真の」代表であり、したがってどちらと話を進めていくべきなのかという政府側の困惑は想像に難くない。結局のところ、FNCNと平和復興省の間で取り交わされた「六つの合意」は全く履行されなかった。それだけでなく、CCGN（UCAN）によるかなり控えめな要求、すなわちキリスト教徒たちが自ら購入した土地を墓地として利用する権利を政府が保護するという要求が実行に移される様子すらなかった。墓地として利用可能な土地を持つごく少数の教会の成員は、またそれらの教会との関係を持つ者や自ら土地を購入できる者はしばしば、土葬してもらえはするのだが、他の多くの者たちは荼毘に付されざるをえないという状況が相変わらず続いていた。

IV　非／合理的な参与

1　統括団体に向けられる批判の言説

　草の根の教会の教役者や信者は、相次いで結成される統括団体をいかように眼差しているのだろうか。ネパールのプロテスタントたちの間では、それに対する定型的な批判の言説が広く流通している。もっとも、肯定的

な語りが聞かれることがないというわけではない。統括団体の要職者や彼らと近しい関係を持つ者は、往々にしてその統括団体を持ち上げる。だが、そうした人々以外から肯定的な語りが聞かれるのは稀である。

　まず挙げられるのは、相次いで結成される統括団体およびその活動に対して「名誉の獲得」という目的を見出すものである。具体的には、例えば「名声を得る (*nām kamāunu* あるいは *ijjat pāunu*)」や「地位を得る (*pad pāunu*)」といった表現がよく用いられる。

　また、統括団体およびその活動は、ネパールにおける援助や開発団体一般についても指摘されているように [Shakya 2008: 273-274; Panday 2011: 11; Shakya 2013: 113]、往々にして「金儲け」と関係付けられて語られるようにもなっている。先述のように、1990年の民主化運動が成功を収めたことによって布教が比較的自由に行われえるようになったため、ネパールには数多くの外国人宣教師が莫大な経済的援助を携え押し寄せるようになった [Rongong 2012b]。こうした状況において統括団体の結成や活動は、新たな教会や他の団体の創設と並んで、宣教団体や宣教師との関係を築き、資金援助を引き出し、私腹を肥やすためだと語られるようになっているのである [丹羽 2012b, 2015; Niwa 2015]。実際に外国人宣教師や宣教団体とのつながりを持つ（大）教会の教役者やプロテスタント団体の要職者の幾人かが自動車を乗り回していたり最新式の携帯電話やノートパソコンなどを所有していたりするのを目の当たりにしているプロテスタントたちの間で、こうした言説が立ち上がり、また相応のリアリティを伴って流通するようになるのは不自然なことではなかろう。例えば「金を稼ぐ (*paisā kamāunu*)」や「援助を得る (*saporṭ pāunu*)」はもちろん、さらに「外国人と関係を持つ (*bideśīsāga sambandha rākhnu*)」というのも、「金儲け」に言及する際に頻繁に用いられる具体的な表現である。

　統括団体およびその活動について、とりわけ統括団体の間で繰り広げられる争いに関して頻繁に聞かれるのが、「政治を繰り広げる (*rājnīti khelnu*)」や「足を引っ張る (*khuṭṭā tānnu*)」といった表現である。先に紹

介した二つ、すなわち「名誉の獲得」や「金儲け」が、統括団体の結成やその活動の背後に隠された「真の目的」を特定する言説として位置付けられるのに対して、「政治を繰り広げる」や「足を引っ張る」は、それらの目的を達成するための手段、あるいはそれらの目的をめぐる争いについての言説だといえよう。統括団体の間で（実際のところ、統括団体の間のみならず、統括団体の内部、教会の間、さらには教会の内部といった様々な水準で）繰り広げられる政治や足の引っ張り合いに関しては、「そんなことについて話したくない」と怒りを露わにする者すらいた。怒りを露わにするということは、政治や足の引っ張り合いが蔓延していると考えており、またそのことに対して並々ならぬ憤りを感じているからなのだろう。

先の項にて取り上げた FNCN と UCAN（CCGN）の争いについて、とある教会で牧師を務めるアルジュン氏（仮名）は次のように批判する[13]。

> ある日、カエルの国際大会が行われることになった。各国の代表がカエルを蓋のある器に容れて連れてきた。しかしネパールの代表だけは、カエルを皿に載せて連れてきたのだ。他の国の代表たちはカエルが逃げないことに驚いた。一匹が逃げようとしても他のカエルに足を引っ張られてしまうから、逃げることができないのだ。FNCN と UCAN も同じだ。FNCN が何か試みようとすれば、CCGN が足を引っ張る。CCGN が何か試みようとすれば、FNCN が足を引っ張る。こうした政治ばかり繰り広げているから、墓地問題は解決しないのだ。

墓地問題解決の兆しすら見えない中、アルジュン氏の教会では、若い信者

---

[13] このカエルの逸話もしくはその微妙に異なったバージョンは、政治批判の文脈でしばしば用いられる有名なものである。この逸話を用いて FNCN と UCAN（CCGN）の争いを批判したのはアルジュン氏以外にも複数人いた。

がスポーツ中に不慮の事故で亡くなった。土地を確保することができなかったため、仕方なく荼毘に付すことにしたのだという。遺族や教会関係者の悲しみに加えて、アルジュン氏は他の統括団体への批判についても話してくれた。

> 私たちの教会はNCF［N］に加盟しているし、NCSにも関わってきた。しかし、それらの団体はこれまで何もしてくれなかった。NCF［N］は年に一度、会合を開くだけで、他に何も仕事をしない。NCSは会合を開くことすらしなくなっている。NCSは、事務局長のポケットの中の手帳なのだ。［だが、］仕事をしないにもかかわらず、さらに私たちが賛成していないにもかかわらず、何らかのきっかけがあると、私たちを代表しているかのようなことを言う。

統括団体が「名誉の獲得」や「金儲け」のために相次いで結成され、期待される役割を果たそうとすることなく、さらに十分な説明責任を引き受けることもなく、政治や足の引っ張り合いに終始しているだけだと説明されれば、そうなのかもしれない。もちろん単なる邪推かもしれない。ただし直接的な証拠へアクセスできない現段階でそれを云々することは、少なくとも筆者が専門とする文化人類学においては、生産性という観点からも倫理的な観点からも慎まれるべきだと思われる。そのため続く部分で注目したいのは、むしろ統括団体に対する批判の言説が相応のリアリティを伴い流通している中ですら止むことのない統括団体への参与の様態である。

2　共犯関係

そもそも統括団体は必要なのだろうか。FNCNによるクリスマスの催しに筆者と一緒に参加したアシス氏は、1990年の民主化運動以前にプロテスタントへと改宗した、したがってキリスト教徒に対する公的な迫害を実際に経験してきた人物である。アシス氏は統括団体の必要性について次

のように話してくれた。

> キリスト教徒は、長い間、政府、警察や社会から迫害されてきた。［1990年の］人民運動［民主化運動］以降、迫害は少なくなった。しかし、今後、どうなるかは誰にも分からない。新憲法もこれまで制定されていない。もしかしたら、また迫害が始まるかもしれない。ネパールは世俗主義国家となった。その後もヒンドゥー教徒は未だ政府からの便宜を受けているのだから、キリスト教徒も相応の権利を獲得しなければならない。キリスト教徒たちは、自分たちを護り、権利を獲得するために団結しなくてはならない。そのために統括団体は必要だ。

自分たちを護ったり権利を獲得したりするために、そしてそのための条件である団結のために、やはり統括団体は必要だというのだ。これまでの調査において統括団体など不要だと言い切る人物に全く出会わなかったわけではない。また、「団結は必要か」という問いに対して、とある著名な牧師からは、「団結は天国にしかない」という冗談めいてはいながらも実にシニカルな答えが返されたこともあった。だが、そうした意見は例外的であり、先のアシス氏の説明にも伺えるように、統括団体の必要性それ自体は草の根のプロテスタントたちの間でも団結と関連付けられつつ広く認められているようではある。

　しかし今日、実際に存在する複数の統括団体が往々にして批判の言説の対象とされていることは、先の項で確認した通りである。統括団体が存在することの必要性を明確に打ち出すアシス氏自身も、決して例外ではない。自らの教会が加盟するNCFNについて、アルジュン氏（のみならず、他の草の根の教会の教役者や信者）と同様の批判を口にしていたのである。NCFNは、これまでアシス氏の教会に対しても、なんら有意義なことをしてくれていないのだという。

統括団体に対する批判や憤りが聞かれた際には、筆者は逆に次のように問い掛けることにしていた。「では、どうして今でも統括団体に加盟していたり、関係を持ったりしているのか」、と。アシス氏は、次のように話してくれた。

> NCF［N］に加盟し続けているのは、離脱する必要がないからだ。NCF［N］に加盟するためには、年間、たった数百ルピーが必要なだけだ。もし将来NCF［N］が何らかの成果を挙げることがあるとすれば、その時には利益（*phāida*）を受け取れるようにしておかなければならない。だから、NCF［N］への加盟を続けているのだ。もしも加盟のために、数千ルピーを支払わなければならないのであれば、考えなければならない。数万ルピーを支払わなければならないのであれば、離脱することになるだろう。

合理的な選択だといえるのではないだろうか。ごく僅かな金を払ってさえおけば、将来、予期せぬ利益が転がり込んでくるかもしれない。

　先の項で紹介したアルジュン氏も同様であった。一方ではNCFNやNCSに対して批判と憤りを口にしつつも、他方では彼自身が牧師を務める教会は相変わらずNCFNへの加盟を続けているし、また今のところ活動を休止しているNCSが今後、活発に動き出すのであれば、それにも関わっていくつもりがあるという。真に頼りになりそうな統括団体など一つもない。であれば、できる限り多くの統括団体に参与しておいた方が、将来、利益にあずかる見込みを増やすことができる。教会運営の知恵である。

　ここで、先の節で取り上げたFNCNとUCAN（CCGN）の争いへと話を戻したい。アルジュン氏が牧師を務める教会はFNCNの結成初期からその活動に参与し、アルジュン氏自身は地域委員の役割を与えられていた。しかしながら、アルジュン氏の教会がUCAN（CCGN）の構成団体であるNCFNに加盟しているということは、アルジュン氏の教会はUCAN

(CCGN) によっても代表されていたということになる。つまり、FNCN と UCAN（CCGN）の争いにおいて、アルジュン氏の教会は複数加担をしていたのだ。NCFN が UCAN（CCGN）の構成団体であるということを知らなかったからだというわけではない。FNCN の地域委員を務めるアルジュン氏は、そのことを十分に承知した上で、敢えて複数加担を選択していたのである。

　NCFN に加盟しているが故に UCAN（CCGN）によって代表されているはずのアシス氏の教会は、FNCN に正式に加盟しているわけではない。しかし、FNCN の前身である CSCNC が 2011 年 3 月に実施した断食集会には教会を挙げて協力していたし、その後も FNCN による催しへの参与を続けていた。アシス氏によれば、教会の上層部は、FNCN と UCAN（CCGN）のどちらが実際に成果を挙げるか見定めようとしていたのだという。これも複数加担の一形態だといえよう。

　FNCN と UCAN（CCGN）の両方に加担する事例は、他にも少なからず散見された。統計的データを提出できるほどの量的調査をこなしたわけではないことを断った上で、次のような可能性を提示しておきたい。こうした複数加担が FNCN と UCAN（CCGN）の両方を勢いづかせ、そのことによってそれらが「真の」代表の座をめぐって長きに亘って争い続けることができたのだとしたら、どうだろうか。アルジュン氏をはじめ複数加担をする人々は、FNCN と UCAN（CCGN）が足の引っ張り合いに終始するだけで墓地問題になんら解決をもたらさないという事態の一翼を、自らが担ってしまっていたということになる。すなわち、利益にあずかるための複数加担が利益の生成それ自体を阻害してしまうという皮肉な事態を引き起こしていたということに、つまり合理的な参与は実際のところ非合理的な参与に他ならなかったということになるのである。

V　おわりに

　本稿ではまず、初期の団結から分裂、そして団結を取り戻すための統括団体の乱立に着目しつつネパールのプロテスタンティズムを紹介した。さらに、2011年から墓地問題への対応をめぐって大々的に繰り広げられた、「真の」代表の座をめぐる統括団体の争いを描き出した。その上で、乱立し争い合う統括団体に草の根のプロテスタントがいかに関わっているかということに焦点を当てた。

　ネパールのプロテスタントの間では、より広い社会の一員として自らの存在を打ち出していくために、そしてそのための条件である団結を実現するために、統括団体の必要性は一般に認められてはいる。その一方、草の根のプロテスタントの間では乱立する統括団体に対する、またそれらの間の争いに対する批判の言説が流通するようにもなっている。しかし、だからといって統括団体への参与が弱まるというわけではなかった。それらがなんらかの成果を挙げた際には、利益にあずかれるようにしておかなければならないからである。だが本稿の最後では、こうした利益にあずかるための合理的な参与が、争い合う統括団体への複数加担を生み出し利益の生成それ自体を阻害する非合理的な参与に陥っている可能性を提起した。

　しかしながら、以上一連の物語は単なる皮肉な出来事として片付けられるべきではないのかもしれない。合理的な参与に由来する複数加担は、意図せざるところで重要な成果を挙げているようにも見えるからである。「世俗主義」における宗教の位置付けという根本的な理念にすらかかわる墓地問題をめぐって争い合う統括団体への排他的な加担は、ネパールのプロテスタンティズムに修復不可能な分裂をもたらしかねない。それに対して複数加担は、地縁や血縁といった盤石たる共同性の原理を欠きつつも、また宗派主義がますます浸透したり既存の教会の分裂や分派が相次いだりする中でも、そして統括団体が乱立し争いを繰り広げるようになってすらも、プロテスタンティズムがなんとか修復不可能な分裂を回避できている

ことの主たる要因の一つだといえよう。複数加担は、プロテスタンティズムをセミ・ラティス[14]状に編成することによって、緩やかな紐帯を維持せしめているとも評価されえるのである。

とはいえ、対外的な交渉を生産的に進めていくためには、やはり堅固な団結と代表性の問題に向かい合わねばならないのだろう。2015年の5月に再度ネパールを訪れた際、墓地問題は相も変わらず解決していなかった。もはや墓地問題だけではない。2015年6月に発表された憲法の草案において「世俗主義」および「宗教的自由」を明記する方針が打ち出されたこと［saṁvidhān masyaudā samiti 2072v.s.］、また9月に公布された2015年憲法にそれらの言葉が実際に記されたこと受けて［nepāl sarkār 2072v.s.］[15]、マジョリティであるヒンドゥー教徒の一部がキリスト教に対して敵愾心をむき出しにするようになった今日[16]、堅固な団結と代表性の問題はいよ

---

14 「セミ・ラティス（semi-lattice）」とは、クリストファー・アレグザンダー［Alexander 1965］が「ツリー」との対比で打ち出した都市モデルであり、組織論や共同体論にも多大な影響を与えた。市川浩［1993］は両者を次のように端的に説明している。ツリーでは、二つのクラスないしセットを取り出すと、両者が全く重ならないか一方が他方に完全に含まれている。それに対してセミ・ラティスは互いに重なりあったクラスを含んでおり、あるコミュニケーションの回路が破壊されても別の回路がそれを代替しえる。

15 2015年憲法では、「世俗主義」に対して「永遠の過去より継承されてきた宗教と文化の、また宗教的および文化的な自由の保護を意味する」［nepāl sarkār 2072v.s.］というこれまでにない明確な定義が与えられた。ヒンドゥー教的な含みを有する「永遠の過去より継承されてきた」という表現からはヒンドゥー教徒への配慮が、「宗教的および文化的な自由」という表現からは宗教的マイノリティへの配慮が窺える。こうした日和見的かつ独特の「世俗主義」が、今後、いかに実現されていくのかということは、重要な研究の焦点となるにちがいない。

16 ヒンドゥー教保守派による「世俗主義」および「宗教的自由」への抗議活動においてキリスト教は、往々にして主要な敵だとみなされるようになっている。例えば、新憲法の草案を受けてカトマンドゥ中心部で行われた集会では、

よ棚上げされえなくなるにちがいない。プロテスタンティズムがますます緊張を増す対外関係にどう対処していくのか、またそれがプロテスタンティズムをどのように再編していくのか、今後も注視していくことにしたい。

謝辞

本稿は国立民族学博物館にて開催された共同研究の成果である。聞き取りに応じてくれた人々と、構想段階からアドバイスを授けてくれた共同研究のメンバーに謝意を表したい。また、これまでの調査を支えてくれた日本学術振興会、澁澤民族学基金およびりそなアジア・オセアニア財団に、ここに記して心からお礼を申し上げたい。

参照文献

Alexander, Christopher
   1965(2013) A City is not a Tree (Part I & II). In *Architectural Forum* 122(1): 58-62 & 122(2): 58-62.（押野見邦英（訳）「都市はツリーではない」『形の合成に関するノート／都市はツリーではない』, pp.215-244. 鹿島出版社.）

Bastola, Thomas
   2008 *ḍa. ke. bī. Rokāyā: jīvanī ra vicār*（『K.B. ロカヤ博士：人生と思想』）. National Council of Churches of Nepal.

Dahal, Dilli Ram
   2014 Social Composition of the Population: Caste/Ethnicity and Religion in Nepal. In *Population Monograph* Vol. II. Government of Nepal, pp. 1-49. http://cbs.gov.np/image/data/Population/Population%20Monograph%20of%20Nepal%202014/Population%20Monograph%20V02.pdf

---

「……政治家は、『世俗主義』および『宗教的自由』の名の下に西暦2030年から2032年までにネパールをキリスト教国と宣言する目標［を抱く］とともに、自らの生を授けてくれた母親を金銭欲から売ろうとしている」などと書かれたフライヤーが配られていた。

Fricke, Tom
 2008 Tamang Conversions: Culture, Politics, and the Christian Conversion Narrative in Nepal. *Contribution to Nepalese Studies* 35(1): 35-62.

Gaborieu, Marc
 2002 Christian Minorities in the Hindu Kingdom of Nepal. In *Religious Minorities in Southa Asia*. M. Hussain & L. Ghosh (eds.), pp90-106. Manak Publications Pvt. Ltd.

Gellner, David
 2009 Introduction: How Civil are 'Communal' and Ethno-nationalist Movements? In *Ethnic Activism and Civil Society in South Asia*. D. Gellner (ed.), pp. 1-24. Sage Publication.

Hangen, Susan
 2010 *The Rise of Ethnic Politics in Nepal: Democracy in the Margins*. Routledge.

市川浩
 1993 『〈身〉の構造：身体論を超えて』講談社.

hāmro āśiṣ
 n.d. No 16. khrīṣṭiya mahāsaṁgh nepālko gaṭhan ra yasko bhūmikā (「ネパールキリスト教連合の結成とその役割」).

Kathmandu Post
 May 22nd, 2011. New twist to burial ground demand.
 October 30th, 2011. Burial site row: Christians warn of nationwide strike.
 May 7th, 2012. Christian group to re-raise burial ground issue.
 May 27th, 2012. Christian strike 'historic' six-point deal with govt.

Lecomte-Tilouine, Marie
 2009 Ruling Social Groups – From Species to Nations: Reflections of Changing Conceptualizations of Caste and Ethnicity in Nepal. In *Ethnic Activism and Civil Society in South Asia*. D. Gellner (ed.), pp. 291-336. Sage Publication.

Letizia, Chiara
 2012 Shaping Secularism in Nepal. *European Bulletin of Himalayan Research* 39: 66-104.
 2013 The Goddess Kumari at the Supreme Court: Divine Kingship and Secularism in Nepal. *FOCAAL: Journal of Global and Historical Anthropology*

67: 32-46.

mahān abhiyān

 bhādra, 2068v.s.　dharma nirapekṣatāko nepālī moḍel（「ネパールにおける世俗のモデル」）.

National Churches Fellowship of Nepal.

 n.d.　About NCFN. http://www.ncfnepal.org/about/

Nepal Bible Church

 n.d.　*Nepal Church Directory*. Kishor Offset Press.

Nepal Christian Society

 n.d.　About Us. http://ncsnepal.org.np/index.php/About_us

Nepal Research and Resource Network

 2007　*Dawn Nepal: National Church Survey of Nepal August 2007*. n.p.

nepāl sarkār

 2063v.s.　*nepalko antarim saṁvidhān 2063*（「ネパールの暫定憲法 2063 年」）. kānūn kitāb byabsthā samiti.

 2072v.s.　*nepalko saṁvidhān*（『ネパールの憲法』）. http://constitution.org.np/userfiles/constitution%20of%20nepal%202072-np.pdf

丹羽充

 2012a　「ネパールのプロテスタントの『信仰』における『信頼』と『行為』——カトマンドゥ盆地ラリトプル郡で観察されたプロテスタントの『信仰』」『文化人類学』77(1): 144-155.

 2012b　「無関心という技術——ネパールのプロテスタントの間で観察された教会分裂の語り」『くにたち人類学研究』7: 30-48.

 2015　「難しく危険なコミュニケーション——ネパールのプロテスタントの間で観察された不信の言説」『一橋社会科学』第 7 巻別冊〈特集：脱文脈化を思考する〉, pp. 17-37.

Niwa, Mitsuru

 2015　Spreading and Deepening Suspicion: On the Accusation of 'Cunning' Observed among Protestants in the Kathmandu Valley. *European Bulletin of Himalayan Research* 45: 62-80.

Panday, Devendra Raj

 2011　*Looking at Development and Donors: Essays from Nepal*. Martin Chautari.

Pandey. Simon

2003 *Christianity in Nepal: Unity in Diversity.* National Churches Fellowship of Nepal.

Perry, Cindy
 1986 *Nepal Christian Fellowship (NCF~)* . n.p.
 2000 *A Biographical History of the Church in Nepal 3rd Edition.* n.p.

Republica
 April 3rd, 2011. Opinion: Why I prefer cremation.

Ripert, Blandine
 2014 Improbable Globalization: Individualization and Christianization among the Tamangs. In *Facing Globalization in the Himalayas: Belongging and the Politics of the Self.* G. Toffin and J. Pfaff-Czarnecka (eds.), pp45-62. Sage Publication.

Rongong, Rajendra Kumar
 2012a *Early Churches in Nepal: An Indigenous Christian Movement Till 1990.* Ekta Books.
 2012b Nepal, Christianity in. In *Oxford Encyclopedia of South Asian Christianity Volume II.* R.E. Hedlund, J.M. Athyal, J. Kalapati & J. Richard (eds.), pp.483-484. Oxford University Press.

佐伯和彦
 2003 『ネパール全史』明石書店.

saṁvidhān masyaudā samiti
 2072v.s. *nepālko saṁvidhān 2072 (prārambhik masyaudā)* (ネパールの憲法 2072 年（初期草案）). saṁvidhānsabhā sacibālaya.

Shakya, Keshab Man
 2008 Foreign Aid, Democracy, and Development: Personal Experiences. In *Local Democracy in South Asia,* D.Gellner & K. Hachhethu (eds.), pp.258-275. Sage Publication.

Shakya, Sujeev
 2013 *Unleashing Nepal.* Penguin Books.

Sharma, Bal Krishna
 2012 *Christian Identity and Funeral Rites in Nepal.* Ekta Books.

śrī 5 ko sarkār
 2016v.s. *nepāl adhirājyako saṁvidhān* (『ネパール王国の憲法』). kānūn tathā saṁsadīya prabandh mantrālaya.

2019v.s. *nepālko saṁvidhān*（『ネパールの憲法』）. kānūn tathā nyāy mantrālaya.

2020v.s. *mulukī ain*（『ムルキアイン法典』）. kānūn tathā nyāy mantrālaya.

2047v.s. *nepāl adhirājyako saṁvidhān*（『ネパールの憲法』）. kānūn tathā nyāy mantrālaya kānūn kitāb vyavasthā samiti.

橘健一
 2009 『〈他者／自己〉表象の民族誌――ネパールの先住民族チェパンのミクロ存在論』風響社.

谷川昌幸
 n.d. 『ネパール評論』http://www.wld-peace.com

Walker, Benjamin
 2005 *Hindu World: An Encyclopedic Survey of Hinduism*. Rupa & Co.

第 11 章

「包摂」の政治とチベット仏教の資源性
ヒマラヤ仏教徒の文化実践と社会運動をめぐって

別所 裕介

I　はじめに
「仏教」をめぐる政治動態

1　問題の所在

　今日、ネパール国土全体への手厚い開発援助を通じて公然と影響力を行使するようになった中国のヒマラヤ地域への進出を考慮に入れた社会動静の分析は、フムラやカサなど、中国／ネパール両国の一部オープン・ボーダーにおける少数の民族誌的調査を除いていまだ初動段階である[1]。だが、中国が、1959 年〜 1962 年の間に起きたインドとの関係悪化以来、経済的に目立った動きの無かった西チベット国境地帯の開発に本腰を入れていることは明白であり、特にネパール国土の北辺において中国進出の直接の影響を受けるヒマラヤ・チベット系民族社会の状況を、地道な民族誌的調査から明らかにする研究の蓄積が急務となっている。

　他方、中国による経済進出を受け止めるネパールの側も、2006 年の「人民戦争」終結後、多民族・多宗教のネパール社会を統合するひとつの指針として示された「包摂」をめぐり、理念上の統合イメージ（国民すべての多元的で対等な包摂）に対して、集団ごとに形成されるフォーマル／インフォーマルな政治主張がとめどなく錯綜しており、中国が差し伸べる巨額の「援助」もまた、その分極化した構造の中で、コミュナルな政治闘争を引き起こす一要因となっている。そうした闘争は、議席という数の論理によって直接的に政治主張を反映できないマージナルな集団が、議会という手段自体を否定的に捉え、街頭占拠や道路封鎖、メディアやネットを通

---

[1]　この方面で先鞭をつけている業績として、中国側の経済発展とインフラ建設に伴って、ネパール側・Humla の村落社会に進展する「開発の矛盾」を取り上げた［Saxer 2013］、中国側からの圧倒的な物資の流入拠点となっているコダリーニェラム間における交易商人の相互乗り入れを前提とした越境空間の成り立ちを、"Border Citizenship" というキータームから詳細に論じた［Shneiderman 2013］が挙げられる。

じた権利主張、新たな政治結社の糾合など、インフォーマルな形で政治参画を目指す動きとして顕在化する。

　このような状況について、南アジア政治に関心を持つ論者がさまざまな角度から論評を加えてきたが、その中でひとつの焦点となっているのは「仏教をめぐる政治」である[2]。中国とインドの緩衝地帯となるヒマラヤを中心に、南アジアには12万人の亡命チベット人が居住しており、中国が経済進出を進める上で大きな障害とみなされている。また、ネパールをはじめインド北部山岳地域には、難民として逃れてきたチベット人と同じ文化圏に属するヒマラヤ仏教徒の諸民族がヒマラヤの南側に沿って飛び地状にチベット仏教社会を形成している。これら民族の居住領域には、インドのジャンムー・カシミール州やアルナーチャル州など、中印両国で国境が画定していない場所も含まれており、近年グローバルな広がりを見せるチベット民族主義運動の動静と合わせて、この地域の伝統的なアイデンティティの基幹である仏教文化を誰が代表し、政治・経済的な位置付けをどのように行うか、という敏感な問題が常に一定の緊張をはらんだ形で展開している。

　冒頭で述べたように、中国の辺境経済圏のネパールへの膨張は、南アジアの微妙な政治バランスの上で一定の文化的・社会的テリトリーを保持してきたチベット系民族社会に対して半世紀ぶりの大きな揺さぶりをかけることになる。特に、2011年に発表されたチベット鉄道のネパール側への延伸と、その延長上にある著名な仏教遺跡・ルンビニの観光資源開発プ

---

[2] この地域の「仏教をめぐる政治」は、南アジア研究者をはじめジャーナリストや人権活動家など、数多くの論者に取り上げられている。本論ではこれらの論説を逐一紹介する余裕はないが、特に本論との関連では、欧米出自の論者として Mikel Dunham, Claude Arpi, Maura Moynihan, Gabriel Lafitte、南アジアの論者として Saransh Sehgal, Kanak Mani Dixit, Jayadeva Ranade らの諸説が、活発かつ有意義な議論を蓄積していることを挙げておきたい。

ラン（次節で詳述する）は、「中国」という今日も共産主義を掲げる国家が、南アジアの「仏教をめぐる政治」に直接的に介入してくることを意味する。このことは同時に、ネパール国内に安息の地を得てきたチベット難民には絶望を、ルンビニを領有するネパールには「誰がステークホルダーとなるのか」という主導権争いを喚起する。

このような中国の華々しい登場とそれによる「仏教をめぐる政治」の変動に関して、南アジア政治を観察してきた外部のアナリストたちは、ネパールに暮らす仏教徒の立ち居振る舞いに注目している。たとえば、チベット難民社会の研究者であるマウラ・モイニハン［Moynihan 2012］は、"Battleground Lumbini" と題した記事の中で、「ブッダの生誕地・ルンビニ」をめぐる開発案件が「ネパールのナショナリズムと主権の問題として、この国の人々を動員・結集させている」こと、その一連の動きの中で「ネパール仏教徒が真のステークホルダーとして、中国利権を牛耳ろうとするマオイストに正面から異議申し立ての声を上げている」ことを述べた上で、次のように論をまとめる。

> （中国が巨額の投資と引き換えに、親中国的なマオイストの力を借りて目障りなチベット人を排除しようと目論む中で）ルンビニは象徴と真実の戦場となっている。…（中略）…そこには、マオイストによる横暴をくじくことのできるひとつの力が存在する。世界10億の仏教徒だ。（中国によって弾圧される）チベット人たちは、そのグローバル・サンガの不可欠な一部である。ルンビニをめぐる競合は、この痛ましい時代に、グローバルな仏教徒の対話の中で、チベットへの支援を集める好機を提供する。

モイニハンのこの論説は、ルンビニ開発をめぐって中国とマオイストによる「仏教の政治利用」が進む中、全世界レベルの仏教徒が持つべき道義的な責任について問おうとするものである。同様に、長らく中国国内のチ

ベット地域における文化保護に関心を向けてきたガブリエル・ラフィッテ [Lafitte 2011] は、以下のような記述により、互いに連帯が可能な集団として複数のチベット・ビルマ語族集団の名前を挙げている。

　　何千人もの警官がチベット人の巡礼者や亡命者を殴打するために動員される抑圧的な政治シーンにも関わらず、ネパールのチベット・ヒマラヤ諸民族の人々は覚醒し、彼ら自身が、ネパール人であると同時にグルンやシェルパやタルーであり、国民であると共に仏教徒であり、ヒンドゥー王朝よりもはるかに古い伝統の継承者である、ということを可能にする新たな空間を発見し、ブッダ生誕の地、ネパール国内にあるその場へとひたすら回帰しつつある。

　ラフィッテはこの文章の後段で、2006年以降の包摂民主主義の流れが、ネパール国民であり、同時に仏教徒でもある、という新しいアイデンティティの両立を可能にする社会的条件を生み出している、と語り、その包摂の波は塗炭の苦しみの中にあるチベット難民をも同様に包み込んでいくものである、というやや安直な見通しを示している。
　欧米のウォッチャーによるこの種の論調では、チベット難民を含む「仏教徒」もしくは「ヒマラヤ仏教徒」(Himalayan Buddhist) というカテゴリーが一枚岩の抵抗勢力と捉えられているとともに、彼らの包括的属性である「仏教」という宗教そのものが、非仏教徒（中国共産党員、ヒンドゥー・高カースト政治家）による「政治」に対抗する道義的な掛け金とされる。中国が巨大な資本力に物を言わせてネパールに政治力を行使するとき、これに正面から抗えるのは宗教的な道義性のもとに結集した仏教徒たち以外にない、という安易な図式化が行われているのである[3]。

3　必然的に、この種の図式化は、アディバシ・ジャナジャーティ運動を率いる民族エリートのそれ（たとえば Tharu et al. [2010] による論説を参照）と

しかしここで問題となるのは、論者たちが用いる「ヒマラヤのチベット仏教徒」という、それ自体政治性を帯びた表現の蓋然性である。本来多様な内実を抱えているはずの集団をひと括りに扱うこの種の用語法は、2つの厄介な問題を招来してしまう。ひとつは、入り込んでくる中国資本を、ネパールのチベット仏教徒たちが一丸となって拒否しているかのように受け止められること。もうひとつは、実践レベルで考えたときはひと括りにすることが困難な、ネパールに土着したチベット・ビルマ語諸族が奉じる仏教と、チベット本土から半世紀前に難民たちが持ち込んだ仏教との間に横たわる明白な差異を無化して、並列的に扱ってしまう、ということである。

　このことは、欧米的なチベット擁護をめぐる直接の言説圏に属さない（したがってチベットをめぐる道義的な観点を現実政治に対抗させる語りのスタイルを共有していない）南アジアの論者の論説と比べることでより明確になる。ジャワーハルラールネルー大学に所属するジグメイェシェ・ラマが同大学のジャーナルに寄稿した論説［Lama 2013］では、現在の中印関係の中で地政学上の焦点へとネパールを押し上げる要因が分析されているが、そこでは、「ネパールが『ひとつの中国』政策へのフォローを前提とする資本投下を受け入れるためにチベット民族主義を遠ざけ、発展の受け皿となることは、インドとの従来の関係もあり主権の問題をはらむものの、より十全なネパールの地位保全のためには、経済振興方面では脱インド専制による三者関係の均衡化という意味で、中国の進出に着目すべきメリットがある」という趣旨の議論がなされている。端的に言えば、開発される側の立場から「仏教をめぐる政治」の現状をみるならば、ネパール在住亡命チベット人は国家主権と外部資本による地域開発のバランスをめぐる政治要素の一部であるに過ぎず、そこに「仏教徒としての道義性」というような

　類似した構造を示すことになるが、唯一顕著な違いとなるのは、欧米の論者に比べて後者はチベット難民への言及を行う必要がないという点である。

還元主義的な視点を差し挟む余地はない[4]。

　このように、長らく開発の恩恵から遠ざけられてきた山岳地域の仏教徒マイノリティの社会において、外から到来する「ビカス（開発）」に対し、それが「どこから、どういう意図を持って入ってきたか」（この場合、「中国から、ネパールを南アジアへの経済進出の足がかりにするために入ってきた」）という与件を住民側が第一に問題とする局面は想定し難い。むしろここで必要なのは、例えばこれまでシェルパがネパール国王や植民地インドの宗主との間に一定の良好な関係を保ちながら対外進出を果たしていった歴史的経緯［Ortner 1989, Ramble 1997: 406-7］をふまえた上で、ヒマラヤの仏教徒社会を構成する個々の成員にとって、自らが経済的躍進を果たすための足がかりを提供するパトロンの「素性」云々は、彼らの企業家的生計戦略の成否にとって副次的な要素に過ぎない、という認識を持つことであろう。

　他方で、私たち外部の人間が伝統的な南アジアの北辺における文化的テリトリーと社会範疇の布置を見るとき、そこで活動する集団を「仏教徒」と「非仏教徒」に二分するだけでは不十分であることにも留意しなくてはならない。まず基本的な事実として、チベット難民グループとヒマラヤ仏教徒（以下、本論では議論の便宜のため、前者を RT = Refugee Tibetans、後

---

[4] 断っておかねばならないが、このことは現実のネパール社会で進展する非人道的なチベット人排斥の暴力性を、国際政治の全体力学の中で過小評価してもかまわない、とするものでは決してない。ネパール武装警察の統括責任者である Bharat Bahadur G.C. が中国国営メディア「環球時報」のインタヴューに答えた記事に見られるように、「ネパールの主権、および中尼友好の絆を根本から覆そうとするテロ勢力としてのチベット人」という中国側の受け売りをそのまま無条件に命令権者としての自己の職務遂行の根拠とする態度は、今日のカトマンドゥにおけるチベット難民への凄惨な暴力行為（具体的な内容については Human Rights Watch のレポート［HRW 2014］を参照）を正当化することに決してつながらない（参考：「专访尼帕尔警察副总监：藏独在尼闹不起来」『环球时报』2009 年 3 月 29 日）。

者を HB = Himalayan Buddhists と略称する）とは、基層文化のレベルで同じ宗教伝統に属していても、前者は Citizenship から遠ざけられ、「セツルメント」と呼ばれる居住区において特殊な生計手段を営んで暮らす、比較的排他性の高い集団であり、後者はネパール領内に土着した少数民族として、現在の「包摂」や「連邦制」という国家建設の枠組みに一定の集団的権利を保持しつつ、国王体制のもとで一貫して弱体化した文化的基盤を再興するチャンスに恵まれている集団である。この両者が置かれた基本的な社会状況は、中国による南アジア進出が「仏教をめぐる政治」に影響力を及ぼすとき、前出のような「仏教の政治利用に抗するチベット仏教徒」という外部から想像された一元的集団範疇を額面どおりには成立させず、むしろその範疇を内側から切り分ける規定要因として作用することになる。

2 本論のアプローチ

　本論では、多様な内実を抱えるネパールのヒマラヤ・チベット系集団[5]を蓋然的な枠組みで把握することを避けるため、RT と HB 双方が共有する「チベット仏教」という社会的表徴について、【表1】に示すような形で便宜的な整理を試みたい。ここで表の上から3段目に示された「社会運動の系」とは、世俗主義が適用されるフォーマルな政党政治と、インフォーマルな形での大衆的な政治参加が競合し、コミュナルな闘争を繰り広げる政治活動のスペースである。ここには「包摂」と「連邦制」を焦点とする国民統合上の政治課題群が浮上している。Field A において各集団

---

[5] 本論でいう「ヒマラヤ・チベット系集団」とは、月原［2000］が指摘する所の「カルチュラル・ティベタン」（ヒマラヤ沿いの地域に暮らす、チベット語方言を母語とし、チベット仏教を信仰する人々）という概念にチベット難民を加えた総体である。月原はこの概念に広くブータンやラダックなど、ヒマラヤ南麓のチベット系諸集団を含めているが、ネパール領内でこのカテゴリーに当てはまるところの社会集団を、本論では HB として範疇化している。

表１：ネパール国内チベット仏教徒の統計上の布置と内的区分[6]

Field A. 非仏教徒					Field B. 仏教徒				
24,098,405 人（91.0%）					2,396,099 人（9.0%）				
社会運動の系（大衆動員型の政治闘争への参加）									
その他マイノリティ	ムスリム、クリスチャン	マデシ、タルー	チベット・ビルマ語派諸族(非仏教徒の)	パルバテ・ヒンドゥー	非チベット仏教徒	HB (Himalayan Buddhists, 推定人口 2,108,112 人)		RT (Refugee Tibetans, 推定人口 20,000 人弱)	
						(HB-2)一般信徒 (含・都市移住者)	(HB-1)出家者 (含・見習い僧)	(RT-2)出家者 (ラマ・ケンポ)	(RT-1)一般信徒 (含・新難民)
	都市部	タライ	山岳部 都市部	丘陵部 都市部	都市部 タライ	山岳部 都市部	カトマンドゥの僧院社会		入植地
文化実践の系（個人による日常儀礼・宗教行事などへの参加）									

の利権を代表する政治セクターがしのぎを削る中、仏教徒（Field B に区分される集団）の側でも、「仏教徒アイデンティティ」を前面に押し立てたコミュナルな政治闘争によってこのスペースへ参画しようとする動きが見られる。他方、最下段にはすべての個人が日常的に関わる文化活動の領域として「文化実践の系」を配し、合わせて各集団の主要な居住地を便宜的に区分して表示した（下から２段目）。この文化実践の系においては、HB／

---

[6] 本表はあくまでもセンサスの数字に準じた便宜的なものであり、HB の境界を確固たるものとして描くことを本意とするものではない（例えばチベット仏教僧院で出家した Jyamtse（バラモン）の少年僧や、ごく近年になってキリスト教への改宗を選択したタマン族の青年など、境界上の流動性はいくらでも指摘できる）。なお、上から２段目の人口比は 2011 年センサスによっている。また、HB の総人口は 2001 年センサスに基づく推定であり、*Population Monograph of Nepal 2003*（Vol. 1）所収の表（106 頁）から、ネワール仏教徒（190,629 人）を引いたものである。なお、2011 年センサスではボン教徒の総人口は 13,006 人となっている。

RTとも、そこにチベット仏教や民間信仰を実践する土着の基盤を持つが、特にHBの側から見ると、王制廃止後の社会状況においてマイノリティの文化伝統が復興の機運を見せる中、RTがカトマンドゥの僧院社会を拠点として蓄積してきた知的資源は貴重な社会資本であり、両者の間で日常的な宗教儀礼や文化行事への参加を通じたさまざまな横のつながり（太枠で囲われた部分）が形成されることになる。

　以下、この表の整理に基づき、本論の各節では、中国を新たなアクターとして展開する現代ネパールの「仏教をめぐる政治」に関わるField AとField B、およびこれに対応するHBとRTそれぞれの関係性について、2010年5月以来継続的に行ってきたカトマンドゥおよび周辺僧院でのフィールド調査の資料を加味しつつ、具体的に整理して見ていきたい。

　次節ではまず、中国政府とネパール政党政治家の「開発」を通じた癒着によって、Field AとField Bの間に不均衡が生じている背景を検討する。それは中国による「仏教の政治」に対し、非仏教徒であるマオイスト政治家が「国家発展のための仏教」という文脈で呼応していく過程である。このような中国マネーを契機とする開発独裁は、RTとHBそれぞれの内的関係にも大きな影響を及ぼす。第3節では、開発の見返りとしてスケープゴートにされるRT-1、日常実践レベルでより「真正な仏教」を希求するようになったHBの一般信徒、これに文化教育の側面で対応するRT-2のそれぞれの動静を具体的に示す。この2つの社会集団内部の「横のつながり」の深化を背景として、第4節では、「包摂」の名の元にField AとBの間の不均衡を是正しようとするHBのエリート層による「縦軸の政治運動」の興起が検討される。そして最後のまとめにおいて、現代ネパールが模索する「包摂」の政治（Field AとB全体の対等な政治参加の保障）におけるHBの社会運動は、カトマンドゥ盆地に半世紀にわたって形成された都市型チベット仏教の資源性によってその基盤を支えられていることが確認される。

II　中国の開発資本と「発展のため」の仏教

1　Field A──ヒンドゥー・高カースト政治家と中国資本の癒着

　習近平をトップとする現行の中国共産党指導部が、ヒマラヤを挟んだ隣国・ネパールと将来的にどのような経済関係を構築しようとしているのかは、2015 年 1 月に公にされた「環ヒマラヤ経済圏構想」と呼ばれるチベット向け経済振興策に端的に示されている[7]。これによると、ネパールへの経済進出にあたり、当面は道路と鉄道建設によるインフラ構築に注力すること、中国本土のチベット自治区が開発投資の重要なハブになる、という認識が示されている。具体的には、キーロン—シャブルベシ道路の開通と、チベット鉄道のシガツェへの延伸が 2014 年に竣工したことを背景として、「ダム、キーロン、プランの 3 貿易港をラサ、シガツェといったチベット側の都市を介してバックアップし、ネパール、インド、ブータンを対象とした辺境貿易・ツーリズム・チベット薬産業・農牧業・文化産業を発展させる」としている[8]。

　南アジアの経済市場に打って出るための基盤を確立する上で、中国最西部の西チベットと 1200 キロ余りにわたって長大な国境を接するネパールが持つ開発投資上の重要性は論を俟たない。将来的なインドとの利権争奪にも目配りした中国主導の開発攻勢は、ヒマラヤ南北を貫通する前記の主要 3 ルートに加え、ムスタン（ニチュン峠）、サンクワサバ（キマタンカ峠）、タプレジュン（オランチュンゴラ峠）にそれぞれ物流道路を早期に完成させ

---

[7]　これは、現行の習近平政権が打ち出している「一帯一路」（新シルクロード経済圏）と呼ばれる中国を中心とする巨大経済圏構想のうち、ユーラシア内陸部に中国を中心とした巨大な通商ルートを構築する「陸のシルクロード」計画の一環（チベット—インド・バングラデシュ、およびミャンマー—雲南接続ルート）として位置づけられる。

[8]　参考：「西藏打造环喜马拉雅经济合作带　构建开放型经济新格局」新華社、2015 年 01 月 19 日。

ることを表明しており、これらの道路インフラに加えて、チベット鉄道のキーロンまでの延伸（2020年竣工予定）、タトパニとラスワガディの2つのドライポート建設と相互の陸路による接続、2つの飛行場（ポカラ、ルンビニ）と4つの水力発電所（セティ、マルシャンディ、トリスリ、クレカニ）建設、さらに中国企業によるセメント工場や鉱石会社をはじめとする国内有力企業の買収、という形で、ネパール国土の全域において官民一体の旺盛な投資活動を活性化させている。

　これらの中国主導のインフラ投資は、その越境開発の直接的影響を受ける国土北辺の国境地帯に暮らす人々にとって物理的にも精神的にも大きなインパクトをもたらす出来事であるにもかかわらず、基本的にはヒマラヤを飛び越えて、北京の中国政府首脳とカトマンドゥの政党政治家との間で頭越しに交渉が進められてきた。これらの政党の中で、現在でも着実に中国との太いパイプを保持しているのが、プスパカマル・ダハル議長に率いられたマオイスト（ネパール共産党マオ派）である。中国政府はもともと、「農村から都市を包囲する」という毛沢東の教条を地のままで掲げる彼らに露骨な嫌悪を示しており、近年まで関係を否定し続けてきた。ヒマラヤをまたいだ南北両国の間の開発案件はまずネパール国王に持ち込まれる専権事項であり、マオイストは一顧だにされてこなかった［Lama 2013, Sehgal 2014］。

　だが、2006年の内戦終結とその後の王制廃絶により、中国は自らのカウンターパートとして、制憲議会選挙で思いがけず第一党の座を勝ち取ることになったマオイストと急速に距離を縮めた。北京オリンピックを控えた2008年3月10日には、チベット自治区・ラサのデプン寺僧侶500名の決起を端緒とした全チベット規模の民族主義運動（チベット3月事件）が発生し、中国はマオイスト政府に国境警備の厳重化と「ひとつの中国」政策の堅持を繰り返し求めた。他方マオイスト側も、同年8月に首相就任を果たしたダハル議長が、はじめての外遊先として中国を訪問し（従来の慣例では首相外遊の最初の国は「インド」と相場が決まっていた）、北京で胡錦

濤・温家宝の両首脳と会談、ネパールは引き続き国家をあげて領内のチベット民族主義者を取り締まり、厳重に国境管理を進めていく、と確約した。こうした一連の「チベット統制」を軸とした両国の急接近がもたらした象徴的な帰結が、2012年1月に宣言された「ルンビニ観光年」である。

2　ステークホルダーとしてのマオイスト

　ルンビニは従来、UNESCOとLDT（Lumbini Development Trust）の共同管轄のもとで、日本の丹下健三によるマスタープラン（当初、1980年の完成が見込まれていた）が提起されて以来、インド、アメリカ、日本、韓国の利権が絡み合い、繰り返しその統合的開発が試みられては、時の政権の交代により実現が頓挫してきた場所である。だが、ネパールの政権中枢がマオイストの手にわたってからは、仏蹟開発の主導権争いはにわかに台頭してきた中国系開発ファンド「アジア太平洋交流協力基金」（APECF = Asia Pacific Exchange Cooperation Foundation）によってさらなる混迷へと突入することになる。

　国際開発NGOを名乗るこの資金団体は、ネパール文化省によって新たに発足した「広域ルンビニ開発国家指導委員会」（GLNDDC）と共同で開発を進めるため、投資金として30億ドル（この額は実にネパールGDPの1割に相当する）を拠出する、と表明した[9]。この巨額の開発投資金の使い道として、①チベット鉄道をキーロンからカトマンドゥを経由してルンビニまで延伸する、②バイラワ空港の国際空港化、③全高115mの巨大仏像建立とマヤ夫人堂の発掘調査、④五つ星級ホテルや巨大国際会議場を含む各種インフラと観光施設整備、⑤国際水準の仏教大学、博物館などの建設、という5つのメニューが掲げられている。

9　このほか、中国の民間投資銀行が80億ネパール・ルピーを拠出する手はずになっている。なお、APECF自身の説明では、30億ドルの拠出金は中国国内の各種仏教団体から集められるとしている。

GLNDDCの委員長を務めるのはマオイストのダハル議長であり、APECFの共同議長も兼任している。共同議長にはほかに元国王・ギャネンドラの長子であるパラスも名を連ねており、この事実が公表された2011年11月以降、APECFという団体の素性について幅広い物議がかもし出された。

　カナク・ディクシット（Kanak Dixit）によると、APECFは香港に拠点を置くNGOを名乗るも、その電話番号はダミーであり、オフィスがあるとされる香港のその場所には衣料品を売る店があるのみだという。北京の中央政府と密接なつながりがあることはすぐに連想されるものの、APECF側からは何の説明もなく、本来のカウンターパートであるLDTを差し置いてマオイスト一本槍で開発交渉を進めるなど、その不透明性は著しく高い[10]。APECFの実質上の統括者は習近平に近いとされる共産党幹部（統戦部元高官）で自ら「仏教徒」を名乗る肖武男（執行副主席）である。北京にある同氏の執務室（その部屋の壁にはさまざまな仏教の高僧たちに囲まれた同氏の記念写真に混じって、ダライラマ14世と一緒に写ったポートレートも一際目立つ場所に飾られている）を訪れたジャーナリストによると、同氏は「APECFは中国のソフトパワー戦略を増進させる団体のひとつであるが、（政府からは）独立しており、ルンビニの開発案件は私たち独自のアイデアである」と述べたという[11]。

　「国連宗教協力機構（中国代表）議長」の肩書きも持つ肖氏は、2012年8月のダラムサラ訪問時には、習近平のダライラマ宛てメッセージを携えてきたと憶測され、亡命政府の次期宗教指導者と見なされるカルマパ17

10　Mikel Dunhamによる同氏へのインタヴュー記事。http://www.mikeldunham.blogs.com/mikeldunham/2012/02/mikel-dunhams-interview-with-kanak-mani-dixit-on-the-controversial-lumbini-project.html

11　Iliana Maria Sala, "China Banks on Buddhism", *Wall Street Journal*, Aug 21, 2013.

世ともオープンに会談するなど、「仏教者との対話」を軸としたオールラウンドな活動を見せている[12]。ルンビニ案件の公表時には、「本案件は仏教徒の文化と精神を新たに蘇らせる仕事を通じて、ルンビニが宗教、イデオロギー、人種を超越することを助ける」、「大乗、小乗、そしてチベット仏教の諸教派を含め、世界中の仏教の高僧たちが、本案件への大きな期待を表明している」[13]と語り、APECFが進める仏蹟開発の「精神的・思想的な意義」が幅広く（チベット仏教側の「諸教派」にまであえて言及する形で）承認を得た正統なものであることを盛んに喧伝している。

　ステークホルダーとしてのマオイストも、開発政治の焦点にこの種の「精神性を帯びた仏蹟開発の意義」を強調する姿勢を示している。2011年11月、ダハル議長はパン・ギムン国連事務総長らとの会談のためアメリカの国連本部へ向かう前の演説で以下のように述べ、「国際平和都市・ルンビニ」実現に向けて自らが果たしうる役割を高らかに宣言した。

　　ゴータマ・ブッダは平和のシンボルとして世界中で尊敬されている。われわれは、地球上のあらゆる紛争を解決するためのセンターとして、ルンビニを開発したいと願っている。

　　（国連事務総長の支持を取り付けるために）私がニューヨークの国連本部に向かうのは、ルンビニを国際平和センターとするためである。[14]

12　Jayadeva Ranade, "China's Buddhist dilemma", *The New Indian Express*, May 10, 2012. http://www.newindianexpress.com/columns/article521534.ece

13　"Foundation, UN to transform Buddha site", *China Daily Europe*, Jul 18 2011. http://europe.chinadaily.com.cn/china/2011-07/18/content_12922295.htm

14　*Republica*, Nov 4, 2011.

以上のことからわかるのは、中国政府にとって、インドに発祥地を持ち、なおかつそのインドでは主流の宗教ではない「仏教」をめぐる国境地域での開発案件は、自国の有り余る資本力に支えられた南アジア社会へのソフトパワー戦略を展開する上で重要な意味を持つ、ということである。伝統的な南アジアの境界線（文化・政治のテリトリー）に対して、「仏教」という名辞上の呼称は、中国とインドの接点となるネパールのみならず、アジア大陸部の東側に住む幅広い人々の主体的な関心を喚起することができるとともに、国境地帯に中国の影響力が浸透することを警戒するインドに対しては非政治的な「緩衝材」の役割を期待できる、高度な有用性を持った象徴資源である。唯一の問題は、インドに居を置くダライラマと彼が代表する（特に欧米に高い比重を置く）グローバルな「仏教をめぐる代表性」であり、その代表性を内側からくじき、アジア仏教の中での自らの代表性を相対的に高めるために、肖武男のような"Communist Buddhist"を自認する人物[15]が、チベット亡命政府をも射程に納める形で幅広くアジア仏教界に跳梁し、「中国への不信／信頼」と重ね合わさる形で構築されてきた「チベット支援の境界」を中和していこうとしているのである。

　このように全体として政治的な目的をはらんで進展する「国家発展のための仏教」という方向付けは、冒頭で挙げた【表1】に示した Field A と Field B の間の不均衡を拡大させる要因となっている。なぜならば、ネパールを代表する文化資源ともいえるチベット仏教に関連する表象は、基本的に HB と RT の文化実践の複合によって長期に渡って作り出されてきたものであるにもかかわらず、それを対外的な開発利権の獲得に結び付けているのは部外者である Field A に属する政治家たちだからである。次節では、このような事態がもたらす社会的なひずみと、その中で継続される HB と RT の横のつながりの具体像についてふまえておきたい。

15　John Sudworth, "China's super-rich communist Buddhists", *BBC News*, Shanghai, Jan 29, 2015. http://www.bbc.com/news/magazine-30983402

III　ヒマラヤ仏教徒の文化実践と社会運動

1　「包摂」の埒外へ押しやられるチベット難民

　前述した「ルンビニ観光年」の宣言は、2008年以降のネパール官憲による弾圧の激化によって行き詰まりを見せていたチベット民族主義運動にさらなる追い討ちをかけるものであった[16]。2012年1月、中国の温家宝首相がカトマンドゥをサプライズ訪問し、「ネパール＝中国友好年2012」の名の下で、ルンビニ開発のさらなる推進を含む8項目におよぶ経済協力協定の調印を行った。この際、ネパール官憲はデモ発生の可能性をあらかじめ排除するため、ジャワラケルをはじめとするチベット人コミュニティを包囲し、多くの住民を護送トラックに収監して拘置所へ運び去った。これと時を同じくして、ブッダガヤで開催されたダライラマのカーラチャクラに参加するため、チベットからネパール経由でインドへ越境していたチベット人がその帰路、カトマンドゥの入り口で陸続と拘束され（1月12日114人、同13日207人など）、当局の厳しい尋問を受けるとともにダライラマ関連の物品、写真データなどを押収された上で強制送還されている。

　ネパールには現在、カトマンドゥを中心にポカラ、ヒェンザなど各地に散らばって2万人近い数のチベット難民が暮らしている。カトマンドゥにはそのうち1万3千人が集中しており、定常的なコミュニティとしてはジャワラケル（カーペット工場を中心としたセツルメント）周辺に5千人、ボダナートとスワヤンブナート両仏塔の周辺地区にあわせて8千人ほどが分散している。この他流動的な人口（80年代の中国改革開放以降に流入した「新難民」と呼ばれるチベット人で、東部チベット地域出身者が多い）が数千人、インドとネパールの間を不定期に行き来しながら暮らしていると推測される。

16　2008年前後の状況、および中国の資金供与とチベット人弾圧の関連については［別所2013］を参照。

1960年以降、UNHCR（United Nations High Commissioner for Refugees）は、チベット本土からヒマラヤを越えてネパールへ逃れる亡命者を保護するため、ネパール政府と「難民を一時的に保護し、インドへ送り出す」という紳士協定を取り交わしてきた［HRW 2008］。だが、長らくネパールを「チベット独立派による反中国活動の温床」と見なしてきた中国は2008年以降、政権の座についた親中マオイスト政治家と手を結び、カトマンドゥを中心とする亡命チベット人の動きを厳しく管理し、複数のチベット人が集まっての集会・言論活動の禁止、難民認定証の発給停止、亡命政府首相選挙の妨害、ダライラマ生誕を祝う儀礼など宗教行為の停止、という形で、ネパール在住亡命チベット人の社会活動の余地を極度に切り詰めていった。以上の施策を遂行するために、中国からは2010年以来、ネパール内務省宛年間147万ドルの「治安維持」を名目とする資金（警察学校の訓練強化と装備拡充に用いられているという）が供与されている。
　それでも2013年2月13日には、観光客でにぎわう世界遺産・ボダナート仏塔において、すでに本土チベットで広がっていた「焼身抗議」が実行に移され、25歳のチベット人僧侶が死亡した。同年8月6日にもさらに一人が同様にボダナートで焼身を遂げた[17]。いずれのケースでも、焼身者はかけつけたネパール官憲によって強引に病院へ搬送されており、チベット式の回向供養を行うために遺体返還を強く求めるチベット人側の要請を無視してひそかに埋葬されている。中国政府は焼身抗議を一貫して「ダライラマの扇動による国家分裂主義者のテロ行為」と断定しており、これを受けてネパール官憲は亡命チベット人の移動制限とコミュニティ包囲のさ

17　焼身抗議を行ったのは東チベット・セルタ出身の僧侶ドゥプチェン・ツェリンである。このほか、未遂に終わったが、2011年11月にいずれもボダナートで2件の焼身事件が発生している［中原2013: 89］。二件目（2013年8月6日）の実行者は中央チベット出身の僧侶カルマ・ゲンドゥン・ギャンツォ（39歳）、場所はやはりボダナート脇の巡礼路だった。

らなる強化を進めている。

　このようにして、「ルンビニ観光年」を初めとする中国の開発向け資金供与は、現実社会においてチベット民族主義運動をネパール社会から駆逐する費用対効果を発揮している。ネパールの政権中枢部にいる政治家にとってチベット人は中国から開発利権を引き出すためのスケープゴートであり、官憲当局は中国が求める「チベット民族主義運動の根絶」への取り組みを視覚化して見せるため、特に中国要人の訪問時、ダライラマ生誕日や3月蜂起記念日、といった特定の機会を捉えて武装した警官隊をセツルメントに派遣してこれを包囲し、場当たり式にチベット人を拘束しては後日これを釈放する、というやり方を繰り返している。ネパール側はこうした大掛かりなスペクタクルを演出することで、中国の投資が無駄ではないことをその都度証明してみせているのである。

　このようにして、ネパール在住のチベット難民のうち一般世帯の部分は、ネパール政府が中国へ忠誠を示すための一種の社会資源的な扱いを受けている。国内のさまざまなマイノリティの権利を保障する「包摂」においても、最小で2千人規模のジャナジャーティ集団がある一方、2万人にのぼるチベット難民に用意された枠は存在せず、その境遇はダリットやジェンダーといった後発集団よりもさらにマイナーであり、おそらく「被–包摂」の勘定にすら入っていない。明らかなことは、今後も当面継続される中ネ友好ムードにおいて、チベット難民の社会的諸権利が保障される余地はますます狭まっていく、ということである。

　他方、ネパールにおける難民チベット社会の総体はこれですべてなのではない。序論で示したように、RTの人口2万人のうち少なくない部分が僧院社会に身をおき、「生まれ変わり」（化身ラマ）を権力継承システムの中軸にすえる特異な組織的ネットワークをネパール社会に埋め込むことで、HBの諸社会に隠然たる影響力を行使している。次項では、ネパールのチベット仏教徒に訪れている文化実践上の転機に触れつつ、半世紀を越えてカトマンドゥ盆地に根付いてきた亡命系チベット仏教僧院の新たな活動傾

向について見ていく。

2　ネパールのチベット仏教徒──BhotiyaからHimalayan Buddhistへ

　既によく知られているように、ネパールの対外イメージにおいて、チベット仏教のプレゼンスは圧倒的な高さを保持してきた。実際にはヒンドゥー教徒がマジョリティであるこの国で、また国内にはチベット仏教以外の仏教伝統も存在してきたにもかかわらず、ツーリズムの表象として選択され、実際にその効果を発揮してきたのは、ヒマラヤ登山を牽引役とするシャングリラのチベット仏教世界に関わるイメージであった［cf. 森本 2012: 第4章］。

　しかし、ツーリズム活動をめぐってネパール国民が積極的に流用可能なリソースとしてのチベット文化とその対象集団を、国家の一員として正式に組み入れる枠組みが誕生したのはようやく近年のことである。ネパールにおけるマジョリティのヒンドゥー系住民とヒマラヤ・チベット系住民との関係を歴史的に遡れば、チベット仏教を信奉し、カーストに属さないモンゴロイドとしての「ボティヤ (Bhotiya)」は、18世紀のシャハ王朝拡大期からラナ政権期にかけて、全般的には文化的疎遠性（非カースト・肉食・飲酒）と地理的僻遠性のもとで国家の周縁に位置づけられてきた存在である。そこでは、税制上の特権付与や地域内の徴税権を与えるという形で、中央の王権側が一定の配慮を示してきた経緯がある一方で、基本的には彼らを、ヒンドゥー国家の政治的主体としての要件を満たさない、二等国民的な地位に置いてきたことも看取される。こうした王権側からの周縁的な位置づけは、地理的疎遠性の高まり、すなわちカトマンドゥからの標高差がヒマラヤ側に拡大するにつれ、グラデーション的な比重をもって高まっていく。

　こうした状況に転機をもたらしたのが、1990年第一次民主化である。知られるように、1962年に成立した近代憲法のもとで施行されたパンチャーヤト制は、「国王への忠誠・カーストヒエラルキー・ネパール語使

用」の3つを軸とする国家統合路線であり、非ヒンドゥーのヒマラヤ・チベット系住民の生活文化は多かれ少なかれ、この強力な中心化（ヒンドゥー化／ネパール化）の作用によって、自らの民族伝統の基盤を切り崩される方向性を辿ってきた。

　だが一方で、ヒマラヤ山中には、ヒマラヤ登山のポーターに活路を見出したシェルパのように、独自の領域で商業的なチャンスをつかみ、蓄えた財力を子弟の教育に振り向けたり、カトマンドゥに拠点を移してビジネスを拡大し、さらに海外へ進出していくなど、企業家への道へ転身していくものが現れてきていた。このような過程を経て都市部に進出したヒマラヤの民族エリート階層は、民主化以降の文化・政治運動の解禁に伴ってそれぞれの「民族協会」を立ち上げ、1980年代から存在する少数民族の自治運動である「ジャナジャーティ運動」に本腰を入れて取り組むと共に、チベット仏教の儀礼を柱とする宗教信仰や母語教育の実践を認めさせる活動を推進した［鹿野 2001: 第9章］。

　だが、チベット仏教に全面的なアイデンティティの比重をおいたヒマラヤ山地住民の民族主義的な動きを、「ヒンドゥー化（Hinduization）」というこれまでの王国路線に対する「チベット化（Tibetanization）」による反動、として単線的に捉えてしまうことには注意が必要である。1997年の画期的な論集『あるヒンドゥー王国におけるナショナリズムとエスニシティ』においてチャールズ・ランブルは、伝統的にヒマラヤ山中の15の飛び地（Tibetanid Enclaves）に分布する、自然の障壁によって互いに分断された山岳地域のチベット系集団（Bhotiya）は、地理的僻遠性のために長らく国家の介入によるエスニシティ形成とは無縁の状態に置かれてきた、と述べる。彼らのローカルなアイデンティティは土地神（*yul lha*）信仰に代表される土着の習俗によって規定されており、個別に分断されたコミュニティの境界を越えて全体的なエスニシティを喚起しうる唯一の回路は、高地ヒマラヤ全体に幅広い儀礼的同型性と組織的訴求力を持つチベット仏教に由来する要素以外を想起することは難しい［Ramble 1997: 397-9］。この場

合、ランブルが用いる意味での Tibetanization は、本土チベットに由来する "High Religion" としての仏教伝統が、個別に分断されたチベット系集団が持つ土着のローカリティを弱めていく普遍化の過程であり、国家的な文明化のプロジェクトに合致する Hinduization のプロセスとは異なる次元に属する、よりコミュニティ・レベルに特化した内的な過程であるといえる。

　先述のようにパンチャーヤト期以降になると、これまで総体的に Bhotiya として位置づけられてきた集団の中から、シェルパやタマン、タカリーなど、早期に「民族」としての名乗りを行っていた集団[18]が、都市部に進出したエリート層を中心に民族運動を活性化させていく。この動きと時を前後して、1959年のチベット動乱によってチベット本土から亡命した高僧がその拠点をカトマンドゥに移したことは、彼ら民族エリートを中核とする新興グループが、土地神のカルトを始めとする古い因習に縛られた Bhotiya の土着的後進性を脱却し、国家の中にしかるべき新たな地位を占める上で重要な基盤を提供した。亡命チベット僧がカトマンドゥに再建した仏教僧院を中核として形成されたこの文化的基盤は、チベット動乱以降、欧米ドナーの潤沢な資金援助によって継続的に支えられていると共に、王政復古以降の近代国家もまた、王の名のもとに、欧米からの過度な介入をけん制しつつ、カトマンドゥ盆地を中心に形成された新たなチベット仏教勢力による国民統合の方向性を支持してきたのである［1997: 404-7］。

　つまり、近代国家形成過程において一部ヒマラヤ山地系住民に生じた「チベット化」は、パトロンとしての欧米社会への迎合的自己表象や、ネ

18　かつて Murmi や Lama と呼称されていたタマン系集団の一部など、すでにパンチャーヤト期以前からまとまった集団としての位置づけを国家に要請してきたグループ［Höfer 1979: 146-149］には、この種の民族運動に対して先験的な見通しがあったと思われる。

パール国王がホストとなって行う Bhotiya 向けの統治施策、その中には教育支援や団体活動の補助金交付を含むのであるが、そのような公的権威との良好な関係を維持しつつ、"Bhotiya" から "Himalayan Buddhist" への自己規定を進めていくための、カトマンドゥ盆地を中心に再形成された「正統チベット仏教」への歩み寄りの過程である。

　以上をまとめれば、ランブルが当該論文をものした民主化直後の文脈においても、ヒマラヤ仏教徒のアイデンティティ形成は「対ヒンドゥー」との単純な二項対立のもとで進んだのではなく、欧米のドナーや国王政府に対して、彼らが望む意味での「国民的チベット性 (National Tibet-ness)」（それは内部でさらに「シェルパ性」や「マナン性」というサブカテゴリーに分かれるものであるが）を見せることで威信を獲得し、ヒンドゥー王制を掲げる国家との一定の緊張感をはらみながらも互いに衝突を避けるという形勢のもとで、もつれあいながら展開してきたと捉えうるのである［1997: 408-9］。

3　チベット仏教僧院の教育機能

　上述の「国民的チベット性」の形成をめぐる社会的展開を、王政崩壊後の今日の社会状況に照らして考えた場合、これまで長期にわたってヒンドゥー化やネパール化の波にさらされることでチベット語のリテラシー[19]を失い、同時に儀礼的な身体性も喪失してきた HB の人々がもっとも手近な文化資源としてアクセスすることが可能なのは、カトマンドゥ盆地を核とした RT のチベット仏教僧院である。ここには、個人の学習や宗教行事への日常的参加といった文化的実践のレベル（冒頭【表1】の最下段の系）において、「教育」を通してふたたび仏教徒になることを目指す、という

19　なお、ここでいうリテラシーとは「チベット語で表記された経典を読誦することができる」（内容の哲学的吟味は如何として）という、あくまでも初歩的なレベルで考えている。

HB 側の基礎的な欲求の芽生えを見て取ることができる。

　他方、そうした HB 側の欲求を受け入れる RT 僧院の側については、「国民的チベット性」との関連で留意すべき点が 2 つある。ひとつは、現在カトマンドゥ盆地で活動する本土チベット出自の高僧（化身ラマ）が主宰する仏教僧院は、半世紀にわたって欧米／華人信徒のそれぞれ性質を異にするスピリチュアルなニーズに合わせて変容してきた「都市型の新仏教」を実践する場であるということである[20]。もうひとつは、この新仏教を構成する僧院のほとんどが、18 世紀にチベット東部で起こった「リメ (ris med)」[21]と呼ばれる宗教改革運動に起源を有しており、中央チベットを治めていたダライラマの宗派であるゲルク派とは成立背景を異にしている点である。このため、ダライラマによる亡命政府樹立後に設立されたチベット仏教のオフィシャルな管轄を行う政府部門の統制は受けておらず、外国人信徒のサポートによってネパール国内で独立した経済的基盤を確保している。

　リジャル [Rijal 2009: 209] の統計によれば、2008 年時点でカトマンドゥ盆地にはニンマ 65 座、カギュ 36 座、サキャ 11 座、その他 11 座となっており、ニンマとカギュが圧倒的である[22]。この 2 つの宗派は、デルゲにおいてはリメ運動の中核を担った高僧の主要な基盤であったともに、

20　欧米人とネパールのチベット仏教教団の間に築かれてきたスピリチュアリズムを媒介とした紐帯については Moran [2003] を参照。また、華人系社会との関連については別所 [2013] を参照されたい。

21　「リメ」とは無宗派の意で、18 世紀以降、東チベット・デルゲ地方を中心に起こったニンマおよびカギュ諸派を中心とするチベット仏教諸教派の横断的相互交流に伴う宗教伝統の刷新運動を指す。

22　ほかにゲルク 17 座があるが、その大部分は後述するとおり、シェルパ出身の化身ラマであるラマ・ゾパが運営する団体に関連する。またその他の 11 座のうち、9 座は「宗派複合」（リメ）の僧院であり、カギュ、ニンマ、サキャの 3 宗派が 2 つ以上複合した教義を実践している僧院を指す。

従来ネパール北部山岳地帯に8世紀の吐蕃王朝期以来浸透してきた古層のチベット仏教伝統と近縁関係にあるため、この両派の高僧は亡命当初からカトマンドゥ盆地において比較的スムーズな再定着を進めることができた。

以下では、本来ネパールに根を持たない外部の高僧が、無一物で亡命してからカトマンドゥに定着し、教団を発展させていく過程について、70年代からカトマンドゥで活動を続けてきたRangjung Yeshe Institute(RYI)を例に挙げて見て行く。

3-1　RT系教団の定着と発展

RYIの前身であるセト僧院[23]を創建したトゥルク・ウギェン（1920-96）はチベット東部のナンチェンで生まれ、幼児期にカルマ・カギュ派の教主・カルマパ15世から同地方のラチャプ寺の化身ラマに認定された。39歳でインドに亡命後、シッキムへ逃げ延びていたカルマパ16世（1924-81）の支援を受けて1963年にカトマンドゥ郊外にナギ僧院を建て、80名の尼僧の指導者となる。76年、ボダナートにセト僧院が落成し（落成式にはビレンドラ国王も臨席して儀式を執り行った）、それ以降の10年間でさらに6つの僧院と瞑想センターをカトマンドゥに設け、300人を超える僧尼と数多くの欧米人に門戸を開いた。晩年はシバプリ山に構えた隠遁所で瞑想三昧の日々を送り、96年にその隠遁所で没した。

トゥルク・ウギェンはカギュ派の在家密教行者の家系に属し、出家者ではなかったため、生涯に6人の子供をもうけ、うち3人が出家してこれらの僧院の運営を継承している。24歳でセト僧院の僧院長に任じられた長子のチューキ・ニマ（1952-）は、同僧院を拠点として外国人向けの

---

[23]　正式名称はカニン・シェートゥプリン。なお、「カニン」とはカギュとニンマの頭文字であり、双方の教学を横断的に実習する複合宗派の僧院であることを示している。

チベット仏教普及団体 RYI を設立し、チベット語学習から本格的な密教修道までのカリキュラムを完備した多角的な事業をスタートさせる。現在、RYI はカトマンドゥ大学と共同で仏教学の大学院カリキュラムを開発しているほか、経典編纂・翻訳・出版事業、社会福祉 NGO、環境保護 NGO などを擁する巨大組織となっており、仏教哲学の海外伝道所としてヨーロッパとアジアに 20 以上の教育機関を擁するほか、21 の海外大学機関と学習プログラムを提携するなど、グローバルに事業を展開している。

3-2　ヒマラヤ仏教徒向けインフォーマル教育セクター

　RYI のメインの収益部門は外国人向けのチベット仏教普及事業だが、その母体であるセト僧院本体には近年になって、社会公益事業の一環として、ボダナートに居住する一般信徒向けの無料チベット語教室が開設され、ティンチュリ界隈に居住する老若男女のヒマラヤ仏教徒の好評を博している。チベット語カリキュラムは毎年 3 〜 5 月（チベット暦）の 3 ヶ月間開講され、毎回 150 〜 200 人の受講生が集まるという[24]。カリキュラムは 3 つのステージに分かれ、アルファベット（チベット文字 30 字母）から始めてつづりと発音の練習を行い、最後に「カトン」と呼ばれる短い経文を読めるようになるまで、セト僧院の学僧たちが指導する。この 3 つのカリキュラムを修了すると、ファルピン（カトマンドゥ西方の聖地）で行われる「メディテーション・プージャ」に参加することができる。大体 3 年連続で教室に通えば、チベット語の経典が読めるレベルに到達できるという。

　筆者がボダナートのティンチュリで探索した限りでは、こうしたインフォーマルな成人向け教育を活発に展開しているグループがほかに 3 つ

---

[24]　セト僧院の管理事務所での役僧へのインタヴューによる（2015 年 1 月 5 日）。このほか、本節で用いられているフィールドワーク資料は 2014 年 1 月、4 月および 2015 年 1 月の 3 回の現地調査中に収集されたものである。インタヴューは基本的にチベット語で行われ、英語を補助的に用いた。

ある[25]。①コパン僧院[26]の下部組織として 2008 年から活動する Namgyal Tshogpa（主宰者はタマン出身の化身ラマ、受講者数 150 名）、②ヘランブーのシェルパ僧が組織した Boudha Peace School（2002 年に活動開始、受講者数 130 名）、③オランダの実業家から資金援助を受ける NGO、Himalayan Society for Women and Youth Empowerment（HSWYE、2007 年から運営、受講者数 300 名）。この 3 つは無料のチベット語教室を通年で開講しており、受講者は学齢期の子供、ティンチュリ界隈を中心にカトマンドゥでビジネスをしている社会人や店舗経営者、一般家庭の主婦などが余暇の時間に集まってくるほか、ボダナートで余生を送る 60 歳から 80 歳までの老年層も含まれている。上級者の間では「ニョンネ」や「マンヂャ」といったチベット仏教の行事・儀礼も実践されるほか、講演者として招聘されたラマの説法を聴く機会も与えられる。

　受講者の民族・地域別は多岐に渡る。HSWYE の場合、シェルパが 150 名前後、タマンが 30-40 名、ムスタン 20-30 名、このほかムグ、マナン、およびツムバ、ヌブリ、ポパ[27]が各 10-15 名、ライ、リンブー、グルン、マガルが各 5-7 名の割合である。他方でタマン僧が主宰する Namgyal Tshogpa ではタマンの受講者が 9 割、BPS の場合はシェルパ受

---

[25] 当然ながら、こうしたインフォーマル教育とは別個に、政府が承認する公教育施設もティンチュリには複数存在し、そこではチベット人子弟向けにチベット語教育が教授されている。亡命政府の学校としてソンツェン中学、ナムギャル高校（これらには事実上 HB 子弟も入学することができる）があり、私立カレッジとしてはマナサロワール（小学）やマンガル・ディップ（小学―高校）がある。

[26] Kopan は、シェルパ出身で中央チベットのトモ僧院へ留学していたラマ・ゾパが、亡命者のラマ・イェシェと共同で設立した、欧米人向けの修行カリキュラムを完備した仏教学院。

[27] ツムバおよびヌブリはいずれもマナスル近隣に位置する谷の名である。またポパはこの場合、もともと本土チベットに出自を持つがネパール北西部のヒマラヤ高地に定住して数世代が経過した人々を指す。

講者が7割強に上っており、主宰者の属性によって受講生の民族構成も偏りを見せる。また、シェルパやムグなど、チベット国境地帯に暮らす民族に比べ、タマン、グルン、マガルの受講生はチベット語の学習進度が一様に遅く、教師側はこの両者のクラスを分けざるを得ないという。

受講生の学習意欲の背景を知るため、筆者は2015年1月4日、HSWYEに通う二名の女性受講者にインタヴューを行った。

A（28歳、学習期間16ヶ月）はムグ出身のヨルモで、冬虫夏草の取引でカトマンドゥに出てきて、そのままティンチュリに住む親族の下へ居候中である。2002年に故郷の村からカイラス巡礼へ徒歩で出たことがある。教室ではチベット文字の読み書きから学び始めた。郷里には学校があったが、バフンやチェトリの教師は厳しい気候に適応できずに仕事を放棄してしまい、教育の機会は得られなかった。これまで仏教のことを学んだ経験がなく、興味があったのと、姉が同じような無料スクールで勉強したことがあったので、自分でHSWYEの場所をつきとめ、仲間に入れてもらった。いまは、時間の許す限りチベット語と仏教を勉強したいと思っている。チベット文字で経文を唱えると心が満足し、浄化されたような心持ちになる。また、ダライラマなど高僧の説法を聴きに行く機会が訪れたとき、話の内容が理解できるようになっておきたい。

B（30歳、学習期間2年）はヌワコット出身のシェルパ、結婚してティンチュリのアパートに暮らしている。子供がお腹にいたが5ヶ月で流産してしまった。幼少期は放牧で忙しく、小学校にも行ったことはない。15の時、出稼ぎでクウェートへ行ったことがある。文字から学び始めたが、基礎が悪いので上達が遅く、後から入ったAよりも下のクラスにいる。動機は、仏教のことをより詳しく知りたかったこと。夫の兄弟がHSWYEへ通ってい

て、紹介してくれた。勉強をはじめて一番変わったことは、以前自分はちょっとしたことで気が動転したり取り乱したりして、なかなか冷静な気持ちを保つのが難しかったのだが、勉強のおかげで近頃はとても落ち着いた心境になることができている。特に文殊菩薩のマントラを唱えると、頭が混乱していてもすぐに冷静になれる。おかげで悪い人間にダマされるようなことも起きないで済んでいる。最近はボダナートで行われている説法の内容も少し分かるようになり、励みになる。

　教師側へのインタヴュー結果も合わせて受講生のおおまかな受講目的を整理すると、まずストレートに「仏教のことを知りたい、経文が読めるようになりたい」という初動的欲求が支配的に聞かれる。「文化」や「知識」を習得することは「幸せ（*skyid po*）」なことである、また、「心が落ち着く（*bde po*）」や「清浄になる（*dge ba*）」といった効果をもつ、という説明も聞かれる。日常的に法話会が開かれているボダナートの環境も、受講生のリテラシー獲得への意欲を喚起する要因のひとつになっているようである。
　また、特に年配の受講者が数多く参加していることについては、本土チベット出身の教師から次のような見解が聞かれた。

　　　ヒマラヤの仏教徒の間には、チベット語で書かれた経文を十分に唱えておけば、死後7度地獄行きを免れる、という広く広まった俗信がある。彼らにはデーヴァナガリで音を転写した経典があるがそれはいくら唱えても無効で、『ダルマの言葉（*chos yig*）』であるチベット文字で直接経文を唱えなければ効果がない、と信じられている。

　実際にヒマラヤ仏教徒たちの間で、どのぐらいの深度と時間的スパンで

この俗信とされる話が信じられているのかは未検証であるが、受講者の4割近くを占める高齢の一般信徒が、30字母の書かれた紙を懸命に見つめ、若者たちに勝るとも劣らないひたむきな熱意を傾けて一字一句を暗誦している姿を見ていると、宗教的動機の説明としては現実味があるように感じられる[28]。

3-3　RT僧院によるHB子弟の取り込み

　ヒマラヤ仏教徒の俗人一般信徒（HB-1）の間で近年高まっている「チベット的伝統」への急速な接近の具体的状況は以上のようであるが、RT僧院にとってはこうした社会公益活動は余剰部分に過ぎず、本来の眼目はあくまでも「正しい仏教の普及」という点にある。

　この意味で、90年代に訪れた活動上の転機は重要な意味を持っていた。この時期、カトマンドゥを拠点とする元・RTの高僧[29]とそのグローバルな伝道センターは、新興の華人信徒から得られる潤沢な資金によって盆地とその近隣に新たな土地を取得し、次々と新しい僧院を創建していた。だが、亡命第二世代の欧米移住と本土チベット情勢の緊迫によって、新たな僧侶のリクルートは困難となっていた。他方、HB社会では伝統的に、特定の僧院との縁故を通じて、自らの子弟を僧院に預け、僧侶として育成し

28　このほか、例外的なケースとして、チベット語を習得することで「難民」の身分を偽装するという目的を持つ者もごく稀に見られる。これはつまり、出稼ぎなどで海外へ出た際、出国先でネパールのパスポートを破棄し、身分を偽って「亡命チベット人」として難民申請をするにあたり、審査をクリアできる程度のチベット語を身につけておきたい、という考えから行動しているものである。

29　先述のトゥルク・ウギェン含め、基本的にネパール在住の高僧はネパール国籍を取得しており、ダライラマをはじめとして亡命政府を維持してきたインド在住の高僧たちが現在も難民のステータスを堅持していることと好対照である。

てもらう風習があった。90年代以降の新米僧侶の不足は、このシステムを大々的に活用することで僧院の人員補充を図る方向へ向かった。この結果、僧院内ではそれまで多数派だったRT僧侶がHB僧侶に取って代わられ、徐々に人口比率が逆転していった。2000年代に新設された僧院では、ケンポ（学院長）など主だった役僧以外、成員がすべてHB子弟というケースも珍しくなくなっている。

このように、現代のRT僧院は、遠隔地の村で余剰人口となっているHB子弟を僧侶として養成するアサイラム的な機能を果たすことで、HBの村落社会との基層的なつながりを拡充している。また、RT側の目線で見ればこれは「ヒマラヤ地域の再仏教化」（*'dul zhing* =「仏法帰依所」の増大、と表現される）として位置づけられるものである。

以下の表2、表3は、いずれもカトマンドゥ盆地周辺に立地する学問寺

表2　**A僧院**（僧侶数350名，2014年1月時点）

Category	Place of birth	Number
Tibetan (bod pa)	East Tibet (Qinghai province)	60
Tamang	Kavre, Raswa, Sindupalchok, etc.	59
Sherpa	Solukhumbu, Lantang, Helambu, etc.	56
Gurung	North part of Gorkha	39
Lhopa	Mustang	31
Mugum	Mugu	24
Tsumba	Nubri, Tsumje	18
Dolpo	North part of Dolpa	17
Jyamtse & Parpo	North part of Gorkha	15
Drukpa	Bhutan	14
Sikkimese	Sikkim, West Bengal, India	14
Ladakki	Ladakh, Jammu Kashmir, India	3

表3　**B僧院**（僧侶数138名，2014年1月時点）

Category	Place of birth	Number
Mugum	Karmalung	32
Dolpo	North part of Dolpa	25
Sherpa	Mugu, Dolpa, Solukhumbu	19
Lhopa	Mustang	17
Monpa Tawang	Tawang, Arnachal, India	16
Tsumba	Nubri	12
Tamang	Kathmandu	6
Jyamtse & Parpo	Kathmandu	6
Drukpa	Bhutan	5
Tibetan (bod pa)	Mainland Tibet	0

の僧侶数を示したものである。A 僧院はカルマ・カギュ派で 1978 年創建、B 僧院はチョナン派で 2015 年 10 月に完成したばかりの新しい僧院である。

　A 僧院は、創建時には 7 割以上が RT の僧侶で占められ、特に座主（香港在住）がカムのジェクンド出身であったことから、その地方出身の亡命者がほとんどだったという。だがその後、チベット難民のビジネスが軌道に乗り、生活水準が上がり始めると、欧米諸国へ改めて難民申請を出す僧侶が増えた。僧侶のまま海外で出稼ぎするのは難しいため、みな還俗して僧院を出ていってしまったという。90 年代の終わり頃から RT と HB の割合が逆転し始め、現在では RT 僧侶は 20％弱を占めるのみとなっている。A 僧院は、現在の LDT の副議長を務めるカルマ・サンポ・シェルパ（Karma Sangbo Sherpa）を始めとして著名なケンポやロプホン（師僧）を数多く輩出する学問寺として名を馳せているが、その多くが HB であり、僧院が管轄する保育所や福祉施設、瞑想センター、工芸センター、尼僧院など、地域に密着した関連施設を管理しているのもこれらの HB の役僧たちである。

　他方、B 僧院は台湾の施主によって全面的にサポートされており、座主の化身ラマも台湾を拠点に活動している。最初から HB 子弟を対象にリクルートしており、RT は皆無である。ケンポを始めとする役僧たちはいずれもチョナン派の主な地盤があるアムド（青海チベット地方）出身であり、ニェルワ（管理僧）1 名、教師僧 5 名が常駐しており、教育もアムド方言で行っている。カトマンドゥでは後発の教団であるため、A 僧院に比べて年齢層が格段に低い。下は 5 歳から 16 歳までのワンデ（見習い僧）が全体の 7 割を占めている。ワンデは、必要なときにはニェルワが自ら村へ出向いてリクルートしてくる。特にドルポ出身者が多いのは、同派の高僧・トルポパの出身地であることが関係している。ニェルワによれば、一度数家族分の子供を引き受けると、その後は村の親戚筋から自分たちの子供も預けたい、という要望が継続的に舞い込むようになるという。僧院が

落成に近づいたある時、近くを通りかかったシェルパの行者から、故郷の子供たちを受け入れできないかというオファーがあったが、すでに部屋が不足している状態だったので申し出を断ったという。それほど、ワンデ供給のオファーはHBの側からも恒常的に行われている。

19歳のムグ出身僧侶に聞き取りを行った。

> 村はとても貧しい。ムグ空港からムグの町へ出て、そこから歩いて3日はかかる。村には子供はとても多い。この寺へきたのは、父母に薦められたから。12歳の時に来て、7年が経つ。将来やりたいこと……特に思いつかないが、先生になるのはいいと思う。

多くの子供たちの故郷の村は貧しく、携帯の電波はおろか電気や車道も通じていない。僧院に暮らす子供たちの母語は互いに直接コミュニケーションが取れないほどかけ離れているが、いつのまにかチベット語で話せるようになる。僧院では6年間学業を積むと一旦卒業になるが、本人の意思で学業を続ける場合は寺で引き続き受け入れる。本人に見込みがあれば僧侶としての将来の道も世話する。ただ大抵は勉強して大成するというより、公立学校へ行くあてがないため、単にチベット語と初歩的な仏教儀軌を習わせる、という目的で親によって送り込まれてくる場合が大半である。この意味では、ただ僧院の中にいるか外にいるかの違いだけで、先述したHB-1向けのスクールと内実は大差ないように思われる。

3-4 小結

以上本節では、個々人の文化的実践を介してより真正な「仏教徒」へ近づこうとするHB一般信徒の動静と、これに対応するRT僧院の側の受け入れ状況を見てきた。

本来、チベット本土から亡命してくる僧侶の受け入れ施設であったRT僧院は、時代状況の変化により、B僧院に典型的に見られるように、ヒマ

ラヤ山中の僻遠村に暮らす HB 子弟に基礎教育を施す「アサイラム」としての機能を備えるに至っている。在外のパトロン（欧米人・華人）にとってこの僧院機能の変化は「ヒマラヤ仏教徒に正しい伝統を取り戻させる再教育プログラム」として好意的に捉えられており、引き続き強力なサポートが行われている。HB 側からこれを見るならば、潤沢な資金を有し、都市部に位置する RT 僧院は、短期的には最低限の教養を子弟に身につけさせてくれる近代的教育機関であり、また長期的には、本人の才覚次第で、将来的に HB 社会を牽引する知識エリートへの道を開く人材育成機関でもある。他方、RT 系の教団組織が社会公益活動の一環としてカトマンドゥで開講しているチベット語教室は、僧籍にはない一般の HB 社会人を対象とした再教育プログラムであり、都市部に居留する HB の人々から大いに歓迎されている。実際に教室に参加した受講生から聞かれたように、そうした基礎レベルでのチベット的教養の獲得は「現在の生活への自信」につながる意義あるものとして受け止められていた。また特に老壮年層にとっては、「死後の来世に向けた懸念」を払拭するためにも、教室が提供するカリキュラムは重要な意味を持つものであった。

　このように、RT 僧院を主体とする教育活動は、HB 側からの主体的な参与を通して双方の間に横のつながりを生み出している。それは全体的には、個人の学習実践を介して RT 側の知識が HB 側へ注入されることで進む Tibetanization の過程であり、チベット本土を追われた RT がこれまで自身のために蓄積してきた社会的な資本を、今日の情勢変化の中で HB 向けの施策に切り替えた結果として、特に王政崩壊後のカトマンドゥ盆地において急速に発達している動きである。

IV　ターニング・ポイントとしてのルンビニ観光年

　前節第 2 項で見たように、"Bhotiya" から "Himalayan Buddhist" への自己規定を進めてきた HB たちの「国民的チベット性」の形成は、ヒン

ドゥー国王や外国のまなざしという多元的な権力の絡み合いの中で相補的に形作られたものであり、単純に「反ヒンドゥー」として社会的に顕在化したわけではなかった。しかしその後 10 年に及ぶ内戦を経てマオイストが権力を掌握し、王制が完全に打倒されてしまうと、多民族・多宗教のネパール社会を統合する理念的指針として「包摂民主制」が提起され、政党政治もしくはインフォーマルな政治手段のいかんを問わず、なんらかの集団権益を代表する個々の団体はすべからく、数の論理で政治主張を行わなければ敵対勢力によって淘汰されてしまう、という状況が改めて出来することとなった。

　これまで、HB の国民的チベット性の形成において一定の権能を果たしてきた国王権力はすでに亡く、山地諸民族の「ネパール化」という国民統合策も具体的な方向性を見失う中で、欧米からのチベット社会への関心と経済的支援は引き続き持続しており、そのまなざしの中で対外的に「チベット性」を発揮する余地も確保され続けてきた。そして「包摂」という事実上宗教アイデンティティに基づく政治参加を可能にする言説的制度が広がりを見せる中、80 年代から力をつけてきた HB のエリート層は、Field A とのコミュナルな政治闘争に耐えうる新たなアイデンティティを鋳造していく必要に迫られていた。

　こうした中、2011 年 8 月の「ルンビニ観光年」をめぐる一連の「仏教をめぐる政治」の展開は、包摂言説下の政治状況にあっても相変わらず主導権が「自分たちではない人々」の手に握られていることを、Field B に属する人々に対して強烈に顕在化させた。結果として、王政復古以来、国家との微妙な距離関係のもとで自己規定を進めてきた HB たちは、「ルンビニ観光年」以降の政治シーンの中で突如として「ネパール仏教徒」としての政治参加を可能な限り大規模に結集しなければならない事態に直面した。チベット難民の統制を介して中国との関係を磐石に築いているマオイストの「国家経済発展のための仏教」という開発戦略に異議申し立てをするには、別の形での「政治」を展開するしかない。それは具体的には、

「仏教をめぐるより正しいステークホルダーは誰か」という争点をネパール世論と国際社会に対して広く訴えかけることで、非仏教徒のマオイストが占有する「仏教を通じた国家の発展」という言説を問い直すことであった。

実際に、ダハル議長が国連事務総長を招いて主催する「ルンビニ開発国際会議」の開催が確実視された 2011 年 12 月には、ネパール国内のさまざまな教派を代表する数百人の HB 僧侶たちが首都カトマンドゥに集まり、「宗教の政治利用に反対する」旨のシュプレヒコールをあげて、大規模なデモ行進を行った。彼らが共通して掲げたスローガンは、「ルンビニは非仏教徒たちによって侵食された場所」「ダハル氏は内戦下で数えきれない死傷者を出した人間であり、ヒンドゥー・高カーストの政治家である。仏教に関わるにはもっともふさわしくない」というものであった[30]。

このプロテストに参加した 20 を超える仏教系団体のうち、ティンチュリにオフィスを構える NBF（Nepal Buddhist Federation, シェルパ系）の秘書長（インドのチベット仏教大学で学士号を取得している）にインタヴューを行った[31]。これによれば、NBF はチベット仏教主体の団体であり、議長は 3 年任期で選挙によって選出され、現在はヌブラ出身のシェチェン寺高僧が務めている。先般の「ルンビニ観光年宣言」を受け、傘下の僧院とシェルパの一般団体を組織して、デモ隊の列に加わった。それ以降現在まで、NBF を含む国内仏教徒の連合団体がパン・ギムン国連事務総長宛に行った下記「五項目の要求」[32]を全面的に推進するため活動している、という。

30　Rajani Shrestha, "Buddhist peace rally against political appointment in Lumbini development", *Review Nepal*, Dec 9, 2011. http://www.buddhistchannel.tv/index.php?id=39,10612,0,0,1,0

31　2014 年 1 月 1 日に NBF の事務所で行った。

32　Lumbini, Nepal: Indigenous Buddhist Concerns" (The Council for Buddhist concerns / Buddhism Preservation Stakeholders Committee), http://lesliechand.blogspot.jp/2011/11/lumbini-nepal-indigenous-buddhist.html

1) ルンビニ開発地域は、自立した平和区域として認められねばならない。
2) 不法な行いによる仏教文化遺産、史跡および考古学的財産の略奪は、文化遺産に対する犯罪と認識されるべきであり、直ちに停止しなくてはならない。
3) ルンビニ、ボダナート、スワヤンブナート、ナモブッダとその他の重要な仏教徒の宗教的場所は「平和区域」として認められねばならない。
4) 宗教・文化およびその資源について、仏教徒に関係する開発事項を扱う個々の管轄機関は、仏教徒の代表のみによって設立されねばならない。
5) 私たちの同意を得ないまま、仏教に関わるネパール政府管轄下のすべての仏教徒組織、委員会およびその職権が党利党略に加担する場合には、ステークホルダーから尊重されることはない。

　NBF は国内仏教徒のさらなる連帯と「国家のセキュラリズム」遵守を呼びかけるため、2011 年以来頻繁にデモ行進の呼びかけを行い、ネワール仏教、テラヴァーダ仏教、タルー仏教といった Field B を構成する諸仏教団体と共同で声明を発表している。さらに 2015 年 9 月には、仏教の枠を超えて、ネパール国内のヒンドゥー以外のすべての宗教の力を結束させる "Federation of Defending Secularism" という運動団体の一員ともなっている。

　結果的に、ダハル議長は国連訪問を成就し、パン事務総長のルンビニ開発への積極支援と現地訪問への好意的な反応など、実質的な成果を上げたと報じられた。前出のウォールストリート・ジャーナルの記事では肖武男も、「ネパール政府の完全な支持を取り付けている」「地上数百メーターにおよぶルンビニ・クラウド・タワー建設のための基礎工事に着手した」と自信に満ちた様子で語り、マオイストと中国の思惑通りにことが運ぶかの

ように思われた。しかし2012年4月に予定されていたパン事務総長のルンビニ訪問は、国連内の身内であるクルチャンドラ・ゴータム（元国連事務次長補）などの保守勢力から、上記した街頭デモで叫ばれたスローガンとほぼ同様の趣旨の文言を含む強い批判を受け、実現にはいたらなかった。その後、ネパール政府議会はルンビニ開発案件を承認することなく時が過ぎ、APECFによるルンビニ開発案件は棚上げされたまま現在に至っている。

　以上みたように、NBFをはじめとする仏教系政治団体の要求の焦点は、「仏教にまつわる物事は仏教徒によって決定されねばならない」という、宗教アイデンティティと政治的権利の合致を国政レベルで認めさせることにある。この運動を牽引するHB知識エリート層は、このコミュナルな権利請願をより影響力のある形で展開するために、HBの枠を超えてField B全体を糾合し、「ネパール仏教徒の権利主張」という史上初の政治形態をかりそめにも誕生させるに至った。そして今日では「ヒンドゥー政治家」に対する「セキュラリズム遵守」という、近代国家の宗教管理制度を逆手に取る形で、自らの宗教的表徴である「仏教」の境界をより鮮明にしていく、という拡大戦略を取るに至っているのである。

V　おわりに
HBによる文化実践と社会運動

　本論ではここまで、南アジアの伝統的政治勢力圏における中国の経済進出、という新たな事態を背景として、「仏教をめぐる政治」の進展が、ネパール国内のチベット仏教徒諸集団とどのような位置関係にあるのかを網羅的に描写してきた。以上の論説によって本論で明らかになったことを以下2点にまとめておきたい。

　まず一点目は、従来外から一元的にまとまった集団として把握されることの多かったネパール在住のチベット仏教徒の内部構造を内側から腑分け

して提示した点である。ここでは、HBとRTという個別集合をそれぞれ「教団組織に属するグループ」と「一般信徒のグループ」に分離し、前者の集合体をエリート知識人層（およびその予備軍）、後者の総体をそれぞれの環境におけるチベット文化の実践者として位置づけた。第3節で見たように、中国の経済進出はRTの一般信徒の間に政治的恐慌をもたらし、彼らの生存空間は極限まで切り詰められている。だがその動きはRTの僧院社会には及んでおらず、むしろ逆に今日のマイノリティの社会参加と文化復興の動きの中で、RTの知的資源はHBの間に日常実践レベルで普及し、カトマンドゥの僧院社会とHB一般信徒との横のつながりはかつてないほど広がりを見せている。このようなチベット仏教徒の集団内部で分岐して進んでいく社会動態を、カトマンドゥ盆地に半世紀にわたって築き上げられた僧院社会の具体的活動のレベルへ降り立って明らかにしたことが、本論の重要な貢献の一つである。

　二点目は、HBの政治運動を「仏教対ヒンドゥー」という図式に安易にあてはめてしまいがちな外部の論者に対し、より現実に即した見方を示した点である。本論第3節で見たように、HBがヒンドゥー王政の時代を通じて培ってきた「国民的チベット性」は、国王や欧米ドナーの目線を意識しながら、自らの土着性を払拭して独自の近代性を獲得していく内的な過程として進展してきた。国王が去り、「包摂」が唱えられる現在、「国民的チベット性」は、僧院のアサイラム化や社会人教育といった形でより大衆化される傾向を強めている。本論では、この次元で形成される「国民的チベット性」は、その起源からしても、そのまま直接「反ヒンドゥー」という形でのコミュナル闘争の場に転用可能な政治資源とはなりえず、あくまでも個人レベルの文化実践の系においてRTとHBの横のつながりを拡充していく方向を取るものと位置付けた。他方、中国の経済進出は実際に国内の開発利権をめぐる政治闘争を活性化させており、前節で見たように、HBエリート層を中核とする仏教徒の利益セクターは「宗教の政治利用の是非」という争点を立てることによって、中国資本に対するヒンドゥー政

治家のコミットを排除する政治戦略を打ち出した。ここにあるのは「誰が開発の主体となるにふさわしいか」という主導権争いであり、冒頭で紹介した欧米系論者が想定するような「反ヒンドゥー」でまとまった一枚岩の主体としての「ネパール仏教徒」はそこに存在しない。ましてや、彼らの社会運動が「開発の代償としてのチベット難民」、すなわちRTの一般信徒が経験している窮状をも掬い取ろうとするものではありえない。あくまでもネパール一国内的な課題に取り組むHBの社会運動が、グローバルなチベット民族主義運動と積極的に連携していく契機は存在せず、その意味で、現状のネパールにおいてRT一般信徒が「包摂」されうる社会空間の想定は非常に困難である。

　以上のように本論では、現在の仏教徒運動の主要な牽引役であるHBの内実について、政治的に集約された社会運動の系と、日常的な個人の文化実践の系とを分割してそれぞれの成り立ちを考えることで、従来の論者が「チベット仏教徒」という単一のカテゴリーを安易に設定し、一枚岩の社会勢力が常に存在するかのように描いてきた傾向性に修正を迫ろうとしたのである。

引用文献
(和文)
鹿野勝彦
　2001　『シェルパ ヒマラヤ高地民族の二〇世紀』茗溪堂.
中原一博
　2013　『「太陽を取り戻すために」──チベットの焼身抗議』(オンライン配布フリー版) NGOルンタ・プロジェクト.
別所裕介
　2013　『ヒマラヤの越境者たち──南アジアの亡命チベット人社会』デザインエッグ社.
森本泉
　2012　『ネパールにおけるツーリズム空間の創出:カトマンドゥから描く地域像』

古今書院.

月原敏博

 2000 「カルチュラル・ティベタンの言語文化と教育——ブータンの個性にもふれて」『ヒマラヤ学誌』7: 79-91.

(欧文)

Höfer, András

 1979 *The Caste Hierarchy and the State in Nepal: A Study of the Muluki Ain of 1854*. Universitatsverlag Wagner.

HRW

 2008 *Appeasing China: Restricting the Rights of Tibetans in Nepal*. Human Rights Watch Report on Aug 1, 2008.

 2014 *Under China's Shadow: Mistreatment of Tibetans in Nepal*. Human Rights Watch Report on Apr 1, 2014.

Lafitte, Gabriel

 2011 Lumbini Reborn, Nepal Reborn, Buddha Reborn. posted in *Rukor*, December 7, 2011, http://rukor.org/lumbini-reborn-nepal-reborn-buddha-reborn.

Lama, Jigme Yeshe

 2013 China and its Peripheries: Securing Nepal in South Asia. *Issue Brief #232*, August 2013, Institute of Peace and Conflict Studies, Jawaharlal Nehru University, New Delhi.

Moran, Peter

 2004 *Buddhism Observed*. Routledge Curzon.

Moynihan, Maura

 2012 Battleground Lumbini. posted in *Rangzen Alliance*, Tuesday, Apr 10, 2012, http://www.rangzen.net/2012/04/10/battleground-lumbini.

Ortner, Sherry

 1989 *High Religion: A Cultural and Political History of Sherpa Buddhism*. Princeton University Press.

Ramble, Charles

 1997 Tibetan Pride of Place; or, Why Nepal's Bhotiyas Are Not an Ethnic Group. In *Nationalism and Ethnicity in a Hindu Kingdom: The Politics of Culture in Contemporary Nepal*. David Gellner, Joanna Pfaff-Czarnecka and John Whelpton (eds.), pp. 379-413. Harwood.

Rijal, Basanta
   2009 *Cultural and Historical Study of the Exodus of the Tibetan Buddhism to the Kathmandu Valley.* Unpublished Ph.D. Dissertation, Tribhuvan University, Kathmandu.

Sehgal, Saransh
   2014 China Expands into Himalayan Neighbor Nepal. *Defense Review Asia*, Jan 15, 2014.

Saxer Martin
   2013 Between China and Nepal: Trans-Himalayan Trade and the Second Life of Development in Upper Humla. *Cross-Currents: East Asian History and Culture Review* 8: 31-52.

Shneiderman, Sara
   2013 Himalayan Border Citizens: Sovereignty and Mobility in the Nepal-Tibetan Autonomous Region (TAR) of China Border Zone. *Political Geography* 35: 25-36.

Tharu, Laxman, Buddha Tsering Moktan and Shakun Sherchand
   2010 The Way Forward. *The Kathmandu Post*, Feb 20, 2010.

第 12 章

移住労働が内包する社会的包摂

南　真木人

I　はじめに

　2008年の制憲議会において正式に王国から連邦民主共和国に政体が変わった新ネパールでは、法の下の平等の権利や政治参加の機会が得られてこなかった人びとや集団を、その解消に向けた制度の設計と履行によって社会に包摂することが喫緊の課題とされてきた。そこには、そもそも国民ではなかった人びとに市民権を与え国民にするレベルと、既に国民ではあったが権利や機会を奪われてきた集団に、例えば留保制度[1]などを適用し、「主流」社会に包摂するレベルがある。

　西欧において包摂（inclusion）の概念がよく使われる文脈は、前者のレベルが移民であり、後者のレベルが失業者や生活保護受給者、障害者など何らかの公的支援が必要とされる福祉の対象となる人びとであった。「移民の統合」（同化政策）に替わり「移民の包摂」が用いられるようになってきた背景には、移民の孤立化（enclave）、ゲットー化といった統合の行き詰まりと寛容の精神や多文化主義、EUの理念からの要請があり、移民の文化の違いを認めたうえで受け容れることが包摂の肝要な点であった。だ

1　留保制度とは、積極的差別是正制度の一つで「社会的、政治的、経済的に抑圧され後進状態におかれてきた特定の人びとに、高等教育の入学、公的雇用、議席数などの優先的な留保枠（quota）を設けてその是正をはかる政策である」[南 2008a: 30]。国家公務員の採用を定める「公職法1993年」が2007年に改定され、新規採用の国家公務員の45％を女性（33％）、ジャナジャーティ（27％）、マデシ（22％）、ダリット（9％）、障害者（5％）、後進地域（極西部及び中西部山地の9郡）出身者（4％）という範疇の諸集団に留保枠として与えることが法制化された。留保制度は長期的には指定された範疇に属する諸集団の包摂に貢献するが、短期的には集団内で既に教育の機会等で有利な立場にある個人をさらに利するという問題がある。また、範疇内の諸集団の間には、既に包摂の程度に格差があるため、周到な諸細則を作らなければ既存の格差を助長しかねない。集団をターゲットとする留保制度の問題点は、既に石井［2011: 460-464］が別の角度から指摘している。

が、それは移民が家庭言語だけで暮らし、地域社会と関係を持たない状態、つまり統合に行き詰った現状を肯定するものではない。むしろ逆に、移民の文化を尊重し保護する代わりに、国の公用語を最低限学び、働いて社会参加する市民にさせることも含意していた。今日、西欧において移民が永住権や市民権を取得する際、ホスト社会の言語能力がこれまで以上に要求されてきており、他方で多様な移民言語教室が公的支援を受けて実施されていることは、こうした市民としての権利と義務を含むものとして包摂を捉える視点を提供する。

　ネパールにおける西欧由来の包摂（ネパール語で *samābeśīkaraṇ*）にも、国民ではなかった人びとに市民権を与え国民にするレベル、例えば事実上の無国籍とされてきた一部の、だがけっして少なくないマデシ（インド国境近くに住み、インドとの文化的つながりが強い人びと）への市民証交付と［南 2016］、既に国民ではあったが権利や機会を奪われてきた、ジャナジャーティ（民族）、ダリット（もと不可触とされてきたカースト）、マデシ、女性、障害者などの集団に包摂に係る制度を適用し、「主流」社会に包摂するレベルがある。後者については実はネパールの行政においても、福祉として捉えられてきた。第9次五か年計画（1997〜2002年）でジャナジャーティとダリットの公的支援のために設置された「先住民族開発プログラム」と「ダリット及び排除された共同体開発プログラム」は、社会保障すなわち社会保護（social protection）の一項目として位置づけられてきたのである［南 2008a］。

　「主流」社会への包摂は、そもそも「主流」社会をどのようなものと措定するかで変わる相対的な概念であり、政治的な包摂から経済的、社会的、文化的な包摂まで多次元に広がる。かつ、それらは分かち難く結びついていたりする。包摂するないしされる対象についても、社会的に排除されてきた集団か、個人や世帯か、あるいは両方かで、制度のあり方や効果が異なってくる。誰を何にいかに包摂するのか、あるいは誰が何にいかに包摂されるのかを検討する作業は、議論が拡散しないための前提といえる。

II　移住労働は社会的包摂に寄与するか

　本稿では、ジャナジャーティの中で経済的、社会的に底辺に置かれてきた人びとが、広い意味での市民社会に、経済的、社会的に包摂される事例として、海外移住労働 (以下、移住労働) を取りあげる[2]。具体的には、私が調査してきたマガル (マガール) の若者になるが、マガルとしての民族性を問うのではなく、マレーシアや湾岸諸国への移住労働に駆り立てられる、地方の村に住むジャナジャーティのある階層の人びとの事例として扱う。また、市民社会とは狭義には「NGO、市民団体、社会運動を行う各種団体など国家に対して補完的ないし対抗的な働きかけをする市民の活動や場」を意味しようが、ここではより広く「自由と権利において対等で理性的な市民からなる社会」と捉えておきたい。ここで「主流」社会への包摂としないのは、高カーストなど実質上の既得権を持つ人びとによる平等とはいえない既存の社会に包摂されることが、これまで社会的に排除されてきた人びとの願望とは想定され得ないからである。

　当該社会で雇用されることを諦めて海外に活路を見出す移住労働は、それこそが社会的排除の結果であるとも解釈することができ、包摂とは逆行する現象と映るかもしれない。だが、移住労働が出身村にもたらすものは、送金にとどまらず、文化的影響や情報 (思考、実践、会話、規範など)、移住ネットワーク、社会関係資本 (social capital) など文化的、社会的な領域に及んでいる。それゆえに、多くの若者の追従的な行動につながり、移住労働の爆発的な増加に結びついている。本稿では私の調査村を事例に、移住労働者の送り出しシステムが形成されてきた過程を仲介者の役割に着目して記述し、主な移住先であるカタール、アラブ首長国連邦 (以下、UAE)、マレーシアにおける移住労働者の生活の実態を報告する。さらに、情報の

---

[2]　本稿は、南 [2015a] を基に大幅にデータを追加して加筆し、社会的包摂という側面から捉えなおしたものである。

環流が人の環流を助長するトランスナショナルな現代移民の在り様及び移住労働が内包する社会的包摂の側面について考察する[3]。

ネパールにおけるインドへの移民を除く海外移住労働の先行研究では、多くが送金の経済的効果と貧困削減に資する側面［Seddon et al. 2001, 2002; Lokshin et.al. 2007］に注目し、劣悪な労働環境など人権に関わる問題［Paoletti et al. 2014; Bruslé 2009/2010］、移住労働政策の現状と課題［Sijapati and Limbu 2012］などが議論されてきた。さらに、担い手が減じた農業の問題や残された女性の役割の変化［Kaspar 2005］も研究されるようになり、『ネパール移住年報』［NIDS 2011］は各年の動向をレポートする。しかし、本稿が扱おうとする、移住労働者をガイドする在村の仲介者の役割［Paoletti et al. 2014］や移住労働が送り出し社会にもたらす社会的、文化的な影響［Adhikari and Hobley 2013］、「移住の文化」の更新についてはあまり研究の蓄積がない。また、移住労働という現象に社会的包摂の側面を見出す研究も寡聞にして見受けられない。

III　ネパールにおける移住労働

ネパールにおける6カ月以上家を離れて国外で暮らす人（国外居住による不在者数）の規模、割合と変化を表1に表す。それによれば、1950年代から不在者の割合は低くはなかったが、2011年には約192万人に上り、全人口約2649万人の7.3パーセントを占めるに至った（『国勢調査』2011年）[4]。とくに2001年から2011年の10年間で、数にして2.5倍も増加して

3　本稿で用いるデータは、主に以下の現地における聞き取り調査で入手した。カタールとUAEでの調査は、現代インド地域研究の経費により2012年12月にそれぞれ短期ではあったが実施した。カタールではレイバー・キャンプに一泊する機会に恵まれた。ネパールの調査は、科研費により2013年3月、2014年2～3月、2014年11月に行った。

4　国際移住機関（IOM）のウェブサイトによれば、南アジアの国ぐにの国外居

表1 ネパールにおける国外居住による不在者数

年	不在者数	全人口	割合 (%)
1952/54	198,120	8,473,478	2.3
1961	328,470	9,741,466	3.4
1971	NA	NA	
1981	402,977	15,425,816	2.6
1991	658,290	19,149,387	3.4
2001	762,181	23,499,115	3.2
2011	1,921,494	26,494,504	7.3

(各年『国勢調査』より作成)

いることは、移住労働が最近になって急増していることを示す。これは4世帯に1世帯（全世帯数の25.4パーセントにあたる138万世帯）という高い割合で、少なくとも家族の誰か一人がインドを含む国外に居住している状態で、移民が人びとにとって他人事ではない身近な存在であることを物語る。不在者の8割は高校を中退した20〜30歳代の男性で、75パーセントが非熟練労働者であり、一日に平均約1500人に上る移住労働者がカトマンドゥの空港から飛び立っている［Adhikari 2012: 19-20］[5]。

渡航先はオープン・ボーダーのためパスポートや出入国手続きが要らないインドが約88万人、労働者派遣協定が締結されている、カタールが約49万人、マレーシアが約38万人、サウジアラビアが約35万人、UAEが約23万人になる（インドは推定値。それ以外は国外雇用局が発表した2006/07年から2011/12年の5年間の値）［Adhikari 2012: 17-20］。逆に、どこから移民が多く出ているのかを見ると、不在者が絶対数で多い郡は、人口が多い首

住者率は、スリランカ（7.3%）、ネパール（5.4%）、バングラデシュ（4.3%）、パキスタン（3.1%）、インド（1.2%）となっており（2015年）、ネパールはスリランカに次ぐ割合であることが分かる。ただし、全人口（母数）の大きな差による絶対数の違い、移民の歴史的深度の違い（フローではなくストックの移民数の違い）により単純な比較は難しい。

5 他方、事故、病気、自死などで空路搬送されるネパール人の遺体は1日平均3棺であるとされる［Lal 2009］。

都カトマンドゥ（約10万人）及び南部低地のジャパ（約8万人）、モランとナワルパラシ（各約7万人）、ルパンデヒとカイラリ、ダヌシャ（各約6万人）であり、郡の全人口に占める不在者の割合が多い郡は、伝統的に移出者が多い西部ネパール山地のグルミ（20.9%）、アルガカンチ（20.2%）、シャンジャ（17.5%）、ピュータン（16.2%）、バグルン（16.0%）となる（『国勢調査』2011年）。なお、後述する私の調査村が位置するナワルパラシ郡は、不在者の割合が10.2パーセント（17番目）で、絶対数が4番目に多い郡である。

世界銀行の報告書『ネパール――紛争の真只中の回復』［World Bank 2006］によれば、ネパール共産党マオイストによる紛争期（1996～2006年）にほぼ重なるにもかかわらず、ネパールの貧困人口率は1995年から2004年までに42パーセントから31パーセントに減少し、子どもの死亡率なども大幅に改善したとされる。同書はこれを牽引したのが移民による送金だとし、送金の国内総生産（GDP）に占める割合はこの間に3パーセントから12パーセントに上昇し、その額は政府開発援助を上回ったと指摘する。移民による送金の国内総生産に占める割合はその後も伸び、2011年には21.9パーセントに達しており［Adhikari 2012: 24］、送金が「開発」の重要な資金源となったり、多くの世帯の家計を支えたりしていることはほぼ間違いない。移住労働による送金の経済的な効果は、薄く広く多くの国民にその恩恵を与えているものと考えられる。

IV　移民送り出しシステムと仲介者

私が調査してきた西部ネパール、ナワルパラシ郡ボジャ村は山地に位置し、15所帯、人口が約100人のマガル人の村である。この村からは2014年3月現在、12所帯の18人の10~30歳代の若者が、マレーシアに10人、カタールに4人、UAEに4人働きに出ている[6]。村にはその年代の男性は、

6　インドへの移出は2012年までは一人いたが、その若者もマレーシアへ出か

一時帰国している人を除きほとんどいない状態であり、胸のレントゲン写真で影が映ってしまい移住労働における健康診断ではねられた男性のみが残っている。

村では農作業の人手不足が深刻である。男性の仕事とされる犂耕は、一時はそうした仕事からリタイアしていた、移出した若者の50~60歳代の父親世代が再び始めたり、10歳代後半の弟世代が担ったりしている。また、残された女性たちは農作業を順に手伝いあう「助」(palo iyami) により、協同でなんとか作業を切り盛りしている。2014年3月に見た堆肥運びには、助を依頼した家人の女性を含む13所帯の女性11人と男性2人（60歳代と10歳代）が参加していた。助は等価労働交換だが、かつては休憩時に濁酒を、作業終了時に茹でたトウモロコシ粒やホースグラムという豆 (gahat) などの軽食と濁酒を提供したものだ。だが、現在は軽食の提供は見られなくなった。軽食として出す自家生産のトウモロコシやホースグラムの余裕もなければ、家人を含む皆が農作業にかかりっきりで、軽食を調理する女性の人的余裕もなくなったからである。

こうした状況は2000年に、村の一人の若者ダニヤがサウジアラビアに働きに出かけたことから始まる。それまでもインドへの移住労働は、若者の父親世代からあり、若者の多くもインドのデリーなどで菓子製造と販売やガードマンとして就労を経験している。さらにいえば、祖父世代の一部はグルカ兵として英国に雇われ、第二次世界大戦に参戦していた（非戦争期の駐屯地はインド）。だが、湾岸諸国への移住労働はダニヤが村で初めてだったのである[7]。実は彼は体調を悪くし2年の予定が、僅か3か月で

けた。インドへは事情のある50歳代の既婚男性一人が2008年から行っている。事情とは後述する不祥事である。表2の6の若者は、マレーシアで1年、カタールで7年働いて帰国し、2014年からNGO的な会社の講師として時々インドを訪問し始めている。

7 ダニヤについては「都市的経験を身体知として蓄積し始め、今まさに「村人」から脱しつつある青年」として既に紹介してきた［南 2004: 206-207］。彼

2001年に帰国した。だが、彼はサウジアラビアでの経験からパスポートやヴィザ、健康診断、為替レート、出入国手続きなど、村の人が当時知らなかった世界を経験し学んできた。ダニヤは自分が渡航する際に世話になった、インナー・タライ（ネパール南部の平地帯タライの中で盆地を形成している地域）のソーラナンバーという町に住む仲介者（ネパール語で *dalāl* または *broker* と呼ばれる。先行研究では agent）のところを訪問しては、仲介の仕組みやノウハウを盗み見て覚えた。そして、2003年から農業のかたわら、海外に働きに行こうとする村および近隣村の若者をガイドし、カトマンドゥの人材派遣会社（*man power* と呼ばれる。先行研究では recruitment/manpower agency）に仲介し仲介料などを得てきた。

表2は、ダニヤが2003年から2014年までの12年間に仲介した54人、延べ64件の渡航者（番号）と出国年、渡航先、出身村などを彼の手帳の記録を基に作成したものである。なお2〜3年の就労後、往復の航空券とボーナスをもらって休暇で一時帰国し同じ会社に戻るケースは多いが、それは2回目とカウントしていない。これを見ると、ダニヤが仲介した渡航先はマレーシアが27件、カタールが19件、UAEが16件、サウジアラビアが2件で、2007年頃までマレーシアが多かったが、その後カタールとUAEが増加している。属性をみると、若者の50人がダニヤと同じマガルで、残る4人はチェトリ・カースト（2人）、ネパリ・カースト、ヴィシュワカルマ・カーストである。

ダニヤの所帯は2004年、インナー・タライとつながる車道が山地のブリンに達し、乗合ジープが運行するようになった頃、ボジャ村からブリンへと転出した。それゆえ、彼にとっての「地元」はボジャ村とブリン、そ

はSLC（高校卒業資格試験）に挫折した10学年修了の若者だが、当時村の中で最も高学歴であり、かつ財力があるもとムキヤ（長老）の家の末子である。彼はまたマオイストに見込まれ一緒に戦おうと勧誘されながら、巧みな言葉でそれをかわした人物である［南 2015b: 344］。

表2 仲介者ダニヤが送り出した移住労働者

人	属性	1回目		2回目		3回目		村、行政村
		出国年	渡航先	出国年	渡航先	出国年	渡航先	
1	M	2003	マレーシア					Ghotdanda, Da.
2	M	2003	マレーシア					Ramkot, Da.
3	M	2003	UAE					Ramkot, Da.
4	M	2003	UAE	2011	UAE			Buling, Bulingtar
5	M	2003	マレーシア	2009	カタール	2014	カタール	Bojha, Da.
6	M	2003	マレーシア	2006	カタール			Bojha, Da.
7	M	2003	マレーシア					Buling, Bulingtar
8	M	2003	UAE					Charchare, Da.
9	M	2003	マレーシア	2011	カタール	2014	SAU	Charchare, Da.
10	M	2003	マレーシア	2011	カタール			Bojha, Da.
11	M	2004	マレーシア					Charchare, Da.
12	M	2004	マレーシア					Dadatok, Bulingtar
13	M	2004	マレーシア					Ramkot, Da.
14	M	2004	マレーシア					Piparchap, Bulingtar
15	M	2004	マレーシア					Ramkot, Da.
16	M	2004	マレーシア					Bojha, Da.
17	M	2004	マレーシア					Bojha, Da.
18	M	2004	マレーシア	2011	カタール			Bojha, Da.
19	M	?	マレーシア					Bhartipur, Bhartipur
20	M	?	マレーシア					Daldale, Pragatinagar
21	M	2007	マレーシア					Daldale, Pragatinagar
22	M	2007	マレーシア					Charchare, Da.
23	M	2007	マレーシア					Charchare, Da.
24	M	2007	マレーシア					Charchare, Da.
25	M	2007	マレーシア					Charchare, Da.
26	M	2007	マレーシア	2013	カタール			Charchare, Da.
27	M	2007	カタール					Buling, Bulingtar
28	M	2008	マレーシア					Bojha, Da.
29	M	?	UAE					Kesara, Bulingtar
30	M	?	カタール					Kesara, Bulingtar
31	M	?	UAE					Kesara, Bulingtar
32	M	?	カタール					Kesara, Bulingtar
33	M	?	カタール					Buling, Bulingtar
34	M	2011	カタール					Buling, Bulingtar
35	M	【？】	【マレーシア】	2011	カタール			Buling, Bulingtar
36	N	2011	カタール	【？】	【カタール】	2014	SAU	Buling, Bulingtar
37	M	2012	マレーシア					Bojha, Da.
38	M	【2009】	【UAE】	2012	マレーシア			Bojha, Da.
39	M	2012	カタール					Bojha, Da.

人	属性	1回目 出国年	1回目 渡航先	2回目 出国年	2回目 渡航先	3回目 出国年	3回目 渡航先	村、行政村
40	BK	2012	カタール					Buling, Bulingtar
41	M	【2009】	【UAE】	2012	マレーシア			Bojha, Da.
42	M	2013	UAE					Daldale, Pragatinagar
43	M	2013	UAE					Daldale, Pragatinagar
44	M	2013	UAE					Buling, Bulingtar
45	M	2013	UAE					Charchare, Da.
46	C	2013	UAE					Daldale, Pragatinagar
47	M	2013	UAE					Kesara, Bulingtar
48	M	2013	UAE					Daldale, Pragatinagar
49	C	2013	UAE					Daldale, Pragatinagar
50	M	2013	UAE					Daldale, Pragatinagar
51	M	2013	カタール					Kesara, Bulingtar
52	M	2014	UAE					Kottar, Kottar
53	M	2014	カタール					Buling, Bulingtar
54	M	【2009】	【AFG】	【2013】	【イラク】	2014	カタール	Daldale, Pragatinagar

(2014年11月現在)

・属性のMはマガル、Nはネパリ（皮細工カースト）、BKはヴィシュワカルマ（鉄鍛冶カースト）、Cはチェトリ（戦士カースト）
・【　】はダニヤ以外の仲介者による渡航。UAEはアラブ首長国連邦、AFGはアフガニスタン、SAUはサウジアラビア。
・行政村のDa.はDadajheri。
・2014年の3回目の渡航4件は渡航プロセス中

して妻の出身村で姻戚が多いチャルチャレ村となる。64件中の約3分の2は、彼の地元といえる上記3村出身の若者であり、2014年現在、ボジャ村から移出している若者の18人中6人は彼の手配による（表2の5, 28, 37, 38, 39, 41）[8]。2006年には既に2回目の渡航をした人（表2の6）が出て

---

[8] 出身の村がインナー・タライのダルダレとなっている若者の多くは、チャルチャレから移出したマガルであり、それを含めると地元の割合はもっと上がる。ボジャ村の若者でダニヤに初めて仲介を依頼したのは、後述するキミヤである（表2の5）。当初、同じ村の人は人間関係が近いだけに、仲介の失敗や金銭のトラブルにより関係が悪化することを恐れ、村外のダニヤ以外の仲介者に依頼する傾向があった。現在渡航している18人中、ダニヤが仲介した人が6人に留まるのは、それだけが理由ではなく、年数を経て個人ルー

おり、2014年11月現在3回目の渡航準備のプロセスにある人も4人いる。移住労働の繰り返しと慢性的な依存が進行しつつあることが見てとれる。

ダニヤの役割は、パスポートや健康診断書の作成のために郡庁所在地やカトマンドゥへ同行し、若者の希望や適正を考慮して応募する仕事を薦め、書類を作って人材派遣会社に仲介することである。また、出国時と帰国時にカトマンドゥの空港での送迎も欠かせない。成功報酬として約1万円を受け取り、準備期間や渡航時の同行に要した国内移動費や宿泊費も若者に出させる。件数は少ないが、2007年頃からは、湾岸諸国に滞在するダニヤのネパール人の知人と直接連絡をとって、現地の雇用者側からヴィザ、労働許可書、就労契約書などを入手し、航空券を手配して個人ルート (*direct visa* と呼ばれる) でも送り出してきた。また、移住労働に赴く若者の先行する親類や知人からの招聘で渡航、就労する個人ルートも、その手続きを代行してきた[9]。ただし、2007年の「国外雇用法」の改定とそれに基づく「国外雇用規則2008年」の制定により、政府が認定しライセンスを発行した人材派遣会社を介さずには、国外労働許可書が発行されなく

---

[9] 現地の知人を介した個人ルートの派遣については、カタールのあるレイバー・キャンプに住むネパール人について調査したブリュスレ [Bruslé 2009/2010: 163-165] が、個人のつてとは雇用者側に信頼されたネパール人の現場監督が現地でのキーパーソンになり、同郷の知人などを通じて人材を集める仕組みだと指摘する。彼が調べたキャンプでは、75%が個人ルートで、残りが人材派遣会社ルートだった。だが、国外雇用局の統計によれば、全移住労働者における個人ルートでの渡航は31%で、人材派遣会社ルートの渡航は69%となっている [Adhikari 2012: 22-24]。女性ではその数が逆転し、個人ルートが71%、人材派遣会社ルートが29%になる。アディカリは主に家政婦として就労する女性は、一般に様々な問題を抱えており、人材派遣会社が女性移住労働の派遣を迂回させ個人ルートに回しているからだと解釈する [Adhikari 2012: 22-24]。

トなど、よりチャンネルが広がっているからだと解釈できる。

なった[10]。また、2日にわたる6時間の派遣前オリエンテーションの履修が義務化され、クラスを開講するトレーニング機関（会社）にも行かなければならなくなった[11]。

　ダニヤは以前「マレーシアには人材派遣会社ルートであれば10万5千ルピー、個人ルートだと4万5千ルピーで行ける。でも、情報がそろい誰でも海外に直接コンタクトできるようになったので、最近は仲介を頼んでくる人は減ってきた」（2012年2月）といっていた。だが、2014年3月には「空港の労働者デスクでコンピューターによる国外労働許可書の確認が始まったので、形だけでも人材派遣会社を通さなければならなくなった。だから、安く済んだ個人ルートも人材派遣会社ルートと費用にあまり差がなくなってきた」と発言を変えた。もっとも、ダニヤによれば、派遣手続きの全てに裏道があり、金銭で解決できないことはないそうで、プロセスが複雑になればなるほど、逆に仲介者の役割がますます大きくなってきたという。

　移住労働をめぐる状況は、二国間の労働者派遣協定の締結、受け入れ国の経済や景気の浮沈、送り出し国の移住労働政策の変化などによって年々変化する。ネパール政府は、何万人もいるとされるダニヤのような無認可の仲介者の根絶を目指すが、在村の仲介者なくして移住労働のこれほどまでの拡大はありえなかった。何しろダニヤは、こうした複雑な手続きを事務所もコンピューターもない村にいて、月に1〜2回上京しながら携帯

10　国外労働許可書が発行されたか否かは、仲介者や本人がスマートフォンで簡単に調べられる体制が整っている。

11　2014年11月、私が見学したあるトレーニング機関では、派遣前オリエンテーションの費用を徴収しながら実際にはクラスを開講せず、移住労働の応募者に受講していないクラスの修了書を発行していた。現地でのトラブルを減らそうと始まった政策もこうして骨抜きにされる。派遣国別、初心者／リピーター別といった肌理の細かいオリエンテーションを用意しない限り形骸化は防げないだろう。

電話一つでやってのける知識と情報のネットワークを持ちあわせている一方、村の若者はたいてい一人でカトマンドゥに上京することも不慣れで困難だからだ。

　樋口［2002: 56-58］によれば、移住システムには「市場媒介型」と親類や知人などのつてに頼る「相互扶助型」があるとされる。ネパールの事例でいえば、前者は人材派遣会社ルートに、後者は個人ルートの、とくに渡航者自身の親類や知人による招聘に近似するであろう。だが、その何れにも在村の仲介者が介在することに注目したい。ネパールでは、村の若者が直接、カトマンドゥにある人材派遣会社を訪ねたりはせず、そこに仲介者を伴うのである。仲介者は仲介料を得ているので、厳密にいえば相互扶助型とはいえない。他方、その額は人材派遣会社の手数料に比べて低く抑えられており、厳密には市場媒介型ともいえない。仲介者は、新規の移出民大国ネパールという文脈において、村の若者たちの文字通り「手引き」の機能を果たしているといえる[12]。ネパールでは地元の仲介者が介在することで、マガルの仲介者はマガルの若者を同郷のマガルの若者が先行して雇用されている場所に送り出すという形で、移住システムが持つ4つの機能、

12　在村の仲介者を介在させる移民送り出しシステムは、ネパールの特徴といえるが、それはカトマンドゥを一度も訪ねたことがないような若者がいきなり国外に渡航している現状の反映でもある。例えば、仲介者は空港内には入れないので、空港入口でカウンターでの手続きなどを言い含めて若者を送り出す。だが、それでも飛行機に乗り損ねてしまう若者が後を絶たないのだ。南［2008b］で既に紹介した、飛行機に乗り損ねた若者とは、表2の27の人になる。ダニヤの仲介料はそれ程高額ではないが、この他にダニヤは、（任意だが）帰国土産として最新のスマートフォンなどの電化製品を受け取っている。人材派遣会社にとって仲介者を挟むことのメリットは、移住労働の応募者に関して身元保証が担保されるからだとされる［Paoletti et al. 2014: 59-62］。他方、移住労働者にとっての仲介者のメリットは、仲介者が地元の人であるため、渡航準備資金を持ち逃げされたりする詐欺の恐れがないことである。

すなわち移民の促進、選別、方向づけ、適応のメカニズム［樋口 2002: 56-58］が強化されているのである。

V　移住労働の実態

1　カタール

　カタールの新都市ルセール（Lusail）で、外国企業の建築現場で作業員として働いていたキミヤ（表2の5）は、2003年マレーシアの瓦製造工場に働きに行ったが、会社の倒産により解雇され一年で帰国した。マレーシアでの月給は681リンギット（当時1リンギット＝約17ルピー、約2万3千円）だったが、渡航費の借金分も回収できなかった。あげくに、工場内の事故で手の一指を失った。2010年、新しい土地を見ようと、今度はマレーシアではなくカタールへ赴いた。諸経費を含む渡航費は11万5千ルピー（約11万5千円）で、4人から借金をして工面した。ドーハ空港に着くと迎えが来て企業のレイバー・キャンプと呼ばれる労働者宿舎に連れていかれ、翌日から仕事が始まったという（希望すれば休日もとれた）。そこにはネパールの他にインド、バングラデシュ、タイ、フィリピン、中国からの労働者がそれぞれ約200人おり、それぞれの棟に住んで働いていた。

　仕事は新都市の地下に広がる巨大トンネル内の設備工事の下働きであり、月給は食事と宿舎付きで、毎日休みなく働いて当初750リヤル（1リヤル＝約28ルピー、1リヤル＝27.2円で約2万400円）だった[13]。当時37歳の

---

[13]　18か月働くと100リヤル昇給した。それ未満の期間でも、働きのよい人には同額の昇給があった。ネパールの「国外雇用法2007年」では、カタールの最低賃金が規定されている（2013年1月改定）。宿舎と食事を支給する場合は、非熟練900リヤル（以下、単位は同じ）、半熟練1100、熟練1500、専門職4200であり、宿舎と食事を支給しない場合はこれに300リヤル（専門職には500）が加算される。私がカタールを訪問した時、ドーハでは気候変動枠組条約第18回締約国会議（COP18）及び京都議定書第8回締約国会

キミヤは、40歳を過ぎると湾岸諸国で働けなくなると考え、将来マレーシアなど他の国で役に立つだろうと、約4か月分の給料（3200リヤル）を天引きしてもらいショベルカーの免許を取得した。こうしてショベルカーの運転士として働くようになり、月給は1050リヤル（約2万9千円）に上がった。労働時間は8時間で、朝6時に専用バスで約30分かけてサイトへ移動して11時まで働き、キャンプに戻っての昼食と休憩後、午後2時から5時まで働く。サイトには給水トラックが周り、現場ごとに飲料水のポリタンクを置いていく。また、ネパール人やインド人の安全保安員が巡回しており、ヘルメット、蛍光ベストなどの着用をチェックし、立小便をしているところを見つけると罰金を科す[14]。

キミヤは「仕事自体は大変ではない。でも夏の酷暑で働けなくなる。安全靴を逆さにすると汗が流れ出る。暑さに耐えられず、途中で帰国した人が何人もいた。仕事を休むと、休んだ日の2倍の日数分の給料が払われず、未払い分をもらい仕事を続けるか、航空運賃代をもらって帰国するかを選ばされる。病気で働けなくなった人は、自費で帰国の航空運賃を支払わされた。数か月前、みなでネパール大使館に陳情に行き、企業に警告を出してくれたことでそのような就労規則違反は大分改善した。帰国前にボーナスも出るようになり、一定以上に気温が上昇すると赤い旗を出して労働を

合（CMP8）が開かれていた。ドーハ発行のネパール語新聞によると、それに対する市民のカウンター会議では、カタール政府に外国人労働者の組合設立の認可が要求され、サッカーのワールドカップが2022年にカタールで開催されることによる建築ラッシュを受け（ルセールもその一つである）、デモでは「カタールは正しい行いをしろ。労働者の人権なきワールドカップは要らない」、「あなたは労働者の搾取で建てられたスタジアムでサッカーができますか？」といったプラカードが掲げられていた。

14　キミヤとヘルメットなしでサイトを見学していた私は、安全保安員から英語で「ヘルメットはどうした？　写真撮影は禁止である。ヘルメット未着用の人はすぐにサイトから立ち退くように」と指示された。

中止させる規則も守られるようになった」(2012年12月)という。彼の帰国後、ネパールで確認すると「帰国時のボーナスは、就労月×100リヤルの基本に報奨金がつき4200リヤル (約11万4千円) もらえた。それまで支給されなかったのは、英語を話すネパール人管理者や企業の外国人幹部が中抜きしていたからだ」(2014年3月) という。

　宿舎はネパール人棟にある8人部屋で、隣の部屋と共用のトイレ、洗面台、シャワーが各二つ真ん中にある。寝台車のように、布で目隠しした2段ベッドの中だけがプライベートな空間であり、ベッド脇には、帰国の日を指折り数えているのか、決まってカレンダーが張られていた。キャンプには、モスク、無料の診療所、日用雑貨店があり、フィリピン人の棟に行けば密造の酒も手に入る。宿舎内での煮炊きは禁止だが、気の合う人とネパールの祭礼日に合わせて、隠し持った電気コンロを使ってヒツジ肉を調理することもある。Messと呼ばれる食堂は、ネパール人、インド人とバングラデシュ人、タイ人とフィリピン人、中国人専用の4つに分かれ、他のところで食べることはできない。直属の上司に自ら休暇願を出さない限り休日はなく、この企業の本国の正月だけが1日半の完全休業で祝賀会がある。

　企業の5年の建設プロジェクトは、次の工期の入札に落ちたらしく、2013年1月には撤収するようだった。着いた当初は、32~33台の約40～50人乗りのバスが労働者を運んでいたが、2012年には22台に減った。夜勤シフトも減ってきて、以前は毎夕食に肉が出たのに、今は金曜日と月曜日だけになった。次に入る企業が同じ労働者を雇い入れることになるとは思ったが、タイ人の多くも帰国しており、延長の希望を出さずに帰国することにした。彼が勤めた2年間で死亡事故は一度起こり、被害者はロルパ郡出身のネパール人であった。10万リヤル (約272万円) の死亡保険金がおりるはずが、2～3万リヤル (約54~82万円) しか支給されず、葬式もあげずに遺体はネパールに搬送された。差額は外国人幹部が詐取したのだとみな思っている。

帰国を4日後に控えたキミヤについて、ドーハの「フィリピノ・チョーク」（フィリピン・レストランや雑貨店などが並ぶ一角）と呼ばれる繁華街での土産物買いにつきあった。これが全てではないであろうが、その日に買った物は、自分用の運動靴（60リヤル）、嫁いだ妹に頼まれた電気温水器（75リヤル）、腕時計（80リヤル）、ガラスビーズのネックレス（15リヤル4個）、スーツケースの鍵（3リヤル）のみで、計278リヤル（約7562円）と消費は慎ましい。彼がネックレスなどを買ったインド人が経営する雑貨店は、カトマンドゥのバザールにもあり、値段も変わらないような商品であふれ、ドーハのきらびやかな最新ショッピング・モールで売られている商品とは次元を異にする。カタール人とネパール人労働者は、住む世界も経済もまったく違うことが垣間見られる。

　ドーハのバス・ステーション近くには、金曜日の夕方、とくに月末の給料日後の金曜日に、自然にネパール人が集まる「ネパリー・チョーク」（ネパール人の辻）と呼ばれる芝生帯がある。企業によっては金曜日にドーハへの送迎バスを出すところもあるが、キミヤが働いていた企業にはそのようなサービスがなく、公共交通手段もないに等しい。そのため、キャンプ内でバスの運転手をしているネパール人が自家用車を買って「白タク」を兼業している。ドーハ市内に出る足はその白タクしかなく（片道40リヤル）、みなで乗合ってたまにはネパリー・チョークなどを訪ねる。帰りは一般のタクシーを利用するが、やはり同額がかかる。

　他方、カタールにはネパール海外マガル協会・カタール（2000年創設）があり、年に5回、マガルの祭礼の日などにチケット制の文化プログラムやピクニック、スポーツ大会などを開催して、マガルの親睦を深めている[15]。また、2011年から積立基金を作り、一人最低100〜500リヤルを積

---

[15] マガル協会カタール支部の役員からの聞き取りによる。マガルの祭礼として祝われているのは、チャンディ・プルニマ（チャイト月の満月を祝う日）、マーグ・サンクランティ（マーグ月の新月を祝う日）、ラカン・タパの日

み立て、医療保険、基金会員内のローン、帰国時退会金、本国のマガル協会への寄付などに用いている。とはいえ、キミヤを含むキャンプに住むマガルの移住労働者は、協会の会員になっておらず、昨年は約1000人が集まったという「マガルの日」の文化プログラムにも誰一人参加していない。

2　UAE

　Rはインドのジャイプルにある Trident Hotel で1年半ハウス・キーピングの仕事をした後、2009年、22歳の時に妻の兄の呼び寄せでUAEへ働きに出て、2015年現在も継続中である。個人ルートの渡航であり、ダニヤが手続きを代行していないので表2には載らない。仕事はドバイのマリーナ近くにある高級住宅地区における、個人住宅のプールの保守と清掃である。以前は、同地区内にいくつかある公共プールの監視員もやっていた。だが、彼が勤める西欧人が経営するプール施工管理会社が監視員の派遣から撤退したためその仕事はなくなり、社員も150人から59人に減った。その内訳は、インド27人、パキスタン15人、ネパール11人（マガル6人、クマール3人、タマン1人、属性不明1人）、バングラデシュ6人である。ネパール人の直属の上司はインドのタミル・ナードゥ州から来たタミル人で、ヒンディー語で会話する。

　彼らは会社が契約する、他社の労働者と共用のレイバー・キャンプの二部屋にマガル6人、その他のネパール人5人で居住し、3グループに分か

（マガルの英雄で殉国者ラカン・タパの功績を顕彰）、マガルの日、ブッダ・ジャヤンティ（仏陀生誕日）であり、マガル協会が進めてきたダサイン祭廃止、マガル仏教徒宣言の唱道が伝わって守られている。2006年には、マガル、グルン、ライ、リンブー、タマンの民族協会が結集して、ネパール先住民族連合（NEFIN: Nepal Federation of Indigenous Nationalities）カタール支部が創設された。同支部はネパールにある先住民映画アーカイブ（IFA: Indigenous Film Archive）という団体の協力を得て、毎年IFAがネパールで主催している国際先住民映画祭をドーハにも巡回させた。

れて共同の炊事場で手分けして自炊する。野菜より肉のほうが安価なため、毎日肉のカリーを食べ、野菜カリーは週1回にしている。外国人向けの高級ホテルでしか飲めない酒も、キャンプの路上の売人からビールやウイスキーが闇値で入手できる。仕事先へは朝夕に送迎車があり、住宅地区内は自転車で回る。制服に写真付きのIDカードを首から下げ、一日に一人約8か所のプールの保守と清掃を行う。水質検査と清掃の仕事は多くが機械化されており簡単で、早ければ3時頃には終わる。会社に内緒で居住者から直接プール清掃の仕事を請け負う人もいる。より儲かるし、居住者にとっても安上がりになるが、見つかると会社を解雇されるので彼はしていない。給料は月に1200ディルハム（1ディルハム＝約25ルピー、1ディルハム＝27.5円で約3万3千円）だが、それ以外に時間外手当とチップ、年に一か月分のボーナスがある。2年に一度、2か月の休暇があり一時帰国している。

　カタールのドーハと同じようにドバイのアル・グバイバ駅近くには、「ネパリー・パーク」人によっては「ネパリー・チョーク」と呼ぶ一角がある。金曜日の夕方に自然とネパール人が集まり、おしゃべりを楽しんだり、情報交換をしたりする場だ。だが、Rはほとんど行かない。またその近くには、3軒のネパール料理レストランとライブのネパール音楽を聞かせる飲酒店（ドホリ・レストラン）、ネパールの品物が入手できる雑貨店などもあるが、高額なため行ったことがない。

　他方、UAEにもネパール・マガル協会の支部があり、マガルの困窮者向け支援基金、死亡保険基金、4～500人が集まるような文化プログラム、バレーボール大会などの活動をしている[16]。Rもその存在は知っているが、

16　マガル協会UAE支部のもと役員からの聞き取りによる。彼によると、同支部の問題は登録費が高額なため、地元政府に団体として登録できていないことである。そのため、公に文化プログラム集会を開催すること、ひいては会場の確保が難しいという。UAEでの生活で一番困っていることは、高い医

そうした催しに参加していない。メトロの駅から離れたレイバー・キャンプに居住する労働者は、移動に最寄りの駅までタクシーを利用するしかなく、休日でも繁華街や催しに気軽に出かける金銭的な余裕はない。Rは近い将来、村でコーヒー栽培を始めたい、そして妻の父が暮らすパラシ（タライ）でブロイラー生産を共同で行い、ゆくゆくは独立したいと考え、日々黙々と働いている。

　海外に暮らす若者たちに資金を貸すなど、彼らに兄のように慕われ、Rともよく通じ合う村人によると、2014年3月時点で、Rの月給は1600ディルハム（約4万4千円）に上がっているという。同氏によれば、村の若者で最も稼ぎがよいのはマレーシアで働く若者（表2の28）で、月給が2000リンギット（1リンギット＝33ルピーで約6万6千ルピー、約6万6千円）になるそうだ。

3　マレーシア

　J（表2の18）は、2004年24歳のときダニヤの口利きによる知人からの借金（6万5千ルピー）と銀行からの借入金（5万ルピー）を元手にマレーシアへ渡航した。5年働いて帰国後、長男が生まれ、2011年から2年間カタールでキミヤと同じ企業で働いた。マレーシアには村の若者二人（表2の16, 17）と同じ日に同じ便で迎い、その内Jを含む二人が陶器に絵柄を付ける家内工場で働いた。もう一人は少し先に渡航した近隣の村人と共に家具製作工場で働いた（表2の14, 15, 16）。陶器工場には15人の労働者がおり、ネパール人は7人で、他にはバングラデシュ人、ミャンマー人がいた。10か月前から先に工場で働いていた同じ村の青年（表2の10。2回目はJとカタールに行き、キミヤと同じ企業で働いた）は、英語が分からず苦労し、一時は追い出されそうになった。だが、英語ができるネパールのタルー人が一人いて、社長とコミュニケーションがはかられ、そのおかげ

療費だそうだ。

でネパール人の仕事ぶりが評価され増員された。とはいえ、給料は安く、ネパール人の多くは他の会社に職を求めて逃げ（表2の17もその一人）、代わりにベトナム人やインドネシア人女性が入社してきた。だが、彼や彼女らも後に逃亡することになった。

給料は850リンギットの契約だったが700リンギット（当時1リンギット＝17ルピーで約1万2千ルピー、約2万4千円）しかもらえず、3年働いてようやく1000リンギットに上がった。3年目で24日の休暇をもらい一時帰国したときには、往復航空券とボーナスとして1600リンギットくれた。最後の1年半は現場監督に昇格し、信用を得て工場の鍵も持たされた。2回目の渡航もマレーシアでもよかったが、マレーシアは新たなパスポートを作らないと再入国できず、10年有効のパスポートがもったいないのでカタールに行くことにした。稼いだ金は主に、ソーラー発電設備の取り付け（1万5千ルピー）、母親の目の手術・治療費、水田（31万ルピー）・犂耕用のオウシ（1万4千ルピー）・スイギュウ（2万3千ルピー）の購入、住居の屋根の波形鋼板葺き（15万ルピー）に充てた。

同時期にマレーシアへ行った他の若者のその後も見ておこう。家具製作工場の給料は最初から800〜900リンギットと陶器工場よりも高く、一人は5年働いてブリンに80万ルピーの水田を買うことができた（表2の15）。また、Jとマレーシアに同じ日に行った同村の若者K（表2の17）は、陶器工場から逃げて別の工場で働き、その後も大好きになったマレーシアの渡航をもはやダニヤの仲介を頼らずに自力で繰り返している。彼はSLC（高校卒業資格試験）の不合格後、同郷のポカラ在住のJAを頼ってそこに住み、JAが就いていた住宅の配線工事を補助するアルバイトをしていた。そのため帰国後も村には戻らず、離婚を経て、ポカラで再婚した妻と暮らしつつマレーシアに働きに行くことを繰り返している。Kはマガル語のローカルな映画に出資し、自らも俳優として出演するなど、すっかり都市の暮らしになじむ。また、通い慣れたマレーシアに限るが、ダニヤと同じように村の若者を手引きする仲介者の役目もこなす。

他方、もう一人の家具製作工場で働いていた若者（表2の16）は、2008年、村に残した妻が既婚男性との間に子どもをもうけるという不祥事が起こり、実家との連絡や送金を絶った。マレーシアにおいても村の若者との交友関係が避けられ、一時は音信不通になった。だが、2015年に帰国し（帰村せず、タライに住む兄とだけ面会後）、東部出身のマガル女性とカトマンドゥで暮らし始めているという。

　名の挙がったJAについても簡単にふれておく。JAは村在住でこれまで唯一（インナー・タライに移住した所帯の子弟には大学卒の人が4人いる）、SLCに合格しポカラ大学に進学した若者で、キミヤの弟である。学費が払えず大学は中退したが、配線工になった彼は、UAE、カタールに働きに行き、3回目のカタール渡航（2014年）において、その経験を活かして待遇が良いドーハ空港内のカタール航空関連設備会社に職を得た。何れの渡航もダニヤが仲介していないので、表2には載らない。まだJAが大学生の頃、友人のマガルの学生を連れて帰省したが、それをきっかけに村の女性がその一人と結婚してポカラで暮らす。先のKそしてその弟（高校生）もポカラに住むが、村からポカラへの移出のネットワークが作られたのは、JAから始まるといってよい。

VI　社会的送付と社会的包摂

1　携帯電話と社会的送付

　カタールで働いていたキミヤは、ほぼ毎夜、妻子と携帯電話で話すことを楽しみにしており、100分通話できるプリペイドカード（25リヤル、約700円）を3日で使い切る。そのために彼がまずしなければならなかったことは、送金で村の実家にソーラー発電の設備一式を据えつけることだった。電化していないボジャ村では、携帯電話の使用、ことに充電はソーラー発電とセットになる。さもなければ、充電をいちいち他所にお願いしなければならない。現在村では、比較的早い段階で移住労働者を送り出し

た6所帯にソーラーパネルがあり、それらの家では夜にLEDランプが灯る。村の一部の電化は明かりへの欲求にも増して、コミュニケーションへの欲求から始まったといえる。

　携帯電話での通話やFacebookによりキミヤは、家族の日々の活動や農作業の進捗状況、村での出来事など何でも知っている。興味深いことに、移住労働者が電話をかける相手は家族ばかりではないようだ。世話になったダニヤはもとより、先述した若者たちに慕われている兄貴分の男性（ダニヤの兄にあたる）などにも近況を伝え、逆に村や他の移住先の情報を多元的に入手している。さらに、2012年、カトマンドゥに行ったことがないということで帯同することになり、数日一緒にいて初めて気づいたことだが、高校の12学年に通いながら小学校の臨時教員をしている村の女性の携帯電話にも、各国に居住する若者たちから日に何本も電話がかかってくるのだ。電話をかけてくる男性はほとんど既婚者で、彼女に特別の感情や用事があるのではない。村で見かけたら、ちょっと会話を交わすような他愛のないコミュニケーションが携帯電話を用いた国際通話で行われているのである。

　驚いたのはそれだけではなかった。私が村のある男性の若者に向いているのではないかと、調理師専門学校の情報をメモして説明し、パンフレットと共に帰村する彼女に伝言を託したところ、彼女は真顔で「私もこの調理師専門学校に行って、海外で働けないか？」と私に尋ねたのである[17]。

---

[17] ネパール人移住労働者には調理師として海外で働く人が少なくない。それに呼応してカトマンドゥには、調理師専門学校（Culinary Arts）が急増している。2012年に私が見学したある学校では、12学年修了が入学の条件で、授業はインド人講師により英語で行われていた。授業料は調理師が6か月で35万ルピー、給仕が3か月で15万ルピー、ハウスキーピングが3か月で12万5千ルピーである。壁には、修了後の成績に応じUAEのホテル（月給2万5千〜4万5千ルピー）、カリブのクルーズ船（月給679US＄）などに就職した実績が貼られていた。

ここから見てとれることは、日常的な移住労働者との会話のやりとりや帰還した彼らとの接触が、若い男性のみならず若い女性にまで、海外で働くことへの関心や憧憬を喚起させていることだ。

　レーヴィットは、移民が出身地にもたらす文化的影響を社会的送付（social remittances）と名づけ、それによって移民の「考え方、行動、規範、アイデンティティ、社会関係資本（social capital）が出身コミュニティにもたらされ、出身コミュニティが変化するとともに、それが移住先と出身コミュニティの間を環流する」［Levitt 2001］と指摘した。私の調査村ボジャは今日、カタールや UAE、マレーシアの話題が日常会話の中に頻繁に登場し、移住労働者が滞在する先々に姉妹コミュニティがあるかのような様相を呈する。移住労働者からは送金（remittances）のみならず、社会的送付がシャワーのように出身村に降り注がれている。それに伴い 10 歳代後半の未婚男性の中には（ダニヤの仲介による例は、表 2 の 38, 39）、SLC の合格を目指す以前に、学校を 7〜10 学年で中退して移住労働の道を追従する者が、2012 年には既に現れ始めている。彼らを移住労働に突き動かすものは、帰還した移住労働者や携帯電話を通じた現役移住労働者からの情報やネットワークによるところが大きく、労働観や将来設計、村に留まるか否かの考え方、理想の男性像や結婚観などに揺らぎをもたらしつつあり、SNS などを用い新たな社会関係を創る主体が形成されてきている。J のように移住労働で稼いだ資金で生産手段である水田を買い足す者もいれば、R のようにそうはしない者もおり、SNS で知り合った遠方の女性と結婚する若者（彼もその後マレーシアへ働きに出た）も現れている。

　移住労働者の現状の学歴（7〜10 学年中退）とインドでの就労経験、とくに公立学校では限界がある英会話能力では、ボジャ村の若者が就くことができる職種は最低賃金の非熟練労働に限られ、階層の変動はあまり期待できない。とはいえ、ダニヤが移住労働の裏道にまで精通した在村の仲介者になり、JA がポカラでの大学生活を経て厚遇の移住労働にアクセスできるようになり、K がやはりポカラとマレーシアに自分の居場所を見つけ、

キミヤが将来を見すえショベルカーの免許を取ったように、個人の意志と努力が階層の変動（上昇）を生む可能性は残る。SLC 合格を目指し勉学に勤しむ若者も少数いるが、インド以外の国への海外移住労働は、既に村の 10 歳代後半の男性にとって当然のようにして進む通過儀礼的なライフ・イベントになってきた感がある。社会的送付と過去約 10 年の間に築かれてきた社会関係資本によって、それまでもあった「移住の文化」が更新されつつあるのだ。かつてグルカ兵輩出の伝統を誇示し、その後はインドへの移住労働を常としてきたマガルなどのジャナジャーティは、湾岸諸国やマレーシアにおけるグローバルな世界経済に確たる立ち位置を見出したともいえる。

2 包摂か排除か

　ネパールからの移住労働者の低賃金と基本的人権にもとるような移出先での待遇や生活を見ると、移住労働はネパール社会で排除されてきた人びとが、安価な労働力としてグローバルな世界経済に搾取という形で包摂されたのだとも解釈できる。トファン［Toffin 2014］は、カタールの例を挙げ、社会的包摂の政策を誇らしげに語っている正にその時、国民の大部分が国から逃げ出し、怪しげな法的立場の下、基本的権利も剥奪され悲惨な状況で暮らしていることに留意しなければならないと警告する。

　だが他方で、ネパールの山村における労働が肉体的に過酷であることの裏返しでもあるが、キミヤの「仕事自体は大変ではない」という言葉や R の早ければ 3 時頃にはプールの保守と清掃の仕事は終わるという発言には、移住労働がこれだけ増えたもう一つのリアリティがある。移住労働によって、「楽な」仕事でたとえ僅かでも家族に送金することが可能となり、村においても整い始めた交通などのインフラや携帯電話、ソーラー発電、あるいは子どものための SLC 対策チューター（塾）などを、他の人と同じように、代金を払って利用し享受できるようになったことも事実なのだ。例えば、道路が延び乗合ジープが村近くまで来るようになると、村

人は二度と9時間かけてインナー・タライの町まで歩くことをしなくなった。また、かつて換金作物の乾燥ショウガ（soti）は背負いかごで担ぎインナー・タライまで出荷していたが、現在は道路の終点から駄獣のラバを持つ仲買人が村々を廻って買い付ける。もはや誰も背負いかごを担いで出荷したりはしない。一度始まった生活の利便性に逆戻りはほとんど見られない。「開発」が進んできた今日において、かつて以上に現金が必要となった生活と現金収入を求めての移住労働は、どちらが先というより同時並行的に起こっている。他の人と同じように、すなわち周りの大方の人と対等に、「開発」の恩恵に与るためには、彼らにとって移住労働が現状において唯一無二の選択肢なのだともいえる。

「ネパールにおける給付金は社会的包摂に寄与するか？」という論文でドゥルクザ［Drucza 2015］は、高齢者、寡婦、障害者、危機に瀕した民族、子どもへの給付金が、受給者に対して市民権の自覚や権利意識、国家に包摂され・尊厳を受け・ケアされているという感覚を高めるように作用し、社会的包摂や貧困削減に貢献していると主張する。重要とされるのは、役所で役人により給付金が直接手渡されることで、役人との対面の会話や役所を知る機会が増し、受給者の社会的ネットワークや情報へのアクセスが広がることである。つまり、そこでは給付金の収入にも増して、社会関係の拡張と意識の変化が社会的包摂につながることが論じられている。

この視点は、移住労働が十全とはいかないまでも内包する社会的包摂の側面を考える上で示唆に富む。キミヤが、彼の発案ではないとしても、仲間と共にネパール大使館を訪ね、雇われている企業の就労規則違反を陳情し、改善勧告がなされたことは、彼らに自国の労働者を庇護する国家の存在を印象づけるものとなった。ネパール人であることの自尊心や、逆に卑下といったアイデンティティ及び紐帯は、ネパールを離れ異国の地に住むことによって生まれ、移住労働者にネパール社会の一員であることをいや応なく意識させる。国境を越える移住労働は、国籍とパスポートという近代の道具の代替不可能性と帰属を発見させ、移住労働者をネパール人社会

に包摂する機能を果たしていると考えられる。

　加えて、社会的送付によって形成された社会関係資本や移民の送り出しネットワークは、「移住の文化」を更新させつつ出身村に浸透し、次世代の追従的な移住労働を生んでいる。そうして若者が移動の自由を得て、地球上の他のところで何が起きているのかを知ることは「社会的排除を永続させる不可視のバリアーを崩壊させる」[Drucza 2015] 契機となりうる。移住労働が内包する社会的包摂の可能性は、給付金のような即効性はないかもしれない。しかし、包摂しようとする集団の結果的にはエリートに恩恵を与えがちな留保制度とは異なり、移住労働は社会の底辺に置かれてきた人びとに広く波及する効果がある[18]。

　事例で見たマガルの移住労働者は、移出先においてマガル協会の文化的な活動に消極的であるし、より賃金が高い職種に就くネパール人との交流も滅多にない。そこに移出先においても継続する社会的排除を認めることは、容易であるし一理ある。しかしながら、移住労働によって、他の人と同じように、健康で尊厳ある「普通の」生活に一歩近づくことができていることは強調してもし過ぎることはないだろう。その意味で、移住労働はマガルの底辺に置かれてきた人びとを広い意味での市民社会に、最低限のレベルで、経済的、社会的に包摂させていると結論づけることができよう。包摂を市民としての権利と共に義務として捉える時、移住労働はマガルの人びとに市民として働いて、自尊心を持って「開発」や繁栄を享受する主体を創る基盤を提供しているのである。

18　最底辺としないのは、底辺の人びとは少なくとも渡航費を借りることができる社会関係資本を持ち合わせ、移住労働ができている階層であり、そこにもアクセスできない「最底辺」の人びととの存在が想定しうるからである。

VII　おわりに

　本稿では、社会的排除の結果のように見てとれる移住労働の中に、包摂の社会的、文化的な確たる一歩が見出しうることを記述し、他方で、グローバルな世界経済に、排除ないし搾取されたような形で経済的に包摂（subsumption）される移住労働者の実態を描写してきた。そこから読み取れることは、包摂と排除は二律背反というより、次元や側面を異にしながら並存するという点だ。あるいは、何かを排除することで初めて、別の何かの包摂が成り立つと考えると、ある局面では両者は並存するとも言い換えられる。それは南アジア研究者には馴染み深い、カースト制が持つ「反発し合いつつ統合される」という矛盾するような本質的性格に似ているようだ。だとすると、包摂の議論に過度の倫理的な価値判断を持ち出すことがなじまないことも明らかになろう。月に約3万円から多くても6万円を稼ぐために、家族から離れて国外で働くことの不条理を訴え、例えばだが、カタール政府の不正義を批判することは容易い。だが、グローバルな世界経済は日本も含めてつながっている以上、その道義的責任は自分にも降りかかってくると考えねばならない。

　移住労働に赴く若者の動機や決心に至った決定的なきっかけは何だったのか、移住労働を経験した兄弟や友人の中で誰のどのような言葉に最も影響を受けたのか等々、本稿では十分な情報を提示できなかった。表2に挙がる人物についても、その渡航歴や移出先での就労、生活について直接本人から聞き取りができた若者はまだ限られている。ボジャ村の若者に限っても、第一世代といえる2003〜2004年に初めて渡航した人びとと、第二世代ともいえる2011〜2012年頃に移出した人びととでは、世代も異なり移住労働に対する考え方や向き合い方も違ったものとなっていると思われる。それらの解明は今後の課題としておきたい。

　最新の新聞記事によると、2015/16年の移住労働者の数は約42万人で、過去4年間で最低の数値に落ち込み、前年度比で18パーセントの下落だ

という。その要因については、2015年4月に起こったネパール地震を受けて、国内の復旧建築においてより利益をもたらす雇用が生まれたからであるとも、2015年からネパール政府主導で推奨してきた「無料ヴィザと無料航空券」政策が、国外の雇用主に負担増を強いて求人が萎縮しているからだとも解釈されている［Sedhai 2016］。地震による全壊約60万戸、半壊約30万戸といわれる住宅等の再建に向けて、資金獲得のための移住労働がさらに増えるであろうという大方の予想は覆されたことになる。だが、ネパールの地震後の復旧の遅れを目の当たりにすると、移住労働者の減少は、その候補となるような当事者が仮設住居の建設と生活に追われ、国外に働きに行ける状態ではなかったことを想起させる。移住労働の今後の推移は、震災後のリバウンドを見守る段階といえるだろう。

謝辞

　本稿で用いるデータや情報は、科学研究費・基盤研究（B）「体制転換期ネパールにおける「包摂」を巡る社会動態の展開に関する比較民族誌的研究」（課題番号 24320175、研究代表者 名和克郎）、及び現代インド地域研究・国立民族学博物館研究拠点（研究代表者 三尾稔）の経費による調査に基づく。草稿の段階のペーパーは、国立民族学博物館・共同研究「ネパールにおける「包摂」をめぐる言説と社会動態に関する比較民族誌的研究」（研究代表者 名和克郎）及び現代インド地域研究・国立民族学博物館研究拠点の合同研究会において口頭発表し、参加者から貴重なコメントをいただいた。記して感謝申し上げる。

参照文献

Adhikari, Jagannath
 2012　Foreign Labour Migratoin and "Remittanomics". *Nepal Migration Year Book 2011*. Nepal Institute of Development Studies (NIDS).

Adhikari, Jagannath and Mary Hobley
 2013　*Everyone is Leaving - Who will Sow Our Fields?: The Effects of Migration from Khotang District to the Gulf and Malaysia*. Nepal Institute of Development Studies (NIDS).

Bruslé, Tristan
 2009/2010　Who's in A Labour Camp? A Socio-Economic Analysis of Nepalese Migrants in Qatar. *European Bulletin of Himalayan Research* 35/36: 154-170.

Drucza, Kristie
 2015　Cash Transfers in Nepal: Do They Contribute to Social Inclusion? *Oxford Development Studies* 44(1): 49-69.

Kaspar, Heidi
 2005　*I am the Household Head Now! Gender Aspect of Out-migration for Labour in Nepal*. Nepal Institute of Development Studies (NIDS).

Lal, CK
 2009　No Dignity in Death. *Nepali Times* 461.

Levitt, Peggy
 2001　*The Transnational Villagers*. University of California Press.

Lokshin, Michael, Mikhail Bontch-Osmolovski, and Elena Glinskaya
 2007　*Work-related Migration and Poverty Reduction in Nepal*. Policy, Research Working Paper no. WPS 4231. World Bank.

NIDS
 2012　*Nepal Migration Year Book 2011*. Nepal Institute of Development Studies (NIDS).

Paoletti, Sarah, Eleanor Taylor-Nicholson, Bandita Sijapati, and Bassina Farbenblum
 2014　*Migrant Workers' Access to Justice at Home: Nepal*. Open Society Foundations.

Seddon, David, Jagannath Adhikari, and Ganesh Gurung
 2001　*The New Lahures: Foreign Employment and Remittance Economy of*

Nepal. Nepal Institute of Development Studies (NIDS).
　2002　Foreign Labor Migration and the Remittance Economy of Nepal. *Critical Asian Studies* 34(1): 19-40.
Sedhai, Roshan
　2016　Migration Falls to Its Lowest in Four Years. *The Kathmandu Post*. July 25.
Sijapati, Bandita and Amrita Limbu
　2012　*Governing Labour Migration in Nepal: An Analysis of Existing Policies and Institutional Mechanisms*. Himal Books.
Toffin, Gérald
　2014　The Inclusive State: A Philosophy and Sociology of Social Inclusion. In *Perspectives on Social Inclusion and Exclusion in Nepal*. Om Gurung, Mukta S. Tamang and Mark Turin (eds.), pp. 218-240. Central Department of Sociology/Anthropology, Tribhuvan University.
World Bank
　2006　*Nepal Resilience Amidst Conflict: An Assessment of Poverty in Nepal, 1995-96 and 2003-04*.
樋口直人
　2002　「国際移民の組織的基盤―移住システム論の意義と課題」『ソシオロジ』47(2): 55-71。
石井溥
　2011　「激動するネパール、あふれるカトマンドゥ盆地」『南アジアの文化と社会を読み解く』鈴木正崇（編），pp. 435-471, 慶應義塾大学出版会．
南真木人
　2004　「「村人」にとっての都市的経験――ネパールの事例から」『〈都市的なるもの〉の現在――文化人類学的考察』関根康正（編），pp. 190-209, 東京大学出版会．
　2008a　「ネパールの社会運動と留保制度の開始」『人権と部落問題』769: 30-38, 部落問題研究所．
　2008b　「出稼ぎから学ぶ」『月刊みんぱく』30(10): 14．
　2015a　「移民大国ネパール」『現代インド6 環流する文化と宗教』三尾稔, 杉本良男（編），pp. 122-126、東京大学出版会．
　2015b　「民族運動とマオイスト――マガルの事例から」『現代ネパールの政治と社会――民主化とマオイストの影響の拡大』南真木人, 石井溥（編），pp. 339-

381, 明石書店.
2016　「ネパールのパスポート」『パスポート学』陳天璽, 大西広之, 小森宏美, 佐々木てる（編）, pp. 79-84, 北海道大学出版会.

第 13 章

多重市民権をめぐる交渉と市民権の再構成

在外ネパール人協会の「ネパール市民権の継続」運動

上杉 妙子

I はじめに

1　目的

外国への大量移出は、1990年代以降のネパール社会について語る上で無視することのできない現象である。今、外国に生活の拠点を移した人々が、ネパール社会との法的な結びつきを再形成し、新たな形でネパール社会に再包摂されることを目指す実践を続けている。それが、在外ネパール人協会が多重国籍／市民権の法制化を目指して実施している「ネパール市民権の継続」（*nepālī nāgarikatāko nirantaratā*）運動である。本章では、この運動がもたらした市民権体制と市民権概念の再構築について明らかにする。ここでいう多重国籍／市民権とは、一人の人物が有する複数の国家の国籍／市民権である[1]。

2　本章の射程

2-1　問題の所在と本章の課題

市民権（citizenship）とは何なのか。市民権研究に大きな足跡を残した社会学者のマーシャルによると、市民権とは「共同体の完全な成員である人々に与えられた地位」であり、同じ市民権を「所有するすべての人々はその地位に伴って与えられる諸権利義務において平等である」[Marshall 1964(1949): 92]。近代になり主権国家体制が成立すると、市民権を授与する政治組織体は主権国家にほぼ限定され、市民権は国籍と重合するに至った[ヒーター 2002:170][2]。例えば、英国や米国、オーストラリア等の市民権

---

[1] なお、一人の人物が所持する重層的な複数の市民権（例えば欧州連合（EU）市民権とEU加盟国市民権）を指して、多重市民権と呼ぶこともある。このタイプの多重市民権を特に垂直的多重市民権（ないし入れ子型多重市民権[Kivisto and Faist 2007: 12]）と呼び、本稿で扱うタイプのものを水平的多重国籍／市民権として区別することがある。

[2] ただし、EUのように、超国家的共同体でありながら市民権を加盟国の国民

は、日本語の「国籍」とほぼ等しい内実を備えた資格である。本章が検討対象とするネパール語の *nāgarikatā*（英訳は citizenship）も日本語の「国籍」に相当する。

なお、人類学的研究では、価値観や文化的実践などにより規定される、共同体の非公式的な成員資格を取り上げて「市民権」として論じることも多い［たとえば Ong 1995、上杉 2015］。しかし、本章では、日本語の国籍に相当する法的地位である「市民権」（法的市民権）に限定して、話を進めていくこととする。

国際法では、多重国籍／市民権は、外交的保護権や兵役義務の衝突などを原因とする国家間の紛争を生じさせたり、個人に過重な負担（納税や兵役）を課したり、単一国籍／市民権者との不平等を生み出したりするなどの弊害があるので、好ましくないとみられてきた［杉原 2008: 410; 高村 2002: 61］。1930 年のハーグ条約もその前文で、すべての人が国籍を一つのみ保持するべきであるとし、それは各国国内法にも反映されてきた［Martin 2003: 4］。しかし、近年では、①越境移動した人々が居住国の国籍／市民権を取得、②国際結婚から生まれた子供が両親双方の国籍／市民権を取得、③血統主義と出生地主義により子供が両親の出身国と出生国の双方の国籍／市民権を取得したりしているため、多重国籍／市民権保持者が増えている。そのため、個人の人格的利益の尊重という観点から、出身国の国民／市民としての帰属意識を保ったまま居住国の国民／市民たる資格を取得できることが望ましいと考えられるようになり、単一国籍の原則は見直されつつあるという［高村 2002: 61］。例えば、欧州評議会は 1997 年に欧州国籍条約を公布し、多重国籍／市民権を容認した［奥田・館田 2000］。その他の地域でも多重国籍／市民権を容認する国は増えている[3]。

　　　／市民に提供する例もある。

3　　その一方で、テロとの戦いを背景として、仏国民議会は 2016 年 2 月 10 日に、テロ関連の罪を犯した多重市民権保持者から仏市民権を剥奪できる規定を含

ただし、多重国籍／市民権を保持する人々が、全ての国で、完全な国民／市民としての権利を享受したり、義務を課されたりするわけではない。例えば、イスラエルは二重国籍を認めており、二重国籍者は兵役にも就くが、彼らは基本法の規定（Basic Law: the Knesset, Article 16A）により国会議員にはなれない。また、複数の国で選挙権を持っていたとしても、出身国で有権者として登録する二重国籍／市民権保持者は極めて少ないということがままある［Faist 2007: 8］。国際法でも実効的な国籍（effective nationality）とそれ以外のものがあるとする考えがあり、国籍法抵触条約（3条）では、多重国籍／市民権保持者の第三国における外交的保護権に関して、当該個人の常在的居所をもつ国ないし最も深い関係を有する国籍国の外交的保護権のみが認められると規定している［杉原 2008: 410］。要するに、個々の国籍／市民権は、等しい実行性能を持つものではないのである。

　では、当の多重国籍／市民権保持者は、複数の国籍／市民権についてどう考えているのか。彼／女らは、特定の国への積極的関与が他の国への忠誠心を危うくするとかそれと衝突するなどと感じることなく、二つ以上の国家に強い紐帯を感じるのが典型的だという［Martin 2003: 11］。つまり、必ずしも「引き裂かれている」わけではないのである。一体、彼らは、自らの国籍についてどのように概念化しているのだろうか。

　それを解明するためには、社会政治的・経済的な文脈を考慮しつつ、国籍／市民権をめぐる国家と移出民の交渉について検討することが、必要となろう。一般に、多くの移民を受け入れてきた先進国は、領土に居住する移入民を社会に統合するために、多重国籍／市民権を容認している［Castles and Davidson 2000: 88］。他方で、多くの移民を送りだす発展途上国は、領土に居住しない移出民を再統合する政策として、多重国籍／市民権を容認する。移出民と出身国との紐帯を維持強化することによ

む憲法改正案を可決した（2016年2月17日付け日本経済新聞）。

り、送金や寄付、投資などの富の還流を促進しようというのがその狙いである［Martin2003: 7］。送出国と移出民の相互作用は、「越領域的国民国家 (transterritorial nation-state)」［Guarnizo and Smith 1998: 8］と呼ばれるような、地理的な国家領域のみならずそれをも超えて国民統合を維持する国民国家を出現させる。しかし、多重国籍／市民権についての議論は、欧米等の移民受入国に軸足を置いたものが多く、多くの移民を送り出す途上国に軸足を置いた議論は十分であるとは言えない。一体、途上国からの移出民は多重国籍／市民権についてどのように概念化をしているのであろうか。

2-2　本章の課題

　そこで、本章では、「ネパール市民権の継続」を求める在外ネパール協会の運動を取り上げ、社会政治的・経済的文脈に注意を払いつつ、市民権体制と市民権概念の再構築について明らかにしたい。この運動は、移出民が外国の国籍／市民権を取得してもネパール市民権を喪失しないと法律に明文化することをネパール政府に求めており、多重国籍／市民権の法制化を目指す運動であると言える。それは、ネパール社会の劇的な変化の結果であると同時に、国家・社会の形を大きく変える可能性を秘めている。また、越領域的国民国家における国籍／市民権の一つの例を提供するものである。

　まず第二節では、「ネパール市民権の継続」運動の背景について概略を述べる。第三節では、運動の動機や在外ネパール人協会とネパール政財界との交渉について記述する。第四節では運動の成果について記述する。第五節では、市民権体制と市民権概念の再構築について考察する。

　記述に用いるデータは2008年から2015年10月まで断続的に行ってきた面接調査や行事などの参与観察、同協会のニューズレター（2009年10-12月より発行）などの文献資料の閲覧により集めた。

II 「ネパール市民権の継続」運動の背景

1 近代的な市民権制度の形成

ネパールで近代的な市民権制度の形成が始まったのは、1951年の王政復古後のことである。さらに1960年代以降、国民国家の形成や諸民族の同化政策が進む過程で、ネパール市民についての法的定義も整備され、父系血統主義と多重市民権の非容認、非市民の経済的権利の制限などの原則が確立した。

まず、王政復古直後に制定された公職選挙法（1951）では、選挙区に60日以上住んでいる人すべてに選挙権を付与するとし [Gaige 1975: 89]、政治的権利を広範な人々に与えた。その後制定された1952年ネパール市民権法（2009v.s.）（*Nepāl nāgarikatā ain*）では、出生による市民権獲得の原則として父母両系血統主義を採用し、①少なくとも片親がネパール生まれでありネパールに永住している人と②ネパール市民に嫁した女性はネパール市民であるとした [Gaige 1975: 89]。1962年憲法（2019v.s.）（7条）も父母両系血統主義により市民権を与えると規定した。しかし、二年もたたないうちに制定された1964年ネパール市民権法（2020v.s.）3条1項は、出生時に父がネパール市民であった人はネパール市民であると規定し、父系血統主義を確立した[4]。

多重市民権については集中的な政治運動のあった1958-1959年に頻繁に議論された [Gaige 1975: 105]。しかし、1962年憲法（2019v.s.）8条3項では未だ、外国国籍／市民権を取得した場合にネパール市民権を停止するとはしていない。多重市民権の禁止が明記されたのは、1964年ネパール市民権法（*Nepāl nāgarikatā ain*）（2020v.s.）が嚆矢である。同法9条1項は、ネパール市民が自らの意志により外国の市民権を獲得すると、そ

---

4 ただし、父母の消息が不明である未成年者にも市民権が与えられ、出生地主義が補充的に採用された。

の人物のネパール市民権は自動的に失効すると規定した［Śreṣṭha 2066v.s.: 697］。また、6条1項のkha号とga号でも外国人が帰化する条件として、他国の市民権を放棄することを条件としている。

　非市民の経済的権利について見ると、政府は1960年代以降、市民を外国人との競争から守るため、市民権が必要な経済活動の種類を増やしていった［Gaige 1975: 94］。土地所有については、インドとネパールの両国は相互に相手国市民の土地所有を認めるとしたインド・ネパール平和友好条約（7条）を1950年に締結しており、1952年のムルキ・アインと1964年の土地法、1964年の土地規則はいずれも、外国人による土地所有の維持を認めていた［Gaige 1975: 94-95］。しかし、1964年の土地改革以降、土地を購入する際の書式にネパール市民権をもっているかどうかを記入する欄が設けられ、外国人による土地の新規獲得は不可能となったという［Gaige 1975: 95］[5]。以上の市民権規定は常に、外国（特にインド）との間の両属的な人々に対する警戒感や「反インド感情」［Gaige 1975: 106］を反映しつつ形成されてきた。ネパールの市民権規定は、開放国境により曖昧になりがちなネパール・インド間の経済的かつ社会政治的な境界を明確にしようとする試みであったと言えよう。

　しかし、その影響を最も強く受けてきたのが、インドと国境を接するネパール南部のタライ地方に住む人々である。住民は山地民と「インド人」に分けられ、政治的にも経済的にも山地民が優遇された［Gaige 1975: 88］。「インド人」がネパールに帰化することは不可能ではなかったが、ネパール語の読み書き能力などの条件がつけられた［Gaige 1975: 92-93］。そのた

5　このことは、「インド人」とされたタライの小作人を苦しめ［Gaige 1975: 95］、1990年代以降のダリット解放運動やマデシ社会運動の遠因となった。その一方で、インド国籍を持つマルワリ商人が今もネパールにおけるネパールの事業の三分の一を保有しているという［Shakya 2012: 66］。そのためネパール社会では「インド人」に対する警戒感が残存している。

め、「インド人」とされた人々の中には無国籍者も多かった。

その一方で、外国との両属的存在のもう一つの例ともいえる、英国陸軍に雇用されるグルカ兵の扱いは異なっていた。グルカ兵は印パ分離独立以降、英国陸軍の正規兵であるが、1975年以降はネパール市民権を持っていることが入隊の条件となった。また、2007年までグルカ兵は英国市民権を取得することができなかった。グルカ兵の駐屯地では、少なくとも1990年代後半まで、ネパールの国民文化にもとづく文化政策が実施された［上杉 2004］。家族はといえば、香港返還より前は家族同伴勤務が制限されていたために、大多数のグルカ兵の家族がネパールにとどまって生活していた[6]。こうした仕組みにより、グルカ兵は両属的な立場に陥ることを免れていたのである。そのためなのか、2015年に制定された新憲法に至るまで、外国の軍務に就いたことを理由として市民権を剥奪する規定がネパールの法律において盛り込まれたことはない。

2　民主化以降の政治経済的変動

しかしながら、1990年代以降の政治の民主化と経済の自由化、その他の社会変動は、従来の市民権体制を揺るがすこととなった。

2-1　民主化に伴う社会運動とグルカ兵による不動産の売却

まず、第一次民主化運動により言論の自由が認められると、包摂と排除に関わる多様な社会的運動（マデシ、ダリット、女性、ジャナジャーティなど）が展開した。

退役してネパールに帰国していたグルカ兵も、英国人将兵と平等な待遇を英国に要求するようになった。その結果、1997年7月より駐屯地で家族同伴勤務を実施することが可能となった。さらに2009年までに、4年

6　ネパール市民権を持つものの、家族はシンガポールやダージリンに住んでいるという、グルカ兵もいた。

以上勤務したすべてのグルカ兵が英国定住権を獲得した。定住権の獲得は英国市民権取得に道を開くものであり、グルカ兵とその家族は続々と英国に移住した。しかし、英国市民権を取得しネパール市民権を喪失すると土地を所有する権利が失われるため、グルカ兵たちはネパール国内に所有する土地や家屋を売却し始めた。英国陸軍による以上の政策変更は、ネパールにとって貴重な外貨収入源の一つが失われることを意味するものであった。

2-2 経済の自由化

次に1990年代以降、ネパール政府は、国際通貨基金（IMF）や国際援助団体の求めに応じて経済の自由化を進めた。その過程で、非市民の経済的権利の制限も徐々に緩和されることとなった。1992年に制定された産業起業法（The Industrial Enterprises Act 1992 (2049v.s.)）は、IMFに対して1986年と1989年に約束した関税及び非関税障壁の削減と国内市場と国際貿易の脱規制化とを、民主化後に実行したものである［Shakya 2012: 71］。さらに、1992年外国投資及び技術移転法（Foreign Investment and Technology Transfer Act, 2049v.s.）（1996年〔2052v.s.〕改正）では、外国人による投資額が100%を占める事業の実施が認められ、投資された資本の本国引き上げも可能となった[7]。1997年には自由化計画の監視を行う産業振興庁が設立された［Shakya 2012: 70-71］。ネパール政府は2011年にさらに、投資に適した環境を整備するためにネパール投資庁を設立し、2012と2013の二か年を「ネパール投資年」と銘打った。

では、どこから投資を呼び込むのか。ネパール政府が期待をかけるのが

7　しかし、いくつか制約があった。それは、①外国人が投資できない分野の事業があること（3条4項）、②事前調査や事業実施のために査証が必要とされること（6条1項及び2項）、③投資家の家族に対する査証の発給は、10万米ドル以上の投資をする場合に限定されること（6条2項）などである。

移出民である。政府関係者はことあるごとに、移出民が投資などによりネパールの発展に貢献することを求める。例えば、チランジビ・ネパール経済省・高級経済顧問は「外国にいる多くのネパール人が自分の稼ぎの三分の二だけでも祖国に投資をすれば大変化の土台をつくる」と述べた［NRNA2013b: 9］。政府は、移出民の投資により経済発展を実現することは、発展途上国の自助努力（ownership）の強化を求める国際援助団体の方針とも合致すると考えていた。

インド政府による移出民統合政策も、ネパール政府のこのような経済政策に影響を与えていると考えられる。インド政府は、1990年代に入り経済自由化政策を導入した際に、在外インド人の財や活力を経済発展に生かすことを目的として、彼／女らの再統合政策も進めてきた。2004年5月には在外インド人省（Ministry of Non-Resident Indians' Affairs、同年9月にMinistry of Overseas Indian Affairs と改称）が設立された。インド政府はさらに、インド系外国人（Person of Indian Origin、2002年制定）や海外インド市民（Overseas Citizen of India、2005年制定）にいくばくかの経済的権利を与える制度を導入している。

2-3　移出の増加

1985年には外国雇用法（Foreign Employment Act 1985 (2042v.s.)）が制定され、ネパール人の海外就労が容易となった。さらに、1990年代のパスポート発給制限の緩和と政治情勢の不安定化に伴う経済不振のために、ネパール史上例を見ない規模の海外移出が生じ、グルカ兵の他にも、居住国の国籍／市民権を取得する移出民が出現した[8]。

言うまでもなく、ネパールからの人の移出は決して新しい現象ではな

---

[8] ピヤとジョシは、1990年の民主化と1993年以降の自由経済の受容の後にパスポートの発給が分権化され、海外就労が容易になったとしている［Piya and Joshi 2016:45, 51］。

い。しかし、1990年代以降の移出は、人数の多さと、目的地や出身民族／カーストの多様性に特色があった。在外ネパール人協会の元広報担当者によると、インドを除く110以上の外国に400万人から450万人程度のネパール人が居住している［Śarmā 2016: 72］。ネパール政府中央統計局も、不在者の数は1981年に402,977人（対人口比は2.7%）であったのが、1991年には658,290人（3.6%）、2001年に762,181人（3.3%）、2011年に1,921,494（7.2%）人と、年々増加していると報告している［Government of Nepal 2014: 231］。内戦中には高カーストの地主がマオイストによる攻撃の標的となったこともあり、ネパール社会において支配的な立場にある高カースト・エリートも大量に移出した。2011年の統計では、丘陵部のダリットと山地／丘陵部ジャナジャーティ-A（M/H Janajatis-A）（10.9%）の不在者人口比が特に高いが、丘陵部のブラーマンとチェトリの不在者の比率（それぞれ8.4%と8.1%）もネパール平均（7.2%）よりも高かった［Government of Nepal 2014: 132-133］[9]。彼らは、移出によりネパールとの経済的・社会的な紐帯や諸権利が奪われることに、強い危機感と悲憤とを抱いていた。

　大量移出の結果、移出民によるネパールへの送金は2014年にはネパールの国内総生産（GDP）の29.2%に達し、比率という点では、タジキスタンとキルギス共和国に次ぎ世界第3位であった［The World Bank 2016］。送金の大半は個人的な消費に使われているという。

　問題も発生している。例えば、ネパールに居住する市民が、外国籍／市民権を持つ兄弟による相続は無効だと提訴することがあった。一方、外国

---

[9]　中央統計局は、山地／丘陵部諸民族をM/H（Mountain/Hill）Janajati–AとM/H Janajati-Bに分けて分析をしているが、AとBの分類基準を明らかにしていない。強いていうならば、例外はあるものの、Aの多くはグルカ兵や商人、あるいは山岳ガイドとして外貨を獲得してきた民族であり、Bの多くはそれ以外の民族である（詳細は本書石井論文を参照）。

人労働者の人権が十分に保護されない中東諸国では、虐待や賃金未払い等の諸問題が発生したが、政治的混乱の対処に追われるネパール政府は、移出民を保護する対策を十分に講ずることができないでいた。

3　市民権制度の変更

　以上の諸変動は、1990年代以降のネパールの市民権制度にも大きな影響を与えた。例えば、民主化運動を受けて、2007年暫定憲法（2063v.s.）8条5項は、2946 (v.s.) 年チャイトラ月末日以前にネパール領内に生まれネパールに永住する人は市民権を獲得することができるとした。その結果、法律の上ではタライの無国籍者にも市民権を獲得する道が開けた[10]。

　その一方で、多重国籍／市民権を認めないとするネパール政府の方針は堅持された。2006年ネパール市民権法（2063v.s.）(*Nepāl nāgarikatā ain*) 10条1項は、ネパール市民が自分自身の意志で外国市民権を獲得すると、ネパール市民権は失効するとしている。また、同条4項は、ネパール市民権と外国の市民権を同時に持つ場合、16歳になった後2年以内にどちらかの市民権を選ばなければならないとし、選ばない場合にはネパール市民権が失効すると規定している。

　単一市民権の原則は出生による市民権獲得にも影響を与えている。国際結婚により二重市民権保持者が出現することを阻止する条項が盛り込まれているのである。2006年ネパール市民権法3条と2007年暫定ネパール憲法8条は共に、父または母がネパール市民であれば市民権を獲得できるとしており、新たに父母両系血統主義を採用したかのように読める。しかし、実は、ネパール人当事者が男性であるのか女性であるのかにより扱いは異なる。2007年暫定ネパール憲法8条7項では、外国籍の男性と婚

---

[10]　しかしながら、マスメディアは新たに市民権を獲得する人々の中に相当数のインド人が混じっていると批判したという［2008年聞き取り］。市民権の付与は順調には進まなかった。

姻しているネパール人女性から生まれた子どもであり、ネパールにおいて出生し、父の国籍を取得していないのであれば、ネパールに帰化することができるとしている。つまり、ネパール人女性と外国人男性の間に生まれた子は、帰化しない限りネパール市民権を取得できず、父母両系血統主義は骨抜きとなっている。実際、窓口業務に携わる官吏も、ネパール人女性と外国人男性との間に生まれた子供にネパール国籍／市民権を与えることを拒否していた [Kesī 2014]。その一方で、ネパール人男性が外国人女性と結婚した場合には子供の帰化は必要とされず、外国人の妻は帰化できるとする条項すらある (5条1項)。

2006年市民権法においても多重市民権を認めない規定が設けられたことは、外国の国籍／市民権を取得したりあるいはそれを目指したりしている移出民にとって看過できない問題であると、受け止められた。おりしも、王制が廃止され、新憲法の制定に向けて制憲議会選挙が実施されることとなった。新憲法の制定が多重国籍／市民権の容認を法制化するための絶好の機会だと考えた移出民は、在外ネパール人協会を通して「ネパール市民権の継続」運動を開始したのである。

III　在外ネパール人協会と「ネパール市民権の継続」運動

1　在外ネパール人協会の概要

在外ネパール人協会 (*Gairaāvāsīya Nepālī Saṃgha*, Non-resident Nepali Association, NRNA) はネパール政府の協賛を得て、2003年にロンドンで在ロシア移出民らにより設立された移出民の国際組織である[11]。同協会は、

---

[11]　Non-resident Nepali（在外ネパール人）という名称は、non-resident Indian（在外インド人）という名称からヒントを得て採用されたと思われる。ただし、non-resident Indian に対応するヒンディー語が *pravāsī bhāratīya* であるのに対し、non-resident Nepali に対応するネパール語は *gair āvāsīya*

①移出民の権利と利益の増進と保護、②移出民の世界的ネットワークや共通のプラットフォームをつくること、③観光振興とネパール文化の保存、④ネパールの経済的・社会的発展のために移出民の知識や技術、資本その他の資源を活用することなどを目的として、様々な運動・活動を実施している［NRNA 2013b: 45-47; Śarmā 2016: 72-73］。「ネパール市民権の継続」運動もその一つである。

　在外ネパール人協会には、中心的な合議機関として、国際調整評議会 (*antarrāṣṭrīya samanvaya pariṣad*, International Coordination Council, ICC) がある。その傘下に、会員の居住国である 73 か国（2016 年 5 月現在）の国内調整評議会 (*rāṣṭriya samanvaya pariṣad*, National Coordination Council, NCC) がある。さらに、協会の活動を全体的に統括する機関として国際事務局 (*antarrāṣṭrīya kāryakārī*) がある。

　在外ネパール人協会は、奇数年（西暦）の 10 月に国際総会 (*antarrāṣṭrīya mahādhiveśan*)［NRNAc: 6-7］と在外ネパール人世界会議 (*gair āvāsīya nepālī viśva sammelan*、世界会議として略記) を同時開催し、偶数年にはネパール以外の国において地域会議 (*kṣetrīya sammelan*) を開催している。国際総会では選挙が実施され、会長など国際事務局の役職者が指名される。

　在外ネパール人協会に対してネパール政府は高い期待を抱いており、観光産業の振興や対内直接投資の増加などに関する諮問会議に役職者を招き、政策形成に参与させている。

2　「ネパール市民権の継続」を求める運動

2-1　運動の開始

　では、「ネパール市民権の継続」運動はどのようにして始まったのか。

---

nepālī である。なお、協会の傘下にある NCC（次頁参照）Japan は「海外在住ネパール人協会」を協会の日本語名称としているが、本章では「在外ネパール人協会」という名称を用いることとする。

移出民たちは、在外ネパール人協会の創設時（2003）にはすでに、多重市民権の法制化に強い関心を持っていた。さらに、2004年に一部のグルカ兵の英国定住権取得について発表がなされると、それは、在欧移出民にとって喫緊の課題となった。まず、ドイツ在住の会員が中心となって多重市民権を法制化するためのタスク・フォースを結成した。2006年にボンで開催された第二回地域会議では、二重市民権の法制化に特に焦点を当て話し合った。以後、ネパール政府首脳や政党指導者を招いて実施される地域会議及び世界会議では必ず、二重市民権（2011年以降は「ネパール市民権の継続」）を求めるセッションが開催され、最終日に採択される宣言には法制化の要求が盛り込まれている。

2-2 運動の特徴

「ネパール市民権の継続」運動はどのような特徴を持つのか。

第一に、この運動は、多重国籍／市民権保持が認められる対象を、ネパールからの移出民やその子孫に限定しようとする。移入外国人が原国籍／市民権を保持したままネパール市民権を獲得できるようにすることを求めるものではない。協会顧問のスールヤ・スベディ英国リーズ大学教授（国際法）は、その理由として、中国人やインド人がネパールで土地を取得することを恐れているからであると筆者に説明した［2011年］。在外ネパール人協会は2011年以降、二重市民権の法制化ではなく「ネパール市民権の継続」を求めると言明するようになったが、それもこの方針をより明確にしたものであるといえる。

第二に、在外ネパール人協会は多重市民権が認められる資格を、近代的市民権制度の導入以降の移出民に限定している。そのため、1964年ネパール市民権法以前にビルマやダージリン、シッキム、アッサム、ブータンなどに移出した人々や、スガウリ条約（1816年）以前のネパール領（東はティスタ河まで、西はカングラまで）に居住する人々は除外される［NRNA2013b: 40］。同様に、第二次世界大戦などを契機としてミャンマー

に移住した人々も除外される[12]。

　第三に、南アジア地域協力連合の加盟国に居住したり国籍／市民権を取得したりした移出民も除外される。協会の役職者はその理由として、①インドとは査証なしで出入国できるから特別な地位は必要ないことと、②他の加盟国もネパールとの二重市民権を認めていないことなどを挙げた。

　第四に、在外ネパール人協会は父母両系血統主義に基づいて出生時に市民権を獲得することも要求している。例えば、在外ネパール人協会は2006年市民権法と2007年暫定憲法が父母両系血統主義を認めないのは国際人権関連条約の精神に反するので、新憲法は認めるべきだとする報道発表を、広報担当者の名前で発表した［Kesī 2014］。

　第五に、多重市民権についての議論では軍務の取り扱いが論じられることがあるが［例えばLegomsky 2003］、在外ネパール人協会ではとりたてて問題視されていない。それは、グルカ兵がネパール市民権を保持しつつ英国陸軍に雇用されてきた歴史があるからであろう。例えば顧問のスベディ教授は、もしグルカ兵が英国との二重市民になれば、今後はネパールのためにも戦うであろうと述べる［Suvedi 2013: 41］。退役グルカ兵自身も、「問題にならない。我々はネパール人でありながら英軍の軍務に就いてきた」［2013年］と私の懸念を一蹴した。

　第六には、ネパール市民と平等な経済的かつ政治的権利の伴う市民権を求めていることである。投票権はもちろんのこと、在外ネパール人も国会議員になることを許されるべきだとする人もある［2013年］。

　もっともすべての移出民が選挙権を求めているわけではない。移出民の中には、ネパールに居住しないのであれば選挙権を保留しておいた方がよいと考える人もいる。

---

[12]　こうした人々の例として、旧英領インド陸軍のグルカ兵が挙げられる。

2-3　動機

なぜ、移出民たちは「ネパール市民権の継続」を求めるのか。

① 祖国との感情的な紐帯

会員たちは祖国に愛着があると口々に述べる。ある退役グルカ兵（高カースト）は「英国にはガンジス河がない。ネパールの地で息を引き取りたい」と述べる［2013年］。別の移出民は、外国の国籍／市民権をとった移出民はネパールに入国するたびに査証を要求され、悲しい気持ちになるとした［Śarmā 2010］。また、退役グルカ兵であり「ネパール市民権の継続」運動のリーダーでもある会員は、「在外ネパール人にとってもネパールの良い伝統や文化、心は必要である」と述べた［2013年］。

② ネパールに対する責任感

祖国ネパールの発展のために貢献しなければならないという責任感は、運動の重要な動機である。

在英移出民はこう語る。「ネパールは生まれた場所で、英国は仕事の場所だ。根はネパールにある。ネパールのために何かしたい」［2011年］。創設時から三代にわたり会長を務めたウペンドラ・マハト博士も、ことあるごとに、「繁栄するネパール」を実現することが「祖国に対する義務」であると強調する。

移出民たちは、ネパールの発展のために、自分たちが居住国で獲得した財や経験、知識、技能、その他の資源を用いることができると考えている。協会のニューズレターの編集者は主張する。

> ネパール人の中にはこのように外国に行くことはよくないことであるというものが若干いる。しかし、国連事務総長の元補佐官のゴータムは『いずれ、ネパールの政治がよくなったらすぐに、外国で得た技能や資金を持ち込んで国家建設をするという主要な役割は、

外国に出たものの役割となる』といっている。[NRNA 2013a: 3]

移出民も語る。

> (移出民の) 送金や旅行者がネパール経済を安定させている。送金はネパールの GDP のかなりの部分を占める。アメリカやオーストラリアの在外ネパール人がネパールに里帰りすると援助をする。彼らはよい観光客だ。貧乏な観光客とは違う。慈善活動もしている。……もし在外ネパール人の 10% がネパールに旅行するとネパール経済に貢献する。もし在外ネパール人が一人 1 ポンド寄付するとネパールにとって利益となる。[2013 年]

そして、居住地で蓄積した財や知識・技能の円滑な移転やインバウンド消費を実行するために必要だと移出民が考えるのが、居住ネパール人と平等な市民権である。

> 在外ネパール人は、ネパールに何か困ったことが起きたら、たとえば災害があった時に助けに行く。しかし、我々が完全な市民でないとどうなるか。たとえばアメリカや日本が支援に来ると、政治家たちは「外国人が我々に指図している」というだろう。政治家は話をつくる。[2013 年]

③ ネパールにおける経済活動に対する関心

投資などの経済活動に対する強い関心も運動の動機の一つである。その背景には、有力会員に経営者が多いということがあると思われる[13]。

---

13 在外ネパール人協会で積極的に活動するためには、財力が必要である。まず、地域会議や国際総会、ネパール政府との協議などに参加する際には、旅費や

例えば、2016年現在の副会長は日本とネパールで手広く事業を展開している。彼は2014年に、ネパール市民権の継続を訴える歌を作詞して第8回地域会議とYoutube上で公開した。以下はその歌詞である。

「ネパール人をネパール人に」（バヴァン・バッタ作詞）

ネパール人をネパール人にと言うモットー
この偉大な国家の名声を高める途切れることのない運動

ガンダキ、コシ、カルナリ、メチ、そしてマハカリ
自国に奉仕するために会を維持し
技能や財産、肉体労働で母国に水撒きをしよう
母なるネパールの笑顔の写真を撮るのだ

（第一節の繰り返し）

見知らぬ国で汗を流し稼いだ財だ
どの方角に行っても投資をする。ネパール人の魂だ、これは。
我々のネットワークは、ヨーロッパ、アジア、オセアニア、アメリカ、中東へと広がりつつあり、アフリカにたどり着いた。

（第一節の繰り返し）

ジャートはない。階層が共有する文化を、この協会は守っている。
外国籍だからといって勤勉な若者を獲得しないのは不自然

滞在費を自費で負担しなければならない。加えて、国際事務局の役職者ともなると、500米ドルを寄付しなければならない。

在外ネパール人であっても目標とするところは広大
　　国の外の国、これは我々のネパールだ、万歳万歳
　　（以下、第一節と第二節の繰り返し）

　2015年の国際総会では、ウペンドラ・マハト初代会長が、ネパールへの投資はロー・リスク・ハイ・リターンであるとし、さらなる投資をするよう会員に求めた。

④　在外ネパール人の政治的影響力の維持
　移出民は、経済的権利を維持するためには、政治的権利が必要だという。

　　　我々に投票権がないと、ネパールの政治家たちや政党は、我々のいうことを聞こうとはしないだろう。だから投票権がほしい。投票権があるから政治家が在外ネパール人協会にやって来る。投票権のない二級市民では来ない。完全な権利がほしい。もし在外ネパール人の権利が制限されていると、政治家は法律を変えて高い税金を取るかもしれない。［2013年］

⑤　ジャナジャーティの政治力の維持
　ジャナジャーティ出身の移出民の中には、ジャナジャーティの政治的な力を維持するために選挙権を伴う市民権が必要だと考える人がいる。多くのジャナジャーティが移出したために、国内における政治力が低下することを危惧しているのである。

⑥　子孫とネパールとの紐帯の維持
　ネパールへの支援を継続するために重要だと会員が考えているのが、子孫とネパールとの紐帯の維持である。移民二世以降ともなると居住国の国籍／市民権を獲得する人が増え、ネパール市民権を失う。しかし、子孫た

ちがネパール市民権を保持していれば、ネパールの発展に引き続き貢献することができるだろう。あるいは子供たち自身もネパールとの紐帯を仕事に生かすことかできるかもしれない。移出民たちは異口同音に語る。

> 市民権がないと次の世代がネパールとのつながりを失うことになるだろう。ネパールのために貢献したいと思うこともなくなるだろう。市民権とは接触（contact）であり、貢献（contribution）である。[2008年]

⑦　祖国が移出民に対してもつ義務

一方で、退役グルカ兵である会員には、移出民に多重市民権を認めることはむしろ、ネパール政府の義務であるとする者もある。

> グルカ兵は200年間英国に雇用されてきた。英国とネパール政府の条約により入隊した。ネパール政府は英軍の軍務に就くよう我々を送り込んだのだ。200年前に。グルカ兵は英国市民権を取ることができなかったが、後になって彼ら（英国）はグルカ兵の貢献を認めた。グルカ兵はネパールに名声をもたらした。なぜネパール政府は二重市民権を与えないのか。ネパール政府には我々の市民権を継続させる義務がある。彼らが我々を送り込んだのだから。私はネパール政府に言った。グルカ兵にも（同じことを）言っている。『あなたたちには義務がある。あなたたちが我々を送り込んだのだから。将来、我々から市民権を奪う義務はない。』……だから政府はグルカ兵の面倒を見なくてはならない。ある工場が工員を別の工場に派遣した場合にはそうするではないか。……政府は我々にいうべきだ。市民権をあきらめるなと。しかし、逆に我々が言っている。これはおかしなことだ。[2013年]

2-4　交渉方法

「ネパール市民権の継続」を求める運動はどのようにして行われてきたのか。

在外ネパール人協会はネパールの政財界等と密接な協力関係を築きつつ運動を実施している。在外ネパール人協会は規約において非政治的な社会組織であることを謳い、政治的中立性を強調する［NRNA 2013b: 8-9］。しかし、二重市民権の法制化を実現するためには、高級官僚や政党関係者に対する陳情・ロビーイングは欠かせない[14]。国際事務局の役職者は、年に数回、ネパールを訪問し、政府首脳や政党指導者、制憲議会議長・議員、法律学者などとの会談を実施してきた。2006年にはメディアを対象とするキャンペーンも開始した。2008年にバンコクで開催された第三回地域会議では、政府高官との間で話し合いがもたれた。このような手法を取る背景には、役職者に高カーストの出身者が多く含まれ、政府との交渉術に精通していることがあると考えられる。

ネパールでは、各種団体が街頭デモを行ったり、ゼネストを呼びかけたりすることがよくみられる。在外ネパール人協会でも、女性会員たちが、米国で行われた社会運動にちなんで「官邸街を占拠せよ（Occupy Baluwatar）」と称する街頭運動を行ったことがある。しかし、在外ネパール人協会が「市民権の継続」のためにネパール国内で街頭デモを行うことはない。その代わりに、キーパーソンに対象を絞ってロビーイングを行っているのである。私がこのことを指摘すると、会員の一人は「よくぞ言ってくれた。我々はエネルギーの節約のため街頭デモは行わない」と誇らしげに語った。

さらに、2010年に協会は、『在外ネパール人のための二重市民権（Dual Citizenship for Non-Resident Napalis）』と題するポジション・ペーパー

---

[14] 政党との密接な関係は時として、国際事務局の役職者の政治的姿勢や政党の介入に対する会員の疑念を生じさせる原因となっている。

[NRNA 2010]を刊行した。協会が刊行するニューズレターでも毎号、「ネパール市民権の継続」を訴える特集記事や論文が掲載された。

3　2016年5月の時点における成果

では、「ネパール市民権」継続運動はどのような成果を挙げたのだろうか。

3-1　在外ネパール人法の制定

まず、ギャネンドラ元国王による直接統治が行われていた2005年10月に、在外ネパール人関連布告が制定された[15]。これは在外ネパール人に関する史上初の法令であったが、議会が停止している時期の布告であったので、直接統治が終結すると失効した［Śarmā 2016: 72］。しかし、2007年には改めて、在外ネパール人協会の助言のもとに「在外ネパール人に関連する制度をつくるために制定した法律」（gair āvāsīya nepālīkā sambandhamā vyavasthā garna baneko ain。以下、在外ネパール人法と略記）が制定された。表1（次頁）は、在外ネパール人法の内容の抜粋である。

在外ネパール人法で注目されるのは以下のことである。

① 在外ネパール人として認める対象から、南アジア地域協力連合加盟国に在住する人やそれらの国の市民権を取得した人、市民権制度の形成以前の移出民が除外されている[16]。この規定は、在外ネパール人協会の主張とも矛盾しない。

15　布告（adhyādeś）は議会が開かれない時期に必要に応じて発布されるが、法令と同じ効力を持つ。

16　これらの人々は、在外ネパール人協会規約においても在外ネパール人として認められていない。

表1　在外ネパール人法の抜粋

	条項	規定
在外ネパール人の定義	2条ka号	在外ネパール人（gair āvāsīya nepālī）とは、ネパール系外国市民及び外国に居住するネパール市民（以下、在外ネパール市民と略記）である。
	2条kha号	ネパール系外国市民とは、元来、自分自身もしくは自分の父母、祖父母がネパールの市民であったが、後に南アジア地域協力連合加盟国以外の国の市民権を取った人物である。
	2条ga号	在外ネパール市民とは、外国に少なくとも2年間居住し働いているネパール市民である。南アジア地域協力連合加盟国に居住する人や、ネパール政府から派遣された外交官、大企業の海外駐在員、外国の教育機関で研究を続けているネパール市民を除く。
IDカードの発行	3条	希望者は在外ネパール人として登録できる。
	4条1項	在外ネパール人には身分証明書（IDカード）を交付する。
	4条3項	IDカードの有効期限は以下の通りである。ネパール系外国市民は査証の有効期限に従って滞在し、最長10年までとする。在外ネパール市民は2年までとする。2年を超えて外国に滞在する許可を得たネパール市民には、その期限が終了するまでIDを与える。
在外ネパール人の経済的権利	6条	在外ネパール人は外貨で銀行口座を開設することができる。
	7条	在外ネパール人が50％以上出資する外国企業は、現行の法律によって外国からの投資のために開設された商工業事業所、またはネパール政府が官報で告知して在外ネパール人のために投資をする目的で開設された商工業事業所において、外国で獲得した財産をネパールで交換可能な外貨を用いて投資することができる。
	9条	在外ネパール人は、本法7条に従い実行された投資の金額及びその投資から得られた利益と同額の財産の返金を受け、外貨に換えて国外に持ちだすことができる。
	10条1項	ネパール系外国市民は定められた条件により滞在し、自分もしくは家族のために定められた面積の土地その他の資産を購入することができる。
	10条2項	ネパール系外国市民は購入した資産を法に従って売却することができる。
	10条3項	ネパール系外国市民が死去し、跡継ぎがなく、ネパール国内に財産をもつ場合、相続人がIDカードをもつネパール系外国人であればそれを相続することができる[17]。IDカードをもつ相続人がいない場合は法に従うものとする。
	12条kha号	在外ネパール人が個人的使用のためにネパール国立銀行から認可を得た金融機関を通して送金する金は、年間150万ルピーまで無税とする。
	12条ga号	非営利組織への送金は無税とする。
	13条	ネパール系外国市民はネパール市民と同様に商工業を営むことができる。
	14条	外国人が外貨でネパールに投資することにより獲得する便宜をネパール系外国市民も獲得する。
	15条	ネパール政府は、投資に関わる政策・法律をつくり在外ネパール人の投資意欲を高めるために、在外ネパール人協会を加えて諮問委員会を設立する。

② 在外ネパール人の資格が父母両系血統主義にもとづいて与えられている。
③ 在外ネパール人として身分証明書（ID カード）を取得した外国籍の移出民に、その他の外国人の経済的権利を大幅に上回る経済的権利が与えられた。彼／彼女らは、その他の外国人が禁じられている分野の事業に投資をすることもできる［NRNA 2012: 3］。
④ ID カードを取得した移出民に、無税による送金など、ネパールに居住するネパール市民をも上回る特権を与えた。
⑤ 政治的な権利義務（選挙権や軍務など）についての言及がない。

2007 年にはさらに、外務省に在外ネパール人に関係する部局が設立された。

その数年後の 2009 年（2066v.s.）には、在外ネパール人関連規則（*Gair Āvāsīya Nepālī Sambandhī Niyamāvalī*）も制定され、手続きの詳細や政府による在外ネパール人協会の統制などが定められた。以下は在外ネパール人関連規則の概要である。

① 在外ネパール人として登録するための手続き（手数料や申請書の様式など）[18]
② ネパール系外国人による投資のための手続き
③ ネパール系外国人による居住用不動産の購入のための手続きや

17　ここでいう「跡継ぎ」とは、ネパール市民権をもつ後継者に限定されると考えられる。

18　ID カードの取得に必要な手数料は、欧米及びオセアニア、アジアの大国に住むネパール系外国人の場合は 500 米ドルで、それ以外の国に住むネパール系外国人は 250 米ドル、外国に居住するネパール市民が 50 米ドルである［*Gair Āvāsīya Nepālī Sambandhī Niyamāvalī*, anusūcī 4］。

購入可能な面積[19]
④ 在外ネパール人協会を外務省に登録するために必要とされる条件
1) 帳簿の写しを外務省に提出する（14条）。
2) 解散したら資産はネパール政府に移管される（15条）。
3) ネパール政府は在外ネパール人協会の活動と会計を監督する（16条）。
⑤ 政府は、外国における在外ネパール人の文化的統一を確固たるものとするために、政府が同意しなくてはならない政策について提言すること（17条1項cha号）

3-2 投資の活発化

　在外ネパール人法が制定された結果、祖国に投資をしようという熱意が高まったという［NRNA 2013c: 8］。一例を挙げると、ナイジェリアでラーメン工場や砂糖工場、セメント工場などを経営するヒクマト・タパ氏は、セメント製造などの分野で数十億ルピーを投資する意向であるという［NRNA2013a: 2］。ネパール経済ジャーナリスト協会が、在外ネパール人による投資が集中する九つの地域を対象として行った調査では、在外ネパール人は2014年までに合計して298億5500万ルピーに上る対内直接投資を実行し、8,276人の雇用を創出した［Society of Economic Journalists – Nepal 2015: 9］[20]。

19　居住目的で購入が可能な不動産の面積は、地域により異なる。カトマンズ盆地の場合は2ロパニ以内である（在外ネパール人関連規則11条1項。1ロパニは約520平方メートル）。そのため、コンドミニアムの一棟購入などは不可能である［NRNA 2012: 3］。地税についても言及があるが、税率や税額については明記されていない。

20　この調査は、在外ネパール人協会の援助を受けて実施された。九つの地区とは、カトマンズとラリトプル、バクタプル、ゴルカ、マクワンプル、バグル

3-3　政治的権利を求める交渉

しかしながら、在外ネパール人法では政治的権利についての規定がなかったので、在外ネパール人協会は在外投票の実現とネパール市民権の継続を求めて交渉を続けた。

① 在外投票

ネパール市民権保持者による在外投票について、政党政治家は反対していないし、裁判所も認めた。さらに選挙委員会は在外投票について検討するために委員会を設置し、在外ネパール人協会の前会長もその委員となった。他の会員たちも、選挙委員会委員が居住国を訪問した際には面会し討議を行った。しかしながら、準備が間に合わないことを理由に、政府は2013年の第二回制憲議会選挙では在外投票を実施しなかった。在外ネパール人協会はインターネット投票であれば間に合うと政府に提案したが、受け入れられなかった。結局、選挙委員会は原則として在外投票を実施することはできないと結論を出した。すべての国にネパールの外交使節団が派遣されているわけではないし、すべての地域の投票ブースを設置することはむずかしいというのがその理由であった［Śarmā 2016: 79］。ただし、2016年現在の選挙委員会委員長は、比例代表制のみであれば、在外投票の実施は可能かもしれないと示唆したという［Śarmā 2016: 79］。

② 外国国籍／市民権取得者のネパール市民権の継続について

ネパールの政界では、第二次民主化運動の後で、タライの平地民を支持基盤とするマデシ系諸政党が、多重市民権の法制化を求めてきた。タライではインド人との通婚が多かったからである。他の政党政治家も概ね、在外ネパール人協会の主張に対して好意的であったという。マオイストも、第一回制憲議会選挙のマニフェストに二重市民権を認めることを明記した。

　　ン、シラハ、チトワン、カスキである。

そのマオイストが第一回制憲議会選挙で第一党となったので、在外ネパール人協会の幹部は多重市民権の法制化について楽観視していた。

しかし、異論がないわけではなかった。マオイストが2009年以前に作成した憲法草案では実は、州と国家の垂直的二重市民権は認めるものの、国家間の水平的二重市民権は認めないとしていた［CPN-Maoist n.d.: 6］[21]。また、ネパール共産党UMLも2065v.s.年（西暦2008年ないし2009年）に二重市民権を認めないとする憲法草案を作成した［Nekapā Emāle 2065v.s.: 4］。さらに、2010年の聞き取りによると、当時の最新の憲法草案にも二重市民権を認めない旨が書き込まれていた。そこで、国際事務局のメンバーは、ネパールで国会議員たちと最後の話し合いをすることとなった［2012年のインタビュー］。交渉の結果、市民権の継続に「市民社会」や法学者、政党指導者が同意したため、第一回制憲議会が作成した憲法草案には「在外ネパール人のネパール市民権継続を認める」条項が盛り込まれた［NRNA 2012: 9］。

ところが、第二回制憲議会選挙のマニフェストでは、政党の対応が割れた。マオイストは二重市民権の法制化を公約した［Nepāl Kamyuniṣṭpārṭī (māovādī) Kendrīya Samiti 2013: 10］。それに対して、ネパール会議派のマニフェストでは、在外ネパール人の権利の保障や在外投票、「在外ネパール市民権」に言及したものの、市民権の継続については言及がなかった［Nepālī Kā̃gres, Saṁvidhansabhā Nirbācan 2070, Kendrīyapracār-prasār Samiti 2013: 26］。ネパール市民権とは別の市民権を与えることを示唆したのである。第二回制憲議会で最大多数政党となったのは、このネパール会議派であった。

そのためなのか、第二回制憲議会選挙の後、市民権の継続をめぐる交渉

21　この草案はムリゲンドラ・カルキ博士のご厚意により入手した。草案の作成年月日は不明であるが、2009年につくられた英訳があるので、それ以前に作成されたと考えられる。

は難航した。特に、政党政治家が、インドに対する警戒感を理由に反対したという。彼らは、インド人男性とネパール人女性の間の国際結婚が増加しており、多重市民権を認めると、両国の市民権を持つ子孫を介して、インドがネパールの政治に介入してくる可能性があると懸念を示したという。すでに述べたように、在外ネパール人協会は、多重市民権の資格保持者から南アジア地域協力連合加盟国に居住したり国籍／市民権を取得したりした移出民を除外することを提案していた。しかし、政治家はそれでも満足せず、多重市民権の資格保持者から南アジア地域協力連合加盟国の国民／市民を除外すると、インドが反発して裁判に訴えるかもしれないと言ったという。

　政治家のこのような否定的な態度について別の解釈をする移出民がある。彼らは、ネパールの政治家が恐れているのは実はインドの介入ではなく、移出民の政治家により議会のポストが奪われることであると見ている。

　　　在外ネパール人は教育がある上に勤勉。民主主義を知っている。政府をどのように作るかを知っている。人気が出るかもしれない。……首相や大統領になるかもしれないと。……政治家は国を優先して考えなければならない。しかし、ネパールの政治家は、国よりも自分を優先する。本当は国を優先すべきだが。[2013年]

　しかし、市民権の継続を法制化するために、政党政治家の協力を得ることは必須の条件である。そこで政治家の懸念を取り除くために、首相などの公職に条件や資格をつけてはどうかという案も浮上した。たとえば首相になれる人の資格を、ネパールで出生し、6年間連続して居住していることとするなどである。在外ネパール人協会の関係者は、政党政治家の利害関心に配慮しつつ市民権継続の方策を探っていたのである。

　もっとも、新憲法はなかなか制定されなかったので、憲法制定を待たずに市民権法に通常の改正を行い、多重市民権を認めるように、市民権の獲

得や失効等についての規定を改正すればよいのではないかという意見も浮上した［NRNA 2013b: 41］。

3-4 新憲法における市民権規定

2015年4月25日、ネパールをマグニチュード7.8の地震が襲った。大地震は新憲法制定に向けた歩みを加速させることとなり、2015年9月20日にようやく、9年越しの憲法が制定された。その内容はどうであったか。

① 国際結婚の扱い

新憲法では、国際結婚により二重市民権保持者が出現することを阻止し、なおかつ男女で扱いに差をつけるという、2006年市民権法と2007年暫定憲法の方針が踏襲された。外国人の父とネパール人の母から生まれた子は帰化しないと市民権を取得することができない（11条7項）。さらに、帰化により市民権を取得した者は首相や大統領、最高裁長官にはなれないとする条項すら追加された（289条）。新憲法は、外国人男性を父に持つ子が高い政治的地位に就くことを阻止しているのである。一方で、ネパール人男性の外国人の妻は帰化することができるとする、2006年市民権法の規定は踏襲された（11条6項）。帰化を済ませた母から生まれた子は血統によるネパール市民であるので、上述の地位に就くことが可能である。

② 外国籍／市民権の取得によるネパール市民権の喪失

新憲法（13条）は、市民権の取得と再取得、喪失については連邦法の定めるところに従うとし、詳細な規定をしていない。

③ 在外ネパール市民権

新憲法は、外国籍／市民権を取得した移出民に対して、市民権の継続を認めていない。その代わりに、政治的権利の伴わない新しい成員資格を制定した。それが「外国の市民権を取得し、南アジア地域協力連合加盟国以

外の国に住むが、かつて父もしくは母、祖父もしくは祖母が血統もしくは出生にもとづくネパール市民であり、後に外国市民権を取得した者に、連邦法の定めるところに従い、経済的かつ社会的、文化的権利を享受することのできる在外ネパール市民権（*gairaāvāsīya nepālī nāgarikatā*）を与えることができる」とする14条の規定である。現在、この規定にもとづいて在外ネパール人法と市民権法の改定が進められているところである。前述したように、在外ネパール人法（2条kha号）では、在外ネパール人として認定される「ネパール系外国市民」から南アジア地域協力連合加盟国のネパール系市民を除外しており、この点、新憲法における「在外ネパール市民」の規定とは若干異なるので、修正される可能性がある。

3-5 「ネパール市民権の継続」運動の行方
① 新憲法についての移出民の反応

　新憲法に対する移出民の反応は二つに分かれた。好意的な評価を下した人々は、在外ネパール市民権が史上初めて制定され、経済的かつ社会的、文化的な権利が認められたことを高く評価した。否定的な評価を下した人々は、ネパール人女性の国際結婚により生まれた子供たちが血統によるネパール市民権を取得できないことや、在外ネパール市民権に政治的権利が伴わないことなどを問題視した。政治的権利が認められないということは、公務員になれないということであり、国立トリブバン大学の教員にすらなれないと不満を述べる人もあった。

② 「ネパール市民権継続」運動の今後

　では、運動はこれからどう展開していくのか。

　新憲法制定直後に開催された国際総会では、とりあえずは矛を収めるべきだという声が多かった。特に、多重国籍／市民権を認めない国に居住する移出民にそのような意見が多かった。同時開催の第七回在外ネパール人世界会議で採択された宣言（5条）でも、新憲法が在外ネパール市民権を

与えるとしたことを歓迎し、関連法規の制定を求めた［NRNA2016: 9］。

　一方、新憲法制定後、インド政府の支持を後ろ盾とするマデシ勢力が新憲法を批判して4カ月以上にわたり国境封鎖を実施した。その結果、ネパール国内ではインドに対する反発が強まった。従って現在、インドの影響力を強めることになりかねないとみなされている多重市民権がすんなりと認められるような政治的環境にはない。仮に在外ネパール人協会がネパール系外国人の政治的権利を求めて引き続き運動したとしても、当面は難航するであろう。

　もっとも、新憲法では、在外ネパール市民権をいかにして与えるのか、二世以降の移出民にどのような影響があるのか、これまでと同じパスポートが使えるのかどうかなど、細部が未だ不明であるため、在外ネパール人協会は法律で明確に規定するよう政府に要望しているところであるという［Śarmā 2016: 79］。

IV　考察

　1960年代以降に確立された単一市民権の原則は、ネパール・インド間の開放国境により曖昧になりがちな人の帰属や政治経済的な国境線を確立しようとするものであった。それに対して「ネパール市民権の継続」運動は、ネパール人の大量移出と経済の自由化という新たな文脈の中でネパール人を再定義し、政治経済的な国境線を引き直そうとするものであり、結果として市民権体制と市民権概念を再構築することとなった。では、市民権体制と市民権概念はどのように再構築されたのか。

1　市民権体制の再構築
1-1　移出民の法的範疇の創出
　在外ネパール人法の制定により、ネパールに住みネパール市民としての全ての権利義務を持つ完全なネパール市民と、完全な異邦人との間に、以

下の六つの移出民の範疇が新たに生じた。

- a. 在外ネパール人のIDカードを持つネパール市民
- b. 在外ネパール人のIDカードを申請する資格を持つが取得していないネパール市民
- c. 在外ネパール人のIDカードを申請する資格を持たないネパール市民
- d. 在外ネパール人のIDカードを持つネパール系外国人
- e. 在外ネパール人のIDカードを申請する資格を持つが取得していないネパール系外国人
- f. 在外ネパール人のIDカードを申請する資格を持たないネパール系外国人

さらに、2015年に制定された新憲法は、ネパール系外国人が取得できる成員資格として在外ネパール市民権を導入した。今後、上記のdとeが、在外ネパール市民として認定される可能性がある。

移出民の持つ経済的・政治的権利は、六つの範疇のどれに属するのかにより異なる。

在外ネパール人のIDカードを持つ外国人（d）は、一般の外国人を上回る経済的権利を行使することができる。しかし、南アジア地域協力連合加盟国に居住したり国籍／市民権を取得したりした移出民は、IDカードの取得すら認められないため、在外ネパール人としての経済的権利を得ることができない。また、IDカードの取得には手数料を払わなければならないため、在外ネパール人として経済的権利を享受することができるのは、ある程度の経済力を持つ人に限定される。

1-2 移出民の政治的権利の制限

移出民は精力的に交渉を続けてきたが、どのカテゴリーの移出民も政治

的権利を獲得することはかなわなかった。ネパール市民権を持つ移出民（aとb、c）は、額面上の政治的権利を持つものの、在外投票が実施されていないため、その権利は無きに等しい。また、新憲法では政治的権利を伴わない在外ネパール市民権が制定され、ネパール系外国人が政治的権利を行使する道も閉ざされた。外国人の父とネパール人の母から生まれた子供が首相などになれないことも考え合わせると、ネパール市民権の政治的な実行性能は、移出や婚出により大幅に低下すると言える。その背景には、外国（特にインド）とネパールの間の両属的な人々が国内政治に影響を及ぼすことに対する政府・政治家の警戒感が依然として連続していることがあると考えられる。

移出民の権利の内容は、外国からの干渉や政治的ポストをめぐる競合を排除しつつ財や知識・技術を国内に取り込むために、注意深く規定されているのである。

2　市民権概念の再構築

在外ネパール人協会の運動は、従来のネパール市民権体制には見られなかった市民権概念を強調し、その一部は在外ネパール人法や新憲法にも反映された。

過去及び現行の市民権法が、出生や帰化に関する条項で市民権取得の要件としてきたのは、父系血統や居住、読み書き能力、良き人格などであった。

それに対して在外ネパール人協会関係者が強調するのは、①父母両系の血統と②ネパールに対する忠誠心や責任感、③財や技能、知識、経験の投入によるネパール社会への貢献などの要件である。ネパール政府が移出民の再包摂を進めたのも、彼／女らがネパールの経済発展に貢献することを期待するからにほかならない。なお、タライの無国籍住民や西欧における移入民の包摂の事例［Rosaldo 1994: 57］と異なり、同一文化の共有は争点

にすらなっていない[22]。

　さらに、「ネパール市民権の継続」運動の言説では、個々の国籍／市民権は、ネパールの発展や移出民の事業の越境的拡大、政治的影響力の維持のために相補的な機能を担う複数の国籍／市民権として、概念化されている。すなわち、居住国の国籍／市民権は、資源（財や技能、知識、経験）を獲得する手段として概念化されている。一方、ネパール市民権はそれらの資源を国外から導入するための手段として概念化されているのである。従って、移出民にとって、多重国籍／市民権とは、ネパールの発展や移出民の事業の越境的拡大、政治的影響力の維持のために相互補完的な機能を担う複数の国籍／市民権から構成される、一つのセットであると見ることが可能である。このことは、多重国籍／市民権者が矛盾を感ずることなく二つ以上の国に紐帯があると感じているとする、先行研究の指摘［Martin 2003: 11］とも矛盾しない。

　居住国ではないネパールの市民権は、国際法の上では実効的でない市民権という位置づけになるのであろうが、移出民の言説空間の中では決して添え物の市民権というわけではない。そして、このような市民権概念こそが、送出国ネパールにおける多重市民権法制化を求める運動の駆動力の一つとなっていたのである。

V　結論

　本章では、在外ネパール人協会による多重市民権の法制化を求める運

---

[22] ただし、ネパール政府は、在外ネパール人の文化的統一を確固たるものとする政策の形成を視野に入れている（在外ネパール人関連規則 17 条 1 項 cha 号）。従って、地理的な国家領域を越えて共有されるネパール文化がどのようなものであるべきなのかということが、今後、焦点となる可能性もなくはない。

動を取り上げ、市民権体制と市民権概念の再構成について検討してきた。1990年代以降のネパール人の大量移出は、強い遠距離ナショナリズムを奉ずる在外ネパール人協会を生み出した。国外に住みつつもネパールの発展のために貢献したいという移出民の意志は、経済の自由化や対内直接投資の勧奨により経済発展を進めようとするネパール政府の経済成長戦略とも、合致するものであった。移出民たちは、祖国との紐帯の再形成を願い、「ネパール市民権の継続」運動を展開した。

運動は結果として、市民権体制と市民権概念を再構築するに至った。移出民は居住ネパール市民と異邦人の間の六つの範疇のいずれかに包摂され、一部の移出民は多くの経済的権利を得た。しかし、外国からの干渉や権力構造の変化を嫌う政府及び政党政治家の思惑もあり、移出民は居住ネパール市民と同等の政治的権利を得ることはできなかった。

しかしながら、移出民にとってネパール市民権は決して添え物の市民権というわけではない。「ネパール市民権の継続」運動の言説において、複数の国籍／市民権は、ネパールの発展や移出民の事業の越境的拡大、政治的影響力の維持のために相互補完的な機能を担う複数の国籍／市民権から構成される一つのセットと化している。

従って、多重国籍／市民権研究では、個々の国籍／市民権を個別に取り出して検討するのみならず、複数の国籍／市民権のセットが全体として移民の帰属意識をどう規定し、個々の国籍ないし市民権がその中でどのような役割を果たしているのかを見ることも求められるのではないか。このことは、越領域的国民国家がひしめく現代における、国籍／市民権研究の一つのあり方を示していると言えよう。

謝辞

データの収集にあたり、在外ネパール人協会会員諸氏から多大な協力を賜った。また、データの収集にあたりJSPS科研費の

JP19401047 と JP24320175、JP23520998、JP15K03054 の助成を受けた。関係者の皆様に心より感謝申し上げます。

参照文献

Castles, Stephen and Alastair Davidson
 2000 *Citizenship and Migration: Globalization and the Politics of Belonging.* MacMillan.

CPN-Maoist
 n.d. *Janatāko Saṁghīya Gaṇatantra Nepālko Saṁvidhān; Ek Avadhāraṇā Patra.*

Faist, Thomas
 2007 Introduction. In *Dual Citizenship in Global Perspective: From Unitary to Multiple Citizenship.* Thomas Faist & Peter Kivisto (eds.), pp. 1-23. Palgrave Macmillan.

Gaige, Frederick H
 1975 *Regionalism and National Unity in Nepal.* University of California Press.

Government of Nepal, Central Bureau of Statistics
 2014 *Population Monograph of Nepal Volume II (Social Demography).* Available under: http://cbs.gov.np/image/data/Population/Population%20Monograph%20of%20Nepal%202014/Population%20Monograph%20V02.pdf Accessed 2 May 2016.

Guarnizo, Luis Eduardo and Michael Peter Smith
 1998 The Locations of Transnationalism. In *Transnationalism from Below.* Michael Peter Smith and Luis Eduardo Guarnizo (eds.), pp. 3-34. Transaction publishers.

ヒーター, デレック
 2002 『市民権とは何か』田中俊郎・関根政美訳, 岩波書店.

Kesī, Man
 2014 (2071v.s. Pouṣ 13) Pres Vijñaptī (Ref. N-23/013-15). Available under:

http://nrna.org.np/press_pdf/n_23_013_15_prese_realease_on_nrn_citizenship.pdf Accessed 30 March 2015

Kivisto, Peter and Thomas Faist

2007   *Citizenship: Discourse, Theory, and Transnational Prospects.* Blackwell Publishing.

Legomsky, Stephen H.

2003   Dual Nationality and Military Service: Strategy Number Two. In *Rights and Duties of Dual Nationals: Evolution and Prospects.* David A. Martin and Kay Hailbronner (eds.), pp. 79-126. Kluwer Law International.

Marshall, Thomas Humphrey

1964(1949)   Citizenship and Social Class. In *Class, Citizenship, and Social Development.* T. H. Marshall, pp. 71-134. The University of Chicago Press.

Martin, David A.

2003   Introduction. In *Rights and Duties of Dual Nationals: Evolution and Prospects.* David A. Martin and Kay Hailbronner (eds.), pp. 3-18. Kluwer Law International.

Nekapā Emāle

2065v.s.   *Nekapā Emāleko Saṁvidhānko Khākā.*

Nepāl Kamyuniṣṭ Pārṭī (Māovādī) Kendrīya Samiti

2013   *Saṁvidhānsabhā nirbācankālāgi nekapā (maobādī) ko pratibaddhatā.* Available under: https://archive.org/details/ManifestoOfCommunistPartyOfNepalmaoists-ForConstituentAssembly Accessed 10 January 2014.

Nepālī kā̃gres, Saṁvidhānsabhā nirbācan 2070, kendrīyapracār-prasār samiti

2013   *Nepālī kā̃gresko ghoṣaṇapatra.* Available under: http://ujyaaloonline.com/mediastorage/files/Nepali Congress Manifesto 2070 Final.pdf Accessed 10 January 201

NRNA (Non-resident Nepali Association)

2010   *Dual Citizenship for Non-Resident Nepalis: Position Paper.*

2012   *Global Nepali* 11, June-August 2012.

2013a   *Global Nepali* 14, April-July 2013.

2013b   *Global Nepali* 15, October 2013.

2013c   *Constitution of Non-Resident Nepali Association, 2003* (Including the

Amendment of 2013).

 2016 *Global Nepali* 23, January 2016.

奥田安弘, 館田晶子

 2000 「1997 年のヨーロッパ国籍条約」『北大法学論集』50（5）: 93-131.

Ong, Aihwa

 1995 Cultural Citizenship as Subject-Making. *Current Anthropology* 37(5): 737-762.

Piya, Luni and Niraj Prakash Joshi

 2016 Migration and Remittance in Nepal: A Review of the Push-Pull Factors and Socioeconomic Issues.『広島大学現代インド研究：空間と社会』6: 41-53

Rosaldo, Renato

 1994 Cultural Citizenship in San Jose, California. *PoLAR: Political and Legal Anthropology Review*, 17(2):57-63.

Shakya, Mallika

 2012 Nepali Economic History through the Ethnic Lens: Changing State Alliances with Business Elites. In *Nationalism and Ethnic Conflict in Nepal: Identities and Mobilization after 1990*. Mahendra Lawoti and Susan Hangen (eds.), pp. 58-82. Routledge.

Śarmā, Hem Rāj

 2010 Enārenlāī dohoro nāgarikatā ki nepālī nāgarikatāko nirantaratā?『北大ビショウニ』12: 71-73.

   Available under:

   http://circle.cc.hokudai.ac.jp/nepal/bisauni/archive/issue12/pdf Accessed 17 December 2012.

 2016 Enārenko sāmānyajñān. In *Yuropka nepālīko abhiyān: Lagānī, punarnirmāṇ ra paryaṭan*. Non-resident Nepali Association (NRNA), pp.71-82.

Śreṣṭha, Jñāindrabahādur

 2066v.s. *Ain Saṁgraha: Mūl Daphāsahit Ek Tippaṇi*. Kathmandu: Pairavī Prakāśan.

Society of Economic Journalists – Nepal

 2015 *NRN Investment in Nepal (A Survey of Nine Selected Districts)*. Society of Economic Journalists – Nepal.

Suvedī, Sūryaprasād
   2013   Dohoro nāgarikatāko praśna. *Global Nepali* 15: 40-41.

杉原高嶺
   2008   『国際法学講義』有斐閣.

高村ゆかり
   2002   「国際法における個人」『国際法』水上千之・臼杵知史・吉井淳編, pp. 57-93, 不磨書房.

The World Bank
   2014   Personal remittances, received (% of GDP).
          Available under:
          http://data.worldbank.org/indicator/BX.TRF.PWKR.DT.GD.ZS Accessed 3 May 2016.

上杉妙子
   2004   「越領土的国民国家と労働移民の生活戦略——英国陸軍における香港返還後のグルカ兵雇用政策の変更」『人文学報』90: 169-214.
   2015   「グルカ兵はどのようにして英国市民になったのか？——移民退役軍人による多層的な自己包摂の試みと市民権の再構築」『軍隊の文化人類学』田中雅一編, pp. 459-485, 風響社.

第 14 章

現代ブータンのデモクラシーにみる宗教と王権

一元的なアイデンティティへの排他的な帰属へ向けて

宮本 万里

I　はじめに[1]

　インド亜大陸をみおろす大山脈に守られたヒマラヤ地域では、16世紀以降、大乗仏教やヒンドゥー教を奉じる比較的大規模な王政国家や神政国家が次々に生まれ、その版図を拡大した。そのうちの一つがシッキムのナムゲル朝であり、ネパールのグルカ朝であり、またブータンのシャプトゥン神政であった。しかし、中印国境紛争等を経てヒマラヤ地域の政情が不安定化すると、ナムゲル朝によるシッキム王国は1974年に国民投票を経てインドの一州に併合された。ブータンでは、1907年に現ワンチュク王政が形骸化したシャプトゥン神政にとってかわり、ネパールではラナ家による摂政（1846～1951年）を経て1951年に王政が復活していた。これら二つの王権は、近代的な制度を漸進的に導入しながら国際社会の中で君主制国家として再定位され、インド独立および中印国境紛争を経た後も、主権国家としての立場を維持することに成功し、比較的安定的な政権を確立していった。

　しかし、2000年代に入ると、ヒマラヤ地域に残されたこの二つの王制も大きな変革を迎えることになる。2006年、ネパールでは毛沢東主義者（マオイスト）による農村部を巻き込んだ「革命」あるいは「人民戦争」がついに終結し、その前後の民衆デモや議会政党とマオイスト間の合議を経て2008年にはついに王制が廃止される。他方、ブータンでは2000年代より国王主導の民主化政策が推進され、2008年には王権を維持しながら（俗人）普通選挙および政党制を導入して議院内閣制を発展させた「民主立憲君主制」への漸進的な移行が完了した。

1　本稿は、2015年刊行の『現代インド研究』第5号、149-165頁に掲載された特集研究ノート「現代ブータンの民主化プロジェクト――「政治的なもの」からの距離をめぐって」に国家間比較の視点等を加えた上、大幅に加筆・修正したものである。

このように、現在までにネパールとブータンの王権は一見全く異なる着地点を迎えることになった。インドのデモクラシーの影響を強くうけ、王政下にあっても知識人や学生の政治活動や言論活動が活発に展開されたネパールでは、1951 年に立憲君主制が宣言されて以降、議会および政府と王権の間には国の主権をめぐり常に一定の緊張関係が維持されてきた。国王が国会と内閣を解散した後 1962 年に公布されたネパール憲法では、王権の再強化が図られ、政党は禁止される。村落パンチャーヤット制度が国民の選挙権をかろうじて保障したものの、国政レベルでの政治参加は極めて限定的であったと言っていい。しかし、1990 年にはついにパンチャーヤット制廃止と複数政党制の復活を求めて民主化運動がおこり、同年に公布された新憲法は国民主権を謳い、翌年には 32 年ぶりの総選挙が実施されるなど、ネパールでは王権に対する民主化の要請が長く続いた後の王制廃止であったといっていいだろう。

　他方で、隣国ブータンでは 1952 年に第三代国王として王位に就いたジクメ・ドルジェ・ワンチュクが、周辺諸国における民主化の機運の高まりを受けて、国会の招集（1953 年）、大土地所有や封建的小作人制度の廃止、近代的教育制度の導入など、様々な政治・社会制度改革を実施しながら開放的な言論空間の発展を一時的に試みた。しかし、その後、中国共産党政府によるチベット侵攻とラサ蜂起（1959 年）、続く中印国境紛争（1962 年）、そしてインドによるシッキム併合（1975 年）等、ヒマラヤ地域の政治状況が不安定化するなか 1976 年に第四代として即位したジクメ・センケは、国民統合と国内政治の安定化を重視し、急速に保守的な傾向を強めていく。80 年代後半には、民族衣装の着用やゾンカ語の使用を義務化する「伝統文化」保護政策や、ネパール系住民を潜在的な対象とした「不法移民」排斥政策を先鋭化させ、結果、10 万人近いネパール系住民が国外退去を強いられることになった。

　このように、1950 年代に一旦近代化と民主化へ舵を切ったかのようにみえたワンチュク王権であるが、1980 年代以降は政党の結成を含むあら

ゆる政治活動を禁じ、官僚制度を拡充して中央集権化をすすめつつ、均質で忠実な「ブータン国民」に支えられた強固で安定的な絶対君主制の構築を試みてきたのである。2005 年にブータン国王ジグメ・センケが 2008 年の譲位と総選挙後の立憲君主制移行を宣言した背景には、国内政治の安定化と国民教育が一定程度達成されたという王室政府の認識が見え隠れする。確立した君主制の上に君主自らが漸進的な政治の解放と民主化を図るという道筋は、国王のクーデターによって議会への権限委譲が幾度も覆された歴史を持つネパールや、あるいは官吏によるクーデターにより立憲君主制への移行を承諾したタイの王権の歴史とも異なるものだ。

　また、制度上は絶対君主制から立憲君主制への単なる移行として捉えることもできる今回のブータンの体制変化が、国際社会でことさら「デモクラシーの到来」として称揚された背景には、憲法草案の作成過程における国民参加の推進、貧富や階層や性別による区別のない[2]すべての俗人に対する選挙権の付与、複数政党制と議院内閣制の導入といった一連の制度上の変化が、この国の人々に政治参加についての全く異なる経験を与え、新たな時代の幕開けをもたらすだろうという強い期待がうかがえる。

　しかし、ブータン王室自らが新体制を「民主立憲君主制」と名づけたことからも明らかであるように、ブータンの民主化プロセスにおいて、王権が国家の政治領域から完全に退出することは当初から想定されていない。むしろ、民主化を大々的に喧伝する一連のできごとは、ワンチュク王家の治世百周年に向けて計画されており、グローバルな要請に答えて制度を刷新することで、王権は新たな正当性を獲得している。2008 年 11 月に実施された第 5 代国王ジクメ・ケサル・ナムギャル・ワンチュクの戴冠式は[3]、

2　ただし王家の成員と宗教者は例外とされている。詳細に関しては後述する。
3　1907 年から続くワンチュク王制において、君主の逝去を待たずに世代交代が実施されたのは、第五代国王に関してのみである。憲法においては国王の 65 歳定年制度が導入されたが、2008 年の交代は、第四代国王ジクメ・セン

憲法草案をもとに行われた第一回国政選挙（2008年3月）と制憲議会による新憲法の公布（同年7月）に続く最大のイベントであり、ブータンの新体制を国内外へアピールするための、国際社会を巻き込んだ、一連の大規模な儀礼のクライマックスでもあったのだ。

　本章では、2007年以降の新たな政治制度の特徴を、ブータン政治において歴史的に重要な役割を担ってきた国会、王権そして仏教界の役割の変遷に注目しながら整理し、ブータンの「民主化プロジェクト」が人々の暮らしや政治意識、あるいは公共空間の形成にもたらす影響について、ネパールを含む周辺諸国との比較の視点をもちつつ考察を試みたいと思う。

II　国会と国会議員の役割

　ブータンにおいて国会が開設されたのは今回がはじめてのことではない。1950年代、ワンチュク王制第三代国王であるジクメ・ドルジェは、ブータン社会に根付く小作人制度や封建的な土地所有制度、物納等を廃止し、近代的な行政府と官僚制度を導入するとともに、ブータン史においてはじめて人民代表が参加する国会を開設した[4]。とはいえ、当時の国会は国民代表のほか官界代表と僧院組織の代表が参加する形で構成され、俗界と宗教界の境界、また行政府と立法府の境界が特に明確にされないまま、おそらく国王と官僚とが主導権を握る形で議事が進行したものと考えられる。当時の議事録をみると、主な議題は徴税に関するものであり、国民代表の国会議員はもっぱら地元の生活等に関わる項目に対して意見を上奏すると

　　ケの定年を待たずに実施されている。

[4]　ローズによれば、国会は設立当初130名から構成されており、その内訳は官界代表10名、僧庁代表10名、国民代表が110名であった。その後、官界代表が20名追加され、1960年代には総勢150名で構成されている［Rose 1977: 158］。

いう構図が伺える。70年代に調査を実施したローズもまた、当時の国会での議論は各地方の利害に関わる問題に偏り、国家的な問題に対する議員の無関心が顕著であることを指摘している［Rose 1977: 209-210］。しかし、それは同時に王を中心とした宮廷と官僚機構が絶対的な力を有していたことを示してもいる。官僚から選出された大臣によって構成された大臣評議会と、国民と僧院組織の代表から構成された王室諮問委員会等が君主の統治を補佐するというスタイルは1998年まで継続し、大臣評議会のメンバーから輪番制で首相が選ばれるようになった1998年以降も、基本的にはその形を変えてこなかった。そのなかで、2008年以前における国会議員たちの主要な仕事は、地域の要望を国会で発議し、同時に国会での決議を地域へ持ち帰って住民へ周知することであり、それは村落共同体と中央政府との間に立つ、政治的にはきわめて中立的な（あるいは政治性を持たない）、伝達者の役割を超えなかったといっていいだろう[5]。

では、2008年以降の国会と国会議員は新たにどのような役割を担うことになったのだろうか。新憲法が描くブータンの新たな政治体制は、基本的に行政・立法・司法三権の分立をうたい、立法権は国会（Parliament）に属することになっている。国会は、国家評議会（National Council: NC）と国民議会（National Assembly: NA）の、二つの議会から構成される。国家評議会が、全国20のゾンカック（Dzongkhag）[6]より選ばれた無所属の議員20名と国王によって推薦された5名の総計25名によって構成され

---

5 1990年代にルンチ県より初の女性議員として選出されたという女性は、当時は国会終了後に決議事項が記載された回覧を持って各村落をまわり、世帯の代表者に内容を説明したのち受領を示す押印を集め、その書類を首都ティンプーへ向けて発送することが主要な仕事であったと述べていた。
6 州あるいは県に相当する行政区分であり、全国は20のゾンカックに区分されている。ゾンカックの下部行政区にはゲオックがある。また大きいゾンカックでは、ゲオックとの間にドゥンカック（Dungkhag）と呼ばれる準ゾンカックがおかれる場合もある。

る一方、国民議会はゾンカック内に設けられた選挙区（人口に応じて各ゾンカック最大 7 区まで設立可能）から選出される政党所属の議員、最大 55 名から構成される。国民議会を構成する政党は予備選挙をとおして事前に絞り込まれた二党に限られる。そして、国民議会選挙で半数以上の議席を獲得した政党の党首は、首相に任命され内閣を組織する。

　これら、議院内閣制と複数政党制の導入は、従来の国会議員の役割や性質を大きく変容させた。国民議会の立候補者が予備選で選抜された二政党のうちどちらかへの所属を義務化されたことで、その選挙は、選挙区の人々にとっては立候補者本人の資質を問う以前に、各政党の党首の資質を問い、政党を選ぶための機会となった。実際に 2008 年の選挙期間中、ブータン東部に位置する筆者の調査村では、どちらの党首および党が自分たちの地域の開発（橋、自動車道路、電気等）に貢献できるかという点に議論は集約されていたといっていい。

　つまり、国会議員は、政党の公約や国会での決議を選挙区の人々に伝え、同時に人々からの要望やフィードバックを政党へ伝達し、政策に反映させるための媒介者と考えられていた。その存在は政府と村落をつなぐ媒介者であるという点において従来と変わらないものの、政府の政策へ影響を与えうる可能性、あるいは政府から直接便宜や開発などの資源を勝ち取りうる可能性という点において、従来の国会議員とは大きく異なる存在と理解されている。また、国会の議場におけるパフォーマンスが直接的に地域の利害につながりかねないという状況は[7]、国会議員一人一人の議場での発言に対する注目も高めている。

　こうした役割の変化を前提に、議員に求められる能力や属性も変容して

---

[7]　ブータンでは 1979 年にラジオの国営放送が開始され、1999 年にはテレビ放送が解禁されて国営放送が始まり、2008 年の選挙時に初めて生放送システムが導入された。現在までに、選挙時の演説や国会での議論は主にラジオおよび新聞をとおして全国に発信されている。

おり、それは端的に選挙法にも示されている。そこでは、全ての国会議員の候補者要件として年齢以外にはじめて学歴（大学卒業）が問題とされるようになったのである。従来、地域で国会議員の役割を担ってきたのがしばしば地主階層等に属する地元のエリートであったことは先のローズ［Rose 1977: 207-208］も 1970 年代に指摘しているが、2000 年代に入っても、例えば東ブータンの私の調査村ではゾンカ語でチミと呼ばれるこの旧国会議員のポストを経験した者は皆地主階層に属しており、近代学校で数年教育を受けた経験のある者か、僧侶経験者であった。つまり、ゾンカ語の識字能力があり、村内で一定の財力や権威を持つ者が推されてチミの役割を担ってきたのである。しかし、このたびの選挙法改定は、チミ経験者や従来の地方エリート層の多くを、候補者リストから排除する結果となった。

　大学卒業資格を国会議員の候補者資格とする国は、日本を含む先進諸国においても稀である。2014 年のブータン政府の教育統計によると、国民全体の統計は不明であるものの 19 歳から 21 歳に限った場合、近年の教育熱の高まりもあり、国内外の大学を含めた高等教育への進学率は 32％まで上昇している［MoE 2014: 30］。しかしながら、立候補を認められている 25 歳から 65 歳までの人口で考えた際、この数字をかなり下回るであろうことはブータンのこれまでの教育事情を考慮しても容易に予想ができる。それにもかかわらずこの要件を取り入れた背景には、国会議員個々人の行政能力や言語能力を底上げすることで、新たな国会とそこから構成される新内閣が、従来官僚によって構成されてきた旧内閣機構等と同等の政策策定・実施能力を持って欲しいという当時の中央政府の期待も透けてみえる。

　年齢層に関わらず、国語であるゾンカ語よりも英語でものを書くことに慣れ、幼少期の多くを村から離れた学校で過ごした大卒者たちは、村人にとっては多くの場合既に「よそ者」として認識されている。とくに、日本のような住民票制度のないブータンでは、基本的には現住所に関わらず戸

籍・本籍地登録簿に記された土地（多くは父あるいは母の出身村）での選挙人登録が一般的である。そのため、村落社会の人々にとって候補者の多くはしばしば共同体の日常の生活世界の外から登場することとなった。

　こうした状況は、従来のしがらみにとらわれないという意味で一定の自由さを生み出していた。選挙区内の世帯代表の合議による選抜という従来の制度が、地域の階層性や権威を温存しながらコミュニティに実際に暮らす人々の利害を主に反映していたのに比較して、政党政治の中で政府を選ぶ新たな国政選挙においては、村落の外に住む公務員や都市で働く人々の利害が大きく反映されたこともその一因だろう[8]。それは結果的に議員が属する階層の多様化と年齢層の若返りを導き、全体としてみれば村落共同体の旧来の階層性を解体する契機を含むものだった。また、資格を満たせば誰もが議員になりうるという状況は、選出された議員と選挙人との間に一定の緊張関係を生み出し、それは村落社会の中に限定的ではあるが新たな言論空間の形成を促しつつある。

III　ポリティクス（政党政治）からの距離をめぐって

　新憲法によって政党政治が正式に制度化され、俗人普通選挙による議院内閣制が導入されたことは、自らの一票をとおして政府を選択しているという新たな感覚を、少なからずブータン社会のなかに醸成している。従来の絶対的な君主と強固な官僚制度のもとで、政府に対する批判がそのまま国王批判へとつながりうる状況は、この社会における自己検閲の感覚を常

---

[8]　現金収入を公務員らの仕送りに依存する世帯が多い村落において、官公庁や学校で働く親族の発言力は大きい。2008年の選挙結果に関しても、2政党が拮抗するとした大方の予想に反し、Druck Puensum Tshogpa の劇的な大勝に終わった理由を、投票のために選挙直前に帰村した公務員に保守色の強いDPT支持者が多く、彼らの村人への影響力が強かったことに求める説は根強かった。

態化させてきた。しかし、選挙とその意味への認識の高まりは、大臣経験者や高官等、自らと異なる階層に属すると認識してきた人々を「被選挙人」として、自らと対等な立場あるいは自らの決定（票）に従属する存在として捉えることを可能としている。そして、政府（内閣）が選択可能であり、王権と切り離されているという認識は、言論空間における自己検閲のくびきを漸進的な解放へと導きつつあるようだ。

　2008年の選挙における争点は、各政党党首の政策実行能力に集約されたといってもいい。どちらか一方の政党が政権を担う制度となったことで、誰もが勝ち馬に乗りたいと考えており、そのための判断力が求められていた。しかしそれは100年にわたる安定的な王政に慣れ親しんだブータンの人々にとっては一定の困難さを伴うものだった。

　2008年の国民議会選挙では、各政党およびその立候補者の選挙活動をサポートするために、政党が村内の優秀な人材を党員および各村の政党代表（政党ツォクパ）として積極的にリクルートしていた。村内では、政党ツォクパに推薦されることは当初大きな名誉として受け取られたが、他方ではどちらか一方の政党に組みすることへの不安も表明され始めていた。当時、選挙直前に訪れた筆者の調査村（トンサ県およびモンガル県の各一村）では、世帯の成員の所属あるいは支持政党を意図的に両政党に分散する世帯が少なからず存在していた。トンサ県のN村に住む夫婦は、それぞれが異なる政党のツォクパを担っていた。夫のA氏は、選挙でどちらが勝つか不明であるため、どちらが勝利しても便宜が得られるよう（あるいは不利益のないよう）、妻が一方のツォクパに選出された後、自分が他方の政党のツォクパに名乗りでることを決めたと述べている。

　このように、国政選挙という初めての経験のなかで、人々が最も危惧していたことは、支持政党あるいは候補者の敗北によって何が起こりうるのか、という点であった。そのなかで、選挙に伴う政治的リスクの分散を計ることは、勝ち馬に乗ること以上に重要視された側面がある。複数政党制に基づく国政選挙の展開は、ブータン社会のなかに政治や政治的な事象に

ついて語ることが許されるような公共的な空間を形成する契機となりつつあったが、他方では、対立や競合あるいは分裂の契機を含むために、そこから生じる不利益の回避に対しても同時に大きな関心が寄せられたのである。特に、王権による家父長的な支配のもと、国家資源の分配が王（とその下の強固な官僚機構）の「公明正大さ」を前提とし、その采配に依存してきた社会においては、時々の状況や私的な利害に左右されかねない政党や首相という存在に国家の資源分配を委ねることに対する不安が様々な形で表明されていた。そのなかで、村落社会では、政党政治との適度な距離をどのように維持し、選挙後の資源の再分配に際して不均衡が生じるリスクをいかに軽減しうるかという点が、重要な関心事となったのである。

IV　デモクラシーと王権

　民主立憲君主制と名づけられたブータンの新制度において、王権は未だに代替不可能な位置を占めているといっていい。ワンチュク王家の治世百周年に向けて計画された一連の「民主化プロジェクト」は、第一回国政選挙（2008年3月）と新憲法の公布（同年7月）に続く第5代国王ジクメ・ケサル・ナムギャル・ワンチュクの戴冠式（同年11月）でクライマックスを迎えた。それは、選挙や憲法といった民主化のスパイスをちりばめたブータンの新体制を国内外へアピールするための、国際社会を巻き込んだ一連の大規模な儀礼のクライマックスであり、王権はグローバルな要請に答えて制度を刷新することで新たな正当性を獲得したのだった。

　では、ブータン王国憲法において王権はいかに位置づけられているのだろうか。憲法第2条「The Institution of Monarchy」には、王権の役割と権限のほか、退位に関する規定が26項目にわたって記されている。第1項にはまず、ドゥック・ギャルポ（ブータンの王）が国家の元首であり、それと同時に王国とブータンの人々の統一の象徴であることが明記されている [2-1]。そして、初代国王ウゲン・ワンチュクの正当な子孫のみが [2-

3]、ブータン統一の祖である高僧シャプトゥン[9]・ンガワン・ナムギャルの祝福を受けるべき君主であり [2-4]、シャプトゥンが敷いた聖俗二頭体制チョシは、仏教徒としてチョシ制度を擁護するところの国王が、その身の内に統合するものとされた [2-2]。

　第2条にはまた、未成年王に対する摂政委員会の設置、また、王の退位を迫る動議の過程が記された。第四代国王は父王が病死した後17歳で戴冠し全権を託されたが、新憲法では21歳までは王室の成員や首相で構成される摂政委員会のサポートを受けることとされた。さらに、第20項から第25項では、国会が王の意図的な憲法違反や精神疾患等を理由に退位を迫る権利を保証し、国会で承認された後は、最終的には国民投票による過半数をもって廃位できるとした [2-20, 21, 22, 23, 24, 25]。ローズ [Rose 1977: 199-200] によれば、国王の廃位を発議できる権利を国会に与えるという案は、1968年の国会で第三代国王（1952-1972）の手で既に提案されていたという。この案は1969年の国会でも国王によって再度提案されたため、当時の国会は一部修正を加えたのちに承認した。しかし、第四代国王に代替わりをした後の1973年の国会では、早々にこの制度の廃止が決定された。国会による国王の解任権は1998年の政治改革の折に再びとりあげられるが、今回の2008年法をもって初めて憲法に明文化されることとなったのである。これらの条項は、ワンチュク王制そのものの存在や存続可能性を否定し王制を廃止する権限を国会と国民に与えるものではないが、その時々の君主の個人的な資質を問い、その廃位を発議する権利の保証とそのプロセス（国民投票等）を明文化したことによって、ブータンの王制が絶対君主制から民主制の特徴を持つ立憲君主制へと大きく体制変更したことを国際社会に対してもアピールすることになった[10]。

9　シャプトゥンは聖俗両界の偉大な長を意味する敬称。
10　日本においても2007年当時のブータン民主化の解説において、国民投票による国王の解任がその特徴として示されているのをみることができる [柴田

では、王権の範囲は新憲法の下でいかに変容したのだろうか。憲法第2条の第16項によると、君主には、国家に対する功績の多い者に対して称号や勲章等を授与し、さらに市民権および土地を下賜する権利が残されており、また、懲役を短縮あるいは免除し、時に恩赦を与える権利が保障されている [2-16]。ブータンには古くからキドゥと呼ばれる伝統的な下賜のシステムが存在してきた。下賜の供与者は国王である。官僚等が乱用した時期もあったものの、基本的にキドゥは国王に排他的に属する権利であり義務となっている。懲役免除や恩赦等様々な形のキドゥが存在するなか、市民権と土地は近代国家を構成する本質的な資源であるという意味で、その供与者たる君主が、国家の資源分配においていまだに重要な位置を占めていることは明らかである。

　また、新体制のなかで国王は依然として国防軍の最高指揮官であり [28-1]、英国のように名目的なそれではなく実質的な指揮権を発動することが前提とされている。国防軍の長官（i）も軍昇進理事会の推薦名簿に基づいて国王自らが任命し、さらに、ブータンの主権、安全、領土保全が外国の侵略あるいは武装反乱によって脅かされた場合は、首相による書面での勧告と助言に基づき、国王が21日間を限度に非常事態を宣言することが認められている [33-1][11]。

　このように、資源分配と軍事についての権限の重要な部分を国王が担い続けるという状況は、政党政治を伴う議院内閣制という制度に対して実質的に一定の枷をはめている。国の根幹に関わる重要な資源を国王が握ることを前提にブータンの「民主化プロジェクト」はすすんでおり、それは基

　　2007]。

11　同条項では、21日を超えて延長する際には国会の三分の二の承認を得なければならないことが明記されているほか [33-3]、国会の四分の一を超える成員で国王の非常事態宣言に対する不賛成を動議することができるとされている [33-4]。

本的には立憲君主制をベースとした限定的な分権化プロセスとして捉えることもできるだろう。そうした傾向は、地方政治の制度にも看取できる。

1980年代以降、県開発委員会や地区開発委員会の設置等、様々な制度をとおして分権化をはかってきたブータンではあるが、実際のところ地方行政の要となる県知事（ゾンダ）の選出に関しては2008年以降も選挙制度は導入されていない。国会議員と各地区の長（ガップ）が選挙制度をとおして選出される一方で、地方行政の要となる県知事は国王の信任を受けた官僚がその職を担ってきたのである。いくつかの事例を見る限り、ゾンダは地方行政において比較的自律的な権限を維持しており、県開発委員会や県議会に図るというプロセスを経ながらも基本的には法律の範囲内で比較的自由に条例等を定めることができている。そして、その権限は王権によって正統性を与えられているのである。

このように、ブータンの君主は2007年以降も国の統治における重要な舵を依然として手にしている。王権は2008年に公布された明文憲法によってその権限に一定の制限を受けつつも、国家の非常事態に際しては軍の指揮権を握り、地方行政の要となる県知事の任命権等を維持することで、国内において自身の意思を直接／間接に反映できる独自のネットワークを維持しているといっていいだろう。そして、選挙や政党政治という新たな政治領域から切り離された県知事は、従来のとおり王権によってその権威に正統性を与えられ、ゆえに、村落社会において地区長や国会議員とは異なる超越的な存在として、敬意と畏怖の対象であり続けている。つまり、王権は公の政治領域において一定の実権を維持しつつも、政党政治と選挙から超越した場所にいることで、新たに形成されつつある言論空間での批判や査定を注意深く回避し、国の諸機関や人々の社会的地位、そして諸行為に正統性を付与しうるような絶対的な権威の源であり続けることが可能となっているのだ。

V　市民の権利と宗教者であること

　ブータンの民主化プロジェクトを概観するなかで、おそらく最も従来と異なる位置におかれたのは政府の僧院組織および仏教僧を含む宗教者たちであった。ここでは、憲法および選挙法の記述を参照しながら、公の政治領域における僧院組織および宗教者たちの位置づけがいかに変容したのかについて考察してみたい。

　17世紀にブータンをはじめて政治的に統一した者がチベットからのドゥク派（チベット仏教カギュ派の分派）の亡命僧であったことは、ブータンの政治制度の形成に大きな影響を与えてきた。17世紀、ブータンはこの亡命僧シャプトゥン・ンガワン・ナムギャルを国の長とし、その下に二界の行政システムつまり聖（仏教）界と世俗界の行政システムを別々におき、それぞれの長をジェー・ケンポおよびドゥック・デシとするチョシと呼ばれる二頭統治制度を導入した。そして、1907年にワンチュク王制が敷かれた後も、チョシ制度は形を変えながら引き継がれた。つまり、世俗界の長の地位がワンチュクの王へ引き継がれる一方で、宗教界の長であるジェー・ケンポの職位は継続的に仏教僧のなかから選抜されてきたのだった。

　チベットのダライ・ラマと同様に転生制度によって引き継がれてきたシャプトゥンの地位は、ワンチュク王制が設立する以前より形骸化しており、政治領域においても実質的な権力を行使することはなかった。その名目的な地位とその地位を引き継ぐ転生者の存在は第一代国王の時代には認められていたが、第二代国王の時代に転生者に認定された若きシャプトゥン・ジクメ・ドルジェ（1905-1931）は、ワンチュクの王からの政治的な実権の奪取を画策したとされ、最終的には王の命によって暗殺されたとされる［Dorji Wangmo Wangchuck 1999］。その後、自らシャプトゥンの生まれ変わりを主張する者は出たが、ワンチュク王制のなかで公に認められることはなく、ブータンの政治や宗教界の表舞台に立つ機会は与えられていな

い。

　他方で、仏教界の長であるジェー・ケンポには、俗界の長であるワンチュクの王と国家の権威を二分し、仏教界を統合する役割を引き続き果たすことが求められた。ワンチュク王制の下、両者は同等の立場にあるとされたが、仏教僧院はその後の税制改革や土地改革をとおして徐々に自立的な財源を失い、政府から資源の再分配を受ける立場となっていく。しかしながら、1953年に第三代国王の勅令によって国会が開設された際には、仏教界もまた国会において一定数の議席を留保され、僧院の代表を送り込む権利を与えられるなど、公の政治領域において一定の発言権を与えられてきたのである。では、仏教界に与えられてきたそれらの議席や権利は、今回の「民主化プロジェクト」において、どのように変容したのだろうか。

　新たに制定された選挙法のもと、ブータンでははじめて全ての成人（18歳以上）男女が一人一票の投票権を得ることとなった。しかし実際のところ、そこには例外として排除された二つのカテゴリーが存在する。一方は王族であり、他方が「宗教者（religious personality）」であった。該当項目の選挙法184項には、以下のように記されている。

　　「2007年宗教組織法（The Religious Organizations Act, 2007）」の規定の下で宗教組織または宗教者として定められ／登録された者として、トゥルク（化身）、ラマ（高僧）、影響力のあるいかなる宗教者、あらゆる宗教や政治的組織によって叙階された平信徒以外の成員は、政治の上部にとどまらなくてはならないために、政党および選挙へ参加すべきではなく、いかなる政党や候補者の利益のためにもその影響力を行使することはできない。

　この条項によって、ブータンにおける宗教界のすべての僧侶が選挙・被選挙資格を奪われ、選挙プロセスから明確に排除されることが明らかにされたのである。それは同時に、国会制度のなかで従来維持されてきた仏教界

のための留保議席が撤廃されたことを意味していた。

　それでは、2007-08年の国政選挙の際、この排除のプロセスは宗教界や仏教徒たちにどのように受け止められたのだろうか。当時デモクラシーと憲法という二つの概念に対する国民の態度は、それらをいわば君主からのキドゥ（下賜）として捉えるものだった。デモクラシーが「君主による下賜品」というカテゴリーに同定されるという状況は、人々のなかにある旧来からの自己検閲の機能を喚起し、新制度に対する批判を否応なく抑制していた。例えば新聞記事へのコメント欄等、徐々に解放されてきた言論空間においても、近年まで第184項に対する直接的な批判は実際にはほとんどみられなかった。「宗教は政治の上部にある」とし、「尊い仏教」を政治から遠ざけ敬うべきとするロジックは当時多くの人々にあまり抵抗なく受け入れられたようだ。その理由の一つには、具体的に政党政治や選挙を経験する以前から政治を「汚れたもの」として捉えるまなざしが、選挙に先立つ2005年12月31日に王命によって作られた汚職防止委員会（Anti Corruption Commission）等の機関の存在を受けて、既にブータン社会内部で定着しつつあった点があげられる。政治と汚職が切り離せないものであり、故に政党政治が導入される前に予防的に意識を高め、啓蒙すべきという王室政府の戦略は、ブータン社会内部に「政治politics」や「政治的であることpolitical」に対する恐れや猜疑心を広く埋め込み、それゆえに選挙や党派から離れた場所にいる者たちこそが正統性のよりどころとみなされるという構図を生み出していた。しかしながら、政治から遠ざけるべき対象となる「宗教者」とはいったい誰か、そしてそもそも「政治的なもの」はいかに定義されるのか、という実際的な分類と定義あるいは境界の問題となったとき、この条項は各地で一定の混乱を引き起こしはじめた。

　宗教者とそれ以外の者の境界を示す指標の一つは、宗教組織委員会（チョディ・レンツォグ）が管理する宗教者名簿とされている。この名簿は仏教僧はもちろんのこと、宗教に関連する組織や団体の代表者や成員もまた「宗教者」として広く登録するものである。そのために、僧侶以外の者

からも選挙／被選挙権が奪われることに対しては、当初からその妥当性に疑問が投げかけられていた[12]。また、仏教僧の内部における境界線をいかに引くのかという点も大きな論点となった。つまり、俗世を離れて僧院内に暮らす出家僧（ゲロン）のみを対象とするのか、あるいは村落社会のなかで生きる在家僧（ゴムチェン）も、政治領域からの退出を求められるのか、その境界の明確化が求められたのである。

同じく緋色のローブを纏う出家・在家の両僧侶たちは、日常において守るべき戒律や、村落社会とのかかわりにおいて、相互に大きく差異化されてきた。ゲロンと呼ばれる出家僧たちが無数の戒律に縛られながら文字通り僧院内で寝起きしつつ宗教行為のみに没頭する生活を求められている一方で、ゴムチェンとよばれる在家僧たちは各地に根ざす在家の高僧の下で修学したのち、村落社会で農耕や牧畜に従事しながら、必要に応じて各種の法要や儀礼をとりおこない、人々の日常の宗教空間を支えている。

日常生活において農耕や牧畜、ときに土木業などにも従事するゴムチェンは、土地や家畜に課せられた税金を納め、一市民として国家の経済活動に組み込まれてきた。彼らはまた、村落社会において数少ないゾンカ語の識字能力の保持者であったために、政府や仏教僧院等と村落共同体との間を媒介し、時に政策や勅令の翻訳者としての役割を果たしており、当然これまで地区長（ガップ）や村代表（ツォクパ）などの職に推された者も多かった。しかしながら、新憲法および選挙法は、これらの在家僧を含むすべての僧侶に政治活動へのかかわりを禁じ、選挙人名簿から除外するとともに、全ての選挙プロセスから排除することを決定したのである。

12　選挙終了後の2010年に、*Bhutan Observer* 紙上でインタビューを受けたある宗教財団の職員は、宗教団体への参加によって一般の成員が選挙権を失う場合、宗教団体への参加希望者は減少し、財団の経営も難しくなるだろうと述べ、それは宗教組織の持続性や成長を制限することになるのではないか、と疑問を投げかけている［Bhutan Observer 24, Sep, 2010］。初出は宮本［2011］を参照。

ゴムチェンとして教育を受け、村の宗教儀礼を担う者たちは、基本的に文化庁（Department of Culture）および宗教組織委員会の事務官によって管理される先の宗教者名簿への登録が義務づけられている。しかし、選挙法公布後初の選挙となった 2007-08 年の選挙では、宗教者名簿の周知が十分ではなく、宗教者の判別は自己申告や各地の選挙人登録所の担当者の判断に依存するところも大きかった。例えば、トンサ県コルフ群内のある選挙区では、村の仏教寺の管理を担当していた平信徒の男性が、選挙人登録に訪れた先で、夕方のつとめ（早朝仏壇に捧げた水を日没前に取り除く等の日常的だが不可欠な仏事）に遅れないよう担当者に迅速な手続きを願い出たところ、担当者はこの男性をゴムチェンと考え、選挙人カードの発行を差し止めている。男性は後日再申請を行ったが、結局選挙に間に合わせることはできなかった。この年、「宗教者」の定義をめぐる類似の混乱が多数報告されたことにより、選挙委員会は翌年の 2009 年までに第 184 項の解釈についての見解をまとめ、その周知をはかったのである［ECB 2013b］。

　このように、2008 年の混乱後、村落に生きる在家僧をはじめ、あらゆる宗教や宗教組織に属する宗教者たちが、政党政治や選挙等、全ての政治活動へのかかわりを一切禁じられることが改めて明確に定義された。また、上記の見解には、政党、立候補者、支持者による選挙期間中の宗教儀礼や法要の実施、およびそれへの寄付行為を禁じるとの一文も付記されることとなった［ECB 2013b］。

　公の政治領域からあらゆる宗教者や宗教的儀礼を排除する第 184 項は、その後の 2011 年の地方選挙および 2013 年の第二回国政選挙でも厳格に適用されていく。この排除が社会内部で理念的にはある程度受け入れられてきたことは既に述べたが、人的資源の活用という点からみたときにはいくつかの問題が表出している。それは 2011 年の地方選挙に際して特に明らかになった。地区の行政を率いるガップ（地区長）、マンガップ（副地区長）そしてツォクパ（村代表）を選ぶというこの地方選挙において、識字能力とリーダーシップを発揮してきた有力な候補者たちの多くが、実はゴ

ムチェンとして宗教者名簿に登録されてきたことが明らかになったからである。

　大学卒業資格が必須である国会議員に対し、地方選挙では学歴に関する規定が外されたが、代わりに識字能力を確認する予備試験が導入された。村に残る数少ない教育を受けた若者たちを除けば、僧侶としての教育を受けたゴムチェンは現在も村落において識字能力を持つ数少ない知識人層であり続けている。識字能力試験に馴染まず、資格を満たさないまま候補者から排除された者も当然いたが、資格を得たゴムチェンたちは選挙前に宗教人登録名簿からの除籍を試みることになった。

　多様な宗教者が存在し、個人が複数の属性をもちながら共時的に複数の役割を果たすことが当然あるいは必要とされてきたブータン社会のなかで、宗教者を排他的に区別することは、実際のところそれほど容易なことではなかった。それは、宗教者の定義およびその政治からの排除についての周知の不徹底さも手伝い、引き続きいくつかの混乱を生んでいる。例えば 2013 年の第二回国政選挙の際にも、予備選挙において 3 名の宗教者が実際に誤って投票を行い、8 名の選挙人が宗教者として誤って登録をされていたことが選挙委員長により公表されている［Election Commission of Bhutan 2013a］。宗教者の同定は、実際のところ仏教界、宗教委員会、県の行政府、地区の行政府、そして宗教者自身という多数の機関やアクターの連携によって初めて可能となる困難なタスクであり、それは同時に、宗教者とされる人々がこの社会のなかに深く不可分に埋め込まれていること示している。

　新たな地方選挙法の下で行われた 2011 年の地方選挙では、村落社会に生きる多くのゴムチェンが、自らの識字能力や培った交渉能力を共同体の行政に生かすのか、あるいは在家僧として残り、人々の暮らしに不可欠な儀礼や法要をとおして共同体の日常の宗教空間を支えていくのか、という二者択一を迫られるようになっていった。政治から宗教者を排除する規定は、僧院内部で展開される一元的な仏教世界の外に自らを置きつつ、多様

な自然神崇拝や儀礼を含む人々の豊かで日常的な信仰世界のなかで、宗教世界と日常実践を繋いできたゴムチェンらの内側にも、新たな境界線をひき、彼らに対しどちらか一方の集合的なアイデンティティへの排他的な帰属を求めている。

VI　選挙委員会の権限と役割

　前述の宗教者排除の項目の解釈にもみられるように、ブータンの民主化プロジェクトのなかで、様々な境界線やカテゴリーの定義について大きな権限を得ているのが選挙委員会（Election Commission of Bhutan: FCB）である。第一回国政選挙や新憲法が公布された2008年に先立って設立されたのが、先に述べた汚職防止委員会（2005年12月31日設立）と、選挙委員会（2006年1月16日設立）であった。特に選挙委員会は、民主化に先立ち国民にとって全く新しい概念となる政党や国政選挙、デモクラシーの定義とプロセス、それによって得られる権利と義務とを国民に理解できる形で提示し、啓蒙し、教導する役割を担ってきた。

　仮選挙法および憲法草案に基づいて行われた2007-08年の国政選挙では[13]、法律の解釈はほぼ排他的に選挙委員会の判断に委ねられており、選挙運動中には憲法および選挙法の解釈をめぐる照会が、実に111件にわたって寄せられている[14]。照会の多くは対立政党の政党員や立候補者から

---

[13]　選挙法は第1回の国政選挙が終了し、新政権が発足した後、2008年7月28日の第1回国会で承認され、正式に施行された。

[14]　ブータンの選挙法はまだ解釈が一定ではなく、その行間の幅が大きいために選挙のたびに候補者や政党から様々な訴えおよび照会が出ているようである。そのため、2013年に選挙委員会は、"Election Dispute Settlement Rules and Regulations of the Kingdom of Bhutan, 2013" を発表し、照会事例に対する正式な調査手続きを法制化した［Election Commission of Bhutan 2013c］。

の訴えであり、選挙委員会はその都度個々の事例に関して調査を実施し、法に基づいて最終的な判断を下すことが求められた。

　照会項目は多岐にわたり、例えば、候補者による選挙区内の寺院への寄付、候補者が国家公務員時代に関わった政策や開発事業を自らの成果として選挙活動に流用すること、選挙期間中に宗教儀礼を行い仏や土地神の助力を得ること、などの正否が議題となった［Dorji 2009: 48-51］。また、選挙委員会による非常に厳しい判断の一つには、投票日の3週間前に立候補者から候補者資格を剥奪した事例も含まれる[15]。また、2013年の国政選挙では、予備選挙に参加予定であった政党の一つが、必要な候補者数を僅差で満たすことができず登録を見送られている[16]。

　その他にも、候補者による選挙期間中の宗教儀礼実施に対する規制の導入、あるいは政党交付金に対する違憲判断など、選挙委員会とその長は、選挙に係わる全ての事象を精査するいわば超越的な権限を得ることで、ブータンにおける「デモクラシー」の制度を実質的に形作っている側面がある。特に、選挙期間中の全ての儀礼に対する規制は、家人が発病した際に祈祷治療（僧侶、占星術師、呪術師等による祈祷や儀礼）を実施できるか否か、村祭りの時期の変更が必要か否かなど、各地で大きな戸惑いを生んでいた。選挙委員会はその意味で、ブータンの人々の日常の宗教空間における各種儀礼の意味やその正当性に関しても、一定の影響を与えうる存在となっている。

VII　公共的な空間と差異の政治

　ブータン王室政府が政治制度の民主化を試みはじめたとき、これまでの

---

[15]　この事例に関しては詳細を次節で後述する。
[16]　この際、ともに予備選挙を戦う予定の政党代表者からは連名で登録許可の誓願が出されたが、登録見送りの結論が覆されることはなかった。

絶対王政下でいわば去勢されてきた言論空間の再構築は一つの課題とされた。政府は、王の手を離れる新たな政党政治の導入に際して、国民が政党の公約や施策を批判的に検討できるような言論空間を構築する必要性を認識しており、それは当然ながら「表現の自由」や「多元的なメディア」という民主主義の国際的な基準を担保することにもつながるものだった。

政府は選挙に先立ち、まずは国内の印刷メディアの多元化に着手している。1967年に官報として発刊されて以来、クエンセル新聞は国内ニュースの唯一の情報源となってきたが、2006年までには3つの他紙が発刊され[17]、2014年までに国産の印刷メディアの数は14まで増加している。また、国産映像メディアとしては、1998年の設立以来ニュース番組等を独占的に放映してきた国営ブータン放送が唯一のテレビ局であったが、これも少しずつ多元化が進んでる[18]。

クエンセル紙に対して、2006年に新たに設立されたブータン・オブザーバー紙などは、官僚による不正や流用等への監視の目を強め、それらを紙上で厳しく追求することで、人々の間に政府批判の土壌を少しずつであるが醸成していった。しかしながら、発刊当初は、そうした批判のなかでも、君主制の否定につながる中央政府批判は注意深く避けられていた。国会での議論や中央政府の施策に対する批判が表だって紙面に出始めたのは、最初の選挙が終わり新政権が立ち上がって以降のことである。それらの批判や議論は多くの場合、国民評議会や野党が提出した議題や政策批判をなぞるものであったが、それでも、公の領域で国家的な問題を議論することが可能だと思える社会の空気を作ることには、一定程度成功したといえるだろう。しかし、王室政府が、人々の間での多様な政治的議論を少なくとも表向きは推奨する一方で、同じ市民であっても選挙に立候補者する

---

[17] うち、Bhutan Observer紙は後に紙媒体を撤退し、現在はインターネット展開のみとなっている。

[18] http://jabbhutan.com（2014/09/13閲覧）

者たちはいわば政治的に正しい議題を慎重に選んで議論することが求められている。それは、新憲法や選挙法で示されている一定のテーマやトピックを避けることを指している。

憲法15条3項にはこう記されている。「候補者と政治政党は人々を扇動するために地域的特長や民族意識や宗教に訴えてはならない」。さらに選挙法293条c項をみると、全ての政治政党と候補者は「敵意を生み出し、差異を生み出し、共同体や宗教・言語集団間の緊張をつくりだすであろうどのような活動にもふけってはならない」との記載がある。それはつまり、選挙キャンペーンを含む全ての公の場面において、すべての国会議員選挙の候補者は、人々を扇動するであろうどのような宗教的、言語的、民族的差異についても言及あるいは使用することを避けるよう求められているということである。

例えば90年代に生じたネパール系住民の難民化に関わる議論は、その端的なものだろう。2008年の選挙時に選挙委員会が投票日三週間前に一人の候補者から立候補資格を剥奪したことは前節で述べたが、その理由もこの条項に帰することができる。2008年の下院議会選挙に際し、南部のゲリフーから The People's Democratic Party: PDP の候補者として立ったガラブ・ドルジは、Druk Phuensum Tshogpa: DPT 党首であるジクメ・Y・ティンレイが内務省事務官であった1993年当時に発表したネパール系住民の難民問題をテーマとした学術論文[19]の配布を行い、選挙区でマジョリティを占めるネパール系住民からDPTへの反発を引き出そうと画策したと判断された。DPTの訴えによってこの状況を調査した選挙委員会は、「複写した論文を配布し、政治的な利益ために敵意の創出と地域主義の煽動を試みたことは、憲法草案の第15条3項に対する違法行為である」と結論づけ、同時に上記の選挙法290条c項にも違反すると結論づ

19　その内容は、国際社会から立ち上がっていたブータン政府批判に答える形で「不法移民」対策と文化保護政策の正当性を主張するものだった。

けたのである。PDPはこれに対する反論を試み[20]、ヨーロッパ連合の選挙監視団もまた処分が厳しすぎる旨を主張したが、結論が変更されることはなかった。

　この出来事をめぐる一連の顛末は、国内におけるネパール系移民の統合が依然として壊れやすく不確かだと政府が捉えていることを示唆している。政府や国王がネパール系住民を社会の不安定要素として見なす背景には、彼らの一部が未だにブータン国内で不完全な市民権／国籍しか与えられず、政府の対応に対する不満が大きいという状況がある。実際に、2013年の第二回選挙で大勝したPDPの候補者たちは、南部住民に対して市民権獲得を確約したことで票を得たと囁かれた[21]。市民権を無条件に下賜する特権を国王が排他的に保持する一方で、市民権や難民問題に関わる議論は地域間あるいは民族間対立を煽るという名目のもとで実質的に規制されている。

　人々に対して常に集合的なアイデンティティへの排他的同一化を要求するブータンの政治社会状況は、隣国ネパールの現在の政治状況とは大きな対照を示している。ネパールでは、言語・地域・宗教・出自などにおける差異が、新政党の結党や連邦共和制に参加するための独立州の分離を正当化したり、様々な場面で留保枠を要求するための資源の一つとみなされたことによって、自己を他者から区別するための多様な差異に対する人々の意識が大きく高まってきた。しかし、ブータンの新憲法は、民族的・言語的・地域的ないかなる差異も政治領域に持ち込むべきではないとの考えを

20　反論では、PDPはガラブ・ドルジ候補が当該論文を配布したのは知人2名のみであり、かつ当該論文は公開されたものであり秘密文書や機密扱いの文書でもないため、立候補資格の剥奪のような厳しい処分にはあたらないという主張が出された［Dorji 2009: 55］。

21　実際に*Kuensel*紙における2013年選挙結果の分析では、「国会議員の権限のおよばない市民権の授与が公約とされたこと」が不適切な事例として描かれた。

明確に示しており、それはこのヒマラヤの二つの国の政治と社会のありようを全く異なる形へと導いているといえるだろう。

VIII おわりに

　ブータンの王権は 2008 年以来、限定的な権限を持つ国会を維持しつつも究極的には国王が絶対的な主権者として人々を統治してきた従来の制度を変革し、代議制民主主義と議院内閣制の特徴を持つ、折衷的でオルタナティブな立憲君主制の確立を試みてきたといえるだろう。新たに制定された憲法の条文からは、国王が依然として国家の主要な資源（土地と市民権、官僚の人事権など）への排他的なアクセス権を維持する点、宗教領域と政治領域の新たな分断、政治領域における政党政治の領域の分離といった特徴がみてとれた。

　公の政治領域から宗教者の排除を試みる政策は、立憲君主制に基づいて仏教僧（Buddhist priest）、見習い僧（novice）、修道士（monk）、聖職者（clergy）から選挙権を剥奪することを明記した 2007 年のタイ王国憲法を思い起こさせる。ブータン政府が、1989 年より二国間関係を持ち、共通点の多いこの歴史ある仏教王国の制度を参照したと考えるのは難しいことではない。しかし、ブータンが単純にタイの制度を借りることが難しいのも確かだ。両国は仏教に基づく文化伝統や遺産を強固に維持する仏教徒が国民のマジョリティを占めるが、同時に、二つの国は仏教と政治の関係性においては異なる道筋をたどってきた。それは大乗仏教と上座部仏教の差異としても考えられるだろう。宗教組織と政治組織がそれぞれ異なる領域に分けられてきたタイに比較して、ブータンにおいては両者の組織的なつながりは第一代シャプトゥンの時代以来とても近いものであり、相互に統合されてきたといってもいい。それでは、自らの政治体制を独自のものとして表象するブータンの「デモクラシー」は、どこへ向かっていると考えるべきなのだろうか。

この民主化プロジェクトが目指したことの第一点は、その名の通り、国民の政治参加を促すことにあったといえるだろう。政党をとおした政治活動の許容や、普通（俗人）選挙権の導入はその端的なものだ。そしてもう一点は、王権が真剣に新政府と国会にその権限を委譲する気があるということを、国際社会に示すことだ。今回の民主化が国王によるイニシアチブで実施されたことは、日本を含む海外のメディアでも大きく取り上げられた。しかしながら、2大政党制に基づく議院内閣制を導入する一方で、社会内部に埋め込まれた多様な差異をめぐる議論を半ば封じ込めつつ、政党政治の影響が及ぶ範囲を制度的に限定し、社会を非政治的な領域として維持したいとする矛盾した情熱は、ブータンの政治システムの現実をみえづらくしている。

　現在のブータンの制度において、政治とは政党と選挙をめぐる行為であり、資源分配をめぐる競合過程として認識されている。選挙制度を導入しながら政党政治からは切り離され、非政治的であることを求められたのは国家評議会と地方議会であり、ブータンの政治史において常に重要な役割を果たしてきた仏教僧院と僧侶たちもまた、憲法と選挙法によって政党と選挙への参加権を奪われている。

　宗教を非政治的なものにとどめたいとする要求は、聖俗両界を架橋しつつ結びつけてきた在家僧らから選挙権および被選挙権を奪い、彼らに俗界と宗教界のどちらで生きるかという排他的な二者択一を突きつけている。在家僧らは市民権（選挙権）を放棄して公の政治領域から退出するか、宗教者としての活動を諦めて市民権を手に入れるか、困難な選択を求められたのである。宗教者排除の項目は、仏教信仰と同時に多様な自然神崇拝や儀礼・呪術信仰が共存する豊かな宗教空間としてのブータン社会の内部に新たな境界線をひき、人々に一つの集合的なアイデンティティへの排他的な帰属を求めているようにみえる。新制度における排他的で弁別的な性質は、複数政党制との関連でも現れる。例えば、選挙法によれば、ある政党の党員や政党ツォクパとなり活動している者は、非政治的であることを求

められる地方議会や国民評議会への立候補を認められることはない。

　このようにみていくと、現行の新制度は、一方で公の政治領域における言論活動を称揚するが、他方では人々が複数の集団や組織に共時的、多元的に関わることを規制し、彼らを一元的なアイデンティティや属性に追い込むものとして立ち現れている。それは、例えば価値の複数制を条件とし、共通の世界にそれぞれの仕方で関心をいだく人々の間に生成する言説の空間として描かれるような公共性［齋藤 2000: 6］の成立を難しくしている。そして仮に、民主的な法治国家が、そのような公共性において形成される人々の意思を正当性の唯一の源泉とする存在を指すとするならば、ブータンの民主化プロジェクトの船出は非常に慎重なものだといえるだろう。

　また、ブータンの新体制は、平等、治者（首相や郡長、国会議員たち）と被治者の同一性や人民主権といった民主主義の伝統に一定程度従う形をみせるが、個人の自由や人権を法によって擁護する自由主義の伝統は、選挙キャンペーンにおける言論空間の規制を考えても、十分に尊重されているとは言い難い。ブータンの現状を、理想的なデモクラシー——例えばダール［Dahl 2000］の言うような6つの要件（1）選挙で選ばれた官僚、（2）自由で、公正で、頻繁な選挙、（3）表現の自由、（4）多元的でオルタナティブな情報源、（5）多様な自治的集団の形成、（6）包摂的な市民権、が達成できるような民主制——に向かう過渡期や移行期、あるいは準備段階として捉えるのはたやすいことだ。しかし、ブータンの憲法は必ずしもグローバルに標準化された自由民主主義やダール［Dahl 1973］の示すようなポリアーキーの達成を目指しているわけではない。そしてそのポリアーキーもまた、必ずしも共同体の平等性や自治を保障するわけではない。ムフ［Mouffe 2000: 2-3］は、近代民主主義において当然と考えられている自由主義と民主主義の結合は、必然的な関連によるのではなく、歴史的接合の偶発性によるものにすぎず、また両者の痛烈な苦闘の結果であったことを指摘している。ブータンの新制度のなかにみられる自由と平等の間の緊張関係と相克もまた、その一例でありうるだろう。

他方で、ガヤトリ・スピヴァックが言うように、もしいわゆる民主的なシステムの広がりが、官僚制度をつうじて国家の管理を細部まで行き渡らせることを意味するのであれば、人々が国家の権力から逃れて自律的な公共空間や市民社会を作り出すための道は結局のところ残されていないのだ。地方政府への分権化に伴い、ブータン政府は集権的で一元的な存在から複層的で多元的な存在へと変遷してきた。そして組織化され制度化された管理は、人々の日常の生活世界に深く埋め込まれつつある。

　新たな憲法が国民の統一や融合をうたい、民族や宗教による分断の契機を注意深く排除する一方で、現在の選挙制度は人々を個々に分断された単一の属性へと排他的に埋め込もうと働いている。しかし、「政治的であること」をめぐって張り巡らされたこの新たな境界線は、人々の生活世界を規定する重層的な価値体系の一つにすぎないというのもまた確かなことである。ブータンに暮らす人々が、自らの社会に生きる多様な価値体系をいかなる形で維持あるいは再構築しつつ、どのような仕方で新たな制度と向き合っていくのか、そしてその制度はどこへ向かうのか、今後の研究をとおして継続的に考察していきたいと思う。

参照文献

Bhutan Observer
　2010　*Bhutan Observer*. 24 Sep, 2010.
Dahl, Robert A.
　1973　*Polyarchy: Participation and Opposition*. Yale University Press. 2000 On Democracy. Yale University Press.
Dorji, Tandin and Gyambo Sithey
　Drukyul Decides: In the Minds of Bhutan's First Voters. Centre for Research Initiative.
Dorji Wangmo Wangchuck
　1999　*Of Rainbows and Clouds: The life of Yub Ugyen Dorji as Told to His Daughter*. Serindia Publications.

Election Commission of Bhutan

    2013a *Declaration of the Results of the Second Parliamentary Elections: Primary Round of National Assembly.*

    2013b *Guidelines for Interpretation of Section 184 of the Election Act of the Kingdom of Bhutan, 2008 Concerning Religion and Election.*

    2013c *Election Dispute Settlement Rules and Regulations of the Kingdom of Bhutan, 2013.*

宮本万里

    2011 「「仏教王国ブータン」のゆくえ——民主化の中の選挙と仏教僧」『南アジアの文化と社会を読み解く』、鈴木正崇（編）, pp.397-434. 慶應義塾大学東アジア研究所.

Mouffe, Chantal

    2000 *The Democratic Paradox*. Verso Books.（『民主主義の逆説』葛西弘隆訳、以文社）

Phuntsho, Karma

    2013 Is Democracy Discriminately? *Kuensel*. Oct 24, 2013.

Rose, L. E.

    1977 *The Politics of Bhutan*. Cornell University Press.

Royal Government of Bhutan

    2007 *Civil Society Organizations Act of Bhutan.*

    2008 *The Constitution of the Kingdom of Bhutan.*

    2008 *Election Act of the Kingdom of Bhutan, 2008.*

    2009 *Local Government Act of Bhutan.*

齋藤純一

    2000 『公共性』岩波書店.

柴田直治

    2007 「(世界発2007) ブータン、手探り選挙　上院選」『朝日新聞』, 2007年12月15日朝刊.

おわりに

　本書の成立経緯と目標については「はじめに」に書いたので繰り返さない。なお、本書の主たる基盤となった国立民族学博物館の共同研究「ネパールにおける「包摂」をめぐる言説と社会動態に関する比較民族誌的研究」（2011 〜 2014 年度）についての詳細は、本稿執筆時点で、国立民族学博物館のサイト内のページ（http://www.minpaku.ac.jp/research/activity/project/iurp/11jr144）で閲覧可能となっていることを付言しておく。

　ネパールと日本の時差は 3 時間 15 分である。一見面倒に見えるが、時針と分針のある時計であれば、日本時間の時計を反時計回りに 90 度回転させるだけで実質上ネパール時間になるので、日本とネパールを往復する際は大変便利である。時差のおかげで日本からネパールに行くと朝早く目が覚めるので、私はラジオ・ネパールの朝 6 時のネパール語ニュース（その前のサンスクリットのニュースは、何について話しているかは判っても細かい内容は判らないので聞き流すのみである）、続いて朝刊各紙の内容を伝える「アクバル」、各界の要人へのインタビュー番組「アンタル・サンバド」、さらに 7 時のネパール語ニュースを聞くのを、長年日課としてきた。最近はインターネット経由でラジオ・ネパールを聞くことが出来るので、日本でも無事 9 時過ぎに大学に着き、会議や授業、その他直ちに片付けなければならない仕事がなければ（最近そういう日はなかなかないのだが）、なるべくこれらの番組を聴くようにしている。

　本書の校正を進め、表紙のためにここ 10 年程の間にネパールで撮った写真を見返し、といった作業をしながら、久方ぶりで数日連続してニュースを聴いた。地方及び国の選挙日程や憲法改正問題がらみのはっきりしないニュースを聞きながら、ふと、10 年近く前、一年近くにわたり選挙が延期された第一回制憲議会選挙前の状況が思い出された。一体事態が進展

しているのかどうか定かではない中で有力政治家の牽制とも観測気球とも着かぬ発言が続々報道され、中々状況が動き出さないというのは、ここ10年ネパールと関わってきた者には、最早お馴染みの光景だと言えるかも知れない。だが、一見政治家の名前を入れ替えただけで10年前のものに変換出来そうなネパールのニュースの語彙や言葉使いは、本書が多角的に論じてきた展開を受けて、微妙にではあるが明らかに変化してきた。他方、新たな選挙を前にした現在、10年前のような「新しいネパール」への強い期待感が感じられないことも、付言しておくべきであろう。

　ニュースを聞きながら写真を見ていくうちに、そのうちの一枚に眼が止まった。選挙の投票所として利用された、カトマンドゥの旧市街のすぐ東側にあるネパール最古の中等教育機関、ダルバール・ハイスクールの壁を、2008年4月13日、第一回制憲議会選挙の三日後に撮影したものである。「投票所」の掲示の上に黒マジックで書き足された投票所名は、選挙当日の盛況と、恐らく生じたであろう若干の混乱を、自動小銃印の「武器禁止」の掲示は、包括和平合意締結後一年半も経っておらず、本当にこの選挙が平和裏に行われるかが疑われていた当時の雰囲気を、思い起こさせる。まわりに貼られているポスターは、高校卒業資格試験後の教育や海外留学に関するものである。微妙に破られた投票所の掲示は、片付けられたレンガ敷きの校庭（正確には、選挙時に人を誘導するポールが立てられたため、各所でレンガが傷んでいたのだが）と共に、人々が選挙結果を様々な形で受け止めつつ、日常の生活に戻って行ったことを示しているかのようだ。

　本書の論文の多くは特定の民族誌的状況を長いタイムスパンの中で論じているが、基本的な焦点は、この写真が撮られた時点以降の社会状況に当てられている。この間、時に特定の出来事（例えば、藤倉論文が論じたティカプル事件）により、また時に不作為の連鎖によって、幾つかの可能性がほぼ永遠に失われることになったけれども、問題含みとは言え新しい憲法が成立し、ネパールが再び内戦状態に陥ることなく変化を続けつつあることも、また確かである。私自身は、本業である筈の人類学と民族誌の仕事

に軸足を置きつつも、少なくとも「体制転換期」後のネパールの姿がそれなりに確定し本書が明確に過去の一時代の記録となるまで、今暫くはネパールの制度と社会動態についても、学んで行きたいと考えている。

　最後に今一度、共同研究と本書の刊行を支えてくださった諸機関と関係各位、及び様々な形で共同研究に参加していただいた方々、また出版に際して特段のお世話になった三元社の石田俊二氏に、深く感謝申し上げる。

　西暦 2017 年 2 月

名和克郎

索引

ABC

APECF →アジア太平洋交流協力基金　421-23, 426
BPS（Boudha Peace School）　435
CCGN →ネパールキリスト教嘱目団　392-94, 396, 399-400
CFoN →ネパールキリスト教連合　387
CPN UML →ネパール統一共産党　11, 147, 219, 512
CSCNC →新憲法に対するキリスト教徒の助言委員会　389-90, 400
CWIN（Child Workers In Nepal）　308, 336,
dharmanirapekṣa →世俗　69, 73, 75-6
DPT（Druk Phuensum Tshogpa）　548
EU（European Union）　187, 193, 452, 486
exclusion　12-3, 94, 234
Facebook　155-56, 160, 190, 474
FEDO（Feminist Dalit Organization）　282
FNCA →ネパール全国キリスト教連合　388-94, 396-97, 399-400
GLNDDC →広域ルンビニ開発国家指導委員会　421-22
HB →ヒマラヤ仏教徒　416-18, 424, 427, 431-32, 435, 438-44, 446-48
HIV　13, 301, 304-05, 308, 319
HSWYE（Himalayan Society for Women and Youth Empowerment）　435-36
ID カード　150, 215, 470, 508-09, 517
inclusion　2, 4, 12-3, 29, 166, 234, 298, 452
INSEC（Informal Sector Service Center）　250
IOM →国際移住機関　319-20, 455
izzat（*ijjat*）　315, 395
Khas-Arya →カス・アーリヤ　27
LDT（Lumbini Development Trust）　421-22, 440
Maiti-Nepal　309
Namgyal Tshogpa　435
NBF（Nepal Buddhist Federation）　444-46
NCA →ネパール・チェパン協会　203, 208, 215-16, 219-20, 225
NCCN →ネパール全国教会協議会　386-87, 392
NCF →ネパールキリスト教同盟　381-85, 387, 399
NCFN →ネパール全国教会同盟　383-84, 386-87, 392, 398-400
NCS →ネパールキリスト教協会　385-87, 397, 399
NEFEN →ネパール民族連合　93
NEFIN →ネパール先住民族連合　93, 469
NFDIN →国家先住民族開発機構　107, 116
NFN（NGO Federation of Nepal）　326
NGO　16, 23-4, 103, 143, 154, 157, 167, 182, 191, 202, 211, 215, 218, 258, 261-62, 267, 278, 301, 303, 305, 308, 310, 315-16, 318-20, 323, 325-26, 329, 336, 348-49, 357, 359-60, 373, 421-22, 434, 435, 454, 458
NIWF（National Indigenous Women's Federation）　282, 285

NKSS →ネパール・カドギ・セワ・サミティ　136, 138-41, 143-46, 152-53, 155-62

PDP（The People's Democratic Party）　548-49

RBA →権利に基づくアプローチ　300, 303

RYI（Rangjung Yeshe Institute）　433-34

RT →チベット難民　415-16, 418, 424, 427, 431-33, 438-42, 447-48

samāveśīkaraṇ →サマーベーシーカラン　12-3, 298, 330

SC（Scheduled Castes）→指定カースト　134

SIA-EP プロジェクト→社会的包摂アトラス・民族誌プロファイル・プロジェクト　15-8, 27

SLC（School Leaving Certificate）→高校卒業資格　141, 155, 157, 193, 459, 472-73, 475-76

Social Inclusion Research Fund　13, 298

SNS　190, 475

SNV　208, 212, 215-18, 220, 298

subsumption　2, 25, 234, 479

UAE →アラブ首長国連邦　454-57, 459-61, 469-70, 473-75

UCAN →ネパール統一キリスト教同盟　387, 389-92, 394, 396, 399-400

UNESCO　421

UNHCR　250, 426

UNMIN（United Nations Mission in Nepal）　68

Walk Free Foundation　310

WOREC（Women's Rehabilitation Center）　308, 316-17

あ行

アイデンティティ　4, 13, 20-2, 44, 48, 50, 64, 68, 75, 100, 117, 132, 134, 155, 162, 166, 168, 170-71, 173, 179, 184, 186, 191-93, 243, 246, 251-52, 285, 302-04, 323-24, 326, 361, 411, 413, 417, 429, 431, 443, 446, 475, 477, 545, 549, 551-52

アイデンティティ政治（ポリティクス）　28, 95-6, 132, 161-62, 251

アイルランド　21, 28, 168, 172-73, 177, 182-89, 192-93

アカンダ・ネパール（*akhaṇḍa nepāl*）　246

アサイラム　439, 442, 447

アジア太平洋交流協力基金（APECF）　421-23, 446

アチュート（*achūt*）　168-70, 173-75, 181, 184, 191-92

アッサム　499

アディカリ，マン・モハン　260, 462

アディバシ　10, 100, 132, 162, 413

アフガニスタン　461

アムド　440

アムネスティ・インターナショナル　248

アメリカ　178, 190, 209, 244, 252, 303, 342, 381, 421, 423, 502-03

アラブ首長国連邦　25, 454, 461

アーリヤ文化　53, 59

アルガカンチ　457

アルナーチャル　411

アルバージ（*arbāj*）　180

アワディー語　6, 63, 236

アンドーラン（*āndolan*）　9-10

イギリス　8, 36, 39, 94, 186, 190, 200, 202, 327

イギリス植民地　91

移住労働　25, 28, 305, 307-10, 454-58, 460, 462-65, 469, 473-80

移出民　464, 488-89, 494-502, 504-05, 507, 509, 513-20

移民　13, 21, 25-7, 94, 168-69, 171-73, 178-79, 183, 188-89, 192-93, 287, 452-53, 455-57, 464-65, 475, 478, 488-89, 504, 520, 527, 548-49

イスラーム　47, 54, 243

印欧系言語　108-09, 128

飲酒　43-4, 176, 221-22, 224, 243, 428, 470

インターネット　181, 190, 380, 511, 547

インド　5-8, 10, 12, 16-7, 24, 36, 40, 42, 45, 56-7, 61, 63, 72, 91-3, 95-6, 100, 104, 109, 115-16, 118, 128, 130, 134-35, 137, 139, 153, 170, 189, 200, 236-38, 240, 242, 244-45, 248-49, 268, 270, 273, 280, 283, 307, 311, 315, 324, 326-27, 343-44, 379, 382, 410-11, 414-15, 419-21, 424-26, 433, 438, 444, 453, 455-58, 465, 469, 475-76, 480, 491, 494-95, 500, 513, 516, 518, 526-27

インド人　240, 245, 381, 466-68, 474, 491-92, 494, 496-97, 499, 511, 513

インド・ネパール平和友好条約（1950年）491

インナー・タライ　459, 461, 473, 477

インフォーマル経済　168, 177

インフラ　208, 213, 346, 410, 419-21, 476

ヴィザ　177, 184, 187, 459, 462, 480

ヴィシュワカルマ　459, 461

牛　40, 46-7, 49-50, 148, 176, 241, 344, 347-48

ウッタラーカンド　8, 40

ウルドゥー語　109, 112, 129

運命論　17, 61

映画　206, 237, 363, 469, 472

英語　2, 4, 12, 15, 29, 38, 41, 52, 55, 68, 98, 106, 168, 176, 188, 298, 323-24, 393, 434, 466-67, 471, 474, 532

英国→イギリス　458, 486, 492-93, 499-501, 505, 537

衛生　74-5, 138, 151-52, 155, 157, 346

エスニシティ　15, 179, 429

エンパワーメント　262-63

オーストラリア　310, 486, 502

オープン・ボーダー　410, 456

王宮事件（王族殺害事件）　65, 181

王制　11, 18, 51, 57, 93, 132, 143, 151, 418, 420, 431, 443, 497, 526-29, 536, 539-40

王政　200-01, 430-31, 442-43, 447, 429, 526-27, 534, 547（追加しました）

オリ, カドガ・プラサード　243

か行

カーガジ（*kāgaj*）　187, 189

カーサック, ロバート　383

カースト　5-9, 11, 13-4, 16-22, 36-7, 39-42, 44-5, 47-8, 50, 52, 55, 58, 60, 62, 66, 68, 70-1, 73, 77, 79, 90-3, 96-108, 111-14, 116-17, 123-24, 126-27, 132-47, 149, 151-52, 155, 158, 160-62, 166-71, 174-75, 178, 191, 201, 228, 234, 236, 241-43, 245, 249, 265, 270-71, 298, 304-05, 315, 329, 337-38, 343, 428, 453, 459, 461, 479, 495

カースト制（制度）　45, 62, 91, 214

カースト団体　93, 133-36, 143, 145, 152, 155, 160-61

カースト／民族（カースト・民族）　11, 20, 90, 92, 94-5, 97-100, 102, 106, 108, 110, 112-17, 123, 128, 130, 207-08, 201, 216, 225-28, 271, 284, 378

カーヤスタ　104

会議派→ネパール会議派　260
階級　9, 53, 66, 69, 73, 101, 171-72, 191-92, 264, 269-70, 282, 357
階級闘争　66, 242, 276
外国人　44, 123, 176-78, 191, 274, 351, 367, 382, 385, 395, 432-34, 466-67, 470, 491, 493-94, 497, 499, 502, 508-09, 514, 516-18
改宗　24-5, 53-4, 59, 71, 74-5, 78, 378-79, 381-82, 384, 397, 417
外出禁止令　137, 149, 235, 239, 242, 247
ガイネ［→ガンダルバも参照］　167-68, 173, 179-81, 192
開発　12, 21-2, 39, 53, 61, 63, 79, 138, 153, 172, 178, 202-20, 225, 229, 251-52, 259, 261-64, 266-67, 270, 278-81, 283, 298-301, 338, 346-47, 389-90, 395, 410-12, 414-15, 418-25, 427, 434, 443-48, 453, 457, 477-78, 531, 538, 546
開発地域　98
開発独裁　8, 39, 418
開放国境→オープン・ボーダー　491, 516
カイラリ　246-48, 250, 312, 457
ガエク　168
楽師カースト　21, 165
学歴　212, 221, 229, 318, 459, 475, 532, 544
カサ　410
カサイ　145, 155-58
カス　17
カス・アーリヤ　15, 17, 74, 76, 79, 101
カスキ　312, 511
家族　3, 23, 25-6, 136, 171-73, 177, 182, 185, 189-90, 193, 220-21, 226, 230, 240, 261, 266, 279, 299-302, 304, 308, 314-18, 321-23, 328-30, 440, 456, 474, 476, 479, 492-93, 508

カタール　25, 226, 309, 454-62, 465-66, 468-73, 475-76, 479
家畜　20, 139, 155, 201, 210, 322, 542
学校　58, 67, 137-38, 141-42, 175, 188, 193, 200, 211, 213, 218-19, 221, 226, 239-40, 245, 249, 318, 320, 339, 426, 435-36, 441, 474-75, 532-33
活動家　16, 75, 136, 143, 147, 238, 259, 307, 315, 411
カドギ　20, 27, 132, 134-46, 149-50, 152-56, 158-62
カトマンドゥ　2, 5, 21-3, 44, 49-50, 65, 133, 136-37, 139-40, 145, 147, 153-54, 156-59, 167, 171, 173, 176-77, 181, 185, 190, 192-93, 201, 203, 206, 215-16, 221-22, 226, 235, 237-38, 240-43, 249, 260, 308, 312, 319, 323, 325, 343-50, 352, 354, 358, 369-73, 381, 388, 390, 393, 402, 415, 418, 420-21, 425-26, 428-30, 433-36, 438, 440, 442, 444, 447, 456-57, 459, 462, 464, 468, 473-74
カトマンドゥ盆地　7-9, 20, 25, 37, 132-33, 151, 153-59, 162, 235, 240-41, 344-46, 381-82, 385, 418, 427, 430-33, 439, 442, 447
カトマンドゥ盆地開発計画協議会　346
カトリック　382, 384, 387
寡婦　283, 305, 477
カミ　102-04, 170
カミングアウト　302-03, 305, 312-13, 318, 320, 322-23
カム　440
カヤポ　252
カランキ　153-54
カリンポン　382
カルキ, ムリゲンドラ　512

カルマパ15世　433
カルワール　104
ガレ　103
観光　21, 25, 55, 176, 216-17, 411, 421, 498
観光客　350-51, 369, 426, 502
ガンダリ　168
ガンダリ，マンガル・プラサド　181
ガンダルバ　21, 28, 162, 168-69, 172-83, 190-94
ガンダルバ文化芸術協会（GCAO）178
ガンダルバ，ルビン　181
環ヒマラヤ経済圏構想　419
キーロン　419-21
帰化　274, 491, 497, 514, 518
喫煙　221-22, 224, 373
キパット（*kipaṭ*）48
ギャネンドラ→シャハ，ギャネンドラ　10, 65-6, 68, 422, 507
教育　55, 57-8, 61, 63, 67, 69-70, 92, 143, 153, 155-56, 166, 170, 175, 179, 188, 200, 211, 215-16, 218-19, 236, 245, 261-62, 270, 275-76, 282-83, 308, 313-14, 339, 383, 418, 429, 431, 434-36, 440, 442, 447, 452, 508, 513, 527-28, 532, 543-44
共産主義　66, 264, 412
共産党→ネパール共産党　11, 147, 260, 422
協同組合　152-54, 205-06, 217-18, 322
共和制　152-54, 205-06, 217-18, 322
極西部統一運動　246, 249
キランティ，ゴパール　390
キリスト教　21-2, 24, 47, 54, 79, 203-05, 207-08, 211, 220-22, 224-25, 229, 243, 379, 381-87, 389-91, 393-94, 397-98, 402-03, 417
キルティプル　153-54, 156-57

儀礼　43, 48, 133-34, 137, 143, 145-49, 155, 204, 206-07, 217, 220-21, 225-26, 230, 243, 418, 426, 429, 431, 435, 476, 529, 535, 542-46, 551
クウェート　436
クスレ　137-38
クスンダ　206
グッシェル　240, 242
グティ（*guṭhī*）46, 148-49, 155
クマーウン　40
クマール　469
クマール，ドゥルバ　14
クマリ　269
クムハル　104
グルカ兵　55, 91, 458, 476, 492-95, 499-501, 505
グルミ　457
グルン　55, 63, 91, 103, 187, 413, 435-36, 469
グルン，オム　18
グローバル化　29, 167, 182, 192-93, 252, 287
グローバル市場　132, 135-36, 161-62
君主制　526, 528, 536, 547
経済自由化　261, 492-94, 516, 520
警察　137, 140, 150-51, 237-39, 246-49, 310-11, 326-27, 342, 346-47, 349, 382-83, 398, 415, 426
携帯電話　16, 189-90, 192, 241, 395, 473-76
結婚　175, 190-92, 218, 265, 271-72, 310, 330, 436, 473, 475, 487, 496-97, 513-15
ゲロン（*gelong*、出家僧）542
献血　140-41, 155-58
言語　3, 6-7, 9, 11, 13-4, 19-20, 26, 37, 39, 44, 55, 57-65, 67, 69-71, 73-4, 77-9, 90, 92-3, 95, 98, 103, 105-17, 128-30, 133,

216, 219, 236, 249, 252, 271, 274, 453, 532, 548-49

言説空間　21-2, 258, 262, 265, 519

権利　19, 22, 39, 51-5, 58-60, 66-7, 69-71, 74-6, 78-9, 93-4, 96, 100, 103, 105, 149, 161, 168, 170, 172, 181-82, 189, 191-92, 200-03, 205, 211, 215, 235, 243-44, 249, 252-53, 259, 263-64, 266-68, 275, 280-81, 283, 286, 298, 300-01, 303, 309, 312, 317, 322-23, 336-39, 343, 378-79, 383, 386-88, 394, 398, 411, 416, 427, 446, 452-54, 476-78, 486, 488, 490-91, 493-95, 498, 500, 504, 508-09, 511-12, 514-18, 520, 536-37, 539-40, 545

権利に基づくアプローチ（RBA）　21, 202, 300, 303, 306（権利概念に…306）

ゴータム、クルチャンドラ　446, 501

ゴータム、バースカル　249-52

コイララ、ギリジャ・プラサード　238, 260

コイララ、ビシュウェシュワル・プラサード　260

コイララ、スシル　243

高（位）カースト　9, 17, 27, 38, 44-5, 61, 64-5, 91, 100, 150, 168, 176, 180, 184, 186, 191, 213-14, 236, 249, 269-70, 272, 284-85, 413, 419, 444, 454, 495, 501, 506

広域ルンビニ開発国家指導委員会（GLNDDC）　421

公共空間　175, 342-43, 529, 553

高校卒業資格（SLC）　212, 219, 459, 472

後進諸階級（OBC）　134

交通　218, 347-49, 365, 371, 468, 476

公用語　58, 65, 69, 71, 73, 78, 143, 219, 453

公務員　52, 58, 134, 144, 236, 276, 452, 515, 533, 546

五か年計画　12-3, 63, 166, 261, 453

国王　8, 10, 17, 19, 40-1, 50-3, 55-7, 59, 77, 92-3, 138, 181, 211-12, 378, 382, 415-16, 420, 428, 431, 443, 447, 526-30, 533, 535-40, 549-51

国際移住機関（IOM）　319, 455

国際結婚　487, 496, 513-15

国際NGO協会（AIN）　305

国際連合高等人権弁務官事務所　250

国勢調査　5, 19-20, 27, 90-2, 94-110, 112, 114-18, 123, 128, 384, 455-57

国籍　115, 438, 453, 477, 486-92, 494-97, 499-501, 503-04, 509, 511, 513-15, 517-20, 549

国民国家　26, 29, 39, 46, 54, 56, 78, 245, 489-90, 520

国民統合　8, 17-9, 39, 55, 60-1, 66, 77, 416, 430, 443, 489, 527

国民文化　179-81, 191-92, 269, 492

国家人権委員会　310, 324-45

国家先住民族開発機構　64-5, 202

国家ダリット共同体留保委員会　134

国家ダリット人権評議会　143-44

国家民族開発委員会　63-5

国旗　51, 243

国境　6-8, 12, 36, 72, 77, 168, 171, 177, 192, 239, 245, 248, 307, 309, 410-11, 419-21, 424, 436, 453, 477, 491, 516, 526-27

子ども　23-4, 136, 141-42, 157, 200, 205-06, 218-19, 221, 223, 241, 310, 312, 316, 319, 321, 324-25, 327, 336-41, 344, 349, 355-58, 360, 367, 372-73, 457, 473, 476-77, 497

コミュナリズム　55, 249, 251

コミュニスト　136-38, 147-48

ゴムチェン（*gomchen*、在家僧）　542-45

索引　563

ゴルカ　8, 91, 156-57, 176, 201, 210, 235, 312, 510
ゴルカ王朝→シャハ王朝　40, 44-6, 344
コングレス→ネパール会議派　150

さ行

在外インド人　494, 497
在外投票　511-12, 518
在外ネパール人　26, 75, 497, 500-02, 504, 506-13, 515-19
在外ネパール人協会　26, 28, 486, 489, 495, 497-500, 502, 504, 506-13, 516, 518-20
最高裁判所　11, 65-6, 94, 272, 309, 514
債務農業労働者（カマイヤ→これはナシ）244
サウジアラビア　456, 458-59, 461
酒　43-4, 147-48, 175-76, 221-22, 224, 228-30, 242-43, 428, 458, 467, 470
サティー（*satī*）260
サハカリ（*sahakārī*）152-55, 160, 162
差別　14, 20, 52-3, 58-9, 61, 66-7, 70-1, 77, 92, 96, 116, 132-33, 138-41, 145, 150, 158-61, 170, 173, 175, 177-78, 180-81, 185-86, 192-93, 236, 271-72, 274, 283-86, 298, 302, 305, 312, 318, 327, 452
サマーベーシーカラン（*samāveśīkaraṇ*）2, 4, 12-4, 168, 193, 298, 330
サランギ（*sāraṅgī*）174-76, 179-81, 184, 186, 191
サリヤン　236
参加型開発　300
サンクワサバ　419
サンスクリット　61, 78
山地ヒンドゥー→パルバテ・ヒンドゥー　6, 37, 45, 61-2, 92, 99-102, 111, 113, 116, 123-24, 166

暫定議会　ナシ
暫定選挙管理内閣　11
寺院　137-38, 140, 147, 149, 157, 221, 344, 350, 369, 389, 546
ジェー・ケンポ（*Je Khenpo*）539-40
シェルパ　7, 37, 55, 103, 413, 415, 429-32, 435-36, 441, 444
シェルパ，カルマ・サンポ　440
ジェンダー　9, 11, 13-4, 17, 66, 69, 75, 258, 261, 264, 266, 272-74, 277, 300, 304, 316, 427
ジェンダー平等　264, 267, 274, 278, 280
シガツェ　419
識字　16, 200, 262, 532, 542-44
自殺　230, 260, 309, 314-15
指定カースト（SC）134
シッキム　8, 95, 111, 433, 499, 526-27
自治州　22, 143, 159, 219-20, 235-36, 238, 244-45, 249, 251
市民権　23, 26, 28, 75-6, 172-73, 183, 187, 189, 193, 272-74, 280, 316-18, 320, 322, 329, 452-53, 477, 486-509, 511-20, 537, 549-51, 523
市民権法→ネパール市民権法（1964年、2006年）26, 273, 316, 490, 496-97, 499-500, 513, 515, 518
ジャー　241
ジャーティ（*jāti*）96-7, 106, 123-24, 127, 137-38, 160-62
ジャート（*jāt*）21, 37-8, 41-4, 47-50, 52-6, 60-1, 77-8, 91, 95-7, 106, 132, 142, 150, 159, 161-62, 168, 191-92, 242, 503
ジャーナリスト　259, 277, 411, 422, 510
ジャイシー（・バフン？）240-41
社会関係資本　454, 475-76, 478
社会空間　21, 28, 168, 171, 176, 182-83,

187, 192-93, 448
社会主義　73
社会的排除　13-4, 171, 216, 234, 300-01, 454, 478-79
社会的包摂アトラス・民族誌プロファイル（SIA-EP）プロジェクト　16
社会範疇　93-5, 101, 106, 112, 115-17, 123, 166-7, 192, 415
社会民主民党・ネパール　ナシ
シャクティ・サムハ　23, 299, 308, 311-14, 316, 318-31
ジャナクプル　239-40
ジャナジャーティ（*janajāti*）　9-10, 13-4, 18, 21-3, 25, 27, 50, 61-7, 70-1, 73-6, 78-9, 93, 95-7, 99-101, 103, 105-06, 108, 116-17, 123-25, 127, 166-67, 182, 191, 243-44, 270, 272, 274, 281-86, 413, 427, 429, 452-54, 476, 492, 495, 504
ジャパ　312, 457
シャハ、ギャネンドラ　10, 422, 507
シャハ、トリブバン　50
シャハ、ビレンドラ　181, 210, 433
シャハ、パラス　422
シャハ、プリトビ・ナラヤン　8, 46-7, 61, 77, 169, 382
シャハ、マヘンドラ　50-1, 77, 92
シャハ王朝　90-1, 133, 428
シャプトゥン・ジクメ・ドルジェ　539
シャプトゥン・ンガワン・ナムギャル　536, 539, 550（550は？）
シャブルベシ　419
ジャワラケル　425
ジャンクリ（*jhā̃krī*）　175-76
シャンジャ　457
ジャンムー・カシミール　411
宗教　3, 6-7, 9, 11, 14, 19-20, 24, 26-8, 38,

46-7, 52-4, 56-60, 64, 66-71, 73-6, 78-9, 93, 96, 118, 148, 203-04, 211, 219, 223, 225, 249, 300, 304, 315, 378-79, 391, 401-03, 410, 413, 416, 418, 422-24, 426, 429, 431-32, 438, 443-47, 528-29, 539-46, 548-51, 553
習近平　419, 422
就労　312, 318-20, 329, 337, 458-59, 462, 466-67, 475, 477, 479, 494
出産　330
狩猟　206, 217
シュレスタ　142
巡礼　344, 413, 426, 436
上位カースト→高位カースト　140-41, 149, 159
障害者　3, 27, 70, 74, 242, 300, 302, 304, 452-53, 477
焼身　426
肖武男　422, 424, 445
食事　149, 184, 188, 190, 192, 218, 223, 241, 357, 363-64, 367-68, 465
職人カースト　166
女性　3, 5, 22-3, 27-8, 43, 46, 66-7, 70, 74, 76, 93-4, 100, 136, 157-59, 166, 170, 174, 178, 190, 213-14, 216, 218-19, 223, 228, 230, 239, 241-42, 258-87, 299, 304-16, 318-20, 323-25, 327, 329-30, 336, 344, 436, 452-53, 455, 458, 462, 472-75, 490, 492, 496-97, 506, 513, 515, 530
女性委員会　73, 259
女性運動　259-60, 267, 271-72, 274, 280-86, 329
女性差別撤廃条約　272
ショッピング・モール　167, 320, 346, 468
シラハ　157, 259, 511
人権　39, 53, 73, 96, 143-44, 237, 239, 248,

250-52, 280, 303-04, 307-08, 328, 336, 386, 411, 455, 466, 476, 496, 500, 552
信教の自由　243
新憲法に対するキリスト教徒の助言委員会（CSCNC）　389
人身売買　3, 28, 270, 299, 301, 304-16, 318-22, 324-30
シンドゥパルチョーク　312
シンドゥリ　156-57, 312
新聞　212, 240, 242, 248, 259, 327, 382, 390, 466, 479, 488, 531, 541, 547
人民運動 I →第一次民主化　9, 169, 398
人民運動 II →第二次民主化　68, 169
人民解放軍　244, 264-65
人民政府　67
人民戦争　39, 65-8, 166-67, 181, 201, 215, 410, 526
水牛　48, 139, 141-42, 155, 158-59, 161, 241, 321
スクンバシ（*sukumbāsī*）　159
スティグマ　175, 177-78, 181, 191, 298-305, 308, 311, 314-15, 321-25, 329-31, 358-59
ストライキ　238, 245, 260
ストリート・チルドレン　23-4, 28, 336, 338-43, 348-50, 355-60, 364, 367, 369, 371
スベディ，スールヤ　499-500
スヌワール　103
スリランカ　456
スワヤンブナート　425, 445
スンダラ　153
スンダル，マッラ・K　147
制憲議会　3, 11, 69, 72, 75, 235, 238, 243, 278, 389, 506, 529
制憲議会（第一次）　11, 26, 69, 72, 243, 251,

273, 277, 452, 512
制憲議会（第二次）　11, 72, 74, 512
制憲議会選挙（2008年）　2-3, 10, 71, 134, 156, 182, 219, 238, 258, 330, 387, 420, 497, 511-12
制憲議会選挙（2013年）　11, 68, 235, 238, 246, 511-12
政党　3, 8-11, 16-7, 24, 27, 51, 54, 56-7, 60, 65, 68, 72, 75, 93, 134, 137, 141, 145, 147-52, 182, 200-01, 211, 214, 235, 237-38, 264, 304, 311, 336, 378, 389, 420, 499, 504, 506, 511-12, 526-28, 531, 533-35, 540, 543, 545-49, 551
政党政治　10, 50, 92-3, 128, 137, 213, 260, 416, 418, 420, 443, 511, 513, 520, 533, 535, 537-38, 541, 543, 547, 550-51
性別分業　261
世界人権宣言　252
世界保健機構（WHO）　244
セクシュアル・マイノリティ　305
世俗　19, 24, 39, 57, 59, 66-7, 69, 71, 73, 75-6, 93, 133, 151, 243, 391, 398, 401-03, 416, 539
セックス・ワーカー　305, 307, 311, 319
セト僧院　433-34
宣教→布教　243, 381-82, 385, 395
選挙管理委員会　2-3, 182
センサス→国勢調査　16, 54, 96, 166-67, 173, 192, 204, 417
先住民　4, 10, 20, 25, 62, 64, 70, 74, 76, 101, 132, 143-46, 157-58, 160-62, 200-02, 211, 244-45, 252, 453, 469
先住民ジャナジャーティ女性宣言2011　285
戦略　4, 10, 162, 178, 191, 193, 286, 338, 340, 348, 415, 422, 424, 443, 446, 448, 520, 541

ソーシャル・ワーカー　259
僧院　417-18, 427, 430-33, 435, 438-42, 444, 447, 529-30, 539-40, 542, 544, 551
送金　177, 188, 454-55, 457, 473, 475-76, 489, 495, 502, 508-09
臓器売買　306-07
相続　226-27, 272-73, 280, 317, 495, 508
相対主義　252, 338-39, 372-74
ソナール　105
ゾンカ語　527, 532, 542
ゾンカック（*Dzongkhag*）530-31
村落開発委員会　150, 275, 312, 321

た行

ダージリン　492, 499
ダーヌック　106-07
タイ　465, 457, 550
大使館　315, 466, 477
大統領　72, 94, 513-14
第一次民主化（1990年）　10, 19, 55-7, 60-1, 78, 90, 92, 94, 96, 100, 103, 106, 133, 135, 141, 145, 150, 169, 179, 201, 211, 258, 261, 266, 272, 280, 304, 307, 336-37, 378-79, 382, 384-85, 388, 395, 397-98, 428-29, 431, 492-94
第二次民主化（2006年）　10, 92-3, 110, 117, 132, 135, 143, 146, 149, 201, 258, 496, 511
台湾　440
ダウラ・スルワール（*daurā suruwāl*）　3
ダウリー　283
タカリー　55, 112, 430
ダサイン（*dasaĩ*）　469
ダディン　201, 210, 220
ダヌシャ　457
ダヌワール, スニタ　325

タパ, ティルタ　385-86
タパ, ヒクマト　510
ダハル, D.R.　14
ダハル, プスパカマル（プラチャンダ）　420, 422-23, 444
タプレジュン　419
多文化主義　169, 172, 452
ダマイ　138
タマン　49-50, 63, 103-04, 227, 286, 417, 430, 435-36, 469
タマン, セーラ　251
タマン, チャリマヤ　317, 325-26
タミル　469
ダム　419
タメル　176-79, 182-83
タライ（平野）　3, 5-7, 10, 12, 22, 37, 45, 48, 55, 57, 61-2, 65, 67, 72, 74, 98-102, 104-10, 112-13, 116-17, 123, 126, 128, 166, 209, 235-42, 244-46, 250, 273-74, 318, 324, 459, 461, 471, 473, 477, 491, 496, 511, 518
ダライラマ（14世）　422, 424-27, 432, 436, 438
ダリット（*dalit*）　10, 13-5, 20-2, 27, 61-2, 65, 67. 70-1, 73-4, 76, 79, 93, 95-7, 99-105, 108, 111, 117, 123-24, 126-27, 132, 134, 143-46, 155-56, 159-60, 166-70, 179, 181-82, 184, 191-92, 274, 282, 298, 304, 318, 427, 452-53, 491-92, 495
タルー　7, 22, 25, 28, 63, 73-6, 79, 101-02, 104-06, 235, 237, 240, 243-53, 350, 413, 445, 471
タルー自治州　238, 244, 249
タルーハット運動　239, 244-46, 249
タルー, ラクシュマン　244, 248
ダルマシャーラ（*dharmaśālā*）　344-46

ダンガディ　247
チェトリ　6, 101-02, 104, 117, 436, 459, 461, 495
チェパン　21, 28, 200-12, 214-20, 222, 224-29
チェパン，ゴビンダ・ラム　219, 225
チェパン，マヤ　219
地図　16, 167, 224, 245
チディマール　105
チトワン　176, 201-03, 205, 209-10, 218, 220, 511
チベット　5, 7, 24-5, 37, 44, 49, 97, 344, 410-21, 423-38, 440-44, 446-48, 527, 539
チベット化　429-30
チベット語　7, 416, 431, 434-38, 441-42
チベット難民　25, 28, 412-16, 425, 427
チベット・ビルマ語族（系）　6-7, 44, 49, 55, 57, 62, 108, 115, 130, 201, 413-14, 440, 443, 448
チベット民族主義　411, 414, 421, 425, 427, 448
チベット文字　434, 436-37
チャパガオン　240
チャンテル　103
チューキ・ニマ　433
チューリア山脈　209
中間集団　2-4, 9, 13, 15, 27, 166-67
中国　25, 62, 91, 410-16, 418-22, 424-27, 443, 445-47, 465, 527
中国共産党　413, 419
中国人　467, 499
中東　28, 178, 309, 496, 503
チュラウテ　47
チョーダリ，ビハリ　247
ツォクパ　534, 542-43, 551

ツムバ　435
ティカプル事件　239, 246
ディクシット，カナク・マニ　422
ディマール　190-91
ティンチュリ　434-36, 444
ティンプー　530
デヴィ，マンガラ　260
デヴィ，ヨグマヤ　259
デウラ　147
出稼ぎ　3, 21, 26, 28, 167, 171-73, 176, 178-79, 208, 226-27, 229-30, 309, 317, 436, 438, 440
鉄道　411, 419-21
デモ　66, 137-38, 201, 235, 238-39, 246-47, 342, 390, 393, 425, 444-46, 466, 506, 526
デリー　458
テレビ　181, 327, 363, 531, 547
テンプー　350-52, 366
ドーハ　465-66, 468-70, 473
ドイツ　499
トイレ　138, 203, 207-08, 216, 229, 362, 364, 371, 467
トゥーリスト　168, 174, 176-79, 183, 191
統一人民戦線ネパール　66
同化　92, 234, 452, 490
統括団体　24, 380-85, 387-92, 394-99, 401
統合　14, 18, 43, 45, 47, 53, 57, 79, 107, 114, 172, 229, 234, 307, 310, 312, 410, 421, 429, 443, 452-53, 479, 488, 494, 536, 540, 549-50
当事者団体　23, 28, 215, 299-300, 302-08, 311, 314, 319, 323, 325-26, 328-29, 331, 337
冬虫夏草　436
ドゥック・デシ（*Druk Desi*）　539

投票 2-3, 134, 182, 287, 326, 500, 504, 511-12, 518, 526, 533, 536, 540, 544, 546, 548
トゥルク・ウギェン 433, 438
都市 7, 23, 55, 63, 67, 98, 135, 149-51, 155, 160-62, 167, 171, 174, 179, 190-91, 193. 201, 209, 239, 270, 298, 318, 321, 323-24, 330, 340, 342-46, 348, 358, 361-62, 367, 369-71, 402, 418-20, 423, 429-30, 432, 442, 458, 465, 472, 533
土地改革 491, 540
土地所有 13, 187, 317, 491, 527, 529
土地神（*yul lha*）429-30, 546
ドバイ 469-70
ドビ 137
ドメスティック・バイオレンス 13, 312, 325
トランスナショナル 28, 192-93, 455

な行

ナイジェリア 510
ナショナリズム 179, 182, 236, 253, 412, 429, 520
ナモブッダ 445
ナワルパラシ 457
難民 187, 411, 414, 425-27, 438, 440, 548-49
難民キャンプ ナシ
日本 4, 8, 10, 25, 36, 38, 41, 56, 186, 234, 263, 302, 306, 323, 421, 479, 487, 498, 502-03, 532, 536, 551
ニューヨーク 187, 423
ヌブリ 435
ヌワコット 312, 321, 327, 436
ネウパネ，ラクシュマン 247, 249
ネオ・リベラル 171

ネパール，チランジビ 494
ネパール，マダブ・クマール 145
ネパール王国 58, 77, 344
ネパール王国憲法（1959年）50-1, 53, 379, 382
ネパール王国憲法（1990年）9, 19, 27, 55-7, 59-61, 63, 65, 69, 71-2, 77, 93, 170, 272, 275, 379, 527
ネパール化 9, 55, 92, 111, 116, 443
ネパール会議派 11, 200, 238, 243
ネパール・カドギ・セワ・サミティ（NKSS）20, 136, 144
ネパールガンジ 238
ネパール共産党 260
ネパール共産党（UML）11, 219, , 276, 512
ネパール共産党（マオ派）［統一ネパール共産党（マオ派）の時期も含む］65, 143, 238, 243, 420, 457
ネパールキリスト教協会（NCS）383, 385
ネパールキリスト教嘱目団（CCGN）392-23
ネパールキリスト教同盟（NCF）381
ネパールキリスト教連合（CFoN）387
ネパール系住民 27, 381, 508-09, 515-18, 527, 548-49
ネパール憲法［→ネパール王国憲法も参照］24, 27, 36, 38, 41, 50, 204
ネパール憲法（1962年）51-4, 57-60, 77, 379, 382, 428, 490, 527
ネパール憲法（2015年）11-2, 19, 22, 24, 71-6, 78-9, 94, 100, 166, 170, 201, 235, 240-44, 246, 250, 273-74, 379, 402, 488, 492, 514-18
ネパール語 4, 6, 8-9, 12-3, 18-9, 27, 29, 37-8, 41, 51-8, 61-2, 64-5, 67, 69-71, 73-4, 77, 91-2, 97-8, 106, 109-17, 128, 130,

索引 569

158, 168, 176, 200-01, 229, 236, 244, 253, 268, 298, 306, 311, 315, 323-24, 362, 428, 459, 466, 487
ネパール((王)国)軍 44, 237, 241, 243, 247-48, 264, 340, 382, 500, 509
ネパール暫定憲法(2007年) 3, 5, 19, 22, 24, 26, 68-9, 71, 73-4, 78, 93, 103, 114, 170, 273, 379, 387, 391, 496, 500
ネパール暫定統治法(1951年) 10, 50
「ネパール市民権の継続」 26, 486, 489-90, 497-99, 501, 506-07, 515-16, 519-20
ネパール市民権法(1964年) 490, 499
ネパール市民権法(2006年) 273, 316, 496-97, 500, 513-15, 518
ネパール女性協会 260
ネパール全国教会協議会(NCCN) 386
ネパール全国教会同盟(NCFN) 384
ネパール全国キリスト教連合(FNCA) 388
ネパール先住民族連合(NEFIN) 63, 93, 202, 214-15, 469
ネパール・チェパン協会(NCA) 203, 215-16
ネパール中部大地震 11, 72, 235, 238, 480, 514
ネパール統一共産党(CPN UML)→ネパール共産党(UML) 238
ネパール統一キリスト教同盟(UCAN) 387
ネパール・マガル協会 470
ネパール民族連合(NEFEN) 62, 65, 93, 214-15
ネパール友愛党 237
ネパール陸軍→ネパール軍 241, 243
ネパール連邦民主共和国 71, 93, 143, 166, 201, 381, 452

ネパリ 168, 181, 459, 461
ネパリ, プルナ 181
ネパリ, ラム・サラン 174-75, 177-78, 181, 186
ネワール 7, 9, 20, 25, 37, 44-5, 48, 55, 62-3, 65, 103-04, 132-34, 136-38, 143-50, 158-59, 166, 214, 217, 222, 227-28, 282, 344, 417, 445
ネワデダブ 143-47, 157-58
農民 143-47, 157-58

は行

売春 268, 270, 273, 306
廃品回収 352-60, 362
バイラワ 421
パキスタン 315, 456, 469
バクタプル 137, 152-53, 157, 510
バグルン 457
ハザーム 104
パシュパティナート 137, 389
バジュラーチャリア 149(本文バジュラチャリア)
パスポート 168, 187, 227, 317, 438, 456, 459, 462, 472, 477, 494, 516
バッタ, バヴァン 503
バッタチャン, クリシュナ B. 12-3
バッタライ, ババラム 66
バディ 103
バドガオン→バクタプル 345
パトロン 175-77, 182, 193, 415, 430, 442
パハリ(*pahāḍī*) 236-38, 244, 246, 249
バフン 6, 37-8, 61, 101-02, 104, 117, 213, 241, 244, 265, 436
バフン・チェトリ 214, 217
バラ 312
パラス→シャハ, パラス 432

570

バルディヤ　250
パルバテ（山地）・ヒンドゥー（パルバティア）　6, 37, 45, 61-2, 92, 99-102, 111, 113, 116, 123-24, 166
バングラデシュ　419, 456, 465, 467, 469, 471
バンケ　312
バンコク　506
バンダ（banda）　265
パンチャーヤット時代（期）　9, 14, 50, 54-6, 60, 62, 78-9, 90, 92, 100, 106, 109-11, 116, 202, 210, 271
パンチャーヤット体制（制度）　8, 17, 19, 51, 54, 56-7, 92, 138-39, 141, 150, 200, 236, 378, 382, 527
パンデ（pande）　203, 205, 220-21, 223-25, 230
ヒエラルヒー　8, 38-9, 42, 44-8, 50, 60, 77, 79, 133, 170, 241, 271, 428
東インド会社（イギリス）　8, 36
非常事態　237, 537-38
ビスタ，ドル・バハドゥール　17, 18
ビスタピット（visthāpit、避難民）　ナシ
ビショカルマ，ビソーカルマ→ヴィシュワカルマ　169-70
ビソーカルマ，タマン　239
ビハール　239-40
ヒマラヤ仏教徒　25, 411, 413, 415, 425, 431, 434, 437-38, 442
ピュータン　457
ヒューマン・ライツ・ウォッチ　239
平等　8, 21-2, 22, 39, 46, 52-3, 56, 60, 64, 67, 70, 73-4, 76-7, 79, 93-4, 96, 135, 161, 177, 191, 193, 200, 209, 216, 225, 227-28, 253, 264, 267-68, 271-74, 278-81, 309, 316, 378, 452, 454, 486-87, 492, 500, 502, 552
被抑圧集団　93, 146, 170
ビラトナガル　260
ビルガンジ　238
ビルマ［→ミャンマーも参照］　499
比例代表制（選）　134, 511
ビレンドラ→シャハ，ビレンドラ　57, 181, 210, 433
貧困　13, 70, 138, 158, 162, 169, 171, 204, 210, 300, 341-42, 348, 455, 457, 477
ヒンディー語　6, 37, 41, 62-3, 137, 245, 469, 497
ヒンドゥー王国　2. 5, 9, 19, 39, 46-8, 53-4, 59-60, 65, 71, 77, 93, 166, 379, 382, 429
ヒンドゥー化　47, 54-6, 169, 429, 431
ヒンドゥー教　6-8, 19, 24, 46-7, 51, 53-7, 59, 61-2, 77-8, 92, 138, 151, 204, 221, 223, 243, 344, 379, 382, 387, 389, 391, 398, 402, 428, 526
ヒンドゥトヴァ（Hindutva）　15, 24
ブータン　5, 13, 26-8, 416, 419, 499, 526-41, 544-53
ブータン王国憲法（2008年）　528-30, 533, 535-39, 541-42, 545, 548-50, 552-53
ブーミハール　104
ファストフード　189, 367
ファルピン　434
フィリピン　465, 467-68
フェミニズム　261, 267
不可触　6, 9, 21, 45, 58, 67, 70, 73, 93, 134, 147, 166, 168, 170, 174, 178-80, 453
布教　47, 203, 211, 222, 382-83, 385, 395
複数政党制　17, 141, 378, 527-28, 531, 534, 551
フクネ（phukne）　175
武装闘争（武力闘争）　10, 93, 178, 264

索　引　571

不浄　9, 20, 42, 48, 61, 132, 137, 140, 160, 170, 174, 184
仏教　7, 24-5, 45, 48, 54, 79, 204, 344, 410-19, 421-25, 427-39, 441-48, 469, 526, 529, 536, 539-44, 550-51
ブッダ　221, 412-13, 423, 469
ブッダガヤ　425
フムラ　410
ブラーマン［→バフンも参照］　6, 17, 37, 45, 61, 101-02, 104, 241, 244, 495
プラジャ　210-12, 214-16
プラダン，ガウリ　336
プラチャンダ→ダハル，プスパカマル　243
プラン（地名）　419
プロテスタント　24, 27, 203, 338, 378, 380-81, 383-89, 391, 394-95, 397-98, 401
ヘランブー　435
ボージュプリー語　6, 63, 236
包括（的）和平協定（合意）　10, 68, 235
包摂的民主主義　167, 182
ポウデル，ミーナ（Meena Poudel）　315
亡命チベット人　411, 414, 426, 438
暴力　24, 235, 247, 249, 265-66, 268-71, 280-81, 285, 306-07, 314-15, 330, 340, 372-73, 415
ポカラ　381, 420, 425, 472-73, 475
母権制　283-84
母語　6-7, 16, 20, 27, 37-8, 48-9, 55, 57-8, 61-2, 64-5, 67, 69, 71, 73-4, 77-8, 90, 92, 95, 98, 100, 103, 106-17, 128-30, 133, 201, 298, 416, 429, 441
ボダナート　156-57, 159, 425-26, 433-35, 437, 445
ポデ　137-38
ボテ　49, 97, 103
ボティヤ　44, 49, 428

ポパ　435
香港　422, 440, 492
ボンベイ（ムンバイ）　308, 311

ま行

マーティン・チョウタリ　278
マーリー　104
マイクロ・クレジット　216-17, 262
マイクロ・ファイナンス　154, 157
埋葬　389, 426
マイティリー語　6, 63, 236, 240
マイノリティ　9, 24, 56, 58, 60-1, 63, 65-6, 95, 115-16, 167, 172, 182, 191, 258, 265, 275-78, 280-82, 305, 378, 402, 415, 418, 427, 447
マオイスト→ネパール共産党（マオ派）、統一ネパール共産党（マオ派）　10-1, 65-9, 78, 93, 143, 147, 150, 166-67, 178, 181, 184, 201-02, 215, 219, 235, 237-38, 243-44, 246, 250, 264-66, 274, 279, 286, 412, 418, 420-23, 426, 443-45, 457, 459, 495, 511-12, 526
マオイスト運動　22, 237, 259, 264-66, 279
マガル　25, 50, 55, 63, 91, 102-04, 111-12, 244, 435-36, 454, 457, 459, 461, 464, 468-70, 472-73, 476, 478
マガル・エクタ　ナシ
マガル協会→ネパール・マガル協会　468-70, 478
マクワンプル　201, 203, 210, 308, 312, 315, 510
マジョリティ　9, 66, 402, 428, 548, 550
マッラ，ジャヤスティティ　133
マデシ　3, 10, 13, 22, 28, 61-2, 67, 70-1, 73-6, 79, 93, 95, 100-01, 105, 112, 117, 166, 170, 182, 235-41, 243-46, 251-53, 273-

74, 282, 318, 452-53, 491-92, 516
マデシ系（諸）政党　11, 235, 237-38, 511
マデシ自治州　236, 238, 245
マデシ人権フォーラム　237
マデシ人権フォーラム（民主派）　248
マトワリ・チェトリ　242-43
マナン　55, 431, 435
マハト，ウペンドラ　501, 504
マヘンドラ→シャハ，マヘンドラ　50-1, 77, 92
マホッタリ　239-40
マラリア　7, 209, 244
マルワリ（マールワーリー）　491
マレーシア　3, 178, 190, 227, 229, 454, 456-61, 463, 465-66, 471-73, 475-76
マンパワー　178
ミドルクラス　21, 171, 193
南アジア地域協力連合（SAARC）　500, 507-08, 513-15, 517
ミャンマー［→ビルマも参照］　419, 471, 499
民主化［→第一次民主化、第二次民主化も参照］　22-3, 26, 38, 90, 92, 102, 116, 118, 132, 135-36, 146, 162, 166, 200-01, 209, 217, 219, 225, 228-30, 251, 258-60, 266-67, 279, 281-82, 286-87, 327, 526-29, 535-37, 539-40, 545-46, 551-52
民主主義　29, 51, 57, 65-6, 73, 92, 135-36, 167, 182, 200-01, 260, 279, 287, 513, 547, 550, 552
民主制　443, 536, 552
民主立憲君主制　26, 526, 528, 535
民族　2, 3, 5, 7, 9, 11, 13-18, 20-2, 25-9, 36-7, 39, 44-5, 48-50, 52, 55-9, 61-71, 73, 75, 77, 90-3, 96-103, 105-14, 116-17, 123-24, 127, 129-30, 132-34, 138, 143,

146, 162, 166, 171-72, 201-02, 206, 209-10, 215, 219, 226-27, 235, 243-45, 249, 253, 269, 272, 298, 300, 303-05, 318, 329, 337-39, 348, 410-11, 413, 416, 421, 429-30, 435-36, 443, 453-54, 477, 490, 495, 527, 548-49, 553
民族運動　103, 111, 161, 169, 411*, 420*, 425*, 427*, 430, 448*（* 印は民族主義運動）
民族／カースト→カースト／民族　37, 234, 265, 270-01, 495（民族・カースト　16, 123, 298, 315, 329）
民族協会　429, 469
民族自治　132, 134, 246
民族自治州　235
民族政党　27
民族団体　143-44, 146, 302, 304, 381
ムキヤ（*mukhiyā*）　459
ムグ　435-36, 441
ムスタン　419, 435
ムスリム　6, 44, 47, 56, 73-4, 76, 79, 99-101, 107, 112, 123, 128, 139, 141, 145, 161, 249, 282
ムルキ・アイン（1854年）　39-49, 51-4, 77, 132-33, 137, 170, 491
ムルキ・アイン（1963年）　51, 53, 59, 147, 170
メチェ　48-9
メディア　3, 16, 24, 67, 182, 249, 266, 275, 277, 299, 308, 326-29, 380, 391, 410, 415, 496, 506, 547, 551
毛沢東　420, 526
文字　43, 51, 57-8, 69-70, 73, 109, 111, 180, 244, 246, 249, 434, 436-37
モラン　48, 190, 457

や行

焼畑　200, 216
ヤダブ（ヤーダブ）　102, 104-05, 117-18
ヤダブ，ラムバラン　72
友愛党→ネパール友愛党　237
有機農業　242
幼児婚　283
読み書き　229, 244, 436, 491, 518
ヨルモ　103, 436
40項目要求　66

ら行

ラージバンシ　106-07
ラージプート　104
ラーマーヤナ　206
ラール，C.K.　240
ライ　103, 113, 117, 130, 435, 469
ライ・キランティ諸語　113
ラウタハト　312
ラスワ　312, 420
ラジオ　3, 63, 78, 147, 174, 181-82, 212, 361-62, 531
ラトナ・パーク　390
ラナ，ジャング・バハドゥル　40, 46
ラナ時代　47, 50, 78-9, 90-1, 116, 200, 428
ラナ体制　8, 48, 90, 92, 128, 136-39, 200, 209, 258, 260, 271, 307, 526
ラナ，パドマ・シャムシェル　50
ラフレ（lāhure）　173, 185
ラムジュン　173, 176, 185, 192
ラメチャップ　312
ラモン・マグサイサイ賞　327
ラリトプル　136-37, 139, 150, 153-54, 156, 346, 510
立憲君主制　57, 200, 527-28, 536, 538, 550
リメ（ris med）　432

留保制度（政策）　63, 93, 95, 101, 103, 105, 134, 242-43, 275-76, 452, 478
リンブー　63, 97, 435, 469
ルパンデヒ　457
ルンビニ　25, 411-12, 420-23, 425, 444-46
ルンビニ観光年　421, 425, 427, 442-44
連邦共和制　78, 90, 549
連邦制　57, 78, 132, 234-35, 237-38, 243, 246, 251, 253, 286, 416
連邦民主共和制（国）　2, 11, 19
ローシャン，リティック　237, 241
ローハール　104
労働組合　150-52, 155, 276, 343
労働者　25, 28, 70-1, 74, 76, 93, 149, 153, 159, 168-73, 179, 186, 192-93, 244, 276, 307, 309, 454-56, 460, 462-69, 471, 473-80, 496
ロカヤ，K.B.　386, 390-92
ロルパ　467
ロンゴン，ラジェントラ　382
ロンドン　497

わ行

和平（合意）　10, 235, 237
湾岸諸国　309, 454, 458, 462, 466, 476
ワンチュク，ウゲン　535
ワンチュク，ジクメ・ケサル・ナムギャル　528, 535
ワンチュク，ジクメ・センケ　528
ワンチュク，ジクメ・ドルジェ　527, 529

執筆者紹介

編　者

名和克郎（なわ かつお）

東京大学東洋文化研究所教授。博士（学術）。専攻は人類学、ヒマラヤ民族誌。著書に『ネパール、ビャンスおよび周辺地域における儀礼と社会範疇に関する民族誌的研究――もう一つの＜近代＞の布置』（三元社、2002 年）、共編著に Social Dynamics in Northern South Asia Vol. 1 & Vol. 2（Manohar, 2007）、『グローバリゼーションと〈生きる世界〉――生業からみた人類学的現在』（昭和堂、2011 年）他がある。

執筆者（掲載順）

石井　溥（いしい ひろし）

東京外国語大学アジア・アフリカ言語文化研究所名誉教授。社会学博士。専攻は文化人類学、ネパール文化・社会研究。共編著に『現代ネパールの政治と社会――民主化とマオイストの影響の拡大』（明石書店、2015 年）、Social Dynamics in Northern South Asia Vol. 1 & Vol. 2（Delhi: Manohar, 2007）、主な論文に、「流動するネパール――あふれるカトマンドゥ盆地」『南アジアの文化と社会を読み解く』鈴木正崇（編）、pp. 435-71、慶応義塾大学東アジア研究所（2011 年）他がある。

中川加奈子（なかがわ かなこ）

人間文化研究機構総合人間文化研究推進センター研究員／国立民族学博物館「南アジア研究」拠点研究員。博士（社会学）。専攻は人類学、社会学、ネパール地域研究。著書に『ネパールでカーストを生きぬく――供犠と肉売りを担う人びとの民族誌』（世界思想社、2016 年）、主な論文に、The Role of Women's Self-Help Networks in Anti-caste Discrimination Movements in Nepal. In *Rethinking Representations of Asian Women: Changes, Continuity, and Everyday Life*, N. Ijichi, A. Sato, R. Sakurada eds.（Palgrave Macmillan, 2015）他がある。

森本　泉（もりもと いずみ）

明治学院大学国際学部教授。博士（社会科学）。専門は人文地理学、ネパール地域研。著書に『ネパールにおけるツーリズム空間の創出　カトマンドゥから描

く地域像』（古今書院、2012 年）、主な論文に、Tourism, Consumption and the Transformation of Thamel, Kathmandu. In *Cities in South Asia*, Clispin Bates and Minoru Mio eds., pp. 309-325（Routledge, 2015）、「ネパールの周縁を生きる──楽師カースト・ガンダルバの移動をめぐる生活世界」『国際学研究』第 50 号（2017 年）他がある。

橘健一（たちばな けんいち）
立命館大学政策科学部非常勤講師。博士（学術）。専攻は生態・文化人類学、ヒマラヤ民族誌。著書に『〈他者／自己〉表象の民族誌──ネパール先住民チェパンのミクロ存在論』（風響社、2009 年）、共著書に『新世界地理　4 アジア IV 南アジア』立川武蔵、杉本良男、海津正倫編（朝倉書店、2012）、『流動するネパール──地域社会の変容』石井溥編（東京大学出版会、2005）他がある。

藤倉達郎（ふじくら たつろう）
京都大学大学院アジア・アフリカ地域研究研究科教授。PhD（Anthropology）。専門は人類学、ヒマーラヤ及び南アジア地域研究。著書に *Discourses of Awareness: Development, Social Movements and the Practices of Freedom in Nepal*（Martin Chautari, 2013）、共著書に *The Noodle Narratives: The Rise of an Industrial Food into the Twenty-First Century*（University of California Press, 2013）、主な論文に The Bonded Agricultural Laborers' Freedom Movement in Western Nepal. In *Political and Social Transformations in North India and Nepal: Social Dynamics in Northern South Asia* Vol.2, H. Ishii, D. N. Gellner and K. Nawa eds.（Manohar, 2007）他がある。

佐藤斉華（さとう せいか）
帝京大学文学部社会学科教授。博士（学術）。専門は文化人類学、ヒマラヤ地域研究、ジェンダー論。著書に『彼女達との会話──ネパール・ヨルモ社会におけるライフ／ストーリーの人類学』（三元社、2015 年）、論文に 'Satisfied with My Job' - What Does She Mean?: Exploring the World of Women Construction Workers in Nepal. In *International Journal of South Asia Studies* 6: 79-97（2013）、Yolmo Women on the Move: Marriage, Migrant Work, and Relocation to Kathmandu. In *European Bulletin of Himalayan Research* 47: 69-93（2016）など。

田中雅子（たなか まさこ）

上智大学総合グローバル学部准教授。博士（開発学）。専門はジェンダー論、国際協力論、NPO/NGO 論。著書に『ネパールの人身売買サバイバーの当事者団体から学ぶ―家族、社会からの排除を越えて』（上智大学出版、2017 年）、『移住によって潜在能力は発揮できるか？――ジェンダーの視点で見た滞日ネパール人の特徴』（佐野麻由子と共著、公益財団法人アジア女性交流・研究フォーラム、2016 年）、A Women's NGO as an Incubator: Promoting Identity-Based Associations in Nepalese Civil Society. In *Women's Emancipation and Civil Society: Challenging or Supporting the Status Quo?* Schwabenland. C., Lange. C., Onyx, J. and Nakagawa, S. eds. (Policy Press, 2016) 他がある。

高田洋平（たかた ようへい）

日本福祉大学福祉経営学部助教。修士（コミュニティ福祉学）。専攻は文化人類学、南アジア地域研究。主な論文に、「ストリートの子どもと開発 NGO――なぜ子どもはストリートを選ぶのか」『地域研究者と「開発」――援助機関におけるインターンシップの経験から』、pp.30-44（中西印刷株式会社出版部松香堂書店、2011 年）がある。

丹羽充（にわ みつる）

一橋大学大学院社会学研究科博士後期課程。修士（社会学）。専攻は文化人類学、ネパール地域研究。主な論文に Deepening and Spreading Suspicion: On the Accusation of 'Cunning' Observed among Protestants in the Kathmandu Valley. *European Bulletin of Himalayan Research* 45: 60-82（2015）、「難しく危険なコミュニケーション――ネパールのプロテスタントの間で観察された不信の言説」『一橋社会科学』第 7 巻別冊〈特集「脱／文脈化を思考する」〉：17-37（2015 年）他、共訳書に『部分的つながり』（マリリン・ストラザーン著、水声社、2015 年）がある。

別所裕介（べっしょ ゆうすけ）

京都大学白眉センター特定准教授。博士（学術）。専攻は文化人類学、チベット研究。共著書（分担執筆）に「チベット問題をめぐる宗教と政治――ダライラマの非暴力運動とのかかわりから」『社会参加仏教――アジアにおける宗教と政治』櫻井義秀ほか編、pp. 127-160（北海道大学出版会、2015 年）他、主な論文に、Migration for Ecological Preservation?: Tibetan Herders' Decision-Making Process Regarding

the Eco-Migration Policy in Golok, *Nomadic Peoples* 19-1: 189-208（2015）他が
ある。

南真木人（みなみ まきと）
国立民族学博物館准教授。修士（学術）。専攻は文化人類学、南アジア地域研究。共編著に『現代ネパールの政治と社会——民主化とマオイストの影響の拡大』（明石書店、2015 年）、*Transnational Migration in East Asia: Japan in a Comparative Focus*（National Museum of Ethnology, 2008）、主な論文に、「ネパール地震の社会的影響——社会再編かコミュニタス的高揚か」『2015 年ネパール地震と地震災害に関する総合調査最終報告書』文部科学省科研費（特別研究促進費）（愛媛大学、2016 年）他がある。

上杉妙子（うえすぎ たえこ）
専修大学文学部兼任講師。博士（学術）。著書に『位牌分け——長野県佐久地方における祖先祭祀の変動』（第一書房、2001 年）、論文に、「英国陸軍グルカ兵のダサイン——外国人兵士の軍隊文化と集団的アイデンティティの自己表象」『アジア・アフリカ言語文化研究』60（2000 年）、「移民の軍務と市民権——1997 年以前グルカ兵の英国定住権獲得をめぐる電子版新聞紙上の論争と対立」『国立民族学博物館研究報告』38: 4、（2014 年）他がある。

宮本万里（みやもと まり）
慶應義塾大学商学部専任講師。博士（地域研究）。専攻は政治人類学、南アジア地域研究。著書に『自然保護をめぐる文化の政治——ブータン牧畜民の生活・信仰・環境政策』（風響社、2009 年）、共著に *Community, Commons and Natural Resources Management in Asia*, NUS Press（2015）他、主な論文に「現代ブータンにおける屠畜と仏教—殺生戒・肉食・放生からみる「屠畜人」の現在について」『ヒマラヤ学誌』15 号（2014 年）他がある。

東洋文化研究所研究報告　東洋文化研究所叢刊第 31 輯

体制転換期ネパールにおける「包摂」の諸相
言説政治・社会実践・生活世界

発行日	初版第 1 刷　2017 年 3 月 17 日
編　者	名和克郎
装　幀	臼井新太郎
発行所	株式会社 三元社 〒 107-0052　東京都文京区本郷 1-28-36　鳳明ビル 電話／ 03-5803-4155　FAX ／ 03-5803-4156
印刷＋製本	モリモト印刷 株式会社

2017 © Institute for Advanced Studies on Asia
Printed in Japan
ISBN978-4-88303-433-8
http://www.sangensha.co.jp